Verzeichnis des Streichquartetts

Hermann Walther

Verzeichnis des Streichquartetts

Streichquartettkompositionen von 1700 bis heute

SCHOTT

Meiner lieben Frau in Dankbarkeit

Bibliografische Information der Deutschen Nationalbibliothek
Die Deutsche Nationalbibliothek verzeichnet diese Publikation in der Deutschen Natio-
nalbibliografie; detaillierte bibliografische Daten sind im Internet über http://dnb.d-nb.
de abrufbar.

978-3-95983-541-1 (Paperback)
978-3-95983-542-8 (Hardcover)

www.schott-buch.com

Printed in Germany

Vorwort

Seit mehreren Jahren kann man mit Freude und gleichzeitigem Staunen sowohl bei Musikern als auch beim Publikum ein stetig anwachsendes Interesse an Kammermusikwerken – im Besonderen am Streichquartett – feststellen. Betrachtet man die Zahl der Ensembles, die sich in den ca. letzten 25 Jahren gebildet haben, denkt man vielleicht mit Besorgnis an eine Inflation. Dem ist aber nicht so. Das Angebot an Konzerten, an neu hinzugekommenen Veranstaltungsorten, aber auch das Publikumsinteresse sind mitgewachsen. Die Ensembles sind hervorragend ausgebildet. Auch zeitgenössische Komponisten erleben einen spürbaren Aufschwung. Mein Wunsch, ein Streichquartett-Verzeichnis, sprich: ein Recherche-Projekt zu beginnen, entstand in den 1960er-Jahren in meinem Bratschenstudium in Essen. Mehrere Jahre vergingen ohne zählbare Ergebnisse. Ab dem Jahre 2007 stürzte ich mich als ausgebildeter Musikalienhändler und selbstständiger Kaufmann energisch in das Projekt und pflegte ausgiebige Kontakte mit Verlagen, Komponisten und Musikern. Der Hauptschwerpunkt war die Arbeit in verschiedenen Bibliotheken, unter anderem in Hamburg, Leipzig und Berlin.

Meine Karteien mit Komponisten und ihren Werken wuchsen über die Jahre. Eine Vielzahl an Komponisten aus Europa, Süd- und Nordamerika, aus Asien und dem Ostblock konnte recht umfangreich erfasst werden. Einige wenige chinesische, zahlreiche japanische sowie Komponisten aus Afrika, im Besonderen Südafrika, erweiterten meine Sammlung. Im Laufe der Jahre summierte sich die Anzahl der Komponisten auf über 11.000. An dieser Stelle zitiere ich gerne Johann Wolfgang von Goethe: »So eine Arbeit wird eigentlich nie fertig, man muß sie für fertig erklären, wenn man nach Zeit und Umständen das Mögliche daran getan hat.«

Ich habe mich auf Originalwerke der Komponisten mit möglichst umfassenden Angaben der Werke wie folgt konzentriert: Daten zum Komponisten, Titel mit Tonart und Besetzung, Ort mit eventuellem Datum der Uraufführung und Verlagsangaben. Transkriptionen sind weitestgehend ausgeschlossen. Besonders in dieser Bibliographie ist die Erweiterung durch Werke für Streichquartett plus einer Gesangs- oder Sprechstimme und für Streichquartett mit Computer, wie es in der zeitgenössischen Musik häufig angewandt wird. Interessant ist sicher, dass einige der bekannten Komponisten kein Streichquartett geschrieben haben, darunter Hector Berlioz, Georges Bizet, Frédéric Chopin, Franz Liszt, Gustav Mahler, Olivier Messiaen und Francis Poulenc. Im umgedrehten Sinn konnte ich insgesamt 225 Komponisten entdecken, die ihr Kompositionsleben mit einem Opus 1 starteten. Gabriel Fauré sagte einmal seiner Frau zum Streichquartett: Hier habe Beethoven sich besonders ausgezeichnet, daher hätten alle, die nicht Beethoven heißen, Heidenangst vor diesem Genre.

Ich danke allen lieben Menschen, die mir halfen, in meiner Bibliographie weiter zu kommen und das Projekt zu einem guten und fairen Ende zu führen. Es sind dies W. Gruhle, Ian Lawrence, Jürgen Stegmüller, Christoph Thiemann und Francis Vuibert. Mein besonderer und herzlicher Dank gilt Helga, Stefan Scharpen, Sebastian Burkart, Kai Müller und Johanna Zwanzig für ihre unermüdliche Arbeit am Manuskript.

Hamburg, im März 2015
Hermann Walther

Streichquartette | 1700 bis heute

Aagaard, Thorvald
1877-1937
- StrQ; A

Aaltonen, Erkki
1910-1990
- 5 StrQe; 1934–38

Aatz, Michel
1936-1995
- StrQ; 1981
- StrQ; no. 1; 1969
- StrQ; no. 2; 1970
- StrQ; no. 3; 1970
- StrQ; no. 4; 1971
- StrQ; no. 5; 1983

Abate, Rocco
1950-
- Tropie I; StrQ; op. 1; 1983

Abbado, Marcello
1926-
- StrQe (3?)

Abbasov, Ashraf
1920-1992
- StrQ; 1947

Abbate, Gennaro
1874-1954
- Varia musica da camera; StrQ; Ricordi

Abbiati, Franco
1898-1981
- StrQ; no.1

Abbiate, Luigi
1866-1933
- StrQ; F; op. 8; 1901; Enoch

Abbinanti, Frank
1949-
- Belfast; StrQ
- Chiapas; StrQ
- East Timor; StrQ
- The flourishing of the Black Roosters; StrQ
- Lebanon; StrQ

Abbott, Katy
1971-
- Vertical horizon; StrQ; 2000

Abe, Komei
1911-2006
- StrQ; no. 1; 1935; A: 1935 Tokio
- StrQ; no. 2; 1937; A: 1937 Tokio
- StrQ; no. 3; 1939; A: 1939 Tokio
- StrQ; no. 4; 1941; A: 1943 Tokio
- StrQ; no. 5; 1946; A: 1947 Tokio
- StrQ; no. 6; 1948; A: 1949 Tokio
- StrQ; no. 7; 1950; Ongaku-no-tomo; A: 1950 Tokio
- StrQ; no. 8; 1952; A: 1955 Tokio
- StrQ; no. 9; 1956; JFC (1970); A: 1956 Tokio
- StrQ; no. 10; 1978; JFC (1979); A: 1980 Tokio
- StrQ; no. 11; 1982; JFC (1982); A: 1983 Washington, D. C.
- StrQ; no. 12; 1987; JFC (1988); A: 1989 Tokio
- StrQ; no. 13; 1989; A: 1990 Tokio
- StrQ; no. 14; 1990; JFC (1991)
- StrQ; no. 15; 1992; JFC (1992)
- StrQ; no. 16; 1994; JFC (1994)

Abe, Kyoko
1950-
- Komet; StrQ; 1986; Ariadne (1987); A: 1986 Wien

Abecassis, Eryck
1956-
- Le fleurs du desert; StrQ; 1992
- Phaz I; StrQ; 2005
- Phaz II; StrQ; 2006

Abejo, Rosalina
1922-1991
- StrQ; no. 1; 1940
- StrQ; no. 2; 1949
- StrQ; no. 3; 1981
- StrQ; no. 4
- StrQ; no. 5

Abel, Carl Friedrich
1723-1787
- 6 StrQe; F, B, Es, D, A, F; op. 8; R. Bremner (1774); [A89] [K61–66]

- 6 StrQe; C, A, F, D, B, G; op. 12;
  R. Bremner (1775); [A97] [K67–72]
- 6 StrQe; E, C, Es, G, F, A; op. 15;
  J. J. Hummel (1780); [A101] [K73–78]

Abelardo, Nicanor
1893-1934
- StrQ; F; no. 1; 1921
- Sonata; StrQ; 1931

Abeliovič, Lev Moiseevič
1912-1985
- StrQ; 1947

Abendroth, Walter
1896-1973
- StrQ; C; op. 1; Simrock (1943)
- StrQ; A; op. 8; Simrock (1942)
- StrQ; C; op. 27; Sikorski (1953)
- StrQ; op. 33; Sikorski (1955)

Åberg, Thomas
1952-
- Seglora Kyrkmarsch; StrQ; no. 2;
  2004–07; SMIC

Abert, Johann Joseph
1832-1915
- StrQ; A; op. 25; Bossler/Hofmeister (1864)

Abigaña, Brett
1980-
- StrQ; no. 1
- StrQ; no. 2; A: 2013

Abiko, Yoshihiro
1951-
- Illusion of a shadow; StrQ; 1993; JFC

Ablinger, Peter
1959-
- StrQ; A: 2010 Donaueschingen

Abos, Girolamo
1715-1760
- 6 StrQe

Abou-Khalil, Rabih
1957-
- Arabian Waltz, StrQ; UE (1998)

Abraham, Paul
1892-1960

- StrQe.; vermutlich verschollen

Abrahami, Gad
1952-
- StrQ; no. 1; 2000
- This; StrQ; no. 2; 2005

Abrahamsen, Hans
1952-
- 10 Præludier; StrQ; no. 1; 1973, rev. 1976;
  Hansen (1980)
- StrQ; no. 2; 1981; Hansen (1987)
- Her; StrQ; 1970; Hansen (1987)
- StrQ; no. 3; 2008
- StrQ; no. 4; A: 2012 Witten

Abrahamian, Ruben
1981-
- StrQ; 1999
- StrQ; 2001

Abramson, Robert M.
1928-2008
- Landscapes; StrQ; 1950
- StrQ; 1968

Ábrányi, Emil
1882-1970
- StrQ; 1898

Abras, Juan Manuel
1975-
- Thetesis; StrQ; 1999
- Pour un petit soldat du plomb; StrQ; 1999
- Dialogue; StrQ; 2004

Abrasev, Bozidar
1936-2006
- StrQ; 1998
- StrQ; no. 2; 1999
- StrQ; no. 3; 2000

Abreu, José Antonio
1939-
- StrQe

Absil, Jean
1893-1974
- StrQ; no. 1; op. 5; 1929
- StrQ; no. 2; op. 13; 1934;
  CeBeDeM (1962)

- StrQ; no. 3; op. 19; 1935; CeBeDeM (1956)
- StrQ; op. 25; 1937
- StrQ; no. 4; op. 47; 1941; CeBeDeM (1958)

Accart, Eveline
1921-
- StrQ; 1949

Accorimboni, Agostino
1739-1818
- 5 StrQe; B, Es, A, D, G

Acevedo Raposo, Remigio
1896-1951
- StrQ, 1939

Achelin, Pierre
1934-
- 2 Short pieces; StrQ; 1955
- Musiques; StrQ; 1956

Achron, Joseph
1886-1943
- ChRomt; StrQ; op. 26; 1907; A: 1915
- Elegy; StrQ; op. 62; 1927; IMP (1966)
- 4 Improvisations; StrQ; op. 63; 1927
- Sinfonietta; StrQ; op. 71; 1935

Acker, Dieter
1940-2006
- StrQ; no. 1; 1964; Ed. muzicala (1967); A: 1966 Prag
- StrQ; no. 2; 1965/66
- Cantus lugubris; StrQ; no. 3; 1966–68; Gerig 1970
- StrQ; no. 4; 1971–75; Corona (1975)
- StrQ; no. 5; 1990–95

Acosta Restrepo, Rodolfo
1970-
- StrQ; no. 1; 1996

Actor, Lee
1952-
- StrQ; no. 1; 1980; AMC

Adair, James
1909-1999
- 3 StrQe

Adalid y Gurréa, Marcial del
1826-1881
- StrQ; op. X 16, 2; 1872

Adam, Adolphe-Charles
1803-1856
- StrQ

Adam, Claus
1917-1983
- StrQ; 1947; BB
- StrQ; 1975; Gunmar (1988)
- Elegia; StrQ; 1983; BB

Ádám, Jenö
1896-1982
- StrQ; D-Dorisch; no.1; 1924 EMB (1962)
- StrQ; no. 2; 1930

Adam, Johann
1704-1779
- StrQ

Adam, Stephan
1954-
- StrQ; 1995; Hoche (2002)

Adámek, Ondřej
1979-
- Lo que no' contamo'; StrQ; 2010; A: 2010 Donaueschingen

Adamer, Joseph
Ende 18. Jahrhundert
- La guerra musicale in quartetto; StrQ; Eder [AAZ80I,1]

Adami, Kurt
1886-?
- StrQ; G
- StrQ; C

Adamia, Marina
1958-
- StrQ; no. 1; 1978
- 4 pieces; StrQ; 1980
- StrQ; no. 2; 1982
- StrQ; no. 3; 1997
- Aria; StrQ; 1998
- Vestigia; StrQ; 2003

Adamis, Michalis
1929-2013
- Koitika II a; StrQ; 1989
- 7 Automela; StrQ; 1990

Adams, Christopher
1979-
- Star-spangled banner; StrQ
- 2 portraits; StrQ; 2000
- Unspoken songs; StrQ; 2005

Adams, Ernest H.
1886-1959
- StrQ; ASCAP

Adams, John
1947-
- John's Book of Alleged Dances; StrQ; 1994; Hendan (2007)
- StrQ; Boosey; A: 2009 New York
- Absolute Jest; StrQ; A: 2012 San Francisco

Adams, John Luther
1953-
- The wind in high places; StrQ; Front

Adams, Sebastian
1991-
- StrQ

Adashi, Judah E.
1975-
- Length of days; StrQ; 2003; AMC

Adaskin, Murray
1906-2002
- StrQ; no. 1; 1963; CMC (1963)
- La Cadenza; StrQ; no. 2; 1994; CMC
- StrQ; no. 3; 1998; CMC

Adderley, Mark
1960-
- StrQ; 1999; NMIC

Addie, Robert G.
1926-
- Once upon a time; StrQ
- Minuet and trio; StrQ; 1966
- Theme + Variations; StrQ; 1975
- Nocturne + Serenade; StrQ; 1997
- Little pavan; StrQ; 2001

- Barbara Allen's farewell; StrQ; 2003
- Christmas song; StrQ 2005

Adelburg, August v.
1830-1873
- StrQ; E; op. 12; Kahnt (1864)
- StrQ; no. 1; op. 16; Kahnt (1863)
- StrQ; Es; no. 2; op. 17; Kahnt (1863)
- StrQ; D; no. 3; op. 18; Kahnt (1865)
- StrQ; g; no. 4; op. 19; Kahnt (1864)
- StrQ; no. 5; Kahnt (1864)

Adès, Thomas
1971-
- Arcadiana; StrQ; op. 12; 1994; Faber
- Court Studies (aus *The tempest*); StrQ; Faber

Adler, Christopher
1972-
- StrQ; 1995; AMC

Adler, Samuel
1928-
- StrQ; 1945
- StrQ; 1953
- StrQ; no. 3; 1953, rev. 1964; Ludwig
- StrQ; no. 4; 1963; Mills Music (1966)/ Boosey (1974)
- StrQ; no. 5; 1969; Boosey (1974)
- StrQ; no. 6; 1976; Fischer (1977)
- StrQ; no. 7; 1981; G. Schirmer (1983)
- StrQ; no. 8; 1990; Ludwig
- Romp; StrQ; 2000; Ludwig

Adolphus, Milton
1913-1988
- StrQ; no. 1; 1935
- StrQ; no. 2-7, 9, 11, 12, 19
- StrQ; no. 23; op. 91; 1953; CFE
- StrQ; D; no. 8; op. 41; 1935
- StrQ; no. 10; op. 43; 1936
- StrQ; no. 13; op. 63; 1937
- StrQ; no. 14; op. 65; 1939; CFE
- StrQ; no. 15; op. 67; 1940
- StrQ; no. 16; op. 69; 1941
- StrQ; no. 17; op. 70; 1942
- StrQ; no. 18; op. 72; 1944

- StrQ; no. 20; op. 80; 1947; CFE
- In Ancient Style; StrQ; no. 21; op. 84; 1949; CFE

Adolphe, Bruce
1955-
- By a grace ...; StrQ; no. 1; 1989
- Turning, returning; StrQ; no. 2; 1992
- Urban Scenes ...; StrQ; no. 3; 1993
- Whispers of Mortality; StrQ; no. 4; 1994

Adomián, Lan
1905-1979
- Dieciséis dibujos; StrQ; 1965

Adorno, Theodor W.
1903-1969
- 6 Studien; StrQ; 1920; TK (GA/1980)
- StrQ; 1921; TK (GA/1980)
- 2 Stücke; StrQ; op. 2; 1925–28; TK (GA/1980); A: 1926 Wien

Adjemian, Vardan
1956-
- In memoriam; StrQ; no. 1; 1998

Adzhiashvili, Chana
1972-
- StrQ; 1998; IMI
- StrQ; 2005; IMI

Aeschbacher, Walther
1901-1969
- StrQ; no. 1; 1923
- StrQ; a; no. 2; op. 32; 1929
- StrQ; Es; no. 3; op. 55; 1945
- Menuett; StrQ; no. 4
- StrQ; As; no. 5

Afanasyev, Leonid Viktorovich
1921-1995
- StrQ; 1950
- StrQ; 1956

Afanasyev, Nikolai Jakovlevich
1821-1898
- Volga; StrQ; 1860; Simrock (1866)
- 12 StrQe (inkl. Volga); Sovetskij (1989)
- Hebräisches StrQ
- Le souvenir; StrQ

Agababov, Arkadii
- StrQ; Muzyka (1967)

Agabalian, Lidia
1933-
- StrQ; 1954

Agazhanov, Artem Artemovich
1958-
- StrQ; 1982

Ager, Klaus
1946-
- Metaboles IV; StrQ; no. 1; op. 21; 1977; Ed. Modern; A: 1977

Agerfeldt Olesen, Thomas
1969-
- Herbst; StrQ; no. 1; 1993; DMIC
- StrQ; no. 2; 1993, rev. 1996
- Seven angels; StrQ; no. 3; 1997; Samfundet (2001); A: 1997 Aarhus
- Concordia Discors; StrQ; no. 4; 1999; Samfundet 2001; A: 2005 Schloss Elmau

Agersnap, Harald
1899-1982
- StrQ; no. 1; 1943
- StrQ; no. 2; 1948

Aggházy, Károly
1855-1918
- StrQ; f; op. 25; 1892

Agnesens, Udo
1961-
- StrQe (3?)

Agnoletto, Dorothea
1957-
- Sommernacht am Attersee; StrQ; 2004

Agolli, Lejla
1950-
- StrQ; 1977

Agopov, Vladimir
1953-
- StrQ; no.1; op. 8; 1982–84; A: 1983
- StrQ; no. 2, op. 13; 1988; A: 1988

Agostini, Mezio
1875-1944

- StrQ; no. 1
- StrQ; D; no. 2; op. 37; Gasparini (1924)

Agrafiotis, Alexis
1970-
- StrQ; 2004
- StrQ; 2006

Agrenev, Slavyansky Kiril
1838-1908
- StrQe (3?)

Agrèves, Ernest d'
1880-1968
- Deux fantaisies; StrQ; a; Senart (1928)

Agsteribbe, Franck
1968-
- Durezze e ligature; StrQ; 1998

Agudela, Graciela
1945-
- StrQ; 1971; CDA
- Apuntes de viaje; StrQ

Aguila, Miguel de
1957-
- Presto II; StrQ; 1989, rev. 1995; Peer (2006)
- La vide es sueno; StrQ; 2002; Peer (2007)

Aguilar, Emanuel A.
1824-1904
- 2 StrQe; a + d; 1884/85

Aguilar Ahumada, Miguel
1931-
- Canon doble; StrQ; 1962
- Permutaciones; StrQ; 1979

Aguirre, Pablo
1961-
- 3 Escenas argentinas; StrQ; 2003; MIC

Ahern, David
1947-1988
- StrQ; 1966

Ahlberg, Gunnar
1942-
- StrQ; no. 1; 1974; STIM
- StrQ; no. 2; 1975; STIM
- Ritratto; StrQ; no. 3; 1983; STIM

Ahlberg, Tor
1913-2008
- StrQ; no. 1; 1970; STIM
- StrQ; no. 2; 1973; STIM

Ahl-Fallersleben, Georg
1878-1945
- Fuge + Allegro; StrQ; A: 1926 Zielona Góra

Ahlin, Sven
1951-
- StrQ; 1974; STIM
- In penumbra; StrQ; no. 1; 1990; STIM
- Turning points; StrQ; 1997

Aho, Kalevi
1949-
- StrQ; no. 1; 1967; verworfen
- StrQ; no. 2; 1970; A: 1970 Helsinki
- StrQ; no. 3; 1971; Fazer (1978);
  A: 1971 Helsinki
- StrQ; no. 4; 1989
- Kimasen lento; StrQ; 1998

Ahrendt, Karl
1904-1993
- 3 Movements; StrQ

Ahrens, Peg
1950-
- StrQ; 1971

Aiblinger, Johann Caspar
1779-1867
- StrQ; C; ca. 1805; Nachlass: BSB

Aichelburg, Wolf v.
1912-1994
- StrQ; no. 1
- StrQ; no. 2; Astoria
- StrQ; no. 3
- StrQ; no. 4
- StrQ; no. 5; Astoria

Aichinger, Oskar
1956-
- Krebs hauert Umkehr; StrQ; 1999; ÖMIZ
- Palimpsest; StrQ; 2007

Aigmüller, Andreas
1952-

- StrQ; no. 1; op. 36; 1982; VeNM; A: 1983

Aigner, Heinrich F.
1909-1970
- 5 Lieder; StrQ + Sopr; 1948

Aimon, Pamphile Léopold François
1779-1866
- 12 Nouveaux Quatuors; H. 5–8
  f, c, g, h, B, d, A, C, E, c, F, E; um 1815
- 3 StrQe; op. 4; Pollet
- 3 StrQe; op. 6; Momigny
- 3 StrQe; op. 7; um 1805; verschollen
- 3 StrQe; op. 8; um 1805; verschollen
- 3 StrQe; op. 9; um 1805; verschollen
- 3 StrQe; op. 45; um 1825; verschollen
- 3 StrQe; op. 46; um 1825; verschollen
- 3 StrQe; op. 47; um 1825; verschollen
- StrQ; 1853

Aitken, Hugh
1924-2012
- Short Suite; StrQ; OUP

Aivazian, Artemy Sergeyevich
1902-1997
- StrQ; no. 1; 1951
- StrQ; no. 2; 1955; Epitrat (1956)

Ajdinović, Jacek Wiktor
1985-
- Lux intenebris; StrQ; op. 23; 2001
- Saros II; StrQ; op. 41; 2002
- Futurum; StrQ; op. 44; 2003

Akbarov, Ikram Ilkhamovich
1921-2011
- 5 StrQe; 1966–?

Åkerberg, Erik Carl Emanuel
1860-1938
- StrQ; A; 1884
- StrQ; F; 1925
- StrQ; f; 1926
- StrQ; A; 1926

Akhmedov, Veli
1918-?
- Suite; StrQ; 1949

Akhmetov, Fasil Akhmetgaliyevich
1935-1998
- StrQ; 1960
- StrQ; 1968
- StrQ; 1972

Akhmetov, Khusain Faizullovich
1914-1993
- StrQ; no. 1; 1963; Sovetskij (1968)

Akimenko, Feodor Stepanovich
1876-1945
- StrQ

Aknai, Jeremy
1977-
- Movement; StrQ; 1998

Akses, Necil Kâzim
1908-1999
- StrQ; no. 1; 1931, rev. 1946; DKY (1961)
- StrQ; no. 2; 1971; A: 1974
- StrQ; no. 3; 1979
- StrQ; no. 4; 1990

Akzhelian, Artur
1984-
- StrQ; 2004

Aladau, Mikalaj
1890-1972
- StrQ; no. 1; op. 34; 1934; Sovetskij (1976)
- 5 StrQe; 1934–70

Alaimo, Christopher
?
- StrQ; D; 1998
- The art of suicide; StrQ; 1999
- Music for my death and funeral; StrQ; 2000
- StrQ; 2000
- StrQ; no. 6; 2000
- The 12 steps; StrQ; 2000
- Demonic euphoria; StrQ; 2002
- StrQ; 2003
- StrQ; no. 10; 2006

Alaleona, Domenico
1881-1928
- 6 Canzoni italiane; StrQ; op. 39; 1922;
  Ricordi (1922)

Alandia Cañipa, Edgar
1950-
- Comme del images; StrQ; 1988
- Intermezzi; StrQ; 1989

Alard, Jean-Delphin
1815-1888
- StrQ; 4; op. 8; Costallat (1841)
- StrQ; op. 9; Costallat (1841)

Alary, Georges
1850-1929
- StrQ; e; op. 5; Hamelle (1880)
- StrQ; F; no. 2; op. 14; Hamelle (1882)
- StrQ; g; no. 3; op. 25; Leduc (1886)
- StrQ; no. 4
- StrQ; a; no. 5; Hayet (1916)
- StrQ; Es; no. 6; Hayet (1917)
- Var. déconcertantes; StrQ; D; Hayet (1896)

Alavi Kia, Romeo
1956-
- Windelweich; StrQ; 1986
- StrQ; no. 1; op. 6; 1988
- Vaya Carlos, Tango; StrQ; op. 8; 1988
- Atahualpa; StrQ; no. 2; op. 10; 1989

Albanesi, Carlo
1856-1926
- StrQ

Alberga, Eleanor
1949-
- StrQ; no. 1; 1993; OUP
- StrQ; no. 2; 1994; OUP
- StrQ; no. 3; 1999

Albert, Eugen d'
1864-1932
- StrQ; a; op. 7; BB (1887)
- StrQ; a; op. 8; MS: Berlin StaBi no. 45/46
- StrQ; Es; no. 2; op. 11; BB (1893)

Albert, Karel
1901-1987
- StrQ; A; 1929
- StrQ; D; 1941

Albert, Stefan
1959-

- Ein kleines StrQ; 1989

Albert, Stephen
1941-1992
- Imitations (after Bartók); StrQ; 1963;
  C. Fischer (1964)
- Canons; StrQ; 1964; C. Fischer (1964)

Albertsen, Per Hjort
1919-2015
- Suite; StrQ; 1984; Norske Komponisters

Albini, Giovanni
1982-
- StrQ
- Elegia; StrQ; 2005
- Snowing Los Angeles; StrQ; 2006

Albrecht, Alexander
1885-1958
- StrQ; D; op. 19; 1918; Tischer (1923)
- Scherzo; StrQ; 1949
- Vianoce; StrQ; 1956; Opus
- Slovenske Kvartettino; StrQ; 1956

Albrecht, Georg v.
1891-1976
- StrQ; C; op. 31; 1926/27
- StrQ; c; op. 52; 1947; Stuttgart-Fass.
- StrQ; c; op. 52; 1947; Lang (1984);
  Heidelberg-Fass. (um 1969); [GA VI/7–41]
- Verwandlungen eines pentatonischen
  Themas; StrQ; Künstlergilde

Albrecht, Karl
1807-1863
- 3 StrQe

Albrecht, Konstantin
1835-1893
- 3 StrQe

Albrecht, Kurt
1895-1971
- StrQ; no. 2; 1959
- StrQ; no. 3; 1961

Albrechtsberger, Johann Georg
1736-1809
- 6 StrQe; op. 20; 1800; Artaria
  PD o. Nr. [AA 748, I,65]

- 6 StrQe; op.21; 1801; Bureau des Arts [AA 748, I, 67]
- Six fugues; StrQ; André (1829) VN 5257 [AA 748, I, 73]

Albu, Sandu
1897-1978
- Andante pentru; StrQ; 1958
- Siciliana; StrQ; 1964

Albuquerque, Armando (Amorim de)
1901-1986
- Movimentos encadeados; StrQ; 1949

Alcalay, Luna
1928-2012
- StrQ; 1955/1956; verschollen
- Durchziehende Zeitpunkte; StrQ; 1962; Ed. Modern; A: 1963
- (m)any dreams formations; StrQ; no. 2; 1973
- L'interieur des pensees; StrQ; no. 3; 1990; Ed. HH 038 (1994)

Alcalde Cordero, Andrés
1952-
- Movimiento; StrQ; 1977
- Discordancias-Concordancias; StrQ; 1983

Alcaraz (i Solé), Jordi (Jorge)
1943-1985
- 3 Contrapuntos; StrQ; 1970; Alpuerto (1974)

Alcazar, Miguel
1942-
- StrQ; 1966

Alchourron, Rodolfo
1934-1999
- StrQ; 1967

Alcoru, Michael
1962-
- The old woman of Beare; StrQ + Elektr. + Sprecher; 1994; Signum (2006)
- Off the wall; StrQ; 2001

Aldar, François (père)
1761-1835

- 3 StrQe; op. 2; Lefebure
- 3 StrQe; B, C, h; op. 8; 1799; Lefebure

Alday, Paul
1763-1835
- 6 StrQe; Durieux
- 3 StrQe; B, C, h; no. 238; Pleyel (1795)

Alderighi, Dante
1898-1968
- StrQ; 1925

Aldous, John Edm. P.
1853-1934
- StrQ

Aldridge, Robert
1954-
- Ghosts; StrQ; 1987; AMC
- StrQ; 1997; AMC

Aleksandrov, Anatoli Nikolaevich
1888-1982
- StrQ; no. 1; op. 7; 1914, rev. 1921; Muzgis (1924)
- StrQ; no. 2; op. 54; 1942; Muzgis (1947)
- StrQ; no. 3; op. 55; 1942; Muzgis (1946)
- StrQ; no. 4; op. 80; 1953; Muzgis (1954)

Aleksandrov, Boris Aleksandrovich
1905-1994
- 2 StrQe; 1931

Aleksandrov, Juri Mikhailovich
1914-2001
- StrQ; 1941

Aleksandrov, Vladimir Aleksandrovich
1910-1978
- StrQ; 1936

Aleskerov, Suleiman Eiiub Ogly
1924-
- StrQ; 1947

Alessandrescu, Alfred
1893-1959
- StrQ; 1921

Alessandro, Raffaele d'
1911-1959

- StrQ; no. 1; op. 32; 1940;
- StrQ; no. 2; op. 73; 1953; Hug (1978)

Alexander, Alfred
1844-
- Sonata; StrQ; B

Alexander Friedrich v. Hessen
1863-1945
- StrQ; C; op. 1; Steyl (1890)
- StrQ; c; no. 2; op. 6; Breitkopf

Alexander, Haim
1915-2012
- 2 Ballads recollected; StrQ; 1998; IMI

Alexander, Josef
1907-1990
- 2 StrQe

Alexander, Leni
1925-2005
- StrQ; 1957; ACDMC;
  A: 1985 Santiago de Chile

Alexander, William
1927-
- Gaviota; StrQ; 1988

Alexandersson, Hellmer
1886-1927
- 3 StrQe

Alexandra, Liana (Moraru)
1947-2011
- StrQ; no. 1; 1967
- StrQ; no. 2; 1968; Ed. muzicala (1988)

Alexandre, Charles-Guillaume
1735-1788
- 6 StrQe; 1778; verschollen
- Concert d'airs; StrQ; Chez l'Auteur (1775)

Alexanian, Diran
1881-1954
- Petite suite arménienne; StrQ; Mathot

Alexiades, Menas
1960-
- Metamphiesis; StrQ; 1986

Alexius, Carl John
1928-2003
- StrQ

Alfagüel, Mario
1948-
- StrQ; op. 10; 1979
- StrQ; op. 20; 1982

Alfano, Franco
1875-1954
- StrQ; D; no. 1; 1918; Pizzi (1920)/
  Bongiovanni (1924)
- In 3 tempi collegati; StrQ; C; no. 2; 1926;
  UE (1928)
- StrQ; G; no. 3; 1943; ESZ (1949)

Alfery, Regina
1957-
- StrQ; no. 1; Wien (2007)

Alfvén, Hugo
1872-1960
- Elegi; StrQ; Gehrmans

**Aliab'ev, Aleksandr Aleksandro-
vich**
1787-1851
- StrQ; Es; no. 1; 1815; Muzgis 1952
- StrQ; no. 2; um 1820; Fragment
- StrQ; G; no. 3; 1825; Muzgis 1950
- StrQ; g; 1842; unvollendet
- StrQ; 1846; Skizzen

Alis (Flores), Reman
1931-
- StrQ; op. 22; 1960
- Series sobre anillos; StrQ; op. 87; 1971
- Adagietto; StrQ; op. 176; 1996
- As Descobertas; StrQ; op. 177; 1996

Alix, René
1907-1966
- StrQ; op. 13; 1954; Choudens
- StrQ; 1951
- StrQ; 1952

Ali-Zade (Ali-Sade), Frangis
1947-
- StrQ; no. 1; 1974; A: 1974 Baku
- StrQ; no. 2; 1988; Sikorski
- Mugam-sajahy; StrQ + Schlaginstr + Synth;
  no. 3; 1993; Sikorski (1963)
- Oasis; StrQ; no. 4; 1998, Sikorski

• In search of ...; StrQ; no. 5; Sikorski

Alkan (eigentl. Morhange), Charles Valentin
1813-1888
• Fragment e. StrQ; c; 1846

Allanbrook, Douglas Phillips
1921-2003
• StrQ; 1955
• StrQ; no. 2
• StrQ; no. 3
• StrQ; no. 4; D. Allanbrook (198?)

Allen, Anthony Campbell
1925-1995
• StrQ; op. 48, 1; 1983
• StrQ; op. 48, 2

Allen, Chris
1954-
• StrQ; C; 1997

Allen, Harold
1917-1983
• StrQ; 1964
• Beyond tomorrow; StrQ; 1974

Allen, Judith Shatin
1949-
• Constellations; StrQ; 1979

Allen, Paul Hastings
1883-1952
• Allegretto scherzando; StrQ; Mignani (191?)
• Andante; StrQ; Mignani (191?)
• Piccola suite; StrQ; Mignani (191?)

Allen, Peter
1961-
• StrQ; 2005

Allende-Blin, Juan
1928-
• StrQ; 1995; Gravis (1996); A: 1966 Köln

Allende (-Sarón), Pedro Humberto
1885-1959
• StrQ; 1930; CDA
• En modo dorico; StrQ; 1945
• Sarabanda y minuetto; StrQ; 1906

Allgén, Claude (J. M.) Loyola
1920-1990
• StrQ; no. 1; 1942
• StrQ; no. 2; 1942, rev. 1982; STIM
• StrQ; no. 3; 1958, rev. 1972; STIM
• StrQ; no. 4; 1961; STIM
• StrQ; no. 5; 1958, rev. 1972; STIM
• StrQ; no. 6; 1961; STIM
• StrQ; no. 7; 198; STIM
• Adagio; StrQ; STIM

Allik, Kristi
1952-
• StrQ; 1974

Allinger, Richard
1908-1956
• Maria, Zuflucht der Sünder; StrQ + Sopr

Allison, Horton Claridge
1846-1926
• StrQ; 1865

Allworth, Robert
1943-
• Ca. 13 StrQe; 1969–2004

Alman, Samuel
1878-1947
• Ebraica; StrQ; OUP (1932)
• 3 Small pieces; StrQ; OUP (1931)

Almeida, António Victorino de
1940-
• StrQ; op. 50; 1977
• StrQ; op. 148; 1998

Almeida, Ignacio Antonio de
1760-1825
• 16 StrQe; opp. 5–7

Almeida Lima, Florencio de
1909-1996
• StrQ; 1937

Almeida, Patricia S.
1972-
• StrQ; 1992
• StrQ; Dulce delirium; 2005

Almeyda, Carlos Francisco de
1797-?

- 3 StrQe; G, D, A; Bd. 1; op. 2; Pleyel, no. 137 [A 871] (1798)

Almila, Atso
1953-
- StrQ; e; 1993

Almqvist, Carl Jonas Love
1793-1866
- Andante grazioso; StrQ; Es

Alnar, Ferid
1906-1978
- Yayli Dörtlü; StrQ; 1933

Alonso, Julia
1889-1977
- 2 StrQe

Alonso Gómez, Miguel
1925-2002
- Fuga sobre un tema castellano; StrQ; 1952
- Sphaerae; StrQ; A: 1976 Madrid

Alonso-Crespo, Eduardo
1956-
- StrQ; op. 1
- El Valle de los Menhires; StrQ; op. 10

Alotin, Yardena
1930-1994
- StrQ; 1964; IMI

Alpaerts, Flor
1876-1954
- StrQ; 1897
- StrQ; G; no. 1; 1943
- StrQ; e; no. 2; 1944; CeBeDeM (1958)
- StrQ; D; no. 3; 1945
- StrQ; e; no. 4; 1950; CeBeDeM
- 4 Bagatelles; StrQ; 1953

Alpern, Wayne
1948-
- Dangerous propensities; StrQ; 1993; AMC

Alquen, Johann Peter Cornelius d'
1800-1863
- StrQ; d; no. 7; Arnold (1860)

Al-Shawan, Aziz
1916-1993
- StrQ

Alsted, Birgitte
1942-
- StrQ; C; 1977, rev. 1984

Altena, Maarten (van Regteren)
1943-
- Pitch; StrQ; 1990; Donemus (1990)

Altès, Ernest Eugène
1830-1899
- StrQ; d; op. 27; Hamelle (1850)

Althans, Kurt Karl
1931-2000
- Norerika; StrQ; G; 1988; A: 1988

Altier, Stéphane
1969-
- Quatrain – Ascendante tu; StrQ; 2000

Altmann, Peter Christian
1940-
- StrQ; no. 1; 1962, A: 1962 Wien

Álvarez, Geoffrey
1961-
- Canon; StrQ; 1990

Álvarez, Javier
1956-
- Metro Chabacano; StrQ; 1991; Peer (1992)
- Metro Taxqueña; StrQ; 1995; Peer (1992)

Alvarez de la Fuente, Silvia
1953-2004
- StrQ; 1978

Alvear, Maria de
1960-
- Neandertal 2; StrQ, 1986

Alwyn, William
1905-1985
- StrQ; b; no. 1; 1922
- 7 Irish tunes / Suite; StrQ; 1923
- StrQ; no. 2; 1923/24
- StrQ; F; no. 3; 1925
- StrQ; C; no. 4; 1925–27
- StrQ; a; no. 5; 1925–27
- StrQ; e; no. 6; 1927
- StrQ; A; no. 7; 1929
- 3 Pieces / Suite; StrQ; 1930
- StrQ; d; no. 8; 1931
- StrQ; C; no. 9; 1931
- En voyage; StrQ; no. 10; 1932
- StrQ; h; no. 11; 1933
- Fantasia; StrQ; no. 12; 1935
- StrQ; no. 13; 1936
- 2 Irish pieces; StrQ; 1939
- Irish Suite; StrQ; 1939/40
- Winterpoems; StrQ; 1948
- StrQ; d; 1953; Lengnick (1955)
- Spring waters; StrQ; 1975; Lengnick (1978)
- StrQ; 1984; Lengnick

Alyward, Theodore
1730-1801
- 6 StrQe; op. 4; um 1795; Windsor

Al-Zand, Karim
1970-
- StrQ; 1996; AMC
- Études; StrQ; no. 2; 2003; AMC
- The art of conversation; StrQ; 2007; AMC

Åm, Magnar
1952-
- 2 Movements; StrQ; 1970 NMIC
- 4 Norwegian tunes; StrQ; 1975; NMIC
- The silver thread; StrQ; 1995; NMIC
- Here in the resurrection; StrQ; 2003; NMIC

Amade, August, Fhr v. Pereira
1867-1930
- StrQ

Amalie Marie Friederike Auguste, Hzgin. v. Sachsen
1794-1870
- StrQ

Amann, Gerold
1937-
- StrQ; no. 1; 1975; UE (1981); A: 1975
- StrQ; no. 2; 1978; A: 1986 Salzburg
- 6 Balzer [...]; StrQ; 1996; A: 1996 Bregenz

Amann, Michael
1964-
- StrQ; 1993; A: 1994 Wien
- Sphärenklänge; StrQ; 1996; A: 1996 Bregenz
- StrQ; no. 2; 1997; Doblinger (2000)
- Jay-Jay's close-ups; StrQ; 2002; Doblinger (2003)

Amato, Bruno
1936-
- StrQ; 1958
- StrQ; 1966

Ambros, Vladimir
1891-1956
- StrQ; no. 1; 1936; HMUB (1947)
- StrQ; no. 2; 1940
- StrQ; no. 3; 1945
- Meditations; StrQ; 1952
- 6 Miniatures; StrQ; 1952
- Small quartet; StrQ; 1953

Ambrosi, Alearco
1931-
- StrQ; Ruggimenti

Ambrosio, Alfredo d'
1871-1914
- StrQ; c; op. 42, Decourcelle (1908)

Ambrosius, Hermann
1897-1983
- StrQ; f; no.1; op. 15; A: 1921 Dresden
- StrQ; g; no.2; op. 17; A: 1923 Leipzig
- StrQ; C; no. 3; op. 20
- StrQ; d; no. 4; op. 23; A: 1922 Leipzig

- StrQ; c; no. 5; op. 36
- StrQ; a; no. 6; op. 43; A: 1924 Oldenburg
- 3 StrQe; op. 62; 1928
- StrQ; G; 1937
- Feiermusik; StrQ; Portius (1943)
- Suite i. alten Stil; StrQ; 1944; Portius (1952)
- Gotisches StrQ; 1944
- StrQ; 1946
- StrQ; D; 1978/79

Amdahl, Magne
1942-
- Bobinette: Lett-musik; StrQ; 1947; NMIC

Amellér, André
1912-1990
- StrQ; 1944; Leduc

Amend, Erwin
1919-1996
- StrQ; no. 1; 1964
- StrQ; no. 2; 1990

Amendola, Ugo
1917-1995
- StrQ; 1947

Amengual (-Astaburuaga), René
1911-1954
- StrQ; no. 1; 1941
- StrQ; no. 2; 1950

Amerongen, Jan van
1938-
- StrQ; 1979; Donemus (1979)
- London; StrQ; 1982; Donemus (1982)
- StrQ; no. 3; 1985; Donemus
- VII; StrQ; 2001; Donemus

Ames, John Carlowitz
1860-1924
- StrQ; e; A: Dresden

Ames, William T.
1901-1987
- StrQ; no. 1; CFE
- StrQ; no. 2; CFE
- Poem, Declamation; StrQ; no. 3; CFE
- StrQ; no. 4; CFE
- StrQ; no. 5; CFE

- StrQ; no. 6; CFE
- Rhapsody; StrQ; CFE

Amft, Georg
1873-1937
- Bausteine; StrQ; op. 21; Schwann (1925)

Amir, Nahum
1936-
- StrQ; no. 1; ca. 1961–67
- StrQ; no. 2; 1968; IMI
- Music f. Strings; no. 3; 1969; IMI (1982)

Amirow, Fikret Meschadi Dschamil Ogly
1922-1984
- Elegie; 1948; bearb. f. StrQ; 1965

Ammann, Benno
1904-1986
- StrQ; 1935
- StrQ; A: Radio Basel 1937
- Spatial forms; StrQ; no. 2; 1972

Ammann, Dieter
1962-
- Geborstener Satz; StrQ; 2003
- Distanzenquartett; StrQ; no. 2; 2009

Amon, Johannes
1763-1825
- 3 StrQe; B, Es, A; op. 15; André, no. 1603
- 3 StrQe; F, F, f; op. 20; André, no. 1769
- 3 StrQe; Es, B, D; op. 84; ungedr.,
- 3 StrQe; op. 113; André

Amor, Mari
1973-
- StrQ; Edition 49

Amos, Keith
1939-
- StrQ; 1979; Ramsden
- StrQ; no. 2; Boosey

Amouroux, Pierre-Charles
1832-1911
- 6 StrQe

Ampazis, Thodoris
1967-
- StrQ; 1993; GMIC

Amram, David
1930-
- StrQ; 1961; Ed. Peters (1968)

Amy, Gilbert
1936-
- StrQ; no. 1; 1990–92; Amphion (1992)
- StrQ; 1991/92; Durand (1995)
- Brèves; StrQ; no. 2; 1996; Amphion (1996)
- StrQ; no. 3

Anderberg, Carl-Olof
1914-1972
- Fantasia; StrQ; STIM
- StrQ; no. 2; 1956; STIM

Anders, Erich
1883-1958
- Kammersuite; StrQ; op. 35; A: 1920 Köln
- Wandlungen; StrQ; op. 36; A: 1921 Köln
- StrQ; C; op. 47; Simrock (1925)

Andersen, Anton Jörgen
1845-1926
- StrQ; Musikaliska

Andersen, Arthur Olaf
1880-1958
- 3 StrQe

Andersen, Karl
1903-1970
- StrQ; 1961; NMIC
- StrQ; 1967

Andersen, Kristin
1973-
- Micro random silence; StrQ

Andersen, Michael
1938-
- StrQ

Anderson, Adrian David
1952-
- StrQ; 1980

Anderson, Beth
1950-
- 2 Pieces; StrQ; 1956; ACA
- 2 Movements; StrQ; 1957; ACA
- I Am Uh Am I; StrQ; 1973

- Charlemagne Palestine; StrQ; 1973; ACA
- Pennyroyal Swale; StrQ; 1985; ACA
- Rosemary Swale; StrQ; 1986; ACA

Anderson, Bryan
1957-1985
- StrQ; 1980; ScoMIC

Anderson, Jean
1939-
- The bells for children; StrQ

Anderson, Ruth
1928-
- StrQ; ACA
- 2 Pieces; StrQ; ACA

Anderson, Thomas Jefferson
1928-
- StrQ; no. 1; 1958

Anderson, Walter F.
1915-2003
- StrQ

Anderson-Wuensch, Jean
1939-
- StrQ; 1973

Andersson, Magnus
1953-
- Den utsymyckade; StrQ + Tape; 1991; SMIC

Andersson, Tommy
1964-
- Episoder; StrQ; 1982; SMIC

Anderton, Thomas
1836-1903
- StrQ; F; 1864

Andinger, Viktor
1900-1945
- StrQe

Ando, Hisayoshi
1938-
- StrQ; 1968

Andrasovan, Tibor
1917-2001
- Folklorico; StrQ; 1976

André, Johann Anton
1775-1842
- 4-stg. Fuge, dem Rezensenten d. Allg. musik. Ztg. Herrn Z. (Joh. Fr. Rochlitz) zur Prüfung vorgelegt; StrQ; C; 1799
- 3 StrQe; C, g, F; op. 14; 1801/02
- 3 StrQe; Es, B, D; op. 15; 1801; André (1802)
- Poissons d'Avril; 2 StrQe; A, B; no. 1; op. 22; no. 2; op. 54; André (1878)

Andreae, Volkmar
1879-1962
- StrQ; Es; A: 1898
- StrQ; B; op. 9; 1905; Hug (1905)
- StrQ; e; no. 2; op. 33; 1921; Hug (1921)

Andrée, Elfrida
1841-1929
- StrQ; A; posth.; 1861; Amadeus (2000)
- StrQ; d; 1887; Amadeus (2000)

Andreescu-Skeletty, Mihail
1882-1965
- Fugue; StrQ; MS: Bibl. Academiei

Andre'eva, Olena
1914-
- StrQ; 1940

Andreoli, Guglielmo
1862-1932
- Preludio e Minuetto; StrQ; 1888; Ricordi

Andreozzi, Gaetano
1755-1826
- 6 StrQe; op. 1; Mignani (1786?)

Andres, Daniel P.
1937-
- In terra Pax; StrQ; no. 1; 1994
- 3 Pieces; StrQ; no. 2; 2004
- StrQ; no. 3; 2005

Andrews, George
1927-2004
- 344; StrQ; 1976
- Periodicities II; StrQ + StrQ; 1983

Andrić, Josip
1894-1967

- StrQ

Andricu, Mihail Jon
1894-1974
- StrQ; op. 14; 1931; ESPLA (1954)
- Două piese; StrQ; op. 68; 1952; MS: Bibl. Uniun. Comp.

Andriessen, Hendrik
1892-1981
- Quartetto in stile antico; StrQ; 1957; Donemus (1957)
- Il Pensiero; StrQ; 1961; Donemus
- Indifferent; StrQ; Donemus

Andriessen, Jurriaan
1925-1996
- Cumulus humulus fumulus; StrQ; 1985; Donemus (1985)

Andriessen, Louis Joseph
1939-
- Facing death; StrQ; 1990, rev. 1993; A: 2000
- Tuin van Eros; StrQ; 2002
- Miserere; StrQ; 2006; Boosey (2002); A: 2007 Utrecht

Androsch, Peter
1963-
- Ansatz, Einsatz, Versatz, Umsatz, Absatz; StrQ; no. 1; 1991/92
- L'Algerie; StrQ; 1998

Androt, Albert Auguste
1781-1804
- 3 StrQe; op. 1; Naderman [AA 1076 III,1]

Angerer, Paul
1927-
- Musik f. Str.-Instrumente I; StrQ; 1945
- Ei, du feiner Reiter: 7 Variationen; StrQ; 1954; Doblinger (1972)

Anghel, Irinel
1969-
- Für Elise; StrQ; 1993

Angot-Bracquemond, Marthe
1918-1973
- 3 Pieces; StrQ; Stuart (1922)

Angulo, Hector
1932-
- StrQ

Angus, Roy Alex.
1902-?
- StrQ; 1927

Anhalt, István
1919-2012
- Doors ... Shadows (Glenn Gould in memory); StrQ; 1992; MS: CDN-On

Anichini, Antonio
1962-
- Isole; StrQ; 1993

Anichini, Francesco
1830-1901
- 3 StrQe
- StrQ; D; no. 4; Ricordi (1862)

Anjo, Kei
1935-
- Passage of the wind IV; StrQ; JFC (2002)

Anleu-Díaz, Enrique
1940-
- StrQ; 1963
- StrQ; 1964
- StrQ; 1966
- StrQ; 1967
- StrQ; 1967
- StrQ; 1970

Annunziata, Alessandro
1968-
- Meltemi; StrQ; 2001
- Graffiti; StrQ; 2001
- Il sorriso di Tommaso; StrQ; 2003

Anrep-Nordin, Birger
1888-1946
- Divertimento; StrQ; STIM

Ansink, Caroline
1959-
- Shades of silence; StrQ; 1984; Donemus (1985)
- Brezze; StrQ; 1992; Donemus (1992)

Ansorge, Conrad
1862-1930
- StrQ; As, op. 13; Dreililien (1904)
- StrQ; A; no. 2; op. 20; Hofmeister (1911)

Antes, John
1740-1811
- 6 StrQe; verschollen

Antheil, George
1900-1959
- StrQ; 1924, rev. 1925; G. Schirmer; A: 1926 Paris
- StrQ; no. 2; 1927, rev. 1943; G. Schirmer
- 6 Little pieces; StrQ; 1931; G. Schirmer
- StrQ; no. 3; 1948; Boosey/Schirmer (1948)

Antiufeev, Boris Ivanovich
1889-1968
- Quasi serenata; StrQ; op. 1; Muzsektor (1929)
- Weitere StrQe; 1913–51

Antonioni, Francesco
1971-
- Morphing; StrQ; 1999

Antoniou, Theodoros
1935-
- StrQ; 1960

Antropp, Carl
- Eines Urwianers Traum, Intermezzo; StrQ; Jungmann (1895)

Antropov-Manu, Serafin
1913-1988
- StrQ; c; no. 1; 1967
- StrQ; h; no. 2; 1970

Antunes, Jorge
1942-
- StrQ; no. 1; 1964–68
- Bartokollagia; 1970/71; ESZ (1973)
- Colludwiguia; StrQ; 1971; ESZ (1973)

Anzaghi, Davide
1936-
- Labia; StrQ; 1982
- For Four; StrQ; 1992; Zerboni
- Pri-ter; StrQ; 1993; Zerboni

Anzoletti, Marco
1866-1929
- 18 StrQe; Trento: Bibl. Comunale

Aperghis, Georgios
1945-
- StrQ; 1975
- Dix Pièces; StrQ; op. 84; 1986; Salabert
- Quartet movement; StrQ; A: 2009 Witten

Aplvor, Denis
1916-2004
- StrQ; op. 37; 1964; MS: Brit. Libr.
- StrQ; no.2; op. 63; 1976; MS: Brit. Libr.
- StrQ; no.3; op. 84; 1989; MS: Brit. Libr.

Apollon Musagète Quartett
Gemeinschaftskomposition der vier Musiker
- Hommage à Witold Lutoslawski; StrQ;
  Doblinger (2010); A: 10.11.2010 München
- A multitude of shades; StrQ;
  Doblinger (2012)

Apostel, Hans Erich
1901-1972
- 18 Variationen; StrQ; 1925
- StrQ; d; 1926
- StrQ; op. 7; 1935; UE (1949); A: 1949
- StrQ; no. 2; op. 26; 1956; UE (1958)
- 6 Epigramme; StrQ; op. 33; 1962;
  UE (1963)

Appeldoorn, Dina (Christina A. A.)
1884-1938
- StrQ; Bb; 1932; MS: NL-DHgm

Applebaum, Edward
1937-
- Prelude; StrQ; 1984; MMB

Applebaum, Louis
1918-2000
- StrQ; no. 1; 1939–48
- StrQ; no. 2; 1941–48

Applebaum, Mark
1967-
- Mt. Moriah; StrQ; 1992

Appleton, Jon
1939-

- StrQ; 1976

Appold, Georg Valentin
1793-1825
- StrQe

Aracil, Alfredo Avila
1954-
- Musica da Camera; StrQ; 1975; Zerboni
- StrQ; no. 2; 1991; Zerboni (1991);
  A: 1992 San Sebastian

Aragon Guerrero, Alfredo
1936-
- StrQ; Bogotá: Centro

Aragüés Bernard, Tomás
1935-
- Modal; StrQ; 1989; Madrid: Centro

Arakishvili, Dimitri
1873-1953
- Andante; StrQ; 1948

Aralla, Paolo
1960-
- StrQ; no. 1; 1987; Ricordi
- ASKE; StrQ; no. 2; 1988; Ricordi

Arámbarri y Gárate, Jesús
1902-1960
- StrQ; D; 1929; UME (1930)

Arandia Navarro, Jorge
1929-
- StrQ; 1965; CDA
- StrQ; 1968; CDA

Arányi-Aschner, Georg
1923-
- StrQ; no. 2; 1951
- Dornröschen träumt; StrQ; 1971
- Melancholische Variationssonate; StrQ;
  no. 3; 1987

Arazova, Izabella Konstantinovna
1936-
- StrQ; no. 1; 1965
- StrQ; no. 2; 1991

Archer, Violet
1913-2000
- StrQ; no. 1; 1940; MS: CMC

- Theme and variations; StrQ; 1942;
  A: 1943 Edmonton, Alberta
- StrQ; no. 2; 1949; MS: CMC
- StrQ; no. 3; 1981; MS: CMC;
  A: 1982 Edmonton, Alberta
- Fugue fantasy; StrQ; 1949
- StrQ; no. 4

Archibald, Bruce
1933–
- StrQ; Variations; 1957

Artsybushev, Nikolai Vasilievich
1858–1937 | Kollektivwerke Belaieff-Kreis
- Serenade, A; StrQ, in: *Les Vendredis*;
  Belaieff (1899)/Boosey
- Variationen ü. ein russ. Thema; StrQ;
  Belaieff (1899)

Arden, Holger
1946–
- StrQ; 1994; NMIC

Ardévol Gimbernat, José
1911–1981
- StrQ; 1943; Southern Music
- StrQ; no. 2; 1943; Southern Music (1960)
- StrQ; no. 3; 1958

Arel, Bülent
1919–1990
- StrQ; 1946
- StrQ + Tape; 1960
- Music; StrQ + Oszillator; 1957; überarb.
  als: Music; StrQ + Tape; 1962

Arencibia, Maria Luisa
1959–
- StrQ

Arendt, Erich
1885–?
- StrQ

Arens, Franz Xaver
1856–1932
- StrQ

Arensky, Anton Stepanovich
1861–1906

- StrQ; g; no. 1; op. 11; Kunzelmann (1995)/
  Jurgenson (1889/1902)
- Andante; StrQ; aus op. 11; Jurgenson (1893)
- StrQ; a; no. 2; op. 35 A; 1899;
  Jurgenson (1899)/Wollenweber (1980)

Argento, Dominick
1927–
- StrQ; 1956; Boosey

Arima, Reiko
1933–
- StrQ; 1968

Arizaga, Rodolfo
1926–1985
- StrQ; 1968; CDA
- StrQ; 1969; CDA

Arkhimandritov, Boris Ivanovich
1932–2009
- StrQ; Sovetskij (1981)

Arkvik, Ylva Q.
1961–
- Pictures; StrQ; 1995; STIM

Arma, Paul
1905–1987
- Concerto; StrQ + Orch; 1947;
  Transatlantiques (1969)
- Petite Suite; StrQ (od. StrOrch);
  Lemoine (1969)
- Structures varies; StrQ; 1964;
  Lemoine (1969)
- 7 Transparences; StrQ; 1967;
  Lemoine (1969)
- La Fete au village; StrQ; 1938; ESZ

Armbruester, Fred
1930–2014
- StrQ
- You shall be responsible; StrQ; 1994

Armbruster, Rene
1931–1991
- Esquisses no. 1; StrQ; 1961; Hug (1975)
- Pieces; StrQ; 1960
- Esquisses no. 2; StrQ; 1976; Bärenreiter
- StrQ; 1978

Armenian, Gevork
1920-
- StrQ; 1948

Armer, Elinor
1939-
- StrQ; 1983; MS: US-BEm

Armstrong, William Dawson
1868-1936
- Evening prayer; StrQ; C. Fischer

Armstrong, David
1927-1992
- StrQ; 1975

Armstrong, Kit
1992-
- Wie ein Uhrwerk; StrQ; A: 2011 Leipzig

Arnaud, Pierre
um 1787-um 1820
- 6 StrQe; D, Es, B, F, C, G; op. 1; Le Menu
- 6 StrQe; op. 3; Michaud (1787)

Arnaudov, Georgi
1957-
- StrQ; no. 1; 1984
- StrQ; no. 2; 1988, rev. 1991

Arnecke, Jörn
1973-
- In Stille; StrQ; no. 1; 2002
- Inschriften; StrQ; no. 2; 2003; Siko (2009)
- Wasserkreisel; StrQ; no. 3;
  A: 2010 Brandenburg

Arnell, Richard Anthony S.
1917-2009
- 3 frühe StrQe; 1937/38; Broadkent
- StrQ; no. 1; op. 4; 1939
- StrQ; no. 2; op. 14; 1941; Broadkent
- StrQ; Es; no. 3; op. 41; 1945; Broadkent
- StrQ; no. 4; op. 62; 1951; Broadkent
- StrQ; no. 5; op. 99; 1961; Broadkent
- StrQ; no. 6; op. 170; 1990–92; Broadkent;
  A: 7/1992 Cheltenham

Arnestad, Finn
1915-1994
- StrQ; 1947

Arnfelser, Franz
1846-1898
- 3 StrQe; Ziegenhals, Pietsch

Arnheim, Richard
1869-?
- StrQ; c; op. 2; A: 1917 Berlin
- StrQ; a; op. 4; A: 1918 Berlin
- 3 Stücke; StrQ + Sprecher; op. 21; A: 1921

Árni, Egilsson
1939-
- Why; StrQ; 1995
- Get down; (a jazzy) StrQ

Arnic, Blaz
1901-1970
- StrQ; op. 16; 1937; DSS

Arnold, Carl
1794-1873
- StrQ; g; op. 19; André (1823)/
  Heinrichshofen (1993)

Arnold, Hans-Gerhard
1914-?
- StrQ; 1970

Arnold, Malcolm (Henry)
1921-2006
- Vita abundans; StrQ; 1941;
  A: 3/1996 London
- StrQ; no. 1; op. 23; 1949; Lengnick (1951)
- StrQ; no. 2; op. 118; 1975; Faber (1976)

Aronowicz, Dan
1909-1947
- StrQ; 1940/41
- StrQ; no. 2; 1968

Arregui Garay, Vicente
1871-1925
- StrQ; c; 1913

Arriaga y Balzola, Juan Crisóstomo
1806-1826
- 3 StrQe; d, A, Es; UME (1910)/
  Heinrichshofen (1962); Autogr. verschollen;
  A: 1824 Paris
- StrQ; op. 17; 1820; Madrid: Centro

- Variaciones sobre tema de la Húngara; StrQ; op. 23; 1822; MS: Teatro Arriaga

Arseneault, Raynald
1945-1995
- Offrandes; StrQ; no. 1; 1979; CMC
- Trimurti; StrQ; 1980; CMC

Arteaga, Edward
1950-
- StrQ; no. 1; 1978; Berandol (1979)

Artëmov (Artyomov), Viacheslav Petrovič
1940-
- StrQ; 1960
- 3 Pieces; StrQ; 1960

Artz, Carl Maria
1887-1963
- StrQ

Arutiunian, Aleksandr Grigorievich
1920-2012
- StrQ; 1947

Arvidsson-Bremmer, Per
1959-
- Fast; StrQ; 1987

Arvinte, Constantin
1926-
- Cintari Strabune; StrQ; 1985
- Melancolie; StrQ; 1986

Arzumanov, Valerii Grantovich
1944-
- StrQ; 1962
- StrQ; 1963
- StrQ; 1966

Asafiev, Boris Vladimirovich
1884-1949
- StrQ; 1940; Muzgis (1946); A: 1944 Moskau

Asaka, Mitsuru
1958-
- 5 Preludes; StrQ; JFC (2001)

Aschaffenburg, Walter
1927-2005

- Quartet; StrQ; 1955

Ase, Dirk D'
(1960-
- 8 Bagatellen; StrQ; no. 1; 1986; A: 5/1987 Brüssel

Aserholdt, Sarah
1955-
- StrQ; 1978

Ásgeirsson, Jón
1928-
- StrQ; 1999; IMIC

Ashbourne (-Firman), Peter
1950-
- Jamaica Folk, Medley; StrQ; A: 1985
- Folk Suite: Fantasy on Jamaican Folk Tunes; StrQ; A: 1996

Asheim, Nils Henrik
1960-
- Genesis; StrQ; 1982; Lyche

Ashley, Robert
1930-
- Describing the motions of large real bodies; StrQ + Elektr.; 1972; Selbstverlag

Ashrafi, Mukhtar Ashrafovich
1912-1975
- Suite; StrQ; 1948

Ashton, Algernon Bennet Langton
1859-1937
Insg. 24 StrQe vollendet
- StrQ; fis; op. 34
- StrQ; c
- StrQ; B; ca. 1886

Asia, Daniel
1953-
- StrQ; no. 1; 1976; Presser
- StrQ; no. 2; 1985; Presser

Asioli, Bonifazio
1769-1832
- StrQ; 1785

Aslamas, Anisim
1924-2000
- StrQ; 1946

- StrQ; 1956

Aslamazian, Sergei Zakharovich
1897-1978
- P'esy na temy armianskikh narodnykh pesen; StrQ; Muzyka (1975)

Aspelmayr, Franz
1728-1786
- 6 StrQe; G, D, F, E, C, Es; op. 2; Huberty
- 6 StrQe, A, B, C, D, F, Es; op. 6; Le Duc
- 13 StrQe aufgezählt bei Breitkopf (1768/69; 1779/80); 2 zweifelhaft

Assmann, Alfred Clemens
1891-?
- StrQ; fis; op. 11; A: 1924 Chemnitz

Assmayer, Ignaz
1790-1862
- StrQ; Es; op. 60; 1850; Haslinger (1853)
- StrQ; D; op. 61; um 1850; Haslinger (1856)
- StrQ; F; op. 63; um 1851; Haslinger (1856)

Astileanu, Gabriela
1954-
- StrQ; 1975

Asuar (Puiggros), José Vicente
1933-
- 3 Ejercicios; StrQ; 1960; Instituto de Extensión Musical

Ataide y Portugal, Enrique de
?
- 6 StrQe; op. 6; Copin

Atanacković, Slobodan
1937-
- Fatalnost; StrQ; G; um 1964; A: 1976

Atehortúa, Blas Emilio
1943-
- StrQ; no. 1; op. 7; 1960; CDA
- StrQ; no. 2; op. 9; 1961; CDA
- StrQ; no. 3; op. 68; 1977; CDA
- StrQ; no. 4; op. 87; 1979; CDA
- 5 Offerings; StrQ; op. 131; 1984

Atterberg, Kurt (Magnus)
1887-1974
- StrQ; D; no. 1; op. 2; 1909-37

- StrQ; h; no. 2; op. 11; 1916; Musikaliska (1919)
- StrQ; no. 3; op. 39; 1937; STIM
- Suite chinoise; StrQ; op. 19, 2; STIM
- Suite; StrQ; no. 7; op. 29; Breitkopf
- Variationer + fuga; StrQ; op. 46; 1944; STIM

Auber, Daniel-François-Esprit
1782-1871
- StrQ; verschollen
- StrQ; no. 1; 1799; MS: F-Pn, No. 2773; Elite Edition (1986)
- Caprice; StrQ; MS: F-Pn, No. 2799

Aubert, Olivier
1763- um 1830
- 3 StrQe; op. 1; 1796; B. Viguerie
- 3 StrQe; op. 2; 1796; Nägeli
- 3 StrQe; op. 4; Nadermann

Aubin, Tony
1907-1981
- StrQ; 1932; Leduc (1933)

Auer, Gerhard
1925-
- StrQ; A; 1958
- StrQ; d; 1977

Auerbach, Lera
1973-
- StrQ; no. 1; op. 79; 2004; Luzern (2005)
- Primera luz; StrQ; no. 2; Siko
- StrQ; no. 3; Siko; A: 8/2006 Hamburg
- Findings – 16 Inventions; StrQ; no. 4; Siko (2007); A: 7/2007 Caramoor
- Farewell; StrQ; no. 6; A: 11/2012 Madrid

Aufenanger, Friedhelm
1955-
- StrQ; 1983
- Rondo II; StrQ; 1988
- StrQ; no. 2; 1988

Augustyn, Rafał
1951-
- StrQ; no. 1; 1972
- StrQ; no. 2; StrQ + Flöte; 1981; PWM

- Do ut des; StrQ; 1998

Aulestia Chacartegui, Gotzou
1940-
- Harizko laukotea; StrQ; 1992

Aulin, Tor (Bernhard Vilhelm)
1866-1914
- StrQ; op. 1

Aulin, Valborg
1860-1928
- StrQ; F; 1884; Elkan/Musikaliska
- StrQ; e; op. 17; 1889; Elkan/Musikaliska

Auster, Lidya
1912-1993
- StrQ; 1937
- StrQ; 1939
- StrQ; 1945

Austin, Larry (Don)
1930-
- StrQ; 1954
- StrQ; 1955; A: 1956 Utah
- In open style; StrQ; 1964; A: 1965 Davis

Auza-Leon, Atiliano
1928-
- StrQ; Ricordi

Avidom, Menachem
1908-1995
- StrQ; no. 1; 1945, rev. 1957
- Music f. Strings; StrQ; 1949
- From the wisdom of the fathers; StrQ; no. 2; 1961; Mills Music
- Sonatina; StrQ; 1981; IMI
- Movements; StrQ; 1982
- Bachiana; StrQ; 1985

Avilés, Danilo
1948-
- Dibujos + Variaciones; StrQ

Avitzur, Eitan
1941-
- StrQ; no. 1; 1972; IMI
- StrQ; 1979; IMI

Avni, Tzvi
1927-

- Summer Strings; StrQ; no. 1; 1962; IMI (1962)
- De Profundis; StrQ; no. 2; 1969/1972; IMI

Avram, Ana-Maria
1961-
- StrQ; 1983

Avramovski, Risto
1943-
- StrQ; 1968

Avshalomov, Aaron
1894-1965
- StrQ; e; 1954; CFE

Axman, Emil
1887-1947
- StrQ; no. 1; 1924; A: 1925 Prag
- StrQ; no. 2; 1925; A: 1925 Berlin
- StrQ; no. 3; 1930
- Suita; StrQ; 1940; HMUB (1943)
- Varia ni fantasie a Scherzo; StrQ; 1943; HMUB (1950)
- StrQ; no. 4; 1946; HMUB (1952)

Ayala Pérez, Daniel
1906-1975
- StrQ; 1933
- Danza; StrQ; 1933-35
- Cinco piezas infantiles; StrQ; 1933

Aykal, Gürer
1942-
- StrQ; A: 2013

Aylward, Theodore
1730-1801
- 6 StrQe; op. 4; A: 1795 Windrorum

Ayres (Johnson), Frederick
1876-1926
- StrQ; op. 16; rev. 1916
- StrQ; no. 2

Ayres, Richard
1965-
- No. 38. 3 small pieces; 2003; Schott (2011); A: 11/2008 Montreal

Azanchevskii, Mikhail Parlovich v.
1839-1881

- StrQ; a; op. 3; 1863; Dörffel/Schmidt (1899)

Azarashvili, Vazha (Vaja)
1936-
- 11 Stücke f. StrQ; A: 1983 Tbilissi
- Fokstroli, Blusi [...] StrQ; 1988
- StrQ; 1988
- 11 Spiele; StrQ; 1990

Azevedo, Sérgio
1968-
- Officium defunctorum; StrQ; 1994

Azzoni, Italo
1853-1935
- Andantino; StrQ; Es; op. 18; Ricordi

Baader-Nobs, Heidi
1940-
- StrQ; 1980
- Petit quatuor en pizz; StrQ; Nepomuk;

Baas, Danielle
1958-
- Au printemps; StrQ; op. 37; 1997

Baaren, Kees van
1906-1970
- StrQ; no. 1; 1932/33; Donemus (1977)
- Sovrapposizioni I; StrQ; no. 2; 1962; Donemus (1962)

Babadschanjan, Arno
1921-1983
- StrQ; no. 1; 1939–41
- StrQ; no. 2; 1947
- StrQ; no. 3; 1976

Babaian, Vagram Oheni
1948-
- StrQ; no. 1; 1968
- StrQ; no. 2; 1969
- StrQ; no. 3; 1970
- StrQ; no. 4; 1981
- StrQ; no. 5; 1984

Babbitt, Milton Byron
1916-2011
- StrQ; no. 1; 1948; zurückgez.
- StrQ; no. 2; 1954; AMP (1967)

- StrQ; no. 3; 1969/70; Ed. Peters (1970)
- StrQ; no. 4; 1970; Ed. Peters (1976); A: 1971 New York
- StrQ; no. 5; 1982; Ed. Peters
- StrQ; no. 6; 1993; Ed. Peters

Babcock, David
1956-
- StrQ; no. 1; op. 3; 1981; A: 1981 Wien
- StrQ; B; no. 2; op. 26; 1989; A: 1989 Wien
- StrQ; C; no. 3; op. 29; 1989

Baber, Joseph (Wilson)
1937-
- StrQ; op. 30; 1968

Babić, Konstantin
1927-2009
- StrQ; 1954

Babin, Stanley
1932-2010
- StrQ

Babin, Victor
1908-1972
- StrQ; Galaxy

Bacarisse Chinoria, Salvador
1898-1963
- StrQ; no. 1; op. 10a; 1930; Cons. Madrid
- StrQ; Es; no. 2; op. 14; 1932; Cons. Madrid
- StrQ; no. 3; op. 24; 1936

Bacewicz, Grażyna
1909-1969
- Doppelfuge; StrQ; 1928
- StrQ; 1931; vernichtet
- StrQ; no. 1; 1938; PWM (1997)
- StrQ; no. 2; 1943; PWM (1997)
- StrQ; no. 3; 1947; PWM; Moede (1948)
- StrQ; no. 4; 1951; Ed. Tyssens (1952)
- StrQ; no. 5; 1955; PWM (1964); Moede (1958)
- StrQ; no. 6; 1960; PWM (1961)
- StrQ; no. 7; 1965; PWM; Moede (1967)

Bacevičius, Vytautas
1905-1970
- StrQ; no. 1; 1925

- StrQ; no. 2; op. 45; 1947
- StrQ; no. 3; op. 48; 1949
- StrQ; no. 4; op. 62; 1956

Bach, Carl Philipp Emanuel
1714-1788
- 4 StrQe; nach der i. d. Thomasschule befindl. Abschrift no. 1; G; Beyer (1899)
- 2 StrQe; no. 2; D; Beyer (1903)

Bach, Erik
1946-
- Tripleform; StrQ; no. 1; 1969; Egtved
- Ranker og roser; StrQ; no. 2; 1971; Dan Fog (1974)
- Portrait of a Romantic; StrQ; 1975; Egtved
- Balladen; StrQ; 1987; DMIC

Bach, Fritz Henri
1881-1930
- Suite; StrQ; op. 5; 1911; A: 1925
- StrQ; e; A: 1922

Bach, Heinrich Frhr. v.
siehe: Molbe, Heinrich

Bach, Jan (Morris)
1937-
- StrQ; 1957
- Gypsy Rock; StrQ; 1984
- Anachronisms; StrQ; 1991

Bach, Johann Christian
1735-1782
- 6 StrQe (à 2 violons ou 1 hautbois, 1 vl., alto + basse); C, D, Es, F, G, B; op. 8; Sieber; Castaud; [RISM-B 311]
- 6 StrQe; C, G, D, B, A, F; op. 17; La Chevardiere; [RISM-B 313]

Bach, Johann Christoph Friedrich
1732-1795
- 6 StrQe; Es, B, A, D, G, F; op. 1; J. Welcker (1778); Senart (1922)

Bach, Maria Frhrn. v.
1896-1978
- StrQ; no. 1; 1935; MS: WStLB-MS
- StrQ; no. 2; 1942; MS: WStLB-MS

Bach, Otto
1833-1893
- StrQ; g; 1851
- StrQ; d; op. 6; Kistner (1863)
- Adagio + Fuga; d; op. 8; Ries (1894); Kühn (1867)

Bache, Francis Edward
1833-1858
- StrQ; F; 1851; MS: Lcm

Bachmann, Gottlob
1763-1840
- 2 StrQe; A, F; op. 3; André (1796); no. 958; [BB537I,28]
- 2 StrQe; D, f; op. 5; André (1797); no. 991 (992); [BB537I,29]
- 3 StrQe; C, F, G; op. 7; Eder (1801); no. 185; [BB537I,30]
- 2 StrQe; G, Es; op. 8; 1797; no. 119; [BB537I,31]
- StrQ; op. 15; Gombart (1800)
- 2 StrQe; B, C; op. 18; Eder (1801); no. 154; [BB537I,34]
- StrQ; G; op. 32; Breitkopf. (1803); no. 117; [BB537I,32]
- StrQ; B; op. 57; 1803; Kreitner; no. 149; [BB537I,33]
- StrQ; C; Gombart; no. 301; [BB537I,35]

Bachmann, Sixtus (Joseph Siegmund Eugen)
1754-1825
- 3 StrQe

Bachschmidt, Anton
1728-1797
- 6 StrQe; A, D, G, C, F, B; verloren

Bachmann, Arthur
1961-
- Behind the red door; StrQ; 1992; CMC
- In the night; StrQ; 1993; CMC

Backes, Lotte
1901-1990
- Reisbilder; StrQ; 1980

Bacri, Nicolas
1961-

- Fantaisie; StrQ; no. 1; op. 1; 1980; Durand (1993)
- Pièces; StrQ; no. 2; op. 5; 1982; Peer
- Esquisses p. un tombeau; StrQ; no. 3; op. 18; 1985, rev. 1989; Durand (1992)
- Omaggio à Beethoven; StrQ; no. 4:, op. 42; 1989, rev. 1994/95; Durand (1992)
- 5 Meditations; StrQ; 1989; Durand (1993)
- Elegiaco; StrQ; no. 5; op. 57; 1997; Durand
- StrQ; no. 6; op. 97; 2005; Durand

Baculewski, Krzysztof
1950-
- StrQ; no. 1; 1984
- StrQ; no. 2; 1985
- StrQ; no. 3; 1986

Baden, Conrad (Krohn)
1908-1989
- StrQ; op. 9; 1941
- StrQ; op. 16; 1946
- StrQ; op. 55; no. 3; 1961
- StrQ; op. 131; 1983

Badger, Harold
1930-
- StrQ; no. 1; 1961

Badian, Maya
1945-
- Accente; StrQ; 1973
- Music in square; StrQ; 1993

Badings, Henk (Hendrik) Herman
1907-1987
- StrQ; 1929
- StrQ; no. 1; 1931; Schott (1934)
- StrQ; no. 2; 1936; Schott (1939)
- StrQ; no. 3; 1944; Donemus
- StrQ; no. 4; 1966; Donemus
- StrQ; no. 5; 1980; Donemus (1980)

Badinski, Nikolai
1937-
- Das Leben/Über den Krieg; StrQ; no. 1; 1965
- StrQ; no. 2; 1973
- Hommage à B. Bartók; StrQ; no. 3; 1978

- ... nach Trojanovs Weltensammler; StrQ
- Mass for B. Bartók; StrQ; A: 2007 Berlin
- Dream; StrQ + Sopr; A: 2010 Sofia

Badulescu, Mircea
1924-
- Sol major; StrQ; 1960

Bäck, Sven-Erik
1919-1994
- StrQ; no. 1; op. 1; 1945; STIM (1945)
- StrQ; no. 2.; op. 4; 1947; WH (1947)
- Preambule pour Pierre; StrQ; 1949
- StrQ; no. 3; 1962; Hansen (1965) DK
- StrQ; no. 4; 1981

Baervoets, Raymond
1930-1989
- Etude; StrQ; 1961; unveröff.

Baeyens, August (Louis)
1895-1966
- StrQ; no. 1; 1922; unveröff.
- StrQ; no. 2; 1925; unveröff.
- StrQ; no. 3; 1927; unveröff.
- StrQ; G; no. 4; 1949; CeBeDeM (1957)
- StrQ; no. 5; 1951; CeBeDeM (1958)
- StrQ; no. 6; 1962; unveröff.

Bageneta Messeguer, Imanol
1962-
- StrQ; op.13; 1987; Madrid: Centro

Bagge, Karl Ernst v.
1722-1791
- 6 StrQe; op. 1; 1773; [B641]

Bagge, Sehnar
1823-1896
- 2 StrQe; e, F; op. 1; Haslinger (ca. 1845)
- StrQ; C; op. 12; Lewy (1861)

Bagin, Pavol
1933-
- Preludia; StrQ; SHF (1980)

Bagiński, Zbigniew
1949-
- StrQ; no. 1; 1980
- StrQ; no. 2; 1986
- StrQ; no. 3; 1992

Bail, Grace Shattuck
1898-1996
- StrQe

Bailey, Judith
1941-
- Burnt Norton; StrQ; 1990; BMIC
- StrQ; op. 31; 1987; Da Capo

Bailey, Judy (Judith Mary)
1935-
- StrQ; 1994

Baille, Gabriel
1832-1909
- 6 Pieces; StrQ; Joubert (um 1868)

Baillot, Pierre (Marie François de Sales)
1771-1842
- 3 StrQe; op. 34; Paris ca. 1815?

Bailly, Jean-Guy
1925-2009
- 9 StrQe; 1948–94

Baily, Jean
1937-
- Daphne; StrQ; 1994?

Bainbridge, Simon
1952-
- StrQ; 1972; UMP

Baines, Francis
1917-1999
- StrQ (in the 1st pos.); Williams (1961)

Baines, William
1899-1922
- Aubade; StrQ; B; op. 8; 1917
- StrQ; E; op. 2; 1917/18
- Piece; StrQ; C; 1919
- Rhapsody; StrQ; f#; 1920
- 2 Fragments; StrQ; 1920/21
- Andante; StrQ; 1922

Bainton, Edgar (Leslie)
1880-1956
- StrQ; A; 1915, rev. 1920

Baiocchi, Regina A. Harris
1956-

- StrQ

Baird, Tadeusz
1928-1981
- StrQ; 1957; PWM (1970);
  A: 1958 Warschau
- Play; StrQ; 1971; Litolff; PWM (1972);
  A: 1971 Kopenhagen
- StrQ; 1978; Litolff; PWM 1979

Bajamonti, Julije (Giulio)
1744-1800
- 5 StrQe; ohne gesicherte Autorenschaft

Bajoras, Feliksas Romualdas
1934-
- 4 Skizzen; StrQ; 1968; Karthause (1995)
- 2 StrQe; 1975 + 1979; Muzyka (1979)
- Suokos (Zwitschern); StrQ; 1998
- Flessibile; StrQ; 1973; MS b. Komp.

Bajsanski, Milan
1903-1980
- Largo; StrQ; 1926

Bakala, Břetislav
1897-1958
- Fantasii; StrQ; 1915, rev. 1931
- StrQ; C; 1919

Baker, David Nathaniel
1931-
- Pastorale; StrQ; Fema (1975)
- Summer memories; StrQ; 1962; MMB
- Religion; StrQ + Sopr; 1972
- Through this vale of tears; StrQ + Ten

Baker, Michael Conway
1937-
- StrQ; no. 1; op. 14; 1969; CMC

Baker, Michael J.
1949-
- Second thoughts; StrQ; 1988; CMC

Bakhmetiev, Nikolai Ivanovich
1807-1891
- StrQ; D; op. 16; Bessel (1882)

Bakikhanov, Tofik
1930-
- StrQ; 1955

Bakke, Ruth
1947-
- Troll suite; StrQ; 1981; NMIC

Baksa, Andreas
1950-
- StrQ; op.1; 1973; A: 4/1984 Gänserndorf
- StrQ; op. 3; 1977; A: 4/1987 Wien

Baksa, Robert Frank
1938-
- StrQ; 1973; Presser (1980)

Bakuradze, Teimuraz
1943-
- StrQ; 1970

Balada, Leonardo
1933-
- Geometrías; StrQ; no. 2; 1967
- Miniaturas; StrQ; A: 1967

Balakauskas, Osvaldas
1937-
- StrQ; no. 1; 1971; PWM 1994
- StrQ; no. 2; 1971; Sovetskij (1980)
- StrQ; no. 3; 1998; PWM (2002)
- StrQ; no. 4; 2004
- StrQ; no. 5; 2012

Balakirev, Mili Alekseevich
1837-1910
- StrQ; op. 2; 1854–56; unvollendet

Balan, Dan Alexandru
1953-
- StrQ; 1975; MS b. Komp.
- StrQ; 1980; MS b. Komp.

Balart, Gabriel
1824-1893
- 3 StrQe; 184.?

Balassa, Sándor
1935-
- StrQ; op. 53

Balboa Rodríguez, Manuel
1958-
- Homage to E. M. Forster; StrQ; 1989

Balcar, Milan
1886-1954

- StrQ; c; no. 1; op. 1; 1908
- StrQ; d; no. 2; op. 2; 1909
- Variationen; StrQ; op. 35; 1943

Balasz, Frederic
1920-
- Divertimento; StrQ; CFE;
  A: 1942 San Francisco
- StrQ; 1971; ACA
- StrQ; CFE; A: 4/1971 Portland, ME
- Sonnets after E. B. Browning; StrQ + Stimme

Balci, Oguzhan
1977-
- StrQ

Baldwin, Antony
1906-1976
- Caellwair (a joke); StrQ; 1925; ScoMIC
- Pedwarawd; StrQ; 1944; ScoMIC
- StrQ; 1937; ScoMIC

Bales, Richard
1915-1998
- StrQ; 1944

Balint, George
1961-
- StrQ; 1984

Balissat, Jean
1936-2007
- 5 Pieces; StrQ; 1962
- StrQ; no. 1; 1958–2003; Bim (2004);
  A: 2003 Lavey les Bains
- L'or pertu; StrQ; no. 2; 1995;
  A: 1995 St. Ursanne
- Quatuor sine nomine; Bim (1998)

Baljozov, Rumen Dimitrov
1949-
- StrQ; no. 1; 1979
- StrQ; no. 2; 1982

Ball, Derek
1949-
- In the hot house; StrQ; 1983; ScoMIC
- Cuttings; StrQ; 1996; ScoMIC

Ballard, Louis W.
1931-2007

- The Fire Moon; StrQ; 1997

Ballereau, Jean
1881-1964
- StrQ; Es; 1927

Balliana, Franco
1954-
- Tetrarco; StrQ; Ruggimenti (1983)

Ballif, Claude
1924-2004
- StrQ; no. 1; op. 12a; 1955; BB;
  Durand (1956)
- StrQ; no. 2; op. 23; 1958; BB;
  Durand (1959)
- StrQ; no. 3; op. 30; 1959; BB;
  Durand (1962)
- StrQ; no. 4; op. 61; 1987–89;
  Durand (1989)
- StrQ; no. 5; op. 63; 1989; Durand (1993);
  A: 1991 Paris

Ballou, Esther (Williamson)
1915-1973
- Nocturne; StrQ; 1937
- Allegro; StrQ; 1943
- Divertimento; StrQ; 1958; ACA (1958)
- Un morceau d'ensemble sur le nom
  d'Elmira; StrQ; 1972

Balmer, Luc
1898-1996
- StrQ; no. 1; (Keller); 1931
- StrQ; no. 2; (Hölderlin); 1961
- StrQ; no. 3; (Lenau); 1972–75
- StrQ; no. 4; (Rimenbranze); 1983; unvoll.

Balogh, Ernö
1897-1989
- 2 Pieces; StrQ; C. Fischer

Balogh, Mata
?
- Consumatumest; StrQ; A: 9/2010 Szeged

Balorre, Charles de
1854-1927
- StrQ; Delauchy (1891)

Balsys, Eduardas
1919-1984
- StrQ; g; 1952; Gos. muzyknoe izk. (1959)

Baltakas, Vykintas
1972-
- B(ell tree); StrQ; 2007; A: 4/2007 Witten

Baltarovych-Ston, Volodymyr
1904-1968
- Minuet; StrQ; G; 1928
- Serenade; StrQ; B; 1937

Baltin, Aleksandr Aleksandrovich
1931-2009
- StrQ; 1985

Baly, William
1825-1891
- StrQ; A

Balyozov, Rumen
1949-
- StrQ; 1979
- StrQ; no. 2; 1982

Bambach, Paul Anton
1950-
- Fuge; StrQ; 1971

Bammer, Johannes
1888-1988
- Weihnachtslied; StrQ
- Aus längst vergangenen Tagen; StrQ; 1971
- StrQ; 1974
- Allegro fresco; StrQ; 1974

Bancquart, Alain
1934-
- Rosace; StrQ; 1972; Jobert; A: 1973
- Memoire; StrQ; 1984; Jobert; A: 1985
- Ricercare 1; StrQ; 1992

Banchz, William
1948-
- StrQ

Band, Erich Richard
1876-
- StrQ; A; op. 3

Bandur, Jovan
1899-1958

- StrQ; 1925

Banger, Georg
?
- Das Liebhaberquartett; op. 24;
  André (1913)

Bangert, Emilius
1883-1962
- StrQ; D; op. 2; 1906

Banister, Henry Charles
1831-1897
- StrQ; fis; 1848
- StrQ; D; 1850
- StrQ; e; 1861

Banks, Don(ald Oscar)
1923-1980
- 4 Pieces; StrQ; 1971; Schott
- StrQ; 1975; Chester; A: 10/1975 Sydney

Bannan, Nicholas
1955-
- StrQ; 1981; BMIC

Banshchikov, Gennadii Ivanovich
1943-
- StrQ; 1982; Sovetskij (1985)

Bantock, Granville
1868-1946
- StrQ; c; 1899
- In a Chinese mirror; StrQ; 1933;
  Chester (1935)

Barab, Seymour
1921-2014
- StrQ; Seesaw (1980)

Barabashov, Viacheslav
1901-1979
- Suite; StrQ; 1964
- StrQ; 1965

Baranović, Krešimir
1894-1975
- StrQ; 1924

Barat, Joseph E.
1882-1963
- Recueillement; StrQ; 1925; Choudens

Barath, Eva
1961-
- Wer an Kanälen lauscht ...; StrQ;
  MS: Kopie im Archiv Frau + Musik (1998)

Barati, George
1913-1996
- StrQ; 1944; CFE
- StrQ; no. 2; 1961; CFE
- StrQ; 1991

Barber, Samuel
1910-1981
- Serenade; StrQ; op. 1; 1928;
  G. Schirmer (1942)
- Dover Beach; StrQ + Bar; op. 3; 1931;
  G. Schirmer (1942)
- StrQ; h; op. 11; 1936; G. Schirmer (1939)
- StrQ; op. 45; A: 1/1973 New York

Barberis, Mansi (Clemansa)
1899-1986
- StrQ; 1976; MRC

Barbicci, Michele
1719-1790
- 6 StrQe; Es, B, C, F, A, B; op. 1; Bureau
  d'abonnement; [B908]

Barbier, Henri
- StrQ; no. 1
- StrQ; no. 2; 1983; Resonances
- StrQ; no. 3; 1983; Resonances

Barbier, René
1890-1981
- StrQ; op. 65; 1939; CeBeDeM (1961)

Barblan, Otto
1860-1943
- StrQ; D; op. 19; 1911; Eulenburg (1922);
  NA: Kunzelmann (2001)

Barbosa, Cacilda Campos Borges
1914-2010
- Alvorada e danca indigena do bailado
  Uirapiranga; StrQ; MS: Kopie im Archiv
  Frau + Musik

Barbour, (James) Murray
1897-1970

- StrQ; g; 1924

Barbu, Aurel
1915-?
- StrQ; 1956; MS b. Komp.
- StrQ; H; 1962; MS b. Komp.

Barce (Benito), Ramón
1928-2008
- StrQ; no. 1; 1958
- StrQ; no. 2; 1965
- Cuarteto Gauss; StrQ; no. 3; 1973
- StrQ; no. 4; 1975; Madrid: Centro
- StrQ; no. 5; 1978; Madrid: Centro
- StrQ; no. 6; 1978; Madrid: Centro
- StrQ; no. 7; 1978; Madrid: Centro
- StrQ; no. 8; 1983; Madrid: Centro
- StrQ; no. 9; 1989; Madrid: Centro
- StrQ; no. 10; 1994; Madrid: Centro

Barchet, Siegfried
1918-1982
- StrQ; B; op. 9; 1944
- Serenata in modo classic;
  StrQ (od. StrOrch.); 1964
- 5 Miniaturen; StrQ; 1966

Bardanashvili, Ioseb
1948-
- StrQ; no. 1; 1984
- StrQ; no. 2; 1992

Bárdos, Lajos
1899-1986
- StrQ; 1925

Bardwell, William
1915-1994
- Diablotins; StrQ; 1946, rev. 1959
- StrQ; 1971/72

Bares, Peter
1936-2014
- Gedanken über ein Thema v. J. S. Bach;
  StrQ; op. 2329; 2009; Dohr

Bargiel, Woldemar
1828-1897
- StrQ; no. 1
- StrQ; no. 2

- StrQ; a; no. 3; op. 15b; 1850; Breitkopf
  (1877); Amadeus (1994)
- StrQ; d; no. 4; op. 47; Breitkopf (1888)

Bargielski, Zbigniew
1937-
- Alpejski; StrQ; no. 1; 1976; PWM
- Wiosenny; StrQ; no. 2; 1980; PWM (1987)
- Noc pozegnan; StrQ + Akkordeon; 1983,
  rev. 1995; PWM
- Martwa natura z krzykiem; StrQ; no. 3;
  1985/86; PWM
- Plonacy czas; StrQ; no. 4; 1994; PWM
- Gedächtnisporträt; StrQ; 1982
- Czas, ktory minat; StrQ; no. 5; 2001; PWM
- Dramatyczny; StrQ; no. 6; 2006; PWM

Baric, Srdan
1927-2005
- StrQ; 1953

Barisons, Pekris
1904-1947
- StrQ; h; 1932

Barjansky, Adolf
1850-1900
- StrQ; E; op. 6; Breitkopf (1893)
- StrQ; A; op. 8; Breitkopf (1894)

Bark, Jan
1934-2012
- StrQ; no. 1; 1959; STIM (1959)
- StrQ; no. 2; 1964; STIM (1964)

Barkauskas, Vytautas P.
1931-
- StrQ; no. 1; op. 31; 1972; Ed. Peters (1980)
- StrQ; no. 2; op. 70; 1983; Ed. Peters

Barkin, Elaine Radoff
1932-
- StrQ; 1968; ACA (1969)
- Leave-Taking; Koda; StrQ; 1982
- StrQ; 1969; CFE

Barkl, Michael
1958-
- Expressive + ferocious; StrQ; AuMC (1985)

Barlow, David
1927-1975
- StrQ; 1967–69

Barlow, Fred
1881-1951
- Les saisons; StrQ; 1946/47; Lemoine

Barlow, Samuel L. M.
1892-1982
- Ballad + Scherzo; StrQ; 1933

Barlow, Wayne
1912-1996
- Triptych; StrQ; 1953

Barnea, Uri
1943-
- StrQ; 1976

Barnes, James Charles
1949-
- StrQ

Barnes, Milton
1931-2001
- Rhapsody on a late afternoon; StrQ; 1971; CMC
- Burletta; StrQ; 1957/58; CMC
- Scenes from Jewish life; StrQ; 1978; CMC

Barnett, Carol E.
1949-
- Jewish Folk Fantasies; StrQ; no. 1; 1986

Barnett, John
1802-1890
- StrQ; C; 1835
- StrQ; D; 1836
- StrQ; A; 1837

Barnett, John Francis
1837-1916
- StrQ; d; op. 8; 1865; Augener

Barni, Camille
1762-um 1840
- 3 StrQe, G, C, Es; op. 1; Auteur [B940]
- 3 StrQe; op. 4; Sieber; no. 1727 [B942]

Baronijan, Vartkes
1933-1993
- StrQ; 1961

Baron Supervielle, Susana
1910-2004
- StrQ; 1947; CDA

Barraqué, Jean
1928-1973
- Hymnes a Plotia; StrQ; Bärenreiter (2011)

Barraud, Henry
1900-1997
- StrQ; 1939/40; Amphion (1946)

Barrell, Bernard
1919-1989
- 4 Studies; StrQ; op. 8; 1951
- StrQ; op. 42; 1965; Sphemusations (1982)

Barrell, Joyce
1917-1989
- Movement; StrQ; op. 2; 1942
- StrQ; op. 15; 1960
- Sketch; StrQ; op. 21; 1963
- 5 Ukrainian folk songs; StrQ; op. 32; 1967
- StrQ; 1982; BMIC

Barrett, Richard
1959-
- Open + close; StrQ; 1983–88; UMP
- Stress; StrQ; 1995–97; UMP; A: 1997
- 13 Selfportraits; 2002

Barrière, Etienne-Bernard-Joseph
1748- ca. 1816
- 6 StrQe; B, A, g, D, d, C; op. 1; Leduc
- 6 StrQe; D, C, g, F, C, A; op. 3; 1782; Henry (1778)
- 6 StrQe; C, F, A, B, C, A; op. 8; Leduc (1782)
- 2 StrQe; op. 20; Sieber (ca. 1816)

Barrow, Robert George
1911-1987
- 3 StrQe

Barrows, Jr., John R.
1913-
- StrQ; no. 1; 1936
- StrQ; no. 2; 1937

Barry, Gerald
1952-

- Cork; StrQ; no. 1; 1985; OUP; A: 1985
- StrQ; no.2; 1998; OUP; A: 1999
- StrQ; 1994; OUP

Barsann, Jizchak
1922-
- StrQ; 1996

Bárta, Jiří
1935-2012
- Progressioni; StrQ; 1969
- Moments musicaux; StrQ; 1960

Bárta, Josef
1746-1787
- 6 StrQe; E, F, C, D, d, B; op. 1; um 1778;
  Ginera; Paris no. 21; [B1057]

Bárta, Lubor
1928-1972
- StrQ; no. 1; 1956
- StrQ; no. 2; 1957
- StrQ; no. 3; 1966/67; Supraphon (1968)
- Recueillement; StrQ; Choudens (1975)

Bartel, Hans-Christian
1932-2014
- Variationen; StrQ; 1953, rev. 1993; DVfM
  (1995); A: 11/1993 Leipzig

Barth, Richard
1850-1923
- StrQ; g; op. 15; Simrock (1901)

Barthel, Ursula
1913-1977
- Variationen über ein altdeutsches Lied; StrQ

Barthélémon, François-Hippolyte
1741-1808
- 6 (?) StrQe; 1784; verloren; ersch. o. op.-
  Nr. bei Leduc; Napier; no. 135 [B1114]
- 6 StrQe; op. 12; Wornum [B1115]

Barthmes, Anneliese
1915-1998
- Fuge; StrQ; Latzina (1998)
- StrQ; g; Latzina (1998)

Barth-Planitz, Paul
1897-1957
- StrQ; e

Bartholomée, Pierre
1937-
- StrQ; no. 1
- Envol et mort d'un Papillon; StrQ; no. 2;
  Quindicesima (2009)

Bartley, Ewart Andrew
1909-1987
- Adagio; StrQ; 1950
- Rhapsodio; StrQ; 1950

Bartling, Stefan
1963-
- Aufgerissen, begradigt, gefallen, erstarrt;
  StrQ; MS b. Komp.

Bartók, Béla
1881-1945
- StrQ; C; no. 1; op. 7; 1908/09; Roszavölgy
  (1910); EMB (1937)
- StrQ; a; no. 2; op. 17; 1896;
  UE (1920)
- StrQ; no. 3; 1927; UE (1929)
- StrQ; no. 4; 1928; UE (1929)
- StrQ; no. 5; 1934; UE (1936)
- StrQ; no. 6; 1939; Boosey (1941)
- DD 42–43; StrQ; B; op. 10; 1896; StrQ;
  c; op. 11; 1896; alle verschollen
- DD 56; StrQ; F; 1898; unveröff.; StrQ;
  no. 7; 1944 od. 1945; Fragment
- Valse (aus: 14 Bagatelles); EMB

Bartolozzi, Bruno
1911-1980
- StrQ; no. 1; 1960; Bruzzichelli (1960)
- StrQ; no. 2; 1979; Zerboni (1980)

Bartoň, Hanuš
1960-
- Serial; StrQ; 2000

Barton-Armstrong, John
1923-2010
- StrQ; 1967; BMIC
- StrQ; 1970; BMIC

Bartoš, František
1905-1973
- StrQ; no. 1; op. 5; 1928
- StrQ; no. 2; op. 10; 1933–35; Artia (1947)

Bartoš, Jan Zdeněk
1908-1981
- StrQ; no. 1; op. 22; 1940
- StrQ; no. 2; op. 43; 1946; Orbis (1951)
- StrQ; no. 3; op. 49; 1948
- StrQ; no. 4; op. 57; 1951
- May the whole world be a garden; StrQ;
  no. 5; op. 66; 1952; Státní hudební (1954)
- In miniature; StrQ; no. 6; op. 72; 1956;
  SNKL (1959)
- StrQ; no. 7; op. 73; 1956; Wegimontsky
- StrQ; no. 8; op. 95; 1963
- StrQ; no. 9; 1962
- StrQ; no. 10; op. 143; 1971
- StrQ; no. 11; 1973

Bartovsky, Josef
1884-1964
- StrQ; no. 1; op. 1; 1912
- StrQ; no. 2; op. 28; 1930
- StrQe; 3–10

Bartulis, Vidmantas
1954-
- Oh, brangioji; StrQ; 1994

Bartz, Johannes
1848-?
- StrQ; C

Bartzer, Emmerich
1895-1961
- Dupa munca; StrQ

Barvík, Miroslav
1919-1998
- StrQ; 1941
- StrQ; 1942
- StrQ; no. 2; dilo 22; 1943

Barvinsky, Vasyl
1888-1963
- StrQ; no. 1; 1912; verloren
- Für die Jugend; StrQ; no. 2; 1935;
  Muz. Ukr. (1971)

Basart, Robert
1926-1993
- Imaginary song; StrQ; 1979; Fallen Leaf
  (1985)

- Little suite; StrQ

Bashmakov, Leonid
1927-
- StrQ; no. 1; 1972; Jasemusiikki
- StrQ; no. 2; 1974; Jasemusiikki

Basili, Francesco
1767-1850
- StrQe (3?)

Basinkas, Justinas
1923-
- StrQ; 1980

Basner, Veniamin Efimovich
1925-1996
- StrQ; no. 1; 1948; Muzyka (1967)
- StrQ; no. 2; 1953; Muzyka (1956)
- StrQ; no. 3; 1960
- StrQ; no. 4; 1969; Muzyka (1972)
- StrQ; no. 5; 1975; Sovetskij (1981)

Basney, Eldon E.
1913-2002
Zahlreiche StrQe, darunter:
- StrQ; no. 7; 1938
- StrQ; no. 17; 1968

Bassett, Leslie (Raymond)
1923-2016
- StrQ; 1949; zurückgez.
- StrQ; 1951; zurückgez.
- 5 Pieces; StrQ; 1957; Highgate (1960)
- StrQ; 1962; CFE; A: 1963 Rome
- StrQ; no. 4; 1978; Merion (1980); A: 1980 Ann Arbor, Mich.

Bastianelli, Giannotto
1883-1927
- StrQ; 1907
- Poema; StrQ; op. 7; 1907
- Poema Festa Toscana; StrQ; 1910

Bate, Stanley R.
1913-1959
- StrQ; 1933
- StrQ; no. 1; 1936
- 5 Pieces; StrQ; op. 23; 1937; Schott (1943)
- StrQ; no. 2; op. 41; 1942; Lengnick (1952)

Bauck, Wilhelm
1808-1877

- StrQ; G; Musikaliska (1863?)

Baudiot, Charles Nicolas
1773-1849
- StrQ

Baudrier, Yves
1906-1998
- StrQ; no. 1; 1943; Choudens (1944)
- Au tour de Mallarmé; StrQ; no. 2; 1961

Baudron, Antoine-Laurent
1742-1834
- 6 StrQe; op. 1; L'auteur
- 6 StrQe; op. 3 (?); Berault 1768

Bauer, Adolf
Lebensd. unbek., tätig um 1912 Düren
- StrQ; cis; op. 38; 1925

Bauer, Anton
1893-1950
- Serenade; StrQ; 1923

Bauer, Friedrich
1876-?
- StrQ; F

Bauer, Guilherme
1940-
- StrQ; 1997; BraMIC

Bauer, Marion Eugenie
1882-1955
- StrQ; op. 20; 1925; MS: NY Public Libr.
- 5 Pieces; StrQ; op. 41; 1946–49; CFE

Bauer, Robert Paul
1950-
- The final silence; StrQ; 1970/1974; CMC

Bauman, John Ward
1939-2009
- StrQ; no. 1; 1961
- StrQ; no. 2; 1984
- StrQ; no. 3; 2002
- StrQ; no. 4; 2003

Baumann, Herbert
1925-
- StrQ; C; 1961; Sikorski (1961)

Baumann, Ludwig
1866-1944

- StrQ; G; 1906; A: 1910 Frankfurt/M.

Baumann, Max Georg
1917-1999
- StrQ; op. 31; 1950
- StrQ; op. 32; 1951
- StrQ; op. 33; 1953

Baumann, Paul
1887-1964
- StrQ

Baumann, Philipp
?
- Canzon; StrQ; 1966
- Capriccio; StrQ; 1967
- Fantasie in C; StrQ; 1983

Baumgarten, Karl Friedrich
1740-1824
- 3 StrQe; G, d, D; op. 3; London um 1783
- 3 StrQe; Vl/2Vla/Vcl; Es, C, D; London um 1783

Baumgartl, Michael
1950-
- StrQ; 1985; A: 1986 Schwerin

Baumgartner, Jean-Paul
1932-2012
- Permutations; StrQ; 1968; Choudens

Baur, John William
1947-
- StrQ

Baur, Jürg
1918-2010
- StrQ; d; 1935
- Themat. Variationen; StrQ; 1938, rev. 1996; VDMK; Breitkopf
- Ein Männlein steht …; StrQ; 1946; Dohr (1995)
- StrQ; no. 2; 1941–46; Dohr (1994)
- StrQ; no. 3; 1. S.; 1952; Breitkopf (1953)
- 5 impressioni; StrQ; 1970; Breitkopf (1972)
- Späte Skizzen: Et respice finem; StrQ; 1992/93; Tonger (1994)

Baußnern, Dietrich Edler v.
1928-1980

- StrQ; 1972; Voggenreiter (1978); A: 1972 Kirchzarten

Baußnern, Waldemar v.
1866-1931
- StrQ; C; op. 5; 1888
- StrQ; D; no. 1; 1899
- StrQ; A; no. 2; 1918
- StrQ; D; no. 3; 1923; Vieweg (1923)
- StrQ; a; no. 4

Bautista, Julián
1901-1961
- StrQ; no. 1; op. 6; 1922; verloren
- StrQ; no. 2; op. 8; 1926; verloren
- StrQ; no. 3; 1958; Ricordi (1959)

Bavicchi, John
1922-
- 3 Pieces; StrQ; op. 2; BKJ (1986)
- StrQ; op. 42; 1960

Bax, Arnold
1883-1953
- StrQ; A; 1902
- StrQ; E; 1903; Murdoch
- StrQ; G; no. 1; 1918; Murdoch (1921)
- StrQ; a; no. 2; 1924/25; Murdoch (1927)
- StrQ; F; no. 3; 1936; Murdoch (1941)

Bayer, Friedrich
1902-1954
- Serenade; StrQ; 1936; Musikwiss. Verlag

Bayle, François
1932-
- L'Archipel; StrQ + Tonbd; 1963–67; Assoc. Magison; A: 1963 Darmstadt

Bayliss, Colin
1948-
- StrQ; 1987, rev.1994; Da Capo
- StrQ; 1990; Da Capo
- StrQ; 1994; Da Capo
- StrQ; 1997; Da Capo

Bazant, Jaromir
1926-2009
- StrQ; no. 1
- StrQ; no. 2; op. 21; 1967

Bazelon, Irwin (Allen)
1922-1995
- StrQ; no. 1; 1947
- StrQ; no. 2; 1955

Bazil, Ludwig
1931-1990
- Die verlassenen Kirchen von Ani; StrQ;
  1967; Scheiwiller (1977)
- Vadavarin; StrQ; 1971; Scheiwiller (1977)
- StrQ; 1976; Oemme
- StrQ; 1982
- StrQ; 1986
- StrQ; vor 1989; Oemme (1989)
- StrQ; 1990

Bázlik, Igor
1941-
- Styri crty; StrQ; 1969

Bázlik, Miroslav
1931-
- StrQ; no. 1; 1965; SHF (1979)
- StrQ; no. 2; 1973; SHF
- Quartettino; StrQ; no. 3; 1978

Bazzini, Antonio
1818-1897
- StrQ; d; op. 7; unveröff.
- StrQ; C; no. 1; 1864; Lucca (1866)
- StrQ; d; no. 2; op. 75; 1872; Leuckart;
  Amadeus (1973)
- StrQ; e; no. 3; op. 76; 1876; Lucca (1878)
- StrQ; G; no. 4; op. 79; 1888; Schott (1888)
- StrQ; C; no. 5; op. 80; 1888–92;
  Schott (1892)
- StrQ; F; no. 6; op. 82; 1892; unveröff.
- Gavotte (Intermezzo); op. 75; Leuckart

Beach, Amy Marcy
1867-1944
- StrQ; no. 1; 1917
- StrQ; no. 2; 1918
- StrQ; op. 79; 1921–29; A. P. Schmidt;
  A–R Ed. (1994)

Beach, John Parsons
1877-1953
- Poem; StrQ; 1920; Chester (1922)

Beale, James
1924-
- StrQ; no. 1; op. 15; CFE
- StrQ; no. 2; op. 30; CFE

Beall, John Oliver
1942-
- StrQ; 1982

Beamish, Sally
1956-
- StrQ; no. 1
- Opus California; StrQ; no. 2; 1999?

Beaser, Robert
1954-
- StrQ; 1975/76; Schott/EAM

Beat, Janet (Eveline)
1937-
- Scherzo notturno; StrQ; 1992
- Bastet; StrQ; no. 1; 1992–99; Furore

Beaumont, Adrian
1937-
- StrQ; D; no. 1; 1965
- StrQ; C; no. 2; 1967

Beazley, James Charles
1850-1928
- Die Fröhlichen […]; StrQ; Cohen (1895)

Becerra-Schmidt, Gustavo
1925-2010
- StrQ; 1950; Institutio de Extensión Musical
- StrQ; 1954
- Del viejo mundo; StrQ; 1955
- StrQ; 1958
- StrQ; 1959
- StrQ; 1960; OUP (1972)
- StrQ; 1961

Becher, Alfred Julius
1803-1848
- 6 StrQe

Becher, Max
1897-?
- StrQ; no. 1; op.7; A: 1922
- StrQ; no. 2; op. 22

Becheri, Roberto
1958-
- Lirica; StrQ; Edipan (1988)

Beck, Conrad
1901-1989
- StrQ; no. 1; 1922
- StrQ; no. 2; 1924
- StrQ; no. 3; 1926; Schott (1927);
  A: 1927 Paris
- StrQ; no. 4; 1935; Schott (1935);
  A: 1935 Paris
- StrQ; no. 5; 1962; Schott (1967);
  A: 1966 Winterthur

Beck, Jochen
1941-2008
- StrQ; Möseler (1972)
- StrQ; no. 2; 1974/75; Möseler (1977)

Beck, Johann H.
1856-1924
- StrQ; 1877
- StrQ; 1878
- StrQ; 1879
- StrQ; 1880

Beck, Reinhold J.
1881-1969
- Suite; StrQ; op. 8; A: 1921 Hannover

Becker, Albert
1834-1899
- Adagio religioso; StrQ; G; op. 94;
  Breitkopf (1899)

Becker, Charles Eric
1923-
- StrQ; G; Univ. microf. (1955)

Becker, Georg
1834-1928
- StrQ; c; no. 1; op. 4; Hofmeister (1857)
- StrQ; g; no. 2; op. 5; Hofmeister (1857)
- StrQ; Es; op. 6; Hofmeister (1858)

Becker, Günther
1924-2007
- StrQ; no. 1; 1964; Gerig (1963); A: 1964
- StrQ; no. 2; 1967; Gerig (1967); A: 1967

- Hommage à Jos. Haydn; StrQ; no. 3; 1988;
  Breitkopf (1988)

Becker, John Joseph
1886-1961
- Sound piece II; StrQ; no. 1; 1936; Presser
- Sound piece IV; StrQ; no. 2; 1937; Presser
- Sound piece VIII; StrQ; no. 3; 1959; Frag.

Becker, Rosemarie
1963-
- Circumagi; StrQ; 1996

Beckerath, Alfred Wilhelm v.
1901-1978
- StrQ; no. 1; op. 17
- StrQ; no. 2
- Divertimento IX; StrQ; A: 1967 München
- Serenata; StrQ; 1975; A: 1976 München

Beckett, Walter Koehler
1914-1996
- StrQ; no. 1; 1980

Beckler, S. R.
1923-?
- StrQ; 1961

Beckman, Bror
1866-1929
- StrQ; D
- StrQ; Es

Beckschäfer, Maximilian
1952-
- StrQ; 1996–98; Ed. 433 (2003)

Beckwith, John
1927-
- StrQ; 1977; CMC
- College Airs; StrQ; 1990; CMC

Béclard d'Harcourt, Marguerite
1884-1964
- 2 StrQe; 1920–23

Beder, Vladimir
1891-1971
- StrQ; 1920
- StrQ; 1921
- StrQ; 1924
- StrQ; 1930

- StrQ; 1937
- StrQ; 1946
- StrQ; 1955

Bedford, David (Vickerman)
1937-2011
- Five; StrQ; 1967; UE
- StrQ; a; 1981; UE
- StrQ; no. 2; 1998; UE

Bedřich, Jan
1932-1996
- StrQ; no. 1; 1956
- StrQ; no. 2; 1965

Beecke, Ignaz v.
1733-1803
- StrQ; C; no. 1; Accolade (2000)
- StrQ; C; no. 2; Accolade (2000)
- StrQ; D; no. 3
- StrQ; no. 4
- StrQ; Es; no. 5; Accolade (2000)
- StrQ; G; no. 6; Bärenreiter (1960)
- StrQ; Es; no. 7; Accolade
- StrQ; no. 8
- StrQ; G; no. 9; Accolade (2000)
- StrQ; no. 10
- StrQ; G; no. 11; Accolade (2000)
- StrQ; G; no. 12
- StrQ; g; no. 13; Accolade
- StrQ; A; no. 14; Accolade
- StrQ; A; no. 15; Accolade (2000)
- StrQ; B; no. 16; Accolade (2000)
- StrQ; B; no. 17; Accolade (2000)
- StrQ; no. 18

Beecroft, Norma
1934-
- Amplified StrQ; StrQ + Tonbd; 1992

Beekhuis, Hanna
1889-1980
- Kwatrijmen en Nachtstille; StrQ + Alt; Donemus

Beer, Jeff
1952-
- StrQ; 1980

Beerman, Burton
1943-
- Misogamy; StrQ + Tape
- StrQ; 4 in 6; 1976

Beer-Walbrunn, Anton
1864-1929
- StrQ; 1891
- StrQ; 1892
- StrQ; 1895
- StrQ; G; no. 3; op. 14; Ed. Peters (1897)
- StrQ; 1899
- StrQ; 1901

Beethoven, Ludwig van
1770-1827
- Übertr. d. Klav.-Son. op. 14, 1; StrQ; 1801/02; Bureau d'Arts (1802)
- 6 StrQe; F, G, D, c, A, B; op. 18; 1798–1800; T. Mollo (1801)
- 3 StrQe; F, e, C; op. 59; 1805/06; Bureau d'Arts (1808)
- StrQ; Es; op. 74; 1809; Breitkopf (1810)
- StrQ; f; op. 95; 1810; Steiner (1810)
- StrQ; Es; op. 127; 1822–25; Schott (1826)
- StrQ; B; op. 130; 1825/26; Artaria (1827)
- StrQ; cis; op. 131; 1826; Schott (1827)
- StrQ; a; op. 132; 1825; Schlesinger (1827)
- Große Fuge; StrQ; B; op. 133; 1825; Artaria (1827)
- StrQ; F; op. 135; 1826; Schlesinger (1827)

Begaliev, Murat
1955-
- Kirgiskaja Suita; StrQ; Tonger (1996)

Beglarian, Eve
1958-
- Quartettsatz; StrQ; 1981

Beglarian, Grant
1927-
- StrQ; 1948

Bego-Šimunić, Andelka
1941-
- StrQ; no. 1; 1964; MS b. Komp.

Behár, György
1914-1995

- 4 Anmerkungen; StrQ

Behr, Hermann
1875–1946
- StrQ; a; 1909

Behrend, Fritz
1889–1972
- StrQ; op. 34; 1922; A: 1922 Berlin
- StrQ; op. 37; 1923; A: 1923 Berlin
- StrQ; op. 49
- StrQ; op. 107
- StrQ; op. 108
- StrQ; op. 115
- StrQ; no. 7; op. 127; 1964

Behrend, Jeanne
1911–1988
- StrQ; op. 8; 1940

Behrens, Jack
1935–
- Quartertone; StrQ; op. 20; 1960; CMC
- In nomine; StrQ; 1980; CMC

Bergsma, William
1921–1994
- StrQ; no. 1
- StrQ; no. 2

Beijerman-Walraven, Jeanne
1878–1969
- StrQ; 1912

Beilharz, Kirsty
1971–
- Like a gorgon's head; StrQ; 1998; AuMC

Beilschmidt, Curt L. H.
1886–1962
- StrQ; G
- Madrigalmusik; op. 4; StrQ; Kahnt
- StrQ; op. 5

Beimel, Thomas
1967–2016
- Cólera; StrQ; A: 4/2004 Wuppertal
- Ugarit; StrQ; 2006

Bekku, Sadao
1922–2012
- StrQ; no. 1; 1955–57; Ongaku-no-tomo-sha

Belamarić, Miro
1935–
- StrQ; op. 11; 1982; MS: A-Wn

Belcke, Friedrich August
1795–1874
- Fuge; StrQ; C; op. 40

Belfin, František
1923–1997
- StrQ; E; op. 9; 1944

Beliczay, Julius (Gyula) v.
1835-1893
- StrQ; g; no. 1; op. 21; Breitkopf (1878)
- Andante; StrQ; Es; op. 25; Breitkopf (1882)
- StrQ; a; no. 2; op. 51; 1888; unveröff.
- StrQ; B; no. 3; unveröff.

Belimov, Sergei Aleksandrovich
1950-
- StrQ; no. 1; 1982
- StrQ; no. 2; 1985; Sovetskij (1987)

Belinfante, Daniël
1893-1945
- StrQ; no. 1; Donemus (1931)
- StrQ; no. 2; Donemus (1941)

Beljaev, Vladimir
1955-
- StrQ; 1994

Belkin, Alan
1951-
- StrQ; 1980, rev. 1993; CMC
- StrQ; 1993; CMC
- StrQ; 1994, rev. 1997; CMC
- StrQ; 1996; CMC

Bell, Allan Gordon
1953-
- Arche; StrQ; 1980; CMC

Bell, Elizabeth
1928-2016
- StrQ; 1957

Bell, Larry Thomas
1952-
- StrQ; no. 1; 1976

Bell, Leslie R.
1906-1962
- Variations on a French noel; StrQ

Bell, William Henry
1873-1946
- StrQ; g; 1926; MS: SA-Csa
- StrQ; F; MS: SA-Csa

Bella, Ján Levoslav
1843-1936
- StrQ; g; no. 1; 1866

- StrQ; e; no. 2; um 1870/71, rev. 1896
- StrQ; c; no. 3; op. 25; um 1880, rev. 1918; SHF (1924)
- Vianocma, Sonata; StrQ; F; 1866
- StrQ; B; no. 4; um 1887; SHF (1985)
- Notturno; StrQ; 1930

Bella, Máté
1985-
- Paradise; StrQ; A: 9/2010 Szeged

Bella, Rudolf
1890-1973
- StrQ; F; op. 20

Bellamy, Marian Meredith
1927-2013
- Serenade; StrQ; 1968

Bellemare, Gilles
1952-
- Quarte et un; StrQ + Tiefe Stimme; 1977

Bellucci, Giacomo
1928-2015
- StrQ; no. 1; Berben

Beloiu, Nicolae
1927-2003
- StrQ; no. 1; 1982; MS b. Komp.

Belton, Paul D.
1942-
- StrQ; 1973

Beltrami, Roberto
1958-
- StrQ; 1984

Belza, Igor Fedorovich
1904-1994
- StrQ

Benary, Peter
1931-
- StrQ; no. 2; 1970; Möseler (1972)
- Tête-à-tête mit Haydn; Möseler (1982)
- StrQ; no. 3; 1980, rev. 1993; Möseler (1981)
- StrQ; no. 4; 1982; A: 1982 Luzern
- Kl. Kammermusik; 1983

Benda, Friedrich W. H.
1745-1814
- 2 StrQe; c + d; 1794

Benda, Willy
1870-1929
- StrQ; G
- StrQ; a

Bendel, Franz
1832-1874
- StrQe; lt. Ruprecht, J: Singende

Bendl, Karel
1838-1897
- StrQ; F; op. 119; Simrock (1895)

Benedict, Julius
1804-1885
- StrQ; c; op. 87; Schlesinger (1871)

Beneš, Juraj
1940-2004
- Events; StrQ; 1977; SHF
- StrQ; 1984; SHF
- StrQ; 1989; SHF
- StrQ; no. 4; 1998; SHF

Benesch, Joseph
1795-1832
- Quatuor; G; op. 28; Geitler (1865)
- StrQ; F; no. 2; op. 30; Haslinger (1871)

Benguerel (i Godó), Xavier
1931-
- Croquis; StrQ; 1998
- StrQ; 1954

Bengraf, Joseph Johann
1745-1791
- 6 StrQe; A, D, G, B, F, A; um 1790;
  StrQe 1, 2 + 5: Dohr (2012)

Bengtsson, Gustav Adolf Tiburt
1886-1965
- StrQ; G; STIM

Ben-Haim, Paul (ursprüngl.: Paul Frankenburger)
1897-1984
- StrQ; op. 37; 1937; IMP (1949)
- StrQ + Stimme; 1973

- StrQ; op. 21; 1937; IMP

Benincori, Angelo Maria
1779-1821
- 3 StrQe; op.1; Marescot, No. 298
  (um 1801); verschollen
- 3 StrQe; op. 2; N. Simrock, No. 783
  (um 1802); verschollen
- 3 StrQe; op. 3; Pleyel (um 1804); PN 291
- 3 StrQe; op. 4; Pleyel (um 1805); PN 476
- 3 StrQe; op. 5; Pleyel (um 1806); PN 643
- 6 StrQe; op. 8; Nadermann (1811);
  PN 1532

Benjamin, Arthur
1883-1960
- StrQ; no. 1; 1920
- Pastoral fantasy; StrQ; 1924; Stainer (1924)
- StrQ; no. 2; 1952, rev. 1956; Boosey (1959)

Benjamin, Thomas
1940-
- Chanson innocents; StrQ + Sopr; 1964

Benker, Heinz
1921-2000
- StrQ; 1979; Möseler

Bennett, Richard Rodney
1936-2010
- StrQ; no. 1; 1951; UE
- StrQ; no. 2; 1953; UE
- StrQ; no. 3; 1953; UE
- StrQ; no. 4; 1964; UE
- Music; StrQ; 1981; Novello (1982)
- Lamento d'Arianna; StrQ; 1986; Novello
- Travel notes 1; StrQ; Novello

Bennett, Robert Russell
1894-1981
- Water Music; StrQ; 1937

Bennett, William Sterndale
1816-1875
- StrQ; G; 1831; A: 1885 London
- 3? StrQe; 1837-45

Benninghoff, Ortwin
1946-
- StrQ

Benoit, Kenneth Roger
1952-
- StrQ; a

Benoit, Peter Leonardus
1834-1901
- StrQ; D; op. 10; 1858
- StrQ; no. 4; 1858

Benoliel, Bernard
1943-
- StrQ; op. 7; 1977, rev. 1989; W. Hansen

Benshoof, Ken
1934-
- Travelling music; StrQ; 1973
- 6 Bagatelles; StrQ; op. 9

Benson, Warren Frank
1924-2005
- StrQ; no.1; 1969; C. Fischer (1978)
- Pieces; StrQ; 1987
- Icelandic songs; StrQ; 1987
- Cat's Cradle; StrQ; 1995

Bentoiu, Pascal
1927-2016
- StrQ; no. 1; op. 3; 1953;
  Ed. Muzicala (1974)
- Al Consonantelor; StrQ; no. 2; op. 19;
  1973; Ed. Muzicala (1976)
- StrQ; no. 3; op. 27a; 1980;
  Ed. Muzicala (1986)
- StrQ; no. 4; op. 27b; 1981;
  Ed. Muzicala (1986)
- StrQ; no. 5; op. 27c; 1982;
  Ed. Muzicala (1986)
- StrQ; no. 6; op. 27d; 1982;
  Ed. Muzicala (1986)

Benton, Daniel Joseph
1945-
- Conceptions; StrQ; 1976; Seesaw

Bentzon, Jørgen
1897-1951
- Quartettsatz; C; 1920
- StrQ; no. 1; op. 3; 1921/22; Hansen (1922)
- StrQ; no. 2; op. 6; 1923/24; Hansen (1924)
- StrQ; no. 3; op. 8; 1924/25; Hansen

- Preludio patetico; StrQ; no. 4; op. 11;
  1925; Hansen (1926)
- StrQ; op. 15; 1928; Hansen (1929)
- Racconto; StrQ; no. 6; op. 49; 1949; Hansen

Bentzon, Niels Viggo
1919-2000
- StrQ; no. 1; op. 9; 1941; Hansen
- Bagatelles; StrQ; op. 32; 1946; Hansen
- StrQ; no. 2; op. 39; 1946
- StrQ; no. 3; op. 72; 1951; Hansen
- StrQ; no. 4; op. 95; 1954; Hansen
- StrQ; no. 5; op. 105; 1956
- StrQ; no. 6; op. 124; 1960; Hansen (1961)
- StrQ; no. 7; op. 165; 1964
- Dartmouth; StrQ; no. 8; op. 228; 1965-68;
  Hansen
- StrQ; no. 9; op. 232; 1968
- StrQ; no. 10; op. 338; 1974; Hansen (1974)
- StrQ; no. 11; op. 392; 1976; A: 1977
- StrQ; no. 12?
- StrQ; no. 13?
- StrQ; op. 507; 1987; Hansen
- Surroundings; StrQ; op. 511; 1987; Hansen
- StrQ; no. 14; op. 519; 1987/88; Hansen
- Jacques Chirac; StrQ; op. 583; 1993/94
- StrQ; op. 595; 1995

Benvenuti, Arrigo
1925-1992
- Hoquetus; StrQ; Bruzzichelli

Benvenuti, Giacomo
1885-1943
- StrQ; 1928; Ricordi

Ben-Yohanan, Asher
1929-2015
- StrQ; 1963/64; IMI (1970)
- StrQ; 1970; IMI (1970)

Benzler, Fritz Gustav
1903-1994
- StrQ; D
- StrQ; F
- StrQ; C; 1946

- O, daß ich tausend Zungen hätte
  (7 Choralvorspiele); Künstlergilde

Beranek, Johann de Deo
1813-1875
- Preghiera; StrQ; C; 1851
- Variation über ein Thema v.
  W. A. Mozart; G; StrQ; 1869
- Fuge ü. *O du lieber Augustin*; StrQ; D; 1870
- 4 Fugen; StrQ; D, Es, E, E; 1870
- Introduktion, Fuge + Kanon; C; StrQ; 1870

Berdullas del Rio, Jorge
1960-
- Behaviour-music; StrQ; op. 9; 1988

Berens, Hermann
1826-1880
- StrQ; C; no. 1; op. 78; Leuckart (1864);
  Cranz (1864)

Berezowsky, Nikolai Tikhonovich
1900-1953
- StrQ; no. 1
- StrQ; no. 2; op. 16; 1931; Ed. Russe (1933)
- StrQ; no. 3; op. 20; 1934
- Toccata, Variation + Finale; StrQ + Orch;
  A: 1939 Philadelphia, PA
- StrQ; no. 4; 1945
- StrQ; no. 5

Berg, Alban
1885-1935
- StrQ; op. 3; Schlesinger (1920)
- Lyrische Suite; StrQ; 1925/26; UE (1927)
Unterrichtskompositionen GA II/2, 1+2:
- Menuett; StrQ; d; 1906/07
- Sarabande; F; 1906/07
- StrQ-Fuge; C; 1906/07
- Adagio; StrQ; F; 1908
- Adagio; StrQ; D; 1908
- Andante; g; 1908
- Menuett; c; 1908
- StrQ-Variaton; g; 1908
- 4 StrQ-Variationen; D; 1908
- 2 Variationen über ein Thema v.
  R. Schumann; C; 1908

- Quartettsatz; e; 1910?; Fragment
- Quartettsatz; f; 1910?; Fragment

Berg, Conrad Matthias de
1785-1852
- 3 StrQe; op. 26; Richault? (um 1825)

Berg, Gunnar Johnson
1909-1989
- StrQ; 1964–66; MS: DK-KK
- Mouvement; StrQ; 1979; MS: DK-KK

Berg, Josef
1927-1971
- StrQ; 1953; Panton (1970)
- StrQe; 1965–68
- Tryzna (Begräbnisopfer); StrQ; 1968

Berg (Rexroth-Berg), Natanael (Carl)
1879-1957
- StrQ; 1917
- StrQ; 1919

Berg, Olav
1949-
- StrQ; 1975; NMIC

Bergamo, Petar
1930-
- StrQ; 1958; A: 1994 Zagreb

Berge, Håkon
1954-
- 3 Movements; StrQ; 1978; NMIC

Berge, Sigurd
1929-2002
- Fresijotho; StrQ; 1991; NMIC
- Jeg var så full av glede; StrQ; 1991; NMIC
- Duva sette seg på liljankvist, NMIC

Bergel, Bernd
1909-1967
- Jakobs Traum; StrQ; 1924

Berger, Arthur (Victor)
1912-2003
- 3 Pieces; StrQ; 1944; Ed. Peters
- StrQ; 1958; Boelke-Bomart (1978);
  Henmar (1993)

Berger, (Georg) Wilhelm
1929-1993
- Divertissements; op. 2; 1954
- StrQe; no. 1–5; op. 25; 1954; op. 25, 2; 1956; op. 25, 3; 1957; op. 25, 4; 1958; op. 25, 5; 1960; Ed. muzicala (1964)
- Epos; StrQ; no. 6; op. 25, 6; 1964; Ed. muzicala (1966)
- StrQ; no. 7; op. 32, 1; 1965; Ed. muzicala (1969)
- StrQ; no. 8–12; op. 32, 2, 3, 4, 5, 6; 1966–68; Ed. muzicala (1981)
- StrQ; no. 13–16; op. 44; 1979; op. 44, 2; 1980; op. 44, 3; 1983; op. 44, 4; 1986; Ed. muzicala (1987)
- StrQ; no. 17–21; op. 73; 1988

Berger, Jean
1909-2002
- 4 Sonnets; StrQ + Mittlere Stimme; 1941; G. Schirmer (1942)

Berger, J. M.
siehe: Muntz-Berger, Joseph

Berger, Theodor
1905-1992
- StrQ; no. 1; op. 1; 1930; Ries
- StrQ; no. 2; op. 2; 1931; Ries (1938)
- StrQ in altem Stil; um 1931

Bergh, Gertrude van den
1793-1840
- StrQ; verloren

Bergh, Rudolf
1859-1924
- StrQ; d; op. 10; Nordiska (1903)

Bergh, Sverre
1915-1980
- Epigrams; StrQ; 1973; NMIC
- StrQ; no. 1; Lyche (1983)

Bergman, Erik (Valdemar)
1911-2006
- StrQ; op. 98; 1982; Novello (1990); A: 1982 Kuhmo
- Musica concertante; StrQ; op. 138; 1997; A: 1998 London

- Präludium + Fuga-Scherzo; MS zurückgez.

Bergmann, Walter
1923-?
- Musikantenstücke; StrQ

Bergner, Friedrich Wilhelm
1837-1907
- StrQ

Bergsma, William Laurence
1921-1994
- StrQ; no. 1; 1942; Schirmer
- StrQ; no. 2; 1944; Hargail (1948)
- StrQ; no. 3; 1953; C. Fischer (1956)
- StrQ; no. 4; 1970, rev. 1974; Galaxy; Galliard (1977)
- StrQ; no. 5; 1982; C. Fischer
- StrQ; no. 6; 1991; C. Fischer

Bergstrøm-Nielsen, Carl
1951-
- Flytninger; StrQ; 1973; DMIC
- Pusselejser; StrQ; 1986; DMIC

Bergström, Harry
1910-1989
- Aubade; StrQ; 1976

Beringer, Georg
1875-1934
- StrQ

Berinsky, Sergei Samuilovich
1946-1998
- StrQ; no. 1; 1974
- StrQ; no. 2; 1978

Berio, Luciano
1925-2003
- Study; StrQ; 1952, rev. 1985; RCA
- StrQ; 1956; ESZ (1956); A: 1959 Wien
- Sincronie; StrQ; 1963/64, rev. 1966; UE (1964)
- Notturno; StrQ; 1986–93; UE (1993); A: 1994 Wien
- StrQ; 1986–90
- Glossa; StrQ; 1997; UE (1997); A: 1997 Reggio Emilia

Berkeley, Lennox
1903-1989
- StrQ; no. 1; op. 6; 1935; Boosey
- StrQ; no. 2; op. 15; 1940/41; Chester
- StrQ; no. 3; op. 76; 1970; Chester
- Canon: In memoriam Igor Stravinsky; StrQ; 1971; Boosey (1971)

Berkeley, Michael
1948-
- StrQ; no. 1; 1981; OUP (1984)
- StrQ; no. 2; 1984; OUP (1984)
- Quartet Study; StrQ; no. 3; 1987; OUP
- Magnetic Field; StrQ; 1996; OUP (1984)
- Torque + velocity; StrQ; 1997; OUP (1984)

Berkovec, Jiří
1922-2008
- StrQ; 1975; Panton

Berlanda, Emil (Georg)
1905-1960
- StrQ; op. 22; 1934; A: 1934 Innsbruck

Berlijn, Anton Aron Wolf
1817-1870
- StrQ; op. 39; Theune (1841)
- StrQ; Es; op. 112; Ed. Peters (1859)

Berlinski, Herman
1910-2001
- StrQ; 1953; CFE

Berman-Harris, Ruth
1916-2013
- StrQ; 1982

Bermel, Derek
1967-
- StrQ; 1992; Peer (2004)

Bermúdez Silva, Jesús
1884-1969
- StrQ; D; 1947

Bernal Jiménez, Miguel
1910-1956
- Cuarteto Virreinal; StrQ; 1951; Ed. Mexicanos (1951)

Bernaola, Carmelo A.
1929-2002

- StrQ; no. 1; 1957, rev. 1960; Alpuerto (1975); A: 1975 Madrid
- Superficie número 4; StrQ; no. 2; 1968; A: 1979 Madrid
- StrQ; no. 3; 1988

Bernard, Émile
1843-1902
- StrQ; op. 52; Janin (1952)
- StrQ; g; Delrieux (1903)

Bernard, Filip
1896-1984
- StrQ; 1938; DSS (1961)

Bernard, Olivier
1925-
- StrQ; 1968?

Bernard, Robert
1900-1971
- StrQ; 1956

Berndt, Ottomar
1896-?
- Andante + Rondo; StrQ

Bernert, Helmut
1896-1979
- StrQ; no. 1; Böhm (1986)
- Weitere StrQe

Berr, José
1874-1947
- Doppelfuge; StrQ; op. 1; 1894

Berry, Rhonda
1936-
- With magic; StrQ; 2003

Berry, Wallace (Taft)
1928-1991
- StrQ; no. 1; 1960
- StrQ; no. 2; 1964; Elkan-Vogel (1967)
- StrQ; no. 3; 1966
- StrQ; no. 4; 1984; CMC

Berga, Blagoje
1873-1934
- StrQ; c; op. 9; 1895
- Menuett; StrQ; op .14; 1896

Bersa, Vladimir
1864-1927
- StrQ

Berstad, Ragnhild
1956-
- Toreuma; StrQ; 1997; NMIC

Bertelmann, Jan Georg
1782-1854
- StrQ; Richault

Bertelsmeier, Birke J.
1980-
- StrQ; 2008; A: 2008 Darmstadt

Berten, Walter Michael
1902-1956
- StrQ; op. 1; A: 1923 Köln

Bertha Sandor, Alexandre de
1843-1912
- Variations sur l'Hymne national hongrois; StrQ; nach 1867

Berthet, François
1873-1956
- StrQ; g; no. 1; op. 12; 1919; Senart (1926)
- StrQ; op. 15; 1924
- StrQ; op. 17; 1926
- StrQ; op. 28; 1934

Berthold, Henry
1933-1987
- StrQ; um 1960
- musica exotica; StrQ; 1960; VeNM (1978)
- 3 Elegien; StrQ; um 1966
- Kombinationen; StrQ; um 1967

Berthomier, Michel
1950-
- StrQ; 1969
- 6 Pieces; StrQ; 1969, rev. 1974

Bertók, Liana
1959-
- Rondo capriccioso; StrQ; 2000

Bertomeu, Agustín
1929-
- Musica; StrQ; 1966

- Confluencia sobre do Sostenido; StrQ; 1968
- Configuración II; StrQ; 1974
- StrQ; no. 4; 1975

Bertoncini, Mario
1932-
- Die Lyra des Aeolus; StrQ; no. 1; 1990–92
- Solo aus Klav.-Q.; 1993/94: Rauminstallation für gespannte Drähte + 5 Resonatoren; StrQ; no. 4

Bertoni, Ferdinando G.
1725-1813
- 6 StrQe; B, A, c, D, F, Es; op. 2; Zatta (1780); [B2403]
- 6 StrQe; F, A, c, D, d, Es; o. op.; Venier; [B2404]

Bertouille, Gérard
1898-1981
- StrQ; no. 1; 1939
- StrQ; no. 2; 1941
- StrQ; no. 3; 1942
- StrQ; no. 4; 1953
- StrQ; no. 5; 1953; CeBeDeM (1956)
- Prélude; 6. StrQ; 1953; CeBeDeM (1965)
- StrQ; no. 7; 1957; CeBeDeM (1957)

Bertram, Hans Georg
1936-
- StrQ; no. 1; 1975; A: 1986 Esslingen
- StrQ; no. 2; 1996; Merseburger (2002); A: 1996 Esslingen
- StrQ; no. 3; 1998; A: 1998 Köln

Bertrand, Christophe
1981-2010
- Quatuor I; StrQ; A: 9/2005 Bonn
- Quatuor II; StrQ; 2010; A: 2012

Bertrand, Felix R.
1909-1978
- StrQ; 1940

Bertrand, Ginette
1949-
- StrQ; 1971

Bertuccio, Giovanni
1883-?
- StrQ; a

Berutti, Arturo
1862-1938
- 2 Suiten; StrQ; 1889/90
- 4 Semblanzas; StrQ

Berwald, (Christian) August
1798-1869
- Rondo; StrQ; A; op. 1; nach 1820
- Rondo capriccio; StrQ; A; op. 2
- Fantasie; StrQ; a; op. 3
- Thema avec variations; StrQ; A; 1827

Berwald, Franz
1796-1868
- StrQ; g; no. 1; 1818; Bärenreiter (1966)
- StrQ; a; no. 2; 1849; Elkan (1903)
- StrQ; Es; no. 3; 1849; Bagge (1885)
- StrQ; B?; 1818?; verloren
- StrQ; g, a, Es; Bärenreiter (1966)

Berwald, Johan Fredrik
1787-1861
- 3 StrQe; F, g, D; op. 2; 1799; Werckmeister (1799)
- 3 StrQe; Es, C, A; op. 3; 1801–04
- StrQ; G; op. 5; 1802
- StrQ; f; 1809
- StrQ; D; 1813
- StrQe; a + g; 1819; C. Müller (1822)

Berzeni, ?
wahrscheinlich Ende 18. Jahrhundert
- 6 StrQe; D, F, B, A, C, D; op. 1; Mlle Girard (Ende 18. Jhdt.)

Berzolla, Massimo
1963-
- StrQ; 1989

Besch, Otto
1885-1966
- Suite, StrQ
- StrQ; 1936; A: 1937 Darmstadt
- StrQ; no. 3; 1945–51; MS: Künstlergilde
- Mittsommerlied; StrQ; 1917; Leuckart
- StrQ; 1953; Gravis (1985)

Bessems, Antoine
1809-1868
- 2 StrQe

Besser, Jonathan
1949-
- Hokianga; StrQ; 1981

Beste, Ansgar
1981-
- Pèlerinage fantastique; präpariertes StrQ; A: 2012 Darmstadt

Bestor, Charles
1924-
- 12 short movements; StrQ; 1976; ACA (1976)

Bettelli, Cesare
?-1799
- 6 StrQe; op. 1; Carlo Baduel (1782)

Bettendorf, Carl Christian
1973-
- 3 Stücke; StrQ; 1995; A: 1996 Amsterdam

Bettinelli, Bruno
1913-2004
- I due pastori, poemelto; StrQ; 1932
- StrQ; no. 1; 1935
- Dialoghi; StrQ; 1941
- Adagio e Corale; StrQ; 1946
- Epitalamio; StrQ; 1955
- StrQ; no. 2; 1960; Curci (1961)

Bettingen, Balthasar
1889-?
- StrQ; D; op. 2; A: 1923 Köln
- StrQ; G; op. 5; A: 1926 Gotha
- StrQ; op. 25; 1938

Betts, Lorne M.
1918-1985
- StrQ; no. 1; 1950; CMC
- StrQ; no. 2; 1951; CMC
- StrQ; no. 3; 1970; CMC

Beuger, Antoine
1955-
- From ashes; VokalQ, StrQ + Zuspielung; 1991

- Long periods of silence; StrQ; 1999

Beurden, Bernard van
1933-
- 4 Strings; StrQ; 1991; Donemus (1991)

Beversdorf, Thomas
1924-1981
- StrQ; 1952; Seesaw
- StrQ; 1955

Beyer, Arno
1873-?
- StrQ

Beyer, Frank Michael
1928-2008
- StrQ; no. 1; 1954–56; BB (1956);
  A: 1957 Berlin
- StrQ; no. 2; 1969; BB (1970);
  A: 11/1969 Berlin
- Missa; StrQ; no. 3; 1985; BB (1992);
  A: 9/1985 Berlin
- Was Orpheus sah; StrQ; 2003;
  Boosey/BB (2005); A: 10/2004 Berlin

Beyer, Johanna (Magdalena)
1888-1944
- StrQ; no. 1; 1933/34
- StrQ; no. 2; 1936; Frog Peak
- Movement Dance; StrQ; 1938
- StrQ; no. 4; 1943?

Beyerman-Walraven, Jeanne
1878-1969
- StrQ; ca. 1913; Donemus

Beytelmann, Gustavo
1945-
- Les noces de Cana; StrQ; ca. 2008

Beythien, Kurt
1897-
- StrQ; e; op. 6; 1925; Kistner (1930)

Bezanson, Philip
1916-1975
- StrQ; no. 1; 1965; Merion (1965)

Biagi, Alamano
1806-1861
- StrQ; Lorenz (184.?)

Bialas, Günter
1907-1995
- StrQ; no. 1; 1935; Möseler (1952)
- StrQ; no. 2; 1950; Möseler (1952)
- StrQ; no. 3; 1968; Bärenreiter (1970)
- Assonanzen; StrQ; no. 4; 1986;
  Bärenreiter (1987)
- StrQ; no. 5; 1991; Bärenreiter (1992)
- Kunst des Kanons; StrQ; 1991; Gravis
  (1994); A: 11/1995 Siegen

Bianchi, Oscar
1975-
- Adesso/Jetzt; StrQ; 2011

Biava Ramponi, Pedro
1902-1972
- Rondo; StrQ; Bogotá: Centro
- Simplicity; StrQ; Bogotá: Centro
- Anapesto; StrQ; 1933; Bogotá: Centro
- Reverie; StrQ; 1955; Bogotá: Centro
- StrQ; 1960; Bogotá: Centro

Bibalo, Antonio
1922-2008
- StrQ; 1972; W. Hansen (1974)

Bideau, Pierre Dominique
tätig um 1809
- 3 StrQe; Le Duc [BB2618I,1]

Biddington, Eric
1953-
- StrQ; 1982

Bieder, Egon (Eugen)
1897-?
- Feierl. Musik; StrQ (Kammermusik 1);
  Glas (1933)

Biel, Michael v.
1937-
- StrQ no. 1; 1962; Feedback (1962)
- StrQ; no. 2; 1963/64; UE (1965)

Bielawa, Herbert
1930-
- StrQ; 1989

Bieler, Helmut
1940-

- Lyrik + Bewegung; StrQ;
  Keturi/Arends (1997)

Bielfeld, August
1847-1924
- 2 Pieces; StrQ; Fischer (1875)

Biesemans, Valentijn
1968-
- StrQ; 1998?

Biggs, John
1932-
- StrQ; Consort

Biggs, Ronald
1893-?
- Summer landscape; StrQ; Curwen (1934)

Bijvanck, Henk
1909-1969
- StrQ; Donemus (1955)

Bilash, Oleksandr
1931-2003
- StrQ; 1954

Bilbao, Beatriz
1951-
- Tum Mi Kalima; StrQ; 1978

Bilibin, Ivan Ivanovich
1818-1892
- Zahlreiche StrQe

Billi, Vincenzo
1869-1938
- Serenade; StrQ; op. 159; Giuliana

Billingsley, William A.
1922-
- Chamberballet; StrQ + 2 Tänzer;
  A: 5/1968 Boise

Billone, Pierluigi
1960-
- Muri III B; StrQ; 2010

Billroth, Theodor
1829-1894
- 1 StrQ; vernichtet

Bimmermann, Tom
1971-
- StrQ; C; 1999

Bimstein, Philip K.
1947-
- The Louie variations; StrQ; 1989; AMC
- Rockville Utah 1926; StrQ; 1997; AMC

Binder, Abraham Wolfe
1895-1966
- 2 Hassidic moods; StrQ; 1934
- StrQ; 1935

Bindernagel, Joseph
um 1799
- 3 StrQe; op. 12, Decombe; no. 227

Binenbaum, Janko
1880-1956
- 2 StrQe; 1910–11

Binet, Jean
1893-1960
- StrQ; 1929; Henn (1933)

Bingham, Seth Daniels
1882-1972
- StrQ; b; 1916

Binkerd, Gordon (Ware)
1916-1960
- StrQ; no. 1; 1957; Boosey (1968)
- StrQ; no. 2; 1961; Boosey (1970)

Birck, Wenzel Raimund J.
1718-1763
- Partita; F; 1750
- 16 StrQe; B, A, C, G, A, F, G, B, B, B, D,
  D, G, A, g, G; Handschr. in A-Wn

Birgisson, Snorri Sigfús
1954-
- StrQ; 1977; IMIC
- StrQ; no. 2; 1991; IMIC

Biriotti, León
1929-
- StrQ; 1952; CDA
- StrQ; 1965

Birkenkötter, Jörg
1963-
- Wir ...; StrQ; 1983/84

Birkle, Ignaz
1896-1968

- StrQ; op. 10

Birnbaum, Mark J.
1952-
- StrQ; 1973

Birnstein, Renate M.
1946-
- 2 StrQ; 1982 + 1986

Birtel, Wolfgang
1951-
- Fuchs, du hast die Gans gestohlen– wie es (vielleicht) Ludwig van Beethoven vertont hätte; StrQ; Schott (2009)

Birtwistle, Harrison
1934-
- Songs of Autumn, StrQ + Sopr; 1988; UE
- 3 Movements; StrQ; 1991–93; UE
- 9 Movements f. StrQ; 1996; Boosey
- The Io Passion; StrQ + Bass.-Klar; 2003; Boosey; A: 2006 Glasgow
- Tree of Strings; StrQ; 2007; Boosey; A: 2008 Witten
- 3 Fugues from *The Art of Fugue* (J. S. Bach); Boosey; A: 6/2008 Aldeburgh
- Hoquetus Irvineus; StrQ; 2014; Boosey
- Silk House Sequences; StrQ; 2015; Boosey

Bischof, Rainer
1947-
- StrQ; op. 18; 1983–86; Doblinger (1986);
- StrQ; no. 2; op. 58; 1999; Doblinger (2001)

Bischoff, Kaspar Jakob
1823-1893
- StrQ; g; 1846
- StrQ; F; 1846

Bishay, Patrick
1975-
- StrQ; op. 1; Hoche (2002)
- StrQ; no. 2; op. 22

Bishop, Henry (Rowley)
1786-1855
- StrQ; c; 1816; MS: GB-Lbl

Bisquerrt Prado, Próspero
1881-1959
- Aires Chilenos; StrQ; 1931, rev. 1947; CDA

Bissell, Keith W.
1912-1992
- Suite; StrQ; 1968; CMC
- StrQ; 1974; CMC
- StrQ; 1981; CMC

Bitkin, Vladimir Ivanovich
1947-
- StrQ; op. 1; Sovetskij (1978)

Bitter, John
1909-?
- StrQ; 1938; G. Schirmer

Bittner, Julius
1874-1939
- StrQ; A; 1913; UE (1913)
- StrQ; Es; no. 2; 1916; UE (1916)

Biveinis, Ricardas
1956-
- StrQ; no. 1; Karthause (2000)

Bjelinski, Bruno
1909-1992
- StrQ; no. 1; 1941–43; A: 1973 Zagreb
- StrQ; no. 2; 1951; Muzička (1956)
- StrQ; no. 3; 1985

Bjørklund, Terje
1945-
- Carmina: The Pindar odes; StrQ; 1994; NMIC
- Cantos; StrQ; 1994; NMIC

Bjurling, Björn
1966-
- No guarantees; StrQ; 1990; SMIC (1998)

Blacher, Boris
1903-1975
- StrQ; no. 1; op. 11; 1930; BB (1973)
- StrQ; no. 2; op. 16; 1940; BB (1951)
- StrQ; no. 3; op. 32; 1944; BB (1947)
- Epitaph; StrQ; no. 4; op. 41; 1951; BB (1952); A: 1/1953 Berlin

- Var. über einen divergierenden c-Moll-Dreiklang; StrQ; no. 5; 1967; BB (1967)
- Etüde; StrQ; 1935; evtl. ergänzt. 4. Satz der Fs d. 1. StrQ; 1930; BB
- StrQ; Fragment; 1943
- StrQ in var. Metren; Fragment; um 1950
- StrQ; Fragment, Lento; A: 1975 Berlin

Blackford, Richard
1954-
- Cantides of Light; StrQ; 1979; OUP (1980)

Blackwood, Easley
1933-
- StrQ; no. 1; op. 4; 1957; C. Fischer (1959)
- StrQ; no. 2; op. 6; 1959; G. Schirmer (1960)
- StrQ; no. 3
- StrQ; no. 4; G. Schirmer

Blaesing, Felix
1858-1929
- StrQ; F

Blagoi, Dmitrii Dmitrievich
1930-1986
- StrQ; Sovetskij (1970)

Bláha, Ivo
1936-
- StrQ; no. 1; 1957; Panton
- StrQ; no. 2; 1966; Panton (1970)
- StrQ; no. 3; 1983; Panton (1989)

Blahetka, Leopoldine (Vlarie)
1809-1885
- StrQ; A; op. 43; Hofmeister (um 1837)
- StrQ; Es; op. 44; Hofmeister (um 1838)

Blahovský, Gustav
1893-1967
- StrQ; 1947

Blaimschein, Franz
1944-
- StrQ; no. 1
- StrQ; no. 2; 1977; A: 1978

Blair-Oliphant, Lillian
18..-?
- Suite; g; 1898; Jos. Williams

Blak, Kristian
1947-
- Rørsla; StrQ; 1985; STIM
- Images; StrQ; 1987; STIM
- Undirlysi; StrQ; 1992; STIM

Blake, David (Leonard)
1936-
- StrQ; no. 1; op. 2; 1962; Novello; A: 1962 London
- StrQ; no. 2; 1973; Novello (1977)
- StrQ; no. 3; 1982; Novello; A: 1983 Cambridge

Blake, Howard
1938-
- Leda and the swan; StrQ; op. 249a; 1977; Highbridge
- Spieltrieb; StrQ; op. 594; 2008; Highbridge
- A month in the country; StrQ; op. 611; 2010; Highbridge
- Snowman; StrQ; op. 615; 2010; Chester

Blake, Michael
1951-
- In memory of William Burton; StrQ; 2001
- Nofinishi; StrQ; 2011

Blanc, Adolphe
1828-1885
- StrQ; d; op. 16; um 1862
- StrQ; A; op. 27; um 1862
- StrQ; F; op. 38; um 1862
- StrQ; E; op. 53

Blancafort (de Roselló), Manuel
1897-1987
- StrQ; C; no. 1; 1948
- Cuarteto de Pedralbes; StrQ; 1949

Blanc de Fontbelle, Cécile
1892-1973
- StrQ; no. 1; Senart (1927)

Blank, Allan
1925-2013
- StrQ; 1958
- StrQ; 1981
- StrQ; 1989

Blank, William
1957-
- Satz für StrQ
- Fragments; op. 8; 1987

Blanquer, Amando
1935-2005
- Cuaderno de Monóvar; StrQ

Blarr, Oskar Gottlieb
1934-
- Quartetto super thema Regium; StrQ; 1977; Gravis (1986); A: 1977 Düsseldorf

Blaschke, Julius
1889-1974
- StrQ in 1 Satz; nach 1932

Blasius, Matthieu-Frédéric (Matthäus)
1758-1829
- 3 StrQe; F, Es, B; op. 1; Sieber [B2860]
- 6 StrQe; C, G, B, d, F, c; op. 3; 1780–82; Bouin [B2861]
- 3 StrQe; op. 10; 1785; A: 1785 Paris
- 6 StrQe; op. 12; 1795; Sieber [B2862]
- 3 StrQe; F, c, C; op. 19; 1795; Magasin de musique [B2863]
- Bearb. v. Klav.-Son. v. J. Haydn; StrQ

Blasser, Gustav
1857-1942
- 6 Bagatellen; StrQ; op. 68; André (1890)
- Idyllen; StrQ; op. 105; André (1902)

Blatný, Josef
1891-1980
- StrQ; no. 1; op. 7; 1928
- StrQ; no. 2; op. 34; 1954
- StrQ; no. 3; op. 54; 1962

Blatný, Pavel
1931-
- Kanon; StrQ; 1972
- Zhouska; StrQ; 1972; CHF

Blatter, Alfred
1937-
- Study in time and space; StrQ; Media Press

Blaustein, Susan Morton
1953-

- Ricercare; StrQ; no.1; 1981; APNM (1981)

Blauvelt, Peter
1956-
- Urklänge; StrQ; 1983; MS b. Komp.

Blažek, Vilém
1900-1974
- StrQ; op. 32; 1961

Blažek, Zdeněk
1905-1988
- StrQ; no. 1; op. 23; 1943; Panton (1976)
- StrQ; no. 2; op. 29; 1946/47
- StrQ; no. 3; op. 53; 1956; Státní hudební (1959)
- StrQ; no. 4; 1967
- StrQ; no. 5; op. 93; 1969
- StrQ; no. 6; op. 133; 1977
- StrQ; no. 7; op. 152; 1981
- StrQ; 1986

Blech, Leo
1871-1958
- 2 StrQe; op. 8

Blendinger, Herbert
1936-
- StrQ; op. 11; 1957, 2. Fs. 1958; Orlando
- StrQ; op. 19; 1969; Orlando
- StrQ; op. 29; 1976
- StrQ; op. 54; 1990

Blessinger, Karl
1888-1962
- StrQ; op. 7
- StrQ; op. 17

Bleuse, Marc
1937-
- StrQ; 1995; Billaudot

Blewett, Quentin H.
1927-2016
- StrQ; no. 2; 1969

Bleyle, Karl
1880-1969
- StrQ; a; op. 37; Breitkopf (1928)
- Deutsche Tänze; StrQ; op. 53
- StrQ; h; op. 62; Breitkopf; A: 1950

Bliesener, Ada
1909–1979
- StrQ; 1935–39
- StrQ; 1952–55

Bliesener, Johann
ca. 1765–1842
- 3 StrQe; op. 2; J. J. Hummel [B2964]
- 3 StrQe; op. 3; J. J. Hummel [B2966]
- 3 StrQe; op. 5; Joh. Morino [B2968]
- 3 StrQe; op. 6; J. J. Hummel [B2969]
- 3 StrQe; op. 9; J. J. Hummel [B2972]

Bliss, Arthur
1891–1975
- Fugue; StrQ; WV 17; 1916
- StrQ; A; op. 4; WV 23; 1914;
  Stainer (1915)
- StrQ; WV 24; 1923/24?
- StrQ; no. 1; WV 25; 1941; Novello (1942)
- StrQ; no. 2; WV 26; 1950; Novello (1951)
- Allegro; StrQ; ohne WV; 1923/24

Bliss, Marilyn
1954–
- Tapestry; StrQ; 1976

Blitzstein, Marc
1905–1964
- Italian; StrQ; 1930; Chappell
- Serenade; StrQ; 1932; Chappell

Bloch, Ernest
1880–1959
- StrQ; 1895
- StrQ; h; no. 1; 1916; G. Schirmer (1919)
- Night; StrQ; 1924; C. Fischer (1925)
- In the mountains; StrQ; 1925; C. Fischer
- 3 Paysages; StrQ; 1925; C. Fischer
- Prélude; StrQ; 1925; C. Fischer
- 2 Pieces; StrQ; 1938–50; Williams (1952)
- StrQ; no. 2; 1945; Boosey (1947)
- StrQ; no. 3; 1952; G. Schirmer (1953)
- StrQ; no. 4; 1953; G. Schirmer (1956)
- StrQ; no. 5; 1956; Broude (1957)

Bloch, Joseph
1862–1922
- StrQ; A; op. 32; Rozsnyai (1904)

Block, Hans-Volker
1944–
- StrQ; 1971

Blok, Vladimir Mikhailovich
1932–1996
- StrQ; Sovetskij (1978)

Blomberg, Erik
1922–2006
- StrQ; 1965; STIM
- Liten; StrQ; 1992; STIM
- StrQ; no. 3; 1992; STIM

Blomdahl, Karl-Birger
1916–1968
- StrQ; no. 1; 1939; STIM
- StrQ; no. 2; 1948; Föreningen Sv. Tons.
- Preludium och Allegro; Nordiska (1949)
- Liten; StrQ; 1950; STIM
- StrQ; no. 3; 1950

Blomenkamp, Thomas
1955–
- 5 Impromptus; StrQ; 1975; Dohr

Blomfield Holt, Patricia
1910–2003
- StrQ; no. 1; 1937, rev. 1985; CMC
- StrQ; no. 2; 1956, rev. 1985

Blondeau, Pierre-Auguste-Louis
1786–1863
- 3 StrQe; op. 2; nach Beethovens Kl.-Son.
  (4. Bd. StrQ); Omont
- 6 StrQe; op. 11 (1. Bd. StrQ)
- 6 StrQe; op. 13 (2. Bd. StrQ)

Bloss, C.
?
- Studienqua.; G; no. 1; Merseburger (1884)
- Erinnerung an Weber; StrQ; Schmidt (1899)
- Scherzino; Leichtes StrQ; Schmidt (1899)
- Vorstudien z. Qua.-Spiel; Schmidt (1899)
- Leichte Paraphr. ü. d. sizilian. Volksweise *O
  sanctissima*; StrQ; Schmidt (1899)

Blum, Carl Robert
1889–1931
- StrQ; op. 4; 1909

Blum, Robert
1900-1994
- StrQ; no. 1; 1934; MS: FSPM
- StrQ; no. 2; 1970; MS: FSPM
- StrQ; no. 3; 1987; SME (2001)

Blumberger, Wilhelm Joseph
1835-1858
- StrQ

Blume, Friedward
1926-
- StrQ; no. 1; 1988; VDMK
- StrQ; no. 2; 1990; VDMK
- StrQ; no. 3; op. 65; 1992; VDMK
- 4 Temperamente; StrQ; no. 4; op. 88; 1995; VDMK
- StrQ; no. 5; op. 95; 1995/96; VDMK

Blume, Hermann
1891-1967
- Kleine Hausmusik; StrQ; Cranz (1936)

Blume, Joachim
1923-2002
- StrQ; 1954; Möseler

Blumener, Martin T.W.
1827-1901
- StrQ; c

Blumenfeld, Felix Mikhailovich
1863-1931
- StrQ; f; op. 26; Belaieff (1898)
- Sarabande; StrQ; g; *Les Vendredis*; Boosey

Blumenthal, Joseph v.
1782-1856
- StrQ; C; no. 1; op. 38; Haslinger
- StrQ; G; no. 2; op. 39; Haslinger
- StrQ; D; no. 3; op. 40; Haslinger
- Nach beliebten Motiven der Oper *Zampa* v. Herold; StrQ; no. 2; op. 53; Diabelli (ca. 1835) [PN 4843]
- Nach beliebten Motiven der Oper *Fra Diavolo* v. Auber; StrQ; op. 54; Diabelli

Blumenthaler, Volker
1951-
- Jason-Studie; 1991; BB (1994)

- Poemas de l'Otono; StrQ; 1979; Heinrichshofen

Blumer, Theodor
1882-1964
- StrQ; g; op. 51; Simrock (1925)

Blunt, Marcus
1947-
- StrQ; 1970; Modus
- StrQ; 1978; Modus

Bo, Sonia
1960-
- StrQ; 1985; Ricordi (1986)

Boatwright, Howard
1918-1999
- StrQ; no. 1; 1947
- StrQ; no. 2; 1974; Walnut Grove (1984)

Bobcevski, Venedikt
1895-1959
- StrQ; 1949

Bobescu, Constantin
1899-1992
- Facerea lumii; StrQ; 1922
- Hasis; StrQ; 1935

Bobinski, Heinrich Antonovich
1863-1931
- Variatsii; StrQ

Boccherini, Luigi
1743-1805
Sortiert nach Opus + Gerard (= G) + RISM
- 6 StrQe; c, B, D, Es, E, C; op. 1, 2 (G 159–164); Bremner [B3109]
- 6 StrQe; c, D, Es, g, F, A; op. 2 (G 166, 165, 167–170); J. J. Hummel [B3115]
- 6 StrQe; c, D, Es, g, F, A; op. 4 (G 165–170); Longman, Lukey [B3116]
- 6 StrQe; c, D, Es, g , F, A; op. 6 (G 165–170); Bremner [B3117]
- 6 StrQe; c, d, F, Es, D, E; op. 7 (G171–176); J. J. Hummel [B3120]
- 6 StrQe; F, E, Es, F, D, c; op. 8 (G 177–182); J. J. Hummel [B3122]

- 6 StrQe; c, d, F, Es, D, E; op. 10
  (G 171–176); Boyer [B3123]
- 6 StrQe; D, F, E, F, Es, c; op. 11
  (G 177–182); Boyer [B3127]
- 6 StrQe; C, D, Es, B, a, C; op. 26
  (G 183–188); La Chevardiere [B3132]
- 6 StrQe; Es, g, C, A, D, c; op. 27
  (G 189–193); Sieber [B3134]
- 6 StrQe; B, g, Es, A, F, f; op. 32
  (G 195–200); Artaria [B3135]
- 6 StrQe; Es, e, D, C, g, A; op. 33
  (G 201–206); Artaria [B3138]
- 12 StrQe; G, Es, D, C, c–C, A, f–C, g, A;
  op. 39 (G 234); Pleyel [B3142]
- 6 StrQe; C, Es, D, C, Es, A; op. 40
  (G 236–240); Pleyel [B3143]
- 6 StrQe; C, Es, B, h, D, Es; op. 58
  (G 242–247); Sieber [B3144]
- 6 StrQe; F, E, c, Es, F, D; o. op.
  (G 177–182) [B3145 + B3131]
- 2 StrQe; A, C; op. 42; 1789; (G 216, 217)
- 2 StrQe; A, A; op. 43; 1790; (G 218, 219)
- 6 StrQe; B, e, F, G, D, Es; op. 44; 1792;
  (G 220–225)
- 6 StrQe; F, A, h, Es, G, C; op. 48; 1794;
  (G 226–231)
- 6 StrQe; F, D, dann abgebr.; 1804
  (G 248/49); Zanibon

Bocchino, Alceu A.
1918-2013
- StrQ; 1949

Bochmann, Christopher
1950-
- StrQ; 1972
- Introit; StrQ; no. 2; 1976.
- StrQ; 1986
- Monumentum; StrQ; 2001
- StrQ; no. 4; 2003

Bodart, Eugen
1905-1981
- StrQ; op. 36

Bodky, Erwin
1896-1958

- StrQ; 1916

Bodley, Seóirse
1933-
- StrQ; no. 1; 1968
- StrQ; no. 2; 1992

Bodman, Christopher
1948-
- StrQ; 1968; BMIC
- StrQ; 1974; BMIC (1975)
- The Alpine; StrQ; 1981; BMIC

Bodnár, Norbert
1956-
- Aphorismen; StrQ; 1987

Bodorová, Sylvie
1954-
- Dignitas homini; StrQ; 1987; CHF (1988)

Body, Jack
1944-
- 3 Transcriptions; StrQ; 1987; Wai-te-ata
- Epicycle; StrQ; 1989
- Arum manis; StrQ + Tape; 1991; NZMIC

Body, John Stanley
1944-2015
- Three transcriptions; StrQ; 1987

Böckmann, Alfred
1905-1995
- Musik; StrQ; 1945; JMLB
- StrQ; no. 1; 1955
- Für den Frieden der Welt; StrQ; no. 2;
  1961; Ed. Peters
- Musik 2; StrQ; 1962

Bödecker, Louis
1845-1899
- Impromptu; StrQ; op. 31; Breitkopf (1887)

Böhlke, Erich
1895-1979
- StrQ; F; op. 15; 1945; verloren
- StrQ; op. 21; 1920
- Adagio; StrQ; op. 27; 1920
- Pommersche Passion; StrQ; d; op. 43; 1962

Böhm, Joseph
1795-1876

- Variazione; StrQ; Artaria (1808)

Boehm, Yohanan
1914-1986
- In modo d'ieri; StrQ; op. 6; 1952

Böhme, August Julius Ferd.
1815-1883
- StrQ; g; Ed. Peters (1857)
- StrQ; c; op. 7; 1856; Leuckart (1876)
- StrQ; a; op. 10; Litolff/Ed. Peters

Böhme, Baldur
1932-
- StrQ; no. 1; op. 5; 1948
- StrQ; no. 2; op. 23; 1962
- StrQ; no. 3; op. 47; 1970
- StrQ; no. 4; op. 97; 1996

Böhme, Ferdinand
1815-1883
- StrQ; g; no. 1; Whistling (1857)
- StrQ; no. 2
- StrQ; c; no. 3; op. 7; Leuckart (1876)
- StrQ; no. 4
- StrQ; a; no. 5; op. 10; Litolff (1842)

Boehmer, Konrad
1941-2014
- Et in Arcadia ego; StrQ; 1991/92; Tonos (1993); A: 1993 Helsinki

Boehnlein, Frank
1945-
- Canto; StrQ; 1972, rev. 1973

Bölsche, Franz
1869-1935
- StrQ; no. 1; op. 13; MS: verschollen
- StrQ; c; no. 2; op. 27; 1900; Simrock (1908); A: 1904 Berlin

Boëly, Alexandre Pierre François
1785-1858
- 4 StrQe; op. 27-30; 1824-27; Costallat

Bönn, Georg
1965-
- StrQ; no. 1; 1989; Dohr (1993)
- Protophonie; StrQ; no. 2; 1991

Boer, Eduard de
1957-
- De Schil van de Mandarijn; StrQ; Donemus

Boer, Johan de
1958-
- Mwoah; StrQ; 1982; Donemus (1982)

Börtz, Daniel
1943-
- StrQ; no. 1; 1966; STIM
- … farewell to a great friend; StrQ; no. 2; 1971; Suecia (1999)
- StrQ; no. 3; 1987; Gehrmans

Boesch, Rainer
1938-
- StrQ; 1960/61

Boesmans, Philippe
1936-
- Fly + Driving; StrQ; no. 1; Jobert (1988)
- Summer Dreams; StrQ; no. 2; 1989, rev. 1990; Ricordi (1994)

Böttcher, Eberhard
1934-
- Divertimento; StrQ; 1987; NMIC

Böttcher, Ernst
?
- Schiffers Morgengruß; StrQ; op. 149; Reinecke (1911)

Böttcher, Georg W.
1806-?
- StrQe

Böttger, Thomas
1957-
- StrQ; 1982/83, Neufass. 1999

Bœuf, Georges
1937-
- StrQ; op. 63; 1996

Bogatyrev, Anatolii
1913-2013
- StrQ; 1924

Bogatyrev, Semyon Semyonovich
1890-1960
- 2 StrQe; 1916 + 1924

- Suite; StrQ; 1955
- Variationen; StrQ

Bogdanov-Berezovsky, Valerian Mikhailovich
1903-1971
- StrQ; op. 52; Muzyka (1968)

Bogoslovsky, Nikita Vladimirovich
1913-2004
- StrQ; 1931; Sovetskij
- Scenes from ordinary life; StrQ; no. 2; 1984; Sovetskij (1988)

Bogusławski, Edward
1940-2003
- StrQ; no. 1; 1960; PWM
- StrQ; no. 2; 1963; PWM
- StrQ; no. 3; 1995; PWM

Boháč, Josef
1929-2006
- Suite; StrQ; 1953

Bohlin, Jonas
1963-
- Nunatak; StrQ; 1995
- Horror vacui 4; StrQ; 2001

Bohm, Carl
1844-1920
- Wiegenliedchen; StrQ; op. 151; Simrock (1874)
- La Zingava; StrQ; op. 102; C. Fischer

Bohne, R.
- Leichtes Quartett; StrQ; G; op. 64; Fischer (1889)

Bohnke, Emil
1888-1928
- StrQ; c; op. 1; 1922; Simrock (1923)

Bohociu, Ioan
1874-1944
- StrQ; 1930; MRC

Bohrer, Anton (Joseph)
1783-1863
- 6 Variations; StrQ; op. 3; Nadermann
- 18 Variations; StrQ; op. 5; Nadermann
- 3 Themes varies; StrQ; op. 7; 1808

- 3 StrQe; op. 23; Simrock
- StrQ; F; op. 24; Gambaro
- StrQ; op. 53; 1819

Boguslavskyi, Konstantyn
1895-1943
- Ukrainian folk song *Little mosquito*; StrQ

Bois, Rob du
1934-2013
- Pastorale V; StrQ; 1964–66; Donemus
- StrQ; no. 1; Donemus
- StrQ; no. 2; Donemus
- StrQ; no. 3; 1979–1981; Donemus
- Independent; StrQ; no. 4; 1990; Donemus

Boisgallais, Jacques
1927-
- StrQ; 1958
- StrQ; 1978

Boisseau, Arthur L. R.
1845-1908
- Quatuor pittoresce; G; Hartmann (1879)

Boivin, Maurice F.
1920-
- StrQ; 1949

Boivin, Philippe
1954-
- Domino 4; StrQ; 1993; Visage

Brandts-Buys, Cornelis Abijander
1812-1890
- StrQ

Bokelmann, Reinhard Frederik
1851-1939
- Andante; StrQ; op. 2; Roothaan (1874)

Bokes, Vladimir
1946-
- StrQ; op. 10; 1970; SLMIC
- StrQ; no. 2; op. 18; 1974; Opus (1978)
- StrQ; no. 3; op. 44; 1982

Bolcom, William (Elden)
1938-
- StrQ; no. 1; 1950; zurückgez.
- StrQ; no. 2; 1953; zurückgez.
- StrQ; no. 3; 1954; zurückgez.

- StrQ; no. 4
- StrQ; no. 5; 1957; zurückgez.
- StrQ; no. 6; 1959; zurückgez.
- StrQ; no. 7; 1961; zurückgez.
- StrQ; no. 8; 1965; Marks
- Novella; StrQ; no. 9; 1972; Marks
- StrQ; no. 10; 1988
- 3 Rags; StrQ; 1989

Boldeman, Laci
1921-1969
- StrQ; no. 1; op. 7; 1950–57; STIM
- StrQ; STIM

Boldyrev, Igor
1912-1980
- StrQ; d; Muzyka (1965)

Bolet, Alberto
1905-1999
- StrQ; 1937

Bologna, Nora
1946-
- StrQ

Balto Vallarino, Carlos
1923-
- StrQ; 1954

Boltshauser, Hans
1898-?
- StrQ; 1920

Bolz, Harriett
1909-1995
- Invocation; StrQ + Sopr

Bolzoni, Giovanni
1841-1919
- StrQ; A; op. 18; 1869–78; Ricordi (1894?)
- 3 Studi; StrQ; 1886–99; Ricordi (1894?)
- D'inverno in soffitta; StrQ; Ricordi (1917)
- 4 Romanze senza Parole; StrQ; Ricordi
- Minuetto; StrQ; H; Ricordi
- Tema con variazioni; StrQ; Ricordi

Bombardelli, Silvije
1916-2002
- StrQ; 1939

Bombardelli, Umberto
1954-
- Just a little; StrQ; 1986

Bon, Willem Frederik
1940-1983
- Spelen in het donker; StrQ; 1965;

Bonavia, Ferrucio
1877-1950
- StrQ

Bonawitz, Johann Heinrich
1839-1917
- StrQ; c; op. 26; um 1860; Laudy

Boncompagni, Claudio Josè
1961-
- Doppio a Quattro; StrQ + Combo; 1993
- Ground bamba […]; StrQ; 1994

Bond, Victoria
1945-
- Dreams of flying; StrQ; 1994

Bonde, Allen
1936-
- StrQ; 1967

Bondon, Jacques
1927-2008
- StrQ; no. 1; 1959; Transatlantiques (1960)

Bonelli, Ettore
1900-1986
- StrQ; no. 1
- StrQ; no. 2; Zanibon

Bonelli, Rainer
1956-
- StrQ; no. 1; 1983; MS; A: 11/1984 Wien

Bonesi, Barnaba
1745-1824
- 6 StrQe; Es, C, F, B, D, Es; 1779

Bonesi, Benedetto
1779-1812
- 6 StrQe; Boivin [B3463]

Bongartz, Heinz
1894-1978
- StrQ; 1930

Bonhomme, Andrée M. C.
1905-1982
- Prélude + fugue; StrQ; 1955

Bonicioli, Riccardo
1853-1933
- Minuetto/Capriccio; StrQ; A; Buffa (1880)

Bonighton, Ian
1942-1975
- StrQ; no. 2; 1968

Bonnal, Joseph-Ermend
1880-1944
- StrQ; no. 1; 1928; Ouvrières
- StrQ; no. 2; 1938; Eschig (1997)

Bonner, Eugene
1889-1983
- StrQ; Senart (1928)

Bontempelli, Massimo
1878-1960
- Sei Preludes e finale; StrQ

Bonvin, Ludwig
1850-1939
- Melodie; StrQ; F; op. 56a; Leuckart (1911)

Boogman, Willem
1955-
- Called back; StrQ; 1997; Donemus (1997)

Boone, Charles
1939-
- Silence and light; StrQ; 1989/90

Bor, Modesta
1926-1998
- StrQ

Borchman, Aleksandr
1872-1940
- StrQ; C; 1908

Borda, German
1935-
- StrQ; 1970
- Homenaje a Bartok; StrQ; 1988
- 6 Microestructuras; StrQ; 1988
- Concertante; StrQ; 1990
- Cuarteto para el Origen de los tiempos; StrQ; 1992

Boren, Murray
1950-
- StrQ; no. 3; 1991

Boretz, Benjamin A.
1934-
- StrQ; 1957/58

Borg, Kim
1919-2000
- 2 StrQe

Borg, Matti
1924-
- Recollection; StrQ; 1983; DMIC

Borgovan, Ion
1889-1970
- StrQ; Do major; 1922, rev. 1955

Borgstrøm, Hjalmar
1864-1925
- StrQ; op. 6; 1887; MS: N-Ou

Borgulya, András
1931-
- StrQ; 1970

Borisov, Lilco
1925-1996
- StrQ; 1992

Borisov, Valentin Tikhonovich
1901-1988
- StrQ; 1926
- StrQ; 1928

Borisova-Ollas, Victoria
1969-
- Creation of the Hymn; StrQ

Bořkovec, Pavel
1894-1972
- StrQ; no. 1; op. 4; 1924/25; Artia (1962)
- StrQ; no. 2; op. 7; 1928/29; HMUB (1932)
- StrQ; no. 3; 1940; Fragment: MS
- StrQ; no. 4; 1947; Melantrich (1949)
- StrQ; no. 5; 1961; Státní hudební (1965)

Borne, Ferdinand le
1862-1929
- StrQ; c; op. 23; Rouart Lerolle (1896)

Bornefeld, Helmut
1906-1990
- Huldigung an B. Bartók; StrQ; 1979; Carus

Bornhöft, Achim Christian
1966-
- Nächte zwischen den Gezeiten; StrQ; 1988/89; A: 12/1990 Kamen
- Concent; StrQ; 2006

Bornschein, Eduard
1883-
- StrQ

Borodin, Alexander
1833-1887
- Angeregt d. e. Thema v. Beethoven; StrQ; A; Belaieff (1884); Rahter
- StrQ; A; no. 1; 1874–79; Eulenburg (1896); Breitkopf (1954)
- StrQ; D; no. 2; 1881; Belaieff (1888); Eulenburg
- Serenata; StrQ; B; 1886; Belaieff (1887)
- Russkoe scherzo; StrQ; D; 1882; in: *Les Vendredis*; Belaieff (1899)

Borowski, Felix
1872-1956
- StrQ; 1897
- StrQ; 1928
- StrQ; d; no. 3; 1944

Borradori, Pietro
1965-
- StrQ; no. 1; 1990
- Camera obscura; StrQ; 1990

Børresen, Hakon
1876-1954
- StrQ; e; op. 20; 1913; Hansen (1914)
- StrQ; c; 1939; Samfundet (1940)

Borries, Fritz v.
1894-
- StrQ; 1919
- StrQ; no. 2; 1926

Borris, Siegfried
1906-1987
- StrQ; no. 1; op. 17, 3; 1940

- StrQ; fis; no. 2; op. 28; 1941; Sirius (1950)
- StrQ; no. 3; op. 64; 1953; Sirius (1953)
- StrQ; no. 4; op. 78; 1955; Sirius

Borroff, Edith
1925-
- StrQ; 1941
- Grande Rondo; StrQ; 1944
- StrQ; e; no. 3; 1945; ACA
- Chance encounter (romp or rehearsal?); StrQ; 1974; ACA

Borsari, Amédée
1905-1999
- StrQ; 1944
- Weitere StrQe

Bortolotti, Mauro
1926-2007
- Frammenti 5; StrQ; 1966; Ricordi (1968)

Borup-Jørgensen, Axel
1924-
- Lille Serenade; StrQ; op. 1; 1948
- Improvisations; StrQ; op. 17; 1955
- Mikroorganismer; StrQ; op. 20; 1956
- Torso, Konfrontationer; StrQ + Tonbd.; op. 54; 1965; Samfundet (1965)
- Malinconia; StrQ; op. 68; 1972–74; Samfundet (1974)
- StrQ; op. 36; 1960; DMIC
- Vinterstykke; StrQ; op. 58; 1967; DMIC
- StrQ; op. 61; 1970; DMIC

Borzi, Carmelo
1860-?
- Minuetto; G

Bosch, Maura
1958-
- About the night; StrQ; 1993

Bose, Hans-Jürgen v.
1953-
- StrQ; no. 1; 1973; Ars Viva (1984)
- StrQ; no. 2; 1976/77; Ars Viva (1977)
- StrQ; no. 3; 1986/87
- Mainz: Ars Viva 1989; A: 1990 Saarbrücken
- StrQ; no. 4; 1998; Ricordi

Bosmans, Arthur
1908-1991
- 3 Epigramas; StrQ; Metropolis (1955)

Bosmans, Henriette Hilda
1895-1952
- StrQ; 1927; Donemus (1928)

Bosseljon, Bernhard
1893-1977
- StrQ; no. 1; op. 16; 1933/34; Krefeld
  Stadtarchiv
- StrQ; no. 2; op. 25; 1938; Krefeld
  Stadtarchiv

Bosseur, Jean-Yves
1947-
- Frau Linke; StrQ; 1975
- Concert; StrQ; 1995

Bossi, Costante Adolfo
1876-1953
- Minuetto e Gavotta al antico; StrQ; Carisch
  (1938)

Bossi, Renzo (Rinaldo)
1883-1965
- Otto canzone; StrQ/StrOrch; op. 23; 1926;
  Bongiovanni (1928)
- StrQ; a; op. 28; 1921; Bongiovanni (1925)
- Ricreazoni; StrQ; 1932–47; Bongiovanni

Boßler, Kurt
1911-1976
- StrQ; A: 1949 Stuttgart
- StrQ; 1951

Bostock, John
1954-
- StrQ; 1998; AuMC

Bottenberg, Wolfgang
1930-
- StrQ; no. 1; 1968; CMC

Bottesini, Giovanni
1821-1889
11 StrQe, darunter;
- StrQ; B
- StrQ; D

Bottje, Will Gray
1925-
- StrQ; 1950
- StrQ; no. 2; 1959; CFE
- StrQ; no. 3; 1962; CFE
- StrQ; 1982

Botto, (Vallarino) Carlos
1923-2004
- StrQ; op. 5; 1951–53
- 3 Caracteres; StrQ; op. 53; 1996
- Cantos al amor y a la muerte; StrQ +
  Stimme; A; op. 8; 1956

Bouchard, Linda
1957-
- Stormy light; StrQ; 1981; CMC
- Lung ta; StrQ; 1992; CMC
- Traces; StrQ; 1996; CMC

Boucherit-Le Faure, Madeleine-Thérèse
1879-1969
- Lamento; StrQ + Stimme; Salabert (1933)

Bouchor, Maurice
1885-1929
- StrQ

Boucourechliev, André
1925-1997
- Archipel II; StrQ; 1968; UE (1973)
- Miroir II; StrQ; 1989; Salabert
- StrQ; no. 3; 1994; A: 1995 Evian

Boughton, Rutland
1878-1960
- The Greek; StrQ; A; no. 1; 1923;
  MS: GB-LbL, Lcml
- From the Welsh; StrQ; F; no. 2;
  MS: GB-LbL, Lcml; A: 1923 Hills

Boulanger, Nadia
1887-1979
- Fugue; StrQ; 1908

Boulez, Pierre
1925-2016
- Livre pour quatuor; 1948/49; Heugel (1960)

Boulogne, Joseph, Chevalier de St. Georges
1739-1799
- StrQ; C; no. 1; Peer

Bouman, Kim
1957-
- StrQ; 1987; Donemus

Bourdeaux, Lucien
1929-
- StrQ; 1966

Bourdon, Émile
1884-1974
- StrQ; op. 2; Costallat

Bourgeois, Derek
1941-
- StrQ; D; op. 12; 1962; OUP

Bourges, Maurice
1812-1881
- StrQ; 1884

Bourgnignon, Francis de
1890-1961
- StrQ; no. 1; MS: B-Bcdm
- StrQ; no. 2; op. 52; 1937; CeBeDeM (1965)

Bourrel, Yvon
1932-
- StrQ; no. 1; op. 7; 1955
- StrQ; no. 2; op. 11; 1958
- StrQ; no. 3; op. 12; 1962; Billaudot (1979)
- StrQ; no. 4; op. 24; 1966
- StrQ; no. 5; op. 37; 1971; MS b. Komp.
- Du Roussillon; StrQ; no. 6; op. 41; 1975
- StrQ; no. 7; op. 42; 1975; Billaudot
- StrQ; no. 8; op. 65; 1983; MS b. Komp.
- StrQ; no. 9; op. 73; 1987; MS b. Komp.

Bousquet, Ange-Georges-Jaca
1818-1854
- StrQ; no. 1
- StrQ; no. 2
- StrQ; G; 1852; Brandus, Dufour

Boustard, Donald
1957-

- Five pieces; StrQ; 1986; BMIC

Boutron, Madeleine
1893-?
- StrQ; 1917/18

Bovard, Jean-François
1948-2003
- Rien qu'une poussière dans l'oeil; StrQ; 1987; FSPM

Bovet, Fritz
1845-1888
- StrQ; d; op. 14; 1901; Parker (1911)

Bovy-Lysberg, Charles Samuel
1821-1873
- StrQ; verschollen

Bowater, Helen
1952-
- The Bodhi Tree; StrQ + Kl. Gong; 1991
- This Desperate edge of now; StrQ; 2007

Bowder, Jerry Lee
1928-2005
- StrQ; no. 1; 1972

Bowen, York
1884-1961
- StrQ; no. 1
- StrQ; d; no. 2; op. 41; Stainer (1922)

Bowles, George
1928-?
- On Canadian airs; StrQ

Boyce, William
1710-1779
- Suite; StrQ

Boyd, Anne (Elizabeth)
1946-
- StrQ; no. 1; 1968; Faber (1974)
- Play on the water; StrQ; no. 2; Faber (1974)
- StrQ; no. 3; 1991; Faber

Boydell, Brian Patrick
1917-2000
- StrQ; no. 1; op. 31; 1949; ICMC, A: 1952
- StrQ; no. 2; op. 44; 1957; ICMC; A: 1959
- StrQ; no. 3; op. 65; 1969; ICMC; A: 1970
- Adagio/Allegro; StrQ; op. 89; 1991; ICMC

Boykan, Martin
1931-
- StrQ; no. 1; 1967; New Valley (1968)
- StrQ; no. 2; 1974; Mobart (1978)
- StrQ; no. 3; 1984; Ed. Peters (1989)
- StrQ; no. 4; 1995/96

Boyle, George Frederick
1886-1948
- StrQ; 1916

Boyle, Ina
1889-1967
- StrQ; e; 1934; MS: IRL-Dtc
- Still falls the rain; StrQ; C; 1948;
  MS: IRL-Dtc

Boyle, Rory
1950-
- Symetric dancers; StrQ; 1993; ScoMic

Bozay, Attila
1939-1999
- StrQ; no. 1; op. 9; 1964; EMB (1967)
- StrQ; no. 2; op. 21; 1971; EMB;
  Boosey (1973)
- Feasts of Equinoxes; StrQ; no. 3; op. 40;
  1996/97; EMB (1973/2000)

Božič, Darijan
1933-
- Pop Art II; StrQ + Tonbd; 1971
- Pop Art III; StrQ; 1971; DSS (1973)
- Audiogemi I–IV; StrQ; 1974

Božinov, Vasil Afanasay
1888-1966
- 16 StrQe

Bozza, Eugène
1905-1991
- StrQ; A; 1939; Leduc (1946)

Braal, Andries de
1909-1987
- Thema, variaties en finales; StrQ;
  Donemus (1940)

Bracali, Giampaolo
1941-2006
- StrQ; 1963; Sonzogno (1967)

Bracanin, Philip Keith
1942-
- StrQ; no. 1; 1971
- StrQ; no. 2; 1977; Camden
- StrQ; no. 3; 1993; AuMC

Bracesco, Renzo
1888-1982
- Introduction + Allgero; StrQ; 1919; CDA

Bracquemond, Marthe Angot
siehe: Angot-Bracquemond, Marthe

Bradić, Zvonimir
1904-1997
- Lento; StrQ; 1941

Bradshaw, Merrill
1929-2000
- StrQ; 1957
- StrQ; 1969

Brady, Timothy
1956-
- StrQ; no. 1; 1980

Bräm, Thüring
1944-
- StrQ; no. 1; 1987–90
- StrQ; no. 2; 1993
- StrQ; no. 3; 1998

Bräutigam, Helmut
1914-1942
- Kl. Musik f. Str.; StrQ; 1935;
  Breitkopf (1955)

Braga, Antonio
1929-2009
- StrQ; no. 1; 1959
- La festa di Piedigrotta; StrQ + Sopr; 1974

Braga, Ernâni
1898-1948
- Jacare; StrQ

Braga, Henrique
1845-1917
- Minueto; StrQ

Braga Santos, Joly
1924-1988
- StrQ; 1944

- StrQ; 1956

Bragato, José
1915-
- Tres movinientos Porteños; StrQ; Tonos (1999)

Brahms, Johannes
1833-1897
- 2 StrQe; c, a; op. 51 [GA VII/5+6]; Simrock (1873) [PN7378/79]; Henle
- StrQ; B; no. 3; op. 67; [GA VII/8]; Simrock (1876)

Brah-Müller, Karl Friedrich Gustav
1839-1878
- StrQ

Brăiloiu, Constantin René
1893-1958
- Berceuse; StrQ; 1917

Braine, Robert
1896-1940
- StrQ; A; 1921
- Quartet in Jazz; StrQ; 1935

Brainer, Peter
1957-
- StrQ; 1982

Branca, Glenn
1948-
- StrQ; no. 1; 1991

Branchi, Walter
1941-
- StrQ; 1963

Branco, Luís de Freitas
1890-1955
- StrQ; 1911; Lissabon (1927)

Brand, Theo
- Concertino giocoso; StrQ + Schlagzeug ad lib.; Gerig (1957)

Brandão, José Vieira
1911-2002
- StrQ; 1944; BraMIC (1948)
- StrQ; 1958; BraMIC (1960)

Brandes, Torsten
1959-

- StrQ; no. 1; op. 1; 1986; Dreililien (1990)

Brandl, Johann E.
1760-1837
- 6 StrQe; op. 8; Amon (1796)
- 6 StrQe; op. 17, Amon (1799) [B4251]
- StrQ; d; op. 18; André (1799) [4252]
- 3 StrQe; op. 23; Gombart (1803) [D4253]

Brandl, Rudolf Maria
1943-
- StrQ; 1962; op. 2; A: 11/1968 Stockerau

Brandmann, Israel
1901-1993
- Variationen über einen paläst. Volkstanz; StrQ; 1928; Jibneh (1935)

Brandmüller, Theo
1948-2012
- StrQ; no. 1; 1983; Gravis (1983); Breitkopf (1985)
- Le jardin suspendu; StrQ; no. 2; 1985/86; Breitkopf (1986)

Brandt, Fritz
1880-1949
- StrQ; a; no. 1; op. 14; Bisping (1919–23); A: 1920 Nürnberg
- StrQ; d; no. 2; op. 15; Bisping (1922); A: 1919 Dresden
- StrQ; D; no. 3; op. 20
- StrQ; C; no. 4; op. 34

Brandt, William Edward
1920-?
- StrQ; no. 1
- StrQ; no. 2
- StrQ; no. 3; 1949

Brandts-Buys, Jan
1868-1933
- StrQ; c; op. 19; Drei Masken (1911)
- Suite im alten Style; StrQ; d; op. 23; Doblinger (1908)
- Romantische Serenade; StrQ; op. 25; Drei Masken (1911); Weinberger (1917)
- Alla Marcia (aus: Romantische Serenade); op. 25; Drei Masken

- Sizilianische Serenade; StrQ; g; op. 28; Weinberger (1917)

Branscombe, Gena
1881-1977
- StrQ

Brant, Henry Dreyfuss
1913-2008
- Conversations; StrQ; 1958
- Sky forest; StrQ; 1962
- Crossroads; StrQ; 1971

Brass, Nikolaus
1949-
- Musik; StrQ; 1996; Ricordi
- StrQ; no. 2; 2000; Ricordi
- Erinnern + Vergessen; StrQ; no. 3; 2004; Ricordi (2004)

Brassin, Leopold
1843-1890
- StrQ

Bratlie, David
1972-
- StrQ; 1997; NMIC

Bratt, C. Griffith
1914-2014
- 2 StrQe

Brauchle, Josef X.
1783-1838
- 2 StrQe; op. 7
- StrQ; a; op. 8; Breitkopf

Brauel, Henning
1940-
- StrQ; 1966; Bosse (1967); A: 10/1967 Hannover
- StrQ; no. 2; 1967; Ars Viva

Brauer, Max
1855-1918
- StrQ; F; Breitkopf (1920)

Braun, Carl (Anton Philipp)
1788-1835
- StrQ; A
- StrQ; f

Braun, Franz
1903-1976
- Festliche Musik en miniature; StrQ; 1963
- StrQ; no. 2; op. 47; 1965
- Eine fröhliche Musik; StrQ; 1968

Braun, Peter Michael
1936-
- StrQ; 1957; A: 9/1978 Köln
- Junctim; StrQ; no. 2; 1975; Tonger (1982); A: 1980 Hannover

Braun, Wilhelm Johann
1796-1867
- 2 StrQe; D, Es; op. 13; Hofmeister
- StrQ; op. 14
- 6 Fugues du J. S. Bach; arr. StrQ; Leipzig (1821)
- 6 StrQe; 1823, 1826, 1856, 1857, 1858

Brauneiss, Leopold
1961-
- Cantus; StrQ; 1992; ÖMIZ; A: 5/1992

Braunfels, Walter
1882-1954
- Verkündigung; StrQ; a; op. 60; 1944
- StrQ; F; op. 61; 1944; Gerig (1953)
- StrQ; e; op. 67; 1947 + 1953

Braunlich (Bräunlich), Helmut
1929-2013
- StrQ; 1996
- What did you do in Düsseldorf? A play with music; StrQ + 2 Schauspieler; 1996
- 3 Songs with StrQ

Braxton, Anthony (Delano)
1945-
- Composition 17-18; StrQ; 1971; Synthesis Music (= Selbstverlag) (1979)
- 18; StrQ; 1971; A: 1975 San Jose, CA

Bredemeyer, Reiner
1929-1995
- StrQ; 1962; Ed. Peters
- StrQ; 1968; Ed. Peters (1976); A: 1969
- StrQ; 1983; Ed. Peters (1986); A: 1984

Bree, Johannes B. van
1801-1857

- StrQ; a; no. 1; Simrock (1833) [PN3054]
- StrQ; Es; no. 2; Theune (ca. 1840) [PN164]
- StrQ; d; no. 3; Theune (ca. 1845) [PN478]
- StrQ; Es; op. 4

Brehme, Hans (Ludwig Wilhelm)
1904-1957
- StrQ; C; op. 3; 1923
- StrQ; op. 22; 1931
- Partita; StrQ; op. 23; 1931; Schott (1941)

Breimo, Bjørn
1958-
- Progressions; StrQ; 1999; NMIC
- StrQ; 1991; NMIC

Breit, Bert
1927-2004
- Tensions I; StrQ; 1991; ÖMIZ

Breitenfeld, Roland
1952-
- Zeitläuf(t)e; StrQ + Live-Elektr; 2003

Breiter, Andreas
1959-
- StrQ; 1982

Breiter-Szeless, Hans
1878-?
- StrQ; E; no. 1; op. 13; 1899

Breitner, Walter
1936-
- StrQ; 1974; ÖMIZ; A: 1974 Wien ORF

Brene, Niels Erling
1896-1980
- StrQ; op. 1; 1925
- StrQ; op. 6; 1928; Hansen (1973)
- StrQ; op. 33; 1938; Hansen (1972)
- StrQ; op. 59; 1957
- StrQ; no. 5; op. 61; 1959; Samfundet (1969)
- StrQ; op. 72; 1967; Samfundet (1969)
- StrQ; op. 73; 1968; Hansen (1973)
- StrQ; op. 79; 1970; Hansen (1973)
- StrQ; op. 82; 1971; Hansen (1978)
- StrQ; op. 87; 1974; Hansen (1978)

Brennecke, Johannes
1904-?
- Phrygische Fuge; StrQ; 1929

Brenner, Ludwig v.
1833-1902
- Slumber Song; StrQ; op. 61; C. Fischer

Brenta, Gaston
1902-1969
- StrQ; 1939

Bresgen, Cesar
1913-1988
- O du stille Zeit; StrQ; 1938
- StrQ; 1948; A: 1950 Braunschweig
- StrQ; 1970; Gerig (1972); Breitkopf (1980)
- StrQ; 1973; Doblinger (1976)

Bresnick, Martin
1944-
- Tamuz; StrQ; no. 1; 1968
- Bucephalus; StrQ; no. 2; 1984; A: 1984 Portsmouth
- StrQ; no. 3; 1992

Bresser, Jan G.
1899-?
- StrQ; h; op. 10; Seyffardt (1924)
- StrQ; e; 1927; Seyffardt

Bretagne, Pierre
1881-1962
- StrQ; b; Mutuelle (1911)

Bretón (y Hernández), Tomás
1850-1923
- StrQ; G; no. 1; op. 7; 1866?; MS: E-Mn
- StrQ; D; 1896; UME (1904)
- Cuarteto Dramatico; 1907
- StrQ; e; 1909

Breuer, Paul
1918-1993
- StrQ; 1948; A: 1948 Köln

Breuker, Willem
1944-2010
- Adagio, StrQ
- StrQ der Woche; 1991

Breuninger, Albrecht
1968–
- StrQ; no. 1; 1997

Bréval, Jean-Baptiste
1753–1823
- 6 StrQe; d, Es, c, g, F, B; op. 1;
  La Chevardiere (1775); Castaud [B4352]
- 6 StrQe; d, G, B, F, Es, g; op. 5;
  Paris: Selbstverlag (1778) [B4357]
- StrQ; op. 6
- 6 StrQe; G, B, C, D, A, B; op. 7;
  Paris: Selbstverlag (1781) [B4360]
- 6 StrQe; B, C, F, G, D, Es; op. 18;
  Paris: Selbstverlag [B4380]

Brevik, Tor(e)
1932–
- StrQ; 1967; NMIC

Brewaeys, Luc
1959–2015
- StrQ; no. 1; 1988/89; unveröff.
- Bowmore; StrQ; no. 2; 1995; Lantro
- Nobody is Perfect!; StrQ; 1998

Brewster-Jones, H(ooper Josse)
1887–1949
- StrQ

Bricken, Carl Ernest
1898–1971
- StrQ; c; 1925

Brideoake, Peter
1945–
- StrQ; no. 1; 1980
- StrQ; no. 2; 1986; AuMIC

Bridge, Frank
1879–1941
- StrQ; B; 1900
- Scherzo Phantastik; 1901; Augener
- 5 Pieces; StrQ; 1904
- Novelletten; StrQ; 1904; Augener (1911)
- Phantasie; f; 1905; Augener (1920)
- 3 Pieces; StrQ; 1905?
- The Rag; StrQ; 1906
- 3 Idylls; StrQ; 1906; Augener (1911)

- An Irish melody: The Londonderry Air;
  StrQ; 1908; Augener (1915)
- Sally in our Alley, Cherry Pipe; StrQ; 1916;
  Augener (1927)
- StrQ; no. 1; 1906; Augener (1916)
- StrQ; g; no. 2; 1915; Augener (1916)
- Sir Roger de Coverley; StrQ; 1922;
  Augener (1923)
- StrQ; no. 3; 1926/27; Augener (1928)
- StrQ; no. 4; 1937; Augener (1939)

Bright, Colin (Michael)
1949–
- StrQ + Percussion; 1977; AuMIC
- Sun is God; StrQ; 1989; AuMIC

Bright, Dora
1862–1951
- Air + Variations; StrQ; 1888

Brindel, Bernard
1912–1997
- 3 StrQe

Brinkmann, Bernd Erich
1945–
- Adagio Religioso; StrQ; 1996; Dohr (1997)

Brink-Pothuis, Annie van den
1906–1956
- StrQ; op. 23; Donemus (1947)

Briquet, Marc
1896–1979
- Quatuor-Idylle; D; Musique

Bristow, George Frederick
1825–1898
- StrQ; F; op. 1; 1849?
- StrQ; g; op. 2; 1849

Britain, Radie
1899–1994
- StrQ; 1929
- Portrait of Thomas Jefferson; StrQ; 1934
- StrQ; 1934
- Prison (Lament); StrQ; 1935
- Hebraic Poem; StrQ; 1976

Britten, Benjamin
1913–1976

- StrQ; F; 1928; Faber (2000);
  A: 1995 BBC
- Rhapsody; StrQ; 1929; Faber (1989);
  A: 1985 Manchester
- Quartettino; StrQ; 1930; Faber (1984);
  A: 1983 London
- StrQ; D; 1931, rev. 1974; Faber (1975);
  A: 1975 Aldeburgh
- Alla marcia; StrQ; 1933; Faber (1983);
  A: 1933 London
- 3 Divertimenti; StrQ; 1933, rev. 1936;
  Faber (1983); A: 1936 London
- StrQ; D; op. 25; 1941; Boosey (1942);
  A: 1941 Los Angeles
- StrQ; C; no. 2; op. 36; 1945; Boosey
  (1946); A: 1945 London
- StrQ; no. 3; op. 94; 1975; Faber (1977);
  A: 1976 London

Brix, Willy
1887-?
- 2 StrQe

Brizzi, Aldo
1960-
- Da un frammento; StrQ; 1983; Salabert

Brkanović, Ivan
1906-1987
- StrQ; 1933
- StrQ; 1939; A: 1983
- StrQ; 1983; A: 1983

Brkanović, Željko
1937-
- StrQ; 1974
- StrQ; 1994

Broadstock, Brenton
1952-
- StrQ; 1981
- StrQ; 1990; AuMC
- Dancing on a volcano; StrQ; 1996

Brockman, Maurice Drake
1880-1940
- Suite; StrQ; E; 1921; Senart (1928)

Brockpähler, Hermann
1897-1968
- Sonatine; StrQ; op. 10; A: 1952 Witten

Brockt, Johannes
1901-1980
- Ecce homo; StrQ; op. 28
- StrQ; op. 40

Broderick, Deborah
1942-
- Travesty of degrees; StrQ + Tape; 1992

Brodersen, Viggo
1879-1966
- StrQ; G; op. 16; Steingräber (1923)

Brødsgaard, Anders
1955-
- StrQ; 1973/74; DMIC

Brody, Joshua
1916-?
- StrQ; 1940
- StrQ; 1953

Bröder, Alois
1961-
- Sätze; StrQ; 1986

Broek, Pieter
1837-1877
- StrQ; Es; no. 1; op. 1; Boshart
- StrQ; D; no. 2; op. 2; Boshart
- StrQ; F; no. 3; op. 3; Boshart
- 2 Adagios; StrQ; op. 5; Boshart

Broekhuyzen, Gerard Willem
1818-1849
- StrQ; Es; Roothaan (1860)

Broekman, David
1899-1958
- StrQ; 1954

Brömse, Peter (Georg Heinrich)
1912-2004
- Romanze; StrQ; op. 5; 1943
- Quartettino Romantic; D; op. 45; 1978
- Skizzen z. StrQ; op. 90; unvollendet

Brogi, Renato
1873-1924

- StrQ; h; Carisch (1904)

Brogue, (Henning) Roslyn
1919-1981
- StrQ; 1951

Broman, Sten
1902-1983
- StrQ; op. 4; 1927
- StrQ; op. 20; 1933; STIM
- StrQ; 1970/71?; STIM
- StrQ; 1973

Bromhead, Jerome de
1945-
- StrQ; 1971; ICMC
- StrQ; 1977; ICMC

Brons, Carel
1931-1983
- StrQ; 1962; Donemus
- StrQ; 1969; Donemus; A: 1971 London
- StrQ; no. 3; 1977; Donemus (1978)

Bronsart v. Schellendorf, Hans
1830-1913
- StrQ; 1897

Broutos, Charis
1951-
- StrQ; 1999

Brook, Gwendolyn
1930-
- Prelude; StrQ; 1949

Brooks, Alfredo
1884-?
- 3 StrQe

Brooks, Richard James
1942-
- StrQ; 1973; A: 8/1973 Johnson, VT

Brophy, Gerard
1953-
- Rondino; StrQ; 1984; UMP
- Lace; StrQ; 1984; Ricordi (1985)

Broquet, Louis
1888-1954
- Scherzo; StrQ; op. 31

Brotons (Soler), Salvador
1959-
- StrQ; 1978

Brott, Alexander
1915-2005
- Lullaby + Procession of toys; 1939; CMC
- StrQ; 1941
- Saties-Faction; StrQ; 1972
- Double Entente; StrQ; 1976; A: 1976

Brouwer, Fons
1963-
- Tempera; StrQ; 1991; Donemus

Brouwer, Margaret
1940-
- Crosswinds; StrQ; 1995
- Demeter Prelude; StrQ; 1997; Pembroke
- Wedding song; StrQ; 2001
- Fling; StrQ; 2006

Brouwer Mesquida, Leo
1939-
- StrQ; 1960
- Remtene verba Sequentur; StrQ; 1968
- StrQ; no. 3; Bem 1999

Brown, Charles
1898-1988
- Arco e pizzicato; StrQ; Delrieu

Brown, Christopher (Roland)
1943-
- StrQ; no. 1; 1969; A: 1970 Keele
- StrQ; no. 2; op. 43; 1975; Southern; A: 1977 Washington, D. C.
- Festival variations; StrQ; op. 54; 1981; A: 1981 Cambridge

Brown, Douglas Victor
1950-
- Four horrors (nach Texten v. L. Carroll); StrQ + Countertenor; Hofmeister

Brown, Earle
1926-2000
- StrQ; 1965; UE (1970); Ed. Peters
- StrQ; 1950; zurückgez.
- Tear; StrQ; 2003

Brown, Harold
1909-1979
- StrQ; 1944; CFE
- StrQ; a

Brown, Rayner
1912-1999
- StrQ; 1953

Brož, František
1896-1962
- StrQ; 1928
- StrQ; 1960

Brožak, Daniel
1947-
- Sunday music; StrQ; 1977; Donemus
- Pythagoras; StrQ; no. 2; op. 20; 1979; Donemus
- The Seasons; StrQ; op. 23 + 24; Donemus

Bruch, Max
1838-1920
- StrQ; 1852
- StrQ; c; no. 1; op. 9; 1858/59; Breitkopf (1859)
- StrQ; E; no. 2; op. 10; 1860; Breitkopf (1860)

Bruchenthal, Mihai Pop
1908-1989

- Suita bihorcana; StrQ
- Colinda; StrQ
- Fantezie greaca; StrQ

Bruchmann, Klaus-Peter
1932-
- StrQ
- Divertimento II; StrQ; 1963; VeNM (1974)

Brucci, Rudolf
1917-2002
- In memoriam J. Slavenskom; StrQ; 1956
- StrQ; 1967
- StrQ mit Singstm.; 1981
- Elektrokardiogrami; StrQ; no. 4; 1990
- StrQ; no. 5; 1990

Brucic (Isaza), Gabriel
1942-
- Quodlibet XIII a Enrique Belloc (Version 2); StrQ; 1969
- StrQ; 1969
- StrQ; 1980
- StrQ; 1988

Bruckmann, Ferdinand
1930-
- StrQ; no. 1; Haubrich (1976)
- 4 jiddische Ldr. im Satz f. StrQ; 1988

Bruckner, Anton
1824-1896
- Rondo; StrQ; C; 1862; Kitzler-SB: 197–206; NGA XII (1985)
- Scherzo; StrQ; g; 1862; KitzlerSB: 70–74
- StrQ; c; 1862; NGA F XIII/1 (1955)

Brück, Julius
1859-1918
- StrQ

Brüesch, Jürg
1957-1988
- StrQ; no. 1; op. 2; 1972; FSPM
- Zwei kleine Stücke; StrQ; 1982

Brüggemann, Alfred
1873-1944
- StrQ; A; op. 3; Ricordi (1918)

Brüggemann, Kurt
1908-2002
- StrQ; h; 1932; A: 1932 Berlin
- Sieben tänzerische Episoden. Suite; StrQ; 1950; Hieber; A: 1951 München

Brün, Herbert
1918-2000
- StrQ; 1952; IMP (1953)
- StrQ; no. 2; 1957; Smith Publ. (1958)
- StrQ; no. 3; 1960; Tonos (1962)

Brüschweiler, Friedrich S.
1864-?
- StrQ

Bruinen, Paul
1958-
- StrQ; 2003; Donemus
- Tot hier; StrQ; 2005; Donemus

Brumariu, Mihnea
1958-
- StrQ; no. 1; 1979
- StrQ; no. 2; 1979
- StrQ; no. 3; 1980
- Oglinda magica; StrQ; no. 4; 1984

Brumby, Colin James
1933-
- StrQ; 1965
- StrQ; 1968; Albert (1969); A: 1975

Brun, Fritz
1878-1959
- StrQ; Es; 1898; Hug
- StrQ; G; 1921; Hug (1921); A: 1923
- StrQ; F; 1943; MS: CH-Bps
- Nach Radiopausenzeichen; StrQ; D; 1949

Brunetti, Gaetano
1744-1798
- 50 StrQe; 1 verloren; Berlin: StaBi

Bruni, Antonio Bartolomeo
1757-1821
Zahlreiche StrQe, darunter:
- 6 StrQe; Es, C, B, D, A, F; Sieber [B4743]
- 6 StrQe; F, Es, C, D, B, Es; Bd. 3; La Chevardiere; Castaud; etc. [B4744]

- 6 StrQe; Bd. 4; Sieber [B4745]
- 6 StrQe; C, F(d), Es, D, B(g), A; Bd. 6; Imbault [B4746]
- 6 StrQe; Es, A, D, B, F, E; Bd. 7; Boyer [B4747]
- 6 StrQe; Bd. 8; Baillon [B4748]
- 6 StrQe; Bd. 9; Boyer [B4750]
- 6 StrQe; D, B, F, A, C, Es; Bd. 10; Boyer [B4751]

Brunner, Adolf
1901-1992
- StrQ; 1961/62; Bärenreiter (1973)

Brunner, Hans
1898-1958
- StrQ; op. 15; 1932
- StrQ; op. 17; 1933
- StrQ; op. 31; 1948

Bruns, Victor
1904-1996
- StrQ; op.6; 1934
- StrQ; op. 17; 1947; A: 1953
- StrQ; op. 38; 1961; A: 1964

Brunswick, Mark
1902-1971
- 2 Movements; StrQ; op. 1; 1926; UE (1937); A: 1936 Barcelona
- 7 Trios; StrQ; 1955; CFE
- StrQ; 1957; CFE

Brusa, Elisabetta
1954-
- Belsize; StrQ; 1980

Bruschettini, Mario
1896-?
- StrQ; c; Pizzi (1931)

Brusilovsky, Evgenii
1905-1981
- StrQ; no. 1; 1944
- StrQ; no. 2; 1952

Brust, Herbert
1900-1968
- StrQ; no. 1; op. 2; A: 1921 Königsberg
- StrQ; no. 2; op. 11; A: 1928 Königsberg

Brustad, Bjarne
1895-1978
- Nature morte; StrQ; 1926
- StrQ; 1959

Brustad, Karsten
1959-
- Prelude + Fugue; StrQ; 1985; NMIC
- Distance presence; StrQ; 1997; NMIC

Bruttger, Thomas
1954-
- Prisma; StrQ; 2001/02; Tre Media (2002)

Bruynèl, Ton
1934-1998
- Translucent I; StrQ + Tonbd; 1976

Bruzdowicz, Joanna
1943-
- La vita; StrQ; 1983; PWM (1995)
- Cantus aeternus; StrQ mit Rezit.; 1988
- Variationen; StrQ; no. 1; 1963

Bryars, Gavin
1943-
- Between the National and the Bristol; StrQ; no. 1; 1985; Schott (1985)
- StrQ; no. 2; 1990; Schott (1990); A: 1990
- StrQ; no. 3; 1998; Schott (1999); A: 1998
- A Man in a Room, Gambling; StrQ + Aufzeichnung; Schott (1992)
- The Sinking of the Titanic; Vers. f. StrQ; Schott (2013); A: 2007

Bryson, Ernest
1867-1942
- StrQ

Bubenickova-Kasparova, Olga
1918-1971
- StrQ; 1955; CHF

Bucchi, Valentino
1916-1976
- StrQ; 1956; Carisch (1958)

Buchal, Hermann
1884-1961
- 4 StrQe

Buchanan, Dorothy Quita
1945-
- StrQ; 1973

Buchholz, Karl
1901-1990
- StrQ

Buchholz, Thomas
1961-
- StrQ; 1967
- Krunk; 2004; VeNM
- StrQ; 1987; VeNM

Buchrainer, Michael
1950-
- Hommages (1985/1993); StrQ; 1985; Selbstverlag (2000); A: 2/1987 Innsbruck

Bucht, Gunnar Henrik
1927-
- StrQ; op. 7; 1951; STIM
- Fyra bagateller; op. 10; STIM
- StrQ; op. 24; 1959; STIM
- StrQ; 1997; STIM

Buck, Dudley
1839-1909
- 2 StrQe

Buck, Ole
1945-
- Hyperion; StrQ; 1969
- Mikrokosmos; StrQ; 1991; Hansen

Bucko, Jurij Markovich
1938-
- StrQ; 1975
- StrQ; 1979
- StrQ; 1982
- StrQ; 1983

Buczek, Barbara
1940-1993
- StrQ; no. 1; 1968; PWM
- Transgressio; StrQ; no. 2; 1985; PWM (1986)

Buczyński, Paweł
1953-2015
- StrQ; 1977; PWM

Buczynski, Walter J.
1933-?
- 6 Miniatures; StrQ; 1963; CMC
- StrQ; 1981
- StrQ + Stimme; 1987; CMC
- StrQ; no. 4; CMC

Budd, Harold Montgomery
1936-
- One sound; StrQ; 1968; Opal

Budde, Kurt
1894-1971
- StrQ; no. 2; op. 19

Büchsel, Karl-Heinrich
1922-2009
- Introduktion + Chaconne; StrQ; Möseler (1976)

Büchtger, Fritz
1903-1978
- Musik; StrQ; no. 1; op. 36; 1948; Möseler (1952); A: 1951 München
- StrQ; no. 2; op. 55; 1958; Bärenreiter (1959); A: 1958 München
- StrQ; no. 3; op. 82; 1967; Orlando; A: 1967 Bremen
- StrQ; no. 4; op. 89; 1969; Orlando; A: 1971 München
- StrQ; no. 5; op. 103; 1972; Orlando; A: 1973 München
- StrQ; no. 6; op. 106; 1973; Orlando

Bückmann, Robert
1891-1966
- StrQ; 1928; A: Dortmund

Bühler, Werner
1904-1968
- StrQ

Bührer, Urs
1942-
- StrQ; 1967; FSPM

Buenaventura, Antonino
1904-1996
- Children's StrQ; 1934
- Suite no. 2; StrQ; 1971

Buene, Eivind
1973-
- Fragmentarium 2; StrQ; 1998; UMP
- Intermezzo II; StrQ; 2000
- Grid; StrQ; no. 2; 2008

Bürkholz, Thomas
1949-
- Werther; StrQ; A: Berlin 1999

Büsing, Otfried
1955-
- Enthousias: Hommage à Fr. Schiller; StrQ; 2004; Gravis

Büsser, Henri-Paul
1872-1973
- Divertissement; op. 119; 1948/49; Durand (1951)

Büttner, Max
1891-
- StrQ; F; A: 1923 München

Büttner, Paul
1870-1943
- StrQ; g; Leuckart (1917)

Bützler, Carl
1901-1942
- Menuett; StrQ; 1920

Buffkins, Archie Lee
1934-
- StrQ; 1963

Buggert, Kurt
1899-?
- 4 Stücke; StrQ

Bughici, Dumitru
1921-2008
- StrQ-Fantasie; op. 34
- StrQ; op. 33; 1968
- StrQ; op. 38; 1971
- StrQ; op. 47; 1976/77
- StrQ; no. 5; op. 50; 1978

Buhler, Philippe Henri
1919-?
- StrQ; no. 1; 1956

Buhr, Glenn
1954-
- The wind's tale; StrQ; 1983
- StrQ; no. 1; 1992
- Sixblues; StrQ; no. 2; 1996

Buicliu, Nicolae
1906-1974
- StrQ; g; no. 1; 1933, rev. 1952; ESPLA
- StrQ; a; no. 2; 1962; ESPLA

Buievskyi, Taras
1957-
- StrQ

Bujarski, Zbigniew
1933-
- Na otwarcie domu; StrQ; no. 1; 1980; PWM (1985)
- Na Adwent; StrQ; no. 2; 1984; PWM (1992)
- Na Wielkanoc; StrQ; no. 3; 1989; PWM (1998)
- Kvartet na jesien; StrQ; PWM (2002)

Bukharov, Semion
1881-?
- StrQ

Bukowski, Ryszard
1916-1987
- StrQ; 1949; PWM (1953)
- StrQ; 1980; PWM
- StrQ; 1983; PWM
- StrQ; 1984; PWM
- StrQ; 1986; PWM
- StrQ; 1993; PWM (1993)

Bulhakov, Lev
1920-?
- StrQ; 1950

Bull, Edvard Hagerup
1922-2012
- StrQ; op. 57; 1983
- StrQ; B; op. 61; 1989
- Epilogue – hommage à la memoire d'un monde perdu; StrQ; B; op. 26; 1961

Bullandt, Anton (Antoine)
1751-1821
- 6 StrQe; op. 2; 1772; La Chevardiere (1772)

Bullard, Alan
1947-

- Prelude + metamorphosis; StrQ; 1989

Buller, John
1927-
- Familiar; StrQ; 1976; OUP;
  A: 1976 Edinburgh

Bullerian, Hans
1885-1948
- StrQ; op. 16
- StrQ; op. 47

Bulterijs, Nina
1929-1989
- StrQ; 1964

Bunge, Sas
1924-1980
- StrQ; 1949; Donemus c (1949);
  A: 1950 Darmstadt
- StrQ; 1952; Donemus (1952)

Bunin, Revol Samuilovich
1924-1976
- StrQ; no. 1; 1944; Sovetskij
- StrQ; no. 2; op. 27; 1955; Sovetskij (1960)

Bunger, Richard
1942-
- Variations on a sonata; StrQ

Bunk, Gerard
1888-1958
- Variationen um *O du fröhliche*; StrQ;
  op. 4b; 1905
- Rhapsodie; StrQ; op. 33; 1909
- StrQ; no. 2; op. 64; 1917
- StrQ; no. 3; op. 74; 1923

Bunning, Herbert
1863-1937
- StrQ

Bunte, Johann Friedrich
Ende 18./Anfang 19. Jahrhundert?
- 2 StrQe; op. 3; J. J. Hummel; no. 1418
- StrQ; op. 5; J. J. Hummel, no. 1506

Buonamici, Giuseppe
1846-1914
- StrQ; G; Eulenburg (1902); Heinrichshofen

Buonaventura, Carmago
1925-
- Il figliol prodigo; StrQ; 1967; Omega

Buren, Alicia van
1860-1922
- StrQ; Boosey (1902)

Buren, John Van
1952-
- Streichquartett; 1981; Peer (1982)

Burge, David R.
1930-
- StrQ; no. 1; 1950

Burger, Carlos Reinaldo
1946-
- StrQ

Burger, Max
1856-1917
- Jugend-Qu.; C; op. 40; Coppenrath (1905)

Burgess, Anthony
1917-1993
- StrQ; 1980; MS: US-AUS; CDN-HNu

Burghardt, Hans-Georg
1909-1993
- StrQ; C; no. 4; op. 108; 1977

Burghauser, Jarmil
1921-1997
- StrQ; A; 1934
- StrQ; C; 1938
- StrQ; D; 1941
- StrQ; B; 1944
- StrQ; A; 1951

Burgmüller, Norbert
1810-1836
- StrQ; d; op. 4; 1825; Dohr (2003);
  Fragment mit 2 Entw. zu e. Scherzo
- StrQ; d; op. 7; 1825/26; Dohr (2003)
- StrQ; As; op. 9; 1826; Dohr (2003)
- StrQ; a; op. 14; 1835; Hofmeister (1844);
  Dohr (2003)

Burgon, Geoffrey
1941-2010
- StrQ; 1999

Burgos Cantos, José
1953-
- Omega 1; StrQ; 1995

Burhans, Caleb
1980-
- Contritus; StrQ

Burian, Emil František
1904-1959
- StrQ; 1927
- StrQ; 1929
- StrQ; 1937; Svoboda (1948)
- StrQ; op. 95; 1947; Svoboda (1948)
- StrQ; op. 99; 1947
- StrQ; op. 101; 1948
- StrQ; 1949
- StrQ; 1951

Burić, Marijan
1913-1979
- 3 StrQe

Burkhard, Willy
1900-1955
- StrQ; no. 1; op. 23; 1929; MS: CH-Bps
- StrQ; no. 2; op. 68; 1943; Bärenreiter (1948)

Burkley, Bruce
1936-
- StrQ

Burlas, Ladislav
1927-
- Hudba Musica; StrQ; 1969; Panton (1969)
- StrQ; no. 2; 1972; A: 1973 Prag
- StrQ; no. 3; 1977; SHF (1981)

Burlas, Martin
1955-
- Lamento (Nénia); StrQ; 1979
- Zavesené žily; StrQ + Synth.; 1991
- Záznam siedmeho dňa; StrQ + Tape; 1993
- Posledné slová; StrQ + Tape; 1998
- Posttraumatický syndróm; 1991–2004
- Kóda; 2005
- Panadol; StrQ + Laptop; 2006
- Uspávanka; 2012

Burleigh, Cecil
1885-1980
- Illusion; StrQ; no. 1; 1945
- Transition; StrQ; no. 2; 1945

Burnard, David Alexander
1900-1971
- 3 StrQe

Burrell, Diana
1948-
- Gulls and Angels; StrQ; 1994; UMP
- Earth; StrQ; 1998; UMP

Burris, Leslie
1952-
- Song for Winnie; StrQ; 1999

Burt, Francis
1926-2012
- StrQ; op. 2; 1951/52; BB (1954); A: 2/1953 Berlin
- Für Alfred Schlee: Ein postmoderner Geburtstagsgruß; StrQ; 1991; UE; A: 11/1991 Wien
- StrQ; no. 2; 1992/93; UE (1994); A: 6/1995 London

Burt, George
1929-
- StrQ; 1960

Burt, Warren
1949-
- 50's Nostalgia; StrQ; no. 1; 1973
- StrQ; no. 2
- StrQ; no. 3; 1976–89
- StrQ; no. 4; AuMC (1987)

Burton, Stephen Douglas
1943-
- StrQ; 1973
- StrQ; no. 2; 1977

Busch, Adolf
1891-1952
- StrQ; a; 1906
- StrQ; A; 1907; Entwurf, Fragment
- StrQ; g; 1908

- Serenade; StrQ; G; op. 14; 1918; Simrock (1919)
- StrQ ; h; op. 29; 1924; Breitkopf (1925)
- 5 Präludien + Fugen; op. 36; 1926; Breitkopf (1927)
- 9 Stücke; StrQ; op. 45; 1931–36; Gravis; A: 12/1931 Leipzig
- StrQ; F; op. 53c
- StrQ; a; op. 57; 1942
- Lied in A-Dur; StrQ + Stimme; Hölderlin: *Der gute Glaube*

Busch, Carl (Reinholdt)
1862-1943
- StrQ; 1897

Busch, Otto
1901-?
- 12 StrQe; 1930–53

Busch, Richard
1866-
- StrQ; d

Busch-Orphal, Ulrich
1955-
- StrQ; no. 1; 1987

Bush, Alan
1900-1995
- Dialectic; StrQ; op. 15; 1929; Boosey (1938); A: 1935 London
- StrQ; a; op. 4; 1923; Stainer (1926); A: 1924
- Serenade; StrQ; op. 70; 1969
- Suite of Six; StrQ; op. 81; 1975
- Lied + Tanz; StrQ; op. 96

Busi, Alessandro
1833-1895
- Gavotta; StrQ; B; Pizzi (1880)

Busoni, Ferruccio
1866-1924
- StrQ; c; no. 1; [WV38]
- StrQ; f; 1886; [WV42]
- Menuett; StrQ; F; 1877; [WV60]
- Andante + Allegro vivace; StrQ; op. 13; 1878; [WV76]
- Menuetto; StrQ; F; op. 15; 1879; [WV102]

- Scherzo; StrQ; op. 20; 1879; [WV111]; verschollen
- StrQ; f; [WV135]
- Allegretto; StrQ; Des; [WV136]
- Komposition; StrQ; c; [WV137]
- StrQ; C; 1881; [WV177]; Kistner (1885)
- StrQ; C; op. 19; 1880/81; [WV208]; Kistner (1886)
- StrQ; d; no. 2; op. 26; 1887; [WV225]; Breitkopf (1893)
- StrQ; C; o. op.; 1881; [K177]

Bussotti, Sylvano
1931-
- Quartetto Gramsci; StrQ; 1971; Ricordi; A: 1974 Siena
- Andante favorito; StrQ; 1956–88; Ricordi
- Torso; StrQ; no. 4; Ricordi

Bußmeyer, Hans
1853-1930
- StrQ

Bustini, Alessandro
1876-1970
- StrQ; g; op. 13; Jurgenson (1911)
- StrQ; no. 2; Ricordi (1931)
- Suite Scarlattiana; StrQ; de Santis

Buths, Julius
1851-1920
- Zahlreiche StrQe

Butler, Adrian Rod.
1929-?
- StrQ; 1948

Butler, Eugene Sanders
1935-
- StrQ; no. 1
- Cantilena; StrQ

Butler, Martin (Claines)
1960-
- StrQ; 1984; OUP c (1988)
- Songs + Dances from a haunted place; StrQ; 1988; OUP (1992)
- Two little folk games; StrQ; 1995; OUP
- American dream; StrQ + Tape; 1991

Butsko, Yuri Markovich
1938-2015
- StrQ; no. 1; 1975; Muzyka
- StrQ; no. 2; 1979; Muzyka
- StrQ, no. 3; 1982; Muzyka
- StrQ; no. 4; 1983; Muzyka

Butt, James
1929-
- StrQ; 1960; Sphemusations (1982?)

Butterley, Nigel
1935-
- StrQ; no. 1; 1965; Albert
- StrQ; no. 2; 1974; Albert
- StrQ; no. 3; 1980
- StrQ; no. 4; 1995; AuMC

Butterworth, Arthur Eckersley
1923-2014
- StrQ; op. 100; 1997

Butterworth, Georg (Sainton Kaye)
1885-1915
- Suite; StrQ

Butterworth, Neil
1934-
- Ruchenitza; StrQ; 1967; ScoMIC

Butting, Max
1888-1976
- StrQ; A; op. 8; 1914; Wunderhorn (1919)
- StrQ; a; op. 16; 1917; Wunderhorn (1919)
- StrQ; f; op. 18; 1918; Wunderhorn (1919)
- StrQ; cis; op. 20; 1919; Simrock (1927)
- Kl. Stücke; StrQ; op. 26; Schott (1925)
- StrQ; op. 53; 1947; Mitteldt. Vlg. (1949)
- Musik f. Feierstunden; StrQ; op. 85; 1952; Mitteldt. Vlg. (1952)
- StrQ in 4 Episoden; op. 90; 1954; Ed. Peters (1955)
- StrQ; op. 95; 1956; Ed. Peters (1972)
- StrQ; op. 96; 1957; Ed. Peters (1973)
- StrQ; op. 97; 1957; Ed. Peters (1973)
- StrQ; op. 118; 1970/71; Ed. Peters (1972)

Buttkewitz, Jürgen
1939-

- StrQ; um 1967

Buwen, Dieter
1955-
- StrQ; A: Saarbrücken 1995

Buyniski, Raymond J.
1939-2013
- StrQ

Bužarovski, Dimitrije
1952-
- StrQ; 1971

Buzengeiger, Gerhard
1901-1976
- StrQ; 1925

Byers, David
1947-
- At the still point […]; StrQ; 1981; ICMC
- The Journey of the Magi; StrQ; 1990; ICMC

Byrne, Andrew
1925-
- StrQ; e; op. 3; 1951

Byrnes, Kevin Michael
1951-
- StrQ; no. 1; 1972

Byström, Oscar Fredrik
1821-1909
- StrQ; c; 1856, rev. 1895; MS: Statens Musikbibliotek
- StrQ; D; um 1860; Musikaliska (1937)

Caamaño, Roberto
1923-1993
- StrQ; 1945
- StrQ; 1946
- Cinco piezas breves StrQ; 1955; Barry

Cabus, Peter
1923-2000
- StrQ; no. 1; 1959; Maurer
- StrQ; no. 2; 1974; CeBeDeM
- StrQ; no. 3; 1983; CeBeDeM
- StrQ; 1995; CeBeDeM

Cabalt de Ataide, Enrique
?

- StrQe 1–6; 1790

Cabena, Barrie
1933-
- StrQ; 1993; CMC

Cabus, Peter
1923-2000
- StrQ; no. 1; 1959; Maurer (1965)
- StrQ; no. 2; 1974
- StrQ; no. 3; 1983
- StrQ; no. 4; 1995, rev. 1998
- Twee Geuzenliederen; StrQ; 1994

Cacioppo, Curt
1951-
- A distant voice calling; StrQ; 1998
- USA American; StrQ
- Monsterslayer; StrQ
- Coyoteway; StrQ
- Impressioni veneziane; StrQ; 2003

Cadman, Charles Wakefield
1881-1946
- StrQ; 1917
- To a vanishing race; StrQ; Curch (1917)

Cadzow, Dorothy Forrest
1916-
- StrQ; no. 1; 1944

Caetani, Roffredo
1871-1961
- StrQ; D; op. 1; 1887; Schott (1889)
- StrQ; f; op. 12; Schott (1907)

Cage, John
1912-1992
- StrQ; 1936; verschollen
- StrQ; 1949–50; Henmar (1960);
  Ed. Peters (1984)
- 30 pieces; StrQ; 1983; Henmar (1983)
- Four; StrQ; 1989; Henmar;
  Ed. Peters (1989); A: 1989 Huddersfield
- Five[3]; StrQ + Tromb; 1991;
  Ed. Peters (2002)
- 44 Harmonies from apartment house 1776:
  arr. by Arditti Quartet; A: 2011 München

Caja, Alfonso
1889-?
- StrQ; d; Salabert/Senart (1927)

Calabro, Louis
1926-1991
- StrQ; 1954
- StrQ; no. 2; 1968

Calaev, Shirvani
siehe: Chalaev, Shirvani

Calandín Hernández, Emilio
1958-
- Zapping; StrQ; 1993; Madrid: Centro

Calcagno, Elsa
1910-1978
- Cuarteto breve; 1938

Calcaño, José Antonio
1900-1978
- StrQ; CDA

Cale, Bruce
1939-
- StrQ; op. 41; 1984; AuMC

Calés (Otero), Francisco
1925-1985
- StrQ; G; 1954

Ca Lê Thuần
1938-
- 2 StrQe; 1984

Calkin, James
1786-1862
- StrQe

Call, Leonhard v.
1767-1815
- StrQ; no. 1; op. 139; Steiner [PN2694];
  Broekmans [CC72aI,190]
- StrQ; no. 2; op. 140; Chemische Druckerei
  [PN2695] [CC72aI,191]
- StrQ; Haslinger [no. 2695] [CC72aI,192]
- StrQ; F; no. 3; op. 141; Steiner [PN2696]
  [CC72aI,193]

Callahan, James P.
1942-
- StrQ; 1974

Callhoff, Herbert
1953-2016
- StrQ; no. 1; 1966, rev. 2002; Gravis
- Variationen über ein Thema v. Arnold Schoenberg; StrQ; no. 2; 1969; Gravis (2000); Möseler (1973)
- 9 Metamorphosen im Gedenken an R. Schumann; StrQ; no. 3; 1971/72; Gravis (2000); Möseler (1973)
- StrQ; no. 4; 1989; Gravis (1989)
- StrQ; no. 5; 1994; Gravis (1995)
- StrQ; no. 6; 1999; Gravis (2000)
- StrQ; no. 7; 2007; Gravis (2009)

Calligaris, Surgio
1941-
- StrQ; op. 35; 1995

Calmel, Roger
1920-1998
- StrQ; 1981; Combre (1990)

Caltabiano, Ronald
1959-
- StrQ; no. 1; 1981; Presser (1984)
- StrQ; no. 2; 1987; Presser

Caltabiano, Sebastiano
1899-1987
- Qu.; D; no. 1; Bongiovanni (1938)
- StrQ; F; no. 2; Bongiovanni (1960)
- Tema con variazioni; StrQ; Bongiovanni

Caluza, Reuben Tholakele
1895-1969
- StrQ; 1935

Calvi, Gérard
1922-2015
- En hommage à Maurice Ravel; StrQ; 1988; Durand

Camarero Benito, César
1962-
- Y era como si cesáramos; StrQ

Cambini, Giovanni Giuseppe
1746-1825
- 6 StrQe; G, B, A, F, Es, C; op. 1; Venier
- 6 StrQe; G, C, F, C, D, f; op. 2; Sieber

- 6 StrQe; F, C, Es, B, f, E; op. 3; Sieber
- 6 StrQe; Es, F, C, D, A, B; op. 4; Bourin
- 6 StrQe; op. 6; Sieber
- 6 StrQe; B, C, Es, G, F, A; op. 7; Durieu
- 6 StrQe; B, G, Es, A, C, F; op. 10; Sieber
- 6 StrQe; C, Es, g, G, A, B; op. 11; Henry
- 6 StrQe; B, G, D, F, C, F; op. 13; Sieber
- StrQ; op. 15; André
- 6 StrQe; c, F, B, Es, B, G; op. 16; Sieber
- 6 StrQe; Es, G, D, A, C, F; op. 17; Bouin
- 6 StrQe; B, F, D, Es, A, B; op. 21; Sieber
- 6 StrQe; B, A, g, G, D, Es; op. 22; Le Duc
- 4 StrQe; D, A, Es, F; op. 23; Michaud
- 6 StrQe; D, F, Es, G, Es, f; op. 24; Durieu
- 6 StrQe; B, Es, G, F, C, D; op. 27; Bouin
- 6 StrQe; E, A, F, B, G, d; op. 29; Boyer
- 6 StrQe; F, C, A, B, D, G; op. 31; Bouin
- 6 StrQe; D, A, C, F, B, Es; op. 32; Bouin
- 3 StrQe; op. 40; Artaria
- 12 StrQe; G, F, B, a, D, E, D, B, f; 2. + 3. livraison; Boyer
- 6 StrQe; Es, B, D, A, G, F; 18. livre de quatuors, o. op.; Sieber
- 6 StrQe; G, A, D, F, Es, G; 19. livre de quatuors, o. op.; Bouin
- 6 StrQe; d, G, Es, F, D, f; 20. livre de quatuors, o. op.; Sieber
- 6 StrQe; D, G, Es, B, F, c; 22. livraison de quatuors; Sieber
- 6 StrQe; F, c, G, Es, D, B; 24. livraison de quatuors; Sieber

Cambissa, Giorgio
1921-1998
- StrQ; no. 1; 1958; Curci (1961)

Cameu (de Cordoville), Helza
1903-1995
- Suite; StrQ; no. 2; op. 9; 1935; MS: Kopie im Archiv Frau + Musik
- StrQ; 1937; MS: Kopie im Archiv Frau + Musik

Camilleri, Charles
1931-2009
- Xeni Maltin; StrQ; 1948

- StrQ; no. 1; 1974; Roberton (1983)
- Silent spaces; StrQ; no. 2; 1977
- StrQ; no. 3; 1979
- Être Seul; StrQ; no. 4; 1982

Cammarota, Carlo
1905-1990
- StrQ; Zanibon (1976)

Camondo, Isaac de
1851-1911
- Le Kief; StrQ; g
- Pifferarima; StrQ; A
- Poussières de valses; StrQ

Camp, Bram van
1980-
- StrQ; 2004; unveröff.

Campagne, Conny
1922-
- StrQ; 1950
- StrQ; 1987; MS: Archiv Stichting

Campagnoli, Bartolomeo
1751-1827
- 6 StrQe

Campana, Fábio
1819-1822
- StrQe

Campana, José Luis
1949-
- StrQ; no. 1; 1974
- StrQ; no. 2; 1987; Billaudot (1988);
  A: 10/1987 Donaueschingen

Campbell, Henry
1926-
- Many happy returns; StrQ

Campbell, William
1961-
- The Snow Leopard; StrQ; 1991; ICMC

Campioni, Carlo Antonio
1720-1788
- StrQ; Es; ca. 1788

Campmany i Cortés, Montserrat
1901-1995
- StrQ; D; 1924

Campo, Régis
1968-
- Les heures malefiques; StrQ; no. 1; 2005;
  Billaudot (2005); A: 9/2005 Bonn
- StrQ; no. 2; 2006; Billaudot (2006)

Campos, Joaquina
1906-1986?
- StrQ; 1944

Campos González, José Carlos
1957-
- Danza festiva; StrQ; 1982

Campos, Otávio Meneleu
1872-1927
- StrQ; 1901
- StrQ; 1901/02

Campos-Parsi, Héctor
1922-1998
- StrQ; 1950

Campo (y Zabaleta), Conrado del
1878-1953
- 14 StrQe; 1903–1952
- Intermezzo; StrQ; op. 81; 1938
- StrQ; D; 1952
- Allegro giusto; StrQ; D
- Lentamente; StrQ
- Caprichos Romanticos; StrQ; f;
  UME (1923)

Camps, Pompeyo
1924-1957
- StrQ; 1957
- StrQ; 1974
- Ciudad sin tregua; StrQ; 1974

Canales, Manuel Braulio
1747-1786
- 6 StrQe; g, Es, D, B, d, F; op. 1; Palomino
  (1774); La Chevardiere (1777)
- 6 StrQe; D, Es, c, B, G, C; op. 3;
  Napier [no. 120] (um 1780) [C776]

Canat de Chizy, Édith
1950-
- Vivere; StrQ; no. 1; 2001; Lemoine
- Alive; 2003; Lemoine

- Falaises; 2003; Lemoine

Canelos Morales, José Ignacio
1898-1957
- Suite; StrQ

Canino, Bruno
1935-
- Labirinto no. 3; StrQ; 1970; Zerboni (1971); A: 10/1970 Como

Cannabich, J. B. Christian
1731-1798
- 6 StrQe; D, G, C, a, F, G; op. 1; 1767; J. J. Hummel [C832]
- 6 StrQe; C, e, A, Es, D, G; op. 5; J. J. Götz (1773) [C833]
- 6 StrQe (Fl/Ob/Vl + Vl/Vla/Vcl); a, C, F, B, G, C; Goux (1767) [C834]
- 2 StrQe (Ob/Klar. od. StrQ); F, B; ca. 1760-65; Mme. Berault [C835]

Cannon, (Jack) Philip
1929-2016
- StrQ; 1945; Hansen
- Fantasia; StrQ; 1946
- StrQ; 1964; Collier (1968)

Cano Forrat, César
1960-
- Los Perpetuos comienzos; StrQ; 1986
- StrQ; 1990

Cano Pérez, Francisco
1939-2013
- StrQ; no. 1; 1968; A: 1975
- Vocum; StrQ; 1971

Cantarelli, Giuseppe
1931-
- Minigrafica XII; StrQ; Primo Tema

Canteloube (de Malaret), (Marie-)Joseph
1879-1957
- Colloque sentimental; StrQ + Stimme; 1903; Ricordi (1925)

Capanna, Robert
1952-
- StrQ; no. 1; Presser (2001)

Capdenat, Philippe
1934-
- Palindrome II; op. 19; Amphion (1983)

Capdevielle, Pierre
1906-1969
- StrQ; A: Quatuor de l'O.R.T.F.

Capelletti, Daniel
1958-
- StrQ; op. 5; 1976; unveröff.

Capet, Lucien
1873-1928
- StrQ; C; no. 1; 1911; Mathot
- StrQ; no. 2; 1917; Senart (1922)
- StrQe; no. 3-6

Capllonch (Rotger), Miguel
1861-1935
- Adagio + Presto; StrQ
- Scherzino; StrQ

Capodaglio, Leonello
1945-
- Ricercare; StrQ; Pizzicato

Capoianu, Dumitru
1929-2012
- StrQ; no. 1; 1954
- StrQ; no. 2; 1965

Cappelli, Gilberto
1952-
- StrQ; 1975
- StrQ; 1981; Ricordi; A: 10/1981 Venedig
- StrQ; 1982; Fragment
- Oscura a luce; StrQ; 1998

Caprioli, Alberto
1956-
- del celeste confine, frammento; StrQ; 1985

Capron, Nicolas
1740-1784
- 6 StrQe; Lemarchand (1772)

Capuis, Matilde
1913-
- StrQ; d; 1942; Zanibon (1963)
- StrQ; a; 1947; Zanibon (1963)
- StrQ; g; 1950; Zanibon (1963)

- StrQ; cis; 1962; Zanibon (1963)

Capuzzi, Giuseppe Antonio
1755-1818
- 6 StrQe; C, G, g, B, F, A; op. 1; Alessandri [C963]; Artaria [C964]; Longman [C961A]
- 6 StrQe; Es, B, D, F, C, Es; op. 2; Alessandri; Artaria (1780) [C962]
- 6 StrQe; op. 6; Artaria (1787); verschollen

Cardew, Cornelius
1936-1981
- First movement; StrQ; 1961; Ed. Peters
- StrQ; no. 2

Cardi, Mauro
1955-
- StrQ; 1984; Ricordi

Cardona, Alejandro
1959-
- Bajo sombras; StrQ; no. 1; 1989/90
- StrQ; no. 2; 1992/93
- Códices; StrQ + Orch; 1995–96
- En el eco de las paredes; StrQ; no. 3; 1999–2001
- Cabalgando vientos; StrQ + 4 Git; 2002–03

Cardona García, Ramón
1922-1959
- On national rhythms; StrQ; Bogotá: Centro

Cardona, Ismael
1877-1969
- StrQ; h

Cardoso, Lindembergue Rocha
1939-1989
- Sedimentos; StrQ; 1973; Gerig

Cardy, Patrick
1953-
- Dulce et decorum est; StrQ; 1993; CMC
- The Snow Queen; StrQ + Sprecher; 1980

Carhart, David
1937-
- StrQ; 1972; BMIC
- StrQ; 1986; BMIC

Carignan, Nicole
1952-

- StrQ; 1980; CMC

Carles, Marc
1933-
- Phases; StrQ; 1972

Carlid, Göte
1920-1953
- Elegiaco; StrQ; 1948

Carlos, Wendy
1939-
- Tempi; StrQ; 1991
- StrQ; 1964

Carlson, Bengt Ivar
1890-1953
- StrQ; F; 1913

Carlson, Bruce
1944-
- StrQ; 1974; CMC
- All things by one; StrQ; 1976
- Isaiah 53; StrQ + Sopr; 1976
- StrQ; 1987

Carlson, David
1952-
- StrQ; 1992

Carlstedt, Jan Axel
1926-2004
- StrQ; no. 1; op. 2; 1952, rev. 1958; STIM
- StrQ; no. 2; op. 22; 1966; Suecia (1967)
- StrQ; no. 3; op. 23; 1967; STIM
- StrQ; no. 4; op. 31; 1972; STIM
- StrQ; no. 5; op. 32; 1977; STIM
- StrQ; no. 6; op. 60; 1998
- Tomis. Metamorfoser; StrQ; op. 65; 2002; Suecia (2007)

Carneyro (Pinto de Queiros Teixeira), Claúdio
1895-1963
- Torre de marfim; StrQ; 1926
- StrQ; 1947

Caro, Paul
1859-1914
- StrQ; H; op. 6; 1895; Robitschek
- StrQ; b; op. 7; 1895; Bösendorfer

- StrQ; d; op. 19; Robitschek (1896)
- StrQ; fis; op. 20; Robitschek (1897)

Caron, Leon Francis Victor
1850-1905
- 3 StrQe

Carpenter, Gary
1951-
- StrQ; 1989; BMIC

Carpenter, John Alden
1876-1951
- StrQ; 1927; G. Schirmer (1928)

Carpentier, Paul
1911-?
- StrQ; 1986/87

Carpio Valdés, Roberto
1900-1986
- Allegro; StrQ; 1942

Carr, Edwin
1926-2003
- StrQ; no. 1; 1954
- StrQ; no. 2; 1979

Carr, Peter
1926-
- StrQ; Ed. Anglian (1980)

Carr-Boyd, Ann
1938-
- StrQ; no. 1; 1964
- StrQ; 1966

Carrapatoso, Enrico
1962-
- Recondita polifonia; StrQ; 1993

Carrasco Candil, Alfredo
1875-1945
- StrQ; 1943/44

Carreño, Inocente
1919-2016
- Capricho; StrQ; 1947
- Cuarteto juvenile; StrQ; 1974
- Cuarteto academico; StrQ; 1976
- StrQ; no. 2; 1978

Carreño, Teresa
1853-1917

- StrQ; h; 1895; Siegel (1897)

Carrière, Paul
1887-1929
- StrQ; B; A: 1928 Lübeck

Carrillo, Julián
1875-1965
- StrQ; Es; 1903
- Cuarteto atonal a Debussy; no. 1; 1927; Jobert (1970)
- Cuarteto atonal a Beethoven; no. 4; Jobert (1955)
- Cuarteto en ¼ de ton; Jobert
- 2 bosquejos en 4os de tono; StrQ; Jobert (1978)

Carse, Adam v. Ahn
1876-1958
- Miniature; StrQ; a; Augener (1935)
- Suite; StrQ; C; Augener (1935)

Carsen, Carsten
1892-1961
- StrQ; 1913

Cartan, Jean L.
1906-1932
- StrQ; d; no. 1; 1927; La Sirene (1928)
- StrQ; no. 2; 1930; Eschig (1934)

Cartellieri, Antonio Casimir
1772-1807
- StrQ; MS: A-Wgm

Carter, Elliott
1908-2011
- StrQ?; 1928; verschollen
- StrQ; 1935; verschollen
- StrQ; 1937; verschollen
- StrQ; no. 1; 1950/51; AMP (1956)
- StrQ; no. 2; 1958/59; AMP (1961)
- StrQ; no. 3; 1971/72; AMP (1973); A: 1973 New York
- StrQ; no. 4; 1986; Hendon (1986)/ Boosey; A: 1986 Miami
- Fragment; StrQ; F; 1994; Hendon/ Boosey; A: 11994 New York

- StrQ; no. 5; 1995; Hendon (1998)/
  Boosey; A: 1995 Antwerpen
- Fragment II; 1999; Hendon/Boosey;
  A: 1999 München

Carter, Ernest Trow
1886-1953
- StrQ; G

Caruso, Carmelo
1956-
- Urlo; StrQ

Carvalho, Dinorá (Gontijo) de
1904-1980
- StrQ; no. 1; 1962
- StrQ; no. 2; 1974

Carvalho, Eleazar de
1912-1996
- StrQ; 1940?

Carvalho, Sara
1970-
- Blows hot + cold; StrQ; 1997; BMIC

Carwithen, Doreen
1922-2003
- StrQ; 1945
- StrQ; 1949
- StrQ; 1999?

Cary, Tristram
1925-2008
- StrQ; 1953; BMIC
- StrQ; no. 2; 1985; BMIC

Casablancas Domingo, Benet
1956-
- 5 interludis; StrQ; EMEC (1985)
- StrQ; no. 2; 1991; EMEC

Casadesus, Francis
1870-1954
- StrQ; C; 1950

Casadesus, Jean-Claude
1935-
- StrQ; 1957

Casadesus, Marius
1892-1981
- 3 StrQe

Casadesus, Robert Marcel
1899-1972
- StrQ; op. 13; 1929/30; A: 1940
- StrQ; op. 29; 1940-43; A: 1943
- StrQ; op. 46; 1950; A: 1950
- StrQ; op. 55; 1957; A: 1957

Casale, Primo
1904-1981
- StrQ

Casals, Pablo
1876-1973
- StrQ; 1893

Casamorata, Luigi Ferdinando
1807-1881
- 3 StrQe

Casanova, André
1919-2009
- StrQ; no. 1; op. 27; 1967
- StrQ; no. 2; op. 71; 1985
- StrQ; no. 3; op. 73; 1986
- StrQ; no. 4; op. 83; 1990
- StrQ; no. 5; op. 86; 1991
- StrQ; no. 6; op. 89; 1992

Casella, Alfredo
1883-1947
- 5 Pezzi; StrQ; op. 34; 1920; UE (1921)
- Concerto; StrQ; op. 40; 1923/24; UE
  (1924)

Casella, Enrique Mario
1891-1948
- 2 StrQe

Cashian, Philip
1963-
- StrQ; 1988/89; BMIC

Casimir-Ney, Louis-Casimir
1801-1877
- StrQ

Casken, John
1949-
- StrQ; no. 1; 1981/82; Schott (1984);
  A: 1982 London

- StrQ; no. 2; 1993, rev. 1996; Schott (1999); A: 1994 Manchester
- Choses en moi; StrQ; 2003; Schott (2006)

Casorti, Alessandro
1830-1867
- StrQ

Cassadó i Moreu, Gaspar
1897-1966
- StrQ; f; no. 1; Schott (1931); A: 1929
- StrQ; no. 2; UE; A: 1930
- StrQ; no. 3; UE

Cassadó i Valls, Joaquim
1867-1926
- Cuarteto español; StrQ; 1918

Cassidy, Aaron
1976-
- StrQ; no. 1; A: 2002 Berlin
- StrQ; no. 2; A: 2010 Donaueschingen

Cassone, Leopoldo
1878-1935
- Mehrere Romanzen; StrQ + Stimme

Castagnoli, Giulio
1958-
- 4 Notturni; StrQ; 1990

Castaldi, Alfonso
1874-1942
- StrQ; 1901
- StrQ; 1904

Castaldi, Paolo
1930-
- Monotone; StrQ; 1961–68; ESZ (1992); A: 1992 Mailand

Castaldo, Joseph
1927-2000
- StrQ; 1978; Southern Music (1980)

Castañeda, José
1898-1983
- 2 StrQe

Castegren, Nils
1908-1999
- Hommage; StrQ; 1950/51

Castell, Arne
1935-
- StrQ; no. 1; 1935; Noteria
- StrQ; no. 2; Noteria

Castellanos Yumar, Evencio
1915-1984
- StrQ; G

Castellanos Yumar, Gonzalo
1926-
- Divertimento; StrQ; 1946
- Movimiento; StrQ; 1946

Castelnuovo-Tedesco, Mario
1895-1968
- StrQ; G; op. 58; 1929; Ricordi (1931)
- StrQ; F; op. 139; 1948; A. M. J.
- Casa al dono; StrQ; op. 203; 1964

Castérède, Jacques
1926-2014
- Pro tempore passionis; StrQ; 1987; Billaudot (1991)
- Quartettsatz; StrQ; 1989; Billaudot (1989)

Castiglioni, Niccolò
1952-1996
- The new Melusine; StrQ; 1969
- Romanze; StrQ; 1990; Ricordi

Castillo, Manuel
1930-2005
- 4 Invenciones; StrQ; 1967

Castillo Navarro-Aguilera, Manuel
1930-2005
- StrQ; 1991
- Variaciones sobre in tema de Mompou; StrQ; 1993

Castillon de Saint-Victor, Marie-Alexis de
1838-1873
- StrQ; a; no. 1; op. 3; ca. 1865; Durand
- StrQ; f; no. 2; Durand; unvollendet, nur die Cavatine veröff.

Castor, Eve
1958-
- StrQ; op. 4; 1991

Castro, José María
1892-1964
- Piezas; StrQ; 1932
- StrQ; C; 1944
- StrQ; E; 1947
- StrQ; no 3; 1956

Castro, Juan José
1895-1968
- StrQ; 1942

Castro, Washington
1909-2004
- StrQ; F; no. 1; 1945
- StrQ; A; no. 2; 1950
- StrQ; no. 3; 1965

Castro-Robinson, Eve de
1956-
- Spissitudes; StrQ; 1996
- Pendulums of blue; StrQ; 1997

Catalani, Alfredo
1854-1893
- Fuga; StrQ; d; 1871?
- StrQ; A; 1873?
- Suite a sera; StrQ; g; 1888; Boccaccini
- Serenatella; StrQ; 1888; Boccaccini

Catalán Sánchez, Maria
1951-
- StrQ; 1986

Catargi, Alexis
1876-1923
- StrQ; 1923

Catoire, Georgi
siehe: Katuar, Georgi

Cattaneo, Pieralberto
1953-
- Quelques riens; StrQ; no. 2; Edipan
- Intersezioni; StrQ; Edipan

Cattolica, Gilfredo
1882-1962
- Petite suite pastorale; StrQ; F; Pizzi (1910)

Caturla, Alejandro García
1906-1940
- Piezas; 1926/27

- StrQ; 1927
- Canto de los cafetales; StrQ; 1937

Caudella, Eduard
1841-1924
- StrQ

Cavadini, Claudio
1935-
- Dittico (Memento e Sintesi); StrQ; op. 27; 1980; Pizzicato Helvetia (1994)
- Melodia verde; StrQ; op. 38; Pizzicato Helvetia

Cavallini, Ernesto
1807-1874
- Studio enarmonico; StrQ; Mignani (1936)

Caviani, Ronald
1931-
- 2 StrQe

Cazaban, Costin
1946-2009
- Antimemoria; StrQ; 1977; Ed. muz. (1981)
- Au-delà de Vienne; StrQ; 1989; Salabert
- Contineri minimo; StrQ; no. 3; 1997; Salabert

Cazden, Norman
1914-1980
- StrQ; op. 9; 1936
- Elizabethan Suite no. 2; StrQ; op. 92; 1965

Celis, Frits
1929-
- StrQ; op. 41; 1992; CeBeDeM (1993)
- Canto della Piccina Sirena; StrQ; op. 48; 1994; CeBeDeM
- Tijdkrans-I; StrQ + Sopr; op. 53a; CeBeDeM

Cella, Theodore
1897-1960
- Notturno; StrQ; 1928

Cellier, Alexandre
1883-1968
- StrQ; a; no. 1; 1912; Leduc (1919)
- StrQ; fis; no. 2; 1919

Celoniati, Ignazio
1740–1784
- 6 StrQe; op. 2; Paris: (1767?)

Cemberdzi, Nikolaj
siehe: Chemberdzhi, Nikolaj

Čemerytė, Diana
1974–
- Ave maris stella; StrQ; 2001; MS: Kopie im Archiv Frau + Musik
- Lamentation; StrQ; 2003; MS: Kopie im Archiv Frau + Musik

Centazzo, Andrea
1948–
- StrQ; no. 1; 1987, rev. 1993; Warner
- StrQ; no. 2; 1993; Warner

Center, Ronald
1913–1973
- StrQ; no. 1; 1964; Novello (1965)

Cepkolenko, Karmella
siehe: Tsepkolenko, Karmella

Ceremuga, Josef
1930–2005
- StrQ; e; no. 1; 1956
- StrQ; no. 2; 1962
- StrQ; no. 3; 1973; Panton (1980)
- StrQ; no. 4; 1988; A: 10/1988 Prag

Cerf, Jacques
1932–
- Aubade; StrQ; op. 84
- Exil; Quatuor; op. 12

Cerha, Friedrich
1926–
- StrQ; 1948; vernichtet
- Maqam; StrQ; no. 1; 1989; UE (1989); A: 1991 Salzburg
- StrQ; no. 2; 1989/90; UE (1990); A: 1991 Evian
- StrQ; no. 3; 1991; UE (1992); A: 1992 Wien
- StrQ; no. 4; 2001; UE (2001); A: 2002 Wien
- Nachtstücke; 1992; Doblinger (1995)

Cerlickij, Ivan Karlovich
siehe: Tserlitskyi, Ivan Karlovich

Cernat, Razvan
1945–
- StrQ; 1969

Černik, Vratislav Petr
1941–
- StrQ; 1966/67; Supraphon (1982)

Černovská, Zoja
1960–
- StrQ; 1987; CHF

Cerqueira, Fernando
1941–
- Sindrome; StrQ; 1973; Tonos (1974)

Cervelló i Garriga, Jordi
1935–
- Etüden nach Kreutzer; StrQ; A: 9/2006 Hamburg

Cervetti, Sergio
1941–
- Zinctum; StrQ; 1967; Moeck (1969)
- Woman's enigmatic patterns; StrQ; 1968
- StrQ; no. 2; 1972
- StrQ; no. 3; 1990
- StrQ; no. 4; 1995

Cesa, Mario
1940–
- Riferimenti insoluti; StrQ
- Dalle tenebre l'antico canto; 4 StrQe

Cesarini, Franco
1961–
- StrQ

Česnokov, Aleksandr Grigorevich
1880–1941
- 2 StrQe; F + G

Cettier, Pierre
1874–?
- StrQ; D; no. 1; 1910; Hayet
- StrQ; F; no. 2; 1918; Senart (1925)

Ceulemans, Ivo
1905–1994
- StrQ; o. op.; 1956; unveröff.

- StrQ; no. 2; op. 94; unveröff.
- Icare; StrQ; 1962; unveröff.
- StrQ; no. 4; op. 154; 1976; unveröff.

Chadwick, George Whitefield
1854-1931
- StrQ; g; no. 1; op. 1; 1878
- StrQ; C; no. 2; op. 2; 1878
- StrQ; D; no. 3; 1886
- StrQ; e; no. 4; 1896; G. Schirmer (1902)
- StrQ; d; no. 5; 1898, rev. um 1903; G. Schirmer (1900)

Chadžiev, Paraškev
1912-1992
- StrQ; no. 1; 1948
- StrQ; no. 2; 1953

Chagrin, Francis
1905-1972
- Capriccio; StrQ; 1938
- Bagatelles; StrQ; 1952; Galliard
- Elegy; StrQ; 1956; Mills Music (1958)

Chailley, Jacques
1910-1999
- StrQ; 1936–1939
- 3 Pièces contemplatives; StrQ; Costallat
- StrQ; no. 5; Costallat

Chailly, Luciano
1920-2002
- 12 sonatatritematica, no. 10; StrQ; op. 253; 1959; Curci (1962)

Chaine, Eugène
1819-1882
- StrQe

Chaix, Charles
1885-1973
- StrQ; A; op. 13; 1946–48; Siècle (1956)

Chajes, Julius T.
1910-1985
- StrQ; no. 1
- StrQ; no. 2; 1930

Chakmakjan, Alan
siehe: Hovhaness, Alan

Chalaev, Shirvani Ramazanovich
1936-
- Suite; StrQ; 1961
- 3 Piesy; StrQ; 1969
- StrQ; 1970; Sovetskij (1982)

Chambers, Joseph A. (Joe)
1942-
- Movements, StrQ

Chambers, Stephen A.
1940-
- Currents; StrQ; 1967

Champagne, Claude
1891-1965
- StrQ; C; 1951–54, rev. 1956; Clark (1974)
- Danse villageoise (2nd version); StrQ; ca. 1936; A: 3/1936 Montreal

Chan, Ka Nin Francis
1949-
- StrQ; 1977; CMC
- StrQ; no. 2; 1981

Chance, Nancy Laird
1931-
- Movements; StrQ; AMC (1967)
- StrQ; no. 1; 1984/85; MMB

Chang, Gordon
1951-
- Statements; StrQ; 1973; Seesaw

Chan Kambiu, Joshua
1962-
- StrQ; 1997

Chapela, Enrico
1974-
- El cuarto camino; StrQ; 1996; Boosey; A: 6/1996 Mexico City

Chapí Lorente, Ruperto
1851-1909
- StrQ; G; no. 1; 1903; UME
- StrQ; F; no. 2; 1904; UME
- StrQ; D; no. 3; 1905; UME
- StrQ; H; 1907; Fuentes

Chappell, Herbert
1934-

- StrQ; no. 1; 1957

Charpentier, Jacques
1933-
- StrQ; 1955
- StrQ; 1956

Charpentier, Raymond
1880-1960
- StrQ; H; no. 1; 1901
- StrQ; A; no. 2; 1910

Chartrain, Nicolas-Joseph
um 1740-1793
- 6 StrQe; D, A, G, B, C, F; op. 1; auteur (1772) [C1936]
- 6 StrQe; B, a, D, G, F, A; op. 4; Mme. Berault (1777) [C1937]
- 6 StrQe; B, Es, a, C, D, F; op. 8; Sieber (1778) [C1939]
- 6 StrQe; F, A, D, G, c, Es; op. 12; Michaud (1781) [C1940]
- 6 StrQe; c, C, A, F, Es, D; op. 16; Michaud (1783) [C1941]
- 6 StrQe; D, G, a, B, E, C; op. 22; auteur (1785) [C1942]

Chasalow, Eric
1955-
- StrQ; 1989/90

Chaun, František
1921-1981
- Ulysses; StrQ; 1970
- Bruno; StrQ; 1976

Chaushian, Levon Alexandri
1946-
- StrQ; no. 1; 1967; Sovetskij
- StrQ; no. 2; 1981; Sovetskij (1986)
- StrQ; no. 3; 1986
- StrQ; no. 4; 1994

Chausson, Ernest
1855-1899
- StrQ; c; op. 35; 1899; unvollendet, vervollst. v. d'Indy; Durand (1900); A: 1900 Paris

Chávarri, Eduardo López
1871-1970
- Quatuor brevis; Piles

Chavarri, Norberto
1940-
- Visiones; StrQ + 2 Videokameras; 1969
- Fablada escenica; StrQ + Percussion

Chaves, Paulino
1883-1948
- StrQ; 1917

Chávez Ramírez, Carlos
1899-1978
- StrQ; no. 1; 1921; Boosey (1988)
- StrQ; no. 2; 1932; Belwin Mills
- StrQ; no. 3; 1944; Schirmer (1990)

Chávez, Juan Manuel
1958-
- Proto; StrQ; 1990/91
- mortuus, regnat vivus; StrQ; no. 2; A: 2/2010 Stuttgart

Chaynes, Charles
1925-2016
- StrQ; 1970; Jobert (1972); A: 1971 Paris

Cheatham, Wallace McClain
1945-
- StrQ; no. 1; 1987/88

Chebotarian, Gayane
1918-1998
- StrQ; 1978
- StrQ; 1990

Chemberdzhi, Nikolai Karpovich
1903-1948
- Suite; StrQ; 1926
- StrQ; no. 1
- StrQ; no. 2; 1931
- StrQ; no. 3; 1943

Chemberdzhi, Yekaterina
1960-
- Memory of Finland; StrQ; 1992; Sikorski

Chemberzhi, Mykhailo
1944-
- StrQ; 1986
- StrQ; 1988

Chemin-Petit, Hans
1902-1981
- Widmungen; StrQ; 1922; A: 1923 Berlin
- StrQ; e; 1925; A: 1925 Berlin
- StrQ; g; 1926; A: 1927 Magdeburg
- Der Mond ist aufgegangen; 1939

Chen Shihui
1962-
- StrQ; no. 1; 1979
- StrQ; no. 2; 1987
- StrQ; no. 3; 1998

Chen Xiaoyong
1955-
- StrQ; no. 1; 1986/87; Sikorski;
  A: 10/1987 Donaueschingen
- StrQ; no. 2; 1998; Sikorski;
  A: 1998 Darmstadt
- StrQ; no. 3; Sikorski; A: 11/2010 Hamburg

Cheng, Huihui
1985-
- Feng Sheng Ming; StrQ; 2004

Chen Yi
1953-
- Shuo; StrQ; 1982; Presser; A: 1985 Zagreb
- Song of the Five; StrQ; 1997
- Burning [...]; StrQ; 2003; Presser (2004)

Chepelenko, Vitali
1939-
- StrQ; 1976

Cherbuliez, Antoine Elisée
1888-1964
- StrQ; d

Cherney, Brian
1942-
- 3 Pieces; StrQ; 1961
- StrQ; no. 1; 1966; CMC
- StrQ; no. 2; 1970; CMC
- StrQ; no. 3; 1985; CMC
- StrQ; no. 4; 1994; CMC

Chernov, Aleksandr Abramovich
1917-1971
- StrQ; no. 1; 1949; Sovetskij (1970)
- StrQ; D; no. 2; 1950; Sovetskij (1958)

Cherry, Milton
1908-?
- StrQ; A: 1960 New York

Cherubini, Luigi
1760-1842
- 3 StrQe; Es, C, d; no. 1–3; Kistner
- 3 StrQe; E, F, a; no. 4–6; Payne
- Morceaux pour Baillot; StrQ; 2 Sätze in Es;
  1814; Accolade (2011)

Cheslock, Louis
1899-1981
- StrQ; 1930;
- StrQ; 1941

Chevillard, Camille
1859-1923
- StrQ; no. 1; op. 5; um 1887; Richault
- StrQ; no. 2; op. 16; 1897/98; Durand

Chevreuille, Raymond
1901-1976
- StrQ (+ Sopr); no. 1; op. 1; 1930;
  Schott (1956)
- StrQ; no. 2; op. 5; 1934–42;
  CeBeDeM (1972)
- StrQ; no. 3; op. 6; 1934; CeBeDeM (1972)
- StrQ; no. 4; op. 13; 1939; CeBeDeM (1962)
- StrQ; no. 5; op. 23; 1942; CeBeDeM (1962)
- StrQ; no. 6; op. 32; 1945; CeBeDeM (1958)
- 5 Bagatelles; StrQ; op. 53; 1952;
  CeBeDeM (1955)

Chicherina, Sofia
1904-?
- StrQ; no. 1; op. 27; Sovetskij (1977)
- StrQ; no. 2; op. 30; Sovetskij (1981)

Chihara, Paul Seiko
1938-
- Driftwood; StrQ; 1967; Shawnee (1969)
- Primavera; StrQ; 1977; Henmar (1979)
- Sequoia; StrQ + Tape (optional); 1984; Henmar Press (1988)
- StrQ; 1965; Shawnee Press

Childs, Barney
1926-2000
- StrQ; no. 1; 1951
- StrQ; no. 2
- StrQ; no. 3; 1954; CFE
- StrQ; no. 4; 1960; CFE
- StrQ; no. 5; CFE
- StrQ; no. 6; 1964; CFE
- StrQ; no. 7; 1968; CFE
- StrQ; no. 8; 1974

Chin, Un-suk
1961-
- ParaMetaString; StrQ + Elektr; 1995/96; Boosey; A: 5/1996 Seoul

Chini, André
1945-
- L'ancre; StrQ; 1997; SMIC

Chiriac, Mircea
1919-1994
- StrQ; no. 1; 1945
- Divertissement; StrQ; no. 2; op. 15; 1972
- StrQ; no. 3; op. 22; 1980
- StrQ; no. 4; op. 23; 1985, rev. 1993

Chiriac, Tudor
1949-
- StrQ; no. 1; 1974

Chishko, Oles' Semyonovich
1895-1976
- StrQ; 1941

Chitchian, Geghuni Hovannesi
1929-
- StrQ; 1951
- Fuga; StrQ

Chitenco, Dmitrii
1950-
- StrQ; no. 1; 1974
- Burlesca; StrQ; 1978
- Patru melodii populare; StrQ; 1978
- 2 Pieces; StrQ; 1979
- Epitafija pamjali: S. M. Lobelia; StrQ; 1981
- StrQ; no. 2; 1983

Chiti, Gian Paolo
1939-
- In dateless night; StrQ; 1971; Edipan (1982)

Chitz, Arthur
1882-1944
- 3 StrQe

Chlubna, Osvald
1893-1971
- StrQ; g; no. 1; op. 21; 1925
- StrQ; C; no. 2; op. 26; 1928; Panton
- Ballade vom Schmerz und vom Lachen; op. 28b; 1928
- StrQ; Es; no. 3; op. 35; 1933
- E morta; StrQ; no. 4; 1963
- StrQ; no. 5; 1969

Cho, Seok-Yeon
1970-
- Stillness; StrQ; 1989

Chołoniewski, Marek
1953-
- StrQ; g; 1998

Chopard, Patrice
1953-
- Clash-Adaptionen für Mozartquartett; 1981

Chou Wen-chung
1923-
- Clouds; StrQ; 1997; Ed. Peters (1997)
- Streams; StrQ; no. 2; 2003; Ed. Peters

Choveaux, Françoise
1953-
- Souvenirs de Flandres; StrQ; no. 1
- StrQ; no. 2

- StrQ; no. 3; op. 101
- StrQ; no. 4

Christiansen, Henning
1932-2008
- Den arkadiske; StrQ; op. 32; 1965
- Den rokadiske; StrQ; op. 34; 1966; Engstrom (1968)
- Demonstrationer; StrQ; op. 35; 1966
- Nach Wyschnegradsky; StrQ + Band; op. 185; 1989

Christov, Dimitar
1933-
- StrQ; 1970

Chu Wang-Hua
1941-
- Fortuity–Necessity; StrQ; 1983; AuMC

Chugaev, Aleksandr Georgievich
1924-1990
- StrQ; 1946–51
- StrQ; no. 2; 1953

Chur, Heinz
1948-
- StrQ

Churkin, Nikolai Nikolaevich
1869-1964
- 11 StrQe; 1927–63

Chvála, Emanuel
1851-1924
- StrQ; d; Urbanek (1886)
- Volkstänze im Kammerstil; StrQ; Urbanek (1894)
- StrQ; c; Simrock (1898)

Chydenius, Kaj
1939-
- Two portraits; StrQ; 1985; Love (1985)

Cibisescu, Julia
1966-
- Poesie; StrQ; 1993; MS: Kopie im Archiv Frau + Musik

Cicognani, Giuseppe
1870-1921
- StrQ; E

Cifariello Ciardi, Fabio
1960-
- Esquisse I; StrQ; Edipan

Cifuentes Rodríguez, Santos
1870-1932
- Pequeno scherzo; StrQ
- Fuga; StrQ; op. 45

Cikker, Ján
1911-1989
- StrQ; B; 1928; A: 1928 Banska Bystrica
- StrQ; no. 1; op. 13; 1935; SHF (1976)
- StrQ; no. 2; op. 14, 2; 1936; SHF (1966)
- Scherzo; StrQ; 1940
- Domovina; StrQ; no. 3; 1986; SHF (1987)

Cilenšek, Johann
1913-1998
- Szenen; StrQ; 1997; Ebert

Cimakaje, Arcil Ivanovich
1919-1991
- StrQ; 1944

Cimara, Pietro
1887-1967
- 2 StrQe

Ciobanu, Ghenadie
1957-
- Imaginäre Spaziergänge; StrQ; 2000

Ciobanu, Maia
1952-
- 3 Skulpturen; StrQ; 1981; Ed. muzicala (1987)

Ciortea, Tudor
1903-1982
- StrQ; no. 1; 1952
- StrQ; F; no. 2; 1954
- StrQ; no. 3; 1975
- StrQ; no. 4; 1977; Ed. muzicala (1983)
- StrQ; no. 5; 1980
- StrQ; no. 6; 1981

Cipra, Milo
1906-1985
- StrQ; no. 1; op. 1; 1929/30
- StrQ; no. 2; op. 5; 1932; zurückgez.

- StrQ; no. 3; op. 8; 1935; zurückgez.
- StrQ; no. 4; op. 10; 1938/39; Muzička
- StrQ; no. 5; 1972; DSS (1979)

Cirri, Giovanni Battista
1724-1808
- 6 StrQe; B, D, c, Es, G, e; op. 13; Welcker (1775) [C2505]
- 6 StrQe; op. 17; Ranieri del Vivo [C2508]

Ciry, Michel
1919-
- Ecce homo; StrQ; 1955

Citkowitz, Israel
1909-1974
- StrQ; 1932

Čiurlionis, Mikalojus Konstantinas
1875-1911
- Fuge; StrQ; G; 1898
- Fuge; fis; 1899
- StrQ; c; 1901/02; Love
- Canons; StrQ; c, Bb; 1902

Cius, Anthony B., Jr.
1938-1986
- StrQ; 1966

Civilotti Carvalho, Alejandro
1959-
- StrQ; 1989

Civitareale, Walter
1954-
- StrQ; 1979; A: 12/1979 Moskau
- Fugue à quatre voix; Fs. f. StrQ; 1980

Claflin, Avery
1898-1979
- Laudate Dominum; StrQ; 1940/41; CFE

Clapisson, Antoine-Louis
1808-1866
- StrQ; c; no. 1; Costallat

Clapp, Philip Greeley
1888-1954
- StrQ; 1909

Claque, Yves
1927-
- Mutations; StrQ; op. 9; Jobert (1972)

- Mouvement; StrQ; Billaudot

Claren, Sebastian
1965-
- StrQ; 1982/83
- StrQ; no. 2; 1983
- StrQ; no. 3; 1983
- StrQ; no. 4; 1984
- Thoughts + Images; 1993

Clark, Edgar Rogie
1913-1978
- Divertimento; StrQ; 1969; A: 1970 Detroit

Clark, Robert Keyes
1925-?
- StrQ; 1950

Clarke, Frederick R. C.
1931-
- Music comes; StrQ; 1989; CMC

Clarke, Garry E.
1943-
- StrQ; 1966

Clarke, Henry Leland
1907-1992
- StrQ; no. 1; 1928
- StrQ; no. 2; 1956; CFE
- StrQ; no. 3; 1958; CFE

Clarke, James
1957-
- StrQ; no. 1; A: 11/2003 Huddersfield
- StrQ; no. 2; A: 11/2009 Huddersfield
- Doppelquartett; A: 2012 Witten

Clarke, James Hamilton
1840-1912
- StrQ; A; op. 246; Jefferys (1885)
- Weitere StrQe

Clarke, Rebecca
1886-1979
- Comodo et amabile; StrQ; 1924
- Adagio; StrQ; 1926
- Poem; StrQ; 1926
- Combined carols; StrQ; 1941

Clarke, Rhona
1958-

- StrQ; 1990; ICMC

Clauberg, Claus
1890-1963
- StrQ; no. 1; 1920
- StrQ; no. 3; 1934
- StrQ; no. 4; 1934
- StrQ; no. 5; 1935
- 5 Humoresken; StrQ; 1956
- StrQ; no. 6; 1958

Claus, Tilmann
1958-
- StrQ; 1980

Clavel, Joseph
1800-1852
- StrQ; D; no. 1; op. 6; Costallat
- StrQ; C; no. 2; op. 7; Costallat

Clay, Paul
1977-
- This actually happened; StrQ; 1999

Clemens, Johannes
1895-?
- StrQ; op. 12

Clement, Franz Joseph
1780-1842
- StrQ; A; no. 3

Clement, Nicole
1946-
- Isomerie; StrQ; 1976
- Polymorphie; StrQ; 1981

Clement, Sheree Jean
1955-
- StrQ; 1980
- StrQ; 1982

Clementi, Aldo
1925-2011
- Reticulo 4; StrQ; 1968; ESZ; A: 9/1969 Warschau
- Tribute; StrQ; 1988; ESZ; A: 6/1988 Sermoreta
- Canone; StrQ; 1997; ESZ
- Satz; StrQ; 1998; ESZ

Clements, Dominy
1964-
- 3 Eustatic Movements; StrQ; 1993; BMIC

Clemson, Gareth
1933-
- Of fire and water; StrQ; 1985; ScoMIC

Clifton, Neil
1956-1986
- Movement; StrQ; 1979; AuMC

Climent, Angel
1942-
- Festival; StrQ; 1990; ICMC

Cliquet-Pleyel, Henri
1894-1963
- StrQ; no. 1; 1912
- StrQ; no. 2; 1923

Cloete, Johan(nes) (Nicolaas)
1957-
- StrQ; 1979/80; Breitkopf
- Ehieh Asher Ehieh; StrQ; 1981
- The return of Ulysses; 1982; Amanuensis
- Doppelgänger; StrQ; 1996
- Spook; StrQ; 1996/97

Clostre, Adrienne
1921-2006
- Sim, lecture de Virginia Woolf; StrQ; 1991

Cluzeau-Mortet, Luis R.
1888-1957
- Cinco impresiones breves; StrQ; 1928
- Cuatro ritmos criollos; StrQ; 1936
- Musica para arcos, no. 2; 1950

Coates, Erik
1886-1957
- Minuet; StrQ; 1908

Coates, Gloria
1938-
- Glissando; StrQ; 1962
- Provencal drum; StrQ; 1964
- Protestation; StrQ; no. 1; 1966, rev. 1982; Ed. Pro Nova
- StrQ; no. 2; 1972; Ed. Pro Nova
- StrQ; no. 3; 1975/76; Ahn (1981)

- StrQ; no. 4; 1976; Ed. Pro Nova
- 6 Movements; StrQ; 1978
- StrQ; no. 5; 1988
- StrQ; no. 6; 1996
- Angels; StrQ; no. 7; 2000
- StrQ; no. 8; 2001/02
- StrQ; no. 9; 2007
- Passacaglia fugue; StrQ

Coates, Leon
1937-
- StrQ; op. 3; 1962; ScoMIC

Cobos Almaraz, Luis de los
1927-2012
- Cuarteto de la pequeña muerte; StrQ; 1978
- Una princesa de Cranach; StrQ; 1983
- La nada y el mar; StrQ; no. 3; 1988
- De la ausencia; StrQ; no. 4; 1993

Cochrane, Lynda
1968-
- StrQ; 1989; ScoMIC

Cockshott, Gerald
1915-1979
- StrQ; d; 1966

Cocq, Rosine de
1891-1977
- Theme + Variations; 1940

Coeck, Jan L.
1944-
- Graphismes I–III; StrQ; 1983

Coelho, Rui
1889-1986
- StrQ; 1942

Coen, Massimo
1933-
- StrQ; no. 1; 1986
- Quattro temperamenti; StrQ; no. 2; 1987

Coenen, Frans
1826-1904
- StrQ

Coenen, Heinz
1904-?
- StrQ-Satz; h; 1938

- StrQ; F; 1946
- Rhein. Suite; StrQ; 1959

Coenen, Paul
1908-1995
- StrQ; g; op. 5; 1927
- StrQ; h; op. 36; 1930
- StrQ; op. 41; 1933
- StrQ; g; op. 52; 1942
- StrQ; a; op. 116; 1976; Astoria
- StrQ; op. 222; 1982

Coerne, Louis (Adolphe)
1870-1922
- StrQ; c; op. 19

Cogan, Robert David
1930-
- StrQ; 1950

Cohen, Leonard
1934-2016
- StrQ

Cohen, Marcia
1937-
- StrQ; 1967

Cohn, Arthur
1910-1998
- 4 Preludes; StrQ; no. 1; op. 1; 1928
- 6 Miniatures; StrQ; no. 2; op. 4; 1930
- Conceptions in bronze; StrQ; no. 3; op. 7; 1932
- Transcriptions; StrQ; op. 5; 1934
- The Twelve; StrQ; op. 15; 1934
- Paraphrase on a folk tune; StrQ; op. 17, 1; 1935
- Histrionica; StrQ; no. 4; op. 24; 1935
- 3 Impressions; StrQ; op. 26, 1; 1935

Cohn, James
1928-
- StrQ; 1950
- StrQ; 1961

Cojocaru, Dora
1963-
- StrQ; no. 1; 1994

Coker, Tim
1970–
- Odi profanum vulgus et arceo; StrQ; no. 1; 1994; Tre Media

Coker, Wilson
1928–
- StrQ; 1949
- StrQ; 1954

Colabella, Angel Victorino
1911–1985
- Capricho Criollo; StrQ

Colaço Osorio-Swaab, Reine
1881–1971
- StrQ; no. 2; 1955; Donemus (1955)

Colasanti, Silvia
1975–
- StrQ

Colding-Jørgensen, Henrik
1944–
- Con Sentimo; StrQ; no. 1; 1965; DMIC
- Krystal metamorfose; StrQ; 1993; DMIC

Cole, Gerald E.
1917–?
- StrQ

Cole, Hugo
1917–1995
- StrQ; G; no. 1; Novello (1956)
- StrQ; a; no. 2; Novello (1956)

Cole, Frances Ulric
1905–1992
- StrQ; 1932
- StrQ; 1934
- Suite; StrQ; 1936

Cole, Vincent L.
1946–
- StrQ; 1971

Coleman, Henry Jr.
1938–
- Esoterics; StrQ

Coleman, Randolph E.
1937–
- StrQ; 1973

Coleridge-Taylor, Samuel
1875–1912
- Phantasiestücke; StrQ; op. 5; 1895; Augener (1896)
- StrQ; d; op. 13; 1896

Colgrass, Michael
1932–
- Folklines. A counterpoint; StrQ; 1987; CMC

Colic, Dragutin
1907–1987
- StrQ; no. 1; 1932
- StrQ; no. 2; 1959
- StrQ; no. 3; 1973

Colin, Georges
1921–2002
- 5 Short pieces; StrQ; 2000; CeBeDeM

Colin, Jean-Marie
1951–
- Etude; StrQ; 1975

Colin-De Clerck, Jeanne
1924–
- StrQ; op. 8; 1968; unveröff.

Colizzi, Giovanni Andrea K. (eigentlich Johann Andreas Kauchlitz)
1742–1808
- Concerti barbari; StrQ; c, d, G, C; op. 1
- Concerti; StrQ; op. 2

Collès, Jean-Bernard
1967–
- Antinomies; StrQ; op. 9; 1992

Collet, Henri
1885–1951
- Quatuor castillan; StrQ; 1937

Collins, Amanda
1970–
- ADSR; StrQ; 1999; ScoMIC

Collins, Edward (Joseph)
1886–1951
- Allegro piacevole; StrQ; d; 1935, rev. 1949

Collins, Nicolas
1954–

- Broken light; StrQ + CD Player; 1991

Collins, Thomas W.
1935-
- StrQ

Colombo Taccani, Giorgio
1961-
- Al ritorno; StrQ; 1989/90; ESZ
- Eco; Versione StrQ; 1991/92; ESZ
- StrQ; no. 3; 1995/96; ESZ

Colomé Pujol, Delfí
1946-2008
- Scherzo over Beethoven; StrQ; 1995

Comes, Liviu
1918-2004
- StrQ; 1989

Con, Karel
1951-
- StrQ; no. 1; 1971
- Ticha posta; StrQ; 1980; CHF

Con, Peter
1949-1992
- Danseries; StrQ; 1983

Cone, Edward Toner
1917-2004
- StrQ; 1939

Conradi, August
1821-1873
- StrQe

Consoli, Marc-Antonio
1941-
- StrQ; 1983
- StrQ; no. 2; 1990

Constant, Franz
1910-1996
- StrQ; op. 118; 1985

Constant, Marius
1925-2004
- Die Trennung; StrQ; 1990; Salabert

Constanten, Thomas
1944-
- Lignified rock episodes; StrQ; 1982

Constantinescu, Dan
1931-1993
- StrQ; 1967; Ed. muzicala (1977)

Constantinescu, Paul
1909-1963
- Konzert; StrQ; 1947; ESPLA (1956)

Constantinides, Dinos
1929-
- Dedications; StrQ; Seesaw
- StrQ; no. 1; Seesaw
- StrQ; 1966

Contessa, Enrico
1877-?
- StrQ; h; Ricordi (1940)

Contilli, Gino
1907-1978
- in un tempo solo; StrQ; 1932

Contin, Francesco
1780-1860
- StrQ; op. 7; Artaria; A: 12/1825 Wien

Contin, Giuseppe
1835-1899
- StrQ

Contreras (Sánchez), Salvador
1910-1982
- StrQ; no. 1; 1934
- StrQ; no. 2; 1936
- StrQ; no. 3; 1962
- StrQ; no. 4; 1966

Converse, Frederick S.
1871-1940
- StrQ; Es; no. 1; 1896, rev. 1901
- StrQ; a; no. 2; op. 18; G. Schirmer (1903)
- StrQ; e; no. 3; 1935

Convery, Robert
1954-
- StrQ; no. 1; 1984

Conyngham, Barry Ernest
1944-
- StrQ; 1978; UE (1984)
- StrQ; 1999

Conze, Johannes
1875-1946
- 3 StrQe

Cook, Richard G.
1929-
- StrQ; 1972

Cooke, Arnold (Atkinson)
1906-2005
- StrQ; no. 1; 1933; OUP (1941)
- StrQ; F; no. 2; 1947; OUP
- StrQ; no. 3; 1967; OUP
- StrQ; no. 4; 1976; Bladewells (1978?)
- StrQ; no. 5; 1978; OUP

Cooke, Francis Judd
1910-1995
- StrQ; 1990

Coolidge, Peggy Stuart
1913-1981
- StrQ; e; 1916?; MS: Library of Congress

Cools, Eugene
1877-1936
- StrQ; Eschig

Cooney, Cheryl
1953-
- StrQ; 1977
- StrQ; 1990

Cooney, John
?
- Chasing shadows; StrQ; 1978; A: 12/1998

Cooper, Paul
1926-1996
- StrQ; no. 1; 1952, rev. 1978; Chester
- StrQ; no. 2; 1954, rev. 1979; Chester
- StrQ; no. 3; 1959; Chester
- StrQ; no. 4; 1963; Chester
- Umbrae; StrQ; no. 5; 1973; Chester
- StrQ; no. 6; 1977; Chester

Cooper, W. Gaze
1895-1981
- Elegy; StrQ; op. 74; 1955
- StrQ; op. 75

Cope, David (Howell)
1941-
- StrQ; no. 1; 1961; Seesaw
- StrQ; no. 2; 1963; Seesaw

Copland, Aaron
1900-1990
- StrQ; ca. 1916–21; W1
- Sonata movement on a theme by P. Vidal; StrQ; 1921
- Movement; StrQ; 1923; A: 1983 Peekskill
- Two pieces; StrQ; 1923–28; StrQ; Arrow, dann Boosey; W36; A: 1928 New York

Coppens, Claude
1936-
- The Taming of the Shrewd; StrQ; 1985

Coppet, Louis Casimir de
1841-1911
- StrQ; a; ca. 1900; Decourcelle

Corbett, Sidney
1960-
- Paradiso; StrQ; VeNM; A: 2006 Düsseldorf

Corcoran, Francis Borgia
1944-
- Scenes from a receding past; StrQ; no. 1; 1976
- StrQ; no. 2; 1979
- StrQ; no. 3; 1998

Cordero, Roque
1917-2008
- Danza en forma de fuga; StrQ; 1943; Peer
- StrQ; no. 1; 1960; Peer (1963)
- StrQ; no. 2; 1968; Peer (1976)
- StrQ; no. 3; 1973; A: 1977 Costa Rica
- StrQ; no. 4; 1983: A: 1987 Normal, IL

Cords, Gustav
1870-1951
- Leichtes StrQ; G; Schott (1925)

Corea, Armando Anthony, gen. Chick
1941-
- Adventures of Hippocrates; StrQ; 2004; Boosey; A: 8/2004 Santa Fe

Corghi, Azio
1937-
- Jocs florals; StrQ; 1970; ECZ (1970);
  A: 9/1970 Como
- Animi motus; StrQ + Elektr; 1994

Cori, Luca
1964-
- Salome: Double per Franco Donatoni;
  StrQ; 1995

Corigliano, John Paul
1938-
- A Black November Turkey (Arr.); StrQ;
  1972/2003; G. Schirmer; A: 2003 Carlisle
- StrQ; 1995; G. Schirmer; A: 1995 Toronto
- Snapshot: Circa 1909; StrQ; 2003;
  G. Schirmer; A: 2003 New York

Cornea-Iouescu, Alma
1900-?
- Suita mica; StrQ; 1961

Cornelius, Peter
1824-1874
- StrQ; As; 1841; [WV5]; A-Wn
- StrQ; C; 1841; [WV6]; A-Wn
- StrQ; G; 1842; [WV17]; A-Wn
- StrQ; D; 1842; [WV18]; A-Wn
- StrQ; C; 1843; [WV26]; Entwurf
- StrQ; D; 1843; [WV27]; Entwurf
- Skizzen zu weiteren vermutlich
  verschollenen StrQn; (?) 7 Sätze [WV28]
- StrQ; [WV75]; A: 1848 Berlin;
  vermutlich verschollen

Cornell, Klaus
1932-
- Alsea, a prayer; StrQ; 1992; Müller
- Rhapsodie; StrQ; 1992; Müller

Corner, Philip
1933-
- Movements + Impulsion; StrQ; 1958/59
- Flux to non-Flux; StrQ; 2002

Cornicello, Anthony
1964-
- StrQ; no. 2; 1990

Coronaro, Gellio Benvenuto
1863-1916
- StrQ
- Gavotta, Tänze-Traum; StrQ

Corp, Ronald
1951-
- The Bustard; StrQ; no. 1
- Country Matters; StrQ + Ten
- StrQ; no. 2

Corselli, Francesco
1705-1778
- Concertino a quattro; 1770

Corsetti, Giuseppe
1879-1941
- StrQ

Cortés, Ramiro
1933-1984
- StrQ; no. 1; 1962
- StrQ; no. 2; 1983

Cortez, Luis Jaime
1963-
- Tema de las mutaciones del mar;
  StrQ; 1988
- Cuarteto X; StrQ; 1996

Corum, Alfred
?
- StrQ; G; no. 1; op. 12; 1918
- StrQ; g; no. 2; op. 14; 1953
- StrQ; no. 3; op. 20; 1964

Cory, Eleanor
1943-
- Adagio; StrQ; 1964
- StrQ; 1985, rev. 1988
- StrQ; no. 2; 2000; Ed. Peters

Cosentino, Saúl
1935-
- Como debe ser; StrQ; Tonos (2001)

Cosme, Luiz
1908-1965
- Sambalele; StrQ; 1931; CDA
- StrQ; no. 1; 1933; A: 1935 Porto Alegre

Costa, Luis (Antonio-Ferreira da)
1879-1960
- Minueto; StrQ; 1898
- StrQ; op. 5; 1931
- Intermezzo; StrQ

Costa i Horts, Narcís
1907-1990
- StrQ; 1936

Costello, Elvis
1954-
- The Juliet letters; StrQ; Chester

Cotapos, Baeza Acario
1889-1969
- Dionysos; StrQ; 1925

Cotrufo, Giuseppe
1859-1952
- StrQ; ca. 1910

Coucounaràs, Stelios
1936-
- StrQ; no. 1; op. 1; Kiesewetter

Coulombe St. Marcoux, Micheline
1938-1985
- StrQ; 1965/66

Coulthard, Jean
1908-2000
- Lively; StrQ; 1948
- In the spring of the year; StrQ;
  1948, rev. 1952
- Threnody; StrQ; 1953, rev. 1969;
  Berando (1975)
- 12 Essays on a cantabile theme;
  Double StrQ; 1972
- StrQ; 1987

Courvoisier, Walter
1875-1931
- Langsamer Satz; StrQ; op. posth.;
  Ries (1993)

Cousins, John
1943-
- StrQ; 1974

Couture, Guillaume
1851-1915
- Quatuor-fugue; StrQ; op. 3; Girod (1875)

Cowell, Henry
1897-1965
- Scenario; StrQ; 1915; AMP
- Qu. Pedantie; StrQ; no. 1; 1916; AMP
- Qu. euphometric; StrQ; 1916–19;
  Ed. Peters (1974)
- 4 little Solos f. StrQ; 1928
- Movement; StrQ; no. 2; 1928; AMP
- Mosaic; StrQ; no. 3; 1935; AMP
- United Qu.; StrQ; no. 4; 1936;
  Ed. Peters (1966)
- StrQ; no. 5; 1956; Ed. Peters (1962)
- Hymn, Chorale and fuguing tunes; StrQ;
  no. 8; 1949; Independent

Cowen, Frederic Hymen
1852-1935
- StrQ; c; 1866

Cowie, Edward
1943-
- StrQ; 1974; Schott

- StrQ; 1976; Schott
- StrQ; 1980; Schott
- II; StrQ; no. 4; 1981; Schott
- StrQ; 1994; Schott
- In flight music; StrQ; Schott (2002)

Cowles, Darleen
1942-
- StrQ; 1966
- Estampie; StrQ; 1974

Cox, Boudewijn
1965-
- StrQ; 1997; Lantro (2000)

Coyner, Lou
1931-2002
- Omega point; StrQ

Craig, Dale A.
1939-
- StrQ; 1966/67

Cramer, Johann Wilhelm
1746-1799
- 6 StrQe; Es, B, F, A, D, G; op. 4; Bailleux (1782) [C4383]
- 6 StrQe; op. 11; Bailleux [C4384]

Crane, Joelle Wallach
1946-
- StrQ; 1964
- StrQ; 1968

Cras, Jean
1879-1932
- À ma Bretagne; StrQ; no. 1; 1909; Ronart; Lerôlle (1921)
- Image; StrQ + Gesang

Crawford, John Charlton
1931-
- Fugue; StrQ; CFE
- StrQ; no.2; 1966; CFE

Crawford, Paul
1947-
- La nuite etoilée; StrQ; 1972; A: 1974

Crawford, Robert Caldwell
1925-2011
- StrQ; op. 4; 1951; Augener (1953)

- StrQ; no. 2; op. 8; 1957; Augener (1958)

Crawford Seeger, Ruth
1901-1953
- StrQ; 1931; Merion (1941)

Crawley, Clifford
1929-2016
- Walkerville Suite; StrQ; CMC

Craywanger, Karl Anton
1775-1855
- StrQ

Crémont, Pierre
1784-1846
- StrQ; G; op. 5; Breitkopf (1819)

Creser, William
1844-1933
- StrQ; a

Cresswell, Lyell (Richard)
1944-
- StrQ; no. 1; 1970
- StrQ; no. 2; 1977
- StrQ; no. 3; 1981, rev. 1999; ScoMIC

Creston, Paul
1906-1985
- StrQ; op. 8; 1936; Shawnee

Creuzburg, Heinrich
1907-1991
- StrQ; no. 1; 1957; VDMK (Archiv, no. 695)
- StrQ; no. 2; 1965; VDMK (Archiv, no. 694)
- StrQ; no. 3; 1967; VDMK (Archiv, no. 693)
- StrQ; no. 4; 1972; VDMK (Archiv, no. 692)
- StrQ; no. 5; 1974; VDMK (Archiv, no. 691)
- StrQ; no. 6; 1983; VDMK (Archiv, no. 690)

Creuznacher, Claus
1933-
- Sonate; StrQ; um 1969

Crişan, Ion
1913-2008
- Menuet; StrQ; 1940

Crispi, Pietro Maria
1737-1797
- Symphonia; StrQ; G

Crivici, Romano
1953-
- Song without words; StrQ; 1993
- StrQ; 1990

Crockett, Donald
1951-
- Array; StrQ; 1987; MMB
- StrQ; 1993; MMB

Croff, Giovanni Battista
1812-1868
- StrQ; G; Ricordi (1863)

Cron, Urs Niklaus
1946-
- StrQ; no. 1; 1985

Cronin, Stephen
1960-
- In moments unseen; StrQ; 1984; AuMC

Cropp, Walther
1890-1964
- StrQ; op. 1; 1911
- StrQ; op. 73; 1943

Crosse, Gordon
1937-
- Studies; StrQ; op. 34; 1973; OUP
- StrQ; op. 47; 1980; OUP

Crossman, Allan
1942-
- StrQ; A: 1974 Cambridge, MA
- StrQ; no. 2; 1978; Berandol c (1982)

Crotch, William
1775-1847
- StrQ; 1788, rev. 1790; MS: GB-Lbl

Crotty, Gerard
1958-1988
- Fragmentation; StrQ; 1984
- StrQ; 1985
- Karakia; StrQ; 1987
- The crimond; StrQ; 1988

Crumb, George (Henry)
1929-
- StrQ; 1954
- Black Angels; StrQ; 1970; Ed. Peters (1970)

Crump, Peter
1928-2009
- StrQ; no. 1; 1960
- StrQ; no. 2; 1963
- StrQ; no. 3; 1964
- StrQ; no. 4; 1967

Crusius, Otto Eduard
1892-1965
- StrQ; e; 1914
- StrQ; a; A: 1922 München

Cruz, Zulema Estrella de la
1958-
- Kinesis-2; StrQ; 1997

Cruz de Castro, Carlos
1941-
- Disección; StrQ; no. 1; 1968
- StrQ; no. 2
- Cuartetotte; StrQ; no. 3; 1994
- Cuevas de Altamira; StrQ; no. 4; 1998

Crzellitzer, Franz
1905-1979
- StrQ; 1954
- StrQ; 1963

Csapó, Gyula
1955-
- XPoNOI in memoriam Morton Feldman; StrQ; 1988

Csermák, Antal György
1774-1822
- Die drohende Gefahr oder die Vaterlands-liebe; StrQ; Fs. f. StrQ; 1809; Doblinger
- Six Rondeaux […] + Trio; StrQ; 1809; Doblinger
- StrQ; 1820; Doblinger

Csíky, Boldizsár
1937-
- StrQ; 1988

Cube, Felix-Eberhard v.
1903-1988
- StrQ; Es; op. 5
- StrQ; b; op. 23, 1; 1954

Cuclin, Dimitrie
1885-1978

- Suita; StrQ; no. 1; 1913/14
- StrQ; no. 2; 1948
- StrQ; no. 3; 1949

Cui, César
1835–1918
- Andante + AU; StrQ; 1858?
- StrQ; C; no. 1; op. 45; 1890; Simrock (1893)
- StrQ; D; no. 2; op. 68; 1907; Jurgenson (1907)
- StrQ; Es; no. 3; op. 91; 1913; Jurgenson

Cullivan, Tom
1939–
- StrQ; 1995; ICMC

Cumberworth, Starling A.
1915–1985
- 2 StrQe

Cundell, Edric
1893–1961
- StrQ; g; op. 18; 1924; Curwen
- StrQ; C; op. 27; Augener (1933)

Cunningham, Michael Gerald
1937–
- Easter variations; 1975; Seesaw (1983)
- Song + Fantasia; 1976; Seesaw
- Interlacings; StrQ; 1985; Seesaw
- 3 Satires; StrQ; 1988; Seesaw
- Partitions; StrQ; Seesaw

Curran, Alvin
1938–
- For Four or More; elektr. verstärktes StrQ + computerkontr. Synthesizer nach Nicola Bernardini; 1986
- (VSTO) Another Story; StrQ; 1993

Currie, Neil
1955–
- StrQ; 1988; AuMC

Currie, Russell
1954–
- Galvanic music; StrQ; 1993

Curtis-Smith, Curtis O. B.
1941–2014

- StrQ; no. 1; 1964
- StrQ; no. 2; 1965
- The barbershop; StrQ; no. 3; 1980; A: 1980 Chicago

Curubeto Godoy, Maria Isabel
1904–1959
- StrQ

Cusatelli, Alessandro
1956–
- StrQ; no. 2; Edipan

Cuscó, Amadeu
1876–1942
- StrQ

Cushing, Charles C.
1905–1982
- StrQ; f; no. 1; 1929
- StrQ; A; no. 2; 1936

Custer, Arthur
1923–1998
- Coloquio; StrQ; 1961; CFE (1965)
- Interface 1; StrQ + Tape; no. 2; 1969; CFE
- Comments on this world; StrQ + Alt; 1967

Cuteanu, Eugen
1900–1968
- Suita; StrQ; 1944

Cyr, Gordon Conrad
1925–2007
- StrQ; 1969
- StrQ; no. 2; 1983

Cyško, Aleksandr Semenovich
1895–1976
- StrQ; 1941

Czakó, Ádám
1940–2013
- StrQ; 1964
- StrQ; 1980

Czeczott, Witold
1846–1929
- StrQ

Czernowin, Chaya
1957–
- StrQ; 1995; Schott (2004)

- Anea Crystal; Zyklus (3 StrQe); 2008; Schott (2009); A: 2008

Czerny, Carl
1791–1857
Zahlreiche StrQe, darunter:
- StrQ; C; no. 20; 1849
- StrQ; As; no. 28; 1851

Czibulka, Alphons
1842–1894
- An Dich! Walzer-Serenade; StrQ; op. 390; Schmidt (1901)

Czyż, Henryk
1923–2003
- Etiuda jazzowa; StrQ; 1982; Wydawnictwo (1983)

Dadelsen, Hans-Christian v.
1948–
- Karakoram; StrQ; 1994; Kodasi; A: 1994 Darmstadt
- Blowin'; StrQ; 1999; Kodasi; A: 1999 Karlsruhe

Dädder, Ernst
1897–?
- StrQ

Daetwyler, Jean
1907–1994
- StrQ; 1972
- Quatuor helvetique; StrQ

Daffner, Hugo
1882–1936
- StrQ; d; no. 1; op. 3; 1905
- StrQ; h; no. 2; op. 6; 1906

Dahinden, Roland
1962–
- mind/rock; StrQ; no. 2; 2000
- mond see; StrQ; no. 3; 2001
- flying white; StrQ; no. 4

Dahl, Viking
1895–1945
- StrQ; 1919?

Dahl, Rolf-Yngve
1951–1996

- 2 Fables; StrQ; op. 10; 1992; NMIC

Dahmen, Johan Arnold
1766–1794
- 3 StrQe; C, G, f; op. 3; André; no. 1142
- 3 StrQe; op. 35
- 3 StrQe; op. 45

Dahmen, Peter
1757–1835
- StrQe

Daigneault, Robert
1940–
- Blues scale 5; StrQ; 1990; CMC

Dai Hongxuan
1942–
- StrQ

Daija, Tish
1926–2003
- StrQ; D; 1954/55; Emerson (1993)

Dailianis, Joanna
1952–
- 6 Miniaturen; StrQ

Dalayrac, Nicolas-Marie
1753–1809
- 6 StrQe; op. 4; Baillon [D663]
- 6 StrQe; op. 5; Bouin, Castagnery [D664]
- 6 StrQe; op. 3; Durieu [D662A]
- 6 StrQe; op. 8; Durieu (Desjardin) [D666]
- 6 StrQe; op. 10; Durieu [D667]
- 6 StrQe; op. 11; Le Duc; no. 51 [D668]

Dalberg, Johann Friedrich Hugo v.
1760–1812
- StrQ

Dalberg, Nancy
1881–1949
- StrQ; g; no. 1; op. 14; 1914; Tischer (1926)
- StrQ; no. 2; 1922
- StrQ; no. 3; 1927

Dalby, Martin
1942–
- StrQ; 1995
- StrQ; no. 2; 1963
- StrQ; no. 3; 1963

Dale, Gordon
1935-
- StrQ; G; op. 34
- StrQ; D; op. 72, 2; Forsyth (1983)

Dalla-Baratta, Gaetano
1815-1879
- StrQ; op. 1; Ricordi (1847)

Dallapiccola, Luigi
1904-1975
- StrQ

Dallin, Leon
1918-1993
- StrQ; D; 1952

Dallinger, Fridolin
1933-
- StrQ; no. 1; 1967; A: 1967 Linz
- Kl. Spielmusik; StrQ; 1971;
  A: 1971 Leoben
- StrQ; no. 2; 1983; A: 1984 Linz

Dallinger, Gerhard
1940-2016
- 5 Stücke; StrQ; no. 1; op. 3; A: Klagenfurt
- StrQ; no. 2; op. 5; A: Klagenfurt

Dam, Herman van
1956-
- Wochenbuch 87; StrQ; 1987; Donemus

Dam, Mads Gregers
1791-1863
- StrQ; Breitkopf
- StrQ; D; Schlesinger

Damais, Émile
1906-2003
- StrQ; 1944; Costallat

Damase, Jean-Michel
1928-2013
- StrQ; 1967; Rideau rouge

Dambis, Pauls
1936-
- StrQ; no. 1; 1964
- StrQ; no. 2; 1965
- StrQ; no. 3; 1966
- StrQ; no. 4; 1971

- StrQ; no. 5; 1983
- The sad songs [...]; StrQ; no. 6; 1990

Damme, Jan-Hendrik van
1965-
- Pollock; StrQ; no. 1; 2009

Dan, Ikuma
1924-2001
- StrQ; 1948

Danášová, Ol'ga
1961-
- Majove; StrQ; no. 1; 1980

Dănceanu, Liviu
1954-
- Diariomiariano; op. 112

Danckert, Werner
1900-1970
- Suite; StrQ; 1940; Costallat; A: 1940 Genf

Dancla, Charles
1817-1907
- 14 StrQe; op. 5; 1839; op. 7; 1840; op. 18;
  1843; op. 41; 1850; op. 48; 1855; op. 56;
  1855; op. 80; ca. 1860; op. 87; 1860; op.
  101; 1862; op. 113; 1862; op. 125; ca.
  1870; op. 142; 1883; op. 160; 1883; op.
  195; 1900; alles: Costallat
- 3 Quatuors faciles; C, G, D; op. 208;
  Schott (1897)

Dancla, Leopold
1822-1895
- StrQ; B; op. 27; 1858; Costallat
- StrQ; op. 32; 1861; Costallat

Dandelot, Georges
1895-1975
- StrQ; 1933
- StrQ; no. 2; 1954
- StrQ; no. 3; 1956
- StrQ; no. 4; 1957

Daneau, Nicolas (Adolphe G.)
1866-1944
- StrQ; D; Cranz (1921)

Daniel, Alain
1958-

- Mouvements; StrQ; 1988

Daniele, Salvatore
1957–
- Jazz Quartet ad fugam; StrQ; 1990

Daniel-Lesur, Jean-Yves (eigentl. Lesur, Daniel-Jean-Yves)
1908–2002
- Suite; StrQ; 1940; Billaudot (1950)

Danielpour, Richard
1956–
- StrQ; no. 1; 1983; Ed. Peters
- Shadow dances; StrQ; no. 2; 1993; AMP
- Psalms of Sorrow; StrQ; no. 3, StrQ + Bar; 1994; AMP
- Apparitions; StrQ; no. 4; 2000

Daniels, Melvin L.
1931–
- StrQ; no. 1; Kjos

Dankner, Stephen
1944–
- StrQ; 1968
- StrQ; no. 3; Seesaw (1970)

Dankworth, John
1927–2010
- StrQ; 1971

Danner, Wilfried Maria
1956–
- ... au dèla de la nuit ...; StrQ + Tonbd; A: 5/2006 Düsseldorf

Danon, Oskar
1913–2009
- StrQ

Danzi, Franz (Ignaz)
1763–1826
- 3 StrQe; C, Es, E; op. 5; 1800; Falter; no. 34 [WV264] [D1006]
- 3 StrQe; C, B, g; op. 6; 1801; Falter; no. 82 [WV265] [D1008]
- 3 StrQe; c, Es, F; op. 7; Falter (1802); Schott; no. 101 [WV 266] [D1008]
- StrQ; op. 16; 1803; Falter; [WV267] [D1010]

- 3 StrQe; C, a, D; op. 29; 1804; Breitkopf; no. 266 [WV268] [D1011]·
- 3 StrQe; D, e, B; op. 44; 1813; Kühnel (1814); no. 1109 [WV272] [DD1014A]
- 3 StrQe; Es, f, E; op. 55; 1819; André (1820/21); no. 4236 [WV273]

Đạo, Nguyễn Thiên
1940–2015
- StrQ; no. 1; 1991

Daoud, Rafeh
1954-
- 4 Dances; StrQ; 1982
- StrQ; 1983

Da-Oz, Ram
1929-
- StrQ; no. 1; 1955
- T'filah; StrQ; no. 2; 1958
- Ofakim; StrQ; no. 3; 1964

Darasse, Xavier
1934-1992
- Septembre; StrQ; 1989; Salabert

Darbellay, Jean-Luc
1946-
- Ecumes; StrQ; 1996; Tre Media
- Neva; StrQ; no. 2; 1996; Tre Media
- Couleurs nocturnes; StrQ;
  A: 4/2010 Lausanne

Darcy, Robert
1910-1967
- 4 StrQe

Darcy, Warren Jay
1946-
- Episode; StrQ; 1968

Dare, Marie
1902-1976
- Phantasy-StrQ; Chester (1937)

Darias Payá, Javier
1946-
- Miniatura; StrQ; 1982; EMEC
- Relato de Indias; StrQ; 1991; EMEC
  (1996)

D'Arienzo, Nicola
1842-1915
- StrQ; 1888

Darnton, (Philip) Christian
1905-1981
- StrQ; no. 1; op. 23; 1924/25;
  A: 1927 London
- Movement; StrQ; 1925
- 5 Short studies; StrQ; 1928
- For amateurs; StrQ; no. 2; 1933

- StrQ; no. 3; 1934/35; A: 1935 BBC
- 5 pieces; StrQ; 1938
- StrQ; no. 4; 1973; A: 1981 BBC

Darras, Lucien
1922-
- StrQ; no. 1
- StrQ; no. 2; 1978
- StrQ; no. 3; 1980

Darton, Christian
1905-1981
- 4 StrQe; 1934-73

D'Ase, Dirk
1960-
- Acht Bagatellen; StrQ; 1986; ÖMIZ

Dashevskyi, Oleksander
1896-?
- 2 StrQe, um 1927

Dassetto, Enrico
1874-1971
- Piccola Suite; no. 3; 1966
- Pizzicati; 1966
- Suite in quattro tempi

Daugherty, Michael
1954-
- Beat boxer; StrQ + Tape; 1991
- Sing sing: J. E. Hoover; StrQ + Tape; 1992
- Elvis Everywhere; StrQ + Tape; 1993
- Paul Robeson told me; StrQ + Tape; 1994

Daus, Avraham
1902-1974
- StrQ; 1954

Daussoigne, (Louis) Joseph
1790-1875
- 3 StrQe; op. 1; 1810; MS: F-Pm

Davaux, Jean-Baptiste
1742-1822
- 6 StrQe; D, A, F, Es, F, C; op. 1;
  B. Hummel; D 1121
- 6 StrQe; F, C, F, D, A, Es; op. 6;
  W. Napier; D 1122
- 6 StrQe; op. 9; Imbault; D 1155
- 6 StrQe; op. 10; 1780; Bailleux

- 4 StrQe; op. 14; Forster (1790); D 1169
- 3 StrQe; op. 17; 1807; Umbault; D 1173

David, Avram
1930-
- 3 StrQe

David, Félicien (-César)
1810-1876
- 4 StrQe; f e, d, A; 1868/69;
  MS: unvollständig, F-Pc

David, Ferdinand
1810-1873
- StrQ; c; o. op.; A: 2/1841 Leipzig
- StrQ; a; op. 32; Breitkopf (1852);
  A: 3/1852 Leipzig

David, Gyula
1913-1977
- StrQ; 1962; Zenemükiado (1964)
- StrQ; no. 2; 1973; EMB (1976)

David, Hanns Walter
1893-1942
- StrQ; 1920

David, Johann Nepomuk
1895-1977
- StrQ; e; no. 1; 1922; [DK129]
- Variationen + Fuge über ein Thema von
  J. S. Bach; StrQ; 1925; [DK156]
- StrQ; d; no. 2; 1926/1932; [DK166]
- StrQ; g; no. 3; 1931; [DK259]
- StrQ; 1961; [DK518]
- StrQ; 1962; [DK 530]

David, Karl Heinrich
1884-1951
- StrQ; op. 3; 1908; A: 1909
- StrQ; F; op. 19; 1911, rev. 1921; A: 1913
- StrQ; B; op. 40; 1917; A: 1919
- StrQ; E; op. 44; 1921
- Adagio; StrQ
- StrQ; 1933; Hug (1934)
- StrQ; 1947

David, Thomas Christian
1925-2006

- 3 StrQe; no. 1–3; op. 6; 1950–52;
  Breitkopf (1952)
- StrQ; no. 4; 1965; Doblinger (1966)
- StrQ; no. 5; 1966/67; Doblinger (1969)
- StrQ; no. 6; 1994; Doblinger

Davidov, Karl Yulievich
1838-1889
- StrQ; A; op. 38; 1882; Rahter (1893)

Davidovsky, Mario
1934-
- StrQ; no. 1; 1954
- StrQ; no. 2; 1958
- StrQ; no. 3; 1976; Marks
- StrQ; no. 4; 1980; Ed. Peters (1994)
- StrQ; no. 5; 1998?; Ed. Peters?

Davids, Brent Michael
1959-
- The last of James Fenimore Cooper; StrQ;
  A: 2001 New York
- Tinnitus Quartet; A: 2005 Austin

Davidson, Matthew
1954-
- Music; StrQ; 1988/89; NZMIC
- I had 5 long years; StrQ; 1991; NZMIC

Davidson, Robert
1965-
- StrQ; 1996; AuMC

Davidson, Tina
1952-
- Cassandra Sings; StrQ; 1988
- Bleached Thread, Sister Thread; StrQ; 1991

Davie, Cedric Thorpe
1913-1983
- Fantasy; StrQ;

Davies, Evan Thomas
1878-1969
- Eos Lais, the nightingale; StrQ; 1926;
  Stainer

Davies, Henry Walford
1869-1941
- Peter Pan / Suite; StrQ; op. 30; 1909

Davies, Peter Maxwell
1934-2016
- Movement; StrQ; 1952; Chester (1983)
- StrQ; 1961; Schott (1962)
- 2 Little Quartets; StrQ; 1977, rev. 1987; Boosey (1989)
- Naxos Quartet; no. 1; 2002; Chester
- Naxos Quartet; no. 2; 2003; Chester
- Naxos Quartet; no. 3; 2003; Chester
- Children's games; Naxos Quartet; no. 4; 2004; Chester
- Lighthouses of Orkney and Shetland; Naxos Quartet; no. 5; 2004; Chester
- Naxos Quartet; no. 6; 2005; Chester
- Metafore sul Borromini; Naxos Quartet; no. 7; 2005; Chester
- Naxos Quartet; no. 8; 2005; Chester
- Naxos Quartet; no. 9; 2006; Chester
- Naxos Quartet; no. 10; 2007; Chester
- Musikgeschichte in einem Satz, kurz; StrQ; 2004; Chester
- A Sad Paven for these Distracted Tymes, StrQ; 2004; Chester

Davies, Victor
1939-
- Fun for four; StrQ; 1980; Golden Toad

Davis, Allen H.
1945-
- StrQ

Davis, Bruce
1946-
- StrQ; 1973; CMC
- Trace; StrQ; 1976; CMC

Davis, James Franklin
1944-
- StrQ

Davis, John David
1867-1942
- Variationen über ein irisches Thema; StrQ; op. 43; Bosworth (1911)
- Summer's eve at Cookham Lock Idyll; StrQ; op. 50; Boosey (1916)
- Song of evening; StrQ; Novello

- StrQ; g

Dawid, Hugo
1889-1970
- StrQ; c; A: 1933 Troppau

Dawson, Ted
1951-
- Pentad; StrQ; 1971; CMC

Dayas, William Humphrey
1863-1903
- StrQ; C; op. 9; Kistner (1889)

Deák, Csaba
1932-
- StrQ; no. 1; STIM
- StrQ; no. 2; STIM

De Amicis, Maria Christina
1968-
- Immagini senzo tempo; StrQ; 1993

Dean, Brett
1961-
- Eclipse; StrQ; 2003; Boosey; A: 2003 Köln
- StrQ; A; 2004

Dean, Roger
1948-
- Elektra pulses; StrQ + Tape; 1993

Deane, Raymond
1953-
- Embers; StrQ; 1973; MS: IRL-Dc
- Silhouettes; StrQ; 1981, rev. 1995; MS: IRL-Dc
- Brown Studies; StrQ; 1998; MS: IRL-Dc
- Inter Pares; StrQ; no. 3; 2000

De Angelis, Ugalberto
1932-1982
- StrQ; no. 1; op. 49; Sonzogno

Debes, Arnold
1877-?
- Festmarsch; StrQ; op. 13; A: 1897 Tabarz

De Bohun, Lyle (Clara Lyle Boone)
1927-
- Songs of estrangement; StrQ + Sopr.; 1958

De Bromhead, Jerome
1945-

- StrQ; no. 1; 1971
- StrQ; no. 2; 1977

Debussy, Claude
1862–1918
- StrQ; g; op. 10; 1893; Durand (1893);
  Ed. Peters (1971); Bärenreiter (2010);
  Henle (2012); A: 1893 Paris
- StrQ; no. 2; 1894; geplant, nicht vollendet

Decadt, Jan
1914–1995
- Wiegelied II; StrQ; unveröff.

Decker, Constantin
1810–1878
- 3 StrQe; op. 32; Heinrichshofen (1853)
- StrQ; c; op. 14; Hofmeister

Decker, Franz-Paul
1923–2014
- StrQ; A: 1941 Köln

Decsényi, János
1927–
- StrQ; 1978

Dedić, Srđan
1965–
- Momenti giocosi; StrQ; 1985

Dedieu-Peters, Madeleine
1889–1947
- StrQ; no. 1
- StrQ; no. 2; Senart (1928)
- 3 Pieces; StrQ; Senart (1922)

Dediu, Dan
1967–
- StrQ; op. 5; 1987
- StrQ; op. 9; 1988/89
- StrQ; op. 22; 1990

Dedman, Malcolm
1948–
- StrQ; 1977–79; Ed. Anglian (1980)

De Filippi, Amedeo
1898–1990
- StrQ

Defossez, René
1905–1988

- StrQ; no. 1; 1934
- StrQ; no. 2; 1950; CeBeDeM (1959)

De Fotis, William
1953–
- StrQ; no. 1; 1976/77

Deegan, Roger
1928–2006
- Theme, Variations + Rondo; StrQ; 1960

De Gastyne, Serge
1930–1992
- StrQ; 1971

Degen, Helmut
1911–1995
- StrQ; no. 1; 1941; Schott (1943);
  A: 7/1947 Donaueschingen
- StrQ; no. 2; 1950; A: 1951 Barchery

Degenkamp, Marinus
1963–
- Fantasie; StrQ; op. 1; 1987; Donemus

Degner, Erich Wolf
1858–1908
- Thema mit Variationen; A: 1881 Würzburg
- StrQ; D; 1884
- StrQ; F; A: 1888 Pettau
- Vorspiel + Doppelfuge in dorischer Tonart

Dehmelt, Axel Sebastian
1965–
- Töne unter anderen; StrQ; 1987, rev. 2002;
  Carus (2002)

Dehnert, Max
1893–1972
- StrQ; C; no. 1; 1945; A: 1948 Leipzig
- StrQ; D; no. 2; 1946
- StrQ; Es; no. 3; 1950
- StrQ; A; no. 4; 1956; Breitkopf
- StrQ; no. 5; 1962
- StrQ; no. 6; 1963; A: 9/1964 Leipzig
- StrQ; no. 7; 1964
- StrQ; no. 8; 1968

Dejoncker, Théodore
1894–1952
- StrQ; 1926/27

- Novelette; StrQ; 1927
- StrQ; no. 2; 1944

De Jong, Marinus
1891-1984
- 6 StrQe; 1923–62
- StrQ en quatre anciennes tonalities; Schott

Dejonghe, Koen
1957-
- StrQ; no. 1
- StrQ; no. 2; 1998

Dela, Maurice
1919-1978
- StrQ; no. 1; 1960; CMC
- StrQ; no. 2; 1963; CMC

Delage, Maurice
1879-1961
- StrQ; d; 1948; Durand (1951)
- Suite; StrQ; 1958

Delaistier, Maurice
1951-
- StrQ; 1992; Salabert

DeLamarter, Eric
1880-1953
- StrQ; G; no. 1; Fitzsimons (1943)
- StrQ; no. 2; Mills

Delange, Herman François
1715-1781
- 3 StrQe; unveröff.

Delaney, Robert (Mills)
1903-1956
- StrQ; no. 1; 1930
- StrQ; no. 2; 1930
- StrQ; no. 3; 1930

Delannoy, Marcel
1898-1962
- StrQ; E; 1927–31; Durand (1932)

Delano, Jack (eigentl. Jascha Ovcharov)
1914-1997
- StrQ; 1984

Delanoff, Robert
1942-

- StrQ; 1988/89

Delapierre-Coulon, André William
1921-
- StrQ; no. 1; 1949/50; A: 1952
- StrQ; no. 2; 1956; A: 1956
- StrQ; no. 3; 1961; A: 1961
- StrQ; no. 4; 1960/61

Delavan, Erin Macon
1932-1995
- Prodigal son, Cantata; StrQ + Bar

Delden, Lex van (eigentl. Alexander Zwaap)
1919-1988
- StrQ; no. 1; op. 43; 1954; Donemus (1954)
- StrQ; no. 2; op. 86; 1965; Donemus (1965)
- StrQ; no. 3; op. 106; 1979; Donemus (1980)

Deldevez, Édouard M. E.
1817-1897
- 2 StrQe; op. 10; 1849/50; Costallat (1857)

Delerue, Georges
1925-1992
- StrQ; no. 1; 1948
- StrQ; 1950

Delgadillo, Luis Abraham
1887-1961
- StrQe; mindest. 4 (7?); A: 1957 Mexico

Delibes, Léo
1836-1891
- Passepied; A: 4/1987 Hannover

Delius, Frederick
1862-1934
- StrQ; 1888; unvollständig; Stainer (1984)
- StrQ; 1916/17; Stainer (1922)

Della-Maria, Dominique
1769-1800
- 7 StrQe

Delli Pizzi, Fulvio
1953-
- Jesu siali; StrQ; 1978

Dello Joio, Justin
1954-

- StrQ; no. 1; Presser

Dello Joio, Norman
1913-2008
- Lyrical interludes; StrQ; 1974; Pembroke
- StrQ; no. 1; Merion

Dellow, Ronald
1924-2004
- Miniature; StrQ; 1994

Delmar, Dezso
1891-1985
- 3 StrQe

Del Mar, Norman
1919-1994
- StrQ

Delmas, Marc
1885-1931
- Legende et Danse

Del Monaco, Alfredo
1938-
- Sonata; StrQ; 1965; Univ. Centr. de Venezuela (1969)

Delorme, Isabelle
1900-1991
- Fantasy, Choral, Fugue; StrQ
- Prelude + Fugue; StrQ
- Andante; StrQ
- Suite; StrQ

Del Tredici, David
1937-
- StrQ; 1959
- StrQ; 2003; Boosey

Delune, Louis
1876-1940
- StrQ; no. 1; Eschig
- StrQ; no. 2

Delvaux, Albert
1913-2007
- StrQ; 1943
- StrQ; 1945
- StrQ; 1955
- StrQ; no. 4; 1961; CeBeDeM (1963)

Delvincourt, Claude
1888-1954
- StrQ; 1907
- StrQ; 1954; Durand (1955)

Delz, Christoph
1950-1993
- StrQ; op. 7; 1982; Gravis (1996)

Demachi, Giuseppe
1732- 1791
- 6 StrQe; op. 3; Venier [D1514]

Demar, Johann Sebastian
1763-1832
- 3 StrQe; op. 17; Naderman [DD1572A]

Demaree, Robert William, Jr.
1937-
- StrQ; a

Demarquez, Suzanne
1891-1965
- StrQ; op. 10; 1927

Dembski, Stephen Michael
1949-
- StrQ; 1984

Demby, James
1955-
- StrQ; 1982

De Meester, Louis
1904-1987
- StrQ; 1947
- StrQ; 1954; Schott? (1957)
- StrQ; 1959

De Mey, Thierry
1956-
- Mouvement; StrQ

Demol, Pierre
1825-1899
- StrQ

Demuth, Norman (Frank)
1898-1968
- StrQ; 1950

De Nardis, Camillo
1857-1951
- StrQ; 1876

- Quartetto informa classica; 1886

Dench, Chris(topher)
1953-
- Strangeness; StrQ; 1984/85; UMP (1986?)
- Steles; StrQ; 1998; UMP

Dencker, Helmut
1944-
- StrQ + Gesang; no. 1; 1974; A: 3/1995
- Reamalgamerge; StrQ; no. 2; 1976; Ed. Modern (1976); A: 9/1977
- Amarcord; StrQ; 1995; ÖMIZ

Denbs'kyi, Viktor
1892-1976
- StrQ; 1943

Denéréaz, Alexandre
1875-1947
- StrQ; E; no. 1
- StrQ; D; no. 2; 1908; Foetisch
- StrQ; g; no. 3; 1926

Denev, Ljubomir
1951-
- StrQ; 1980

Denfsky, Victor
1892-1976
- StrQ; 1943

Denhof, Robert
1945-
- StrQ; no. 1; op. 36, 1; 1984; Denhof (1995)
- StrQ; no. 2; op. 94, 2; 1994
- StrQ; no. 3; op. 124, 1; Denhof (1998)

Denhoff, Michael
1955-
- StrQ; no. 1; op. 1; 1973; Breitkopf
- StrQ; no. 2; op. 19; 1977; Breitkopf (1980)
- Mystiques barcarolles; StrQ; no. 3; op. 30; 1981; Breitkopf (1988)
- StrQ; no. 4; op. 55; 1988; Moeck (1988)
- Since atwain I; StrQ; no. 5; op. 66a; 1992; Gravis (1992);
- Frottages; StrQ; no. 6; op. 79; 1993; Gravis (1993)

- StrQ; no. 7; op. 73; 1994; Gravis (1995)
- nel interno; StrQ; no. 8; op. 79; 1996; Gravis (1997)
- Wenn aus der Ferne: Nebenweg; StrQ; no. 9; op. 83a; 1998/99; Gravis

Denisov, Edison
1929-1996
- StrQ; no. 1; 1957; verloren
- In memory of Bartók; StrQ; no. 2; 1961
- Cetyre p'esy; StrQ; 1991; Sikorski

De Nito, José
1887-1945
- StrQ

Denny, William D(ouglas)
1910-1980
- StrQe; 1937/38
- StrQ; no. 2; 1952; Boosey (1954)
- StrQ; no. 3; 1955

Dentella, Pietro
1879-1964
- StrQe

Denzler, Robert Friedrich
1892-1972
- StrQ; d; no. 1; 1911
- StrQ; B; no. 2; 1948

De Perinello, Carlo
1877-1941
- StrQ; C; op. 10; Giuliana

Depraz, Raymond
1915-2005
- StrQ; no. 1; 1945
- StrQ; no. 2; 1948
- StrQ; no. 3; 1952
- StrQ; no. 4
- StrQ; no. 5
- StrQ; no. 6; 1992

Derbes, Jean
1937-1982
- StrQ; 1953

Derby, Richard
1951-
- Variations; StrQ; 1972

Dercks, Hans Gustav Theodor v.
1885-1947
- StrQ; no. 1
- StrQ; no. 2; op. 28
- Thema con variazioni; StrQ
- Fugen; StrQ

Derckum, Franz
1812-1872
- StrQ; Es; no. 1; A: 1848

De Ridder, Allard
1887-1966
- Impromptu; StrQ

De Rogatis, Pascual
1880-1980
- Evocaciones in difenas: 1. Yaraví; StrQ; 1918; A: 1927 Buenos Aires

Derungs, Gion Antoni
1935-2012
- Pro pace; StrQ; Pizzicato

Derungs, Martin
1943-
- Walls and (closed) windows; StrQ; op. 76; 2001

Dervaux, Pierre
1917-1992
- StrQ; 1947

Desarnaulds, Edmond Serge
1944-
- Zum Bach and back

Desderi, Ettore
1892-1974
- Adagio e Scherzo; StrQ; 1927
- StrQ; E; 1940

Deserti, Gianluca
1963-
- StrQ; no. 1; 1997

Désilets, Richard
1957-
- De l'Innocence; StrQ; CMC

Deslandres, Adolphe-Edouard-Marie
1840-1911

- Andante et Menuett; StrQ; Deslandres (1883)

Despić, Dejan
1930-
- StrQ; op. 20; 1953
- StrQ; op. 18c; 1959; Gerig
- StrQ; no. 3; op. 83; 1985

Dessau, Paul
1894-1979
- StrQ; no. 1; 1932; Litolff (1969)
- StrQ; no. 2; 1942/43; Schott; A: 1943
- StrQ; no. 3; 1943-46; Schott; A: 1946
- 99 bars for Barbara; StrQ; no. 4; 1948; Schott
- Quartettino; StrQ; no. 5; 1955; Breitkopf (1957)
- StrQ-Satz; StrQ; 1957; Schott; A: 1957
- StrQ; no. 6; 1974; Ed. Peters (1977)
- StrQ; no. 7; 1975; BB; A: 1975

Dessoff, Felix Otto
1835-1892
- StrQ; F; op. 7; 1878; Kistner (1878)
- StrQ; E; op. 11; 1880

Detoni, Dubravko
1937-
- Deset pocetaka; StrQ; 1947-73
- Zaboravljene muzika; StrQ; 1981; HDS

Dett, Robert Nathaniel
1882-1943
- StrQ

Deutsch, Bernd Richard
1977-
- Traumspiel No. 6; 2000; StrQ; Doblinger

Devailly, Raul
1890-?
- 4 pieces; StrQ; 1914
- StrQ; 1916

Deváty, Antonín
1903-1984
- StrQ; no. 1; 1968; CHF
- StrQ; no. 2; 1972; CHF
- StrQ; no. 3; 1980; CHF

- StrQ; no. 4; 1981; CHF

Devčić, Natko
1914-1997
- StrQ; 1987

Devienne, François
1759-1803
- 3 StrQe a, D, C; op. 66; André [D1965]
- 3 StrQe; G, C, D; op. 67; André [D1966]

Devillers, Jean-Baptiste
1953-
- Ictus; StrQ; 1981; Salabert
- La voix muree; StrQ; 1985; Salabert

De Voto, Mark (Bernard)
1940-
- StrQ; no. 1
- StrQ; no. 2; 1993

Devreese, Frédéric
1929-
- Divertimenti per archi; StrQ; 1970; Gaillard
- Prélude / La vie s'en va; StrQ
- Theme Bach-Frederic II; StrQ; 2002
- 3 Waltzes; StrQ

Devreese, Godfried
1893-1972
- StrQ; F; 1937

Dewanger, Anton
1905-1974
- StrQ; op. 92

Dézsy, Thomas
1967-
- StrQ; 1989; ÖMIZ
- Paralipomena; StrQ; 1990; ÖMIZ
- StrQ; no. 3; 1994; ÖMIZ

D'Haene, Rafaël
1943-
- StrQ; op. 5; 1970; CeBeDeM (1998)

D'Hooghe, Clement (Vital Ferdi-nand)
1899-1951
- StrQ; 1944

Diabelli, Anton
1781-1858

- StrQ; no. 1; 1808; [WAD196]
- StrQ; B; 1808; [WAD197]

Diacono, Carlo
1876-1942
- Largo espressivo; StrQ

Diaconoff, Theodore A.
1928-2013
- StrQ; 1952

Diamond, Arline
1928-
- StrQ; 1950
- StrQ; 1965
- StrQ; 1968
- StrQ; 1968

Diamond, David (Leo)
1915-2005
- 6 pieces; StrQ; 1935
- StrQ; no. 1; 1940; Southern
- StrQ; no. 2; 1943/44; Southern (1958)
- StrQ; no. 3; 1946; Southern (1951)
- StrQ; no. 4; 1951; Southern (1960)
- StrQ; no. 5; 1960; Southern (1967)
- StrQ; no. 6; 1962; Southern (1967)
- StrQ; no. 7; 1963/64; Southern (1968)
- StrQ; no. 8; 1964; Southern (1968)
- StrQ; no. 9; 1966; Southern (1971)
- StrQ; no. 10; 1966–68; Southern (1969)
- StrQ; 1936, rev. 1958; Southern (1961)
- Weitere Stücke; StrQ

Diamond, Stuart Samuel
1950-
- StrQ

Dianda, Hilda
1925-
- StrQ; no. 1; 1947
- StrQ; no. 2; 1959/60
- StrQ; no. 3; 1962/63; Culturales Argentinas

Dibák, Igor
1947-
- Moments musicaux II; StrQ; op. 20; 1978; SHF (1980)

Di Biase, Edoardo
1924-?
- StrQ; Mercury

Dick, Marcel
1898-?
- StrQ
- StrQ; no. 2; 1938; MS: Library of Congress

Dickenson-Auner, Mary
1880-1965
- Irisches StrQ; no. 1; op. 15; 1941
- Irisches StrQ; no. 2; op. 17; 1942
- Londonerry Air; StrQ; no. 3; op. 23; 1944
- StrQ; no. 4; op. 31; 1949

Dickerson, Roger (Donald)
1934-
- StrQ; 1956

Dickey, Mark
1885-?
- Allegro Scherzando; StrQ; 19..?

Dickinson, Peter
1934-
- StrQ; no. 1; 1958, rev. 1974; Novello; A: 1960 New York
- StrQ with tape; no. 2; 1975; Novello; A: 1977 Harlow, Essex

Dickman, Stephen (Allen)
1943-
- StrQ; no. 1; 1967
- StrQ; no. 2; 1978
- StrQ; no. 3; 1978
- On themes by E. F.; StrQ; no. 4; 1978

Didi, Vojtech
1940-
- StrQ; 1981

Di Domenica, Robert (Anthony)
1927-
- StrQ; 1960

Dieckmann, Carl-Heinz
1923-1975
- Musik f. 4 Instr.; StrQ; 1959
- Musik in 1 Satz; StrQ; um 1968

Diemente, Edward
1923-
- StrQ; 1967

Diemer, Emma Lou
1927-
- StrQ; no. 1; 1987; Seesaw; MS: Stichting Vrouw en Muziek; A: 1988 Maryland

Diendorfer, Christian
1957-
- Dekonstrukt I; StrQ; 1984
- setzt fort; StrQ; 1993; Doblinger (1995)

Dieren, Bernard van
1887-1936
- StrQ; no. 1; 1912
- StrQ; no. 2; op. 9; 1917; OUP (1928); A: 1922 Donaueschingen
- StrQ; no. 3; 1918; OUP
- StrQ; no. 4; 1923
- StrQ; no. 5; 1928
- StrQ; no. 6; 1931; OUP

Diethelm, Caspar
1926-1997
- StrQ; no. 1; op. 1; 1949
- Triptychon; o. op.; 1953, rev. 1992
- StrQ; no. 2; op. 22; 1958
- StrQ; no. 3; op. 30; 1959
- StrQ; no. 4; op. 46; 1965, rev. 1992
- Traumeswirren; StrQ; no. 5; op. 87; 1970
- StrQ; no. 6; op. 242; 1986
- StrQe; no. 7–18

Dietrich, Karl
1927-2014
- Concertino giocoso; Orch.; 1962; Neu-Fsg.: StrQ; 1996; Breitkopf (1970); A: 4/1996

Dietrich, Oskar
1888-1978
- StrQ; c; 1916; A: 1921 Wien
- Quartett-Sonatine; G; 1923; A: 1927 Wien
- DStrQ; F; 1925
- StrQ; A; 1926; A: 3/1926 Wien
- StrQ; e; 1936

Dietsch, Franz
1904-1971

- Variationen f. StrQ; 1942; A: 1951
- Suite; StrQ; 1950; A: 1951

Dietz, Friedrich Wilhelm
1833-1897
- StrQ; D; op. 17; André (1869)
- Leichte Tonstücke zur Übung im Ensemble-spielen; StrQ; op. 54; Siegel (1880)

Dietz, Georg
1895-?
- StrQ; D; op. 15; 1925

Dietz, Karl Konrad
1884-?
- StrQ; B; A: 1911 Zürich

Díez Fernández, Consuelo
1958-
- La flecha del tiempo; StrQ; 1992/93

Digby, Andrew
1967-
- StrQ; A: 4/2013 Witten

Diggle, Roland
1887-1954
- 2 StrQe

Dijk, Jan van
1918-2016
- StrQ; no. 1; 1940; Donemus
- StrQ; no. 2; 1941/42; Donemus
- StrQ; no. 3; 1942; Donemus
- StrQ; no. 4; Donemus
- 4 harmonisch-melodische Intonatie-Defeningen; StrQ; 1965; Donemus
- StrQ; 1974; Donemus
- StrQ; 1994; Donemus

Dijk, Péter Louis van
1953-
- StrQ; no. 1
- StrQ; no. 2

Dikčius, Povilas
1933-1991
- Keturi sonetai; StrQ; 1973

Dill, Alexander
1959-
- Pizzicato-Blues; StrQ; 1983

Dillen, Oscar van
1958-
- StrQ; no. 1; 1999-2001; Selbstverlag

Dillon, James S.
1950-
- StrQ; no. 1; 1983; Ed. Peters (1983)
- StrQ; no. 2; 1991; Ed. Peters (1993)
- StrQ; no. 3; 1998; Ed. Peters (2000)
- StrQ; no. 4; 2008; Ed. Peters; A: 16.10.2010 Donaueschingen

Dillon, Lawrence
1959-
- StrQ; A: 2009 Köln

Dillon, Shaun
1944-
- StrQ; 1963; ScoMIC

Dimitrakopoulos, Apostolos
1955-
- Remorse; StrQ; 1981
- StrQ; 1986; SMIC
- StrQ; 1988; SMIC
- StrQ; 1991; SMIC

Dimitrescu, Constantin
1847-1928
- StrQ; G; no. 1; op. 21; 1883; Schuberth
- StrQ; d; no. 2; op. 26; 1884; Schuberth
- StrQ; B; no. 3; op. 33; 1885; Schuberth
- StrQ; g; no. 4; op. 38; 1888; Schuberth
- StrQ; F; no. 5; op. 42; 1890; Schuberth
- StrQ; e; no. 6; op. 44; 1898; Schuberth
- StrQ; a; no. 7; 1923

Dimler, (Johann Franz) Anton
1753-1827
- StrQ; E; MS: D-Mbs
- StrQ; B; MS: D-WINtj

Dimor, Bojidar
1935-2003
- Rituals; StrQ; 1991; Dohr; A: 10/1993
- II for SQ; StrQ; 1964

Dimov, Ivan
1927-
- StrQ; 1974

Dinerstein, Norman
1937–1982
- 4 Settings; StrQ + Sopr

Dinescu, Violeta
1953–
- StrQ; no. 1; 1973
- StrQ; no. 2; 1974
- Din terra Lonhdana; StrQ; 1987
- Reflexionen über das Bild *Paul Celans Todesfuge* von HaWeBe; StrQ; 1993

Ding Shande
1911–1995
- StrQ; op. 25; 1985

Dispa, Robert
1929–2003
- De wonderlijke wereld van het kind; StrQ; 1976; Donemus c (1976)
- StrQ; no. 1; Donemus
- StrQ; no. 2; Donemus
- StrQ; no. 3; Donemus
- StrQ; no. 4; 1978; Donemus c (1978)
- StrQ; no. 5; 1985; Donemus c (1985)

Distler, Johann Georg
1765–1799
- 6 StrQe; Es, g–G, D, B, C, A; 1791; J. C. Gombart (1794) [D3142]
- 6 StrQe; F, D, Es, C, G, g; op. 2; 1792; J. C. Gombart (1794), no. 110/11 [D3147]
- 6 StrQe; D, G, g, B, Es, c; op. 6; J. C. Gombart (1798), no. 238/9 [D3148]

Distler, Hugo
1908–1942
- StrQ; a; op. 20, 1; 1939; Bärenreiter (1952)

Dité, Louis
1891–1969
- 3 Stücke; StrQ; A: 1926 Wien
- StrQ; a; Wien; A: 1927 Wien
- StrQ; G

Dittersdorf, Carl Ditters v.
1739–1799
- 6 StrQe; D, B, G, C, Es, A; Artaria, no. 221; Fürstner [D3285]
- Allegretto; StrQ; A

Dittrich, Paul-Heinz
1930–
- StrQ; 1958/59
- Schüler-StrQ; 1961
- StrQ + Live-Elektr; no. 1; 1971; UE
- StrQ; no. 2; 1982/83; DVfM (1984)
- Nachtmusik nach Novalis; StrQ; no. 3; 1987; Breitkopf (1995); A: 1989 Berlin
- StrQ; no. 4; 1991/92; UE

Di Veroli, Manlio
1888–1960
- StrQ

Divossen, Walter J.
1938–
- Begegnungen; StrQ; no. 1; op. 30; Divossen
- Saitensprünge; StrQ; no. 2; op. 32; 1983
- Gegenspiele; StrQ; no. 3; op. 35; 1983; Divossen
- An die Nacht; StrQ; no. 4; op. 60; Divossen
- StrQ; no. 5; op. 97; Divossen
- StrQ; no. 6; op. 119; Divossen
- StrQ; no. 7; op. 141; Divossen

Dixon, Willie
1915-1992
• Spoonful; StrQ; 1960; Hendon (1989)

Djordjevic, Anja
1970-
• Chaste Welcome; StrQ + Elektr; 2003,
  rev. 2007; A: 2007 Ulm

Dlugoszewski, Lucia
1931-2000
• Transparencies; StrQ; 1952; Margun
• Flower Music; StrQ; 1959; Margun
• Hanging bridges; StrQ; 1967; Margun
• Pure flight air; StrQ; 1970; Margun
• Quidditas; StrQ; 1984/85; Margun

Dłuski, Erazm
1857-1923
• StrQ

Dmitriyev, Georgy Petrovich
1942-
• StrQ; no. 1; 1967; Sovetskij (1980)
• StrQ; no. 2; 1970
• StrQ; no. 3; 1975; A: 1975
• 12 pritchakhl; StrQ; no. 4; 1980; A: 1984
• StrQ; no. 5; 1996

Dobiaš, Václav
1909-1978
• StrQ; no. 1; 1931
• StrQ; no. 2; 1936
• StrQ; no. 3; 1938
• StrQ; no. 4; 1942, rev. 1973;
  Panton (1978)
• Quartettino; 1944; Urbanek (1947)

Dobos, Kálmán
1931-
• Adagio + Fugue; StrQ; 1959

Dobronić, Antun
1878-1955
• Pjesma Srodnih duša; StrQ; no. 1; 1917
• Pjesma snage i bola; StrQ; no. 2; 1924
• Pjesma radovanja i milošte; StrQ;
  no. 3; 1925
• StrQ; no. 4; 1947
• Pjesma bezbrižnosti; StrQ; no. 5; 1947

Dobrowolski, Andrzej
1921-1990
• StrQ; 1989; PWM; A: 3/1991 Graz

Dobrzyński, Ignacy Feliks
1807-1867
• StrQ; c; op. 7; 1827/28; PWM (1957);
  Accolade
• StrQ; d; no. 2; op. 8; 1829;
  MS: PL-Wtm/Warnau-Accolade
• StrQ; E; op. 13; 1830
• 6 harmonies sur le célèbre thème *God save
  the King*; StrQ
• Etüde über ein Originalthema im doppelten
  Kontrapunkt in 8 Gestalten; op. 62; 1867

Dodd, Raymond
1929-
• Movement; StrQ; 1969; ScoMIC

Doderer, Johanna
1969-
• Psalm; StrQ; 1994

Dodgson, Stephen
1924-2013
• StrQ; b; 1953
• StrQ; f; 1959
• Weitere StrQe; 1985, 1987, 1989, 1993,
  1998

Döhl, Friedhelm
1936-
• Sound of Sleat; StrQ; no. 1; 1971/72;
  Gerig (1972); Breitkopf (1980)

Dönhoff, Albert v.
1880-1940
• Preghiera; StrQ; 1925; G. Schirmer

Döring, Karl Heinrich
1834-1916
• StrQ; d; op. 26; Hoffarth (1870)

Dörr, Günther
1933-
• StrQ; 1967

Doflein, Erich
1900-1977
• StrQ; 1921

- StrQ; 1925

Dohmen, Andreas
1962-
- Discours du grand sommeil; StrQ; 1991/92; A: 1992 Viersen

Dohnányi, Ernst v.
1877-1960
- StrQ; D; 1889; [WO75]
- StrQ; g; 1890; [WO76]
- StrQ; a; 1893; [WO78]
- StrQ; d; 1893; [WO79]
- Menuetto; StrQ; d; 1894; [WO81]
- StrQ; A; op. 7; 1899; Doblinger (1903)
- StrQ; Des; no. 2; op. 15; 1907; Simrock (1907)
- StrQ; a; no. 3; op. 33; 1926; Rozsavölgyi (1926); [WO90];

Doi, Yoshiyuki
?
- StrQ; Ariadne (1980)

Doi, Yutaka
1928-
- Triforme; StrQ; 1959

Dolin, Samuel
1917-2002
- Portrait; StrQ; 1961; Drakkar

Domagala, Jacek
1947-
- Studium; Str; no. 1; Astoria
- On impulse; Astoria

Domansky, Alfred
1883-1959
- Adagio espressivo; StrQ; Süddt. Musikvlg. (1910)
- StrQ; C; 1916; A: 1921 Prag

Domanský, Hanuš
1944-
- StrQ; no. 1; 1968
- StrQ; no. 2; 1977

Domažlický, František
1913-1997
- StrQ; op. 32; 1962/63; CHF

- StrQ; op. 57; 1984; CHF
- StrQ; op. 61; 1986; CHF

Dombrowski, Hansmaria
1897-1977
- Romant. Abendmusik; StrQ
- 5 Advents-Choralvorspiele; StrQ (o. StrO)

Domhardt, Gerd
1945-1997
- StrQ; no. 1; 1974; Ed. Peters (1978)

Donath, Gustav
1878-1965
- StrQ; F

Donath, Otto
1886-?
- StrQe

Donath, Paul
1875-?
- StrQ; Symphonia

Donato, Anthony
1909-1990
- StrQ; 1941
- StrQ; e; 1947
- StrQ; 1951
- 3 Poems from Shelley; StrQ + Ten; 1971
- StrQ; 1974

Donatoni, Franco
1927-2000
- StrQ; no. 1; 1950; Drigo (1956)
- StrQ; no. 2; 1958; ESZ (1959)
- StrQ; no. 3; StrQ + Tape; 1961
- StrQ; no. 4; 1963; ESZ (1964)
- The heart's eye; StrQ; 1979/80; Ricordi
- La souris sans sourire; 1988; Ricordi
- Luci III; StrQ; 1997

Do Nhuan
1922-1991
- Tay Nguyen; StrQ; 1962

Donisch, Max
1880-1941
- StrQ; a; Möricke (1939)

Donizetti, Gaetano (Maria)
1797-1848

- 18 StrQe; Prati (1948)
- StrQe; no. 1–6; Eulenburg (2011)
- StrQe; no. 7–12; Eulenburg (2010)

Donner, Henrik Otto
1939-2013
- 6 Bagatellia; StrQ; 1965
- StrQ + Stimme; 1970

Donostia, José Antonio de (Aita)
1886-1956
- Minueto; StrQ; 1905
- StrQ; E; 1905

Donovan, Richard (Frank)
1891-1970
- 5 Elizabethan lyrics; StrQ + Sopr; 1957

Doppelbauer, Josef Friedrich
1918-1989
- StrQ; 1968; Doblinger (1970)
- StrQ; no. 2; 1974
- StrQ; no. 3; 1975

Doppelbauer, Rupert
1911-1992
- StrQ; f; 1957

Dopper, Cornelis
1870-1939
- StrQ; 1914

Doran, Matt H.
1921-
- StrQ

Doráti, Antal
1906-1988
- StrQ; 1980; Müller
- Threnos, Adagio; StrQ; Müller

Đorđević, Jovan
1929-
- StrQ; 1955

Doret, Gustave
1866-1943
- StrQ; D; 1924; Rouart-Lerolle
- Priere de Noel; StrQ; 1940

Dorfegger, Klaus
1960-
- StrQ; no. 1; 1987; A: 1/1988 Graz

- Sieben Erscheinungen Mozarts während eines StrQs.; StrQ; no. 2; 1989/90; A: 3/1991 Graz

Dorff, Daniel
1956-
- It takes four to tango; StrQ; Presser (1998)

Dorfman, Joseph
1940-2006
- StrQ; no. 1; 1965; Peer
- StrQ; no. 2; 1970; Peer
- Partita; StrQ; 1970; IMI; Peer

Dorn, Heinrich (Ludwig Egmont)
1804-1892
- Bagatelle pensée fugitive; StrQ; op. 106; BB (1871)

Dorn, Otto
1848-1931
- Abendmusik; StrQ; Challier (1879)

Dorner, Mirko
1921-2004
- StrQ

Dorschfeldt, Gerhard
1890-1974
- Serenade; StrQ
- StrQ; e; 1939

Dorward, David (Campbell)
1933-
- StrQ; no. 1; op. 3; 1958
- StrQ; no. 2; op. 24; 1963
- StrQ; no. 3; op. 33; 1966
- StrQ; no. 4; op. 55; 1972

Dost, Rudolf
1877-?
- StrQ; op. 52; 1920; A: Dresden

Dostal, Victor Johann
1893-?
- StrQ; d

Dothel, Nicolas (Pseudonym)
(weitere Werke unter Oswald, James)
- 6 Quartetti per flauto o. StrQ; Raniero del Vivo [D3450]

Dott, Hans-Peter
1952-
- Triphum à 4; 1981/82; Perkeo;
  A: 1983 Heidelberg
- Triphum überarb. als StrQ; no.1; 1993;
  Heinrichshofen (1993); A: 1994 Heilbronn

Dotzauer, (Justus Johann) Friedrich
1783-1860
- 2 StrQe; Es, g; op. 12; Leipzig (1808)
- 3 StrQe; G, B, D; op. 19; Kühnel (1810)
- StrQ; E; op. 29; Zulehner (ca. 1825)
- 3 StrQe; A, Es, c; op. 30; Zulehner (1813)
- 3 StrQe; f, C, A; op. 39; Breitkopf (1818)
- 3 StrQe; a, E, G; op. 45; Leipzig (1818)
- StrQ; d; op. 64; 1816; André (1824)
- 3 StrQe; Es, C, fis; op. 108; Peters (1830)
- StrQ; e; no. 21; op. 118; André (1831)
- StrQe; no. 22–25; vor 1835

Doubravsky, Petr
1925-
- StrQ; no. 1; 1946
- StrQ; no. 2; 1958

Dougherty, Celius
1902-1986
- StrQ; 1938

Douglas, Roy
1907-2015
- A nowell sequence; StrQ; OUP

Douglas, William
1944-
- StrQ; 1968

Douša, Eduard
1951-
- StrQ; 1982/83

Doutrelepont, Renier
1939-
- StrQ; no. 1; op. 6; 1986
- StrQ; no. 2; op. 15; 1992
- StrQ; no. 3; op. 26; 1997
- StrQ; no. 4; op. 33; 2001
- StrQ; no. 5
- StrQ; no. 6; op. 68; 2006

- StrQ; no. 7; op. 77; 2008
- StrQ; no. 8
- StrQ; no. 9; op. 91; 2010
- StrQ; no. 10; op. 96; 2010
- StrQ; no. 11; op. 99; 2011

Douw, André
1951-
- Französische Suite; StrQ; 1987; Donemus
- De harten der grammatical; StrQ; 1981;
  Donemus

Dove, Jonathan
1959-
- StrQ; Ed. Peters; A: 09/2001

Dovgan', Vladimir Borisovich
1953-
- StrQ; no. 1; 1972
- StrQ; no. 2; 1987

Downes, Andrew
1950-
- StrQ; op. 14; 1977; Lynwood
- StrQ; op. 41; 1987; Lynwood
- StrQ; 1994; Lynwood

Downey, John W.
1927-2004
- StrQ; 1962; Presser
- StrQ; no. 2; 1976; Presser

Doyen, Albert
1882-1935
- StrQ; D; 1909; Leduc (1922)

Draeger, Walter
1888-1976
- StrQ; a; no. 1; 1951
- StrQ; d; no. 2; 1957; Ed. Peters (1960)
- StrQ; no. 3; 1968

Draeseke, Felix
1835-1913
- StrQ; C; no. 1; op. 27; 1880;
  Kistner (1885); Wollenweber
- StrQ; e; no. 2; op. 35; 1886;
  Kistner (1887); Wollenweber (1990)
- StrQ; cis; no. 3; op. 66; 1895;
  Forberg (1899); Wollenweber

Draga, George
1935-2008
- 5 Aforisme; StrQ; no. 1; 1968

Dragatakis, Dimitris
1914-2001
- StrQ; no. 1; 1957
- StrQ; no. 2; 1958
- StrQ; no. 3; 1960
- StrQ; no. 4; 1967
- StrQ; no. 5; 1974

Dragićević, Sascha Janko
1970-
- Windschatten (I. Version); StrQ; 1997/98; Dohr (1999)

Dragoi, Sabin V.
1894-1968
- StrQ; no.1; 1920
- StrQ; 1922; MS: Bibl. U. C.
- StrQ; re minor; 1952

Dragonetti, Domenico
1763-1846
- 5 StrQe; F, C, Es, e, f; vor 1800; MS: GB-Lbl, Add. 17726–30; 17821–33

Dragulescu, Theodor
1932-2002
- Preludiu; StrQ; 1960

Drake, Elizabeth Bell
1928-2016
- StrQ; no. 1; 1951–56

Drake (af Hagelsrum), Erik
1788-1870
- 2 StrQe

Drake-Brockman, Maurice
1880-?
- Suite; StrQ; E; 1921; Senart (1928)

Drakeford, Richard
1936-2009
- 2 Fantasias; StrQ; 1956
- StrQ; no. 1; 1959

Drauth, Pierre
1925-
- StrQ

Drdla, František Alois
1869-1944
- Serenata; StrQ; no. 1; Giuliana

Drechsler, Joseph
1782-1852
- StrQ; no. 1; op. 60; Artaria (1798), no. 258

Drescher-Haußen, Konrad
1892-1971
- StrQ; 1918
- StrQ; 1920

Dresden, Sem
1881-1957
- StrQ; no. 1; 1924; Senart (1925)
- StrQ; no. 2; 1938; Senart

Dresher, Paul
1951-
- Casa Vecchia; StrQ; 1982

Dressel, Erwin
1909-1972
- StrQ; 1925
- StrQ; 1928; Hofmeister (1928)

Dressler, Ernst Christoph
1734-1779
- StrQ; Hofmeister

Dressler, Friedrich August
1889?-1919
- Serenade; StrQ; op.19, 2; Sulzer (1886)

Dressler, Rudolf
1932-
- StrQ; 1966
- StrQ; 1967
- Musik im Nymphenbad d. Zwinger; StrQ; 1970
- StrQ; no. 4

Drew, James Mulcro
1929-2010
- 4 Pieces; StrQ; 1964
- Lux incognita; StrQ; no. 1; 1972; Presser
- StrQ; no. 2; 1975; Presser
- StrQ; 1989; Presser
- Elephants coming; StrQ; 1994; Presser

Drexel, Johann Chrysostomos
1758–1801
- StrQ; C; 1790
- StrQ; B

Dreyer, Johann Melchior
1747–1824
- 3 StrQe; B, D, A; op. 1; J. M. Götz (1782), no. 83 [D3550]

Dreyschock, Alexander
1818–1869
- StrQ; A; op. 105; Cranz (1855)

Driesch, Kurt Wilhelm Cäsar
1904–1988
- frühes StrQ
- StrQ; C; op. 40
- StrQ; op. 64; 1947
- StrQ; op. 71; 1955
- StrQ; op. 78; 1979

Driessler, Johannes
1921–1998
- StrQ; op. 41, 1; 1956; Bärenreiter

Drijfhout van Hooff, Jacob Frans
1912–1993
- StrQ; 1971; Donemus

Drimchenko, Sergey
1867–1937
- StrQ
- Suite on Ukrainian themes; StrQ

Drizga, Edvard
1944–
- Partita; StrQ; 1973

Drobiazgina, Valentina
1947–
- Variatsii; StrQ; 1967

Drossin, Julius
1918–2007
- StrQ; no. 5; 1961
- StrQ; no. 6; 1970

Droste-Hülshoff, Maximilian Friedrich v.
1764–1840

- 3 StrQe; Es, G, D; op. 1; J. C. Gombart (1796); no. 120 [D3584]
- 11 StrQe; MS: Familienarchiv, Burg Hülshoff
- 3 Divertimenti; StrQ; MS: Familienarchiv, Burg Hülshoff

Druckman, Jacob Raphael
1928–1996
- StrQ; no. 1; 1948; Boosey
- StrQ; no. 2; 1966; MCA (1967)
- StrQ; no. 3; 1981; Boosey (1981)

Drude, Matthias
1960–
- StrQ; 1986, rev. 2000; ADU (2000)

Družecký, Jiří
1745–1819
- 47 StrQe:
  = 24 in CZ-Pum
  = 12 in A-Wn
  = 11 in H-Bn
- StrQ; D; no. 3; Elite (1965)

Drwenski, Walter
1892–1956
- StrQ; op. 5

Dubensky, Arcady
1890–1966
- StrQ; C; 1932

Dubitzky, Franz
1870–1917
- StrQ

Dublanc, Emilio
1911–1990
- StrQ; op. 8; 1948?
- StrQ; op. 11; 1950?

Dublensky, Arkadii
1890–1966
- StrQ; 1932
- StrQ; 1954

Dubois, Pierre Max
1930–1995
- Quartettuccio; Billaudot (1993)

Dubois, Théodore
1837-1924
· StrQ; Es; 1909; Heugel (1909)
· StrQ; no. 2; 1923; Heugel (1924)
· Du petit âge au moyen âge; StrQ; Billaudot
· Quartettucio; StrQ; Billaudot

Dubovský, Milan
1940-
· StrQ; 1980

Dubrovay, László
1943-
· StrQ; 1970; EMB
· Geometrum II; StrQ; 1976; EMB (1979)
· StrQ; 1983; EMB

Duchaň, Jan
1927-
· StrQ; 1954

Duchow, Marvin
1914-1979
· StrQ; c
· Scherzo; StrQ
· Andante; StrQ

Duckworth, William
1943-2012
· StrQ; 1964

Ducol, Bruno
1949-
· A Korinne; StrQ; op. 18; 1989; Corinna (1999); Notissimo (2000)

Duddell, Joe
1972-
· Arbor Low; StrQ; 2004; Schott; A: 2004
· 4 (mere) bagatelles; StrQ; 2007; Schott (2009)
· Hyper-ballad; double StrQ; 2006; Schott
· Scent dance III; StrQ; Schott

Dudley, Marjorie Eastwood
1891-1961
· StrQ

Dünser, Richard
1959-

· Elegie. An Diotima; StrQ; no. 1; 1986–93; Gravis (1989); A: 3/1987 Frankfurt
· StrQ; no. 2; 1988; Gravis (1988); A: 4/1989 Wien

Duesenberry, John
1950-
· 3 Miniatures; StrQ; 1972

Dufourt, Hugues
1943-
· Dawn flight; StrQ; 2008

Dugan, Franjo d. Ä.
1874-1948
· StrQ über Weihnachtslieder; 1892
· StrQ; h; 1898
· StrQe; Es + F; 1908

Dugan, Franjo d. J.
1901-1934
· Kvartetino; StrQ; 1927

Duggan, Joseph Francis
1817-1900
· 7 StrQe

Dugge, Wilhelm
· 2 Stücke; StrQ; op. 34; K. Vogel (1898)

Duhamel, Antoine
1925-2014
· StrQ; 1950–52
· Madrigal à quatre; StrQ; 1970

Duke, John (Woods)
1899-1984
· StrQ; e; no. 1; 1941
· StrQ; no. 2; 1967

Duke, Vernon
1903-1969
· StrQ; C; 1955; Ricordi (1957)

Dulat, Philippe
1956-
· StrQ; 1988; CDMC

Duma, Liudmyla
1959-
· StrQ; 1981

Dumas, Louis
1877-1952

- StrQ; E; op. 12; 1907; Poulalion (1907)

Dumek, Jan
1934-2004
- StrQ; D; 1957

Dumitrescu, Constantin
1847-1928
- StrQ; op. 21; 1883
- StrQ; op. 26
- StrQ; op. 33
- StrQ; op. 38
- StrQ; op. 42
- StrQ; op. 44
- StrQ; H; 1923

Dumitrescu, Iancu
1944-
- Perspective; StrQ; 1977; Salabert (1983)
- Alternances I–II; StrQ; 1968
- Kronos Holzwege; StrQ; 1994
- Sirius Kronos; StrQ; 1996

Dumitrescu, Jon
1913-1996
- StrQ; C; no. 1; 1949; ESPLA (1957)

Dumler, Martin George
1868-1958
- StrQ; op. 47; Composers Press (1947)
- Cradle Song; StrQ; Composers Press

Dumontier, Louis
1937-2006
- StrQ; 1977

Dumoulin, Maxime
1893-1972
- StrQ; 1944

Duncan, Eve
1956-
- Oceanic; StrQ; 1991; AMC
- Light up; StrQ; 1998; UMP

Duncan, John
1913-1975
- Atavistic; StrQ; no. 2

Dunhill, Thomas Frederick
1877-1946
- StrQ; F; op. 47; 1906; Cramer (1923)

- StrQ; B

Dunlop, Isobel
1901-1975
- Theme + Variations; StrQ; 1962; ScoMIC
- Fantasy; StrQ; 1971; ScoMIC

Dunn, James Philip
1884-1936
- 2 StrQe

Dupérier, Jean
1886-1976
- StrQ; Lemoine (1950)

Dupin, Paul
1865-1949
- Poèmes I: La mort de l'oncle Gottfried;
  StrQ; 1909, rev. 1923; Senart
- Poèmes II: Bienvenue a petit; Senart

Du Plessis, Hubert
1922-2011
- StrQ; op. 13; 1950–53; Novello (1957)

Dupont, Auguste
1864-1935
- StrQ; op. 27; Senart (1933)
- StrQ; Es; op. 38; Costallat (1863)

Dupont, Jacques (auch: Albert Viau)
1910-2001
- StrQ; op. 27; Salabert

Dupont, Pierre-August
1827-1890
- StrQ; g
- StrQ; Es; op. 38; um 1863; Costallat

Duprat, Rogério
1932-2006
- StrQ; no. 1; 1958; CDA

Dupré, Marcel
1886-1971
- Allegro; StrQ-Satz; 1908

Dupuis, Albert
1877-1967
- StrQ

Dupuy, Édouard
1770-1822

• StrQ; A

Durand, Joël-François
1954–
• StrQ

Duranowski, August (Fryderyk)
1770-1834
• Fantasie suivie de 2 airs variés; StrQ; op. 12; A: 1812 Leipzig

Durão, Manuel
1987–
• Juli im August; StrQ

Dure, Robert
1934–
• Movement; StrQ; 1965

Durey, Louis (Edmond)
1888-1979
• StrQ; no. 1; op. 10; 1917; La Sirene
• StrQ; no. 2; op. 19; 1919–22; La Sirene
• StrQ; no. 3; op. 39; 1928; Chant du Monde

Durkó, Zsolt
1934-1997
• 11 Pezzi; StrQ; 1962; EMB (1966)
• StrQ; no. 1; 1966; EMB; Boosey (1968)
• StrQ; no. 2; 1969; EMB (1971)

Durme, Jef v.
1907-1965
• StrQ; no. 1; op. 8; 1932
• StrQ; no. 2; op. 17; 1944
• StrQ; no. 3; op. 28; 1945
• StrQ; no. 4; op. 39; 1948
• StrQ; no. 5; op. 55; 1953; CBDM (1963)
• StrQ; o. op.; 1946

Durosoir, Lucien
1878-1955
• StrQ; f; no. 1; 1920
• StrQ; d; no. 2; ca. 1925
• StrQ; h; no. 3; 1934

Durra, Hermann
1871-1954
• StrQ; d; A: 1928 Berlin

Dusapin, Pascal
1955–

• StrQ; no. 1; 1983/1996; Salabert (1983)
• Time Zones, 24 Stücke; StrQ; no. 2; 1988/89; Salabert (1989)
• StrQ; no. 3; 1992; Salabert (1992)
• StrQ; no. 4; 1997; Salabert
• StrQ; no. 5; Salabert

Dušek, František Xaver
1731-1799
• 20 StrQ; darunter 6 quart dal signore Giorgio Hayden; op. 18; Paris (1774)
• Serenata; StrQ; C
• StrQ; B; Breitkopf (1771); verloren

Dusík (Dussek), František Josef
1765–nach 1816
• 2 StrQe; D, A

Dusík (Dussek), Jan Ladislav
1760-1812
• 3 StrQe; G, B, Es; op. 60; 1807; Breitkopf (1807), no. 423 [D4093]

Dutilleux, Henri
1916-2013
• Ainsi la nuit; StrQ; 1974–76;
• Heugel (1980); A: 1977 Paris
• StrQ; 1992; Heugel
• Suite; StrQ; Heugel

Duvernoy, Victor Alphonse
1842-1907
• StrQ; C; op. 46; 1899; Durand (1900)

Dvořáček, Jiří
1928-2000
• StrQ; 1990; Panton

Dvořák, Antonín
1841-1904
• StrQ; A; no. 1; op. 2; 1862; HMUB (1948); Bärenreiter [B8]
• StrQ; B; no. 2; o. op.; 1868–70?; Státní hudební (1962); [B17]
• StrQ; D; no. 3; o. op.; 1868–70?; Státní hudební (1964); [B18]
• StrQ; e; no. 4; o. op.; 1870?; Supraphon (1968); [B19]

- StrQ (vervollst. v. Günter Raphael); f; op. 9; 1873; Breitkopf (1929); [B37]
- StrQ; a; no. 6; op. 12; 1873; Supraphon (1983); [B40]
- StrQ; a; no. 7; op. 16; 1874; BB (1893); [B45]
- StrQ; E; no. 8; op. 80 (im MS = op. 27); 1876; Simrock (1888); [B57]
- StrQ; d; no. 9; op. 34; 1877; Schlesinger (1880); [B75]
- StrQ; Es; no. 10; op. 51; 1878/79; Simrock (1879); [B92]
- Quartettsatz; StrQ; F; o. op.; 1881; Orbis (1951); [B120]
- StrQ; C; no. 11; op. 61; 1881; Simrock (1882); [B121]
- Cyprise; StrQ; o. op.; 1887; HMUB; Supraphon (1984); [B152]
- StrQ; F; no. 12; op. 96; 1893; Simrock (1894); [B179]
- StrQ; G; no. 13; op. 106; 1895; Simrock (1896); [B192]
- StrQ; As; no. 14; op. 105; 1895; Simrock (1896); [B193]

Dychko, Lesia Vasylivna
1939-
- StrQ; 1974/75

Dyndahl, Petter
1957-
- Trauergondel; StrQ; 1992; NMIC
- StrQ; 2.3 (sic); 1998; UMP

Dyson, George
1883-1964
- 3 Rhapsodies; StrQ; op. 7; Stainer (1920)

Dzierlatka, Albert André
1933-
- Ritournelle; StrQ; 1976; ESZ

Dziewulska, Maria Amelia
1909-2006
- StrQ; no. 1; 1954; PWM (1961)
- StrQ; no. 2; 1960; PWM

Dzubay, David
1964-
- Threnody (after Josquin's *Mille Regretz*); StrQ; MMB

Earls, Paul
1934-1998
- StrQ; A: 11/1968 New York

Eaton, John (Charles)
1935-2015
- StrQ; 1958; Malcolm Music
- StrQ; no. 2; 1987

Ebel v. Sosen, Otto
1899-1974
- Deutsches Interludium; StrQ; op. 7

Ebell, Heinrich Carl
1775-1824
- StrQ; f; no. 1; Breitkopf (1810)
- 3 StrQe; G, d, A; op. 2; Breitkopf (1812)
- 3 Deutsche Quartette; StrQ; op. 3; Breitkopf (1811)

Eben, Petr
1929-2007
- Labyrinth der Welt + Paradies des Herzens; StrQ; 1981; Supraphon; A: 1981 Prag

Ebenhöh, Horst
1930-
- 3 StrQe; op. 9; 1965
- 2 StrQe; op. 40; 1976; Contemp. Art
- 2 StrQe; op. 80; 1993; Contemp. Art

Eberhardt, Dorothee
1952-
- StrQ; no. 1
- StrQ; no. 2; 2003

Eberl, Anton (Franz Josef)
1765-1807
- 3 StrQe; Es, D, g; op. 13; T. Mollo (1801), no. 186 [E70]

Ebert, Friedrich
1922-
- StrQ; F; A: 1952 München

Ebert, Fritz Michael
1928-

- StrQ; no. 1; 1959
- StrQ; no. 2; 1969
- StrQ; no. 3; 1968

Ebert, Johannes Georg
1928-2013
- StrQ; 1951

Ebert, Hans
1889-1952
- StrQ; A: 1925 Düsseldorf

Ebert, Wolfgang-Heinrich
1950-
- Epitaph an meinen Vater; StrQ;
  Keturi/ Arends

Eberwein, Carl
1786-1868
- Qu. brilliant; A; StrQ; op. 4; Breitkopf
  (1819)
- Variations sur le thème brulant d'amour;
  StrQ; A; Breitkopf

Eberwein, Traugott Maximilian
1775-1831
- 3 StrQe; G, A, B; op. 1; 1801; Breitkopf
  (1807?); [WV XII/1–3]
- 3 StrQe; op. 18; 1817; P. Mechetti (1819);
  [WV XII/4–6]

Ebner, Georg
1896-nach 1956
- Variationen über ein Serenaden-Thema;
  StrQ; op. 51

Echevarría López, Victorino
1898-1963
- StrQ

Eckert, Michael Sands
1950-
- StrQ; 1979; Columbia Univ. (1979)

Eckhardt-Gramatté, Sophie-Carmen
1899-1974
- StrQ; cis; no. 1; 1937/38;
  MS: Eckh.-Gr. Foundation, Winnipeg
- Quartettsatz; f; 1942;
  MS: Eckh.-Gr. Foundation, Winnipeg

- StrQ; no. 2; 1943, rev. 1972;
  MS: Eckh.-Gr. Foundation, Winnipeg
- StrQ; no. 3; 1962–64; Berandol

Ecklebe, Alexander
1904-1983
- StrQ; no. 1; 1928; Nachlass: Berlin, StaBi
- StrQ; no. 2; 1939; Nachlass: Berlin, StaBi
- StrQ; no. 3; 1967; Nachlass: Berlin, StaBi
- 2 StrQe; op. 4; 1924/25

Edel, Yizchak
1896-1973
- Galut; StrQ; 1931
- Mixolydian; StrQ; no. 1; 1957
- Psalmenverse; StrQ + Sopr; no. 2; 1965

Eder, Helmut
1916-2005
- StrQ; op. 1; 1948; A: 4/1950 Linz
- Impressioni; StrQ; op. 43; 1966; Doblinger
  (1966); A: 10/1966 Linz
- Begegnung + Abgesang; StrQ; op. 84; 1985;
  Doblinger (1986); A: 11/1986 Salzburg
- StrQ; op. 94; 1990; Doblinger (1991);
  A: 4/1991 Wien

Eder de Lastra, Erich
1933-
- StrQ; no. 1; 1971
- StrQ; no. 2; 1976

Edin, Günter
1941-2016
- Essay; StrQ; Editio Alto (1994)

Edlund, Lars
1922-2013
- Kära vänner; StrQ; no. 1; 1981; SMIC
- Reflexer fran en hymn; StrQ; no. 2; 1993;
  Suecia

Edlund, Mikael
1950-
- brains and dancin'; StrQ; 1981; Nordiska

Edmond-Marc, Barthelemy
1899-?
- Pro Caecilia; StrQ; Lemoine

Edmunds, Christopher
1899-1990
- StrQ; no. 1
- StrQ; no. 2
- Miniature; StrQ; Novello (1956)

Edwards, George Harrison
1943-2011
- StrQ; no. 1; 1967; A: 1970 Boston
- StrQ; no. 2; 1982; A: 1984 Madison

Edwards, Ken
1950-
- Ornettology; StrQ; 1997

Edwards, Leo
1937-
- StrQ; 1968, rev. 1970

Edwards, Michael
1968-
- StrQ; 1990; BMIC

Edwards, Ross
1943-
- StrQ; 1968; UE
- StrQ; no. 2; 1969; UE; A: 1970 Basel
- Maninya II; StrQ; 1982; UE (1982)
- Enyato I; StrQ; 1993; Boosey (1993)
- White cockatoo spirit dance; StrQ; 2000

Edwards, Stewart
1924-
- StrQ; 1951
- StrQ; 1958

Eespere, René
1953-
- StrQ; 1999; Eres (2002)

Effinger, Cecil Stanley
1914-1990
- StrQ; 1943
- StrQ; 1944
- StrQ; 1948
- StrQ; no. 5; op. 70; 1963
- StrQ; 1985

Eftimescu, Florin
1919-1974
- StrQ; 1969

Eggar, Katharine Emily
1874-1961
- StrQ; 1931?

Egge, Klaus
1906-1979
- StrQ; op. 5; 1933, rev. 1963; Lyche (1971); A: 4/1934 Oslo

Eggert, Joachim Nicolas
1779-1813
- 3 StrQe; C, f, F; op.1; 1807
- 3 StrQe; B, g, d; op. 2; Breitkopf (1817)
- 3 StrQe; c, G, A; op. 3
- StrQe; c, Es; Fragment

Eggert, Moritz
1965-
- Totem; StrQ; 1984
- Kleine Fluchten; StrQ; no. 1; 1993
- Et in Arcadia Ego; StrQ; no. 2; 1997
- Croatoan I; StrQ + Glockenspiel; 2000
- Croatoan II; StrQ + Schlagzeug; 1999
- Croatoan III; StrQ + Gr. Trommel; 2000
- Abendlied (für Nicola); StrQ; 2001

Eggelston, Anne
1934-1994
- StrQ; 1956/57; CMC

Egilsson, Árni
1939-
- Just a touch of Armadillo; StrQ; Hofmeister
- Why?; StrQ
- Get down; StrQ; Hofmeister

Egk, Werner
1901-1983
- StrQ; a; 1922
- Die Nachtigall: Divertimento (nach *Die chinesische Nachtigall*); StrQ; 1981; Schott

Ehlert, Louis
1825-1884
- StrQ; B

Ehrenberg, Carl
1878-1962
- 2 StrQe; 1896–98

- StrQ; e; no. 1; op. 20; 1912, rev. 1923;
  Simrock (1923)
- StrQ; a; no. 2; op. 26; 1924/25;
  A: 1927 Dresden
- StrQ; G; no. 3; op. 41; 1945, rev. 1953
- StrQ; Es; no. 4; op. 43; 1948, rev. 1954;
  Simrock (1958); A: 1949 München

Ehrensberger, Carlos
1911-2001
- StrQ; G; 1947
- StrQ; C; 1951

Ehricht, Thomas
1940-
- StrQ; A: 1987

Ehrlich, Abel
1915-2003
- StrQ; no. 1; 1946
- StrQ; no. 2; 1947
- StrQ; no. 3; 1952
- StrQ; no. 4; 1962
- The drowning; StrQ; no. 5; 1983
- StrQ; no. 6; 1967
- StrQ; no. 7; 1969
- StrQ; no. 8; 1986
- StrQ; no. 9; 1986
- 5 Telegrams; StrQ; 1986
- 7 Variations; StrQ; 1986
- StrQ; no. 10; 1987
- StrQ; no. 11; 1987
- 4 Short movements; StrQ; 1987
- Flaschenpost; StrQ; 2000
- Hasta luego; StrQ; 2000
- Spannung; StrQ; 2000

Eichberg, Julius
1824-1893
- StrQ

Eichheim, Henry
1870-1942
- StrQ; 1895

Eichhorn, Johann
um 1756-?
- 3 StrQe; Bossler

Eichhorn, Max
1861-1939
- Adagio I; StrQ; op. 9; Simrock
- Adagio II; StrQ; op. 12

Eichmann, Dietrich
1966-
- Study no. 403; StrQ; 1994; Oaksmusik

Eichner, Ernst
1740-1777
- ? 6 StrQe; op. 2; Heina; Godefroi [D538]
- 6 StrQe; op. 12; Castaud (1777)
- 6 StrQe; op. 11

Eidens, Joseph
1896-1960
- Kam. Musiken; StrQ

Eiges, Konstantin Romanovich
1875-1950
- StrQ; 1904

Eiges, Oleg Konstantinovic
1905-1992
- StrQ; 1947; Sovetskij (1953)

Eimele, Fredrik
1804-1871
- StrQ; G

Eimert, Herbert
1897-1972
- 5 Stücke; StrQ; 1925; Breitkopf (1926)
- StrQ; no. 2; 1939; A: 1949 Frankfurt

Einem, Gottfried v.
1918-1996
- StrQ; no. 1; op. 45; 1975; Boosey (1978);
  A: 3/1976 Wien
- StrQ; no. 2; op. 51; 1977; BB (1979);
  A: 12/1978 Wien
- StrQ; no. 3; op. 56; 1980; Litolff (1982);
  A: 10/1981 Wien
- StrQ; no. 4; op. 63; 1981; UE (1982);
  A: 11/1982 Wien
- Festina lente; StrQ; no. 5; op. 87; 1989–91;
  Doblinger (1993); A: 4/1992 Wien

Einfelde, Maija
1939-

- StrQ; 1993/94

Einfeldt, Dieter
1935-
- StrQ; 1966; Peer (1972); A: 1968 Hamburg
- StrQ; 1972; Peer (1972); A: 1973 Hamburg
- Ononharoia I; StrQ; 1979
- Ononharoia II; StrQ; A: 11/1979
- Obsessionen; StrQ
- Ballade f. Laien + Schüler; StrQ; 1985

Eiríksdóttir, Karólína
1951-
- Sex lög fyrir strengjakvartett; StrQ; 1983

Eisel, Günther
1901-1975
- StrQ; G; no. 1
- StrQ; D; no. 2; 1940–62
- StrQ; no. 3; 1955

Eisenhuth, Duro
1841-1891
- StrQ; op. 156; 1881

Eisenmann, Rudolf
1894-1954
- StrQ; f; op. 13; 1925
- Doppelfuge; StrQ; 1931
- 32 StrQ-Sätze; 1948–52; A: 1948–52
- 26 StrQ-Sätze; 1948–52; A: 1948–52
- Sonate; StrQ; Rühle; A: 1950 Nürnberg

Eisenmann, Will
1906-1992
- Quartetto mistico; StrQ; op. 23; 1938
- Quartetto brevis; StrQ; op. 99; 1978

Eisler, Hanns
1898-1962
- StrQ; op. 75; 1937; DVfM (1961); Litolff (1961 + 1989)
- Scherzo; StrQ; o. op.; A: 4/1998 Dessau; unvollendet

Eisma, Will
1929-
- Helena is coming later; StrQ + ARP-Synth; Donemus (1976)
- Archipel; StrQ; 1964; Donemus

- Tjempaka; StrQ; 1996; Donemus

Eizenberger, Josef
1877-1969
- 4 Österr. Tanzweisen; StrQ; op. 75; Pock

Ek, Gunnar
1900-1981
- Variationen über ein Choralthema; StrQ; 1970; Gehrmans

Ekier, Jan
1913-2014
- Wariacje i fuga; StrQ; 1957; PWM

Ekimovsky, Viktor
1947-
- Composition 7; StrQ; 1970; DVfM (1985)
- Kvartet-cantabile, Komposition 22; StrQ; 1977; A: 1991 Moskau
- Lebedinaja pesuja I; StrQ; 1996

Ekizian, Michelle Lynne
1956-
- Octoechos; Double StrQ; 1983

Eklund, Hans
1927-1999
- StrQ; no. 1; 1950; zurückgez.
- StrQ; no. 2; 1954; STIM
- StrQ; no. 3; 1960; Gehrmans
- StrQ; no. 4; 1965; STIM

Ekmalian, Makar Grigori
1856-1905
- StrQ über Themen v. Robert Schumann und Felix Mendelssohn-Bartholdy; StrQ; 1885

Eksanishvili, Eleonora
1919-
- StrQ; 1944
- StrQ; 1949

Ekstrøm, Lars
1956-
- StrQ; 1982; SMIC
- L'ussello esca; StrQ; SMIC

El-Dabh, Halim
1921-
- StrQ; 1951

Eler, André-Frédéric
1764-1821
• 3 StrQe; B, A, Es; op. 2; 1795; Au Magasin de musique [E604]

Elgar, Edward
1857-1934
• StrQ; B; 1878; unvollständig; [ECE38]
• StrQ; a; 1878; unvollständig; [ECE38]
• StrQ; d; 1878; unvollständig; [ECE38 + 41]
• StrQ; op. 8; 1887; zerstört; [ECE38]
• StrQ; d; 1888; unvollständig; [ECE38]
• StrQ; a; 1879; unvollständig; [ECE38]
• StrQ; G; 1879; unvollständig; [ECE38]
• StrQ; D; 1907; unvollständig; [ECE38]
• StrQ; e; op. 83; 1918; Novello [ECE38]

Elías, Alfonso de
1902-1984
• StrQ; c; no. 1; 1930
• StrQ; G; no. 2; 1961
• Momento musical; StrQ; 1966
• Reviere; StrQ; 1980

Elías, Manuel (Jorge) de
1939-
• StrQ; 1961
• StrQ; 1967; Ed. Mexicanas

Eliasson, Anders
1947-2013
• Melos; StrQ; 1970; STIM
• Disegno; StrQ; 1975; Suecia (1977)
• StrQ; 1991; Reimers

Elizalde, Fred
1907-1979
• StrQ

Elkus, Albert
1884-1962
• StrQ; 1911
• Serenade; StrQ; 1921

Ellberg, Ernst Henrik
1868-1948
• StrQ

Eller, Heino
1887-1970

• StrQ; c; no. 1; 1925; Sovetskij (1987)
• StrQ; f; no. 2; 1931; Ed. 49
• StrQ; B; no. 3; 1945; Eesti muscia (1959)
• StrQ; d; no. 4; 1953
• StrQ; g; no. 5; 1959; Sovetskij (1966)

Ellerton, John Lodge
1801-1873
um die 100 StrQe, darunter:
• StrQ; op. 44; Schott
• StrQ; op. 47/49; Schott
• StrQ; f; op. 60; Schott (1863)
• StrQ; op. 61; Schott (1850)
• StrQ; op. 62; Augener
• 3 StrQe; e, G, a; op. 70; Schott (1874)
• 3 StrQe; c, B, C; op. 71; Schott (1874)
• StrQ; Es; op. 76; Augener
• StrQ; F; op. 101; Augener
• StrQ; F; no. 2; op. 102; Augener
• StrQ; F; op. 121; London (ca. 1853)
• 3 StrQe; B, D, G; op. 122; Schott (1853)
• 3 StrQe; D, C, A; op. 124; Schott (1854)

Ellicott, Rosalind Frances
1857-1924
• StrQ; 1884

Elling, Catharinus
1858-1942
• StrQ; D; 1897
• StrQ; a; 1903

Ellmauthaler, Volkmar J.
1957-
• Quartettsatz; StrQ; 1983

Elmore, Cenieth
1930-2012
• Fugue; StrQ; 1960

Elmore, Robert Hall
1913-1985
• StrQ
• StrQ; cis; no. 2

Elovaara, Toivo
1907-1978
• 4 StrQe

El-Saedi, Ahmed
1947-
- StrQ; fis; op. 1; 1971
- Maqamat; StrQ; 1983

Elsner, Joseph Anton
1769-1854
- 3 StrQe; 1791/92
- 3 StrQe; C, Es, d; op. 8; um 1796; André (1806), no. 2497 [EE660,II,32]
- Du meilleur gout polonois; 3 StrQe; C, a, d; op. 1; 1798; Joh. Traeg (1798) [EE660,II,31]

Elstak, Nedly
1931-1989
- Largo; StrQ
- Capriccio di Amsterdam; StrQ
- StrQ; 1987; Donemus

Elston, Arnold
1907-1971
- StrQ; 1932
- Variations; StrQ; 1934
- StrQ; 1961; Univ. of California Pr. (1966)

Elwart, Antoine-Aimable-Elie
1808-1877
- 3 StrQe; 1833

Elwell, Herbert
1898-1974
- Divertimento; StrQ; 1926
- StrQ; e; 1937
- Blue symphony (5 songs by J. G. Fletcher); StrQ + Voice; Cleveland State University (1952)

Emborg, Jens Laursøn
1876-1957
- StrQ; d; no. 1; op. 4; 1905; MS: DK-KK
- StrQ; A; no. 2; op. 13; 1907; MS: DK-KK
- StrQ; g; no. 3; op. 25; 1916
- Oktober; StrQ; no. 4; op. 42; 1920; Leuckart (1922)
- StrQ; h; no. 5; op. 53; 1923; Kistner (1924)
- StrQ; no. 6; op. 75; 1931; MS: DK-KK

Emeleus, John
1938-

- StrQ; 1974

Emery, Stephan Albert
1841-1891
- StrQ

Emig, Ralf
1959-
- 2 StrQe

Emmanuel, Maurice
1862-1938
- StrQ; 1903; Durand (1902)
- StrQ; B; no. 2; op. 8; 1903; Durand (1919); A: 2/1912 Paris

Emmerson, Simon
1950-
- Fields of attraction; StrQ + Elektr; 1996/97

Emmert, František
1940-
- StrQ; no. 1; 1963
- StrQ; no. 2; 1966
- StrQ; no. 3; 1967
- StrQ; no. 4; 1968
- StrQ; 1972; Panton
- StrQ; no. 5; 1978; A: 2/1979 Brno
- StrQ; 1986
- StrQ; no. 7; 1989
- StrQ; no. 8; 1995

Empt, Wilhelm
?
- Suite; StrQ (StrOrch); Möseler (1980)

Enacovici, George
1891-1965
- StrQ; no. 1; op. 13; 1925
- StrQ; no. 2; op. 23; 1951
- StrQ; no. 3; op. 32; 1955

Encinar, José Ramón
1954-
- La Folia; StrQ; no. 1; 1978; ESZ (1980); A: 8/1978 Montepulciano

Encke, Thorsten
1966-
- StrQ; 2005; A: 8/2005 Prades

End, Jack
1918-?
- StrQ

Enders, Anton Josef
1923-
- Skizzen; StrQ; no. 1; 1963
- 5 Sätze über B–A–C–H; StrQ; no. 2; 1964

Endo, Masao
1947-
- StrQ; 1997; JFC

Enenbach, Fredric
1945-
- StrQ; 1968
- StrQ; no. 2; 1983

Enescu, Georges
1881-1955
- StrQ (1 Satz); C; 1906; Ed. muzicala (1985)
- 2 StrQ; Es, G; op. 22; 1920 + 1951; Salabert (1956/57); Ed. muzicala (1985)
- Fragment; StrQ; C; 1894
- Fragment; StrQ; d; 1894
- Fragment; 1896
- StrQ; 1897

Engebretson, Mark
1964-
- StrQ; no. 1; 1991

Engel, Lehman
1910-1982
- StrQ; 1933

Engel, Paul
1949-
- StrQ; no. 1; 1970; A: 6/1970 München
- StrQ; no. 2; 1981; A: 10/1981 München
- StrQ; no. 3; 1987; A: 7/1987 Frankfurt
- Panta Rhei; StrQ; no. 4; 1988; Bärenreiter (1989); A: 5/1991 Wien

Engelbrecht, Richard
1907-2001
- StrQ; 1947

Engelmann, Hans Ulrich
1921-2011
- StrQ; op. 10; 1952; Ahn (1956); A: 12/1953 SWF
- StrQ; op. 11; 1952; Ahn (1956)

Engelmann, Johannes
1890-1945
- StrQ; d; op. 32; 1928

Engelsberg, E. S. (Pseud. f. Eduard Schön)
1825-1879
- 7 StrQe

Englert, Giuseppe Giorgio
1927-2007
- Les Avoines folles; StrQ; 1962/63; Hinrichsen; A: 1964 Rom
- La Joute des lierres; StrQ; 1965/66; A: 1971 Cincinnati, OH

Englund, Sven Einar
1916-1999
- StrQ; 1985; A: 1986 Jyväskula

Engström, Torbjörn
1963-
- Rispolska; StrQ; 1993; SMIC
- Growth, parchot memorians; StrQ; 1985/86; SMIC

Enikeev, Renat Akhmetovich
1937-
- Partita polyphonique; StrQ; 1961
- StrQ; no. 2; Sovetskij (1983)

Enríquez Salazar, Manuel
1926-1994
- StrQ; no. 1; 1959
- StrQ; no. 2; 1967; Ed. Mexicanas (1983)
- StrQ; no. 3; 1974; Ed. Modern (1978)
- StrQ; no. 4; 1983
- Xopan cuicatl; StrQ; no. 5; 1988

Eötvös, Péter
1944-
- Korrespondenz: Szenen; StrQ; 1992; Ricordi
- Encore. Das Taxi wartet, doch Tschechow geht lieber zu Fuß; StrQ; 2004; Schott (2006)

Ephros, Gershon
1890-1978
- StrQ

Eppert, Carl
1882-1961
- StrQ; e; no. 1; 1927
- StrQ; g; no. 2; 1935

Epstein, Alvin L.
1926-
- StrQ; Seesaw

Epstein, David M.
1930-2002
- StrQ; 1971; C. Fischer (1984)

Epstein, Paul
1938-
- Palindromes II; StrQ; 1983

Erb, Donald
1927-2008
- StrQ; no. 1; 1960; Presser
- Hair of the Wolf-Full Moon; StrQ; 1981
- StrQ; no. 2; 1989; Presser;
  A: 1990 New York
- StrQ; no. 3; 1995

Erb, Joseph
1858-1944
- StrQ; 1914; Salabert

Erb, Marie-Joseph
1858-1944
- StrQ; F; Senart (1925)

Erbacher, Walther
1940-
- StrQ; no. 1; op. 4; 1963/64;
  Erbacher (1972)
- StrQ; no. 2; op. 32; Erbacher (1984)
- StrQ; no. 3; op. 39; 1993; Erbacher (1993)

Erber, James
1951-
- An allegory of an exile; StrQ; 1995

Erbse, Heimo
1924-2005
- StrQ; no. 1; op. 5; 1952; BB (1954);
  A: 6/1953 Frankfurt

- StQ; no. 2; 1987

Erdener, Turgay
1957-
- StrQ

Erding-Swiridoff, Susanne
1955-
- Ausweg; StrQ; 1984/85; A: 2/1987 Kassel
- QI – Canto a la luz; StrQ; 2005

Erdlen, Hermann
1893-1972
- StrQ; d; 1929, Neuf. 1935

Erdmann, Dietrich
1917-2009
- StrQ; 1937
- StrQ; 1939/40
- StrQ; 1947; A: 1947 Berlin
- Vier Skizzen; StrQ; op. 153; 1991, rev.
  1995; Breitkopf (1996); A: 1991 Berlin

Erdmann, Eduard Paul Ernst
1896-1958
- StrQ; op. 17; 1937
- StrQ; 1952

Erdmann, Helmut W.
1947-
- StrQ; no. 1; 1978; Ahn; Keturi; A: 1979

Erhard, Hellmut
1903-?
- 3 StrQe

Erhard, Karl
1928-
- StrQ; 1952
- StrQ; 1985

Erić, Zoran
1950-
- StrQ; 1972

Erickson, Robert
1917-1997
- StrQ; no. 1; 1950; Smith
- StrQ; no. 2; 1956; Smith
- Solstice; StrQ; 1984/85; Smith (1985)
- Corfu; StrQ; 1986; Smith

Eriksson, Josef
1872-1957
- Prelude; StrQ; 1937; STIM

Erkin, Ulvi Cemal
1906-1972
- Yaylı Çalgılar Dörtlüsü; StrQ; 1936; Ankara (1936)

Erlanger, Baron A. Frédéric d'
1868-1943
- StrQ; F; 1900; Rouart, Lerolle

Ermatinger, Erhard
1900-1966
- StrQ in Form einer Doppelfuge; op. 2; 1921; A: 1925 Donaueschingen

Ernryd, Bengt
1943-
- StrQ; 1967/68; STIM

Ernst, Heinrich Wilhelm
1814-1865
- Quatuor; B; op. 26; Cranz (1862)
- Introd. et variations brillantes [...] sur le quatuor fav. de Ludovico de Halevy; StrQ; op. 6; Schlesinger (1866)
- StrQ; A; verloren

Eröd, Iván
1936-
- StrQ; op. 23; 1954; A: 1954 Budapest
- Vier Stücke; StrQ; op. 6; 1957–63; Ed. Modern (1960); A: 2/1958 Wien
- StrQ; no. 1; op. 18; 1974/75; Doblinger (1977); A: 12/1975 Wien
- StrQ; no. 2; op. 26; 1978; Doblinger (1980); A: 3/1980 Wien
- Kanonische Variationen über ein sehr bekanntes Kinderlied; StrQ; op. 31; 1980; Doblinger (1986)
- StrQ; no. 3; op. 78; 2003; Doblinger; A: 6/2004 Wien

Erpf, Hermann
1891-1969
- StrQ; d
- StrQ; f;
- Satzfolge; StrQ; A: 1924 Donaueschingen

Ertel, (Jean) Paul
1865-1933
- Hebraikon (über hebräische Melodien); StrQ; d; op. 14; Kistner (1912)
- StrQ; h; op. 59

Erzakovich, Boris
1908-1997
- StrQ; no. 1; 1937
- StrQ; no. 2; 1948; Muzgis (1958)

Escaich, Thierry
1965-
- Scenes de bal; StrQ; 2000; Billaudot (2001)
- Après l'aurore; StrQ; 2005; Billaudot; A: 7/2005 Bonn

Eschbach, Fritz
1881-1938
- Variationen; StrQ; 1900

Eschborn, Karl
1832-1951
- StrQ; 1850

Escher, Peter
1915-2008
- 2 StrQe
- StrQ; no. 3; op. 21; 1947
- StrQ; no. 4; op. 55; 1950
- StrQ; no. 5; op. 69; 1953
- StrQ; no. 6; op. 146; 1989/90

Eschmann, Johann Carl
1826-1882
- StrQ; d; ca. 1848; NA: Amadeus (2000)

Escobar, Luis Antonio
1925-1993
- StrQ; no. 1; 1952
- StrQ; no. 2; 1953

Escobar (Budge), Roberto
1926-2011
- Cuarteto estructural; StrQ; 1965
- Cuarteto emocional; StrQ; 1990
- Tower of the winds; StrQ; 1992

Escot, Olga Pozzi
1933-
- Jubilation; StrQ; 1991

- StrQ; 1951; MS: US-PHff
- StrQ; 1954; MS: US-PHff
- StrQ; 1956
- 3 poems of Rilke; StrQ + Sprecher; 1959
- Credo; StrQ Sopr; 1958
- StrQ; New York (1996)

Escudero, Francisco
1912-2002
- Cuarteto; StrQ; G; 1936/37

Eshpai, Andrei Iakovlevich
1925-2015
- Concordia-discordans; StrQ; 1992–95; VeNM (2002)

Eshpai, Iakov Andreevich
1890-1963
- Suite; StrQ; 1940

Esplá, Óscar
1886-1976
- StrQ; op. 12; 1912?; unveröff.
- StrQ; G; no. 1; 1920
- StrQ; no. 2; 1943

Esposito, Luigi
1962-
- Poker; StrQ; 1993
- Kunlun; StrQ; 1994
- Fuga a ritmo ripetuto; StrQ; 1997

Esposito, Michele
1855-1929
- StrQ; op. 21; 1882
- StrQ; D; op. 33; 1899; Breitkopf (1899)
- StrQ; c; op. 60; 1906; Breitkopf (1914)
- StrQ; B; op. 70; 1923; Breitkopf

Esposito, Patrizio
1960-
- Nottetempo; StrQ; 1989; Edipan

Esser, Ben
1875-1955
- StrQ; F; 1896

Esser, Heinrich
1818-1872
- StrQ; g; op. 5; 1840; Simrock

Esser, Karl Michael, Ritter v.
1737- um 1795
- 6 StrQe; D, G, C, c, F, B; op. 5; Marescalchi/Conobbio [E832]

Essl, Karlheinz
1960-
- StrQ; 1985; A: 4/1986
- Helix 1.0; StrQ; 1986; Tonos (1994); A: 6/1987 Zell a. S.
- upward, behind the onstreaming it mooned; 1999/2000; A: 2001 Wien

Essyad, Ahmed
1938-
- Never more; StrQ; 1986; Durand (1993)
- StrQ; no. 2

Estermann, Kurt
1960-
- StrQ; 1991; A: 10/1992

Estévez, Francisco
1946-
- Anulaciones; StrQ; Impero (1977)

Estrada, Carlos
1909-1970
- Suite Series antiguas I; 1937
- Suite Series antiguas II; 1942
- StrQ; no. 1; op. 47; 1956

Estrada, Julio
1943-
- Canto mnemico: Fuge in 4 Dimensionen; StrQ; 1973, rev. 1983; Salabert
- Ishini'ioni; StrQ; 1984, rev. 1990; Salabert
- Yuunohui'ensemble; 1983–90

Estrada-Guerra, Oswald d'
1892-?
- StrQ; no. 1
- StrQ; no. 2; Jobert
- StrQ; no. 3; Jobert (1961)

Estrella, Blanca
1915-?
- StrQ; 1952
- Yurubi; StrQ; 1971

Etler, Alvin (Derald)
1913-1973

- StrQ; no. 1; 1963
- StrQ; no. 2; 1965; A. Broude (1967)
- Continuo; StrQ

Eto, Keiko
1953–
- Konzertstück; StrQ; 2003; JFC (2005)

Ettinger, Max
1874–1951
- StrQ über chassidische Melodien; 1945
- StrQ; op. 32; A: 1926 München

Euba, Akin
1935–
- StrQ; h; 1957; A: 1958 BBC
- Amici; StrQ

Eule, Carl Dietrich
1776–1827
- StrQ; Cranz

Euteneuer-Rohrer, Ursula
1953–
- 2 Stücke; StrQ; 1974

Evangelatos, Antiochos
1903–1981
- StrQ; a; 1930

Evangelista, José
1943–
- Monody; StrQ; 1989; CMC
- Spanish garland; StrQ; 1993

Evangelisti, Francesco
1926–1980
- Aleatorio; StrQ; 1959; Tonos (1964); A: 1962 Darmstadt
- StrQ; 1967

Evans, Ralph
1953–
- StrQ; no. 1; 1966–68, 1995

Evans, T. Hopkin
1879–1940
- 2 StrQe

Evans, Tecwyn
1971–
- StrQ in 1 movement; 1994

Evensen, Brent
1944–
- Music for Johanna; StrQ; 1976; NMIC
- Divertissement; StrQ; 1980; NMIC

Evers, Carl
1819–1875
- StrQ; G; no. 1; op. 52; Kistner (1854)
- StrQ; Es; no. 2; op. 58; Kistner (1854)

Evlachov, Orest Aleksandrovich
1912–1973
- Suite aus Volksliedthemen; StrQ; op. 10, 1; 1943; Muzgis (1947)

Ewald, Victor Vladimirovich
1860–1935
- StrQ; C; op. 1; Belaieff (1894)

Ewart, Florence Maud
1864–1949
- StrQ; d; 1930; MS: AUS-Pvgm

Ewers, Tim
1958–
- Lines of communication; StrQ; 1987

Exley, Judith
1939–
- Wainuiomata; StrQ; 1989

Exton, John
1933–
- Partita; StrQ; 1957; Chester (1962)
- StrQ; 1961
- StrQ; no. 3; 1969
- StrQ with electronics; 1972
- StrQ; no. 5; 1972
- StrQ; no. 6; 1973/74
- StrQ; 1975

Eybler, Joseph Leopold Edler v.
1765–1846
- 3 StrQe; D, c, B; op. 1; 1794; Artaria, no. 615 [EE902I, 30, 31, 32]
- 3 StrQe; Es, A, c; op. 10; 1809; Traeg, no. 411 [EE902I, 43]; J. J. Hummel, no. 857
- 3 StrQe; o. op.; MS: CZ-CHRm

Eyken, Ernest van der
1913–2010

- StrQ; 1943; CeBeDeM (1993)
- StrQ; no. 2
- StrQ; no. 3; 1997; CeBeDeM (1997)

Eyken, Heinrich Robert van
1861-1908
- StrQ; op. 13

Eyre, Alfred James
1853-1919
- StrQ

Eyser, Eberhard Friedrich
1932-
- Cisiliana; StrQ; no. 1; op. 55; 1954/55;
  STIM
- Podema; StrQ; no. 2; 1969; STIM
- Rêverie héroïque; StrQ; no. 3; 1976; STIM
- Panteod; StrQ; no. 4; 1989, rev. 1990
- StrQ; no. 5; op. 60; 1992
- Litalo. Hommage à Pärt; StrQ; no. 6; 1992
- StrQ; no. 7; op. 73; 1993
- Giramanto; StrQ; no. 8; 1993; STIM
- Espieglerie; StrQ; no. 9; 1994
- L'Usignuolo nel mio giardino; StrQ;
  no. 10; 1996
- Salmini; StrQ; 1998
- Bella Vista; StrQ; 1999

Faber, Roland
1960-
- Quartetto semplice al mondo agonizzante;
  StrQ; no. 1; op. 4; 1986/87
- Zauberhelle. Finsternisse; StrQ; no. 2;
  op. 14; 1989
- Nachteinströmen. Versuch einer Deutung;
  StrQ; no. 3; op. 16; 1990; A: 4/1992 Wien

Fabricius, Jacob
1949-
- StrQ; 4 movements; 1969
- StrQ; 2 movements; 1969
- StrQ; no. 3; 1979; Samfundet

Fabricius, Jakob Kristian
1840-1919
- StrQ; e; no. 1; 1866; Dan Fog (1975)

Fabritius, Ernst
1842-1899
- StrQ; c; op. 6; 1860

Faccio, Franco
1840-1891
- StrQ; G; Mailand (1864)

Fährmann, Hans
1860-1940
- StrQ; e; op. 41; Junne (1912)

Färber, Otto
1902-1987
- StrQ; no. 3; op. 41; 1946

Faika, Paul
1892-?
- StrQ

Fiani, Giovanni Battista
1857-1941
- StrQ; e; Carisch (1900)

Faintukh, Solomon
1899-1985
- StrQ; 1925
- StrQ; 1926

Fairchild, Blair
1877-1933
- StrQ; 1909
- 2 Novellettes; StrQ; op. 10; ca. 1907
- StrQ; g; op. 27; Demets (1911)

Faivre, Marcel-Henri
1922-
- StrQ; no. 1
- StrQ; no. 2
- StrQ; no. 3; 1987

Falabella Correa, Roberto
1926-1958
- StrQ; no. 1; 1957

Falcinelli, Rolande
1920-2006
- StrQ; op. 9

Falik, Jurii Aleksandrovich
1936-2009
- StrQ; no. 1; 1955; Sovetskij (1982)
- StrQ; no. 2; 1965; Sovetskij (1982)

- StrQ; no. 3; 1974; Sovetskij (1977 + 1988)
- StrQ; nos. 4 + 5; op. 37 + 40; 1976 + 1978; Muzyka (1981)
- StrQ; no 6; 1984; Sovetskij (1988)
- 4 Postludien; StrQ; no. 7; 1993; Sovetskij
- StrQ; no. 8; 2001; Sovetskij

Falk, Julien
1902-1987
- StrQ; op. 340; 1960

Falk, Karl-Axel
1958-
- Fecunditas; StrQ; 1985

Falkenthal, Kurt
1906-?
- StrQ; d; op. 2

Fall, Fritz
1901-?
- StrQ; A: 2/1924 Wien

Fall, Siegfried
1877-1943
- StrQ; e; op. 9; 1915; Stahl (1919)

Faller, Nikola
1862-1938
- StrQ; Es

Falquet, René
1934-
- StrQ; 1965

Faltis, Evelyn
1887-1937
- 6 Zigeunerlieder; StrQ; A; op. 13; ca. 1924; Ries
- StrQ; op. 15; ca. 1924; MS: BSB, Nachlass 973

Faltus, Leoš
1937-
- StrQ; 1965
- StrQ; no. 2; 1977

Famintsin, Aleksandr
1841-1896
- StrQ; Es; no. 1; op. 1; Kahnt (1869)
- Serenade; StrQ; d; no. 2; op. 7; Fürstner (1877)

- StrQ; no. 3
- StrQ; no. 4

Fano, Guido Alberto
1875-1961
- StrQ; a; 1942

Fanta, Robert
1901-1974
- 2 StrQe

Fanticini, Fabricio
1955-
- Il minotauro non s'è quasi difeso; StrQ; Ricordi (1985)

Farago, Marcel
1924-2016
- StrQ; 1940
- StrQ; 1960

Fargion, Matteo
1961-
- Pining for Madame Lupukhov; StrQ; 1985
- 10 fugal pieces; StrQ; 1987
- StrQ; no. 4

Farberman, Harold
1929-
- StrQ; 1960

Farhang, Alireza
1969-
- Au-delà du temps; StrQ; 2005
- Echo-Chaos; StrQ + Elektr; 2007
- Tak-Sīm; StrQ + Elektr; 2012; A: 2012 Paris

Farhart, Hormoz
1929-
- StrQ; 1979; ICMC
- StrQ; 1981; ICMC
- 4 StrQe; ICMC

Fariñas Cantero, Carlos
1934-2002
- StrQe, darunter: no. 1; 1963; Tonos

Farjeon, Harry
1878-1948
- StrQ; C; no. 4; op. 65; 1927; Paxton

Farkas, Edmund
1851-1912

- StrQ; c; F. Schmidt (1905)

Farkas, Ferenc
1905-2000
- StrQ; 1970–72; EMB (1974)
- Piccola musica di concerto; StrQ (od. StrOrch); 1961; EMB/Zen. (1962)

Farkas, Ödön
1851-1812
- 5 StrQe, darunter: StrQ; d; 1903

Farmer, Henry George
1882-1965
- By the Camcor; StrQ; 1905

Farquhar, David Andross
1928-2007
- StrQ; 1989; NZMIC; A: 1989 Wellington
- StrQ; 1949; Wai-te-ata

Farr, Gareth
1968-
- Owhiro; StrQ; no. 1 (orig. no. 4); 1993
- Mondo Rondo; StrQ; no. 2; 1997
- StrQ; 1988
- StrQ; 1989

Farrar, Ernest Bristow
1885-1918
- Celtic impressions; StrQ; op. 31

Farrell, Eibhlis
1953-
- StrQ; no. 2; 1977

Farrenc, Jeanne Louise
1804-1875
- StrQ; B; no. 1; (zweifelhaft); Heinrichshofen (1998) [GAII/6]

Farwell, Arthur George
1872-1952
- Fugue Fantasy; StrQ; op. 44; 1914
- The Hako; StrQ; op. 65; 1922; MS: Libr. of Congress

Fasch, Johann Friedrich
1688-1758
- Concerto p. Laute + Str (arr. StrQ); d; Zerboni (1971?)

Fassbänder, Peter
1869-1920
- StrQ; A; op. 45
- StrQ; f; op. 118

Fasullo, Pietro
1908-1997
- StrQ; A; Bongiovanni

Fatiol, Tiberin
1935-
- Quadricinium 1; StrQ; 1956
- Quarteto Semplice; StrQ; 1968
- StrQ; 1971; MS: Bibl. U. C.
- Muzica concertanta; 1977; MS: Bibl. U. C.

Faulconer, Bruce Laland
1951-
- Interface I; StrQ; 1978

Fauré, Gabriel
1845-1924
- StrQ; e; Durand (1925); Ed. Peters (1982); Bärenreiter (2010); A: 1925 Paris

Fauvel, André-Joseph
um 1756-um 1834
- 3 StrQe; D, h, Es; op. 1; Chaune [F139]
- 3 StrQe; F, A, Es; op. 6; Pollet [F142]

Favre, Georges
1905-1993
- StrQ; 1989; Durand

Favre-Martinet, Marc
1954-
- StrQ; 1983; CDMC

Febel, Reinhard
1952-
- StrQ; 1981/82; Ricordi; A: 6/1985 Duisburg
- 5 Stücke; StrQ; 2000; Ricordi; A: 2000 Köln

Fedele, Ivan
1953-
- Mox; StrQ; 1983; ESZ
- Per accorder; StrQ; no. 1; 1981–89; ESZ (1981); A: 9/1981 Rotterdam

- Pentalogon quartet; StrQ; no. 2; 1987; ESZ (1989); A: 5/1989 Rende
- Palimpsest; StrQ; 2006/07
- Târ; StrQ; no. 3; 1999/2000; ESZ

Fehres, Wilhelm
1901-1991
- StrQ

Feigin, Leonid Veniaminovich
1923-2009
- StrQ; no. 1; 1949
- StrQ; no. 2; 1980

Feinberg, Samuil
1890-1962
- StrQ (2 Sätze); c; 1911

Feinsmith, Marvin P.
1932-
- Hebrew medley; StrQ

Feischner, Heinrich
1910-1961
- StrQ; op. 25

Feix, Otto
1890-1980
- Adagio; StrQ; op. 24b; A: 1924
- Bergwanderung; StrQ; op. 48b; 1947
- StrQ; op. 64d; 1951
- Jeschkenlied, Variationen; StrQ; op. 82b; Hohler (1960)
- StrQ; c; op. 85; 1960
- Skizzen aus Ruhpolding; StrQ; op. 89c; 1961
- StrQ; g; op. 100; 1964
- Reminiszenzen; StrQ; op. 102; 1965
- 2 Lahrer StrQe; G; op. 108 I; 1967

Felber, Rudolf
1891-?
- StrQ

Felciano, Richard
1930-
- Crystal; StrQ; 1981
- StrQ; 1995

Feld, Erich
1893-?

- StrQ

Feld, Jindřich
1925-2007
- StrQ; 1949; CHF; A: 1950 Prag
- StrQ; 1952; CHF; A: 1954
- StrQ; 1962; Ed. Modern (1964)
- StrQ; no. 4; 1965; Státní hudební (1967)
- StrQ; no. 5; 1978/79; Panton (1982); A: 3/1981 Prag
- StrQ; 1993; Panton

Feldbusch, Éric
1922-2007
- StrQ; 1955
- StrQ; 1958
- StrQ; 1963
- StrQ; 1971

Felder, Alfred
1950-
- StrQ; A: 5/2008 Winterthur

Felderhof, Jan
1907-2006
- StrQ; no. 2; Donemus (1932)
- StrQ; no. 3; Donemus (1938)
- Ter Nagedachtenis aan Sem Dresden; StrQ; no. 4; Donemus (1957)
- Dilettantenkwartet; StrQ; 1990; Donemus

Feldman, Grigorii
1910-1963
- StrQ; 1940
- StrQ; 1948

Feldman, Herbert Byron
1931-
- StrQ; no. 1; op. 39; McGinnis (1975); A: 4/1974 Hempstead, NY
- Dark house: Songs; StrQ + Sopr

Feldman, Ludovic
1893-1987
- Cinci novelette; StrQ; 1953
- StrQ; 1957
- 3 Études de concert; StrQ; 1968; Zerboni
- Piese caracteristice; StrQ; 1960; MS: Bibl. U. C.

Feldman, Morton
1926-1987
- um 1950; StrQ
- Structures; StrQ; 1951; Ed. Peters (1962); A: 5/1956 New York
- 3 Pieces; StrQ; 1954–56; Ed. Peters (1962); A: 1956 New York
- StrQ; 1957–62
- StrQ; 1979; UE
- StrQ; no. 2; 1982/83; A: 1983 Toronto

Feldmann, Walter
1965-
- … à tournoyer; StrQ; no. 1; 1990; Carus (1998)
- absences (fragmenté); StrQ; no. 2; 1997; Carus
- le second tour du noyé; StrQ; no. 3; 1996/97, rev. 2004; Carus (1997)
- réduction d'emballage; StrQ + Klar; 1998/99; Carus
- se sont penchés dessu: Synchroniestudie I; StrQ; 2004/05; Carus

Felgenhauer, Volker
1965-
- StrQ; zurückgez.
- StrQ; D; 1984
- Reflexionen über Paul Celan; StrQ; 1986; A: 1986

Felice, John
1938-
- Vision; StrQ

Felix, Václav
1928-2008
- Quartetto amoroso; StrQ; op. 51; 1979; Panton (1984)

Fellegara, Vittorio
1927-2011
- Herbstmusik. Omaggio a Mahler; StrQ; 1986; ESZ [9668/9]; A: 4/1987 Bergamo

Feller, Kamillo
1862-1942
- StrQ; d
- StrQ; F

Fellowes, Edmund Horace
1870-1951
- StrQ; C; 1892

Femelidi, Volodimir Aleksandrovich
1905-1931
- Danza exotica; StrQ; 1927
- StrQ; 1927

Fénelon, Philippe
1952-
- 11 inventions; StrQ; 1988; Ricordi (1988)
- StrQ; 1991; Amphion
- StrQ + Sopr; 1999; Amphion (2000)
- StrQ; Amphion; 2005; A: 24.09.2005

Fenigstein, Victor
1924-
- Six réactions sur un thème de rythme; StrQ; 1954; Kunzelmann (1988)
- Viermal Beängstigendes und Tröstliches; StrQ; 1981; MS: L-Ln
- 3 Esquisses; StrQ; Kunzelmann (1980)

Fennelly, Brian Leo
1937-
- StrQ; C; 1971–74
- StrQ in 2 movements; 1971; CFE (1974)
- In wilderness is the preservation of the world; StrQ; 1975

Fenner, Burt, L.
1929-2013
- StrQ

Fenzl, Helmut-Friedrich
1953-
- StrQ; no. 1; 1982
- Sonata erotica; StrQ; 1991

Fere, Vladimir Georgievich
1902-1971
- Kvartetna Kirgizskie temy; StrQ; op. 27; 1946; Muzgis (1949)

Ferenczy, Oto
1921-2000
- StrQ; no. 1; 1962; Státní hudební (1965)
- Hudba pre styri; StrQ; 1947/48, rev. 1973; SHF (1976)

Ferguson, Edwin Earle
1910–1999
- Pastorale; StrQ
- What if […]; StrQ + Voices

Ferguson, Stephen
1955–
- Multiple StrQ; 1983; A: 10/1985 Graz

Ferko, Frank
1950–
- Veillees; StrQ + Bar; 1989

Fernandes, Carlos
1965–
- StrQ; 1996

Fernandes, Maria Helena Rosas
1933–
- Territories et ocas; StrQ + Tambourin, Tam-tam; MS: Kopie im Archiv Frau + Musik

Fernández, Eduardo
1952–
- Dos piezas; StrQ; 1980
- StrQ; 1982

Fernández, Oscar Lorenzo
1897–1948
- StrQ; no. 1; 1927
- StrQ; no. 2; 1946; Southern

Fernández Barroso, Sergio
1946–
- StrQ; 1967

Fernández Casielles, Baldomero
1871–1934
- StrQ; D; op. 17; 1908–13

Fernández Esperón, Ignacio
1894–1968
- StrQ; 1934

Ferneyhough, Brian
1943–
- StrQ; no. 1; 1963
- Sonatas; StrQ; 1967; Hinrichsen
- StrQ; no. 2; 1979–80; Ed. Peters
- Adagissimo; StrQ; 1983; Hinrichsen (1984); A: 1985 La Rochelle

- StrQ; no. 3; 1989/90; Ed. Peters
- StrQ; no. 4; StrQ + Sopr; 1989/90; Ed. Peters
- Dum Transisset 1–4; StrQ; Ed. Peters
- StrQ; no. 5; 2006; Ed. Peters
- Exordium; StrQ; 2008; Ed. Peters
- StrQ; no. 6; 2010; Ed. Peters
- Silentium; StrQ; 2014; Ed. Peters

Fernström, John Axel
1897–1961
- StrQ; F; op. 6; 1923
- StrQ; g; op. 9; 1925
- StrQ; op. 23; 1931
- StrQ; Es; op. 54; 1941
- StrQ; op. 81a; 1945
- In the 7th gipsy-key on g; op. 81b; 1946
- Fyra folkmelodier; op. 82a
- StrQ; op. 91; 1950
- StrQ; op. 93; 1952

Féron, Alain
1954–
- Mutus liber; StrQ; op. 5; 1986; Durand

Ferrari, Giorgio
1925–2010
- StrQ; 1955/56
- StrQ; 1960
- StrQ; no. 3; Curci (1963)
- StrQ; no. 4; 1985; Curci
- StrQ; no. 5; Curci

Ferrari Trecate, Luigi
1884–1964
- StrQ in 3 tempi; Curci [4735]

Ferrata, Giuseppe
1865–1928
- In excelsis; StrQ; C; um 1900; J. Fischer
- 4 Episodes; StrQ; um 1903; J. Fischer
- StrQ; G; op. 28; 1908; J. Fischer (1913)

Ferrazano, Anthony Joseph
1937–
- StrQ; 1956
- StrQ; 1967

Ferrero, Lorenzo
1951-
- Portrait; StrQ; 1994
- Maschere; StrQ; 1993

Ferroni, Vincenzo
1858-1934
- StrQ; d; op. 20; 1881
- StrQ; G

Ferroud, Pierre-Octave
1900-1936
- StrQ; C; 1934–36; Durand (1936)

Ferstl, Erich
1934-
- Capricho; StrQ; Ed. Modern

Fervers, Andreas
1957-
- einsätzig; StrQ; 1980/81
- StrQ; no. 2; 1997

Fesca, Alexander Ernst
1820-1849
- 3 StrQe; c, f, C; op. 42; Bachmann (1845)

Fesca, Friedrich Ernst
1789-1826
- 3 StrQe; Es, fis, B; op. 1; Mechetti (1815)
- StrQ; op. 2; Mechetti (1815)
- 3 StrQe; a, d, Es; op. 3; Mechetti (1817)
- StrQ; c; op. 4; Mechetti (1816)
- StrQ; op. 5; Mechetti
- Potpourri; StrQ; C; op. 6; Simrock (1815)
- 2 StrQe; f, e; op. 7; Breitkopf (1817)
- StrQ; d; op. 12; Breitkopf (1818/19)
- StrQ; B; op. 14; Hofmeister (1819)
- StrQ; D; op. 34; Simrock (1824)
- StrQ; C; op. 36; Simrock

Feßmann, Klaus
1951-
- StrQ; no. 2; 1990; Gamma

Festa, Giuseppe
1771-1839
- StrQ
- 3 StrQe; op. 9?; H. Eitner

Fétis, François-Joseph
1784-1871

- 3 StrQe; vor 1800; MS: B-Bc
- StrQ; 1860; MS: B-Bc
- StrQ; 1862; MS: B-Bc
- StrQ; 1863; MS: B-Bc

Fetler, Paul
1920-
- StrQ; 1947
- StrQ; 1989

Fetsch, Rudolf
1900-1974
- StrQ

Fheodoroff, Nikolaus
1931-2011
- Streichquartettsatz; 1952
- StrQ; 1971; A: 4/1971 Klagenfurt
- StrQ; no. 2; 1995; A: 2/1995

Fiala, Joseph
1748-1816
- 6 StrQe; Es, B, F, C, G, D; op. 1;
  Haueisen (1777) [F700]
- 6 StrQe; J. J. Hummel [F702]
- 6 StrQe; Mme Heina [F703]
- 3 StrQe; D, G, B; op. 3; Artaria (1785),
  PN 57 [F704]
- 3 StrQe; C, F, Es; op. 4; Artaria (1785),
  no. 58 [F705]

Fiala, Petr
1943-
- StrQ; no. 1; 1966
- StrQ + Stimme; 1969
- StrQ; no. 3; 1971; Panton (1977?)
- StrQ; 1981; CHF
- StrQ; 1982; CHF

Fibich, Zdeněk
1850-1900
- StrQ; A; no. 1; o. op.; 1874;
  Orbis (1951) [WV189]
- StrQ; G; op. 8; 1878; Urbanek (1879)
- Thema con variazioni; StrQ; 1883;
  Urbanek (1910) [WV269]
- ? Variace; StrQ; F; 1866; [WV830]
- ? Allegro con fuoco; StrQ; a; 1869; [WV870]

- ? Kanon; StrQ; F; 1879; [WV924]

Ficarelli, Mário
1935-2014
- Zyklus 1973; StrQ; Gerig

Ficher, Jacobo L.
1896-1978
- StrQ; no. 1; op. 9; 1927, rev. 1947
- StrQ; no. 2; op. 35; 1936
- StrQ; no. 3; op. 50; 1943
- StrQ; no. 4; op. 73; 1952

Ficklscherer, Robert
1959-
- StrQ; no. 1; op. 20

Fiedler, August Max
1859-1939
- StrQ; a; op. 14; Ries (1931); A: 6/1880

Field, Robin
1935-
- StrQ; 1992; Frontier

Fiestas, Luis
1966-
- Nueva America I; StrQ; 2000;
  Christofer (2000)

Fievé, Peter
1956-
- StrQ; 1980
- StrQ; 1983

Fiévet, Paul
1892-1980
- StrQ; d; 1924; Buffet Crampon

Figueredo, Carlos (Enrique)
1909-1986
- StrQ; 1947; LAMC

Fila, Jan
1982-
- StrQ; 2005

Filas, Juraj
1955-
- Rhapsody in dark blue; StrQ; 1998; BIM

Filippenko, Arkadii Dmitrievich
1912-1983
- StrQ; 1939

- StrQ; no. 2; Muzgis (1948)
- StrQ; no. 3; 1949
- StrQ; no. 4; 1971; Sovetskij (1981)
- StrQ; no. 5; 1977
- StrQ; no. 6; 1979
- StrQ; no. 7
- StrQ; no. 8
- StrQ; no. 9
- StrQ; no. 10
- StrQ; no. 11
- StrQ; no. 12
- StrQ; no. 13
- StrQ; no. 14; Sovetskij (1981)

Filippi, Amedeo de
1900-1990
- StrQ; 1926

Filippi di Ferrara, Filippo
1833-1887
- StrQ; F; Ricordi
- StrQ; D; Ricordi
- StrQ; c; Ricordi
- StrQ; e; Ricordi
- StrQ; G; Ricordi
- StrQ; B; Ricordi
- StrQ; A; Ricordi

Filonenko, Alexandra
1972-
- Kiefers Schatten; StrQ; 1998

Fils, Anton
1733-1760
- 6 StrQe; B, C, A, F, E, Es;
  Thompson [F763]

Finch, Douglas
1957-
- Landscape II; StrQ; 1994; CMC

Fincke, Johann Friedrich
1778-1868
- Klagen eines unschuldig Leidenden; StrQ;
  1848–50 (Zuchthausaufenthalt)

Fine, Irving Gifford
1914-1962
- StrQ; F; 1953; Presser (1955)

Fine, Vivian
1913-2000
- Prelude and elegiac Song; StrQ; 1937
- Composition; StrQ; 1954; ACA
- StrQ; 1957; ACA (1972)

Fineberg, Joshua
1969-
- La Quintina; StrQ + Elektr; 2012;
  A: 1/2013 Berlin

Fink, Hans
1859-1905
- StrQ; e; op. 20; Kistner (1900)

Fink, Michael
1939-
- From a very little sphinx;
  StrQ + Frauenstimme

Fink, Myron S.
1932-
- StrQ
- StrQ; no. 2; 1980

Finkbeiner, Reinhold
1929-2010
- StrQ; no. 2; 1955; A: 1956

Finke, Fidelio Fritz
1891-1968
- StrQ; no. 1; 1912–14; Breitkopf (1964)
- Thema mit Variationen: Krieger's Abschied
  v. Fr. Abt; StrQ; etwa 1908
- StrQ; no. 2; 1926
- Chaconne; StrQ; no. 3; 1926; Breitkopf
- StrQ; no. 4; 1963/64; Litolff (1968)
- StrQ; no. 5; 1963/64; Litolff

Finkel, Sigi
1960-
- Soulfood; StrQ; 1993/94

Finnendahl, Orm
1963-
- Fälschung; StrQ, Laptop, 5-Kanal-
  Zuspielung + 4 Ghettoblaster; 2002/03

Finney, Ross Lee
1906-1997
- StrQ; f; 1935; Arrow

- StrQ; d; no. 2; 1937
- StrQ; g; no. 3; 1940
- StrQ; a; no. 4; 1947; Schirmer (1950)
- StrQ; no. 5; 1948
- StrQ; E; no. 6; 1950; Ed. Peters (1961)
- StrQ; no. 7; 1955; Valley Mus. Pr. (1960)
- StrQ; no. 8; 1960; Valley Mus. Pr. (1960)

Finnissy, Michael
1946-
- Nobody's Jig; StrQ; 1980/81; UMP (1986)
- StrQ; 1984; UMP
- Plain Harmony, 2. Fs.; StrQ; 1993
- Multiple Forms of Constraint; StrQ; 1997
- Sehnsucht; StrQ; 1997

Finzi, Aldo
1897-1945
- StrQ; vor 1931; Ricordi (vor 1931)

Finzi, Graciane
1945-
- 4 Etudes; StrQ; 1976
- Frl. Else; Sopr. + StrQ (nach A. Schnitzler)

Fiori, Ettore
1825-1898
- StrQ; F; Kistner (1863); Ricordi

Fiorillo, Dante
1905-1970
- Gregorian StrQ; 1927
- StrQ; a; 1932
- Prelude + Fugue; StrQ; 1937

Fiorillo, Federigo
1755- 1823
- 6 StrQe; Es, g, G, D, d, c; op. 1;
  Sieber [F885]
- 6 StrQe; Es, d, G, D, g, c; op. 2;
  J. J. Hummel; Amsterdam, no. 454 [F886]
- 6 StrQe; A, Es, G, D, g, B; op. 6;
  Sieber [F889]
- 3 StrQe; Es, C, f; op. 16;
  Sieber (ca. 1798) [F890]
- 3 StrQe; op. 23; Lavenu [F891]

Firsova, Elena Olegovna
1950-

- 5 pieces; StrQ; op. 4; Sikorski (1970)
- StrQ; op. 11; 1974; Sikorski
- Misterioso: In memoriam I. Stravinsky; StrQ; op. 24; 1980; Sikorski (1982)
- Amoroso; StrQ; op. 40; 1989; Sikorski (1991)
- Lacrimoso; StrQ; no. 5; op. 58; 1992
- StrQ; no. 6; op. 71; 1994
- Sostradaniel Compassione; StrQ; no. 7; op. 72; 1995
- Kammenyi ghost; StrQ; no. 8; op. 74; 1995; A: 1/1997 Osnabrück
- Dver zakryta; StrQ; no. 9; op. 79; 1996; Boosey (1997)
- StrQ; no. 10; op. 84; 1998
- Aus den Woronescher Heften: Kantate; StrQ + Sopr; Sikorski (2009); A: 9/2010 Kempten

Firšt, Nenad
1964-
- StrQ; 1982
- StrQ; 1988

Fischer, Edith Steinkraus
1922-?
- 5 StrQe

Fischer, Herbert
1934-1985
- 3 StrQe

Fischer, Irwin
1903-1977
- StrQ; 1972

Fischer, Matthäus
1763-1840
- Fuga über das Thema Alleluja, welches an Charsamstag angesungen wird; StrQ
- Fuga in g; StrQ; MS: D-Mbs

Fischer, Michael Gotthardt
1773-1829
- 2 StrQe; B, C; op. 1; André (1799)

Fischer, William S.
1935-
- StrQ; no. 1; 1954

- StrQ; no. 2; 1962

Fischer-Bad Schandau, Johannes
1933-
- Une vie; StrQ; no. 1; 1996

Fischhof, Joseph
1804-1857
- StrQ

Fišer, Ján
1896-1963
- 3 StrQe

Fišer, Luboš
1935-1999
- Testis; StrQ; 1979
- StrQ; 1984
- Variace na nez name tema; 1976
- A pravila Rut; StrQ; 1988

Fisher, Alfred Joel
1942-2016
- Elegy: The call and the solitude; StrQ; 1955

Fisher, Helen
1942-
- In memory of May Manoy; StrQ; 1994; NZMIC

Fisher, Stephen D.
1940-
- StrQ; no. 1; Ed. Peters (1961/62)

Fisher, Zeal
1930-
- StrQ; no. 1; 1967

Fitch, Theodore F.
1900-?
- StrQ

Fitelberg, Jerzy
1903-1951
- StrQ; no. 1; 1926
- StrQ; no. 2; 1928; UE (1928)
- StrQ; no. 3; 1935
- StrQ; no. 4; 1936
- StrQ; no. 5; 1945; Southern Music

Fitingof-Sel, Boris Aleksandrovich
1829-1901
- StrQ; 1859/60

Fitkin, Graham
1963-
- Servant; StrQ; 1992
- A Small quartet; StrQ; 1993
- Another small quartet; StrQ; 1993
- String; StrQ; ABRSM

Fitzenhagen, Wilhelm
1848-1890
- StrQ; d; op. 23; Breitkopf (1879)

Flament, Édouard
1880-1958
- StrQ; no. 1
- StrQ; no. 2
- StrQ; no. 3; op. 167; Eschig

Flanagan, William
1923-1969
- Divertimento; StrQ; 1947

Flammer, Ernst Helmuth
1949-
- StrQ; no. 1; 1977; Gravis (1983)
- StrQ; no. 2; 1981/82; Gravis (1983)
- StrQ; no. 3; 1985, rev. 1988; Peters (1988)
- Des Feuervogels Zeitreise; StrQ; no. 4; 1987

Fleischer, Hans
1896-1981
- StrQ; no. 1; op. 12; 1922
- StrQ; no. 2; op. 13; 1922
- StrQ; no. 3; op. 27; 1923

Fleischer, Tsippi
1946-
- Hexaptychon. Piece no. 3; StrQ; IMI

Fleites, Virginia
1916-
- Ricercare; StrQ; 1943

Fleming, Gordon Ch. J.
1903-?
- Allegro; StrQ; d; 1945

Fleming, Robert James Berkeley
1921-1976
- StrQ; no. 1; 1969

Flender, Reinhard David
1953-
- Eucharisto; StrQ; 1999; Peer (1999)

Fleta Polo, Francesco
1931-
- StrQ.; op. 69; Clivis

Fletcher, H. Grant
1913-2002
- 5 StrQe
- StrQ; 1975

Flössner, Franz
1899-1972
- StrQ; A: Dresden

Floquet, Étienne Joseph
1748-1785
- Chaconne; StrQ; vor 1774

Florata, Giuseppe
1865-1928
- 2 StrQe
- StrQ; op. 28

Floredo, Michael
1967-
- StrQ; 1989

Floridia, Pietro
1860-1932
- Hochzeitslied; StrQ; op. 15, 4; Hug (1904)

Florio, Caryl
1843-1920
- 4 StrQe; 1872–96

Flosman, Oldřich
1925-1998
- StrQ; 1956; Státní hudební (1961)
- StrQ; 1963
- StrQ; 1966; Supraphon (1981)

Flothuis, Marius Hendrikus
1914-2001
- StrQ; no. 1; op. 44; 1951/52; Donemus
  StrQ; no. 2; op. 94; 1992; Donemus

Flotow, Friedrich v.
1812-1883
- StrQ; C; no. 1; Accolade (2011)
- StrQ; no. 2; verschollen

Flügel, Gustav
1812-1900
- StrQ; a; op. 23; Hofmeister (1849)

Flury, Richard
1896-1967
- Adagio; 1919
- StrQ; d; no. 1; 1926; Hug (1928)
- StrQ; e; no. 2; 1929
- StrQ; C; no. 3; 1938
- StrQ; C; no. 4; 1940
- StrQ; C; no. 5; 1955
- StrQ; d; no. 6; 1958
- StrQ; d; no. 7; 1964

Flury, Urs Joseph
1941-
- Walzer; A; 1957

Flynn, George William
1937-
- American Festivals and Dreams; StrQ; 1976

Flys, Volodymyr
1924-1987
- StrQ; 1960
- StrQ; 1968

Focke, Fré
1910-1989
- StrQ; 1945; Donemus

Focke, Willy
1949-
- StrQ; no. 1; StrQ + Bar; op. 13; 1975;
  Ed. Peters (1980)
- 5 Adagios; StrQ; op. 17

Fodi, John
1944-2009
- StrQ; op. 1; 1963
- Short; StrQ; no. 2; op. 8; 1965
- Fantasia; StrQ; op. 10; 1967
- Ch'ien; StrQ; 1969
- Concerto à quattro; StrQ; no. 5;
  op. 39; 1973
- Aus tiefer Not; StrQ; no. 6; op. 64; 1981
- Purcell; StrQ; no. 7; 1987–89

Fodor, Joseph
1752-1828

- 6 StrQ; C, B, E, A, G, f; op. 8; ca. 1782;
  J. J. Hummel # 559 [F1285]
- 6 StrQe; op. 11; Bailleux [F1286]
- 6 StrQe; F, D, C, G, F, Es; op. 12; 1784;
  J. J. Hummel [F1288]
- 6 StrQe; G, D, C, f, B, F; op. 13; 1785;
  J. J. Hummel [F1290]

Förster, Alban
1849-1916
- 2 StrQe

Förster, Emanuel Aloys
1748-1823
- 6 StrQe; op. 7; 1794; André [PN688]
- 6 StrQe; op. 16; 1801; Artaria
- (6) 3 StrQe; C, d, A; op. 21; Bureau d'Arts
  no. 13 (82) [F1408]
- StrQ; C; op. 21, 1; Doblinger (1957)
- ? 12 StrQe; 1801
- ? 18 StrQe; 1805

Foerster, Josef Bohuslav
1859-1951
- StrQ; E; no. 1; op. 15; 1888; Junne (1898)
- StrQ; D; no. 2; op. 39; 1893, rev. 1922;
  Sadlo (1927)
- Allegro giocoso; StrQ; 1894; Supraphon
- StrQ; c; no. 3; op. 61; 1907–13; UE (1914)
- StrQ; F; no. 4; op. 182; 1943;
  HMUB (um 1949)
- Vestecký; StrQ; G; no. 5; o. op.; 1951;
  Panton (1984)
- Modlitba; StrQ; o. op.; 1940; Supraphon

Förtig, Peter
1934-
- StrQ; 1992; A: 1996

Fogg, Eric
1903-1939
- StrQ; As; Stainer (1925)

Foison, Michèle
1942-
- Oiseaux de silence; StrQ; 1980

Fokkens, Robert
1975-

- Libalel'ilanga; StrQ; 2005, rev. 2008

Foley, Daniel
1952-
- 3 songs after Hesse; StrQ + Bar

Folkerts, Hero
1898-?
- StrQ; no. 1; A: 1941 Gelsenkirchen

Folprecht, Zdeněk
1909-1961
- StrQ; no. 1; op. 10; 1933
- StrQ; no. 2; op. 31; 1949; Panton
- StrQ; no. 3; op. 35; 1955; Státní hudební

Fomenko, Mykola
1894-1961
- StrQ; no. 1

Fomin, Nikolai Petrovich
1869-1943
- StrQ

Fómina, Silvia
1962-
- Im Halbdunkel; 3 StrQe; 1990; UE

Fongaard, Bjørn Einar
1919-1980
- 21 StrQe
- Microtonal Synthese; StrQ + Tape; 1974

Fonseca, Julio
1885-1950
- Hoja de Album; StrQ; 1938;
  Imprenta Nacional

Fontenelle, Georges
1769-1819
- 2 StrQe; 1810 verloren

Fontenla, Jorge
1927-
- StrQ; 1960

Fontyn, Jacqueline
1930-
- StrQ; op. 21; 1958; A: 1959 Liège
- Horizons Stableaux; StrQ; op. 47; 1977
- Either-or; StrQ; 1984; POM
- Musica a quattro; 1984
- Battements d'Ailes; 1997–99; A: 2000

Foote, Arthur
1853-1937
- StrQ; g; no. 1; op. 4; 1883; Litolff (1885)
- Tema con variazioni; StrQ; a; op. 32; 1893;
  A. Schmidt (1901)
- StrQ; D; no. 3; op. 70; 1907–11;
  A. Schmidt (1911)
- A night – pieces; StrQ; A. Schmidt (1934)

Forare, Erik
1955-
- StrQ; 1992
- StrQ; 1996

Forbes, Sebastian
1941-
- StrQ; no. 1; 1969; Chester (1971)
- StrQ; no. 2; 1969; Chappell
- StrQ; no. 3; 1981/82
- StrQ; no. 4; 1996

Ford, Andrew
1957-
- StrQ; 1985

Ford, Clifford
1947-
- StrQ; 1965
- StrQ; 1966
- StrQ; 1968
- StrQ; 1969
- StrQ; 1970
- StrQ; 1974
- StrQ; 2002

Ford, Ronald
1959-
- Canons; StrQ; 1984
- Rapide; StrQ; 1997; Donemus

Fordell, Erik
1917-1981
- StrQ; 1956
- StrQ; 1959
- StrQ; 1960
- StrQ; 1967
- StrQ; 1967
- StrQ; 1969
- StrQ; 1971

- weitere StrQe

Foreshaw, David
1968-
- StrQ; 1993

Forest, Jean Kurt
1909-1975
- Aus Lenins neuer Welt; 6 StrQe; 1969
- Jugend-Quartett; 1967

Foretić, Silvio
1940-
- Choralquartett; StrQ; no. 1; 1958/59
- Für bessere Zeiten; StrQ; no. 2; 1988/89

Formann, Philipp Jakob
1906-1980
- Vorstadt-Impressionen: Suite; StrQ

Fornerod, Aloÿs
1890-1965
- StrQ; op. 47; 1964

Forsberg, Roland
1939-
- Memoriamore; StrQ; 1988

Forst, Rudolph
1900-1973
- StrQe; no. 1–6; Branch

Forster, Josef
1838-1917
- StrQe; Drucke in A-Wn + A-Wst

Forster, Paul
1915-1982
- StrQ; 1945

Forstpointner, Alfons
1929-
- StrQ; 1965

Forsyth, Malcolm Davis)
1936-
- Fugue; StrQ; 1966

Forsyth, Wesley Octavius
1863-1937
- StrQ

Forter, Adolphe
1894-1977
- StrQ

Fortia de Piles, Alphonse de
1758-1826
- 3 StrQe; A, B, D; op. 6; Bignon (1786)
- 3 StrQe; c, G, B; op. 8; Bignon (1787)

Fortner, Jack Ronald
1935-
- StrQ; no. 1; 1966–68; Jorbert
- 4 pieces; StrQ
- StrQ; no. 7; 1966–68; Jobert (1970)

Fortner, Wolfgang
1907-1987
- StrQ; no. 1; 1930; Schott (1930, rev. 1958); A: 1930 Königsberg
- StrQ; no. 2; 1938; Schott (1938); A: 1938 Venedig
- StrQ; no. 3; 1948; Schott (1950); A: 1949 Köln
- StrQ; no. 4; 1975; Schott (1977); A: 1977 Saarbrücken
- 4 kleine Stücke; StrQ; W. Müller

Fortunati, Gian Francesco
1746-1821
- 6 StrQe

Fortunato, Antonio
1946-
- Emmanuel; StrQ; 1997; Kelidon

Foss, Lukas
1922-2009
- StrQ; G; no. 1; 1947; C. Fischer (1947)
- Divertissement pour Mica; StrQ; no. 2; Salabert (1973)
- StrQ; no. 3; 1975; Salabert (1975)
- StrQ; no. 4; 1998; C. Fischer; A: 2000 Buffalo
- StrQ; no. 5; 2000; C. Fischer; A: 2002 New York

Fotek, Jan
1928-2015
- StrQ; 1962
- StrQ; no. 2; 1973; Wydawnictwo Muzyczne (1976)

Fotino, George
1858-1946

- StrQ; 1878

Fougstedt, Nils-Eric
1910-1961
- Divertimento; StrQ; op. 6b; 1934
- StrQ; f; op. 18; 1940

Foulds, John (Herbert)
1880-1939
- StrQ; f; 1899
- Qu. romantic; StrQ; op. 5; 1903
- StrQ; d; op. 23; 1910
- Aquarelles; StrQ; op. 32
- Qu. intimo; StrQ; op. 89; 1931/32
- Qu. geniale; StrQ; op. 97; 1935
- 5 StrQe; verloren

Fouqué, Friedrich de la Motte
1874-1843
- StrQ; op. 19

Fourestier, Louis
1892-1976
- StrQ; 1939; Durand (1939)

Fowler, Jennifer
1939-
- StrQ; 1967

Fowler, Tommy
1948-
- The dance of the Asrai; StrQ; 1993, rev. 1998; ScoMIC

Fournier, Jean
?
- StrQ; op. 15; 1939; Flute de Pan

Fowles, Ernest
1864-1932
- StrQ

Fox, Christopher
1955-
- Heliotropes[6]; StrQ; 1987
- StrQ; 1979

Fox, Frederick Alfred
1931-2011
- Dawnen grey; StrQ; MMB

Fracassini, Luigi
1733-1798

- 3 StrQe

Frackenpohl, Arthur
1924-
- 3 Short pieces; StrQ; G. Schirmer (1970)
- Suite; StrQ; 1971; G. Schirmer

Fränkel, Wolfgang
1897-1989
- StrQ; 1924
- StrQ; 1949
- StrQ; 1960

Fränzl, Ferdinand
1767-1833
- 6 StrQe; C, G, A, F, B, D; op. 1; André (1792), no. 430
- 3 StrQe; op. 6; Sieber (1800)
- 3 StrQe; Es, C, A; op. 9; André (1804)

Fränzl, Ignaz Franz Joseph
1736-1811
- 6 Quartetti notturni; D, G, C, F, D, G; op. 3; Casteaud (1770) [F1573]

Frajt, Ludmila
1919-1999
- Srebrni zvuci; StrQ; 1972; Udruženja kompozitora Srbije (1974)

Françaix, Jean
1912-1997
- StrQ; 1934; Schott (1938)
- StrQ; 1955; Schott (1966)
- Ode sur la naissance de Venus; StrQ; Editions Musicales Françaises

Franceschini, Romulus
1929-
- StrQ

Francesconi, Luca
1956-
- StrQ; no. 1; 1976
- L'Abisso; StrQ; no. 2; 1985
- Mirroire; StrQ; no. 3; 1993
- Voli Niccolo; StrQ; no. 4; 2004

Franchetti, Alberto
1860-1942
- Variazioni; StrQ

Franchetti, Arnold
1905-1993
- Il giglio rosso; StrQ
- 6 StrQe

Franchisena, César Mario
1923-1992
- StrQ; 1953
- Rhythmus; StrQ; 1965

Francisconi, Giovanni
?
- 6 Quatuors d'un goût nouveau; op. 2; 1769; Venier [F1608]

Franck, César
1822-1890
- StrQ; D; 1889; Hamelle (1890); Bärenreiter (2010) [FWV9]

Franck, Eduard
1817-1893
- StrQ; f; op. 49; Schlesinger (1891) [WV98]
- StrQ; Es; op. 54; 1874; [WV102]
- StrQ; c; op. 55; Schlesinger (1899) [WVPP102]

Franck, Richard
1858-1938
- Spanische Serenade; StrQ; op. 56; 1926; MS: Öst. Nat.-Bibl. [WVPP202]

Franckenstein, Clemens Frh. v. und zu
1875-1942
- StrQ; c; op. 13

Francl, Jaroslav
1906-1990
- StrQ; no. 1; 1930
- StrQ; no. 2; 1945
- StrQ; no. 3; 1957

Francmesnil, Roger de
1884-1921
- StrQ; g; Mathot (1921)

Franco, Johan Henri Gustav
1908-1988
- 2 pieces; StrQ; 1941; CFE
- The Prodigal; 6 StrQe; 1931–60
- StrQ; 1931

- StrQ; 1944
- StrQ; no. 3; 1949; CFE (1952)
- StrQ; no. 4; 1950; CFE
- StrQ; no. 5; CFE

Franco Bordons, José María
1894-1971
- StrQ; op. 34; 1931

Franco-Mendès, Jacques
1812-1889
- StrQ; 1835
- StrQ; F; no. 2; op. 31; Costallat (um 1863)
- StrQ; no. 3
- StrQ; h; no. 4; op. 39; Costallat (um 1863)

Frand, Jaroslav
1906-?
- StrQ; 1933
- StrQ; 1946
- StrQ; 1957

Frandsen, John
1956-
- String Song; StrQ; 1981; DMIC
- Danse macabre; StrQ; 1991; DMIC

Frank, Andrew
1946-
- 2 StrQe
- StrQ; no. 3; 1982; Mobart (1984)

Frank, Gabriela Lena
1972-
- Leyendas: An Andean Walkabout; StrQ; 2001; G. Schirmer (2006)
- Inkarrí (Inca Rey); StrQ; 2005
- Quijotadas; StrQ; 2007

Frank, Marco
1883-1961
- Sinfonietta; StrQ; 1925
- StrQ; A; no. 1; 1925
- StrQ; F; no. 2; 1926
- StrQ; F; no. 3; 1949; ÖBV (1951)
- StrQ; C; no. 4; 1953

Frank, René
1910-1965
- StrQ

Frank, Robert E.
1943-
- StrQ

Franke, Bernd
1959-
- Versuch zur Nähe (Im Gedenken an Louis Krasner); StrQ; 1999/2000; Ed. Peters; A: 5/2000 Leipzig
- I met Feldman at the crossroad… (the way down is the way up); StrQ + Sopr oder Männer-Stimmer + StrQ; 2002; Ed. Peters; A: 5/2002 Saarbrücken
- The way down is the way up; StrQ; Ed. Peters; A: 11/2006 Dresden

Franke, Hellmuth
1890-?
- Elegie; StrQ; op. 1; 1909
- StrQ; a; op. 6; 1910/11; A: 1911 Leipzig

Franke-Blom, Lars-Åke
1941-
- Host; StrQ; 1980; STIM

Frankel, Benjamin
1906-1973
- 3 Sketches; StrQ (StrOrch); op. 2; 1929/30; A: 1933 London
- StrQ; no. 1; op. 14; 1944; Augener (1950); Novello
- StrQ; no. 2; op. 15; 1944; Augener (1947); Novello
- StrQ; no. 3; op. 18; 1947; Augener (1949); Novello
- StrQ; no. 4; op. 21; 1948; Augener (1950); Novello
- StrQ; no. 5; op. 43; 1965; Novello (1967)

Frankl, Paul Josef
1892-1976
- StrQ; 1923; A: 1924 Wien

Franklin, Chris
1950-
- StrQ; op. 2; 1983, rev. 1985; A: 1984 Berlin

Franklin, Jim
1959-?

- Boundaries – for the child of flame; StrQ; 1984; AMC

Franko, Sam
1857-1937
- Wiegenlied; StrQ (StrOrch); op. 3, 1; C. Dieckmann (1901)

Franks-Williams, Joan
1930-2003
- StrQ; 1964

Franz, J. H. (Pseud. f. Graf Bolko v. Hochberg)
1843-1926
- Quartetto; StrQ; Es; op. 22; André (1874)

Franzén, Olov
1946-
- Pezzo; StrQ; 1967
- StrQ; 1996; SMIC

Frazzi, Vito
1888-1975
- StrQ; 1932
- Quartetto; StrQ; Otos

Frederichs, Henning
1936-2003
- Nachtwachen; StrQ; 2001; Dohr
- Ein Lied klingt durch die Zeiten; StrQ; 1992

Fredrickson, Thomas
1928-
- StrQ

Freed, Dorothy Whitson
1919-2000
- StrQ; 1968; NZMIC
- StrQ; 1970; NZMIC

Freed, Isadore
1900-1960
- Folk moods; StrQ; 1929
- StrQ; 1931
- StrQ; 1937

Freedman, Harry
1922-2005
- 5 Pieces; StrQ; 1949; CMC
- Graphic II; StrQ; 1972; CMC

- Blue; StrQ; no. 2; 1980
- Graphic VIII; StrQ; 2000

Freedman, Latif
1920-1999
- StrQ; Ed. Anglian (1979)

Freedman, Robert M.
1934-
- StrQ

Freeman, Edwin Armistead
1928-
- StrQ; 1954
- StrQ; 1955

Freidlin, Jan Yakov
1944-
- StrQ; 1963
- StrQ; 1975

Freiheit, Peter
1940-2001
- StrQ; no. 1; 1958
- Vorspiel; StrQ; 1964
- StrQ; no. 2; 1965

Freitag, Erik
1940-
- 3 Stücke; StrQ; 1976; Contemp. Art;
  A: 4/1977 Wien
- Circuits magiques; StrQ; 1996;
  A: 1997 Odessa

Freitas, Frederico de
1902-1980
- StrQ; 1926

Freitas Branco, Luís de
1890-1955
- StrQ; 1911

Freitas Castro, Ênio de
1911-1975
- StrQ

Freitas Gazul, Francisco de
1842-1913
- StrQ

French, Robert Bruce
1924-
- Song; Sopr./StrQ; A: 1950 Louisville

French, Tania Gabrielle
1963-
- Equinox; StrQ; no. 1; 1992
- Communications; StrQ; no. 2; 2000
- Luminescence; StrQ; no. 3; 2007

Frenkel, Daniil Grigor'evich
1906-1984
- StrQ; no. 1; 1947
- StrQ; no. 2; 1949

Frenkel, Stefan
1902-1979
- StrQ; no. 1
- StrQ; no. 2

Frensel-Wegener, Emmy
1901-1973
- StrQ; 1929; Donemus (1929)

Frešo, Tibor
1918-1987
- Na dedine; StrQ; op. 4; 1939

Freudenthal, Otto
1934-2015
- Musiken till Giuldlock; StrQ; 1992
- Serenade; StrQ; 1993–1997
- 3 Movements; StrQ; 1990
- 4 Movements; StrQ; 1990; SMIC

Freudenthaler, Erland
1963-
- Ein W; StrQ; 1985; ÖMIZ

Freund, Donald Wayne
1947-
- StrQ; 1965
- StrQ; 1966
- Papillons (after R. Schumann); StrQ; 1976

Freund, Philipp
Ende 18.- Anf. 19. Jhdt.
- 3 StrQe; op. 17; Eder, no. 219 [F1877]

Freund, Willy
1892-?
- StrQ; 1918

Frey, Emil
1889-1946
- StrQ; op. 28; 1918; MS: CH-Zz+CH-Bu

- StrQ; op. 57; 1926; MS: CH-Zz+CH-Bu

Frey, Jürg
1953-
- StrQ; 1988; Wandelweiser
- Unbetitelt 6; StrQ; Wandelweiser
- StrQ; no. 2; 1998–2000; A: 2006 Aarau
- StrQ; no. 3; 2012; Wandelweiser

Frey, Peter
1964-
- StrQ; 1987, rev. 1991; A: 6/1991 München

Frey, Peter Josef
1907-1996
- StrQ; 1953; Centraton

Freyer, Joachim
1926-
- StrQ; 1970; A: 1/1971

Freyer, Johannes
1881-1955
- Romanze; StrQ; op. 46; 1955

Freymann, Walter John Alexander
1886-1945
- StrQ; a; no. 1; 1926/27
- StrQ; e; no. 2; 1934

Fribec, Krešimir
1908-1996
- StrQ; no. 1; 1962
- StrQ; no. 2; 1964, rev. 1974
- StrQ; no. 3; 1966
- StrQ; no. 4; StrQ + Sopr.; 1967
- Muzika; StrQ; no. 5; 1968
- StrQ; no. 6; 1969
- Canticum canticorum; StrQ; no. 7; 1973

Friberg, Tomas
1962-
- From equilibrium; StrQ + Tonbd; 1991
- The unanimated word; StrQ; 1993

Fricke, Richard
1877-1957
- StrQ; F; op. 1; Hofmeister (1906)

Fricker, Peter Racine
1920-1990
- StrQ; op. 8; 1948; Schott (1949)

- StrQ; C; no. 2; op. 20; 1953; Schott (1953)
- StrQ; no. 3; op. 73; 1974–76; Schott (1975)
- StrQ; no. 4; 1976

Frickhoeffer, Otto
1892-1968
- StrQ; A: 1919 Berlin

Frid, Géza
1904-1989
- StrQ; no. 1; op. 2; 1926; Donemus (1926)
- Fugues; StrQ; no. 2; op. 21; 1939; Donemus
- Fantasia tropica; StrQ; no. 3; op. 30; 1950; Donemus
- StrQ; no. 4; op. 50a; 1956; Donemus
- Symmetrie II; StrQ; no. 5; op. 99; 1984; Donemus (1986)

Frid, Grigori Samuilovich
1915-2012
- StrQ; B; no. 1; op. 3; 1936
- StrQ; G; no. 2; op. 14; 1947
- StrQ; F; no. 3; op. 20; 1949; Sovetskij (1959)
- StrQ; F; no. 4; op. 29; 1957; Sovetskij (1961)
- 7 Stücke; StrQ; op. 64; 1972; Sovetskij (1977)
- StrQ; no. 5; op. 70; 1977; Sovetskij (1982)

Fridolfson, Ruben
1933-1997
- StrQ; 1996/97

Fridzeri, Alessandro
1741-1925
- 6 quatuor da camera; op. 1; Bureau d'abonn. mus. l'auteur (1771)
- 3 StrQe; G, B, Es; op. 10; Castaud [F1976]

Frieberger, Rupert Gottfried
1951-2016
- Lebensherbst, 2. Fass.: Eine Elegie; StrQ; 1988; Doblinger (1995); A: 8/1992 Schlägl
- Granit; StrQ; 1993

Fried, Oscar
1871-1941
- StrQ; op. 20

Friedberger, Emil
1877-1964
- StrQ; D; UE (1914)

Friedel, Martin
1945-
- 3 Movements; StrQ; 1995

Friedemann, Carl
1862-1952
- StrQ; op. 115

Friedl, Franz
1892-1977
- StrQ; op. 6

Friedland, Martin
1881-1940
- StrQ

Friedlander, Ernst
1906-1963
- Scherzo + Dance; StrQ; CMC (1937)

Friedman, Ignacy
1882-1948
- 3 StrQe
- Les Reverences. Menuet; StrQ; Hansen (1919)

Friedman, Jefferson
1974-
- StrQ; no. 1
- StrQ; no. 2; 1998; G. Schirmer

Friedrich, Viktor
1904-1971
- StrQ; op. 73

Friedrichs, Günter
1935-
- Elegie auf die verlorene Melodie; 1964; A: 1/1965 Hamburg
- StrQ; no. 2; 1972; A: 1974 Stuttgart
- StrQ; no. 3 (in 6 Abschnitten); 2000; A: 2000 Hamburg

Friemann, Witold
1889-1977

- Rapsod slaski; StrQ; 1932
- StrQ; no. 2; 1941
- StrQ; no. 3; 1953

Fries, Herbert
1926-
- StrQ; no. 1; 1966; Assmann
- StrQ; no. 2; 1970; Assmann

Friess, Hans
1910-1985
- StrQ; 1950

Frigon, Chris D.
1949-
- 3 Miniatures; StrQ; 1970

Friis, Flemming
1961-
- Horas non misiserenas unmero; StrQ; 1984; DMIC
- Hojsommerstenninger; StrQ; 1985; DMIC

Friml, Rudolf
1879-1972
- In a classical mood; StrQ; Robbins (1958)

Frischen, Josef
1863-1948
- StrQ

Frischenschlager, Friedrich
1885-1970
- StrQ; a; op. 21; A: 1922 Salzburg

Frischknecht, Hans Eugen
1939-
- StrQ; 1964
- StrQ; Müller

Friskin, James
1886-1967
- Phantasie Quartet; StrQ; Novello (1907)

Fritchie, Wayne
?
- Impressions; StrQ; Seesaw
- We gather together; StrQ; Smith Publ.

Frith, Fred
1949-
- Lelekovice; StrQ; 1991; A: 02.04.2010 SWR Stuttgart

- For nothing; StrQ (barock) + Alt; 2008

Fritsche, Helmut
1907–1964
- StrQ; c
- StrQ; a; op. 44, 2; vor 1957
- StrQ; d; op. 88
- StrQ über sorbische Volksweisen; Haus f. sorbische Volkskunst (1957)

Fritz, Richard
1884–1972
- 2 StrQe

Fritzsche, Heinz
1903–?
- StrQ

Frodl, Karl
1873–1943
- StrQ; A: 1899 Leipzig

Fröhlich, Theodor
1803–1836
- StrQ; f; no. 1; 1826
- StrQ; g; no. 2; 1826
- StrQ; E; no. 3; 1828
- StrQ; c; no. 4; 1832

Fröhlich, Willy
1894–1978
8 StrQe, darunter:
- StrQ; op. 11; 1924
- StrQ; no. 2
- StrQ; no. 3; op. 52; A: 1943

Froelicher, André
1959–
- StrQ; 1980

Frömter, Franz
1811–1894
- StrQ

Frøhlich, Johannes Fredrik
1806–1860
- StrQ; d; op. 1; 1823; Milde (1823)
- StrQ; A; op. 2; um 1823
- StrQ; h; op. 15; um 1826; verloren
- StrQ; A; op. 17; 1827

Frohne, Vincent
1936–2016
- StrQ; no. 1; op. 28; 1967; BB (1970)

Frolov, Markian Petrovich
1892–1944
- Malen'kaia Suita; StrQ; 1920

Fromm, Herbert
1905–1995
- StrQ; no. 1; Boosey (1961)

Fromm-Michaels, Ilse
1888–1986
- Symphonie; c; op. 19; ursprünglich f. StrQ; 1938; Sikorski

Frontini, Francesco Pado
1860–1938
- Favola – Andante – Minuetto in Sol; StrQ; Carisch

Froom, David
1951–
- StrQ; 1990; MMB

Froschhammer, Fritz
1948–
- StrQ

Frounberg, Ivar
1950–
- Hoodoos; StrQ; 1997; DMIC

Früh, Huldreich Georg
1903–1945
- StrQ; no. 1; 1934

Frühling, Carl
1868–1937
- StrQ; Es; op. 25

Frugatta, Giuseppe
1860–1933
- StrQ; A: 1898 Rom

Frumerie, Per Gunnar de
1908–1987
- StrQ; no. 1; 1925
- StrQ; no. 2; 1928
- StrQ; no. 3; op. 26; 1942, rev. 1948; STIM
- StrQ; no. 4; 1974

Frumker, Linda
1940-
Zahlreiche StrQe, darunter:
- Music for friends; StrQ

Fry, William Henry
1813-1864
7 StrQe

Fuchs, Albert
1858-1910
- StrQ; e; op. 40; Kahnt (1904)
- Golgatha. Ein Passions-Präludium; StrQ; op. 49; Oppenheimer (1909)

Fuchs, Franz d. Ä.
1873-1955
- Serenade; StrQ; 1940

Fuchs, Franz d. J.
1902-1988
- StrQ; e; op. 20
- StrQ; F; op. 57
- Für die Jugend; StrQ; op. 63

Fuchs, Kenneth
1956-
- StrQ; 1982
- Where have you been?; StrQ; no. 2; 1993
- Whispers of heavenly death; StrQ; no. 3; 1996; A: 1997
- Bergonzi; StrQ; no. 4; 1998; A: 1999
- StrQ; no. 5

Fuchs, Leopold
1785-1853
- StrQ; c; op. 10; Kistner (1841)

Fuchs, Peter Paul
1916-2007
- 3 StrQe

Fuchs, Robert
1847-1927
- StrQ; E; op. 58; UE (1885)
- StrQ; a; no. 2; op. 62; Schlesinger (1899)
- StrQ; C; no. 3; op. 71; Robitschek (1903)
- StrQ; A; no. 4; op. 106; Robitschek (1925)

Fuchs, Theodor
1873-1953

- StrQ; C; Litogr. O. Brandstetter
- Fuga; A; 1952

Füchs, Ferdinand Carl
1811-1848
- StrQ; D; op. 36; Haslinger (1844)
- Adagio; StrQ; d; op. 39; Haslinger (1846)

Fuentes Matous, Laureano
1825-1898
- 6 Sonatas; StrQ

Fürbeth, Oliver
1969-
- Syndrom; StrQ; 1987

Fürst, Paul Walter
1926-2013
- StrQ; op. 34; 1963; Doblinger (1964)
- Togata mit 5 lat. Texten aus *Regimen Sanitatis Salernitanum*; StrQ; op. 55; 1974
- Tango aus Oktlibet; StrQ; op. 70b
- Demonstrationen I–IV; StrQ; op. 42; 1967

Fuerstner, Carl
1912-1994
- Divertimento; StrQ

Füssel, Hermann
1890-1982
- StrQe

Füssl, Karl Heinz
1924-1992
- Cantus I; StrQ; op. 56; 1991; UE; A: 11/1992 Wien
- Cantus II; StrQ; op. 57; 1991; UE; A: 11/1992 Wien
- Ricercare; StrQ; op. 58; 1991; UE (1994); A: 11/1992 Wien
- StrQ; 1946; A: 2/1956 Wien
- Improvisation in sieben mal zehn Takten auf den Namen Dr. Hertha Firnberg; StrQ; 1979; A: 1979 Wien
- 1 Minute f. Alfred Schlee; StrQ; 1991; UE; A: 1991 Wien

Fuga, Sandro
1906-1994
- StrQ; no. 1; 1942/43; ESZ (1947)

- StrQ; no. 2; 1945; ESZ (1945)
- Elegiaco; StrQ; no. 3; 1948; ESZ (1949)
- StrQ; no. 4; 1965; ESZ (1967)

Fuhr, Georg
1897-1973
- StrQ; d; op. 13

Fujisawa, Michio
1947-2005
- StrQ by J. Joyce and fingers straying upon an instrument; StrQ + 2 Taperecorder p. A.; 1974; JFC (2005)

Fujikura, Dai
1977-
- Another place; StrQ; A: 2/2011 London
- Deconstructing Franz; StrQ; 2006

Fukuda, Akira
1956-
- StrQ; no. 2; JFC (2003); A: Chiba
- StrQ; no. 5; JFC (2004); A: Yokohama

Fuleihan, Anis
1900-1970
- Unsophisticated preludes; StrQ; 1921
- StrQ; no. 1; 1940; Southern Music
- StrQ; no. 2; 1949; Southern Music (1961)
- StrQ; no. 3; 1957
- StrQ; no. 4; 1960
- StrQ; 1965; Southern Music (1971)

Fulkerson, James
1945-
- I should've called it something; StrQ; 1968
- StrQ; 1968
- Co-ordinate Systems #2; StrQ; 1972
- StrQ (amplified); no. 3; 1982; Donemus
- StrQ; no. 4; 1990; Donemus; A: 1990
- StrQ; no. 5; 1992; Donemus

Fuller, Ramon C.
1930-
- StrQ; A: 5/1973 Buffalo

Fullman, Ellen
1957-
- StrQ; A: 3/2002 San Francisco

Fumet, Dynam-Victor
1867-1949
- StrQ; 1912

Fundal, Karsten
1966-
- StrQ; no. 1; 1982
- Crystallization; StrQ; 1986

Fung, Vivian
1973-
- Pizzicato for StrQ; 2001; Socan

Funk, Eric
1949-
- Triste; StrQ

Furer, Arthur
1924-2013
- StrQ; e; no. 1; 1944
- StrQ; C; no. 2; op. 12; 1949–51; Müller
- in memoriam; StrQ; no. 3; Müller (1986)

Furgeri, Biancamaria
1935-
- Tre Episodo; StrQ; 1985; Edipan (1987)

Furman, James B.
1937-1989
- StrQ; C; 1956
- StrQ; 1986

Furrer, Beat
1954-
- StrQ; no. 1; 1984; UE; A: 9/1985 Venedig
- StrQ; no. 2; 1988; UE
- StrQ; no. 3; Bärenreiter; A: 4/2004 Witten
- Für Alfred Schlee; StrQ; 1991; UE (1991)

Furrer, Walter
1902-1978
- Sintflut; StrQ

Furtwängler, Wilhelm
1886-1954
- Quartetto quasi una fantasia; StrQ; no. 1; 1896; Ries
- Variationen; StrQ; 1897; Ries
- StrQ; fis; ca. 1901; Ries

Furukjelm, Erik Gustaf
1883-1964

- StrQ; f; 1949, endgültige Fs. 1956
- Kantaesitys; StrQ; 1992

Fusella, Gaetano
1876-1973
- StrQ

Fuß, Heinrich
1877-1940
- StrQ; no. 1; op. 125; MS: Stadtarchiv Düren

Fussell, Charles
1938-
- Being music; StrQ + Bar; Fallen Leaf

Futterer, Carl
1873-1927
- StrQ; Es; 1921; MS: Nachlass in CH-Bu

Gaál, Jenö
1906-1980
- StrQ; no. 1; 1941
- StrQ; no. 2; 1952
- StrQ; no. 3; 1959/60; Zenemükiado (1962)
- StrQ; no. 4; 1968

Gaál, Zoltán
1934-
- Wermland changes; StrQ; 1993

Gaathaug, Morten
1955-
- StrQ; op. 7; 1977-81; NMIC
- StrQ; op. 31; 1986; NMIC

Gaber, Harley
1943-2011
- 4 pieces; StrQ; 1961
- StrQ; 1966

Gabichvadze, Revaz Kondratievich
1913-1999
- StrQ; no. 1; 1945; Muzfond
- StrQ; no. 2; 1955; Muzfond (1962)
- StrQ; no. 3; 1963; Muzyka (1969)

Gabler, Christoph August
1767-1839
- 10 Variationen; StrQ

Gabriel, Wolfgang
1930-
- StrQ; no. 1; op. 9; 1966

- StrQ; no. 2; op. 11; 1968
- StrQ; no. 3; op. 24; 1973

Gabunia, Nodar Kalistratovich
1933-2000
- StrQ; no. 1; 1979; Sovetskij (1983)
- StrQ; no. 2; 1982; Sovetskij (1983)

Gaburo, Kenneth Louis
1926-1993
- StrQ (1 movement); 1956; Lingua (1977)
- Antiphony, VI, Cogito; StrQ, Tape + Projection; 1971; Lingua (1980)

Gade, Anniken
1955-
- StrQ; 1998

Gade, Niels Wilhelm
1817-1890
- Allegro; StrQ; a; 1836; Engström; Bärenreiter (1996) [= GWII/2]
- StrQ; F; (Fragment, nur 1. v. 3 S. komplett); 1839/40; Engström [= GWII/2]
- StrQ; f; 1851; Engström [= GWII/2]
- StrQ; e; 1877, rev. 1889; Engström (1996) [= GWII/2]
- StrQ; D; no. 1; op. 63; 1887-89; Breitkopf (1890) [= GWII/2]

Gadsby, Henry
1842-1907
- StrQ; op. 8; 1875

Gadzhibekov, Javdet
1917-?
- StrQ; 1941

Gadzhibekov, Sultan
1919-1974
- StrQ; 1943
- 4 pieces; StrQ; 1962
- Siuita na indi'iski'e tenu; StrQ; 1964
- Scherzo; StrQ; Muzgis (1955)

Gadzhiev, Ahmed
1917-2002
- Fuga; StrQ; 1940
- StrQ; 1941
- 3 Fugi; StrQ; 1941

- Kvartet-poema; StrQ; 1961; Muzgis
- Cetyre freski; StrQ; 1983
- Pamiati Shostakovicha; StrQ; no. 3; 1985

Gäbler, Werner
1923-
- Kleine Festouvertüre; StrQ; op. 59;
  Pro Musica (1974)

Gärtner, Jürgen
1921-?
- StrQ; no. 1; 1952; A: 1995 SWF
- StrQ; no. 2; 1992
- StrQ; no. 3; 1994
- StrQ; no. 4; 1996; A: 1998 SWF

Gagnebin, Henri
1886-1977
- StrQ; f; 1916/17; Henn (1920)
- StrQ; Es; 1923/24; Lemoine (1925)
- StrQ; fis; 1929; Lemoine (1931)

Gagneux, Renaud
1947-
- StrQ; no. 1; op. 15; 1986; Durand (1986)
- StrQ; no. 2; op. 16; 1986; Durand (1986)
- StrQ; no. 3; op. 23; 1989; Durand (1990)

Gagnon, Alain
1938-
- StrQ; no. 1; op. 4; 1964; CMC
- StrQ; no. 2; op. 10; 1966; CMC
- StrQ; no. 3; op. 18; 1970; CMC

Gahér, Josef
1934-
- StrQ; no. 1; 1951; SLMIC
- StrQ; no. 2; 1954
- StrQ; no. 3; 1965
- StrQ; no. 4; 1965
- StrQ; no. 5; 1970
- StrQ; no. 6; 1972
- StrQ; no. 7; 1976
- StrQ; no. 8; 1976
- Metamorfozy leta; StrQ; 1983; SLMIC
- StrQ; no. 10; 1995

Gaidelis, Julius
1909-1983

- StrQe

Gaigerova, Varvara Adrianovna
1903-1944
- StrQ; 1927; UE (1931); Gos. muz. (1931)
- StrQ; G; no. 2; op. 17; Gos. muz. (1947)

Gailhard, André
1885-1966
- StrQ; 1913

Gaillard, Paul-André
1922-1992
- StrQ

Gaitis, Friedrich
1911-?
- StrQ; C; no. 3; A: 1952 Berlin

Gaito, Constantino Vicente
1878-1945
- StrQ; no. 1; op. 23; 1916; Barry
- Incaico; StrQ; no. 2; op. 33; 1924; Barry

Gajary, Stefan v.
1884-?
- 3 StrQe

Gajdov, Stefan
1905-1992
- StrQ; no. 1

Gál, Hans
1890-1987
- 5 Intermezzi; op. 10; Simrock (1914);
  A: 1915 Wien
- StrQ; f; no. 1; op. 16; 1916;
  Simrock (1924); A: 1924 Wien
- StrQ; a; no. 2; op. 35; 1929; Schott (1930)
- StrQ; no. 3; op. 95; 1969; Simrock (1970)
- StrQ; no. 4; op. 99; 1971; Simrock (1972)

Galajikian, Florence Grandland
1900-1972
- Andante + Scherzo; StrQ; 1935

Galakhov, Oleg Borisovich
1945-
- StrQ; 1972

Galindo, Blas
1910-1993

- Quartet for bow instruments; 1970;
  Ed. Mexicanas; A: 1970 Mexico City

Galindo, Guillermo
1960-
- Chinicuo I; StrQ; 1991
- Chinicuo II; StrQ; 1992

Galinin, German Germanovich
1922-1966
- StrQ; no. 1; 1947; Sovetskij (1958)
- StrQ; no. 2; 1956; Sovetskij

Galli, Amintore
1845-1919
- StrQ

Gallico, Paolo
1868-1955
- StrQ; 1942

Gallister, Paul
1984-
- Per se; StrQ; 2012; Doblinger

Gallo, Cesare
1959-
- Due pezzi; StrQ; 1993

Gallois-Montbrun, Raymond
1918-1994
- Tableaux indochinois; StrQ; 1946;
  Leduc (1951)

Galun, Andrija
1945-
- StrQ; 1967

Galynin, German
1922-1966
- StrQ; no. 1
- StrQ; no. 2

Gamberini, Leopoldo
1922-2012
- StrQ; A: 1956 Genua

Gamburg, Grigorii Semenovich
1900-1967
- StrQ; no. 1; op. 8; UE; Gos. muz. (1929)
- StrQ; no. 2; op. 10; Gos. muz. (1934)
- 5 StrQe + 1 StrQ-Suite

Gamer, Carlton E.
1929-
- StrQ; 1964

Gampl, Johann Peter
1947-
- Birthday-Eskapada; StrQ;
  Zimmermann (2006)

Ganaye, Jean-Baptiste
1870-1946
- StrQ; d; 1901?; Hamelle
- StrQ; f; Senart c (1931)

Gander, Bernhard
1969-
- Kuhl; StrQ; Ed. Peters (2010);
  A: 22.07.2010 Darmstadt

Gangware, Edgar B., jr.
1922-1994
- StrQ

Ganick, Peter
1946-
- StrQ; no. 1; 1973; Seesaw

Gann, Kyle
1955-
- Love scene; StrQ; 2003

Ganz, Leopold Alexander
1806-1869
- Variations; StrQ; op. 5

Ganz, Rudolf
1877-1972
- StrQ

Ganzer, Jürgen
1950-
- StrQ; 1989; A: 1/1990

Gao Ping
1970-
- Bright light and cloud shadows; StrQ; 2007

Garant, Serge
1929-1986
- Pieces; StrQ; 1958

Garai, Josef
1923-1990
- Kl. Thema mit Variationen; StrQ; 1941

- StrQ; A; 1942

Garay, Narciso
1876-1953
- Fuge; StrQ

García, Fernando
1930-
- Variaciones; StrQ; 1956
- Cuatro poemas concretos; StrQ + Ten; 1966
- Nace la aurora; StrQ; 1978
- Ventana al camino; StrQ; 1985
- Cuatro introspecciones; StrQ; 1997
- En la fertilidad crecía el tiempo; StrQ; 2001
- Tinieblas y Destellos; StrQ; 2012

García, Juan Francisco
1892-1974
- StrQ; no. 1; 1922–30
- StrQ; no. 2; ca. 1930

García Álvarez, Francisco
1954-
- Fantasia Sonora; StrQ; 1988; SpMIC

García Cánepa, Julio César
1940-
- 3 piezas; StrQ

García Caturla, Alejandrd-Evelio
1906-1940
- 8 Piezas (Suita); 1926/27
- Cantos de Cafetales; StrQ; 1937

García Demestres, Alberto
1960-
- Dämmerung ohne Dich; StrQ; 1984

García Laborda, José María
1946-
- Paralisis; StrQ; 1977; SpMIC

García Leoz, Jesús
1904-1953
- StrQ; 1940

García Morillo, Roberto
1911-2003
- StrQ; no. 1; 1950/51

Garcia Nunes, José Maurício
1767-1830
- StrQ; um 1801

García Pistolesi, Juan
1960-
- Ricercare a quattro; StrQ; 1981

García Román, José
1945-
- StrQ; 1987; SpMIC

Gardiner, H. Balfour
1877-1950
- StrQ; B; 1903–05; Novello (1907)

Gardner, Evan
1978-
- Oxford concise dictionary of Music; StrQ + Elektr; A: 2010 Darmstadt

Gardner, Jane
1970-
- From Hoy; StrQ; 1989; ScoMIC

Gardner, John Linton
1917-2011
- StrQ; g; no. 1; 1938; A: 1939 Paris
- 25 Preludes; StrQ; no. 2; op. 148; 1979; A: 1980 Ambleside, Yorksh.
- StrQ; D; no. 3; op. 176; 1987; OUP (1987); A: 1987 York

Gardner, Kay
1941-2002
- North Coast nights; StrQ; 1989

Gardner, Maurice
1909-2002
- StrQ; no. 1
- StrQ; no. 2; 1994
- Concertino; StrQ
- StrQ; no. 4

Gardner, Neil
1922-2010
- Fantasia […]; StrQ; 1989; BMIC

Gardner, Samuel
1891-1984
- Variations; StrQ
- StrQ; no. 2; 1944
- Prelude + fugue; StrQ

Gardner, Stephen
1958-

- A dream of Thaw; StrQ; 1990

Gárdonyi, Zoltán
1906–1986
- StrQ; no. 1; 1933
- StrQ; no. 2; 1936
- StrQ; no. 3; 1954; EMB (1970)
- Ungarische Suite; StrQ

Garelli della Morea, Vincenza
1859–nach 1924
- StrQ

Garland, Peter
1952–
- In praise of poor scholars; StrQ; no. 1; 1986
- Crazy cloud; StrQ; no. 2; 1994

Garlick, Antony
1927–2000
- StrQ; no. 1; 1962; Seesaw (1970)
- StrQ; no. 2; 1967; Seesaw (1970)

Garo, Édouard
1935–
- Traces; StrQ; 1999; A: Payerne

Garovi, Josef
1908–1985
- Tripelfuge; StrQ; 1932
- Fuge; StrQ; 1948
- StrQ; 1985

Garrett, Michael
1944–
- StrQ; 1994; BMIC

Garrido-Lecca (Seminario), Celso
1926–
- StrQ; no. 1; 1963
- Intihuatana; StrQ; 1967
- A la memoria de Victor Jara; StrQ; no. 2; 1988
- Encuentros y homenajes; StrQ; no. 3; 1991
- StrQ; no. 4; 1999

Garrido (Vargas), Pablo
1905–1982
- Antigua melodia chilena; StrQ; 1930
- 13&13; StrQ; 1951
- La Tirana; StrQ; 1944;

- Baile de Morenos; StrQ

Garriguenc, René
1908–1998
- 2 Pieces; StrQ

Garrop, Stacy
1969–
- StrQ; A: Herbst 2011

Garth, Richard Machill
1860–1899 ?
- 6 StrQe

Garuti, Mario
1957–
- … e l'altro; StrQ; 1983; Ricordi (1985)
- Cielo perso; A: 9/2009

Gary-Schaffhauser, Marianna
1903–1992
- StrQ; F
- Tanzsuite; StrQ
- Variationen über ein Thema v. Weber; StrQ

Gasco, Alberto
1879–1938
- Venere dormente; StrQ; Leuckart (1914)

Gaskell, Charles
1962–
- StrQ; 1982; BMIC

Gašparík, Róbert
1961–
- Prebudenie do sna; StrQ; op. 21; 1989
- Mravenisko; StrQ; op. 27; 1990/91
- Pod mojím slnkom; StrQ; op. 34; 1993–95
- The Strong Experience; StrQ; op. 53; 2002–03
- Krídlenie, StrQ; op. 58; 2012

Gasperini, Guido
1865–1942
- StrQ; D; A: 1890 Florenz

Gasser, Ulrich
1950–
- Christusdornen; StrQ; 1977–81; Ricordi (1977–81); A: 1981 Basel
- Kieselsteine; StrQ; 1984; Ricordi

Gassmann, Florian Leopold
1729-1774
- 6 StrQe; c, D, A, c, F, B; op. 1;
  Accolade (2002)
- 6 StrQe; D, B, F, G, Es, F; op. 2;
  La Chevardiere [G478]
- 6 StrQe; G, C, e, F, d, a; Bureau des arts,
  no. 341 (1804) [G479]
- 26 Fugen; StrQ; MS: A-Wn
- 3 StrQe; D, As, E; Accolade (2002)
- 2 StrQe; g, D; Accolade (2002)
- 2 StrQe; G, C; Accolade (2002)
- 2 StrQe; e, F; Accolade (2002)

Gassner, Moshe
1929-
- Looking back; StrQ; 1984; IMI
- Metamorphoses; StrQ; 1980

Gast, Peter
1854-1918
- StrQ; fis; 1874; Amadeus (1994)

Gastinel, Léon Gustave Cyprien
1823-1906
- StrQ; E; op. 6; Costallat (1850)
- StrQ; Richaut
- StrQ; Richaut

Gasztner, Wolff-Dietrich
1939-
- Herbstgesang; StrQ; no. 1; StrQ + Alt; nach
  Ged. v. H. Hesse; 2001

Gates, Keith
1949-
- StrQ; 1968

Gattari, Alfredo
1894-1972
- StrQ; Bongiovanni (1939)

Gattermeyer, Heinrich
1923-
- StrQ; no. 1; op. 19; 1953; A: 1955 Wien
- StrQ; no. 2; 1970; A: 1976
- StrQ; no. 3; 1981; A: Wien
- StrQ; no. 4; 1997

Gatty, Nicholas Comyn
1874-1946

- Variations and fugue; StrQ; Curwen

Gauby, Josef Eduard
1851-1932
- Steirische Ländler; StrQ; Krenn (1970)
- StrQ; no. 2; Kliment (1941)
- StrQ; d; op. 63
- Andante + Scherzo; StrQ; op. 65; Kliment

Gaudibert, Éric
1936-2012
- Entre se taire et dire; StrQ; 1971

Gaul, Harvey B.
1881-1945
- Tennessee devil tunes; StrQ; 1928

Gaussin, Allain
1943-
- Chakra; StrQ; 1984; Salabert

Gauthiez, Cécile
1873-1946
- StrQ

Gaudlin, Robert
1931-
- Partita; StrQ; 1964

Gavrilin, Valerii Aleksandrovich
1939-1999
- StrQ; no. 1; 1957
- StrQ; no. 2; 1962
- StrQ; no. 3; 1964

Gawroński, Wojciech
1868-1910 (1913?)
- StrQ; F; op. 16
- StrQ; f; op. 17
- StrQ; D; op. 19
- StrQ; A; op. 23

Gayfer, James McDonald
1916-1997
- StrQ; a; 1943; CMC; A: 1944

Gazaryan, Yuri Saheni
1933-
- StrQ; 1965

Gear, Henry Handel
1805-1884
- StrQ

Gebauer, Adolf
1941-
- C – B – B-Suite; StrQ; 1989; A: 1994 Prag
- StrQ; no. 1

Gebauer, Michel-Joseph
1763-1812
- 6 StrQe; D, F, Es, H, A, F; op. 3;
  Boyer [GG782A+B]
- 6 StrQe; D, F, Es, H, A, F; op. 111;
  Boyer [G794]

Gebel, Fanz Xaver
1787-1843
Mindestens 3 StrQe
- StrQ; no. 1; op. 20; Ed. Peters
- StrQe; op. 21, 22, 23, 24, 25, 26, 27

Gebhard(-Elsass), Hans
1882-1947
- StrQ; a; 1910
- StrQ; fis; 1947

Gebhard, Hans
1897-1974
- 3 StrQe

Gebhard, Max
1896-1978
- StrQ; no. 1; op. 29
- StrQ; op. 50

Gebhardt, Axel
1962-
- 2 StrQe

Gebhardt, Paul
?
- 6 StrQe; C, D, A, B, F, Es; op. 1;
  Guera, no. 57 [G818]

Gedalge, André
1856-1926
- StrQ; B; 1892; MS: F-Pn

Gedike, Aleksandr Fedorovich
1877-1957
- StrQ; c; no. 1; op. 33; 1925; A: 1926
- StrQ; d; no. 2; op. 75; 1943; Muzgis (1955)

Gedizlioğlu, Zeynep
1977-

- StrQ; no. 1
- Susma; StrQ; no. 2; A: 3/2013 Berlin

Geert, Octaaf van
1949-
- StrQ; no. 1; 1997
- The table of Dmitri Ivanovits Mendelejev;
  StrQ; no. 2; 2002

Gefors, Hans
1952-
- Möte med Per i Parken; StrQ; 1992
- Flamman; StrQ; 1976/77; STIM

Ge Gan-ru
1954-
- Fu (Prosagedicht); StrQ; no. 1; 1983;
  A: 1984 New York
- Dao (Weg); StrQ; no. 2; 1987;
  A: 1987 San Francisco
- StrQ; no. 3; 1991
- Angel Suite; StrQ; no. 4; 1997
- StrQ; no. 5; 2001

Gehann, Horst
1928-2007
- StrQ; op. 31; Gehann (1995)

Gehlhaar, Rolf (Rainer)
1943-
- Musiken; StrQ; 1971; Feedback (1971);
  A: 1971 Essen

Gehot, Joseph Baudoin
1756-um 1820
- 6 StrQe; F, G, D, D, C, Es; op. 1; Napier
  (1777) [G819]; Welcker; Girard (1777)
- 6 StrQe; D, E, F, A, Es, D; op. 7; Bland
  (Boyce) (1788?) [G831]

Gehrmann, Hermann
1861-1916
- StrQ

Geibel, Konrad
1817-1872
- Psalm; StrQ

Geierhaas, Gustav
1888-1976
- StrQ; G; Tischer (1926)

- StrQ; C
- StrQ; d
- StrQ; Es

Geiger-Kullmann, Rosy
1886-1964
- StrQ; F; 1953
- StrQ; C; no. 2; 1957

Geijer, Erik Gustaf
1783-1847
- StrQ; f; 1822; Finale verschollen
- StrQ; B; 1822; Penoll
- StrQ; F; 1846; unvollendet

Geiser, Walther
1897-1993
- StrQ; no. 1; op. 3; 1921
- StrQ; no. 2; op. 6; 1923; Hug (1925);
  A: 1926 Schaffhausen

Geißler, Fritz
1921-1984
- StrQ; no. 1; op. 1; 1952; IMB
- StrQ; no. 2; 1972; DVfM (1976);
  A: 3/1973 Leipzig

Geißler, Siegfried
1929-2014
- Quartettino f. junge Musikanten; StrQ
- Prager Aphorismen; StrQ; no. 2

Geisthardt, Hans-Joachim
1925-2007
- StrQ-Satz
- Quartettino; StrQ

Gelbke, Hans
1875-1944
- StrQ; op. 3

Gelbrun, Artur
1913-1985
- StrQ; 1969/70; IMI

Geller, Ian
1943-
- StrQ

Gelli, Ettore
? 1835-1894
- StrQ; D; Decourcelle (1888)

Gellman, Steven
1948-
- 2 movements; StrQ; 1963; CMC
- After Bethlehem; StrQ; 1966; CMC
- Musica eternal; StrQ; 1991; CMC

Gemrot, Jiří
1957-
- Smyčcový Kvartet; 1979/80
- Bucolics; StrQ; 1986
- StrQ; 2004

Genishta, Iosif
1795-1853
- 2 StrQe

Gensichen, Ulrich
1908-1989
- StrQ; A: 1932 Berlin

Gentile, Ada
1947-
- StrQ; no. 1; 1978; Edipan (1986)
- ... ai legami e il timore ...; StrQ; no. 2;
  1982; Edipan (1983)
- StrQ; no. 3; 2000

Gentilucci, Armando
1939-1989
- Momenti; StrQ; 1966; Ricordi (1967)
- Intervalli del tempo; StrQ; 1981; Ricordi

Genzmer, Harald
1909-2007
- Quartettsatz; op. 22; 1914; Schott
- StrQ; no. 1; 1949; Schott (1951)
- StrQ; no. 2; 1954; Schott

George, Earl
1924-1994
- StrQ; 1961; OUP

George, Graham Elias
1912-1993
- StrQ; no. 1; 1936; CMC
- Fugal rhapsody; StrQ; 1939
- StrQ; no. 2; 1946
- Variations; StrQ; 1949-59
- StrQ; no. 4; 1951; CMC
- Introduction + Fugue; StrQ; 1962; CMC

- Fuguing music; StrQ; 1976
- Figures in landscape; StrQ + Sopr; 1973

Georgescu, Constantin
1895-1960
- StrQ; 1958
- Mica suita de colinde; StrQ
- Preludio; StrQ

Georgescu, Corneliu Dan
1938-
- Hommage to Piet Mondrian: Zyklus 7; StrQ + Elektr; 1980–94; A: 1986
- Composition in a square; StrQ + TB; 1980; Ed. Muzicala; A: 1986 Bukarest
- Composition with discontinous linies; StrQ + TB; 1992

Georgescu, Remus
1932-
- StrQ; no. 1; 1949/50
- StrQ; no. 2; 1978

Georgi, Martin
1889-1969
- StrQ; g; op. 57
- Sarabande; StrQ; op. 59; A: Thum
- StrQ; F; op. 73

Georgiev, Ljubomir
1951-2005
- Musica multiplici mentes; 1980/81; Ed. Peters (1981)

Gerber, Julius
1831-1883
- StrQ; no. 1
- StrQ; G; no. 2; op. 19; Kahnt (1883)

Gerber, René
1908-2006
- StrQ; no. 1; 1933
- StrQ; no. 2; 1934
- StrQ; no. 3; 1941
- StrQ; no. 4; 1947

Gerber, Steven R.
1948-2015
- StrQ; 1973; Mobart (1978)
- StrQ; no. 2; 1982; ACA

Gerdes, Federico
1873-1953
- StrQ

Gerelova, Galina Konstantinovna
siehe: Hareleva, Halina K.

Gerhard, Fritz Christian
1911-1993
- Metamorphosen u. Fuge; StrQ; 1964; Möseler (1975)
- Variationenwerk; StrQ; C; no. 1; Brücken (1949)
- Musik mit einem äolischen Thema; StrQ; no. 2; 1981; Hansen

Gerhard, Roberto
1896-1970
- StrQ; 1918; verloren
- StrQ; 1927/28?; unvollständig
- StrQ; no. 1; 1950–55; Prowse (1958)
- StrQ; no. 2; 1961/62; OUP (1972)

Gerhardt, Ferdinand
1848-1937
- 2 StrQe

Gerin, Roland
1929-
- Pour un petit d'homme; StrQ; 1970
- D'ecume et de ciel; Sopr./StrQ; 1993

Gerke, August
um 1790-um 1848
- 3 Polonaises; StrQ; E, C, Es; op. 3; Breitkopf
- 3 Polonaises; StrQ; B, C, D; op. 20; Breitkopf

Gerlach, Theodor
1861-1940
- Miniatur-Suite; StrQ; op. 23; Breitkopf (1901)

Germeten, Gunnar
1947-1999
- Lock II; StrQ; 1987; NMIC
- Lyra; StrQ; 1989; NMIC

Gernsheim, Friedrich
1839-1916
- StrQ; C; op. 25; 1872; Simrock (1894)

- StrQ; a; no. 2; op. 31; Ludehart (1875)
- StrQ; F; no. 3; op. 51; 1885;
  Rieter-Biedermann (1886)
- StrQ; e; no. 4; op. 66; ca. 1899; BB (1900)
- StrQ; A; no. 5; op. 83; Simrock (1911)

Gersbach, Fritz
1894–1973
- StrQ

Gerschefski, Edwin
1909–1992
- Patterns; StrQ; op. 21; CFE
- Fugato; StrQ; from op. 24; CFE
- 8 Variations; StrQ; op. 25; 1937; CFE
- Fanfare, Fugato + Finale; StrQ; CFE

Gershwin, George
1898–1937
- Lullaby; StrQ; 1919/20; New World (1968)

Gerson, Georg
1790–1825
- 4 StrQe min.; 1808
- StrQ; op. 1 et posth.; Böhme, no. 2425

Gerspacher, August Emanuel
1858–1930
- 3 StrQe

Gerstberger, Karl Theodor
1892–1955
- StrQ; c; op. 11; Hug (1936)

Gerster, Ottmar
1897–1969
- Melancholie; StrQ; 1920
- StrQ; D; no. 1; 1922; Schott (1939)
- StrQ; C; no. 2; 1954; Ed. Peters (1955)
- Trauermusik; StrQ; Thüringer V.-vlg (1949)

Gerung, Hans-Jürgen
1960–
- Non fare […]; StrQ + CounterT;
  A: 2/2012 Stuttgart

Gervasoni, Stefano
1962–
- Six lettres […]; StrQ; A: 2006 Witten

Gerwin, Thomas
1955–

- Aphorismen; StrQ, 4-Kanal-TB + Tanz;
  1989/90; Tre Media

Gesensway, Louis
1906–1976
- StrQ; G; 1938
- StrQ; Fis; 1954
- Revery; StrQ; 1964

Gessinger, Julius
1899–1986
- Lobedank; StrQ; op. 43
- Neues Leben; StrQ; no. 2; op. 50

Geszler, György
1913–1998
- StrQ; no. 1; 1959
- StrQ; no. 2; 1960

Geuer, Bep
1888–1974
- StrQ; op. 6; 1927; MS: Archiv Stichting
- StrQ; 1939; MS: Archiv Stichting

Geutebrück, Ernst
1893–1947
- StrQ; a; op. 19; 1938
- StrQ; d; op. 33; 1940?

Geviksman, Vitali
1924–2007
- StrQ; 1950; Ed. Peters
- StrQ; no. 2; 1963; Ed. Peters (1974)
- StrQ; no. 3; 1997
- StrQ; no. 4; 2001
- StrQ; no. 5; 2003

Geysen, Frans
1936–
- Alles heft zijn tijd; StrQe
- Mobiusband 15; StrQ; 2001
- Nettegenstaande; StrQ; 2003

Ghébart, Giuseppe
1796–1870
- StrQ; A; op. 52; Costallat (um 1850)
- StrQ; g; op. 53; Costallat
- StrQ; op. 54; Richaut

Ghecin, Diamandi
1892–?

- StrQ; d; no. 1; 1958
- StrQ; no. 2; 1966
- StrQ; no. 3; 1971; Edit. Muz. (1977)

Ghedini, Giorgio Federico
1892-1965
- StrQ; a; no. 1; 1927; ESZ (1955)
- StrQ; no. 2; 1959; Curci (1961)
- StrQ (in un sol tempo); no. 3; 1939; ESZ (1993)
- Concantus; 1948; ESZ (1949)
- StrQ; G; 1927; Fragment

Ghent, Emmanuel
1925-2003
- Lament; StrQ; 1958

Gheorghiu, Valentin
1928-
- StrQ; A; 1946

Ghezzo, Dinu
1941-2011
- StrQ; 1967

Ghidionescu, Grigore
1901-1968
- StrQ; 1963

Ghiga, Ion
1895-?
- Rondino; StrQ; 1914
- Interludiu; StrQ; 1915

Ghisalberti, Dino
1891-1949
- Orazione e Serenata; StrQ; 1925
- Memento; StrQ; h; 1925

Ghisetti, Giorgio
1932-
- StrQ; no. 2; 1997

Ghisi, Federico
1901-1975
- Quartetto breve; StrQ; 1933

Ghoneim, Mauna
1955-
- StrQ; 1985

Giacobbe, Juan Francisco
1907-1990

- Impresiones de Asís; StrQ; op. 4; 1932-36

Giacometti, Antonio
1957-
- Anabasis; StrQ; Rugginenti

Gianella, Luigi
vor 1778-um 1817
- 6 StrQe; op. 1; Bertoia (um 1795)

Gianferrari, Vincenzo
1859-1939
- StrQ; B; Ricordi (1931)

Gianneo, Luis
1897-1968
- Tres piezas criollas; StrQ; 1923
- Cuatro cantos incaicos; StrQ; 1924
- Cuarteto criolla; no. 1; StrQ; 1936
- Cuarteto criolla; no. 2; StrQ; 1944
- StrQ; no. 3; 1952
- StrQ; no. 4; 1958

Giannini, Vittorio
1903-1966
- StrQ; 1930

Giardini, Felice (de)
1716-1796
- 6 StrQe; op. 14; Bailleuz [G1967]
- 6 StrQe; F, D, Es, C, E, g; op. 22; J. Blundell (1779/80) [G1966]
- 3 StrQe; op. 25; 1783
- 6 StrQe; C, F, B, g, Es, A; op. 29; Longman [G1976]

Gibalin, Boris Dmitrievich
1911-1982
- Pamiati P. P. Bazhova; StrQ; 1953
- na temy […]; StrQ; 1967

Gibbs, Alan Trevor
1932-
- Wisconsin; StrQ; 1987; Bardic

Gibbs, Cecil Armstrong
1889-1960
- StrQ; C; no. 1; op. 1; 1912; Curwen
- StrQ; G; no. 2; op. 7; 1916; Curwen
- StrQ; a; no. 3; op. 8; 1917; unveröff.
- StrQ; E; no. 4; op. 18; 1918; Curwen

- StrQ; Fis; op. 22; 1919; Curwen
- Past rock Quartet; op. 41; 1921/22; Curwen
- Mistletoe; StrQ; 1922
- StrQ; A; op. 73; 1933; Boosey
- Miniature; StrQ; op. 74; 1933; Boosey
- StrQ; C; op. 95; 1940; unveröff.
- StrQ; g; op. 99; 1941; unveröff.
- A simple StrQ; op. 140; 1954; unveröff.
- StrQ; e; 1958; unveröff.

Gibbs, Geoffrey David
1940-
- StrQ; 1975

Gibson, David R.
1943-
- Embellishments #1; StrQ + Tape
- Embellishments #2; StrQ

Gibson, John
1951-
- StrQ; 1969; ICMC (1973)
- StrQ; 1976; ICMC

Gideon, Miriam
1906-1996
- Lyric piece; StrQ; 1941; ACE
- StrQ; 1946; ACE

Giefer, Willy
1930-
- Confluentes; StrQ; 1983/84; Gravis (1984); A: 1984 Witten

Gielen, Michael
1927-
- Variationen; StrQ; 1949; UE (1997); A: 1949 Buenos Aires
- Un vieux Souvenir; StrQ; 1983, rev. 1985; Ed. Peters (1987); A: 1985 Cincinnati

Gienko, Boris Fëdorovich
1917-?
- StrQ; no. 1
- StrQ; no. 2; Goslitizdat (1961)
- StrQ; no. 3; Sovetskij (1963)
- StrQ; no. 4; 1962; Muzyka (1966)

Giesa, Anke
1966-
- Essay; StrQ; 1983; A: 1985 Dessau

Gieseking, Walter
1895-1956
- Serenade; StrQ; A; Oertel (1943); A: 1941

Gieseler, Walter
1919-1999
- StrQ; 1951

Giesen, Tobias Klaus
1970-
- ... an Schumann; 1999, rev. 2001; Theophilus (2002)

Gifford, Helen
1935-
- StrQ; 1965; A: 1965 Melbourne

Gifford, Keith
1955-
- StrQ; 1983; BMIC
- Dream snow; StrQ; 1990; BMIC

Gilardi, Gilardo
1889-1963
- Cuarteto breve; 1921; CDA
- StrQ; 1942; CDA

Gilbert, Anthony
1934-
- StrQ; no. 1; 1972; Schott
- StrQ; no. 2; 1987; Schott
- super hoqueto David; StrQ; no. 3; 1987; Schott
- StrQ; no. 4; 2002; UYMP
- Knole; StrQ; no. 5; UYMP
- StrQ; op. 20a; Schott

Gilbert, Henry Franklin Belknap
1868-1928
- StrQ; 1920
- Gavotte; StrQ; ca. 1890, rev.
- Waltz; StrQ; ca. 1890

Gilbert, Nicolas
1979-
- La seconde danse étrange de S. Ivanovitch; StrQ; 2002; Tre Media

Gilbert, Steven E.
1943-
- StrQ; 1963

Gilbert, Thomas Bennett
1833-1885
- StrQ; Es
- StrQ; C

Gilboa, Jacob
1920-2007
- StrQ; 1984; IMP; A: 1984 Tel Aviv

Gilchrist, William Wallace
1846-1916
- StrQ

Giles, Nick
1972-
- Passing through; StrQ; 1997; BMIC

Gille, Jacob Edvard
1814-1880
- 5 StrQe

Gillessen, Alfred
1903-1995
- Rautendelein; StrQ

Gillis, Don
1912-1978
- StrQe; 1936–47
- Music for Sunday; StrQ
- Sketch; StrQ; 1940

Gilmour, Russell
1956-
- Toccata; StrQ; 1990; AMC
- Toccata loops; StrQ; 1993; AMC
- The art of reckoning; StrQ; 1993; AMC

Gilse, Jan Pieter Hendrik van
1881-1944
- StrQ; 1922; unvollendet

Gilson, Paul
1865-1942
- StrQ; no. 1; 1907
- Les saisons; StrQ; no. 2; 1918/19
- Quartett-Studien; Cranz (1923)

Gimbel, Allen
?

Ginastera, Alberto
1916-1983
- StrQ; no. 1; op. 20; 1948; Barvy (1954)
- StrQ; no. 2; op. 26; 1958, rev. 1968; Boosey (1959)
- StrQ + Sopr; no. 3; op. 40; 1973; Boosey
- StrQ + Bar; 1974; unvollendet

Gindler, Käthe-Lotte
1894-?
- StrQ; op. 13; 1925
- StrQ; G; op. 16

Giner, Bruno
1960-
- StrQ; no. 2; 1994; Durand (1995)

Ginzburg, Dov
1906-?
- 4 moods; StrQ; 1968; IMP
- StrQ; 1976

Giordani, Tommaso
um 1730-1806
- 6 StrQe; B, F, Es, A, D, G; op. 2; Johnston
- 6 StrQe; Es, F, C, A, B, D; op. 8; Napier

Giordano, Umberto Menotti Maria
1867-1948
- StrQ; 1890
- Suite; StrQ; 1890

Giorgetti, Ferdinando
1796-1867
- StrQ; e; op. 29; Ricordi (1851)
- StrQ; d; op. 30; Ricordi (1852)
- StrQ; h; op. 31; Ricordi (1854)
- Variations favorites; StrQ; e; Breitkopf

Giorni, Aurelio
1895-1938
- StrQ; 1936

Giornovichi, Giovanni Mane
1747-1804
- 3 StrQe; F, Es, A; op. 1; J. J. Hummel; Grand magasin de musique, no. 1109

Gipps, Ruth
1921-1999

- StrQ; 1987; Seesaw

- Sabrina; StrQ; op. 13; 1940
- StrQ; op. 47; 1956; A: 1958 London

Girard, Anthony
1959-
- StrQ; no. 1; 1989
- StrQ; no. 2; 1990

Giraud, Suzanne
1958-
- Regards sur le jardin d'Eros; StrQ; 1983
- Envoutements IV; StrQ; 1997; A: 1997
- StrQ; no. 3; 1999; Jobert (2004)

Girgensohn, Arend
1894-1970
- StrQ; D; A: 1915 Frankfurt/M.

Giron, Arsenio
1932-
- Rounds; StrQ; 1973; CMC
- StrQ; 1986; CMC
- StrQ; 1987; CMC

Gismonti, Egberto
1947-
- 10 StrQe; 1987–90

Gistelinck, Elias
1935-2005
- StrQ; 1967; CeBeDeM
- StrQ; no. 2; op. 51; 1991; CeBeDeM (1999)

Giteck, Janice
1946-
- StrQ; no. 2; 1967

Giuffre, Gaetano
1918-?
- StrQ; 1974; Seesaw

Giu(g)lini, Giorgio, Conte
- 6 Sinfonie a quarto; G, B, A, F, E, G; op. 1; Le Clerc [G2571]

Giuliani, Giovanno Francesco
1760-1820
- 6 StrQe; C, A, D, F, B, Es; Poggioli (1783); als: op. 2: Forster (1786); no. 53 [G2555]
- StrQ, C; André (1784); no. 108 [G2561]

- 6 StrQe; F, B, D, Es, G, E; op. 7; Forster (1787) [G2556]
- 3 StrQe; D, B, G; op. 10; Paganit [G2559]
- 6 StrQe; o. op.; Poggioli [G2560]

Giuliani, Mauro
1781-1829
- Primo concerto; StrQ; op. 30; Zerboni

Gjendem, Johann J.
1924-2003
- StrQ; g; no. 2; op. 20; Schup

Glachant, Antoine-Charles
1770-1851
- 3 StrQe op. 5; Paris (1820)

Gladkovski, Arseni Pavlovich
1894-1945
- StrQ

Glandien, Lutz
1954-
- Weiter so; StrQ + Tape; 1989; A: 1989 Dresden
- Ebenso zufrieden wie du; StrQ + Sprecher; 1995

Glanert, Detlev
1960-
- StrQ; no. 1; op. 14; 1984–86; BB (1992); A: 11/1986 Frankfurt/M.
- Pas de quatre; StrQ; no. 2; 2005/06; BB; A: 4/2006 München

Glanville-Hicks, Peggy
1912-1990
- StrQ; 1937

Glaser, Werner Wolf
1913-2006
- StrQ; no. 1
- StrQ; no. 2; STIM
- StrQ; no. 3; STIM
- StrQ; no. 4
- StrQ; no. 5; STM
- StrQ; no. 6; STIM
- StrQ; no. 9; STIM
- StrQ; no. 10; STIM
- Quartetto piccolo; STIM

- Intrada; StrQ; STIM

Glass, Louis Christian August
1864–1936
- StrQ; F; no. 1; op. 10; 1891
- StrQ; Es; no. 2; op. 18; 1895
- StrQ; a; no. 3; op. 23; 1896, rev. 1929
- StrQ; fis; no. 4; op. 36; Hansen

Glass, Paul Eugene
1934–
- StrQ; no. 1; 1988; Müller
- Passacaglia; StrQ
- Distanza; StrQ; 1995
- Eufonia; StrQ; Müller

Glass, Philip
1937–
- StrQ; no. 1; 1966; Dunvagen
- Company; StrQ; no. 2; 1983; Dunvagen
- Mishima; StrQ; no. 3; 1985; Dunvagen
- Buczak; StrQ; no. 4; 1989; Dunvagen
- StrQ; no. 5; 1991; Dunvagen
- StrQ; no. 6; 2013; Dunvagen
- StrQ; no. 7; 2014; Dunvagen
- Dracula; StrQ; 1998; Dunvagen

Glasser, Albert
1916–1998
- StrQ

Glasser, Stanley
1926–
- StrQ; no. 1; op. 12; 1966

Glatz, Helen Sinclair
1908–1996
- StrQ; 1929
- 4 miniatures; StrQ; 1930
- Phantasy; StrQ; 1934
- StrQ; no. 2

Glaus, Daniel
1957–
- StrQ; 1980; Müller
- … vom Abgrund nämlich: 7 Teile; StrQ; 1986/87; Ed. Peters
- Kulla; StrQ; no. 3; 1992–94; Ed. Peters
- Fuge; StrQ; 1980; Müller

- Naezach; StrQ; 2001

Glazunow, Alexander Konstantinovich
1865–1936
- Quatuor; D; no. 1; op. 1; 1881–83; Belaieff (1894)
- Quatuor; F; no. 2; op. 10; 1884; Belaieff
- 5 Novelettes; StrQ; op. 15; 1885/86; Belaieff (1889)
- Quatuor stave; StrQ; no. 3; op. 26; 1886–88; Muzyka (1965); Belaieff
- Suite; StrQ; op. 35; Belaieff (1887/1891)
- StrQ; A; no. 4; op. 64; Belaieff (1900)
- StrQ; d; no. 5; op. 70; Muzyka (1967); Belaieff (1900)
- Elegie; StrQ; op. 105; 1928; Belaieff (1929)
- StrQ; no. 6; op. 106; Muzyka (1972); Belaieff (1931/1989)
- StrQ; no. 7; op. 107; 1930; Muzyka (1975); Belaieff (1931/1989)
- 2 Morceaux; StrQ; Belaieff (1903)
- Jour de fête (mit anderen Komp.); StrQ; Belaieff (1977)

Gleaves, Jan
1937–
- StrQ; 1961

Gleißner, Franz
1761–1818
- 3 StrQe; C, B, G; op. 13; Chem. Druckerei

Glick, Srul Irving
1934–2002
- Wedding Suite; StrQ; 1957; CMC
- Suite Hebraique; no. 1; StrQ; 1964; CMC
- Suite Hebraique; no. 3; StrQ; 1975; CMC
- StrQ; no. 1; 1984; CMC
- StrQ; no. 2; 1994; CMC

Glière, Reinhold Morisevich
1875–1956
- StrQ; A; op. 2; 1899; Belaieff (1902)
- StrQ; g; no. 2; op. 20; 1905; Belaieff (1906)
- StrQ; d; no. 3; op. 67; UE (1931)
- StrQ; f; no. 4; op. 83; 1943; Gos. muz. (1946)

Glinka, Michail Ivanovich
1804-1857
- Quartetto; F; 1830
- StrQ; D; 1824; Moskau (1948);
  Wollenweber (1985)
- Menuetto aus StrQ; F; Jurgenson; Schmidt;
  A. Payne (1894)
- Rondo; StrQ; D; 1827/28; Fragment
- StrQ; C; 1827/28; Fragment
- StrQ; Es; 1827/28; Fragment

Globokar, Vinko
1934-
- Six pieces breves; StrQ; 1962
- Discours VI; StrQ; 1982; Ed. Peters (1986)

Glodeanu, Liviu
1938-1978
- StrQ; no. 1; op. 5; 1959
- StrQ; no. 2; op. 24; 1970

Glöckner, Gottfried
1937-
- StrQ; 1986

Glonti, Feliks Petrovich
1927-2012
- StrQ; 1953; Muzfond
- StrQ; 1985; Muzfond

Glushkov, Piotr
1889-1966
- StrQ; 1925
- StrQ; 1933
- StrQ; 1936
- StrQ; 1937
- StrQ; 1939
- StrQ; 1940

Gluth, Viktor
1852-1917
- StrQ; Sudetendt. Mus.-Inst.

Glynn, Gerald
1943-
- Syntheses; StrQ; 1977; AMC

Gmeindl, Walther
1890-1958
- StrQ; g; op. 2; 1913

Gnattali, Radamés
1906-1988
- Quarteto popular; StrQ; 1940
- StrQ; no. 2; 1943
- Quatro quadros de Jan Zach; StrQ; 1946
- Quarteto popular; StrQ; 1960

Gnecco, Francesco
1769-1810
- 3 StrQe; B, D, C; op. 4; Sieber, no. 375
- 5 Notturni; StrQ; Es, B, G, A, C; 1794
- 4 Sonaten; StrQ; Es, A, c, C
- 4 Sonaten a quattro; StrQ; d, B, F, D

Gneiss, Max
1883-?
- 41 StrQe

Gnessin, Mikhail Fabianovich
1883-1957
- Variatsii na evreyskuyu temu; StrQ; op. 24;
  1917; Juwal (1923)
- 3 p'esy na odnu temu: Suite; StrQ; op. 68;
  1953; unveröff.

Gniot, Walerian Jozef
1902-1977
- StrQ; 1948

Godár, Vladimír
1956-
- Passacaglia; StrQ; 1973
- Jesenna meditacie; StrQ; 1979, rev. 1990
- Neha; StrQ; 1991
- Compositions (Emmeleia, Tenderness,
  Autumn med); StrQ; 1994; EMB

Godard, Benjamin Louis Paul
1849-1895
- StrQ; g; no. 1; op. 33; 1876; Durand (1882)
- StrQ; A; no. 2; op. 37; 1877;
  Breitkopf (1884)
- StrQ; A; no. 3; op. 136; 1892;
  Durand (1893)

Godecharles, Eugène-Charles-Jean
1742-1798
- 6 StrQe; op. 6; Van Ypen; Cornouaille

Godfrey, Charles
1839-1919

- StrQ

Godfrey, Daniel Strong
1949-
- StrQ; 1980

Godske-Nielsen, Svend
1867-1935
- StrQ; F; op. 14; Kistner (1931)

Goeb, Roger
1914-1997
- StrQ; no. 1; 1943; zurückgez.
- StrQ; no. 2; 1948; CFE
- StrQ; no. 3; 1954; CFE
- Running colors; StrQ; no. 4; 1961; CFE
- StrQ; no. 4; 1980

Goebel, Erich
1893-?
- StrQ; op. 3; 1913; A: 1920 Danzig
- StrQ; op. 7; 1914–19; A: 1920 Danzig
- StrQ; op. 9; 1921

Goebels-Behrand, Gisela
1903-1989/90
- Quartettino; StrQ; 1961?
- StrQ; Es

Goedeke, Karl
1819-1890
- StrQ

Göhler, Georg
1874-1954
- StrQ; a; 1928; Klemm (1929)
- Suite; f; 1936

Goehr, Alexander
1932-
- StrQ; no. 1; op. 5; 1956/57, rev. 1988
- StrQ; no. 2; op. 23; 1967; Schott (1970)
- StrQ; no. 3; op. 37; 1975/76; Schott (1985)
- In memoriam John Ogdon; StrQ; no. 4; op. 52; 1990; Schott (2000)

Göring, Petronella
1906-1968
- StrQ; fis; op. 5
- Freitagabend; StrQ + Stimme; op. 15, 55
- StrQ; g; op. 16

- Kriegsquartett; StrQ; op. 19a
- Friedensquartett; StrQ; op. 19b

Görl, Willibald
1909-1987
- StrQ; c; 1943–1947; Sudetendt. Mus.-Ins.

Goethals, Lucien
1931-2006
- Mouvement; StrQ; 1967
- StrQ; no. 2; 1992; CeBeDeM (1995)

Goetz, Hermann
1840-1876
- Fuge; StrQ; g; 1860
- Fuge; StrQ; F; ca. 1861
- StrQ; B; 1865/66; Amadeus (1990)
- Presto; StrQ; 1860–62

Götzl, Anselm
1878-1923
- StrQ; no. 1; op. 2; 1899
- StrQ; no. 2; op. 4; 1903

Goeyvaerts, Karel
1923-1993
- De zeven zegels; StrQ; 1986; CeBeDeM (1993)
- Voor Strijkkwartet; 1992; CeBeDeM (1993)

Goh, Tajiro
1907-1970
- StrQ; 1935
- StrQ; 1938

Gohlisch, Wilhelm Ferdinand
1889-1954
- StrQ; no. 3; op. 57; Grosch (1938)

Gohy, Jules-Henri
1888-1985
- 2 Pieces; StrQ; 1952

Gold, Ernest
1921-1999
- StrQ; no. 1; 1948; SPAM (1957)

Gold, Morton
1933-
- StrQ; 1970

Goldbach, Stanislav
1896-1950
- StrQ; d; op. 17; 1930

Goldberg, Lucio
1907-1965
- StrQ; 1946

Goldberg, Theo
1921-2012
- StrQ; D; op. 1; 1949

Goldenberg, William Leon (auch: Billy)
1936-
- StrQ

Goldenweiser, Aleksandr Borisovich
1875-1961
- StrQ; op. 18; 1896, rev. 1940

Goldmann, Friedrich
1941-2009
- StrQ in 3 Sätzen; 1957
- StrQ in 1 Satz; 1959
- StrQ; 1970
- StrQ; 1975; Ed. Peters (1978)
- StrQ; no. 2; 1995–97; Litolff (1997)

Goldmark, Karl (Karoly)
1830-1915
- StrQ; B; op. 8; 1860; Cranz (um 1865)

Goldmark, Rubin
1910-1980
- StrQ; A

Goldner, Ernest
1921-1999
- StrQ (Pseudonym: Ernest Gold); no. 1; 1948; SPAM (1957)

Goldschmidt, Adalbert v.
1848-1906
- StrQ; F; MS: Wien: Ges. d. Musikfreunde
- StrQ; g; MS: Wien: Ges. d. Musikfreunde

Goldschmidt, Berthold
1903-1996
- StrQ; op. 8; 1925/26; UE (1927)
- StrQ; a; no. 2; 1933–36; Boosey
- StrQ; no. 3; 1988/89; Boosey

- StrQ; no. 4; 1992; Boosey (1994)

Goldschmidt, Lore
1908-?
- StrQ; C; A: 1928 Hannover

Goldstein, Malcolm
1936-
- through deserts of time; StrQ; 1990; A: 1993
- A New Song of many faces for in these times; StrQ; 2002

Goldstein, Mikhail Emmanuilovich
1917-1989
- StrQ; 1932
- StrQ; no. 2; 1940
- StrQ; no. 3; 1975

Goleminov, Marin Petrov
1908-2000
- StrQ; no. 1; 1930; Nauka (1956); A: 1934
- StrQ; no. 2; 1936
- Sur un ancien thème bulgare; StrQ; no. 3; 1946; Sofia (1963)
- 5 Skizzen; StrQ; 1948
- Mikroquartett; StrQ; no. 4; 1966; A: 1970
- StrQ; no. 5; 1969; A: 1971
- StrQ; no. 6; 1975; A: 1980
- StrQ; no. 7; 1977/78
- StrQ; no. 8; 1982

Goleminov, Mikhail
1956-
- StrQ; no. 1; 1983; Orange Factory
- StrQ; no. 2; 1992; Orange Factory
- StrQ; no. 3; 2003; Orange Factory

Golestan, Stan
1875-1956
- StrQ; As; 1923; UE (1927)
- StrQ; no. 2; 1934; Durand (1938)

Golijov, Osvaldo
1960-
- Yiddishbbuk; StrQ; 1992
- Doina; StrQ; 1999;
- Tenebrae (StrQ-Version); StrQ; 2002

Golyshev, Yefim
1897-1970
- StrQ; 1914; verloren

Golland, John
1942-1993
- StrQ; op. 7; 1967

Gollinelli, Stefano
1818-1891
- 3 StrQe; g, G, B; op. 100; Ricordi (1855)

Golob, Jani
1948-
- StrQ; no. 2; Pizzicato/DSS (1990)

Golovin, Andrei Ivanovich
1950-
- Muzyka; StrQ; 1973; Sovetskij (1986)
- StrQ; 1982; Sovetskij (1986)

Golovina, Olga
1924-?
- StrQ; 1947

Golovkov, Alekseí Valerianovich
1918-1943
- StrQ; no. 1
- StrQ; no. 2; Sovetskij (1957)
- StrQ; no. 3
- StrQ; no. 4
- StrQ; no. 5

Goltz, Boris Grigoryevich
1913-1942
- StrQ; 1939

Golubev, Evgeny Kirillovich
1910-1988
- StrQ; no. 1
- StrQ; no. 2; op. 31; Gos. muz. (1952)
- StrQ; no. 3, op. 38; Gos. muz. (1956)
- StrQ; no. 4; Gos. muz. (1963)
- StrQ; no. 5; op. 48; Muzyka (1966)
- StrQ; no. 6; op. 52; Sovetskij (1971)
- StrQ; no. 7; op. 55
- StrQ; no. 8; op. 57; Sovetskij (1972)
- StrQ; no. 9; op. 58; Sovetskij (1972)
- StrQ; no. 10; op. 59; Sovetskij (1974)
- StrQ; no. 11; op. 61; Muzyka (1974)

- StrQ; no. 12; op. 63; Sovetskij (1975)
- StrQ; no. 13; op.64; Sovetskij (1975)
- StrQ; no. 14; Sovetskij (1980)
- StrQ; no. 15; Sovetskij (1980)
- StrQ; no. 16; Sovetskij (1980)
- StrQ; no. 17; Sovetskij (1980)
- StrQ; nos. 18–21; Muzyka (1981)
- StrQ; no. 22; op. 83; Sovetskij (1986)
- StrQ; no. 23
- StrQ; no. 24; 1986?

Gombau Guerra, Gerardo
1906-1971
- 3 + 1; StrQ; 1967; EMEC (1972)

Gomes, Carlos Antônio
1836-1896
- Album; StrQ; 1882
- Musica da Camera; StrQ; 1885

Gómez, Julio
1886-1973
- Cuarteto Plateresco; StrQ; 1940/41
- Cuartetino sobre una danza popular montañesa; StrQ; 1941
- StrQ; no. 3; 1960

Gómez, Francisco
1945-
- Fandango; StrQ; 1973; CDA
- StrQ; 1972

Gómez Carrillo, Maria Inés
1918-2014
- StrQ

Gómez-Vignes, Mario
1934-1980
- StrQ; 1963; Centro: Bogotá

Gones, Santana
1934-1980
- StrQ; 1905

Gontsov, Jurii Petrovich
1946-
- StrQ; op. 40; 1986

González, Hilario
1920-1999
- StrQ; C; 1959

González Acilu, Augustín
1929-
- StrQ; no. 1; 1962
- StrQ; no. 2; 1978
- StrQ; no. 3; 1992
- StrQ; no. 4; 1995

González Casellas, Fernando
1925-1998
- 3 StrQe

González Zuleta, Fabio
1920-2011
- StrQ; no. 1; 1952; unveröff.
- StrQ; no. 2; 1952; unveröff.
- StrQ; no. 3; 1953; unveröff.

Goode, Jack C.
1921-2002
- StrQ; no. 1; A: 3/1949 Tulsa
- StrQ; no. 2

Goodenough, Forrest
1918-2004
- StrQ; no. 3; CFE
- StrQ; no. 4; CFE
- 2 Sketches; StrQ; CFE

Goodman, Alfred
1919-1999
- StrQ; C; 1950; A: 1950 New York
- StrQ; no. 2; 1959/60; VDMK-Archiv, no. 553; Keturi/Arends; A: 1965 Lüttich

Goodwill, Lawrence William
1920-?
- StrQ; 1949

Goolkasian-Rahbee, Dianne
1938-
- Pages from my diary; StrQ; 1984

Goossens, Eugène
1893-1962
- Phantasy Qu.; op. 12; G. 17; 1915; Chester
- StrQ; C; op. 14; G. 19; 1915; Chester
- 2 Sketches; op. 15; G. 21; 1916; Chester
- StrQ; no. 2; op. 59; G. 71; 1940; Boosey

Gordon, Jerold James
1962-

- Eritis sicut deus; StrQ; 1988

Gordon, Michael
1956-
- The Sad Park; StrQ + Tonbd; A: 2006 New York City

Gordon, Peter
1951-
- De Dode; StrQ; 1992

Górecki, Henryk Mikołaj
1933-2010
- Choral; StrQ; 1961; Boosey
- Juz sie zmierzcha; StrQ; no. 1; op. 62; 1988; Boosey (1992)
- Quasi una fantasia; StrQ; no. 2; op. 64; 1991; Boosey (1994)
- Piesni Spiewaja; StrQ; no. 3; op. 67; 1995–2005; Boosey; A: 4/2005 Kronos

Gorelova, Galina Konstantinovna
1951-
- StrQ; 1981

Gorigoitia, Ramón
1958-
- Berg-Variationen (Thema aus A. Bergs Vl.-Konz.); 1985; A: 1985 Köln
- StrQ; no. 2; 1996; A: 1997 Essen

Gorini, Gino
1914-1989
- StrQ; 1937

Goris, Dominique
1959-
- StrQ; 1996; A: 1997 Hamburg

Gorli, Sandro
1948-
- Derivazioni; StrQ; 1971; Zerboni (1971); A: 1971 Como
- StrQ; 1983; Ricordi

Gorrissen, Robert Curt v.
1887-1978
- 3 S. f. StrQ; op. 15; A: 1937 Wiesbaden

Gorton, David
1978-
- Frozen Landscape; StrQ; ABRSM

- Mosaic; StrQ; 1998

Gosfield, Annie
1960-
- Lightheaded + heavyheasted; StrQ; 2002

Goslar, Julio
1883-1976
- StrQ

Gosnall, Robin
1962-
- Movement; StrQ; 1984; BMIC

Gossec, François-Joseph
1734-1829
- 6 StrQe; C, Es, c, D, E, A; op. 1;
  J. J. Hummel [G3173]
- 6 StrQe; D, e, G, F, B, D; op. 13; Bureau
  d'abonnement mus. [G3176]
- 6 StrQe; op. 15; Sieber (1771);
  Castaud [G3174]
- Danses; StrQ; ca. 1790

Gotkovski, Ida
1933-
- StrQ; 1956

Gotskosik, Oleg
1951-
- StrQ; 1983; SMIC
- Seven inventions and cadence; StrQ; no. 2
  1986/87; Editio Musica

Gotthard, Johann Peter
1839-1919
- Andante ongarese; op. 68; Doblinger (1872)

Gotthelf, Felix
1867-1930
- StrQ; C; op. 10; 1891; Ries (1893)
- StrQ; C

Gottlieb, Jack S.
1930-
- StrQ; 1954; A: 4/1955 Waltham

Goué, Émile
1904-1946
- StrQ; no. 1; 1937
- StrQ; no. 2; 1941
- 3 Pieces faciles; StrQ; 1941

- StrQ; no. 3; 1945

Gougeon, Denis
1951-
- Jeux de Cordes; StrQ; 1995

Gough, Orlando
1953-
- StrQ; 1993; BMIC

Gould, Elisabeth Davies
1904-1995
- StrQ; 1960

Gould, Glenn
1932-1982
- StrQ; op. 1; 1953-55; Barger (1956);
  Schott (1999)

Gounod, Charles François
1818-1893
- StrQ; g; unveröff.
- Petit quatuor; C
- StrQ; A; no. 2; Kunzelmann (2009)
- StrQ; a; no. 3; Choudens (1895)
- StrQ; c; Wollenweber (1989)

Gouvy, Théodore Louis
1819-1898
- StrQ; e; 1848
- StrQ; D; 1848
- StrQ; a; 1848
- Serenade; StrQ; B; 1850
- 2 StrQe; B, C; op. 16; 1857; Costallat
  (1858)
- StrQ; c; op. 68; 1873; Breitkopf (1882)
- 2 StrQe; D, a; op. 56; 1873; Costallat
  (1876)

Gow, David
1924-1993
- StrQ; op. 46; 1961; ScoMIC
- StrQ; 1965; BMIC
- Visages; StrQ; 1984; BMIC
- StrQ; 1984
- StrQ; 1987; BMIC
- Quarteto amabile; StrQ; 1989; BMIC
- StrQ; 1990; BMIC

Gow, Dorothy
1893-1982
- Fantasy; StrQ; 1932
- StrQ; no. 2; 1933

Graap, Lothar
1933-
- Liedpartita; StrQ; Dohr (2011)

Grabeler, Peter
1796-1830
- StrQ
- Potpourri auf Fastnacht; StrQ
- Adagio + Allegro ma non troppo; StrQ

Grabner, Hermann
1886-1969
- Variationen über e. dt. Tantz v. Melchior
  Franck; StrQ; op. 47, 2; Kistner (1938)
- Über Joh. Walter: *Wach auf, du deutsches
  Land*; StrQ; op. 58; Bärenreiter (1943)
- StrQ; no. 2; 1945
- StrQ; no. 3; 1950/51; Kistner (1954)

Grabovsky, Leonid Aleksandrovich
1935-
- StrQ; 1958

Grabs, Manfred
1938-1984
- StrQ; no. 1; 1966
- StrQ; no. 2; 1970/71

Graça, Fernando Lopes
1906-1994
- StrQ; no. 1; 1964
- Suite rustica; no. 2; 1965
- 14 Annotationes; StrQ; 1966
- StrQ; no. 2; 1982

Grachev, Mikhail Oskarovich
1911-?
- Kvartet Kalmytskie pesni; StrQ;
  Sovetskij (1968)

Gradenwitz, Peter Emanuel
1910-2001
- StrQ; IMP

Gradstein, Alfred
1904-1954

- StrQ; 1929

Gradwohl, Bernd
1969-
- Hochzeitsmusik für Gerda + Dave; StrQ;
  2002
- Teichquartett; StrQ; 2005

Graebner, Ric
1943-
- StrQ; 1977; BMIC
- StrQ; 1979; BMIC
- StrQ; 1984; BMIC

Grädener, Carl Georg Peter
1812-1883
- 3 StrQe; B, a, Es; op. 12, 17, 29;
  Rieter-Biedermann (1861); Ed. Peters

Grädener, Hermann
1844-1929
- StrQ; d; op. 33; Weinberger (1898)
- StrQ; D; no. 2; op. 39; UE (1905)

Graener, Paul
1872-1944
- StrQ; op. 13
- StrQ; no. 2; op. 18
- Über ein schwed. Volkslied; StrQ; no. 1;
  op. 33; UE (1910/11)
- StrQ; a; no. 2; op. 54; BB (1920)
- StrQ; a; no. 3; op. 65; Simrock (1924)
- StrQ; f; no. 4; op. 80; Simrock (1928)

Graetzer, Carlos
1956-
- StrQ; 1982

Graetzer, Guillermo (Wilhelm)
1914-1993
- StrQ; no. 1; 1941; A: 1945
- StrQ; no. 2; 1987; A: 1990

Graf (Graaf), Christian Ernst
1723-1804
- 6 StrQe; B, D, G, C, F, Es; op. 3;
  Durieu (ca. 1760) [G3332]
- 6 StrQe; op. 15; J. J. Hummel (1776),
  no. 47 [G3338]

- 6 StrQe; g, A, G, D, F, B; op. 17; 1777; J. J. Hummel [G3340]
- 6 StrQe; C, Es, B, D, A, F; o. op.; Mme. Berault (ca. 1785) [G3337]

Graham, Janet Christine
1948-
- StrQ; no. 1
- StrQ; no. 2
- StrQ; no. 3; 1975; BMIC
- StrQ; no. 4; 1982; BMIC

Graham, Peter (Pseud. f. Jaroslav Šťastný-Pokorný)
1952-
- StrQ; no. 1; 1982; Divertimento
- StrQ; no. 2; 1988, rev. 2000; Divertimento
- Mittagspause in einer Zukunftsfabrik; StrQ; no. 3; 1991; Divertimento

Grahn, Ulf
1942-
- StrQ; 1969
- StrQ; 1979; A: 1979 Washington, D. C.
- 3 Short pieces; StrQ; 1984
- The lonely voice; StrQ; 2006

Grainger, Percy Aldridge
1882-1961
- Free music no. 1; StrQ; 1907–35
- Molly on the shore; StrQ; Schott (1911)
- Theme + variations; StrQ; Bardic

Gram, Peder Jørgensen
1881-1956
- StrQ; g; no. 1; op. 3; 1907
- Serenade; StrQ; no. 2; op. 26; 1927
- StrQ; no. 3; op. 30; 1941; Samfundet (1942)

Gran, Charles L.
1969-
- StrQ; G; 1993; AMC

Granados, Enrique
1867-1916
- Pequeña Romanza; StrQ; op. posth.; UME (1975)

Grandert, Johnny
1939-
- StrQ; 1990; SMIC
- StrQ; no. 2; 1990; STIM
- StrQ; op. 40, 2; 1991; STIM
- Sats; StrQ; 1991; STIM
- StrQ; 1992; SMIC
- StrQ; 1996
- StrQ; 1997
- StrQ; 1998

Grandinger, Günther
1931-2006
- 3 StrQe

Grandison, Mark
1965-
- Surface tension; StrQ; 1996; AMC

Grandjean, Wolfgang
1944-
- Impulse; StrQ; 1969

Grant, Donald
1980-
- Lament for Mulroy; StrQ; 2010

Grant, William Parks
1910-1988
- Night poem, nos. 1– 3; StrQ; 1940–42
- StrQ; c; op. 27; CFE
- StrQ; no. 2; op. 56; CFE

Grant, Quentin
1962-
- StrQ; 1996

Grassl, Herbert
1948-
- StrQ; no. 1; 1991

Gratza, Ernst
1882-?
- StrQ

Graubner, Hannelore
1924-1982
- Dem Andenken v. Nathan Notowicz; StrQ; op. 18; 1968; MS

Graugaard, Lars
1957-

- Suite; StrQ; op. 5; 1983; DMIC
- Quattro fatti al rallenti; StrQ; op. 33; 1987; DMIC

Graunke, Kurt
1915-2005
- StrQ; 1974; Sedina; A: 1/1975 München

Graupner, Clemens
?
- Das Schneeglöckchen; StrQ; Köblitz (1886)
- Schneeglöckchen, Abendgebet; 2 StrQe; Lehne (1900)

Graus Ribas, Josep-Oriol
1957-
- Miradaciosa IV; StrQ; 1983; SpMIC

Gray, John
1959-
- Prelude to Syra; StrQ; 1989; ScoMIC

Grayson, Richard
1941-2016
- 5 Pieces; StrQ

Graziato, Massimo
1967-
- Grints; StrQ; 1998; Tankay Ediz

Grebe, Karl
1901-1980
- Andante; StrQ; Es

Grech, Pawlu
1938-
- Tetrad I; StrQ; Ed. Anglian (1973)

Grechaninov, Aleksandr Tichonovich
1864-1956
- StrQ; G; op. 2; 1892/93; Belaieff (1894)
- StrQ; d; no. 2; op. 70; 1913/14; Belaieff (1915)
- StrQ; C; no. 3; op. 75; 1915/16; Gutheil (1923); Breitkopf
- StrQ; F; no. 4; op. 124; 1929; Schott (1931)

Greco, José Luis
1953-
- Trouble; StrQ; 1991; Donemus

Green, Anthony
1946-
- StrQ; 1992, rev. 1996; BMIC

Green, Ole-Carsten
1922-2003
- StrQ; op. 31; 1971; DMIC

Green, George Clarence
1930-
- StrQ; no. 1; 1963

Green, Ray
1908-1997
- Some pieces; StrQ; 1932
- StrQ; 1933
- 5 Epigrammatic romances; StrQ; 1933
- Hymntunes; StrQ; 1944
- 5 Epigrammic portraits; StrQ; 1950–52, rev. 1993

Greenbaum, Stuart
1966-
- Time's arrow; StrQ; 1991; AMC

Greenberg, Lionel
1926-
- StrQ; no. 1; 1962–65; CMC
- StrQ; no. 2; 1967; CMC

Greenberg, Margo Lynn
1948-
- Movement; StrQ; 1970

Greenberg, Robert
1954-
- Breaths, voices + cadence; StrQ; Fallen Leaf (1983)

Greenwood, John
1889-1975
- StrQ; no. 2; 1920
- StrQ; no. 3; 1950

Greer, Thomas Henry
1916-?
- 3 songs; StrQ + Sopr; 1965

Gregor, Čestmir
1926-2011
- StrQ; no. 1; 1965; A: 8/1991 Prag
- Tri generace; StrQ; 1989; A: 10/1995 Prag

Gregorc, Jurij
1916-1986
- StrQ; E; 1946

Gregorian, Rouben
1915-1991
- StrQe

Greif, Olivier
1950-2000
- StrQ; Hapax
- Shakespeare; StrQ + Stimme; no. 2; 1996; Hapax
- Todesfuge; StrQ + Bar; no. 3; 1998; Hapax
- Ulysses; StrQ; no. 4; 2000; Hapax (2001)

Grell, (August) Eduard
1800-1886
- 3 StrQe; um 1821

Grenager, Lene
1969-
- Zyklus; StrQ; 1998; NMIC

Grenfell, Maria
1969-
- StrQ; 1991; NZMIC

Grenz, Artur
1909-1988
- StrQ; no. 2; op. 8; Sikorski (1950)

Grešák, Jozef
1907-1987
- Largetto; StrQ; 1990; SLMIC

Gress, Richard
1893-1988
- StrQ; a; op. 27; A: 1927 Münster

Gretchaninov, Aleksandr
siehe: Grechaninov, Aleksandr Tichonovich

Grétry, André-Ernest-Modeste
1741-1813
- 6 StrQe; op. 3; 1765; Borrelly (1773) [G4574]; Centre de musique baroque de Versailles (1997)
- StrQ; G; 1769

Gretscher, Franz
1816-1895

- Herzeleid. Ländler; StrQ; op. 56; Naus (1891)

Greve, Conrad
1829-1851
- StrQ

Grey, Geoffrey
1934-
- StrQ; 1967
- Nocturne; StrQ; 1968

Grgošević, Zlatko
1900-1978
- StrQ; g; 1927

Gribbin, Deirdre
1967-
- Chiaroscuro; StrQ; 1989; ICMC

Griebling, Karen
1957-
- StrQ; 1970
- StrQ; 1971
- StrQ; 1972
- StrQ; 1973
- StrQ; no. 5; 1982

Grieg, Edvard
1843-1907
- StrQ; g; 1877/78; Fritzsch (1879), später: Ed. Peters [EGA9:1–54]; A: 10/1878 Köln
- Fuge; StrQ; f; ca. 1858–62; Ed. Peters (1978) [EGA9:79–8 (178/179)]
- StrQ; F; Fragment; um 1903; Ed. Peters (1908) [EGA9:55–78 (169–177), 20:84–100]
- StrQ; F; op. 45; unvollständig (1891: S. 3 + 4 vervollst. v. Julius Röntgen); [EGAXX]

Griend, Koos van de
1905-1950
- StrQ; no. 1; Donemus (1931)
- StrQ; no. 2; Donemus (1942)
- StrQ; no. 3; Donemus (1943)

Grier, Francis
1955-
- Miriam; StrQ; 1989; BMIC

Griesbach, Karl-Rudi
1916-2000
- StrQ; 1977; Breitkopf (1981)

Griffes, Charles Tomlinson
1884-1920
- 2 Sketches based on indian themes; StrQ; 1918/19; Schirmer (1922)
- 2 Pieces (Scherzo + Lento); StrQ; 1918

Griffin, George Eugene
1781-1863
- 3 StrQe; op. 8; London (1812); Janet et Cotelle (um 1820)

Griffis, Elliot
1893-1968
- StrQ; no. 1; 1926
- StrQ; C; no. 2; 1930
- StrQ; no. 3; 1937

Griffith, Peter
1943-
- One string quartet; 1970

Grigoriu, Theodor
1926-2014
- StrQ; no. 1; 1943
- Pe Argeş în sus: Suite; StrQ; 1953/1980; Ed. Muz. (1958)
- În căutarea ecoului; StrQ; no. 2; 1993; Ars Sonora

Grigsby, Beverly
1928-
- 2 Faces of Janus; StrQ; 1963

Grill, Franz
1756?-1792
- StrQ; no. 1; A; Hoffmeister [G4608]
- StrQ; no. 2; F; Hoffmeister [G4609]
- StrQe; B, Es, C; nos. 4–6; als op. 3; André (1790) [G4607]
- 3 StrQe; F, B, A; als op. 5; André (1790) [4607]
- 6 StrQe; C, Es, B, g, D, A; André (1791) [G4611]

Grill, Leo
1846-1919?

- StrQ; Es; op. 9; Kistner (1875)
- StrQ; a; op. 11; Ed. Peters (1887)

Grillo, Fernando
1946-2013
- Quartett 1980; StrQ

Grimci, Abdulla
1919-
- StrQ; 1958

Grimm, Carl Hugo
1890-1978
- StrQ

Grimm, Friedrich Karl
1902-?
- StrQ; E

Grimmel, Werner
1952-
- StrQ; 1975

Grimpe, Alex
1907-?
- StrQ

Grinberg, Oleksandr Samuilovich
1961-
- Mertsaniya; StrQ; 1991

Grisoni, Renato
1922-2012
- Ceresio '47; StrQ; op. 18; 1960; Pizzicato

Groenevelt, Edward
1827-1899
- StrQ; D; Schuberth (1867)

Groocock, Joseph
1913-1997
- StrQ; 1991; ICMC

Groot, Cor de
1914-1993
- StrQ; 1947

Grosch, Georg O. A.
1895-1987
- StrQ; D; 1924

Gross, Eric
1926-2011
- Classical interlude; StrQ (StrO); op. 29; A: 1957 Abderdeen

- Rondino tranquillo; StrQ; op. 34;
  A: 1962 Sydney
- 3 Cheers; StrQ; 1998

Groß, Friedbert
1937-
- StrQ; G; 1978/79

Gross, Johann Benjamin
1809-1848
- StrQ; D; op. 9; Breitkopf (1832)
- StrQ; F; op. 16; Hofmeister
- StrQ; f; op. 37; BB (1844)
- StrQ; Es; op. 39; Schlesinger (1846)
- Variation; Barcarolle; op. 24; BB

Gross, Paul
1898-1985
- StrQe; nos. 1-4

Gross, Richard
1885-1930
- StrQ

Gross, Robert A.
1914-1983
- StrQ; no. 4; CFE
- StrQ; no. 5; CFE

Grossato, Bruno
siehe: Maderna, Bruno

Grosse, Erwin
1904-1982
- StrQ

Grosse, Samuel Dietrich
1757-1789
- 6 StrQe; B, D, F, A, g, Es; Sieber [G4719]

Große-Schware, Hermann
1931-
- Swingquartet; StrQ; C; 1982; A: 1983

Grossi, Pietro
1917-2002
- StrQ; 1957; Bruzzichelli (um 1957)
- Composizione no. 6; StrQ; 1960;
  Bruzzichelli
- Composizione no. 12; StrQ; 1961;
  Ed. Modern

Grosskopf, Erhard Georg
1934-
- StrQ; no. 1; op. 30; 1983; A: 1984
- StrQ; no. 2; op. 42; 1990; A: 1990
- StrQ; no. 3; op. 50; 1998;
  Litolff/Ed. Peters (2007); A: 2000 Berlin
- 12 Stücke; StrQ; no. 4; op. 51;
  Ed. Peters (2009)
- StrQ; no. 5; op. 62; 2009;
  Litolff/Ed. Peters (2009); A: 21.10.2009

Grossmann, Ferdinand
1887-1970
- StrQ; 1937

Grossmann, (Gustav) Adolf Heinrich
1890-1959
- StrQ; um 1925
- StrQ; d; 1943

Grossmann, Jan
1949-
- Musik zu Bildern v. K. Haruda; StrQ; 1982

Grossner, Sonja
1942-
- StrQ; 1995; BMIC

Grosz, Wilhelm
1894-1939
- StrQ; D; op. 4; 1916; UE; A: 1919 Wien

Grové, Stefans
1922-2014
- StrQ; D; 1946
- StrQ; 1955
- Song of the African Spirits; StrQ; 1993

Grube, Gustav
1869-1948
- StrQ; A: 1901 Milwaukee

Gruber, Jacob
1852-?
- Musikperlen; StrQ; 1882
- Quartettino; D; op. 15; Gruber (1883)

Grudzién, Jacek
1961-
- Hologram II; StrQ; 1988
- Gagliarda; StrQ; 1996

Grudziński, Czesław
1911-1992
- StrQ; 1953

Grün, Andreas
1960-
- Da es aber nicht so ist; StrQ; 1991;
  A: 1991 Luzern

Gruenberg, Louis
1884-1964
- StrQ; no. 1; op. 6; 1914
- 4 Indiscretions; StrQ; op. 20; 1922;
  UE (1925)
- 4 Whimsicalities; op. 13; 1923
- 4 diversions; StrQ; op. 32; 1930;
  Cos Cob (1930); UE (1931)
- StrQ; no. 2; op. 40; 1937
- 5 Variations on a pop. tune; StrQ; 1942
- StrQ; no. 3; op. 52

Grünberger, Ludwig
1839-1896
- StrQ; a; op. 31; Breitkopf (1881)
- StrQ; d; no. 2; op. 37; Breitkopf (1884)

Gruenthal, Joseph
siehe: Tal, Josef

Grützmacher, Friedrich
1832-1903
- StrQ; E; op. 15; Ed. Peters (1855)

Gruner, Wilhelm L.
1888-?
- StrQ; G; 1924

Gruodis, Juozas
1884-1948
- StrQ; a; 1924; Vaga (1982)

Grutsch, Franz
1800-1867
- StrQ; A: 1856 Wien

Guaccero, Domenico
1927-1984
- StrQ; 1980

Guajardo Torres, Pedro
1960-
- Anaglyphos; StrQ; 1981

Guarello, Alejandro
1951-
- 4 pieces; StrQ; 1979

Guarnieri, Adriano
1947-
- Uno spazio che tremola celeste; StrQ; 1996;
  Ricordi

Guarnieri, Camargo Mozart
1907-1993
- StrQ; no. 1; 1932; CDA
- StrQ; no. 2; 1944; CDA
- StrQ; no. 3; 1962; CDA
- Augustia; StrQ; 1976; CDA
- Ave Maria; StrQ; 1974

Guarnieri, Francesco de
1867-1927
- StrQ; F; 1922; Pizzi (1927)
- StrQ; G; Ricordi (1941)

Guastavino, Carlos
1912-2000
- StrQ; 1948; zurückgez.

Gubaidulina, Sofia Asgatovna
1931-
- Variationen; StrQ; 1955; Sikorski
- StrQ; no. 1; 1971; Sikorski (1991)
- StrQ; no. 2; 1987; Sikorski (2002)
- StrQ; no. 3; 1987; Sikorski (1990)
- StrQ + Tape; no. 4; 1993; Sikorski (2003)

Gubarenko, Vitaly Sergevich
siehe: Hubarenko, Vitaly Serhiyovych

Gudmundsen-Hohngreen, Pelle
1932-2016
- StrQ; no. 1; 1959; Samfundet
- StrQ; no. 2; 1959, rev. 1972; Samfundet
- 5 Short studies; StrQ; no. 3; 1959;
  Samfundet
- StrQ; no. 4; 1967; Hansen (1970)
- Step by Step; StrQ; no. 5; 1982, rev. 1986;
  Samfundet
- Parting; StrQ; no. 6; 1983, rev. 1986;
  Samfundet
- Parted; StrQ; no. 7; 1984; Samfundet
- Ground; StrQ; no. 8; 1986; Hansen

Gümbel, Martin
1923-1986
- Schäfer v. Crumau. Variationen auf einen Wiener Ländler; StrQ; 1740; Hänssler

Guenee, Pierre-Luc
1779-1850
- 3 StrQe

Guénin, Marie-Alexandre
1744-1835
- 3 StrQe; op. 7; um 1796; Louis, no. 100 [G4835]

Günther, Jens-Uwe
1937-
- StrQ; 1969; A: 1964?
- StrQ; no. 2; 1977; A: 1974?

Günther, Johannes
1901-?
- 3 StrQe

Guérinel, Lucien
1930-
- Douze pour quatre; StrQ; 1968; Centre d'art national français (1971)
- Strophe 21; StrQ; 1982

Guerra-Peixe, César
1914-1993
- StrQ; no. 1; 1947
- Suite; StrQ; 1949
- StrQ; no. 2; 1958

Guerrero Marín, Francisco
1951-1997
- Zayin IV; StrQ; 1994; Zerboni (1994)
- Zayin V; StrQ; Zerboni
- Zayin VII; StrQ; 1996/97; Zerboni

Guerrini, Guido
1890-1965
- StrQ; C; no. 1; 1920; Bongiovanni
- StrQ; D; no. 2; 1922; Bongiovanni
- StrQ; no. 3; 1959
- Sei danze antiche di Leonardo da Vinci; StrQ; Bongiovanni

Guettier, Marc
1931-

- StrQ; A; 2000

Güttler, Hermann
1887-1963
- StrQ; A; 1947

Guevara Viteri, Luis Gerardo
1930-
- StrQ; 1964

Guhr, Karl Wilhelm Ferdinand
1787-1848
- StrQe

Guidi Drei, Claudio
1927-1987
- StrQ; 1961

Guillaume, Maurice
1899-1983
- StrQ; op. 29; 1940

Guillemain, Louis-Gabriel
1705-1770
- StrQe; op. 12

Guinaldo, Norberto
1937-
- StrQ

Guinjoan Gispert, Joan
1931-
- Bi-tematic; StrQ; 1970

Gulda, Friedrich
1930-2000
- Musik f. StrQ; Weinberger (1955); A: 11/1953 Wien
- StrQ; fis; Papageno

Gummer, Phyllis Mary
1919-2005
- 4 StrQe

Gump, Richard
1906-1989
- Cambodian impression; StrQ

Gundry, Inglis
1905-2000
- Fantasy String Qu.; 1937; Hinrichsen

Gunge, Bo
1964-
- 3 Etudes; StrQ; 1991; Samfundet

- StrQ; 1998; Samfundet

Gunia, Paul Vincent
1950-2016
- Wandlungen; StrQ; 1977/78; Luxus
- Blues; StrQ; 1977/78; Luxus
- Berceuse; StrQ; 1985; Luxus

Gunnlaugsdóttir, Elín
1965-
- Like clouds; StrQ; 1997; IMIC

Guo Wenjing
1956-
- Chuanjiang xushi; StrQ; no. 1; op. 7; 1981
- StrQ; no. 2; op. 28; 1997/98
- StrQ; no. 3; op. 32; 1999

Guraieb Kuri, Rosa
1931-2014
- StrQ; 1978
- Hommage à Gibran; StrQ; no. 2; 1982

Guridi Bidaola, Jesús
1886-1961
- StrQ; 1933; UME
- StrQ; a; 1949; UME (1913)
- StrQ; no. 2; 1957

Gurlitt, Cornelius
1820-1901
- Intermezzo; StrQ; op. 152; Rather (1887)
- StrQ; e; op. 25; Cranz (1861)

Gurney, Ivor Bertie
1890-1937
- 5 StrQe

Gussakovskii, Apollon Seliver-stovich
1841-1875
- Komisches Scherzo: gewidmet allen Narren; 1859

Guseinzade, Adilia
1916-?
- 2 p'esy; StrQ; 1948
- StrQ; 1952

Gutchë, Gene
1907-2000
- StrQ; no. 1

- StrQ; no. 2
- StrQ; no. 3
- StrQ; no. 4; op. 29, 1; Regus (1982)

Gutiérrez Galindo, Alberto
1897-1970
- Balada; StrQ; Bogotá: Centro

Gutiérrez Heras, Joaquín
1927-2012
- StrQ; 1988, rev. 1993

Gutiérrez Sáenz, Benjamín
1937-
- Pavana; StrQ; 1961

Guttman, Alfred
siehe: Goodman, Alfred

Guttmann, Wilhelm
1886-1941
- StrQ

Guy, Barry
1947-
- StrQ; no. 2; 1969; Novello (1979)
- StrQ + voice; 1973; Novello

Guyard, Christophe
1966-
- 1 movement; 1985

Gwilt, David
1932-
- StrQ; 1959; ScoMIC

Gyring, Elizabeth
1886-1970
- StrQ; CFE
- StrQ; no. 4; ACA
- StrQ; no. 5; 1953; CFE
- StrQ; no. 6; CFE
- StrQ; no. 7; CFE

Gyrowetz, Adalbert
1763-1850
- 6 StrQe; C, G, B, A, Es, D; op. 1; Imbault, no. 156 [RISM, G5346]
- 6 StrQe; C, G, D, B, F, A; op. 2; Artaria, no. 309 [G5353]
- 6 StrQe; D, A, F, G, C, Es; op. 3; Imbault, no. 195 [G5355]

- 6 StrQe; F, G, C, A, G, Es; op. 4;
  J. Schmitt [G5361]
- 6 StrQe; D, A, F, G, C, Es; op. 5;
  André, no. 331/2 [G5363]
- 3 StrQe; F, g, G; op. 9;
  Artaria, no. 472 [G5365]
- 3 StrQe; D, C, Es; op. 13;
  Artaria, no. 618 [G5366]
- 3 StrQe; B, G, A; op. 16;
  Artaria, no. 662 [G5368]
- 6 StrQe; C, D, A, F, g, G; op. 17;
  Imbault (1792), no. 494 [G5372]
- 3 StrQe; op. 19; André, no. 745 [G5375]
- 3 StrQe; A, F, D; op. 21; Artaria
  (1799/1800), no. 734 [G5376]
- 3 StrQe; D, C, Es; op. 25;
  André, no. 931 [G5378]
- 3 StrQe; B, G, A; op. 27;
  André, no. 1014 [G5383]
- 3 StrQe; D, C, Es; op. 28;
  Sieber, no. 8 [G5384]
- 3 StrQe; Es, G, B; op. 29;
  Artaria, no. 853 [G5385]
- 3 StrQe; A, F, D; op. 30;
  Sieber, no. 10 [G5386]
- 3 StrQe; A, F, D; op. 31;
  Sieber, no. 1488 [G5387]
- 3 StrQe; F, D, c; op. 42;
  Gombart, no. 418 [G5388]
- 3 StrQe; G, B, As; op. 44;
  Bureau d'Arts, no. 328 [G5392]
- 3 StrQe; D, F, c; op. 56;
  André, no. 1977 [G5393]

Gyselynck, Franklin
1950-
- StrQ; no. 1; 1973/74
- StrQ; no. 2; 1976
- StrQ; no. 3; 1979

Gyulai, Elemér
1904-1945
- StrQ; Ed. Musica (1970)

Haack, Friedrich Wilhelm
1760-1827

- 3 StrQe; Es, g, F; op. 2; J. J. Hummel,
  no. 1060 [H1]

Haag, Armin
1884-1944
- StrQ; d; no. 1
- StrQ; G; no. 2

Haag, Hanno
1939-2005
- StrQ; op. 8; Möseler; A: 1971 Mannheim

Haager, Max
1905-1984
- Serenade; StrQ; op. 13

Haapalainen, Väinö
1893-1945
- StrQ

Haapalainen, Väino, jr.
1916-1977
- 2 StrQe

Haas, Georg Friedrich
1953-
- StrQ; no. 1; 1997; UE; A: 1997 Graz
- StrQ; no. 2; 1998; UE; A: 1998 Wien
- In iij. Noct.; StrQ; no. 3; 2001; UE;
  A: 2002 Schwaz
- StrQ; no. 4; StrQ + Live-Elektr; 2003;
  UE; A: 2003 Graz
- StrQ; no. 5; 2007; UE; A: 2007 Schwaz
- StrQ; no. 6; 2010; UE; A: 2011 Salzburg
- StrQ; no. 7; StrQ + Elektr; 2011; UE;
  A: 2011 Luzern
- StrQ; no. 8; 2014; UE; A: 2014 Basel
- Lair; StrQ; 2014; UE; A: 2014 Witten

Haas, Joseph
1879-1960
- StrQ; g; op. 8; 1905
- Divertimento; StrQ; C; op. 32; 1910;
  Leuckart (1911); A: 1912 Stuttgart
- StrQ; A; op. 50; Wunderhorn (1919);
  Schott (1949)

Haas, Pavel
1899-1944
- StrQ; F; 1914; unvoll.

- Fugy; StrQ; 1916
- StrQ; cis; no. 1; op. 3; 1920; Tempo (1921); BB (1996); A: 1921 Brno
- Z opičích hor (Aus den Affenbergen); op. 7; 1925; BB (1996)/Panton
- StrQ; no. 3; op. 15; 1937/38; A: 1946 Brno
- Fantasie über ein jüdisches Lied; StrQ; 1943; verloren
- Thema con variazioni; StrQ (Jugendwerk 1914–17), 5 unvoll. Variationen
- Skladba; StrQ; h; Fragment; vor 1918

Haas, Robert Maria
1886-1960
- StrQ; G

Haass, Hans
1897-1955
- StrQ; A

Hába, Alois
1893-1973
- StrQ; op. 4; 1919; UE (1923); A: 1921 Donaueschingen
- StrQ; op. 7; 1920; UE (1921)
- StrQ; op. 12; 1922; UE (1925)
- StrQ; op. 13
- StrQ; op. 14; 1922; MS: Nachlass CZ-Pum
- StrQ; op. 15; 1923; MS: Nachlass CZ-Pum
- StrQ; op. 70; 1950; MS: Nachlass CZ-Pum
- Vanocni (Weihn.-Qu.); StrQ; op. 73; 1951; SNKL (1954)
- StrQ; op. 76; 1951; Filmkunst (1988)
- StrQ; op. 79; 1952; MS: Nachlass CZ-Pum
- StrQ; op. 80; 1952; Filmkunst (1995)
- StrQ; op. 87; 1957; Státní hud. (1963)
- StrQ; op. 90; 1959/60; Státní hud. (1965)
- StrQ; op. 92; 1961; Státní hud. (1963)
- StrQ; op. 94; 1963; Panton (1967)
- StrQ; op. 95; 1964; Filmkunst (1995)
- StrQ; op. 98; 1967; Panton (1970)

Hába, Karel
1898-1972
- StrQ; no. 1; op. 2; 1922;
- StrQ; no. 2; op. 5; 1924; Nakladem (1928)
- StrQ; no. 3; op. 27; 1943; SNKL (1958)

- StrQ; no. 4; op. 48; 1969; SNKL

Habart, Michael
1946-
- StrQ; op. 2; 1973; DMIC

Habbestad, Kjell
1955-
- Quattro Stazioni; StrQ; op. 21; 1989; NMIC

Habert, Johannes Evangelist
1833-1896
- 3 StrQe; e, Es, D; op. 77, op. 80, op. 81; 1866, 1889, 1889; Breitkopf (1908)

Habicht, Günter
1916-2000?
- StrQ im klass. Stil; 1948
- Quartettino 71; StrQ

Hackenberger, Oskar
1872-1929
- StrQ; f; 1910

Hacker, Wilhelm Conrad
1901-?
- StrQ; H; no. 1; op. 2; 1924
- StrQ; B; no. 2; op. 7; 1926
- StrQ; no. 3; op. 10B; 1930

Haddad, Saed
1972-
- StrQ

Hader, Widmar
1941-
- Buchenländer-Suite; StrQ; 1968

Hadley, Henry Kimball
1871-1937
- StrQ; no. 1; op. 24; 1896
- StrQ; no. 2; op. 132; 1934; G. Schirmer (1941)

Hadley, Patrick Arthur Sheldon
1899-1973
- StrQ; C; 1933; MS: Fitzwilliam, Cambridge

Hadow, William Henry
1859-1937
- StrQ; Es; Novello (1886)

Häckel, Friedrich
1879-1957
- StrQ; C; op. 21

Hægeland, Eilert
1951-2004
- Med Slatt og Steg; StrQ; op. 18; 1987; NMIC

Hägg, Jacob Adolf
1850-1928
- StrQ; cis

Haegi, Adolf
1898-1973
- StrQ; 1927

Hämeenniemi, Eero
1951-
- StrQ; 1989; Fazer
- StrQ; 1994; Fazer

Händel, Johannes Gerhard
1887-1968
- StrQ; D; op. 30

Haene, Rafaël D'
siehe: D'Haene, Rafaël

Hänel v. Cronenthal, Luise Auguste
1836-1896
- StrQ

Haenni, Charles
1867-1953
- 55 petites-formes musicales; StrQ

Hänsel, Lutz
1935-
- StrQ für Schüler; op. 23; 1962
- StrQ für Laienquartett; op. 83; 1986

Hänsel, Peter
1770-1831
- 3 StrQe; op. 1; PD1141; André (1798)
- 3 StrQe; op. 3; PD1188; André (1798)
- 3 StrQe; op. 5; PD1221; André (1799)
- 3 StrQe; op. 6; André
- 3 StrQe; op. 7; PD1248; Mollo
- 3 StrQe; op. 8; PD865; Artaria (1801)
- 3 StrQe; op. 9; PD888; Cappi (1802)
- 3 StrQe; op. 10; PD962; Cappi (1802)
- 3 StrQe; op. 14; PD1805; Artaria (n. 1806)
- 1 StrQ; op. 16; Lith. 439; Magasino (1806)
- 3 StrQe; op. 17; PD1948; Artaria (1808)
- StrQ; op. 18; PD906; Th. Weigl (1807)
- 3 StrQe; op. 20; PD2032; Artaria (1808)
- 3 StrQe; op. 22; PD1342–4; Mollo (1810)
- 3 StrQe; op. 25 + 27; Lith. 2030; Magasin de l'imp. chim. (1811–13)
- StrQ; op. 29; PD2433; Artaria (1815)
- StrQ; op. 30; PN1661; Cappi (1822)
- 4 StrQe; op. 31–34; PD2437, 43; 2488; Artaria (1816/17)
- StrQ; op. 35; Mollo (1822)
- StrQ; op. 36; Scotti (1823)
- StrQ; op. 37; André (1825)

Haentjes, Werner
1923-2001
- StrQ; 1949; A: 1950 Darmstadt
- Impressioni gianicolensi; StrQ; 1950; A: 1950 Darmstadt
- StrQ; 1957; A: Köln
- StrQ; 1966/67; A: Köln
- Tournedos musicales; StrQ; 1981; A: Stuttgart

Haentzschel, Georg
1907-1992
- StrQ; 1932

Härkönen, Leo
1904-1978
- StrQ; 1946

Haeser, Georg
1865-1945
- Intermezzo; op. 24; Hug
- Stimmungsbilder; op. 27; Hug
- Kanon-Suite; StrQ; op. 29; Hug
- StrQ; D; no. 1; op. 31; Hug
- StrQ; D; no. 2; op. 35; Hug
- StrQ; no. 3; op. 48; Hug
- StrQ; no. 4; op. 52; Hug

Hässy, Günter
1944-2007
- 5 StrQe; D; D; D; D; C; op. 1; 1958–59

- 2 StrQe; F, d; op. 3; 1960
- StrQ; D; op. 11; 1964
- StrQ; op. 15; 1965
- StrQ; op. 26; 1969
- StrQ; op. 37; Fragment
- 10 Tänze aus Anjou; op. 58; 1974
- StrQ; d; op. 90; 1980; A: 1983 Kerpen
- 3 StrQe; op. 105; Hässy; 2001
- Fuge; StrQ; op. 114f
- StrQ; a; op. 125
- StrQ; G; op. 137

Hagel, Karl
1847-1931
- 5 StrQe

Hageman, Richard
1882-1966
- Suite miniature; StrQ

Hagen, Daron Aric
1961-
- StrQ; no. 1; op. 12; 1985
- Snapshot; StrQ; op. 76; 2002
- Variationen (J. S. Bach); StrQ; op. 77; 2002
- Snapshot; StrQ; no. 2; op. 93B; 2006

Hager, Johannes
1822-1898
- StrQe; no. 1–6
- StrQ; no. 7; op. 31; Spina (1858)

Hager-Zimmermann, Hilde
1907-2002
- Serenade; StrQ; op. 334; 1966; MS: Kopie im Archiv Frau + Musik
- Romanze (Ein Erdenleben); StrQ; op. 661; MS: Kopie im Archiv Frau + Musik

Hagstedt, Fredrik
1975-
- StrQ; 1999; SMIC

Hagström, Robert
1950-
- StrQ; 1990; SMIC

Hahn, Philipp
1980-
- Quartettino; StrQ; 1996; Dohr (1998)

Hahn, Reynaldo
1874-1947
- Le Carnaval des vieilles poules; StrQ; 1891
- Divertissement pour une fête de nuit; StrQ; 1931
- StrQ; a; no. 1; 1939; Heugel (1943); Leduc
- StrQ; A; no. 2; Heugel; Leduc (1946)

Hahn, Volker
1940-
- StrQ; c; 1963; A: 1964 Dresden
- StrQ; g; 1965; A: 1965 Dresden
- Schüller-Qu.; 1977; A: 1978 Görlitz
- Studie; StrQ; 1991; A: 1992 Dresden

Haidenko, Anatolii
1937-
- StrQ; 1970

Haidmayer, Karl
1927-
- Canzonetta; StrQ; no. 1; 1960; A: 1960
- StrQ; no. 2; 1983; A: 1989

Haieff, Alexei
1914-1994
- Sonatina; StrQ; 1937; A: 1937 New York
- StrQ; no. 1; 1951; Belaieff (1963); A: 1951 Oiai, CA

Haigh, Morris
1932-

- StrQ; 1968

Haimo, Ethan Tepper
1950-
- StrQ; no. 1; 1971
- StrQ; no. 2; 1975

Haines, Edmund Thomas
1914-1974
- StrQ; 1946; CFE
- StrQ; no. 2; CFE
- StrQ; no. 3; CFE
- Set of nine; StrQ; no. 4; 1957; CFE

Hajak, Karoly
1886-?
- StrQe; no. 1–4

Hajdú, András
1932-2016
- StrQ; 1986; IMI
- Variations; StrQ; 1997
- Mishna-Variations; StrQ; 1999; IMI
- Six Viennese Portraits; StrQ; 2000

Hajdú, Georg
1960-
- Nacht. Klangtausch zur Unzeit; StrQ; 1993, rev. 1999; Peer

Hajdú, Mihály
1909-1960
- StrQ; 1936
- StrQ; 1970

Hájek, Aleš
1937-
- StrQ; no. 1; 1963; CHF
- StrQ; no. 2; 1970; CHF
- StrQ; no. 3; 1972; CHF
- StrQ; no. 4; 1979; CHF

Haji, Hiroshi
1953-2008
- StrQ; no. 2; 1997; JFC

Håkanson, Knut Algot
1887-1929
- 2 StrQe

Hakola, Kimmo
1958-

- StrQ; no. 1; 1986; Fazer
- StrQ; no. 2; 1997; FMIC
- StrQ; no. 3; 2003; FMIC

Halac, José
1965-
- StrQ; 1986

Halácsy, Irma v.
1880-1953
- StrQ; F; op. 4; 1906

Halaczinsky, Rudolf
1920-1999
- StrQ; C; op. 4; 1948; A: 1951 Augsburg
- Et lux perpetua luceat eis; StrQ; op. 76; 1988; Astoria (1995)

Halasz, Laszlo
1905-2001
- StrQ

Hálek, Václav
1937-2014
- StrQ; 1963; CHF
- StrQ; no. 2; Nymphenburg (1994)

Halen, Walter J.
1930-2005
- StrQ; 1960

Halffter, Cristóbal
1930-
- Tres piezas; StrQ; no. 1; 1956; UE
- Mémoires 1970; StrQ; no. 2; 1970; UE
- StrQ; no. 3; 1978; UE; A: 1979 Evian
- Con bravura y sentimiento; StrQ; no. 4; 1991; A: 1991 Wien
- Zeitgestalt; StrQ; no. 5; 1996; UE; A: 1996 Basel
- StrQ; no. 6; 2001–02; UE; A: 2002 Niebüll
- Espacio de silencio; StrQ; no. 7; 2007; UE; A: 2008 Santander
- Ausencias; StrQ; no. 8; 2002; UE; A: 2013 Madrid
- Miguel de Cervantes in memoriam; StrQ; no. 9; 2015/16; UE; A: 2016 Madrid

Halffter Escriche, Ernesto
1905-1989

- StrQ; a; 1923; Eschig (1995)
- Sonatina fantasia; StrQ; 1923
- Homenajes; StrQ; 1923

Halffter Escriche, Rodolfo
1900-1987
- Divertimento; StrQ; um 1930
- StrQ; op. 24; 1957/58; Ed. Mexicanas (1959); A: 1959 Ann Arbor, MI
- Tres movimientos; StrQ; op. 28; 1962; Ed. Mexicanas (1966)
- Ocho tientos (Fantasias); StrQ; op. 35; 1973; Ed. Mexicanas (1975)
- StrQ; op. 94; Ed. Mexicanas

Hall, John
1905-1991
- StrQ; 1969; Warner

Hall, Neville
1962-
- StrQ; 1989

Hall, Pauline Margarete
1890-1969
- Sonatina; StrQ

Hall, Richard
1903-1982
- StrQ; no. 1; 1946
- StrQ; no. 2; 1973
- StrQ; no. 3
- StrQ; no. 4
- StrQ; no. 5
- StrQ; no. 6

Hallberg, Bengt
1932-2013
- StrQ; STIM
- StrQ; 1956/57; SMIC

Hallberg, Björn Wilho
1938-2009
- StrQ; 1963; STIM

Haller, Hermann
1914-2002
- StrQ; op. 29; 1961; Sirius (1977)
- StrQ; op. 45; 1971; Pegasus (1974)
- Satz; StrQ; op. 64; 1990; Heinrichs (1993)

Hallgrímsson, Hafliði
1941-
- from memory; StrQ; no. 1; op. 11; 1989; Chester; A: 1991 Kopenhagen
- 4 movements in memoriam Bryn Turley; StrQ; op. 11a; 1990; Chester; A: 1990 Edinburgh

Hallin, Margareta
1931-
- Fröken Julie; StrQ; 1994; SMIC

Hallmann, Dietmar
1935-
- Konversation; StrQ; A: 10/2006 Leipzig

Hallnäs, Eyvind
1937-
- StrQ; 1979; STIM
- StrQ; 1980; SMIC
- StrQ; 1985; SMIC

Hallnäs, Hilding
1903-1984
- StrQ; no. 1; op. 32; 1949; Ed. Suecia (1957)
- StrQ; no. 2; 1967; STIM
- Invocatio; StrQ + Mezzosopr; no. 3; 1975/76; STIM
- StrQ; no. 4; 1980

Halm, Anton
1789-1872
- StrQ; op. 38; Mechetti
- StrQ; op. 39; Mechetti
- StrQ; op. 40; Mechetti

Halm, August
1869-1929
- Serenade; StrQ; a; Bärenreiter (1927)
- StrQ; B; 1894; Lauterbach (1903)
- Präludien/Fuge; StrQ; Es; Zumsteeg (1915)
- StrQ; A; Zwissler (1923)
- StrQ; B; 1926; Kallmeyer (1926)
- StrQ; g; 1931; Bärenreiter (1931)
- StrQ; C; 1932; Bärenreiter (1932)
- StrQ; F; Bärenreiter (1932)

Haluška, Milan
1960-

- StrQ; 1995; SLMIC
Halvorsen, Johan August
1864-1935
- StrQ; 1892; vernichtet
Hamann, Bernhard
1909-1968
- StrQ; d; op. 3; A: 1937 Hamburg
- StrQ; no. 2; op. 14; 1948; A: 1949
- Prager StrQ; no. 3; op. posth.; 1967; A: 1/1971 Hamburg
- Quartettsatz; op. 11b; 1947
Hamann, Erich
1898-?
- StrQ; op. 12; Doblinger (1956)
- StrQ; op. 14; Doblinger (1954)
- 2 StrQe; op. 25, 1 + 2; Doblinger (1951)
- StrQ; op. 39; Doblinger (1964)
Hambræus, Axel Edward
1890-1983
- Preludium, Fughetta och Koral; StrQ; STIM
- StrQ; no. 2; STIM
Hambræus, Bengt
1928-2000
- StrQ; 1948; Ed. Suecia
- A fancy in homage to Henry Purcell; StrQ; no. 2; 1949; SMIC
- Invenzione I; StrQ; no. 3; 1964, rev. 1967; Ed. Suecia (1969)
Hamburg, Jeff
1956-
- A prayer and a dance; StrQ; 1994; Donemus
Hamel, Eduard
1811-1888
- StrQ; C; op. 7; Annecke (1885)
Hamel, Peter Michael
1947-
- Petite suite; StrQ; 1963; A: 1964 München
- StrQ; no. 1, in 9 Teilen; 1980; Bärenreiter (1984); A: 1984 Bremen
- StrQ; no. 2, in 2 Teilen; 1985–87; Bärenreiter (1986); A: 7/1987 Darmstadt

- StrQ; no. 3, in 3 Teilen; 1991–93; Accent
- StrQ; no. 4, in 5 Teilen; 2000; Accent; A: 2003 Hamburg
Hamerik, Asger
1843-1923
- StrQ; 1859; Da Capo (2013)
Hamerik, Ebbe
1898-1951
- 2 StrQe; op. 2; 1917
Hames, Richard David
1945-
- Archivi; StrQ; 1984
Hamilton, Iain Ellis
1922-2000
- StrQ; no. 1; op. 5; 1949; Schott (1952); A: 1950 London
- StrQ; no. 2; 1965, rev. 1967; Schott; A: 1966 Baltimore, MD
- StrQ; no. 3; 1984; Presser (1993?)
- StrQ; no. 4; 1984
- StrQ; no. 7
Hammer, Karl Louis
1877-1950
- StrQ; A
Hammerschlag, Walter
1913-1971
- Serenade; StrQ; 1947
Hammerth, Johan
1953-
- Frossa; StrQ; 1989; SMIC
- StrQ; 1995; SMIC
Hanák, Mirko
1891-?
- Fantastic suite; StrQ; 1929
Hancock, Paul
1952-2001
- Nuptials; StrQ; 1978; BMIC
- StrQ; op. 9; 1984; Trewhella
Handke, Robert Ernst
1867-1942
- Schäferreigen; StrQ; Bosworth (1904)
- Serenade; F; op. 25; Steingräber (1912)

Handrick, Berit
1968-
- StrQ

Hanebeck, Hugo Rudolf
1903-1976
- Prolog; StrQ; Es; op. 21; 1939

Hanuš, Jan
1915-2004
- Fantasie; StrQ; op. 6; 1939;
  HMUB 1946/1950
- Suita drammatica; StrQ; op. 46; 1959;
  Panton (1960); P 187
- Lyrisches Triptychon; StrQ; op. 114;
  1985; CHF (1987/88)

Hanisch, Eduard
1908-1987
- A. D. 1969 – Apollo 11
  (Korrelationen VIII); StrQ
- A. D. 1969 – Apollo 12
  (Korrelationen VIII A); StrQ

Hanna, James B.
1922-?
- StrQ; 1949
- StrQ; 1951
- StrQ; 1960

Hannan, Michael
1949-
- Occasional medley; StrQ; 1981

Hannay, Roger Durham
1930-
- StrQ; 1962
- Lyric; StrQ; 1962
- Designs; StrQ; no. 3; 1963
- Quartet of solos; StrQ; no. 4; 1974

Hannenheim, Norbert v.
1898-1945
- 3 StrQe

Hannikainen, Ilmari
1892-1955
- StrQ; fis; 1919

Hannivoort, Hendrik Willem
1871-1956

- StrQ; G; Senart (1925)

Hanousek, Jiří
1960-
- StrQ; 1980

Hanousek, Vladimír
1907-1976
- Quartetto abbandonato
- Ponte dei sospiri; StrQ; 1960; CHF

Hanzlik, Tomas
1972-
- Hudba pro UFO; StrQ; 1996

Haquinius, Johan Algot
1886-1966
- StrQ; a; 1916–1928; STIM (1931)
- StrQ; e; 1931
- StrQ; A; STIM

Harada, Minoru
1915-?
- StrQ; 1942

Harada, Yusuke
1963-
- StrQ; no. 1; JFC; A: Nagoya

Hansen, Flemming
1968-
- June music; StrQ; 1990; DMIC

Hansen, Johannes
1915-1985
- StrQ; 1960–78; DMIC

Hansen, Krister
1966-
- Laterna magica; StrQ; SMIC

Hansen, Robert Emil
1860-1926
- StrQ

Hansen, Theodore Carl
1935-
- StrQ; 1975; Seesaw

Hansenns, Charles Louis
1802-1871
- 2 StrQe; fis, e; Schott (1862)

Hansl, Johann
1957-

- 4 x 4; StrQ; op. 169; 1994

Hanson, Howard
1896-1981
- StrQ in one movement; op. 23; 1923; Birchard (1927)
- Seascape no. 2; StrQ; 1966

Hanson, Jens
1936-
- StrQ; 1963
- StrQ; no. 3; 1977; CMC

Hanson, Raymond Charles
1913-1976
- StrQ; 1967

Harapi, Tonin
1928-1992
- Valle-poema; StrQ; 1961
- StrQ; D; no. 1; 1964
- StrQ; d; no. 2; 1981
- StrQ; g; no. 3; 1986
- StrQ; c; no. 4; 1987

Harašta, Milan
1919-1946
- StrQ; 1940
- Lopenicky; StrQ; op. 8; 1946

Harbison, John
1938-
- StrQ; no. 1; 1985; AMP (1989); A: 1985 Washington, D. C.
- StrQ; no. 2; 1987; AMP (1989); A: 1987 Boston, MA
- StrQ; no. 3; 1993; AMP (2006)
- Variations; StrQ; 1992/93; AMP
- The rewaking; StrQ + Sopr.; AMP

Harcourt, Eugène d'
1859-1918
- 2 StrQe

Harcourt, James
1818-1883
- 2 StrQe

Harcourt, Marguerite Béclard d'
1884-1964
- StrQ; 1930

Harder, Knud
1885-1967
- StrQ; B; op. 4; Schweers (1908)
- 3 StrQe

Hardiman, Ellena
1890-1949
- The rushing wind; StrQ

Hardish, Patrick Michael
1944-
- StrQ; no. 1; 1980?

Hardy, John
1957-
- StrQ; 1987; BMIC

Harman, Carter
1918-2007
- Variations; StrQ; 1950

Harman, Chris
1970-
- StrQ; 1991; CMC

Harmati, Sandor
1892-1936
- StrQ; 1924

Harper, Edward James
1941-
- StrQ; 1960
- StrQ; 1967; OUP
- StrQ; no. 2; 1986; OUP

Harrer, James P.
1946-
- StrQ; 1970

Harries, David
1933-2003
- StrQ; no. 1; op. 2; 1953
- StrQ; op. 13; 1961; zurückgez.
- StrQ; no. 2; op. 29; 1968

Harrington, Jeffrey
1955-
- StrQ; 1992
- Adagio tenebroso; StrQ; 1993
- Anamorphosis; StrQ; 1996
- Spirale d'Arco; StrQ; 2004
- Tetra-Mnemosyne; StrQ; 2006

Harris, Donald
1931-2016
- StrQ; 1965; Jobert (1965)

Harris, Ross Talbot
1945-
- StrQ; no. 1; 1991
- StrQ; no. 2; 1998

Harris, Roy Ellsworth
1898-1979
- Impressions of a rainy day; StrQ; 1925
- StrQ; no. 1; 1929
- 3 Variations on a theme; StrQ; no. 2; 1933; G. Schirmer (1937)
- Bearbeitung von J. S. Bachs *Kunst der Fuge* für StrQ; 1936
- 4 Preludes + Fugues; StrQ; no. 3; 1937; Mills (1948)

Harris, Russell G.
1914-1995
- StrQ; no. 1; op. 27; 1945

Harris, Ruth Berman
1916-2013
- StrQ; 1982

Harrison, Charles Scott
1950-
- StrQ

Harrison, Lou Silver
1917-2003
- Suite no. 2; StrQ; 1949/50
- Set; StrQ; 1979; Peer (1980)

Harrison, Pamela
1915-1990
- StrQ; 1932, 1944?

Harrison, Susie Frances
1859-1935
- On ancient Irish Airs; StrQ

Harsanyi, Tibor
1898-1954
- StrQ; no. 1; 1925; La Sirene (1928)
- StrQ; no. 2; 1935, rev. 1943

Hart, Frederic Patton
1894-1983

- StrQ; no. 1; 1939

Hart, Fritz Bennicke
1874-1949
- Fantasy Qt.; StrQ; a; op. 118; 1937
- StrQ; G; op. 119; 1937

Hart, Weldon
1911-1957
- StrQ; no. 1; 1939

Hartl, Heinrich J.
1953-
- Was im Stillen erblüht; StrQ; op. 61; 1994; A: 1993 Marienbad
- Concerto gregoriano; StrQ; 1983

Hartley, Walter Sinclair
1927-2016
- StrQ; 1950; Antiphon
- StrQ; no. 2; 1962; Antiphon

Hartmann, Per
1945-
- Ein wunderlicher Baum; StrQ; 1990; NMIC

Hartmann, Emil Wilhelm
1836-1898
- StrQ; c; op. 37; 1885; Leichssenring (1886)

Hartmann, Friedhelm Hans
1963-
- StrQ; no. 1; 1979

Hartmann, Johann Peter Emilius
1805-1900
- StrQ; G; 1848
- StrQ; A; no. 2; 1855

Hartmann, Karl Amadeus
1905-1963
- Carillon; StrQ; no. 1; 1933-35; W. Müller; Schott (1953)
- StrQ; no. 2; 1945/46, rev. 1948/49; W. Müller (1948/49); Schott (1952)

Hartog, Eduard de
1829-1909
- StrQ; no. 1; op. 35; Rieter-Biedermann
- StrQ; D; no. 2; op. 41; Schott (1864)
- Suite; StrQ; d; op. 46; Maho, no. 784 M.

Hartung, Rudolf
1886-1975
- StrQ; B; no. 1; 1909/10; A: 1911
- StrQ; F; no. 2; 1921; A: 1921
- StrQ; C; no. 3; Hofmeister (2001)
- StrQ; G; no. 4; 1948; Hofmeister (1983);
  A: 1951 Braunschweig
- Andante maestoso + Choral *Eins ist not, ach
  Herr, dies Eine*; 1948; A: 1989

Harty, Hamilton Herbert
1879-1941
- StrQ; F; op. 1; um 1900
- StrQ; A; op. 5; um 1902

Hartzell, Eugene
1932-2000
- StrQ; 1979; Contemp. Art; A: 1992 Wien
- Largo; StrQ; 1992/93; A: 1992 Odessa

Harvey, Jonathan
1939-2012
- StrQ; no. 1; 1977; Faber (1982)
- StrQ; no. 2; 1988; Faber; A: 1989 Brüssel
- StrQ; no. 3; 1995; Faber
- StrQ; no. 4; 2003; Faber; A: 2003 Brüssel

Hasegawa, Yoshio
1907-1981
- StrQ; no. 1; 1946; Ongaku-no-tomo-sha
- StrQ; 1956; Ongaku-no-tomo-sha

Haselböck, Martin
1954-
- StrQ; 1991; UE; A: 1991 Wien

Hasenöhrl, Franz
1885-1970
- 3 StrQe

Hashagen, Klaus Dietrich
1924-1998
- Scenes fugitives; 1964

Hasquenoph, Pierre
1922-1982
- StrQ; no. 1; Cranz (1967)

Hasse, Karl M. W.
1883-1960
- StrQ; e; no. 1; op. 27; A: 1924 Tübingen

- Suite; StrQ; op. 36a; Litolff (1933)
- StrQ; d; no. 2; op. 44; A: 1937 Köln
- StrQ; a; no. 3; op. 63
- StrQ; A; no. 4; op. 67; A: 1943
- StrQ; B; no. 5; op. 77
- StrQ; G; no. 6; op. 78
- StrQ; D; no. 7; op. 79
- StrQ; no. 8; op. 88b; verschollen
- StrQ; g; no. 9; op. 95
- StrQ; F; no. 10; op. 110
- StrQ; G; no. 11; op. 121
- StrQ; d; no. 12; op. 125

Hassell, Jon
1937-
- Pano da costa; StrQ; 1987

Hatch, Peter
1957-
- Elegy; StrQ; 1981

Hatrík, Juraj
1941-
- Dolcissima mia vita; StrQ; 200

Hattinger, Wolfgang
1962-
- AS; StrQ; 1989; A: 1991 Kindberg

Hatton, Gaylen
1928-2008
- 3 StrQe

Hattori, Koh-ichi
1933-
- 2 Movements f. Strings (from the southern
  air); StrQ (StrOrch); Boosey (1980)

Hatzis, Christos
1953-
- Nunavut; StrQ; 1998
- Gathering; StrQ; no. 1; 2005
- Awakening; StrQ; no. 2; 2005

Haubensak, Edu
1954-
- Falsche Schönheit; 2 StrQe; A: 2002 Genf

Haubenstock-Ramati, Roman
1919-1994

- StrQ; no. 1; 1973; UE (1991);
  A: 1974 Wien
- In memoriam Christl Zimmed; StrQ; no. 2;
  1977; UE (1978); A: 1978 Wien
- Pluriel. Mobile 1; StrQ; 1991; UE

Haubiel, Charles Trowbridge
1892-1978
- Echi classic; StrQ; c; 1936; Elkan (1962)

Haudebert, Lucien
1877-1963
- Bienvenue à Claudie; StrQ; op. 9; Senart
- Esquisse d'un theme; StrQ; 1925
- StrQ; no. 2; op. 66

Hauer, Josef Matthias
1883-1959
- 5 Stücke; StrQ; op. 30; 1924;
  Schlesinger (1924)
- Stücke; StrQ; op. 34; 1925
- Stücke; StrQ; op. 38; 1925
- Stücke; StrQ; op. 42; 1925
- StrQ; op. 47; 1926; UE (1926)
- Zwölftonspiel; 1927; Fortissimo (1957)
- Chines. StrQ; op. IV; 1953

Haufrecht, Herbert
1909-1998
- Quartettino; StrQ; 1933; CFE
- Moods; StrQ; 1937; CFE

Haug, Halvor
1952-
- StrQ; no. 1; 1985; Warner
- StrQ; no. 2; 1996; Warner

Haug, Hans
1900-1967
- Kleines StrQ; op. 8; 1921/22
- StrQ; no. 2; 1925/26
- StrQ; no. 3; 1933–36

Hauk, Günther
1932-1979
- 2 Studien; StrQ; 1955; VeNM (1972)

Haumann, Erik
1952-
- StrQ; STIM

Hauptmann, Moritz
1792-1868
- 2 StrQe; op. 7; Diabelli (ca. 1820)

Hauser, Miska
1822-1887
- Scherzo; StrQ; op. 51; Luckhardt (1875)

Hausmann, Theodor
1880-1972
- StrQ; a; op. 9; Kahnt (1928)
- StrQ; d

Hausner, Ernst
1879-
- StrQ

Haussermann, John William
1909-1986
- StrQ; op. 15; 1936
- Divertissements; StrQ; op. 21; 1941

Haußmann, Karin
1962-
- Ein Ort für Zufälle; Quartett; 1997

Hauta-aho, Teppo
1941-
- Kvartettino I; 1989; FMIC
- Kvartettino II; 1991; FMIC

Havemann, Georg
1888-1960
- StrQ; no. 1
- StrQ; no. 2; op. 34
- StrQ; no. 3; op. 86
- StrQ; no. 4; op. 98

Havenstein, Birgit
1954-
- Lamento; StrQ; 1984/85; A: 1993

Havrylets', Hanna Oleksiivna
1958-
- Elegia; StrQ; 1981
- StrQ; 1996

Hawacker, Ernst Albert
1888-1972
- Musik f. StrQ; op. 62; 1954
- Kl. Spielmusik; StrQ; op. 83
- Musik f. StrQ; op. 85

- Heitere StrMus; StrQ; op. 86

Hawel, Jan Wincenty
1936-
- StrQ; no. 1; 1959
- StrQ; no. 2; 1972
- StrQ; no. 3; 1980
- Weitere StrQe

Hawkins, John
1944-2007
- 3 Archetypes; StrQ; 1984, rev. 1986; CMC
- Caged moon; StrQ; 1989; CMC

Hawley, Carolyn
1931-
- StrQ; 1965

Haworth, Frank
1905-1993
- Fugitive years; StrQ; 1958; CMC
- Rus in urbe; StrQ; 1930, rev. 1985; CMC

Hawthorne-Baker, Allan
1909-?
- StrQ; no. 1; op. 21

Hay, Diana Pereira
1932-
- Exercises in metamorphosis; StrQ; 1967

Hay, Edward Norman
1889-1943
- Fantasy on Irish Folk tunes; StrQ; 1917
- StrQ; A; 1918; Stainer (1920)

Hay, Frederick Charles
1888-1945
- StrQ; G; op. 13; A: 1925 Genf

Hayasaka, Fumio
1914-1955
- StrQ; 1950

Hayashi, Hikaru
1931-2012
- Legende; StrQ; 1989, rev. 1990; JFC
- Lament; StrQ; 1999

Hayden, Sam
1968-
- StrQ; 1988; BMIC

Haydn, Johann Michael
1737-1806
Sortiert nach Werkverz./Sherman:
- No. 174; StrQ; Fragment; 1770–72
- No. 175; StrQ; 1770–72; Doblinger (1980)
- No. 308; StrQ; 1780–82; Doblinger (1971)
- No. 309; StrQ; 1780–82; Doblinger (1971)
- No. 310; StrQ; 1780–82; Doblinger (1971)
- No. 311; StrQ; 1780–82; Doblinger (1972)
- No. 312; StrQ; 1780–82; Doblinger (1972)
- No. 313; StrQ; 1780–82; Doblinger (1972)
- No. 314; StrQ; 1780–82
- No. 315; StrQ; 1780–82

Haydn, Joseph
1732-1809
Divertimenti, opp. 1 + 2:
- Hob. II:6; Es; op. 1, 0
- Hob. III:1–4; B, Es, D, G; op. 1, 1–4; um 1755–59
- Hob. III:6; C; op. 1, 6
- Hob. III:7; A; op. 2, 1
- Hob. III:8; E; op. 2; 2
- Hob. III:10; F; op. 2, 4
- Hob. III:12; B; op. 2, 6

Divertimenti, op. 9 (1769):
- Hob. III:19; C; op. 9, 1
- Hob. III:20; Es; op. 9, 2
- Hob. III:21; G; op. 9, 3
- Hob. III:22; d; op. 9, 4
- Hob. III:23; B; op. 9, 5
- Hob. III:24; A; op. 9, 6

Divertimenti, op. 17 (1771):
- Hob. III:25; E; op. 17; 1
- Hob. III:26; F; op. 17; 2
- Hob. III:27; Es; op. 17, 3
- Hob. III:28; c; op. 17, 4
- Hob. III:29; G; op. 17, 5
- Hob. III:30; D; op. 17, 6

Divertimenti (Sonnenqu.), op. 20 (1772):
- Hob. III:35; f; op. 20, 5
- Hob. III:36; A; op. 20, 6
- Hob. III:31; Es; op. 20, 1

- Hob. III:32; C; op. 20, 2
- Hob. III:33; g; op. 20, 3
- Hob. III:34; D; op. 20, 4
- Hob. III:35; f; op. 20, 5
- Hob. III:36; A; op. 20, 6

StrQe (Russische Qu.), op. 33 (1781):
- Hob. III:37; h; op. 33, 1
- Hob. III:38: Es; op. 33, 2
- Hob. III:39; C; op. 33, 3
- Hob. III:40; B; op. 33, 4
- Hob. III:41; G; op. 33; 5
- Hob. III:42; D; op. 33, 6

StrQe (Preußische Qu.), op. 50 (1787):
- Hob. III:44; B; op. 50, 1
- Hob. III:45; C; op. 50, 2
- Hob. III:46; Es; op. 50, 3
- Hob. III:47; fis; op. 50, 4
- Hob. III:48; F; op. 50, 5
- Hob. III:49; D; op. 50, 6

StrQe (Tost-Qu. I), op. 54 (1788):
- Hob. III:57; C; op. 54, 2
- Hob. III:58; G; op. 54, 1
- Hob. III:59; E; op. 54, 3

StrQe, op. 55 (1788):
- Hob. III:60; A; op. 55, 1
- Hob. III:61; f; op. 55, 2
- Hob. III:62; B; op. 55, 3

StrQe (Tost-Qu. II), op. 64 (1790):
- Hob. III: 63; D; op. 64, 5
- Hob. III: 64; Es; op. 64, 6
- Hob. III: 65; C; op. 64, 1
- Hob. III: 66; G; op. 64, 4
- Hob. III: 67; B; op. 64, 3
- Hob. III: 68; h; op. 64, 2

StrQe (Apponyi-Qu.), op. 71 (1793):
- Hob. III:69; B; op. 71, 1
- Hob. III:70; D; op. 71, 2
- Hob. III:71; Es; op. 71, 3

StrQe, op. 74 (1793)
- Hob. III:72; C; op. 74, 1
- Hob. III:73; F; op. 74, 2

- Hob. III:74; g; op. 74, 3

StrQe (Erdödy-Qu.), op. 76 (1797):
- Hob. III:75; G; op. 76, 1
- Hob. III:76; d; op. 76, 2
- Hob. III:77; C; op. 76, 3
- Hob. III:78; B; op. 76, 4
- Hob. III:79; D; op. 76, 5
- Hob. III:80; Es; op. 76, 6

StrQe (Lobkowitz-Qu.), op. 77 (1799):
- Hob. III:81; G; op. 77, 1
- Hob. III:82; F; op. 77, 2
- Hob. III:83; unvollendet; op. 103

Weitere Quartette
- Hob. III:43; d; op. 42; 1785
- Die sieben letzten Worte unseres Erlösers am Kreuze; Hob. III:50–56; op. 51; 1787

Hayes, Gary
1948-
- StrQ; op. 5; 1972; CMC

Hayot, Maurice
1862-1945
- StrQ; Eschig

Hays, Robert D.
1923-2015
- StrQ; 1965

Hays, Sorrel
1941-
- Tunings; no. 5; StrQ; 1980; Tetra (1983)
- Harmony; StrQ; 1986; Tallapoosa

Hazzard, Peter Peabody
1949-
- Fugue and pastorale; StrQ; 1971; Seesaw

Headington, Christopher
1930-1996
- StrQ; no. 1; 1953; Francis (1959)
- StrQ; no. 2; 1972; Bardic
- StrQ; no. 3; 1985; Bardic

Healey, Derek
1936-
- Serenata; StrQ; op. 24b; 1968; CMC
- StrQ; A; op. 9; 1961; CMC

Heard, Alan
1942-
- StrQ; 1965
- Prelude; StrQ; 1974
- Variations; StrQ; 1978; Berandol

Hearne, John
1937-
- StrQ; 1965
- StrQ; no. 2; Sphemusations (1982?)

Heath, Dave
1956-
- Sarajevo; StrQ; 1995; BMIC

Hechtel, Herbert
1937-2014
- StrQ; 1961
- Retrouvant une scene lyrique; StrQ; 1966; Bosse (1966); A: 1966 Nürnberg
- StrQ; 1969

Hechtel, Markus
1967-
- StrQ

Hecker, Jost-H.
1959-
- Joey's Rock; StrQ; Schott
- Nick's Licks; StrQ; Schott

Hedås, Kim
1965-
- Tatueraren; StrQ; 1996; SMIC

Hedges, Anthony John
1931-
- StrQ; op. 41; 1970
- In such a night; StrQ; op. 115; 1990

Hedin, Steffan
1954-
- StrQ; 1978-80

Hedlund, Åke
1933-
- StrQ; 1993; SMIC

Hedstrøm, Åse
1950-
- Sorti; StrQ; 1989; Norsk

Hedwall, Lennart
1932-
- StrQ; 1950
- StrQ; 1965; SMIC
- StrQ; STIM

Heede, Herbert
1890-?
- StrQ; d; A: 1928 Riga
- StrQ; D; A: 1932 Riga

Hefti, David Philip
1975-
- Ph(r)asen; StrQ; no. 1; 2007; Kunzelmann (2008)
- StrQ; no. 2
- Mobile; StrQ; no. 3; Kunzelmann (2011)
- Con fuoco; StrQ; no. 4; Kunzelmann (2011); A: 8/2011 Gstaad
- Guggisberg-Variationen; StrQ

Hegaard, Lars
1950-
- StrQ; 1976; DMIC
- 5 Fragments; StrQ; 1979/80; Samfundet

Hegar, Friedrich
1841-1927
- StrQ; fis; op. 46; Simrock (1920)

Hegdal, Magne
1944-
- Variations; StrQ; 1970; NMIC
- Bona nox: Wolfgang in memoriam; StrQ; 1991; NMIC

Heger, Robert
1886-1978
- De Profundis; StrQ; fis; op. 34; UE (1962)

Hegner, Anton
1861-1915
- StrQ; B; op. 13; Breitkopf (1905)

Heher, Hannes
1964-
- 2 Stücke (Bearb. zweier Klavierstücke v. W. Unger); StrQ; 1989; A: 1989 Pottschach
- StrQ; 1995; A: 1995 Wien

Heicking, Wolfram
1927-

- StrQ; 1954

Heiden, Bernhard
1910-2000
- StrQ; no. 1; 1947
- StrQ; no. 2; 1951
- 7 pieces; StrQ; 1964

Heider, Werner
1930-
- WIR, Kommunikationen; StrQ; 1978;
  Moeck (1979); A: 1978 Mainz

Heidrich, Maximilian
1864-1909
- StrQ; e; op. 24; Schmidt (1911)
- StrQ; g; op. 29; Schmidt (1911)

Heidrich, Peter
1935-
- Happy Birthday-Var.; StrQ; Sikorski (1989)
- Variationen über Mendelssohns Hochzeits-
  marsch; StrQ; Sikorski (1996)

Heilmann, Harald Arthur
1924-
- StrQ; no. 1; Heinrichshofen (1977)
- Norwegische Balladen 1 + 2; StrQ; 1967;
  Heinrichshofen

Heimerl, Elizabeth
1906-1982?
- Suite; StrQ; 1937

Heindrichs, Heinz-Albert
1930-
- StrQ; 1945–49
- StrQ; 1950–60

Heinen, Jeannot
1937-2009
- StrQ + Sopr; no. 1; op. 41; 1970/71
- Weihnachtsmusik; no. 2; op. 3b
- Weihnachtsmusik; no. 3; op. 3c
- Nr. 1: Sequenz; StrQ + TB; op. 47; 1972
- StrQ; no. 2; op. 51; 1974
- 4 Miniaturen; op. 115g; Transkription f.
  StrQ; 1982

Heininen, Paavo
1938-

- Kwartet smyczkowy; StrQ; no. 1; op. 32c;
  1974; Fazer (1992); A: 1976 Helsinki
- Anadyr.mpl; StrQ; no. 2; op. 64; 1992–94;
  Fazer

Heiniö, Mikko
1948-
- StrQ

Heinisch, Thomas
1968-
- Messages; StrQ; 1991

Heinlein, Frederico
1912-1999
- StrQ; 1939

Heinrich XXIV Fürst, Reuß-Köstritz
1855-1910
- StrQ; d; op. 1; Gutmann (1874)
- StrQ; F; op. 11; Lange (1893); Eulenburg
- StrQ; As; op. 16; Schott (1903)
- 2 StrQe; g, Es; op. 23; Schmidt (1904)

Heisch, Michael
1963-
- Night bites; StrQ + Sprecher; 2000

Heise, Peter Arnold
1830-1879
- StrQ; h; 1851/52
- StrQ; G; 1852
- StrQ; B
- StrQ; C
- StrQ; A
- StrQ; g; 1857

Heisig, Wolfgang
1952-
- Smilesmile; StrQ; 1976

Heiss, Hermann
1897-1966
- Modifikationen; StrQ; 1950
- StrQ; 1923
- StrQ in 12 Tonsystemen; Vieweg (1931)

Heitsch, Alfred
1844-1885
- Humoristisches Dilettanten-Quartett; StrQ;
  Klemm (1901)

Hekster, Walter
1937-2012
- Ambage; StrQ; 1970; Donemus

Helberger, Heinzpeter
1912-1998
- StrQ; no. 1; 1971
- StrQ; no. 2; 1972
- Symphonie f. StrQ + Klav; StrQ; no. 3; 1979
- StrQ; no. 4; 1984

Helfer, Walter
1896-1959
- StrQ; G; 1923; Studio mus. Rom. (1927)

Helfritz, Hans
1902-1995
- Vier Stücke; StrQ
- StrQ; vor 1945

Helgason, Hallgrímur
1914-1994
- Kanonische Variationen; StrQ; 1939

Helger, Lutz
1913-2003
- StrQ; E; A: 1949 München

Hellawell, Piers
1956-
- The still dancers; StrQ; 1992; Maecenas

Heller, Adolf
1901-1954
- StrQe

Heller, Barbara
1936-
- StrQ; 1959; Mannheimer Mus. Vlg. (1958); Furore (1990)
- La Caleta; StrQ; no. 2; 2008; Schott (2010)
- Patchwork; StrQ; no. 3; 2008; Schott (2010)

Heller, Hans Ewald
1894-1966
- 2 StrQe

Heller, Hermann
1914-?
- 2 StrQe

Heller, James Gutheim
1892-1971
- 3 Aquatints; StrQ; op. 1; SPAM (1929)

Heller, John H., Jr.
1945-1977
- StrQ; 1965

Heller, Richard
1954-
- StrQ; op. 24; 1982; A: 12/1987 Wien
- Jeu concertant; StrQ

Hellmesberger, Georg
1800-1873
- StrQ; no. 1; Artaria (ca. 1822)

Helm, Everett Burton
1913-1999
- StrQ; no. 1; 1938-44
- 1865; StrQ; no. 2; 1945; BB (1962)

Helm, Walter
1888-1977
- StrQ; d; 1956

Helm, Wolfgang
1925-
- Musik in 1 S.; StrQ; op. 9
- Musik in 1 S., Nr. 2; StrQ; op. 12
- Langs. Satz; StrQ; op. 13

Helmschrott, Robert M.
1938-
- StrQ; 1959; A: 1960
- StrQ; 1971

Helmstetter, Karl
1888-?
- 2 StrQe

Helmus, Menno
1962-
- StrQ; no. 1; 1984; Donemus (1985)

Helps, Robert Eugene
1928-2001
- StrQ; 1951
- Serenade in 3 parts: no. 3: Nocturne; StrQ; 1960

Helsted, Gustav
1857-1924

- StrQ; f; op. 33; Hansen (1922)

Hely-Hutchinson, Christian Victor
1901-1947
- StrQ
- 3 Fugal fancies; StrQ; Elkin

Hemberg, Eskil
1938-2004
- Zona rosa; StrQ; op. 32; 1973; STIM
- Les adieux; StrQ; op. 60, 1; 1982; Sovetskij
- 6 short letters to the Vilna StrQ; StrQ; op. 71b; 1992; STIM

Hemel, Oscar van
1892-1981
- StrQ; 1936
- StrQ; 1941
- StrQ; 1946/47; Donemus (1947)
- StrQ; 1953; Donemus (1953)
- StrQ; 1956; Donemus (1956)
- StrQ; 1961; Donemus

Hemmann, Bernhard Fritz
1893-1963
- StrQ; op. 17

Hemmerling, Carlo
1903-1967
- StrQ; e; no. 1; A: 1931 Vevey
- StrQ; E; no. 2; A: 1934 La Veyre
- Variations sur le thème du Vivat; StrQ; A: 1953 Cully

Hempel, Rolf
1932-2016
- Variationen; StrQ
- Aphorismen; StrQ

Henderickx, Wim
1962-
- OM; StrQ; 1992
- In deep silence III; StrQ; 2003
- The seven chakras; StrQ; no. 3; 2004

Henderson, Moya
1941-
- Kudikynah Cave; StrQ; 1987; AMC
- StrQ; 1981; Thürmchen

Hendriksen, Ron
1954-
- StrQ; 1990; Donemus

Hengartner, Max
1898-1958
- Kl. Suite; StrQ; 1953; Eulenburg
- Musik zu den geistl. Spielen *Der arme Lazarus* und *Der Bräutigam*; StrQ

Heninger, Robert E.
1924-2009
- StrQ

Henkel, Martin Georg Heinrich
1822-1899
- StrQ; op. 13
- StrQ; op. 26

Henkemans, Hans
1913-1995
- StrQ; no. 1
- StrQ; no. 2; 1933; zurückgez.
- StrQ; no. 3; 1933; zurückgez.

Henking, Christian
1961-
- Karimata; StrQ; 1998; FSPM

Henneberg, Albert
1901-1991
- StrQ; no. 1; op. 20; 1931; STIM
- StrQ; no. 2; 1921; STIM

Henneman, Ig
1945-
- StrQ; Donemus

Hennessy, Swan
1866-1929
- Suite; StrQ; op. 46; 1913; Demets; Eschig
- StrQ; op. 49; 1922; Eschig
- Serenade; StrQ; op. 61; 1925; Eschig
- StrQ; no. 4; op. 75; 1929; Eschig
- Serenade; StrQ; op. 65; Eschig

Hennies, Ewald
- 4 StrQe

Hennig, Carsten
1967-
- lost; StrQ; 2004; A: 2004 Rom

- desire; StrQ; 2006

Hennig, Walter
- Fuge; StrQ; c; Goldbach (1998)

Henning, Carl Wilhelm
1784-1867
- 3 StrQe; B, A, E; op. 9; 1815; André (1823)
- Potpourri conc.; op. 11; Probst (1825)
- StrQ; e; no. 4; op. 13; Steiner (1826); Haslinger
- Variation + Rondo; op. 18; Schlesinger

Henning, Ervin Arthur
1910-1982
- Partita; StrQ; 1948

Henning, Ingolf
1931-
- StrQ; 1976

Henning, Max
1866-?
- StrQ; g; op. 5; 1904
- StrQ; C; no. 2; op. 15; 1906
- StrQ; c; no. 3; op. 25; 1908
- StrQ; d; no. 4; op. 38; A: 1919 Berlin
- StrQ; A; no. 5; op. 41; A: 1919 Berlin
- StrQ; C; no. 6; op. 45; Westend (1939)
- StrQ; e; no. 7; op. 48; 1921
- StrQ; C; no. 8; op. 59; 1925
- StrQ; fis; no. 9; op. 64; A: 1926 Berlin
- StrQ; A; no. 10; op. 70; 1926
- StrQ; h; no. 12; op. 89; Westend (1939)

Henninger, Richard
1944-
- Variations; StrQ; 1967

Henrich, Hermann
1891-1982?
- StrQ; g; op. 24; 1922; A: 1922 Düsseldorf
- StrQ; d; op. 26; 1923; A: 1924 Barmen
- StrQ; F; op. 34; 1929; A: 1940 Witten
- Lose Blätter; StrQ; op. 42; 1937

Henriques, Fini
1867-1940
- StrQ (Vl. StrQ); Es; no. 1; 1889; Hansen (1936); Samfundet (1936)

- StrQ; a; no. 2; 1910; Hansen (1936); Samfundet (1936)

Henriques, Tomás
1963-
- Espiral; StrQ; 1990

Henschel, Georg
1850-1934
- StrQ; Es; op. 55; Schlesinger (1897)

Hensel, Fanny
siehe: Mendelssohn, Fanny

Hensel, Walther
1887-1956
- Volkstänze; StrQ; 1925; Bärenreiter (1955)

Henss, Heinrich
1883-?
- StrQ; c; op. 1

Henze, Hans Werner
1926-2012
- StrQ; 1946; MS verschollen
- StrQ; no. 1; 1947; Schott (1953)
- StrQ; no. 2; 1952; Schott (1953)
- StrQ; no. 3; 1975/76; Schott (1978)
- StrQ; no. 4; 1976; Schott (1978)
- StrQ; no. 5; 1976; Schott (1978)

Heppener, Robert
1925-2009
- StrQ; 1951; Donemus
- A fond de fleurettes; StrQ; 1961; Donemus

Hepworth, William
1846-1916
- StrQ; D; op. 10; Seitz (1882)

Hera, Willy
1903-1980
- StrQ für die Jugend; G; op. 29; 1957
- StrQ; C; no. 2; op. 31; 1958
- StrQ; 1957
- StrQ; 1958
- StrQ; 1967

Herbeck, Johann Ritter v.
1831-1877
- StrQ; 1855/56

- StrQ; F; no. 2; op. 9; 1859/60;
  Haslinger (1864)

Herberigs, Robert
1886–1974
- StrQ; d; 1921

Herbert, Peter
1960–
- Schneider Pöck; StrQ; 1993; ÖMIZ
- 100 Y's – why's – wise; StrQ; 1996; ÖMIZ

Herbert, Victor
1859–1924
- StrQ; op. 12; Fr. Luckhardt (1891)

Herbison, Jeraldine Saunders Butler
1941–
- Little Suite; StrQ; C; op. 1
- Melancholy on the advent of departure;
  StrQ; 1980
- StrQ; op. 14

Herchenröder, Martin
1961–
- Poems + Variations; StrQ; no. 1; 2001/02

Herchet, Jörg
1943–
- Komposition 1; StrQ; 1980;
  Ed. Peters (1984)
- Komposition 2; StrQ; no. 2; 1986;
  DVfM (1989)

Herder, Ronald
1930–
- StrQ; 1952

Herfert, Franz Jochen
1955–
- Itidra; StrQ; 1988

Herforth, Carl
1878–1960
- StrQ; A: 1924 Halle/S.

Herguth, Erich Peter
1912–?
- StrQ; no. 1; A: 1953 Wetter, Marburg

Hering, Karl Eduard
1807–1879

- StrQ; B; 1847; MS: D-BAUm

Héritte-Viardot, Louise P. M.
siehe: Viardot, Louise P. M.

Herman, Vasile
1929–2010
- Omagiu lui Enescu; StrQ; 1971
- Refrene; StrQ; 1977

Hermann, Friedrich
1828–1907
- StrQ; e; op. 8; Breitkopf (1857)

Hermann, Hans
1870–1931
- StrQ; C
- StrQ; g; op. 47; Simrock (1900)

Hermann, Paul
1904–1970
- StrQ

Hermann, Peter
1941–2015
- StrQ; 1964

Hermann, Willy
1868–1930
- 5 Vortragsstücke; StrQ; op. 100;
  Rahter (1913)

Hermanson, Åke
1923–1996
- Lyrisk metamorfos; StrQ; op. 2; 1954–57;
  Suecia (1970)
- StrQ; no. 2; op. 23; 1982/83; SMIC

Hernández, Hermilio
1931–2008
- StrQ; 1954

Hernández López, Rházes
1918–1991
- Cuarteto rapsodico Monseñor; StrQ; 1948

Hernández Moncada, Eduardo
1899–1995
- StrQ; 1962; Ed. Mexicanas

Herner, Heinrich
1870–?
- StrQ

Herold, Ferdinand
1791-1833
- 3 StrQe; D, C, g; 1814; Legouix (um 1895)

Herold, Rudolf Herbert
1893-1983
- StrQ; no. 1?
- StrQ; no. 2?
- StrQ; no. 3; op. 121; 1949; A: 1957
- StrQ; no. 4; 1964
- StrQ; no. 5; 1964
- Burleskes StrQ in 1 S.; um 1967

Herra Rodríguez, Luis Diego
1952-
- StrQ; 1989

Herrmann, Arnulf
1968-
- Im Inneren einer Melodie; StrQ

Herrmann, Bernard
1911-1975
- StrQ; 1932
- Echoes; StrQ; 1965; Herrmann Music (1966); Novello (1966)

Herrmann, Carl
1817-1883
- Adagio cantabile; StrQ; Deubner

Herrmann, Eduard
1850-1937
- Walzer-Fantasie; StrQ; op. 29; Schmid (1909)
- StrQ; F; op. 32; Raabe (1919)
- StrQ; C; no. 2; op. 36; Raabe (1923)

Herrmann, Gottfried
1808-1878
- Quatuor brilliant; A; 1931
- Quatuor brilliant; D; 1837?
- Quatuor brilliant; f; 1865
- Quatuor brilliant; E, Es

Herrmann, Hugo
1896-1967
- StrQ; D; no. 1; op. 2
- StrQ; no. 2; op. 66
- Frühling; StrQ; no. 3; op. 101; Sikorski

- Verwandlungen nach einem alten Volkslied; StrQ; no. 4; 1941
- Epiphanie; StrQ; no. 5; 1957
- Spielmusiken; StrQ; op. 50; Simrock

Herrmann, Jakob
1908-1966
- Klanggedicht; StrQ

Herrmann, Karl
1882-?
- StrQ; no. 1; op. 50; 1916
- StrQ; no. 2; op. 64; 1919
- StrQ; no. 3; op. 91; 1923
- StrQ; no. 4; op. 100; 1924
- Adagio + Scherzo; StrQ; op. 112; 1927

Hersant, Philippe
1948-
- StrQ; no. 1; 1985; Durand (1986)
- StrQ; no. 2; 1988; Durand (1988)
- Elegie; StrQ; 1990; Durand (1992)

Herschel, Jacob
1734-1792
- 6 StrQe; D, A, Es, c, F, B; J. Dale [H5196]

Hertel, Franz Paul
1953-
- StrQ; op. 17; 1982/83; A: 1983 Wien

Hertel, Paul Franz
1983-
- StrQ; op. 17; 1983
- Erinnerung; Fs. StrQ; op. 51, 22; Ed. Modern (2001)
- Hotel Metropol; Fs. StrQ; op. 51, 23; Ed. Modern (1998)
- Ende + Anfang; Fs. StrQ; op. 51, 26; Ed. Modern (2001)
- Tempietto Solomonis; op. 57; Ed. Modern (1995)

Hertel, Thomas
1951-
- Imitationen; StrQ; 1973/74; Ed. Peters

Hervé, Jean-Luc
1960-
- StrQ; A: 2/2010 Berlin

Herz, Maria
1878-1950
- StrQ; h; 1926/27
- Bearb. v. J. S. Bachs Chaconne d-Moll;
  StrQ; Simrock (1927); A: 1927 Berlin

Herzogenberg, Heinrich v.
1843-1900
- StrQ; d; op. 18; 1875; Fritzsch (1876)
- 3 StrQe; g, d, G; op. 42; 1883;
  Rieter-Biedermann (1884)
- StrQ; f; op. 63; 1889; Eulenburg (1890)
- 2 StrQe; unveröff.

Hess, Daniel
1965-
- StrQ; 1986
- Lamentazione; StrQ; no. 3; 1993; Müller
- StrQ; no. 4; 1995

Hess, Ernst
1912-1968
- Doppelfuge; StrQ; op. 7; 1934
- StrQ; op. 50; 1958
- Menuett; StrQ; 1928; verschollen
- StrQ; E; 1928
- Andante; StrQ; fis; um 1930
- Scherzo; StrQ; 1932; verschollen

Hesse, Adolf Friedrich
1809-1863
- StrQ; D; no. 1; op. 23; Leuckart (1830)

Hesse, Lutz-Werner
1955-
- In memoriam D. Sh.; StrQ; no. 1; 1981
- StrQ; no. 2; 1985; J. Schuberth
- StrQ; no. 3
- StrQ + Alt; no. 4

Hessen, Alexander Friedrich Landgraf v.
1863-1945
- StrQ; op. 1; Breitkopf
- StrQ; c; no. 2; op. 6; Simrock

Hessenberg, Kurt
1908-1994
- StrQ; f; no. 1; op. 8; 1934; Tonger
- StrQ; no. 2; op. 16; 1937; Schott (1941)

- StrQ; no. 3; op. 33; 1944; Schott (1949)
- StrQ; no. 4; op. 60; 1954; Schott (1958)
- StrQ in 1 S.; no. 5; op. 82; 1967; Bosse
- StrQ; no. 6; op. 98; 1975/76
- StrQ; no. 7; op. 112; 1981; Schott (1982)
- StrQ; no. 8; op. 131; 1987

Hétu, Jacques
1938-2010
- Adagio et Rondo; StrQ; A; op. 3, 1; 1960;
  Doberman (1990)
- StrQ; no. 1; op. 19; 1972; Dobermann
- StrQ; no. 2; op. 50; 1991; CMC
- Scherzo; StrQ; op. 54; 1992; Doberman

Heuberger, Richard
1850-1914
- StrQ; a; 1876

Heubner, Konrad
1860-1905
- StrQ; e; o. op.; Kahnt (1903)
- StrQ; a; op. 1; Rieter-Biedermann (1883)

Heucke, Stefan
1959-
- Musik für StrQ: Das weißt aber du nicht;
  op. 6; 1984; Schott; A: 1987
- StrQ; no. 2; op. 51; 2007; Schott; A: 2007
- StrQ; no. 3; op. 69; 2013; Schott; A: 2014

Heusinger, Detlef
1956-
- Pandora; StrQ; 1993/94; Gravis (1994)

Heussenstamm, George
1926-
- StrQ; op. 15; Seesaw (1968)

Heward, Leslie Hays
1897-1943
- StrQ

He Xuntian
1954-
- Liangge Shichen; StrQ; 1983

Heyde, Thomas Christoph
1973-
- Denen, derer zu gedenken, wir vergaßen;
  StrQ; no. 3; 1995/96

- StrQ; no. 4; 1995/96

Heydrich, Bruno
1865–1938
- StrQ; op. 3

Heymann, Werner Richard
1896–1961
- StrQ; A: 1921 Salzburg

Heymer, Karl
1874–?
- StrQ; h; A: 1922 Eisenberg

Heyn, Volker
1938–
- Sirenes; StrQ; 1983; Breitkopf (1986)
- Les visages des enfants; 2002–04

Heyn, W. Thomas
1953–
- Traumbild (alla Tiento); op. 28; 1993;
  VeNM; A: Potsdam
- Bach meets Shostakovich; 1998; VeNM;
  A: 1998 Berlin

Heyse, Gustav
1878–?
- StrQ; 1925

He Zhanhao
1933–
- Lieshi riji (Diary of a martyr); StrQ; 1960

Hibbard, William Alden
1939–1989
- StrQ; 1971; Schirmer (1972)

Hidalgo, Manuel
1956–
- Hacia; StrQ; 1980; Breitkopf;
  A: 1980 Boswil
- StrQ; no. 2; 1995–2009; Breitkopf
  [KM2454]; A: 1995 Schwetzingen

Hidas, Frigyes
1928–2007
- StrQ; no. 1; 1954; verschollen
- StrQ; no. 2; 1963; EMB
- StrQ; no. 3; 1986; EMB

Hiege, Hans Oscar
1900–1943

- StrQ; g

Hier, Ethel Glenn
1889–1971
- Suite; StrQ; 1926
- Carolina Christmas Suite; StrQ; CFE

Higdon, Jennifer
1962–
- Voices; StrQ; Lawdon Press (ASCAP)
- Impressions; StrQ; Lawdon Press (ASCAP)
- Sky Quartet; StrQ; Lawdon Press (ASCAP)

Hijman, Julius
1901–1969
- 4 StrQe

Hildebrandt, Johannes K.
1968–
- StrQ; A: 1997 Weimar

Hildebrandt, Ulrich
1870–1940
- StrQ; um 1895

Hildemann, Wolfgang
1925–1995
- StrQ; 1983; A: 1984 Krefeld

Hill, Alfred
1869/70–1960
- Maori; StrQ; B; no. 1; 1905
- Maori legend; StrQ; g; no. 2; 1907–11
- The carnival; StrQ; a; no. 3; 1912
- StrQ; no. 4
- The allies; StrQ; Es; no. 5; 1921
- The kids; StrQ; G; no. 6
- StrQ; no. 7
- StrQ; no. 8
- StrQ; no. 9
- StrQ; E; no. 10; 1935
- StrQ; d; no. 11; 1935
- StrQ; no. 12
- StrQ; no. 13
- StrQ; no. 14
- StrQ; no. 15
- StrQ; no. 16
- StrQ; C; no. 17; 1938
- StrQ; d; 1954

Hill, Edward Burlingame
1872-1960
- StrQ; op. 40; 1935, rev. 1951

Hill, Mirrie Irma
1892-1986
- Incidental music for 3 shepherds; StrQ; 1945
- StrQ; D; 1976?
- 11 Short pieces; StrQ

Hill, Wilhelm
1838-1902
- Quartett; D; Schmidt (1915)

Hillborg, Anders
1954-
- Heisenbergminiatyrer; StrQ; 2008; Litolff/ Ed. Peters (2010); A: 2007 Stockholm
- Kongsgaard-Variations; StrQ; 2006; Litolff/ Ed. Peters (2009); A: 11/2006 Napa, CA

Hiller, Ferdinand
1811-1885
- StrQ; G; op. 12; Hofmeister (1834)
- StrQ; h; op. 13; Hofmeister (1834)
- StrQ; D; op. 105; Kistner (um 1865?)

Hiller, Friedrich Adam
1767-1812
- 3 StrQe; C, B, D; op. 1; Musikalisches Magazin; no. 43 [H5252]
- Ariette avec 6 variations; StrQ; op. 2; Musikalisches Magazin (1795)
- 3 StrQe; A, C, Es; op. 3; Musikalisches Magazin; no. 112; verloren [H5252A]

Hiller, Johann Adam
1728-1804
- 3 StrQe; Braunschweig (1796)

Hiller, Lejaren (Arthur)
1924-1994
- StrQ; no. 1; op. 5; 1949
- StrQ; no. 2; 1951
- StrQ; no. 3; 1953
- Illiac Suite; StrQ; no. 4; op. 20; 1957; Presser (1957)
- StrQ; no. 5; op. 31; 1962; Presser (1968)
- StrQ; no. 6; 1972; Presser (1975); A: 1973

- StrQ; no. 7; 1979; Henmar (1987)

Hindemith, Paul
1895-1963
- StrQ; C; no. 1; op. 2; 1914/1915; Schott
- Fragment eines Streichquartetts des botokudischen Komponisten H. Timednih; 1916; MS: Hindemith-Inst. Frankfurt/M.
- Jubiläumsmusik zu F. Dippels 25-jährigem Dienstjubiläum; 1917; MS: verschollen
- StrQ; f; no. 2; op. 10; 1918; Schott
- StrQ; no. 3; op. 16; 1920; Schott
- StrQ; no. 4; op. 22; 1921; Schott
- StrQ; no. 5; op. 32; 1923; Schott
- Minimax. Repertorium f. Militärmusik; 1923; Schott
- Frankenstein's Monstre Repertoire; StrQ; 1923?; Schott
- Ouvertüre zum *Fliegenden Holländer*, wie sie eine schlechte Kurkapelle morgens um 7 am Brunnen vom Blatt spielt; StrQ; 1925?; Schott
- StrQ; Es; no. 6; 1943; Schott
- StrQ; no. 7; op. 1945; Schott

Hindemith, Rudolf (seit 1951 amtlich Paul Quest)
1900-1974
- Thema + Variationen über *Ich hab' die Nacht geträumet*; StrQ; ca. 1935; Karthause-Schmülling (2000)
- Der Spiegel oder Hin und Zurück; Karthause-Schmülling (2000)

Hind O'Malley, Pamela
1923-2006
- Theme + 16 variations; StrQ; 1939

Hinds, Geoffrey
1950-
- StrQ; 1976
- StrQ; 1981
- StrQ; 1983
- Tale of a city; StrQ; 1989; NZMIC

Hindson, Matthew
1968-
- Technologic; StrQ; 1997; AMC

- Head over; StrQ; AMC

Hines, John
1958–
- StrQ in 3 movements; 1990; AMC

Hinterdorfer, Rudolf
1947–
- Quartettsatz; 1972; ÖMIZ
- StrQ; 1976

Hipman, Silvester
1893–1974
- StrQ; op. 2; 1948
- StrQ; op. 24; 1949

Hippe, Stefan
1966–
- Die drei Teiche v. Hellbrunn; StrQ + Sopr; no. 1; 1989
- StrQ; no. 2; A: 7/1994 Hitzacker

Hippler, Dietmar
1956–
- Aspiration 2; StrQ; 1985

Hirabe, Yayoi
1959–
- Hyoten; StrQ; 1998; JFC (2001)

Hirai, Kozaburo
1910–2002
- StrQ; 1943

Hirao, Kishio
1907–1953
- StrQ; 1940

Hirayoshi, Takekuni
1936–1998
- StrQ; 1960

Hirner, Teodor
1910–1975
- StrQ; 1954; SHF
- StrQ; no. 2; SHF

Hirose, Ryōhei
1930–2008
- StrQ; 1958

Hirsch, Hugo
1884–1961
- StrQ; 1954

Hirsch, Michael
1958–
- StrQ; 2008; Ed. Juliane Klein; A: 2010 Zepernick
- Memoiren 1. Buch; 1983–86

Hirschbach, Herrmann
1812–1888
- StrQ; e; no. 1; op. 1; 1837; Siegel
- StrQ; c; no. 1; op. 2; 1836
- StrQ; B; no. 2; op. 29; 1837; Brauns
- StrQ; D; no. 3; op. 30; 1837
- StrQ; fis; no. 4; op. 31; 1838; Brauns
- StrQ; a; no. 5; op. 32; 1838; Siegel
- StrQ; c; no. 6; op. 33; 1838; Friedländer
- StrQ; c; no. 7; op. 34; 1838; Friedländer
- StrQ; F; no. 8; op. 35; 1839; Siegel
- StrQ; E; no. 9; op. 37; Siegel
- StrQ; d; no. 10; op. 38; Siegel
- StrQ; E; no. 11; op. 42; Siegel
- StrQ; Es; no. 12; op. 43; 1857; Siegel
- StrQ; h; no. 13; op. 49; 1859; Siegel

Hirschberg, Walther
1889–1960
- StrQ; 1904

Hirschfeld, Caspar René
1965–
- 5 Segmente; StrQ; op. 11; 1987

Hirte, Rudolf
1893–1962
- StrQ; G; op. 5; 1920
- StrQ; G; 1955

Hiscott, James
1948–
- StrQ; 1992, rev. 1996; CMC

Hiukkanen, Vesa-Pecca
1951–
- 2 folk songs; StrQ; 1991; A: 1992 Lugano

Hively, Wells
1902–1969
- StrQ; 1942; CFE

Hjálmar Helgi, Ragnarsson
1952–

- Tengsl; StrQ + Alt o. Bar; 1988

Hjellemo, Ole
1873-1938
- StrQ

Hjörleifsson, Siguringi Eiríkur
1902-1975
- StrQ; 1938; Islenzk

Hlaváč, Miroslav
1923-2008
- 3 Kanonische Komp.; StrQ; 1953
- StrQ; 1955
- Postludium; StrQ; 1977; Supraphon (1982)
- Arytmikon. 3 rytmicke invence; StrQ; Panton (1967)

Hlobil, Emil
1901-1987
- StrQ; no. 1; op. 5; 1931
- StrQ; no. 2; op. 15; 1936; Státní hudební
- Serenade; StrQ; op. 41; 1952
- StrQ; no. 3; op. 50; 1955; SNKL (1960)
- StrQ; no. 4; op. 77; 1969, rev. 1975; CHF
- StrQ; no. 5; op. 81; 1971; Panton

Hlouschek, Theodor
1923-
- StrQ; no. 1; 1961
- Quartetto alla Serenata; StrQ; 1963/64

Ho, Cordell
1948-
- Sketches of Wien; StrQ; 1974/75

Hoban, Ann
1969-
- StrQ; 1996; ICMC

Hobbs, Christopher
1950-
- 17 one-minute-pieces; StrQ; 1980
- StrQ; no. 2; 1987

Hoch, Francesco
1943-
- Der Tod ohne das Mädchen; StrQ; 1990
- Quando è quasi una fantasia; StrQ; 1980; Zerboni; A: 5/1983 Zürich

Hoch, Peter
1937-
- String music, 1; StrQ; 1967/68
- In den Zweigen meiner Hände; StrQ; no. 2; 1969

Hochapfel, Hans
1871-1930
- 2 StrQe

Hoche, Hubert
1966-
- Aus 110; StrQ; 1998; Hoche (2001)

Hochel, Stanislav
1950-
- Tre rondi; StrQ; 1972
- Miniatury; StrQ; 1975
- StrQ; no. 1; 1976

Hochstetter, Armin Caspar
1899-1978
- StrQ; d; no. 1; 1937
- Kanon; StrQ; no. 2; 1950

Hocke, Wolfgang
1937-
- Thema + Variationen; StrQ; um 1966

Hoddinott, Alun
1929-2008
- StrQ; op. 43; 1965; OUP (1967)
- Scena; StrQ; op. 100, 1; OUP (1981)
- StrQ; no. 2; op. 113; 1984; Univ. of Cardiff (1984)
- StrQ; no. 3; op. 130; 1988
- StrQ; no. 4; op. 160; 1996

Hodges, Edward
1796-1867
- StrQ; 1825

Hodgson, Ivor
1959-
- Crab Hill Serenade; StrQ; 1990; Broadbent

Hodkinson, Sydney
1934-
- 2 Pieces; StrQ; 1955
- 2 Studies; StrQ; 1958
- StrQ; 1992; Presser

- StrQ; 1995; Presser

Höber, Lorenz
1888-1947
- 2 StrQe

Høeberg, Georg Valdemar
1872-1950
- StrQ; a; 1896; Hansen

Höffer, Paul
1895-1949
- StrQ; no. 1; op. 3; 1921; A: 1922 Berlin
- Abendmusik, Tl. 3; StrQ; Litolff (1934)
- StrQ; no. 3; op. 46; Kistner (1940); A: 1940 Berlin
- StrQ; no. 2; op. 14; 1926; Mitteldt. Verlag (1951); A: 1929

Höger, Anton Franz
1956-
- Fuga; StrQ; op. 5; 1979
- StrQ; op. 11; 1990
- StrQ; op. 13; 1991

Hoehn, Alfred
1887-1945
- StrQ

Höldrich, Robert Rainer
1962-
- Gezeiten; StrQ; 1989; A: 1989
- 3 mal 3 und 2 mal 2 Stücke f. StrQ. Dem Meister des Sulponticellobattutocollegno-dappelhalbflageoletts als Geburtstagsständchen (Chromat. Fugen d. Lehrer zum Trotz); 1993
- Sitzungen; StrQ; 1993; A: 1993

Höller, Karl
1907-1987
- StrQ; E; op. 24; 1938, rev. 1966; Leuckart (1938); Eulenburg (1941)
- StrQ; fis; no. 2; op. 36; 1945; W. Müller
- StrQ; D; no. 3; op. 42; 1947; W. Müller (1948)
- StrQ; C; no. 4; op. 43; 1947; W. Müller (1949)

- StrQ; d; no. 5; op. 48; 1948; Süddt. Verlag (1997)
- StrQ; e; no. 6; op. 51; 1949/50; Sikorski (1957)

Höller, York
1944-
- 3 Fragmente; StrQ; 1966; Schott (2002)
- StrQ; no. 2; 1997; BB/Boosey
- Antiphon; StrQ (+ elektr. transform. StrQ); no. 1; 1977, rev. 1984; Breitkopf (1990)

Hölszky, Adriana
1953-
- StrQ; 1975; Astoria; A: 1975 Bukarest
- Innere Wellen II; StrQ; 1981/82; Astoria
- Hängebrücken; StrQ an Schubert; StrQ o. Doppel-StrQ; 1989/90; besteht aus 2 für sich aufzuführenden StrQen., die auch miteinander überlagert werden können; 1989/90; Breitkopf; A: 1991

Hölttö, Keira
1956-
- MOL; StrQ; 1992; FMIC

Hölzl, Franz Seraphin
1808-1884
- StrQ; D; op. 22; Glöggl (1859)
- StrQ; e; op. 24; Haslinger (1861)

Hoenderdos, Margriet
1952-2010
- Augustus '93; StrQ; 1993; Donemus
- Juli '93; StrQ; 1993; Donemus

Höne, Karl-Heinz
1924-2008
- StrQ; 1959

Hönigsberg, David
1959-2005
- StrQ; no. 1
- StrQ; no. 2
- StrQ; no. 3; A: 1998 Zürich
- StrQ; no. 4; A: 1997 Zürich
- StrQ; no. 5

Hoérée, Arthur Charles Ernest
1897-1986

- Piece; StrQ; 1916
- Pastorale et danse; StrQ; op. 2; 1923; Senart

Hörger, Georg
?
- Divertissement; a; op. 4; Breitkopf
- StrQ; A; op. 5; Breitkopf
- StrQ; E; op. 6; Breitkopf
- 3 StrQe; op. 9; Simrock

Höricht, Andreas
1960-
- W.Y.H.I.W.Y.G. (What you hear is what you get); StrQ; Schott (1998)

Höricht, Ingo
1955-
- Überall + nirgends; ADU (1999)

Höring, Markus
1969-
- StrQ; no. 1
- StrQ; no. 2; k. o. m. musikverlag (1997)

Hösl, Albert
1899-?
- StrQ; op. 14; 1938

Hösl, Hans-Wilhelm
1943-
- StrQ; op. 15; 1979; A: 1980 Cottbus
- StrQ; MS; A: 1971
- Groteske III; StrQ; 1996

Hofer, Maria
1894-1977
- StrQ; c; selbst vernichtet

Hofer, Romn
1942-2011
- 5 Antiphonen; StrQ; 1989

Hoff, Johann Friedrich
1886-1964
- 2 StrQe; op. 17
- StrQ; op. 21
- StrQ; op. 36
- StrQ; op. 38

Høffding, Finn Niels
1899-1997
- StrQ; d; no. 1; op. 1; 1924; MS: DK-KK

- StrQ; no. 2; op. 6; 1925; Hansen (1930)

Hoffmann, Elizabeth
1961-
- StrQ; 1996

Hoffmann, Adolf G.
1890-19..?
- Prelude + fugue; StrQ; De Paul (1937)

Hoffmann, Johann Heinrich Anton
1770-1842
- 3 StrQe; G, B, Es; op. 3; André (1795), no. 773 [H5747]; Gottron (1941)
- 3 StrQe; D, E, C; op. 7b; Simrock (1802), no. 214 [HH5752a]

Hoffmann, Ludwig
1830-
- StrQ; D; op. 18; Simrock (1870)

Hoffmann, Norbert
1916-2011
- Variations sur une chanson luxembourgeoise (Hämmelsmarsch); 1947
- StrQ; no. 1; 1974
- Meditation; StrQ (od. StrOrch); 1984

Hoffmann, Paul
1870-?
- Rheinische Romanze; StrQ; F; Hofmeister (1936)

Hoffmann, Richard
1925-
- StrQ; no. 1; 1947
- StrQ; no. 2; 1950
- On revient toujours; StrQ; no. 3; 1972–74; Boelke-Bomart
- StrQ (Scordatura – trompe l'Oreille); no. 4; 1977; A: 1982 Wien
- 2 StrQe; Notturno; no. 5; 1995
- Anbruch – Einbruch – Abbruch; StrQ; no. 6; 1999

Hoffmeister, Franz Anton
1754-1812
- 6 StrQe; B, f, A, D, Es, C; Hoffmeister, no. 16
- 6 StrQe; op. 7; Artaria, PD 28

- 6 StrQe; op. 9; Torricella
- 6 StrQe; C, A, D, F, B, g; op. 11; Hoffmeister
- 3 StrQe; op. 14; Hoffmeister
- 6 StrQe; op. 20
- 3 StrQe; A, C, g; op. 28; J. H. Henning
- StrQ; B; op. 38; Artaria, no. 773
- Qua. periodique; c; no. 6; André, no. 109

Hoffstetter, Roman
1742-1815
- 2 StrQe; um 1765; in: CH-Bu
- 6 StrQe; D, G, C, F, B, Es; op. 1; Hiller (1772) [H6244]
- 6 StrQe; F, B, D, G, C, Es; op. 2; Götz (1780) [H6245]
- 6 StrQe; op. 3; Pleyel, no. 362 [H3444]; (Vergl. Haydn: Hob. III:13–18/H3360)

Hofman, Srđan
1944-
- StrQ; 1967

Hofmann, Dorothea
1961-
- StrQ; no. 1; A: 2006

Hofmann, Franz
1920-1945
- StrQ; 1936
- StrQ; cis; no. 2; 1943; Eschler
- StrQ; F; no. 3; 1944

Hofmann, Leopold
1738-1793
- 7 Divertimentos; StrQ

Hofmann, Richard
1844-1918
- Leichte Stücke; op. 97; StrQ; Hug (1896)
- Leichtes StrQ; G; op. 116; Zimmermann (1902)

Hofmann, Thomas
1958-
- Elegie: StrQ

Hofmann, Wolfgang
1922-2003
- StrQ; C; 1953; Mannheimer Mus. Vlg.

- StrQ; G; 1962; Sirius
- 2 Impressionen; StrQ; 1962

Hofmeyr, Hendrik Pienaar
1957-
- StrQ; 1998

Hohensee, Wolfgang
1927-
- StrQ; Fis; 1946; Mitteldt. Verlag

Hohenzollern, Albrecht, Prinz v.
1898-1977
- StrQ; c; op. 18; Zimmermann
- StrQ; Es; op. 39

Hohlfeld, Otto Alexander
1854-1895
- StrQ; MS: Kreismuseum Plauen

Hohmann, Edmund
1858-1935
- StrQ

Hoinic, Mircea
1910-1986
- StrQ; 1972

Højsgaard, Erik
1954-
- Sun prisms; StrQ; 1974; Samfundet
- The Sunflower; StrQ; 1978; Samfundet

Hokanson, Dorothy Cadzow
1916-2001
- StrQ; um 1945

Holbrooke, Joseph Charles
1878-1958
- Departure – Absence – Return: Fantasie; StrQ; D; op. 17b; 1890; Chester
- Impressions (Belgium-Russia); StrQ; op. 59a; 1915; Chester
- Pickwick Club; StrQ; op. 68; 1916; Chester
- Suite; StrQ; op. 71; 1918; Chester
- Suite; StrQ; op. 72; 1918; Goodwin (1920)
- Suite; StrQ; op. 73; 1919; Paxton (1927)

Hold, Trevor
1939-
- StrQ; op. 18; 1965; BMIC
- StrQ; 1992; BMIC

Holden, David Justin
1911-?
- StrQ; E; 1936
- StrQ; D; 1945

Holdheim, Theodore
1923-1985
- StrQ; 1954

Holenia, Hanns
1890-1972
- StrQ; g; op. 38

Holewa, Hans
1905-1991
- Miniatyrer; StrQ; 1961; Hansen (1965)
- StrQ; 1939; STIM
- 13 pieces; StrQ; 1948

Holik, Johannes
1961-
- StrQ; no. 3; 1987; A: 1987
- StrQ; g; 1992
- Zwischen Kinn und Schlüsselbein; StrQ; 1993

Holland, Dulcie Sybil
1913-2000
- Conversation a 4; StrQ; 1981; AMC
- Cradle song for a special child; StrQ; 1993; AMC
- Salute to Jacques; StrQ; 1997; AMC
- Arabesque; StrQ; 1997; AMC
- StrQ; 1996; AMC

Holland, Johann David
1746-1827
- StrQ; 1810; verschollen

Holland, Theodore
1878-1947
- StrQ; 1933
- StrQ; 1938

Holland, William
1927-
- Kubla Khan; StrQ; 1998; AMC

Holler, Georg Augustin
1744-1814
- StrQ; C

Hollander, Benoit
1853-1942
- StrQ; b; op. 20; Phillips (1900)
- StrQ; cis; no. 2; op. 30; Durand (1910)

Hollfelder, Waldram
1924-
- StrQ; 1968
- StrQ; no. 2; 1971
- Impulse; StrQ; no. 3; 2002
- Kammermusik; StrQ; 2006

Holliger, Heinz
1939-
- StrQ; no. 1; 1973; Schott (1974); A: 1975 Royan
- StrQ; no. 2; 2007; Schott (2007)

Hollister, David Manship
1929-
- StrQ; 1978; CFE

Hollmann, Manfred
1928-
- StrQ; 1968
- 4 Stücke; StrQ; 1969

Holloway, Robin Greville
1943-
- In memoriam D. H.; Boosey (1994)
- StrQ; no. 1; op. 97; 2003; Boosey
- StrQ; no. 2; Boosey
- Quartettino I; Boosey
- Quartettino II; Boosey
- Quartettino III
- Quartettino IV
- Quartettino VI

Hollstein, Otto
1876-1961
- StrQ; D; op. 69; 1955

Holm, Mogens
1936-1999
- StrQ; 1959; Samfundet

Holm, Peder
1926-
- StrQ; op. 36; 1967; Samfundet/Fog (1970)
  StrQ; op. 57; 1976; W. Hansen

- StrQ; no. 5; 1967
Holmamedov, Nury
1940–1984
- StrQ; 1973
Holmberg, Gunnar
1972–
- StrQ; 1992; SMIC
Holmboe, Vagn
1909–1996
- StrQ; no. 1; op. 4; 1948/49
- StrQ; no. 2; op. 47; 1949
- StrQ; no. 3; op. 48; 1949/50
- StrQ; no. 4; op. 63; 1953, rev. 1956
- StrQ; no. 5; op. 66; 1955
- StrQ; no. 6; op. 78; 1961; Hansen
- StrQ; no. 7; op. 86; 1964/65; Hansen
- StrQ; no. 8; op. 87; 1965; Hansen
- StrQ; no. 9; op. 92; 1965, rev. 1969; Hansen
- StrQ; no. 10; op. 102; 1969; Hansen
- Rustica; StrQ; no. 11; op. 111; 1972; Hansen
- StrQ; no. 12; op. 116; 1973; Hansen
- StrQ; no. 13; op. 124; 1975; Hansen
- StrQ; no. 14; op. 125; 1975; Hansen
- Døgnets timer; StrQ; op. 128; 1976–78; unvollständig
- StrQ; no. 15; op. 135; 1977/78; Hansen
- StrQ; no. 16; op. 146; 1981; Hansen
- Mattinata; StrQ; no. 17; op. 152; 1982; Hansen
- Giornata; StrQ; no. 18; op. 153; 1982; Hansen
- Serata; StrQ; no. 19; op. 156; 1985; Hansen
- Notturno; StrQ; no. 20; op. 160; 1985; Hansen
- Svaerm; StrQ; op. 190b; 1992
- Quartetto sereno; op. 197/posth.; 1996, beendet v. Per Norgard 1996/97
- Via Peria; StrQ; 1992
Holmès, Augusta
1847–1903

- Minuetto; StrQ; 1867 o. 1896?
Holoubek, Ladislav
1913–1994
- O laske a nenavisti; StrQ; op. 12; 1935
- StrQ; op. 38; 1946; SHF
- StrQ; op. 42; 1962; Supraphon (1970)
- V jednej casti; StrQ; op. 32; 1948
- Dodeka fonicke; StrQ; op. 49; 1962
Holst, Gustav Theodore
1874–1934
- Phantasy quartet on British folk songs; op. 36; 1916
Holst, Imogen Clare
1907–1984
- Phantasy; StrQ; 1928
- StrQ; 1946
- StrQ; 1950
Holstein, Franz v.
1826–1878
- StrQ; e; op. 49; Rieter-Biedermann (1899)
- StrQ; F
Holt, Nora Douglas
1895–1974
- StrQ
Holt, Patricia Blomfield
1910–2003
- StrQ; no. 1; 1937, rev. 1985; BMI
- StrQ; 1956, rev. 1985; CMC
Holt, Simeon ten
1923–2012
- Suite; StrQ; 1955; Donemus
- StrQ; 1965; Donemus
- Palimpser; StrQ; 1990–92, rev. 1993
Holt, Simon
1958–
- Danger of the disappearance of things; StrQ; 1989; Chester (1989)
Holten, Bo Halvdan
1948–
- Introduction – Adagio – Capriccio; StrQ; 1979; DMIC
- Chaconne in D; StrQ; 1987; Hansen

Holten, Hans v.
1873-?
- StrQ

Holter, Iver
1850-1941
- StrQ; Es; op. 1; André (1879)
- StrQ; G; op. 18; Reinecke (1914)

Holtzwart, Carl Fritz
1892-1983
- StrQ; 1920

Holub, Josef
1902-1973
- StrQ; 1924
- StrQ; op. 7; 1924; HMUB (1932)

Holzbauer, Ignaz Jakob
1711-1783
- Zahlreiche StrQe

Holzer, Gerhard
1932-
- Mikrokontrapunkte IV; StrQ; 1973/74

Hombsch, Hans
1935-2009
- StrQ; 1969; MS; A: 1969 Dresden

Homex, Sidney
1864-1953
- StrQ; op. 62

Hommann (Homan), Charles
1803-1872
- StrQ; G; um 1830
- StrQ; F; um 1830
- StrQ; d; frühe 1840er

Homs i Oller, Joaquim
1906-2003
- StrQ; 1932
- Cancons populars; StrQ; 1935
- StrQ; no. 1; 1937/38
- StrQ; no. 2; 1949
- StrQ; no. 3; 1950
- StrQ; no. 4; 1956;
- StrQ; no. 5; 1960
- StrQ; no. 6; 1966; Seesaw
- StrQ; no. 7; 1968; Moeck (1969)

- StrQ; no. 8; 1974/75

Honegger, Arthur
1892-1955
- StrQ; c; no. 1; 1916/17; La Sirene (1921)
- StrQ; D; no. 2; 1934-36; Senart (1936)
- StrQ; no. 3; 1936/37; Senart (1937)

Hongisto, Mauri
1921-2001
- StrQ; op. 28

Honma, Masao
1930-2008
- StrQ; 1954
- StrQ; 1956
- StrQ; 1957
- Poly ostinato; StrQ; 1973; JFC

Hood, Helen Francis
1863-1949
- StrQ

Hoof, Jef van
1886-1959
- Kleinkwartet in C; StrQ; 1919; De Crans
- Nietigheden voor snaren; StrQ; 1922

Hoover, Katherine
1937-
- StrQ; 1998

Hopkins, Harry Patterson
1873-1954
- StrQ

Hopkins, James Fredrick
1939-
- Concert music; StrQ; 1974

Horák, Václav Emanuel
1800-1871
- StrQ

Horenstein, Jascha
1898-1973
- StrQ

Hori, Etsuko
1943-
- StrQ; 1964

Hořínka, Slavomir
1980-

- Rosarium; StrQ; 2005
- Obraceni; StrQ

Horký, Karel
1909-1988
- StrQ; 1938
- StrQ; 1954
- StrQ; 1955
- StrQ; 1963; Panton (1974)
- StrQ; 1983

Horn, Camillo
1860-1941
- StrQ

Horn, Eduard
1832-1891
- StrQ; fis; op. 10; Kahnt (1878)

Horne, David
1970-
- Surrendering to the stream; StrQ; no. 1; 1993; Boosey
- Undulations; StrQ; no. 2; 1995; Boosey
- Flight from the labyrinth; StrQ; no. 3; 2004; Boosey

Horneman, Emil Christian Frederik
1840-1906
- StrQ; g; no. 1; 1859; Samfundet (1945)
- StrQ; D; no. 2; 1861; Samfundet (1945)

Horovitz, Joseph
1926-
- StrQ; no. 1; 1948
- StrQ; no. 2; 1948
- StrQ; no. 3; 1948
- StrQ; no. 4; op. 16; 1953; Benjamin (1956); Mills M. (1957)
- StrQ; no. 5; 1969; Novello (1970); A: 6/1969 London

Horsley, Charles Edward
1822-1876
- StrQ; B; 1846
- StrQ; D; 1848
- StrQ; C; um 1865

Horst, Jorge
1963-

- Insurgente imaginario; StrQ; 2000

Horsthuis, Maurice
1948-
- Suite; StrQ; 1978; Donemus; A: 2013 Amsterdam
- De Zolder; StrQ; 2002

Horusitzky, Zoltán
1903-1985
- StrQ; no. 1; 1933; EMB
- StrQ; no. 2; 1953; EMB
- StrQ; no. 3; 1956; EMB/Zenem. (1962)
- StrQ; no. 4; 1957; Zenem. (1961)
- StrQ; no. 5; 1962; EMB/Zenem. (1968)
- StrQ; no. 6; 1976; EMB (1979); A: 1977
- StrQ; no. 7

Horvat, Stanko
1930-2006
- Koralne varijacijei; StrQ; 1953
- Kontrasti; StrQ; 1963; DSS (1967)
- Rondo; StrQ; 1967; DSS (1982)
- Quartetto; StrQ; 1988; DSS (1998)

Horváth, Josef Maria
1931-
- Redundanz 2; StrQ; A; Doblinger (1967); A: 1969 Hamburg

Horwood, Michael
1947-
- StrQ; 1982; CMC; A: 1984 Ottawa

Hoskins, William Barnes
1917-1997
- StrQ; a; no. 1; 1955/56; CFE
- Elegy; StrQ; CFE

Hosokawa, Toshio
1955-
- Urbilder; StrQ; 1980; Ongaku-no-tomo; A: 4/1981 Tokio
- Landscape I; StrQ; 1992; Schott; A: 5/1992 Tokio
- Silent flowers; StrQ; 1998; Schott; A: 10/1998 Donaueschingen
- Floral fairy; StrQ; 2003; Schott; A: 3/2003 Brüssel

- Blossoming; StrQ; 2007; Schott;
  A: 3/2007 Köln
- Kalligraphie, 6 Stücke; StrQ; 2007–09;
  Schott; A: 10/2007 Zürich
- O Mensch, bewein dein' Sünde groß (J. S.
  Bach); StrQ; Schott; A: 1/2009 Nantes
- Distant voices; StrQ; 2013; Schott (2013);
  A: 5/2013 Margreid

Hostettler, Michel
1940-
- StrQ; 1992; A: 1993 St. Petersburg

Houdret, Charles
1905-1964
- StrQ; no. 1; CeBeDeM

Houseley, Henry
1851-1925
- StrQ

Hovanessian, Simon
1940-
- StrQ; no. 1; 1967; Sovetaban;
  A: 1967 Jerewan
- StrQ; no. 2; 1971; Sovetaban;
  A: 1971 Jerewan
- StrQ; no. 3; 1987; A: 1988 Jerewan

Hove, Luc van
1957-
- StrQ; op. 30; 1994; CeBeDeM (1994)
- Haydn-Veränderung; StrQ; op. 41; 2003

Hovhaness, Alan Scott
1911-2000
- 4 Bagatelles; StrQ; op. 30; 1964;
  Ed. Peters (1967)
- Adana; StrQ
- StrQ; d; no. 1; op. 8; 1936; Ed. Peters
- StrQ; no. 2; op. 147; 1951; Ed. Peters
- StrQe; nos. 3–4; op. 208; 1964; Ed. Peters
- Adagio + Fuge; StrQ; op. 265; 1973
- StrQ; no. 5; op. 287; 1976

Hovhannisyan, Edgar Sergeví
1930-1998
- StrQ; no. 1; 1950
- StrQ; no. 2; 1958; A: 1962

- StrQ; no. 3; op. 24; 1965; Sovetskij (1972)
- StrQ; no. 4; 1981

Hovland, Egil
1924-2013
- StrQ; no. 1; op. 116; 1981; Norsk;
  A: 1981 Oslo

Ho Wai-On
1946-
- Intervals; StrQ; 1977

Howard, John Tasker
1890-1964
- From Foster Hall; StrQ

Howard, Leslie
1948-
- StrQ; 1966

Howe, Mary
1882-1964
- Fugue; StrQ; 1922
- Little Suite; StrQ; 1928
- Quatuor; StrQ; 1939
- 3 Pieces after Emily Dickinson; StrQ; 1941
- Scherzo + Fugue; StrQ; 1936
- Cancion romanesca; 1928
- Yaddo; StrQ; 1940
- 3 StrQe; 1931–?

Howell, Dorothy
1898-1982
- Dance; StrQ; OUP (1927)
- Minuet; StrQ; Cramer

Howells, Herbert
1892-1983
- Lady Audrey's Suite; StrQ; op. 19; 1915;
  Curwen (1924); A: 1916 London
- Phantasy; StrQ in 1 movement; op. 25;
  1916/17; Curwen (1925)
- In Gloucestershire; StrQ; no. 3; op. 34;
  1916–30; Novello (1984)
- StrQ; a; op. 21

Hoy, Bonnee
1936-
- StrQ; 1972

Hoyer, Ernst-Peter
1904–1969
- 3 festl. Musiken; StrQ; um 1965

Hoyer, Karl Christian
1891–1936
- StrQ; D; o. op.
- Elegie, 3-stg. Kanon; StrQ; Portius (1937)

Hoyer, Ralf
1950–
- StrQ; no. 1; 1976
- StrQ; no. 2; 1980; Ed. Peters (1984)

Hoyland, Vic(tor)
1945–
- Qu. movement; StrQ; 1981; OUP
- StrQ; 1985; UE (1985) [17969]
- Bagatelles; StrQ; no. 3; 1995; UMYP

Hřímalý, Otakar
1883–1945
- 2 StrQe

Hrinberg, Oleksander
1961–
- Shimmering; StrQ; 1991

Hrisanide, Alexandru
1936–
- StrQ; 1958
- Soliloquium 11; StrQ; 1970; Gerig

Hristić, Zoran
1938–
- Stvarnost (Realität); StrQ; 1973

Hruby, Viktor
1894–1978
- StrQ; c; op. 5; 1927

Hrudyn, Volodymyr
1893–1980
- StrQ; op. 8

Hruska, Jaromir Ludvik
1910–1984
- StrQ; no. 1; 1944/45
- StrQ; no. 2; 1953/54; CHF
- StrQ; no. 3; 1968; Panton (1977)

Hrušovský, Ivan
1927–2001

- StrQ; 1983; SLMIC
- Pamiatke Richarda Rybaricke; StrQ; no. 2; 1990
- StrQ; 1995; SLMIC

Hrzhybovskyi, Mykola
1908–1987
- StrQ; 1946
- StrQ; 1965

Hsu, Wen-Ying
1909–2001
- StrQ; 1958
- StrQ; 1968; AMC

Huba, Volodymyr Petrovych
1938–
- StrQ; no. 1; 1975
- Kieskij; StrQ; no. 2; 1978
- StrQ; no. 3; 1982
- StrQ; no. 4; 1984
- StrQ; no. 5; 1992
- StrQ; no. 6; 1991

Hubarenko, Vitaly Serhiyovych
1934–2000
- StrQ; op. 12; 1965; Muz. Ukr. (1973)

Huber, Hans
1852–1921
- StrQ; F; 1896; Hug (1924); A: 9/1923 Basel

Huber, Klaus
1924–
- Moteti-Cantiones; StrQ; 1962/63; Schott
- … von Zeit zu Zeit; StrQ; no. 2; 1984/85; Ricordi
- Ein Hauch von Unzeit; variable Bes.: StrQ

Huber, Nicolaus A.
1939–
- Informationen über die Töne: e–f'; StrQ; 1965/66; Bärenreiter (1967); A: 1967
- Doubles, mit einem beweglichen Ton; StrQ; 1987; Breitkopf (1988)

Huber, Paul
1918–2001
- StrQ; C; 1935

Huber-Anderach, Theodor
1885-1961
- StrQ; d; op. 31; A: 1941

Hudeček, Radovan
1945-
- StrQ; 1976; STIM

Hudes, Eric
1920-
- StrQ; 1984/85; Anglian
- StrQ; 1989; Anglian

Hudson, Matthew
1968-
- Technologie 2; StrQ; 1998; UMP

Hueber, Kurt Anton
1928-2008
- Dankos Herz; StrQ; op. 37; 1993; A: 1993

Hübler, Klaus Karl
1956-
- Hommage à Alban Berg; StrQ; no. 1; 1977; Moeck (1980)
- Sur le premier prélude; StrQ; no. 2; Moeck (1981)
- Dialektische Fantasie; StrQ; no. 3; 1982–84; Breitkopf (1985); A: 1984 Darmstadt

Hübschmann, Werner
1907-1969
- StrQ; h; op. 1; 1928; Breitkopf (1928)
- StrQ; e; 1933
- 3 kl. Stücke; StrQ; 1967
- Quartettino; StrQ; 1969; Hofmeister

Hüttel, Josef
1893-1951
- StrQ; 1927; Senart (1930)

Hüttel, Walter Oskar
1920-2006
- StrQ; um 1969
- StrQ; h; no. 1; op. 17; um 1982; A: 4/1983
- StrQ; no. 2; um 1995

Hütten, Hans
1943-
- Die Winde; StrQ

Hüttenbrenner, Anselm
1794-1868
- StrQ; E; op. 3; S. A. Steiner (1816/17)
- StrQ; c; 1847; Accolade (2000)
- StrQ; E; op. 12; Steiner (1817)
- StrQ; B; op. 13
- StrQ; C; op. 14; 1818

Hufschmidt, Wolfgang
1934-
- Verwandlungen f. StrQ (1966–69) einer Partie aus *Ecce homo*. In memory S. Reda (1969–96); Bärenreiter (1971); Pfau (1997)

Huggler, John
1928-
- StrQ; no. 1; 1951
- StrQe; nos. 2–4
- StrQ; no. 5; op. 37; CFE
- StrQ; no. 6; op. 41; CFE
- StrQ; no. 7; op. 56; CFE
- StrQ; no. 8; op. 59; CFE
- StrQ; no. 9; op. 76; CFE
- StrQ; no. 10

Hughes, Arwel
1909-1988
- StrQ; 1948
- StrQ; 1976
- StrQ; 1983

Hughes, Edward Dudley
1968-
- Study; StrQ; 1993; BMIC

Hughes, Richard Samuel
1855-1893
- StrQ

Hugill, Andrew
1957-
- The way things are; StrQ; 1993; BMIC

Hugon, Georges
1904-1980
- StrQ; Durand (1931)

Huhn, Ernst J.
siehe: Paroff, Peter

Huízar García de la Cadena, Candelario
1883-1970
- Cuarteto de arcos; 1938; Ed. Mexicanas
- Cuarteto de cuerdas; 1940–44; Ed. Mexicanas

Hůla, Zdeněk
1901-1986
- StrQ; 1978/79; Supraphon (1986)

Hulford, Denise
1944-
- Pyramids; StrQ; 1987; NZMIZ (1989)

Hultberg, Sven
1912-1991
- Ritratto in Prova; StrQ; 1978; STIM
- Sonatore Malinconico, II; 1978; STIM
- Mein junges Leben hat ein End; StrQ; 1985
- Ninnananna; StrQ; 1948–80
- Zurück zu ihm; StrQ; 1985–87

Hultqvist, Anders
1955-
- Urban rituals; StrQ + Tape; 1993; SMIC

Humble, Leslie Keith
1927-1995
- Four all Seasons; 1–4 StrQe (StrOrch); 1989; AuMC(1989)

Humel, Gerald
1931-2005
- StrQ

Hummel, Berthold
1925-2002
- StrQ; no. 1; op. 3; 1951; Simrock
- StrQ; no. 2; op. 46; 1972; Simrock (1987)
- Kl. Str.-Mus.; StrQ; op. 95b; Simrock (1994)

Hummel, Franz
1939-
- StrQ; no. 1; 1981; A: 4/1982 Kelheim

Hummel, Johann Nepomuk
1778-1837
- 3 StrQe; C, G, Es; op. 30; vor 1804; J. Riedl; Nr. 611–613 (um 1808)

Hummel, Stefan David
1968-
- Soft motions; StrQ
- New Zealand; A: 9/2001 Millstadt

Hummel, Thomas
1962-
- Cocoon; StrQ + ISPW; 1993
- Bruillards; StrQ; 1998

Humperdinck, Engelbert
1854-1921
- Allegro; StrQ; d; 1872; unvollendet [EHWV15]
- Allegro; StrQ; e; 1873; [EHWV22]
- Allegro; StrQ; c; 1876; [EHWV38]
- Scherzo; StrQ; c; 1876; unvollendet; Weinberger (2002) [EHWV39]
- StrQ; C; 1919/20; Schott (1937) [EHWV164]

Humpert, Hans
1901-1943
- Fantasie + Gigue; StrQ
- 3 StrQe; op. 4; 1924, 1930, 1931

Hundsnes, Svein
1951-
- StrQ; 1982
- StrQ; 1988

Hunfeld, Xander
1949-
- Synthese; StrQ; 1984; Donemus (1984)
- StrQ; 1980, rev. 1984 + 1988; Broekmans

Hungar, Paul
1887-1945
- StrQ; Es; op. 9; Kistner (1924)

Hunt, Wynn
1910-1988
- StrQ in one movement; op. 34; 1944
- StrQ; 1978; BMIC

Hupel, Hans
1910-?
- B-A-C-H; StrQ; 1950

Hupfer, Konrad
1935-

- StrQ; Bosse (1972)
- StrQ; no. 2
- Konzertmusik; StrQ; no. 3

Huré, Jean L. C.
1877-1930
- StrQ; C; 1913–1917; Mathot (1921)
- StrQ; C; 1921; Senart (1922)

Hurley, Susan
1946-
- StrQ; 1972
- StrQ; no. 2; 1973
- Tone paintings; StrQ; 1978, rev. 1987

Hurlstone, William
1876-1906
- Fantasy; StrQ; Novello (1906)
- StrQ; e; 1899

Hurník, Ilja
1922-2013
- StrQ; no. 1; op. 25; 1949; CHF
- StrQ + Stimme; 1961

Hurst, George
1926-2012
- StrQ (2 movements); 1947

Hurum, Alf Thorvald
1882-1972
- StrQ; a; op. 6; 1912–15; Norsk (1915)

Hus, Walter
1959-
- La theorie; StrQ; no. 1; 1988
- Le desir; StrQ; no. 2; 1991; Salabert
- Miroirs; StrQ; 1997

Husa, Karel
1921-2016
- StrQ; no. 1; op. 8; 1947/48; Schott (1953)
- StrQ; no. 2; 1953; Schott
- StrQ; no. 3; 1968; AMP (1970)
- 4 kleine Stücke; StrQ; Schott
- Poems; StrQ; no. 4; 1990

Husby, Kaare Dyvik
1969-
- Beyond Wicket-gate; StrQ; 1997; NMIC

Huse, Peter
1938-
- StrQ; 1964; BMI
- StrQ; CMC

Hush, David
1956-
- StrQ; no. 1; 1988

Huss, Henry Holden
1862-1953
- StrQ; no. 1
- StrQ; no. 2
- StrQ; h; no. 3; op. 31; Schirmer (1921)
- StrQ; no. 4

Hussong, Hanno
1957-
- Recycling; StrQ; 1983; A: 1985
- Deine Musik zu spüren; 1987
- Amerika; StrQ; 1992

Huszár, Lajos
1948-
- StrQ; op. 24; 1991

Hutcheson, Jere
1938-
- StrQ; 1967; ACA

Hutchinson, Godfrey
1936-
- Mobiles; StrQ; op. 3; 1959
- Collages; StrQ; op. 4; 1959

Huth, Gustav
?
- StrQ; op. 7
- StrQ; op. 10; Sadlo

Huybrechts, Albert
1899-1938
- StrQ; no. 1; 1924; CeBeDeM (1966)
- StrQ; A; no. 2; 1927; Schott (1946)
- Aesope; StrQ; 1923

Hvidtfelt Nielsen, Svend
1958-
- Uden vej; StrQ; 1983/84; DMIC
- Passenger; StrQ; 1987; DMIC

Hvoslef, Ketil
1939-
- StrQ; no. 1; 1969; Norsk; A: 1971
- StrQ; no. 2; Hardangerfidel statt 1. Vl.; 1973; Norsk
- StrQ; no. 3; 1998; Norsk

Hybler, Jindřich
1891-1966
- StrQ; 1927
- StrQ; no. 2; 1958
- StrQ + Sopr; no. 3; 1961

Hyde, Lewis
1899-1989
- StrQ; no. 1; 1932
- StrQ; no. 2; 1932
- Movement; StrQ; 1938

Hyde, Miriam Beatrice
1913-2005
- StrQ; e; op. 77; 1952; AMC
- StrQ; g; 1952
- Phantasy; StrQ; 1934; AMC

Hyla, Lee
1952-2014
- StrQ; no. 1; 1975
- StrQ; no. 2; 1985
- StrQ; no. 3; 1989
- Howl; StrQ + Sprecher; 1993

Huyssen, Hans
1964-
- Parabel; StrQ

Hyvärinen, Asko
1963-
- Ehiknos; StrQ; 1998; FMIC
- Broken contours; StrQ; 2000; FMIC

Iakovchuk, Oleksander
1952-
- StrQ; 1978

Iannacone, Anthony
1943-
- StrQ; no. 1; 1965; Seesaw
- StrQ; no. 2; 1997; Seesaw
- StrQ; no. 3; Tenuto (1999)

Iavoryk, Oleksander
1946-
- StrQ; 1978
- StrQ; 1980

Ibach, Paul
1854-1904
- L'amor che piange; StrQ; op. 47; Pizzi

Ibarra Groth, Federico
1946-
- Invierno; StrQ; 1963
- Del tragmundo; StrQ; no. 1; 1975
- Orfico; StrQ; no. 2; 1992

Ibert, Jacques
1890-1962
- StrQ; 1937–42; Leduc (1944/45) [WV85]
- Souvenir; StrQ; 1916; Gay (1916) [WV7]

Ibragimova, Ela
1938-
- StrQ; 1962

Ibragimova, Sevda
1939-
- Suite; StrQ; 1957
- StrQ; 1966
- StrQ; 1967

Ibragimova, Tamara
1958-
- Das Haus, in dem niemand wartet; StrQ; Tonger (2002)
- Mugam; StrQ; Sikorski

Ibrahimi, Feim
1935-1997
- StrQ; f; 1965–89?

Ichiyanagi, Toshi
1933-
- StrQ; no. 1; 1957, rev. 1964; Schott (1957); Ongaku-no-tomo (1964)
- Interspace; StrQ; no. 2; 1986; Schott
- Inner Landscape; StrQ; no. 3; 1994; Schott
- In the forest; StrQ; no. 4; 1999; Schott

Ichmouratov, Airat
1973-
- StrQ; no. 1

• StrQ; no. 2; 2004

Ideta, Keizo
1953-
• Fantasy of winter; StrQ; 1983; JFC

Iefremov, Volodymyr
1953-
• StrQ

Ievsevskyi, Fedir
1889-1970
• StrQ

Iglesias Villoud
1913-1988
• StrQ; A: 1938

Ihme, Hans-Friedrich
1940-
• Pro homine – de homine; StrQ, Synth + TB; 1989/90

Ijac, Vasile
1899-1976
• StrQ; no. 1; 1928
• StrQ; no. 2; 1949

Ikebe, Shin-Ichiro
1943-
• Strata 1; StrQ; 1988; Ongaku-no-tomo (1989); A: 1988 Tokio
• Strata 5; StrQ; 1995; Zen On; A: 1995 Tokio

Ikenouchi, Tomojiro
1906-1991
• StrQ; no. 1; 1937; Ongaku-no-tomo
• StrQ; no. 2; 1945; Ongaku-no-tomo
• StrQ; no. 3; 1946; Ongaku-no-tomo
• Prelude et fugue; StrQ

Ikonen, Lauri
1888-1966
• Neliapila-Serenade; StrQ; 1944
• StrQ; a; 1924
• Sarja; Ges/StrQ; e; 1933

Ikonomov, Boyan Georgiyev
1900-1973
• StrQ; no. 1; op. 8; 1933

• StrQ; A; no. 2; op. 16; 1936; L'Oiseau Lyre (1937)
• StrQ; D; no. 3; op. 24; 1941; Nauka (1956)
• StrQ; no. 4; op. 28; 1944
• StrQ; no. 5; 1945; Nauka (1955)
• StrQ; no. 6; 1949; Nauka (1956)

Ikonomov, Stefan
1937-1994
• StrQ; 1957
• Nastroyeniya; StrQ; 1969

Ikramova, Anna
1966-
• Ein Lied mit Folgen. Szenisches StrQ m. Sprecher + Lautsprechern; 1994–96; Pfau (1998)
• Apokryphen; StrQ; Sikorski

Ilic, Miodrag
1924-?
• StrQ; 1957

Iliev, Konstantin
1924-1988
• StrQ; no. 1; 1948; Nauka (1956)
• StrQ; no. 2; 1952
• StrQ; no. 3; 1955; Nauka
• StrQ; no. 4; 1956

Il'in, Vadym
1942-
• StrQ; 1969

Il'insky, Aleksandr Aleksandrovich
1859-1920
• StrQ

Il'inski, I. A. Stanislaw
1795-1860
• 8 StrQe

Illés, Márton
1975-
• Scene polidimensionali VIII Vonalmezök (Linienfelder); StrQ; 2004; Breitkopf
• Torso V; StrQ; Breitkopf

Illín, Evžen
1924-1985
• StrQ; 1958

- StrQ; 1960

Illouz, Betsy
siehe: Jolas, Betsy

Imbescheid, Albrecht
1950-
- RE; StrQ; A: 2005 Stuttgart

Imbrie, Andrew Welsh
1921-2007
- StrQ; no. 1; 1942; Malcolm
- StrQ; no. 2; 1953; Malcolm
- StrQ; no. 3; 1956; Malcolm (1967)
- StrQ; no. 4; 1969; Malcolm (1973)
- StrQ; no. 5; 1987; Malcolm

Inagaki, Seiichi
1935-
- StrQ; 1997; JFC

Inayat Khan, Hidayat
1917-2016
- StrQ; op. 45; 1972

Incardona, Federico
1958-
- Memoria; StrQ; 1976

Ince, Kamran
1960-
- Curve; StrQ; 1996; Schott

Inch, Herbert Reynolds
1904-1988
- Mediterranean Sketches; StrQ; 1933
- StrQ; 1936
- 3 Conversations; StrQ; 1944

Inderau, Siegfried Hermann
1883-1965
- StrQ-Satz; e; A: 1909 Gummersbach

Inderhees, Carlo
1955-
- Vocale; StrQ

Indy, Vincent d'
1851-1931
- StrQ; D; no. 1; op. 35; 1890; Hamelle
- StrQ; E; no. 2; op. 45; 1897; Durand
- StrQ; Des; no. 3; op. 96; 1928/29;
  Heugel (1930)

- StrQ; no. 4; 1931; unvollständig

Indy, Wilfrid d'
1821-1891
- StrQ; 1841; Challiot

Ingenbrand, Joseph
1905-1944
- StrQ

Ingenhoven, Jan
1876-1951
- StrQ; 1907/08; Wunderhorn (1911)
- StrQ; 1911; Wunderhorn (1912)
- StrQ; no. 2; 1911; Wunderhorn (1912)
- StrQ; no. 3; 1912/13; Wunderhorn (1914)

Inghelbrecht, Désiré-Émile
1880-1965
- StrQ; 1955; Durand (1956)

Ingmann Sørensen, Erling
1922-1989
- StrQ; op. 12; 1985; DMIC

Ingoldsby, Thomas
1957-
- StrQ; 1990; BMIC

Ingólfsson, Atli
1962-
- HZH; StrQ; no. 1; 1999

Inness, Peter
1946-
- StrQ; 1992; ScoMIC

Inwood, Mary B. B.
1928-
- StrQ; 1972
- StrQ; 1973
- StrQ; no. 3; 1975; Seesaw
- StrQ; 1997; Seesaw

Inzaurraga, Alejandro
1882-1956
- StrQ

Ioachimescu, Calin
1949-
- StrQ; no. 1; 1974
- StrQ; no. 2; 1985; Ed. muzicala (1988)

Ioannidis, Yannis
1930–
- StrQ; 1971; Nomos (1973)

Iordan, Irina Nikolaevna
1910–1977
- StrQ; op. 10; 1937; Gos. muz. (1949)
- StrQ; 1948; Gos. muz.
- StrQ; 1961
- StrQ; 1972

Iorgulescu, Adrian
1951–
- StrQ; no. 1; 1975, rev. 1996
- StrQ; no. 2; 1983
- StrQ; no. 3; 1983; A: 1987
- StrQ; no. 4; 1984; A: 1992

Iorysh, Volodymyr
1899–1945
- StrQ

Ippisch, Franz
1883–1958
- StrQ; d; 1904
- StrQ; a; 1907
- StrQ; Es; 1918
- StrQ; g; 1921
- StrQ; c; 1923
- StrQ; C; 1925
- Serenade; StrQ; G; Doblinger (1924)
- StrQ; e; 1927
- StrQ; C; 1928
- StrQ; D; 1931
- StrQ; c; 1936
- StrQ; As; um 1951

Ippolitov-Ivanov, Mikhail Mikhailo
1859–1935
- StrQ; a; no. 1; op. 13; 1895;
  Jurgenson (1897)
- Chetyre p'esy na narodnye armian skie
  temy; StrQ; 1933; Gos. muz. (1955)

Ipuche-Riva, Pedro
1924–1996
- StrQ; 1962

Iranyi, Gabriel
1946–

- StrQ; 1987
- Tempora: 3 Stücke; StrQ; 1992
- StrQ; 2008; VeNM (2009)
- StrQ; no. 1; 1968
- StrQ; no. 2; 1970

Ireland, John
1879–1962
- StrQ; d; no. 1; 1897; Boosey (1973)
- StrQ; c; no. 2; 1897; Boosey (1973)

Irgens-Jensen, Ludvig
1894–1969
- I blodet hans blømde; StrQ; 1939
- Pastorale religioso; StrQ; 1939

Irino, Yoshiro
1921–1980
- StrQ; 1945; Ongaku-no-tomo
- StrQ; no. 2; 1957; Ongaku-no-tomo

Irrgang, Horst
1929–1997
- Ich spring in diesem Ringe; StrQ; 1969;

Irsen, Heinz
1906–1989
- StrQe; nos. 1–4
- StrQ; no. 5
- StrQ; no. 6; 1950
- StrQ; no. 7; 1969

Irshai, Evgenii Markovich
1951–
- Gospodi, vozzvakh; StrQ; 1991
- Sincerely; StrQ; 2000

Irvine, Brian
1965–
- I dreamt I dwelt in marble halls; StrQ;
  1998; ICMC

Irvine, Demar
1908–?
- StrQ; no. 1; 1931
- StrQ; no. 2; 1934
- StrQ; no. 3; 1945

Isaaks, Mark
1958–
- StrQ; 1984

- Burlesque Miniatures; StrQ; 1988; AMC

Isadora, Alison
1962–
- Namasté; StrQ; 1993; Donemus

Isaksson, Madeleine
1956–
- Strakvag; StrQ; 1990

Isamitt, Carlos
1887–1974
- StrQ; 1928
- 3 piezas; StrQ; 1930

Isasi, Andrés
1890–1940
- StrQ; e; no. 0; op. 83; 1908; Lazcano y Mar
- StrQ; no. 1
- StrQ; a; no. 2; op. 27; 1920

Ishchenko, Jurii Jakovlevich
1938–
- StrQ; no. 1; 1971
- StrQ; no. 2; 1975
- StrQ; no. 3; 1973
- StrQ; 1981
- StrQ; 1983
- StrQ; 1988

Ishii, Goro
1905–?
- StrQ; 1961

Ishii, Maki
1936–2003
- StrQ; op. 96; 1992; Moeck

Ishiketa, Mareo
1916–1996
- StrQ; 1947; Ongaku-no-tomo

Ismagilova, Leila
1946–
- StrQ; 1973

Israel, Brian M.
1951–1986
- Canonic variations; StrQ; 1971
- Musik für den nächsten Toten; StrQ; 1976
- StrQ; 1978

Israël-Meyer, Pierre
1933–1979
- StrQ; 1964
- StrQ; no. 2; 1967
- Die Verborgene; StrQ; no. 3; 1969

Israelian, Martun
1938–
- StrQ; no. 1; 1966; A: 1966 Jerewan
- StrQ; no. 2; 1990

Israiloff, Peter
1944–
- Quartettino; StrQ; op. 8; A: 11/2004

Ištvan, Miloslav
1928–1990
- StrQ; 1951; CHF (1965); A: 1953 Brno
- StrQ; 1963; CHF (1965); Supraphon (1967); A: 1964 Brno
- StrQ; no. 2; 1986; A: 1987 Brno
- Zatemnena Krajina; StrQ; 1975; CHF

Iszkowska, Zofia
1911–2000
- StrQ; 1948

Ito, Hidenao
1933–
- StrQ; 1970; S. Zerboni

Itoh, Hiroyuki
1963–
- StrQ; JFC 2002; A: Takefu

Iudin, Mikhail Alekseevich
1893–1948
- StrQ; 1940
- StrQ; no. 2; op. 44; 1947; Gos. muz. (1950)

Iusceanu, Victor
1905–1976
- StrQ; d; 1930

Ivanov, Valentyn
1936–
- StrQ; 1974
- StrQ; 1976

Ivanov-Boreckij, Michail Vladimirovic
1874–1936

- StrQ; op. 2; 1902
- Präludium + Fuge; StrQ; op. 14
- StrQ; op. 15; 1920

Ivanovs, Jānis
1906-1983

- StrQ; no. 1; 1932
- StrQ; no. 2; 1946
- StrQ; no. 3; 1961; Sovetskij (1963)

Ives, Charles
1874-1954

- Piece in G; StrQ; 1891
- Fugue in B; StrQ; 1893 o. 1895
- Fugue in D; StrQ; 1893 o. 1895; verloren
- From the Salvation army; StrQ; no. 1; 1896; Peer (1961)
- Fugue in 4 Greek modes; StrQ; 1897
- Practice f. StrQ in holding your own!; 1903
- Scherzo; StrQ; 1904, 1914; Peer
- Discussions; StrQ; no. 2; 1907–13; Peer

Ivey, Jean Eichelberger
1923-2010

- StrQ; 1960; AMC

Iwanow, Iwan
1933-

- Kl. Suite; StrQ; 1971
- StrQ; 1984; A: 1984
- Musica viva; StrQ; 1987; A: 1987

Izhakevich, Mikhail Ivanovich
1909-1975

- StrQ; fis; no. 1; 1938; Sovetskij (1962)

Izykowsky, Roman Jan
1912-?

- StrQ; no. 1; 1942; in Teilen verloren
- StrQ; no. 2; 1953

Jabłoński, Henryk
1915-1989

- StrQ; 1948

Jablonsky, Stephen
1941-

- Gestures; StrQ

Jachino, Carlo
1887-1971

- StrQ; no. 1; 1925; Curci
- StrQ; e; no. 2; 1927; Salabert/Senart (1929)
- StrQ; no. 3; 1930

Jack, Adrian
1943-

- StrQ; 1993
- StrQ; 1995
- StrQ; no. 3; 1996
- StrQ; no. 4; 1999
- StrQ; no. 5
- StrQ; no. 6

Jackson, Gabriel
1962-

- StrQ; 1992; BMIC
- Ring of waves; StrQ; 1995; BMIC

Jackson, Hanley
1939-

- StrQ; 1964

Jacob, Gordon
1895-1984

- StrQ; b; 1921
- Saraband; StrQ; 1921
- StrQ; C; 1928; OUP (1930)
- Denbigh-Suite; StrQ; OUP (1930)
- StrQ; d; no. 2; 1930; OUP (1932)
- Miniature; StrQ; 1958

Jacob, Maxime (seit 1936: Dom Clement Jacob OSB)
1906-1977

- 12 StrQe; 1961–77

Jacob, Werner
1938-2006

- StrQ

Jacobi, Frederick
1891-1952

- On Indian themes; StrQ; no. 1; 1924; Schirmer/SPAM (1926)
- StrQ; no. 2; 1935; J. Fischer (1935)/SPAM
- Nocturne; StrQ; 1918
- StrQ; no. 3; 1945

Jacobi, Wolfgang
1894-1972

- StrQ; A; op. 7
- StrQ; d; op. 14

Jacobs, Maria
1933-
- Esperence; StrQ

Jacoby, Hanoch
1909-1990
- StrQ; no. 1; 1937; IMP
- StrQ; no. 2; 1938

Jacoby-Kinsella, John
1966-
- StrQ; 2001; A: 6/2001 Weimar

Jadassohn, Solomon
1831-1902
- StrQ; c; op. 10; Leuckart (1858)

Jadin, Hyacinthe
1776-1800
- 3 StrQe (2, 4 + 6 f. Flöte od. Vl); op. 1; 1795; Cornouaille; Castaud [J250]
- 3 StrQe; op. 2; 1796; Graves [J253]; Gayl [J254]
- 3 StrQe; op. 3; 1796?; Imbault [J255]
- 3 StrQe; op. 4; 1798; Pleyel, no. 124 [J256]

Jadin, Louis Emmanuel
1768-1853
- 6 StrQe; op. 3, Bd. 1; Auteur (1787) [J340]
- 3 Nouv. qu., Bd. 2; Mme Duhan, no. 90, (1805) [J342]

Jaeckel, Robert
1896-1970
- StrQ; op. 7; 1920; A: 1920 Salzburg

Jaecker, Friedrich
1950-
- natura-anima-askesis; 1. StrQ; 1988-96; A: 1997 Köln

Jaegerhuber, Werner Anton
1900-1953
- Petite suite; StrQ; 1951
- Plaintes nocturnes; StrQ

Jaëll, Marie-Christine
1846-1925
- StrQ; sol mineur; 1875; Troester (2009)

Jaffe, David
1965-
- Telegram for the president; StrQ; 1984

Jaffé, Moritz
1834-1925
- StrQ; C; Jungdeutscher Verlag (1912)

Jaffe, Stephen
1954-
- StrQ; no. 1; 1991; Merion

Jahn, Raimund
1924-
- Chrom. StrQ; es; op. 6; 1948; A: 1952 Innsbruck
- Aphorismen; StrQ; op. 30; 1972–82; A: 1984

Jakesevic, Gavro
1911-
- Preludij i fuga; StrQ; 1947
- Dva preludija; StrQ; 1947

Jakubėnas, Vladas
1903-1976
- StrQ

Jalava, Lasse
1951-
- 2 StrQe

Jalkanen, Pekka
1945-
- StrQ; e; 1981; FMIC
- StrQ; no. 2; 1994; Modus

Jámbor, Eugene
1853-1914
- Quatuor; g; op. 55; André (1898)

James, Dorothy
1901-1982
- StrQ in 1 movement; 1932
- Suite; StrQ; 1926

James, Philip
1890-1975
- StrQ; 1924, rev. 1939

Janáček, Leoš
1854-1928

- Sarabande; StrQ; 1878; [JW VII/13] nicht erhalten
- StrQ; 1880; [JW X/18] verschollen
- Kreutzersonate; StrQ; no. 1; 1923; HMUB (1925)
- Listy Duverne; StrQ; no. 2; 1928; HMUB (1938)

Janárčeková, Viera
1941-
- StrQ; no. 1; 1984
- Vom Kahlschlag zur Lichtung; StrQ; no. 2; 1984/85
- Ernstfall; StrQ; no. 3; 1985/86
- StrQ; no. 4; 1989
- StrQ; no. 5; 1992
- StrQ; no. 6; 2000
- StrQ; no. 7; 2007

Janeček, Karel
1903-1974
- StrQ; no. 1; op. 1; 1925
- StrQ; no. 2; op. 14; 1927
- StrQ; no. 3; op. 15; 1934

Jankovic, Miroslava
1943-
- StrQ; 1968

Jannone, René
1927-
- Elegie; StrQ; 1975
- Cauchewar; StrQ; 1984

Janovický, Karel
1930-
- StrQ; 1992; BMIC

Jansa, Leopold
1795-1875
- StrQ; E; no. 1; op. 8; Sauer
- StrQ; E; no. 2; op. 12; Sauer
- 3 StrQe; op. 44; Cranz
- 3 leichte StrQe; op. 51, 3; Diabelli (1836)
- Variations sur un thème favori; StrQ; op. 55; Cranz
- StrQ; fis; op. 68; Schlesinger (1845)

- 3 StrQe; a, D, H; op. 65, 1, 2, 3; Ed. Peters (1844)

Jansen, Pierre
1930-2015
- StrQ; no. 1; 1979/80; Salabert
- StrQ; no. 2; 1991; Salabert

Janson, Alfred
1937-
- StrQ; 1976–78

Janssen, Guus
1951-
- StrQ; no. 1; 1973–75; Donemus
- Streepjes; StrQ; no. 2; 1981; Donemus (1981)

Janssen, Werner
1899-1990
- Kaleidoscope; StrQ; 1930; Schirmer (1932)
- Fantasy; StrQ; 1934
- StrQ; no. 1; 1934
- StrQ; no. 2; 1935

Janssens, Robert
1939-
- StrQ; no. 1; 1999; CeBeDeM (2006)
- StrQ; no. 2; 2004; CeBeDeM (2006)
- StrQ; no. 3; 2005; CeBeDeM (2006)

Jansson, Gunnar
1944-
- StrQ; 1985

Jansson, Johannes
1950-
- StrQ; no. 1; op. 3; 1974; STIM
- StrQ; no. 2; op. 5; 1975/76; STIM
- In memoriam; StrQ; 1990–93; STIM

Jansson, Marten
1965-
- StrQ; 1992; STIM

Japha, Luise
1826-1910
- StrQ

Jaquemar, C.
ab 1843 Schüler der Berliner Akad. der Künste

- StrQe

Jaques-Dalcroze, Émile
1865-1950
- StrQ; E; Enoch (1904)
- Serenade; StrQ; op. 61; Sandoz (1905)
- Serenade; StrQ; 1905; Foetisch
- Rhythmes de danse, Suites 1–3; StrQ; 1922; Heugel

Járdányi, Pál
1920-1966
- StrQ; no. 1; 1947; Zenemükiado (1964)
- StrQ; no. 2; 1953/54; Zenemükiado (1957)

Jarecki, Tadeusz
1889-1955
- StrQ; no. 1; op. 12
- StrQ; no. 2; op. 16; um 1918
- StrQ; c; no. 3; op. 21; SPAM

Jarnach, Philipp
1892-1982
- StrQ; c; op. 22; 1916
- Christus im Olymp. Präludium; StrQ; 1917
- Musik zum Gedächtnis der Einsamen; StrQ; 1952; Schott (1953)
- StrQ; op. 16; 1923; Schott (1924)

Jarnum, Kasper
1971-
- StrQ; 1995; DMIC

Jaroch, Jiří
1920-1986
- StrQ; op. 4; 1949/50; CHF
- StrQ; no. 2; 1970; Supraphon (1972)

Jarosch, Wilhelm
1903-
- StrQ; 1922

Jarrell, Michael
1958-
- Zeitfragmente; StrQ; 1997/98; Lemoine; A: 1998 Witten

Jarrett, Keith
1945-
- StrQ

Jarvinen, Arthur
1956-2010
- StrQ; no. 1; 1933; Schott (1953)
- StrQ; no. 2; 1946; Schott

Järvlepp, Jan
1953-
- Lento; StrQ; 1975; CMC; A: 1979

Jary, Michael
1906-1988
- StrQ; no. 3; 1933

Jaskot, Dabromila
1981-
- StrQ

Jastrzebska, Anna
1950-
- Creation; StrQ; 1977; NMIC

Jaxtheimer, Gerald
1959-
- Fuge über ein Thema v. Ralph Siegel (Johnny blue); StrQ; Max Musik; A: 1986 Regensburg

Jazylbekova, Jamilia
1971-
- StrQ; 1996
- Si toutes les feuilles des arbes etaient des langues; StrQ; 1996–98
- Le refus de l'enfermement I; StrQ; 2001

Jebe, Halfdan Frederik
1868-1937
- Lad vaaren komme; StrQ
- Billeder fra Yucatan; StrQ

Jelinek, Hanns Johann
1901-1969
- StrQ; no. 1; op. 10; 1931; UE
- StrQ; no. 2; op. 13; 1934/35; Möseler (1954)

Jelínek, Stanislav
1945-
- StrQ; 1975
- StrQ; 1981; CHF
- StrQ; 1986

Jemnitz, Sándor Alexander
1890-1963
- StrQ; op. 2b; 1911
- StrQ; no. 2; op. 55; 1950

Jeney, Zoltán
1943-
- 4 StrQe; 1973, rev. 1999
- etwas getragen; StrQ; 1988

Jenkins, Cyril
1885-1978
- Elegiae poem; StrQ; um 1925;
  Goodwin (1922)

Jenkins, Joseph Willcox
1928-2014
- StrQ; 1978

Jenkins, Karl
1944-
- Adiemus variations; StrQ; 1995
- StrQ; no. 2; 1996; Boosey (1996)

Jenkins, Susan Elaine
1953-
- StrQ; 1975

Jenner, Gustav
1865-1920
- StrQ; g; no. 1; 1908
- StrQ; G; no. 2; 1910
- Melodien; StrQ; 1910
- StrQ; F; no. 3; 1911; Schott (1997)

Jennings, Terry
1940-1981
- StrQ; 1960

Jenny, Albert
1912-1992
- StrQ; no. 1; 1930
- StrQ; 1930/31
- StrQ; 1932
- StrQ; 1940; A: 1941 Winterthur
- StrQ; 1944

Jensch, Lothar
1916-2004
- StrQ; no. 2; 1943
- StrQ; 1950; A: 1951 Darmstadt

- Mouvement à quatre; StrQ; 1960;
  Gerig (1972)
- Essai; StrQ; 1968–71; Gerig

Jensen, Adolf
1843-1879
- StrQ

Jensen, Gustav
1843-1895
- StrQ; d; op. 11; J. Rühle; Tonger (1881)

Jensen, Walther Georg
1908-1997
- StrQ; op. 46; 1983; Samfundet

Jentsch, Max
1855-1918
- Christnacht; StrQ; op. 47, 2; Junne (1907)
- StrQ; fis; op. 49; Breitkopf (1899)

Jentsch, Walter
1900-1979
- StrQ; op. 35; Sikorski (1956)

Jentzsch, Wilfried
1941-
- StrQ; 1972; Moeck (1978)

Jeppson, Kerstin
1948-
- StrQ; no. 1; 1974

Jerábek, Pavel
1948-
- StrQ; no. 1; 1972/73; Panton (1979)

Jeremiáš, Otakar
1892-1962
- StrQ; d; op. 3; 1910; SNKL
- Suita ve starem slohu; StrQ; op. 6; 1910

Jergenson, Dale
1935-
- StrQ; 1963; Seesaw

Jerger, Wilhelm
1902-1978
- StrQ; C; UE (1943); A: 1942 Wien
- StrQ; no. 2

Jersild, Jørgen
1913-2004

- Quartetti piccolo: 9 leichte Sätze ü. alte dän. + schw. Spielmannsmotive; StrQ; 1950; W. Hansen (1950)
- StrQ; 1981; W. Hansen (1982)

Jesinghaus, Walter
1902-1966
- StrQ; op. 7; 1921
- Spielmusik; StrQ; op. 37e; Hug (1936)

Jestl, Bernhard
1960-
- StrQ; no. 1; 1985; Doblinger
- StrQ; no. 2; 1991
- StrQ; no. 3; 1991; A: 1992 Innsbruck
- StrQ; no. 4; 2002

Jessler, Fritz
1924-2015
- Heiligenhofer StrQ; 1971, 1978/79; A: Bad Kissingen

Jeths, Willem
1959-
- Arcate; StrQ; no. 1; 1990; Donemus
- … un vago ricordo; StrQ; no. 2; 1996; Donemus

Jettel, Rudolf
1903-1981
- StrQ; C; Doblinger (1954)

Jeverud, Johan
1962-
- StrQ; 1990; STIM
- StrQ; 1996; STIM

Jevtić, Ivan
1947-
- StrQ; no. 1; 1970
- StrQ; no. 2; 1974
- StrQ; no. 3; 1981

Jež, Jakob
1928-
- Iskre casa (Zeitfunken); StrQ; 2001

Jež-Brezavšček, Brina
1957-
- Chein; StrQ; 1991; MS: Kopie im Archiv Frau + Musik

Ježek, Jaroslav
1906-1942
- StrQ; no. 1; 1931/32
- StrQ; no. 2; 1941, Fragment, nur 1. S.; HMUB

Jezovšek, Janko
1945-
- Atmen; StrQ + Sopr; 1972–76

Jiménez Mabarak, Carlos
1916-1994
- Homenaje a Sor Juana Inès de la Cruz; StrQ; D; 1947; Ric. Americana (1968)

Jin Hi Kim
1957-
- Linking; StrQ; 1986; MS: Kopie im Archiv Frau + Musik
- Nong Rock; StrQ + Komungo (Zither); 1992; MS: Kopie im Archiv Frau + Musik

Jin Xiang
1935-
- StrQ; no. 1; 1990

Jíra, Milan
1935-
- StrQ; no. 1; 1956
- StrQ; 1969; CHF
- StrQ; no. 3; 1973
- StrQ; 1980; CHF
- StrQ; 1984
- StrQ; no. 6; 1989

Jiráčková, Marta
1932-
- Fantazie na tema O. Jeremiase; StrQ; 1982; CHF
- Blankenburgska fuga; StrQ; op. 33; 1985; CHF

Jirák, Karel Boleslav
1891-1972
- StrQ; c; op. 9; 1913–15; HMUB (1922)
- StrQ; no. 2; op. 31; 1926/27
- StrQ; no. 3; op. 41; 1940; HMUB (1943)
- StrQ; no. 4; op. 63; 1949; CHF
- StrQ; no. 5; op. 67; 1951; CHF
- StrQ; no. 6; op. 80; 1957/58; CHF

- StrQ; no. 7; op. 82; 1960; CHF

Jiránek, Alois
1858-1950

- Starodavne tance; StrQ
- 2 Impromptus (Valse + Polka); StrQ; Mojmir Urbanek (1909)
- StrQ; F
- StrQ; A
- Valcik (Walzer); StrQ

Jirásek, Ivo
1920-2004

- Quattro studi; StrQ; 1963–66; Panton
- Ludi con tre toni; StrQ; 1977/78; Panton
- Meditation; StrQ; 1989; Panton

Jirko, Ivan
1926-1978

- Quartettino; StrQ; 1948
- StrQ; d; no. 1; 1954; Panton
- StrQ; no. 2; 1962; Panton
- StrQ; no. 3; 1966; Panton
- StrQ; no. 4; 1969; Panton
- À la Viennoise; StrQ; no. 5; 1970; Panton
- StrQ; no. 6; 1974; Panton

Joachim, Heinz
1902-1980

- StrQ; A: 1924 Donaueschingen

Joachim, Joseph
1831-1907

- StrQ; C

Joachim, Otto
1910-2010

- StrQ; 1956; BMI Canada (1960)
- StrQ; 1997

Jochimsen, Hugo
1869-?

- StrQ

Jochum, Otto
1898-1969

- StrQ; D; op. 22; 1930; Böhm (1930)
- Variationen; StrQ; op. 3; 192
- Wanderschaft – eine kl. Volksl.-Suite; StrQ; op. 58; 1934; Böhm (1934)

- Laßt d. Gläser klingen; StrQ; op. 172; 1958

Jodál, Gábor
1913-1989

- StrQ; no. 1; 1955

Jönsson, Reine
1960-

- Nagel som rispar i muren; StrQ; 1985; SMIC
- Enknapp i fickan; StrQ; 1990; SMIC

Jörns, Helge
1941-

- StrQe

Joffe, Shlomo
1909-1995

- StrQ; no. 1; 1961
- Fantasy; StrQ; 1966
- StrQ; no. 2; 1969

Johannsson, Carl
1900–nach 1964

- StrQ; op. 8

Johansen, Bertil
1954-

- Chili string; StrQ; 1994; NMIC
- On a spring string; StrQ; 1996; NMIC
- Songs of the nightingale; StrQ; 1986; NMIC

Johansen, David Monrad
1888-1974

- StrQ; op. 35; 1969; Norsk

Johanson, Sven Eric
1919-1997

- Jig for Jones; StrQ; 1949; STIM
- StrQ; no. 2; 1948; Föreningen
- StrQ; no. 3; 1950; STIM
- Sequences variables; StrQ; no. 4; 1964; STIM
- StrQ; no. 5; 1976; STIM
- StrQ; no. 6; 1980; STIM
- StrQ; no. 7; 1981; STIM
- StrQ; no. 8

Johansson, Bengt
1914-1989

- Dialogeja; StrQ + Stimme; 1970

Johansson, Björn
1913-1983
- StrQ; no. 1; 1947; STIM
- StrQ; no. 2; 1958; STIM
- StrQ; 1968
- StrQ; 1976
- StrQ; 1977
- StrQ; no. 5; 1978; STIM
- StrQ; no. 6; 1979; STIM
- Quartetto d'archi; StrQ; 1982; STIM

Johansson, Sven-Åke
1943-
- StrQ

Johner, Hans-Rudolph
1934-2005
- StrQ; no. 1; 1974; A: Mannheim
- Labyrinth; StrQ; no. 2; 1990; Rhein-Neckar-Vlg.; A: 1991 Mannheim

Johnsen, Hallvard
1916-2003
- StrQ; op. 36; 1962; NMIC
- StrQ; op. 46; 1966; NMIC
- StrQ; op. 57; 1972; NMIC
- StrQ; op. 106; 1988; NMIC
- StrQ; op. 112; 1993; NMIC
- StrQ; op. 121; 1996; NMIC

Johnson, David Carl
1940-
- 3 Stücke; StrQ; 1966; Feedback (1971)
- Thesis; StrQ; 1964; Feedback

Johnson, Geir
1953-
- For dancers; StrQ; 1991; NMIC

Johnson, Hall
1888-1970
- StrQ; G

Johnson, Harold Victor
1918-1995
- 4 StrQe

Johnson, Liz
1963-

- Images of trees; StrQ; 1999

Johnson, Robert Sherlaw
1932-2000
- StrQ; 1966; OUP; A: 1966 Stour Valley
- StrQ; no. 2; 1969; OUP; A: 1969 Brighton

Johnson, Roger Orville
1941-
- StrQ; no. 1; 1968; C. Fischer (1975)

Johnson, Scott
1952-
- Bird in the Domes; StrQ; 1986
- How it happens; StrQ + Tape; 1993
- Soliloquy (*How it happens*)
  (The voice of J. F. Stone); 1991

Johnson, Thomas
1939-
- Formulas; StrQ; 1994; Ed. 75;
  A: 1994 Bern
- Tile work; StrQ; 2004; A: 2004 München

Johnston, Ben
1926-
- 9 Variations; StrQ; no. 1; 1959; Smith
- StrQ; no. 2; 1964; Smith
- Vergings; StrQ; no. 3; 1966–73; Smith
- Ascent; StrQ; no. 4; 1973; Smith
- Crossings; StrQ; no. 5; 1979; Smith
- StrQ; no. 6; 1980; Smith
- StrQ; no. 7; 1984; Smith
- StrQ; no. 8; 1986; Smith
- StrQ; no. 9; 1988; Smith
- StrQ; no. 10; 1995; Smith (2003)

Johnston, Elizabeth
1913-?
- StrQ; 1937

Jokinen, Erkki
1941-
- StrQ; no. 1; 1971; Modus Musici (1991)
- StrQ; no. 2; 1976; A: 1976
- StrQ; no. 3; 1988
- StrQ; no. 4; 1993; Modus

Jokl, Otto
1891-1963

- 2 StrQe

Jolas, Betsy
1926-
- StrQ; no. 1; 1956
- StrQ; Kol-Sopr./Vl/Vla/Vcl; no. 2; 1964; Heugel (1969)
- 9 Etudes; StrQ; no. 3; 1973; Heugel (1979)
- Menus propos; Qua.; no. 4; 1989; Heugel/ Leduc (1990)
- StrQ; no. 5; 1994; Leduc (1997)

Jolivet, André
1905-1974
- StrQ; no. 1; op. 52; 1934; Heugel (1949)

Joly, Suzanne
1914-2012
- Triptique; StrQ; 1965; CMC

Jonák, Zdeněk
1917-1995
- StrQ; cis; 1941
- StrQ; e; 1947
- StrQ; no. 3; 1980

Joneleit, Jens
1968-
- 4 StrQe
- StrQ; no. 5; 1997
- StrQ; no. 6; 1999
- Verwehte Pfade; StrQ; no. 7; 2000

Jones, Barnard Ray
1956-
- Disco; StrQ; 1979

Jones, Charles
1910-1997
- StrQ; 1936
- StrQ; 1944; Mercury (1951)
- StrQ; 1951
- StrQ; 1954
- StrQ; 1961
- StrQ; 1970; Henmar (1972)
- StrQ; 1978; Henmar
- StrQ; 1984; Ed. Peters
- StrQ; 1990
- StrQ; 1994

Jones, Daniel Jenkyn
1912-1993
- StrQ; no. 1; 1946; Maecenas
- StrQ; no. 2; 1957
- StrQ; no. 3; 1975; Maecenas
- StrQ; no. 4; 1978; A: 1978 Bishopton
- StrQ; no. 5; 1980; A: 1980 Manchester
- StrQ; no. 6; 1982
- StrQ; no. 7; 1988; Maecenas
- StrQ; no. 8; 1993; posth. G. Easterbrook/ M. Binney
- StrQe; Cis; Fis; B; c; A; F

Jones, David Paul
1946-
- Requiem; StrQ; 1992; ScoMIC

Jones, Douglas
1929-1985
- Movement f. StrQ; 1974; Schott

Jones, Kenneth
1924-
- StrQ; no. 1; op. 6; 1950; Chester

Jones, Lewis
1933-
- StrQ; no. 1; 1956
- StrQ; no. 2; 1958

Jones, Quincy Delight, Jr.
1933-
- Soundpiece; StrQ + Alt; 1962

Jones, Trevor
1932-
- Essay; StrQ; 1953; AMC

Jong, Cynthie de
1970-
- Frantic mad; StrQ; 1997; Donemus

Jong, Marinus de
1891-1984
- StrQ; op. 20; 1923; Schott
- StrQ; op. 27; 1975
- StrQ; op. 44; 1938
- StrQ; op. 56; 1947
- StrQ; op. 76; 1956; Lecomte
- StrQ; op. 77; 1976

- StrQ; op. 110; 1962
- 4 anciennes tonalities; StrQ; Schott (1923); Breitkopf (1938)

Jongen, Joseph
1873-1953
- StrQ; op. 2; 1893
- StrQ; c; op. 3; 1894; Muraille (1894)
- StrQ; op. 19; Ed. Mus. Françaises
- Fugue; StrQ; 1895
- StrQ; op. 50; 1916; Chester (1917)
- 2 Serenades; StrQ; op. 61; 1918; Chester (1920)
- StrQ; op. 67; 1921; Senart (1923)
- StrQ; op. 95; 1931; Senart
- 2 Esquisses; StrQ; op. 97; 1932; CeBeDeM (1965)
- Prelude et Chaconne; StrQ; op. 101; 1934; CeBeDeM (1956)

Jongen, Leon
1884-1969
- StrQ; 1919

Jora, Mihail
1891-1971
- StrQ; op. 9; 1926; Salabert (1932)
- StrQ; no. 2; op. 52; 1966; Ed. muzicala (1969)

Jordahl, Robert A.
1926-2008
- 6 character pieces; StrQ; Kendor

Jordan, Sverre
1889-1972
- StrQ; a; op. 71; A: 1960

Jørgensen, Erik
1912-2005
- Modello per archi; StrQ; no. 1; 1957
- StrQ; no. 2; 1964/65; Dan Fog (1968)
- StrQ; no. 3; 1990

Jorrand, André
1921-2007
- StrQ; 1970; CDMC

Josephs, Wilfred
1927-1997

- StrQ; op. 32; 1954; Weinberger
- StrQ; 1958, rev. 1960
- StrQ; op. 78; 1971
- StrQ; no. 4; op. 124, 2; 1981

Josif, Enriko
1924-2003
- StrQ; 1948
- StrQ; 1953

Jost, Christian
1963-
- StrQ; no. 1
- Passacaglia + Blues Rap; StrQ; A: 9/1996
- everything is broken up and dances; StrQ; 2015; Schott; A: 2015
- Lacrima stellae; StrQ; 2016; Schott; A: 2017

Josten, Werner Erich
1885-1963
- StrQ; h; 1934

Joteyko, Tadeusz
1872-1932
- StrQ; no. 1; op. 17; A: 1901
- StrQ; no. 2; op. 46; Senart (1924)

Joubert, John Pierre Herman
1927-
- StrQ; As; no. 1; op. 1; 1950; Novello (1953)
- Miniature; StrQ; op. 10; 1953; Novello (1956)
- StrQ; no. 2; op. 91; 1977; Novello (1982)
- StrQ; no. 3; op. 112; 1986; Novello (1992)
- Classico; StrQ; no. 4; op. 121; 1988

Journeau, Maurice
1898-1999
- StrQ; op. 11; 1927; Ph. Combre

Jovanović, Vladimir
1937-
- StrQ; 1963

Jürgens, Dietmar
1956-
- StrQ; 1982

Julea, Nicolae
1908-?
- StrQ; no. 1; 1932
- StrQ; no. 2; 1934, rev. 1968
- StrQ; no. 3; 1971

Jullien, Rene
1878-?
- 4 Novelettes; StrQ; op. 17; Simrock (1914)

Junck, Benedetto
1852-1903
- StrQ; E; op. 6; Lucca (1887)

Jung, August
1871-1934
- StrQ; G; op. 11; Tischer (1914)

Jung, Helge
1943-2013
- 5 Studien; StrQ; op. 3a; 1966
- StrQ; no. 2; op. 31; 1980;
  Ed. Peters (1984); A: 1980 Berlin
- StrQ; no. 3; op. 54; 1985;
  Ed. Peters (1988)
- StrQ; no. 4; A: 1995 Dessau

Junger, Erwin
1931-
- StrQ; no. 1; 1955

Jungk, Klaus
1916-
- StrQ; op. 1; 1945; A: 1947 Berlin
- StrQ; op. 19; 1948; A: 1949 Berlin
- StrQ; op. 55; 1963; A: 1963
- The movements; StrQ; 1977;
  A: 1978 Berlin

Juon, Paul
1872-1940
- StrQ; D; op. 5; 1898; Schlesinger (1898)
- StrQ; a; op. 29; 1904; Schlesinger (1904)
- StrQ; C; op. 67; 1920; Schlesinger (1921)

Juozapaitis, Jurgis
1942-
- StrQ; 1978
- StrQ; 1980

Juozapaitis, Vitau
1936-

- StrQ; 1966
- StrQ
- StrQ; no. 3; Muzyka (1982)
- StrQ; no. 4; Muzyka (1985)

Jurdziński, Kazimierz
1894-1960
- StrQe
- Cztery szkice; StrQ; 1930
- StrQ; no. 2; 1952

Jure, Luis
1960-
- Pieza; StrQ; 1987

Jurgutis, Vytautas
1930-2013
- StrQ; 1958

Jurisch, Hugo
1887-1965
- StrQ

Jurovsky, Simon
1912-1963
- Melodie a dialogy; StrQ; 1944

Jurth, Attila
1945-
- The 4 Mosquitos; StrQ; AMC
- Run, goat, run; StrQ; AMC

Just, Franz
1937-
- Quartettino; StrQ
- Kleines StrQ; Litolff (1969)

Juzeliūnas, Julius
1916-2001
- StrQ; no. 1; 1962; Vaga (1965)
- StrQ; no. 2; 1966; Vaga (1970)
- Devyni laiskai ir post skriptum; StrQ; no. 3; 1969; Vaga (1972)
- Raga a quattro; StrQ; no. 4; 1980; Vaga (1984)
- Blumengespräche; StrQ + Sopr; no. 5; 1985; Vaga
- Cantarta; StrQ + Stimme; 1985; Vaga

Jyrkiäinen, Reijo
1934-

- StrQ

Kaa, Franz Ignaz
1739-1818
- 6 StrQe; B, Es, F, C, G, D; op. 1;
  B. Hummel (1783)
- 12 StrQe; B. Hummel; (vor 1780)

Kabalevsky, Dmitry Borisovich
1904-1987
- StrQ; a; no. 1; op. 8; 1928; UE (1931)
- StrQ; g; no. 2; op. 44; 1945; Muzgis (1946)

Kabat, Julie
1947-
- In return; StrQ; 1974;

Kabe, Mariko
1950-
- Youe; StrQ; 1976; JFC

Kabelis, Ričardas
1957-
- Invariations; StrQ; 1983

Kačinskas, Jeronimas
1907-2005
- StrQ; 1930
- StrQ; 1931

Kaczkowski, Joachim
um 1786-1829
- StrQe (Variationen)
- 4 Polonaises melancoliques; op. 2; André
- Theme varie; StrQ; F; op. 7; Breitkopf
- Air varie; StrQ; G; op. 22, 3; Breitkopf

Kadosa, Pál
1903-1983
- StrQ; no. 1; op. 22; 1934/35; EMB (1935)
- StrQ; no. 2; op. 25; 1936; Zenemükiado
  (1949)/EMB (1959)
- StrQ; no. 3; op. 52; 1957; Zenemükiado
  (1959)/EMB

Kääriä, Jani
1969-
- The last touch; StrQ; 1994
- StrQ; 1996

Käck, Max
1951-

- StrQ; 1994

Käser, Mischa
1959-
- Er-schöpfung; StrQ; 1983/84

Kässmayer, Moritz
1831-1884
- StrQ; G; Glöggl
- StrQ; no. 2; op. 6; Spina
- StrQ; no. 3; BB
- StrQ; F; no. 4; op. 28; Schlesinger (1874)
- StrQ; d; no. 5; op. 35; Schlesinger (1880)

Kafarova, Veronika
1953-
- StrQ; 1990

Kafenda, Frico
1883-1963
- StrQ; G; 1916; SHF (1985)

Kagel, Mauricio
1931-2008
- StrQ; nos. 1, 2; 1965-67; UE
  (1974/1983?); A: 1974 Hamburg
- StrQ; no. 3; 1986/87; Litolff (1992)
- StrQ; no. 4; 1993; Litolff (1994)
- StrQ; no. 5; 2005/06; Ed. Peters

Kahmann, Chesley
1930-
- StrQ; 1963

Kahn, Erich Itor
1905-1956
- StrQ; no. 1; 1953; Presser
- StrQ; Merion

Kahn, Robert
1865-1951
- StrQ; A; op. 8; 1889; BB (1890); A: 1890
- StrQ; a; op. 60; 1912; BB (1914); A: 1912

Kahowez, Günter
1940-2016
- StrQ; no. 1; op. 12; 1960; Doblinger
  (1962); A: 11/1993 Wien
- Feuerrose; StrQ; op. 59; 1991; UE (1991);
  A: 11/1991 Wien

Kahrs, Sven Lyder
1959-
- StrQ; 1992
- Shed; StrQ; 1999; UMP

Kai, Nachiko
1932-
- StrQ; 1967; Jobert

Kainz, Walter
1907-1994
- Werk 37; StrQ; 1975
- Spiegelsätze; StrQ; 1987

Kaipainen, Jouni Ilari
1956-2015
- StrQ; no. 1; op. 2; 1973; Hansen
- StrQ; no. 2; op. 5; 1974; Hansen
- StrQ; no. 3; op. 25; 1984; Hansen
- StrQ; no. 4; op. 45; 1993; Hansen

Kaizar, Peter
1952-
- In minimal; StrQ; 1995; A: 1995
- StrQ; 1994

Kajanus, Robert
1856-1933
- Scherzo; StrQ; 1876

Kalabis, Viktor
1923-2006
- StrQ; op. 6; 1949; CHF
- StrQ; op. 19; 1962; Státní hudební (1965)
- StrQ; op. 48; 1977; Panton (1983)
- Ad honorem JSB; StrQ; no. 4; op. 62; 1983/84; Panton (1988)
- StrQ; no. 5; op. 63; 1984; Panton (2001)
- Ad honorem B. Martinu; StrQ; no. 6; op. 68; 1987/88; Supraphon
- StrQ; no. 7; op. 76; 1993

Kalach, Jiří
1934-2008
- StrQ; no. 1; 1956
- StrQ; no. 2; 1957
- StrQ; no. 3; 1961
- StrQ; no. 4; 1971; CHF
- StrQ; no. 5; 1974
- StrQ; no. 6; 1982

Kalitzke, Johannes
1959-
- Six covered settings; StrQ; 1999/2000; BB/Boosey (2001); A: 5/2000 Witten

Kalafati, Vasilij Pavlovich
1869-1942
- StrQ; g
- StrQ; F

Kalajian, Berge
1924-2002
- StrQ; Branch

Kalaš, Julius
1902-1967
- StrQ; A; op. 1; 1924
- Quartettino; G; op. 8; 1928
- StrQ; f; 1942; Panton

Kalinikov, Vasilii Sergeevich
1866-1901
- StrQ

Kalinnikov, Viktor Sergeyvich
1870-1927
- 2 Miniaturen; StrQ; 1895

Kallausch, Kurt
1926-
- Serenade; StrQ; 1954

Kallenberg, Siegfried Garibald
1867-1944
- 2 StrQe

Kallimulin, Rashid Fagimovich
1957-
- 3 StrQe

Kalliwoda, Johann Wenzel
1801-1866
- StrQ; G; no. 1; op. 61; 1835; Ed. Peters, no. 2518
- StrQ; A; no. 2; op. 62; 1836; Ed. Peters, no. 2603; Amadeus (1999)
- StrQ; G; no. 3; op. 90; 1838; Ed. Peters, no. 2679
- Fantasie ü. böhm. Ldr.; StrQ; D; op. 193; 1852; Ed. Peters (1864), no. 3553

- Air varie; StrQ; e; op. 240; 1864; Rieter-Biedermann, no. 301 A
- Adagio; StrQ; F; WoO III/07
- Ländler; StrQ; D; WoO III/08
- Marsch f. StrQ; B; WoO III/09
- Räuber-Marsch; StrQ?; As; WoO III/10
- 3 StrQ z. Kommunion; WoO III/11
- Ungar. Tanz; StrQ; d; WoO III/12

Kallstenius, Edvin
1881-1967
- StrQ; 1904
- StrQ; 1905
- StrQ; c; no. 3; op. 8; 1914, rev. 1933; Gehrmans (1945)
- Divert. alla Serenata; StrQ; no. 4; op. 13; 1924/25; STIM
- StrQ; no. 5; op. 33; STIM
- StrQ; no. 6; op. 41; STIM
- Quartetto dodecatonico; StrQ; no. 7; op. 49; STIM
- StrQ; no. 8; op. 54; 1961/62; STIM

Kalmár, László
1931-1995
- Morfeo; StrQ; 1977; EMB (1980)

Kalniņš, Jānis
1904-2000
- StrQ; cis; 1947

Kalsons, Romualds
1936-
- StrQ; 1973; Muzyka (1977); A: 1973 Riga

Kalogeras, Alexandros
1961-
- Hieron; StrQ; 1989; Edipan

Kam, Dennis
1942-
- StrQ; 1966

Kamien, Anna
1912-2001
- StrQ; 1960

Kaminski, Heinrich
1886-1946
- StrQ; F; 1913; Jatho (1922); UE (1922)

- Präludium + Fuge über d. Namen Abegg; StrQ; 1927; Litolff (1932)

Kaminski, Joseph
1903-1972
- S Legend + Dance; StrQ; 1939
- trQ; 1945; IMP (1951)

Kaminsky, Dmitrii Romnovich
1907-1989
- StrQ; 1954
- StrQ; 1968

Kaminsky, Laura
1956-
- StrQ; no. 1; 1977

Kammel, Antonín
1730-1785
- StrQ; A; Jos. Schmitt [K173]
- 6 StrQe; C, Es, D, A, F, B; op. 4; Welcker (um 1770) [K97]
- 6 StrQe; G, B, D, A, F, Es; op. 7; Welcker (um 1775)
- 6 StrQe; G, B, A, Es, F, D; op. 8; J. Schmitt [K119]
- 6 Divertimentos; StrQ; A, D, C, F, D, B; op. 12; G. Walker (um 1790) [K144]
- 6 Quartette; davon 3 StrQe; op. 14; Sieber [K118]
- 6 Qua. ou divertissements; davon 3 StrQe; op. 17; J. J. Hummel [K149]
- 6 Divertissements; StrQ; op. 21; Sieber [K147]

Kanach, Sharon
1957-
- StrQ; 1975
- Short movements; StrQ; 1977

Kanajan, Chatschatur
1971-
- X; Version f. StrQ; 2001

Kaňák, Milan
1955-
- Podzimni meditace; StrQ; 1992

Kancheli, Giya Aleksandrovich
1935-

- Gamis loc vebi; StrQ + TB; 1992; Sikorski
- Chiaroscuro; StrQ; Sikorski (2011)

Kane, John Jack
1924-1961
- StrQ; 1948/49

Kaneda, Shigenari
1942-
- Faraway; StrQ; 1998; JFC

Kaneko, Hitomi
1965-
- StrQ; 1986; A: 6/1986 Tokio
- Appel; StrQ; 1988; A: 6/1988
- Jikai; StrQ; 1997; JFC

Kanershtein, Oleksander
1933-
- StrQ; 1954

Kang, Sukhi
1934-
- StrQ; no. 1; 1983; Gravis (1985)

Kangro, Raimo
1949-2001
- StrQ; 1976

Kanitz, Ernest (Ernst)
1894-1978
- StrQ; fis
- StrQ; D; 1945; A: 1950 Wien

Kann, Peter
1958-
- Imaginary guitars; StrQ; 1988; Donemus

Kanner, Jerome Herbert
1903-1989
- StrQ

Kan-no, Shigeru
1959-
- Ein Bruchstück; StrQ; 1985
- StrQ mit Intermination; no. 3; 1990

Kantelinen, Tuomas
1969-
- StrQ; 1995

Kantušer, Božidar
1921-1999
- StrQ; no. 1; 1953

- StrQ; no. 2; 1959
- StrQ; no. 3; 1964
- StrQ; no. 4; 1980
- StrQ; no. 5; 1983
- StrQ; no. 6; 1984
- StrQ; no. 7; 1987/88

Kaplan, Josip
1910-1996
- StrQ; no. 1; 1947
- Istarske impresije; StrQ; no. 2; 1951
- StrQ; no. 3; 1973; DSS (1975)

Kapp, Corinne
1965-
- 2 Movements; StrQ; 1976

Kapp, Eugen
1908-1996
- StrQ; G; no. 1; 1935
- StrQ; g; no. 2; 1962

Kappel, Fritz
1895-1940
- 5 Altsteir. Tanzlieder; StrQ; op. 28; 1932
- 3 Altdtsch. Tanzlieder; StrQ; op. 29; 1932

Kapr, Jan
1914-1988
- StrQ; no. 1; 1937; A: 1938 Prag
- StrQ; no. 2; 1942; A: 1943 Prag
- StrQ; no. 3; 1955; SNKL (1957)
- StrQ; no. 4; 1958; A: 1958 Leipzig
- StrQ; no. 5; 1963
- StrQ + Bar; no. 6; 1963; Státní hudební
- StrQ; no. 7; 1965; Panton; A: 1967 Prag
- StrQ; no. 8; 1976; Panton; A: 1983 Prag

Kaprál, Václav
1889-1947
- StrQ; c; no. 1; 1925; Pazdirek (1931)
- StrQ + Bar; no. 2; 1927; Pazdirek (1931)
- Pisen podzimu; StrQ + Gesang; 1929;
  Pazdirek (1940)

Kaprálová, Vitězslava
1915-1940
- StrQ; op. 8; 1935/36

Kapustin, Nikolai
1937-
- StrQ; op. 88

Kapyrin, Dmitri
1960-
- Music; StrQ; op. 2; 1983; Sovetskij

Karabyts, Ivan Fyodorovych
1945-2002
- StrQ; 1973; Muz. Ukraina (1978)

Karagenov, Svetoslav
1967-
- StrQ; 1998

Karagichev, Boris Vasil'evich
1879-1946
- Aserbaidjan; StrQ; UE (1931)

Karai, József
1927-2013
- StrQ; no. 1; 1917
- StrQ; no. 2; 1925
- StrQ; no. 3; 1951
- StrQ; no. 4; 1960; EMB
- StrQ; no. 5; 1967
- StrQ; no. 6; 1971; EMB

Karamanov, Alemdar Sabitovych
1934-2007
- StrQ; no. 1; 1953
- StrQ; no. 2; 1954
- StrQ; no. 3; 1962

Karamanuk, Sirvart
1912-2008
- Kuysi hogi (Mädchenseele); StrQ; 1973

Karas, Rudolf
1930-1977
- StrQ; op. 3; 1949
- StrQ; op. 6; 1953

Karastoianov, Assen
1893-1976
- StrQ; 1937
- StrQ; 1970

Karayev, Faradž
1943-

- In memoriam (A. Berg); StrQ; 1984; A: 1988 Moskau

Karayev, Kara
1918-1982
- StrQ; f; no. 1; 1942
- StrQ; a; no. 2; 1946; Asmurgis (1961)
- Quartettino; StrQ; 1942

Karbe, Karl Heinrich Georg
1887-?
- Humor; 1925
- StrQ; 1926; A: 1927 Hannover

Karchin, Louis Samuel
1951-
- StrQ; 1991; Ed. Peters (1993)
- StrQ; no. 2; 1994; Ed. Peters

Kardoš, Dezider
1914-1991
- StrQ; no. 1; op. 3; 1936
- StrQ; no. 2; op. 38; 1966; SHF(1967)
- StrQ; no. 3; op. 49; 1978; SHF(1980)
- StrQ; no. 4; op. 54; 1985; SHF (1985)
- StrQ; no. 5; op. 58; 1991; SHF (2001)

Kardos, István
1891-1975
- StrQ; no. 1; 1917
- StrQ; no. 2; 1925
- StrQ; no. 3; 1951
- StrQ; no. 4; 1960; EMB (1967)
- StrQ; no. 5; 1967
- StrQ; no. 6; 1971

Karel, Rudolf
1880-1945
- StrQ; d; no. 1; op. 3; 1902/03
- StrQ; Es; no. 2; op. 12; 1907–10, rev. 1911; Simrock (1924)
- StrQ; no. 3; op. 37; 1935/3)
- StrQ; Es; op. 20; Simrock (1921)

Karetnikov, Nikolai Nikolaevich
1930-1994
- StrQ; op. 18; 1963; Ed. Peters (1986)

Karg, Marga
1903-?

- Maria zum Gruß; StrQ; Selbstverlag (1930)

Karg-Elert, Sigfrid
1877-1933
- Espressionata (1 S.) Fassung f. 4 Streicher; StrQ; WV56; A: 1921
- StrQ; op. 150; A: 1926 Leipzig

Karjalainen, Ahti
1907-1986
- StrQ; C; op. 17; 1943

Karkoff, Ingvar
1958-
- StrQ; no. 1; 1987
- Fiddle Music; StrQ; no. 2; 1997
- Tango Ginestra; StrQ; 1997

Karkoff, Maurice Ingvar
1927-2013
- Korta variationer; StrQ; op. 9; 1954; Suecia (1954); A: 1955 Stockholm
- StrQ; no. 1; op. 26; 1957; STIM; A: 1959
- StrQ; no. 2; op. 154; 1984

Karkoschka, Erhard
1923-2009
- StrQ; G; 1951
- StrQ; B; 1952
- Quattrologe; StrQ; 1966; Tonos (1968)
- Klangzeitspektakel; StrQ + Projektion; 1988
- tempora mutantur; StrQ; 1971; Gerig; Breitkopf (1980)

Karlıbel, Aydın
1957-
- Fuga alla turca; StrQ; Keturi/Arends (1995)
- Frenetic waltz; StrQ; Keturi/Arends

Karlin, Frederick James
1936-2004
- StrQ

Karlins, M. William
1932-2005
- StrQ; 1960

Karlowicz, Mieczyslaw
1876-1909
- Menuett; StrQ; g; 1895

Karlsen, Kjell Mørk
1947-
- StrQ; no. 1; 1986, rev. 1993
- Stabat mater dolorosa; StrQ; no. 2, op. 117b; 1996
- StrQ; no. 3; op. 121; 1998

Karlsons, Juris
1948-
- Nakts gaistosas vi zijas; StrQ; 1996

Karlsson, Lars
1953-
- StrQ; 1997

Karnavičius, Jurgis
1884-1941
- StrQ; no. 1; op. 1; Belaieff (1916)
- StrQ; no. 4; 1925

Karnitskaia, Nina
1906-1981
- StrQ; 1946

Karnovich, Yurii Lavrovich
1884-?
- StrQe

Karólína, Eiríksdóttir
1951-
- StrQ; 1983; A: 1984 Schweden

Károlyi, Pál
1934-2015
- StrQ; no. 1; 1965; EMB
- StrQ; no. 2; 1970; EMB (1976)

Karosas, Juozas
1890-1981
- StrQ; 1928
- StrQ; 1951

Kariotakis, Theodore
1903-1978
- StrQ + Stimme; 1963

Karte, Onni
1899-1974
- StrQ

Kartsev, Aleksandr Alexeevích
1883-1953

- StrQ; c; op. 11; 1925; Belaieff (1929); Belaieff (1930)
- StrQ; F; no. 2; op. 14; Belaieff

Kašlik, Ivan
1947-
- Balada; StrQ; 1979

Kašlik, Václav
1917-1989
- StrQ; 1938

Kasparov, Yury Sergeyevich
1955-
- Invention; StrQ; 1989; A: 1989 Leningrad

Kassler, Jamie Croy
1938-
- StrQ; no. 1

Kassler, Michael
1941-
- 4 StrQe

Kastrioto-Scanderbek, Fürst Wladimir Georgievitch
1820-1879
- 6 StrQe

Kaszycki, Jerzy
1926-
- StrQ; 1969
- StrQ; 1990
- StrQ; 1995

Kates, Morris
1923-
- Fantasy; StrQ; 1974, rev. 1993; CMC

Kats-Chernin, Elena
1957-
- Zahlreiche kleinere und größere StrQe, u. a. Blue silence (2006; Boosey); Pink breasted robin; (2006; Boosey); From Anna Magdalena's notebook (2007; Boosey)

Katski, Antoni
1817-1899
- StrQ; vor 1847

Katt, Friedemann (Pseud.: Franz Xaver Frenzel)
1945-

- Mandello-Quartett; StrQ

Kattnigg, Rudolf Karl
1895-1955
- StrQ; a; 1940; A: 1940 Wien
- StrQ; no. 2

Katuar, Georgy
1861-1926
- StrQ; fis; op. 23; 1909; Ed. Russe de musique (1913), R. M. V. 225

Katz, Erich
1900-1973
- Spielmusik; StrQ; Schott
- StrQ; no. 2; 1924

Katzer, Georg
1935-
- StrQ; no. 1; 1966; DVfM (1971)
- StrQ + Sopr; no. 2; 1985; DVfM (1987)
- StrQ; no. 3; 1986; DVfM
- Tempi fragihi; StrQ; no. 4; DVfM; A: 1/2005 Berlin
- StrQ; vor 1960

Kauchlitz, Johann Andreas
siehe: Colizzi, Giovanni Andreas

Kauder, Hugo
1888-1972
- StrQ; c; 1921; UE (1922)
- StrQ; G; no. 2; 1924; Doblinger (1924)
- StrQ; no. 3; 1926; Seesaw
- StrQ; no. 4; 1927; Seesaw
- StrQ; no. 5; 1935; Seesaw
- StrQ; no. 6; 1942; Seesaw
- StrQ; no. 7; 1942; Seesaw
- StrQ; no. 8; 1944; Seesaw
- StrQ; no. 9; 1944; Seesaw
- StrQ; no. 10; 1946; Seesaw
- StrQ; no. 11; 1947; Seesaw
- StrQ; no. 12; 1948; Seesaw
- StrQ; no. 13; 1950; Seesaw
- StrQ; no. 14; 1953; Seesaw
- StrQ; no. 15; 1955; Seesaw
- StrQ; no. 16; 1955; Seesaw
- StrQ; no. 17; 1956; Seesaw

- StrQ; no. 18; 1960; Seesaw
- StrQ; no. 19; 1969; Seesaw

Kauf, Franz
1883-1945
- Abendmusik; StrQ; Cieplik (1920)

Kauffmann, Fritz
1855-1934
- Variationen ü. e. eig. Thema; StrQ; op. 8; BB (1882)
- StrQ; G; no. 1; op. 14; Paez
- Abendmusik; StrQ; G; op. 51; Heinrichshofen (1910)

Kauffmann, Leo Justinus
1901-1944
- StrQ; 1922
- StrQ; 1926
- 5 Stücke; StrQ; 1928
- StrQ; 1942; A: 1942

Kaufman, Fredrick
1936-
- StrQ; no. 1; 1966
- StrQ; no. 2; 1972
- Mobile StrQ; 1982
- Catalan concertante, no. 1; StrQ; 1992

Kaufmann, Armin
1902-1980
- StrQ; B; no. 1; op. 4; 1926
- StrQ; no. 2; op. 10; 1927
- StrQ; no. 3; op. 16
- StrQ; no. 4; op. 17; 1931; Doblinger
- StrQ; no. 5; op. 25; 1935
- StrQ; no. 6; op. 81; 1961/62; Doblinger
- StrQ; no. 7; op. 94; 1969

Kaufmann, Walter
1907-1984
- 10 StrQe; 1935–1946
- StrQ; 1951
- StrQ; 1961
- Suite; StrQ

Kaulbars, Wilhelm Hermann Karl v.
1846-1920

- 2 StrQe

Kaumann, Tõnis
1971-
- StrQ; 1985; EMIC
- StrQ; 1994; EMIC

Kaun, Hugo
1863-1932
- StrQ; F; no. 1; op. 40; 1897; Rühle (1898)
- StrQ; D; no. 2; op. 41; 1899; Breitkopf (1900)
- StrQ; c; no. 3; op. 74; 1906; Leuckart (1907)
- StrQ; a; no. 4; op. 114; 1920; Hainauer (1931)

Kaupert, Paul
1865-?
- Variationen; StrQ

Kawakami, Noriko
1955-
- Perspektive nach Innen; StrQ; 1989/90; A: 12/1990 Kamen

Kawashima, Motoharu
1972-
- Manic; StrQ; 1998; JFC

Kawasaki, Masaru
1924-
- StrQ; 1965

Kawate, Makoto
1952-
- StrQ; 1998; JFC

Kay, Don
1933-
- StrQ; 1978; AMC

Kay, Norman Forber
1929-2001
- StrQ; no. 1
- StrQ; no. 2

Kay, Ulysses Simpson
1917-1995
- StrQ; 1949
- StrQ; no. 2; 1956; CFE; C. Fischer
- StrQ; no. 3; 1961; C. Fischer

- Serenade, no. 3; StrQ; Leeds

Kayn, Roland
1933-2011
- Spektren; StrQ; 1956; Zerboni (1968);
  A: 1957 Darmstadt

Kayser, Leif
1919-2001
- StrQ; 1948–51; Dania

Kazandjian-Pearson, Sirvat H.
1944-
- StrQ; no. 1; op. 6; 1965
- StrQ; no. 2; op. 16; 1967
- Mes soeurs; StrQ; no. 3; op. 36; 1980

Kazandziev, Vasil
1934-
- Perspektivi; StrQ; no. 1; 1966
- StrQ; no. 2; 1970–72
- StrQ; no. 3; 2001

Kazhlayev, Murad
1931-
- Molodydzhnyi; StrQ; 1954; Sovetskij (1957)
- Pesni; StrQ; 1960

Keal, Minna (Nerenstein, Mina)
1909-1999
- StrQ; op. 1; 1976–78; BMIC

Kearu, Glenda
1960-
- StrQ; 1983

Keats, Donald Howard
1929-
- StrQ; no. 1; 1951; Boosey (1968)
- StrQ; no. 2; 1964/65; Boosey (1968)

Keay, Nigel
1955-
- StrQ; 1983; NZMIC
- StrQ; 1995; NZMIC

Kechley, David Stevenson
1947-
- StrQ

Keeley, Robert
1960-
- Celebration; StrQ; 1999; BMIC

- StrQ; 1986; BMIC

Keezer, Ronald
1940-
- StrQ

Kehrer, Willy
1902-1976
- StrQ; a; op. 11; 1924
- StrQ; As; op. 68; Kistner (1941)
- Partita; StrQ; op. 72; Breitkopf (1941)
- StrQ; C; op. 196; 1958
- StrQ; op. 205; 1961
- StrQ; op. 236; 1966
- StrQ; 1967
- StrQ f. Kinder; 1968
- Serenade; StrQ; 1969

Keil, Friedrich
1957-
- Ein halbes Jahrhundert Werk; StrQ; no. 1;
  1986/87; A: 1988/89 Wien

Keiser, Lauren Keith
1945-
- The music of Erich Zaun; StrQ

Keldorfer, Robert
1901-1980
- StrQ; op. 13; Breitkopf (1932)

Kelemen, Milko
1924-
- Pete seja; StrQ; 1959; Litolff
- Motion; StrQ; 1968; Litolff (1970);
  A: 3/1969 Madrid
- Varia melodia; StrQ; 1972; Litolff (1972);
  A: 9/1972 Düsseldorf
- Splintery; StrQ; 1977; Litolff; A: 1977 Paris
- Sonette; StrQ; 1987; Sikorski;
  A: 1987 Bamberg

Kelkel, Manfred
1929-
- StrQ; 1955; Transatlantiques
- Florestan; StrQ; no. 2; op. 6, 2; Tyssens

Keller, Alfred
1907-1987
- StrQ; 1930

Keller, Heinrich
1940-
• Streichquartett; 1973/74; A: 1975 Zürich

Keller, Hermann
1945-
• StrQ; 1978; Ed. Peters (1983)
• StrQ; 1982; Ed. Peters (1987)

Keller, Homer T.
1915-1996
• StrQ (1 movement); 1935
• StrQ; no. 2; 1937

Keller, Ludwig
1847-1930
• 6 StrQe

Keller, Max Eugen
1947-
• Nr. 181; StrQ; no. 1; 1973
• StrQ; no. 2; 1995
• StrQ; no. 3; 2003
• StrQ; no. 4; 2008
• StrQ; no. 5; 2013

Keller, Stefan
1974-
• StrQ; 2005; A: 2006 Stuttgart

Kellet, Paul
1986-
• 2 white lies; StrQ; 1994; BMIC
• StrQ; 1986; BMIC

Kelling, Hajo
1907-1982
• StrQ; 1930

Kelly, Robert
1916-2007
• StrQ; no. 1; op. 6; 1944; CFE
• StrQ; no. 2; op. 23; 1952; CFE
• StrQ; no. 3; 1963
• StrQ; no. 4; 1983; American Comp.

Kelterborn, Louis
1891-1933
• StrQ; g; Pohl-Wohnlich (1916)

Kelterborn, Rudolf
1931-

• StrQ; no. 1; 1954
• StrQ; no. 2; 1956; Bärenreiter (1959)
• StrQ; no. 3; 1961/62; Bärenreiter (1963)
• StrQ; no. 4; 1968–70; Bärenreiter (1970)
• StrQ; no. 5; 1988/89; Bärenreiter (1990)
• StrQ; no. 6; 2001; Bärenreiter (2001)

Kelz, Johann Friedrich
1786-1862
• 3 Fugen; StrQ; op. 146 (5. Lfg. + 6. Lfg.);
  F. S. Lischke
• Fuge über ein Thema v. H. Bock; StrQ;
  Trautwein (1838)

Kemp, Bart de
1959-2005
• Ciaccona; StrQ; 1994; Donemus

Kempf, Davorin
1947-
• Contrapunctus I; StrQ; 1986

Kempff, Wilhelm
1895-1991
• Fuga; StrQ; g, f; op. 26, 1 + 2; 1909
• StrQ; a; op. 47; 1910
• StrQ; g; op. 49; 1911
• StrQ; d; o. op.; 1914
• StrQ; f; op. 24; 1914
• Präludium, Presto, Adagio, Largo, Rondo;
  StrQ; e; 1919
• StrQ; A: 1925 Stuttgart
• 2 StrQe; d, Es; op. 45; 1942/43; Tonger
  (1995); A: 1985 Starnberg

Kenessey, Stefania de
1956-
• Wintersong; StrQ; 1995; Seesaw

Ķeniņš, Tālivaldis
1919-2008
• StrQ; 1948; CMC (1949)
• Little Suite; StrQ; 1965; CMC (1966)

Kennis, Willem Gommaar
1717-1789
• 6 StrQe; op. 11; Mondhare (1772–81)
  [KK400B]

Kentish, Oliver
1954-
- StrQ; 1990; IMIC
- Vitae summa brevis; StrQ; 1999; IMIC

Kepītis, Jānis
1908-1989
- StrQ; 1933
- StrQ; 1946

Ker, Dorothy
1965-
- Movement; StrQ; 1989; NZMIC

Kerger, Camille
1957-
- StrQ; 1983; A: 1983

Kern, Frida
1891-1988
- StrQ; a; op. 7; (op. 3); 1919/20
- StrQ; f; o. op.; 1923/24
- StrQ; e; no. 1; op. 8; 1930
- In modo class.; StrQ; no. 2; op. 21; 1934
- StrQ; f; no. 3; op. 39; 1941; Europ. Vlg.
- StrQ; no. 4; op. 48; 1948
- StrQ; no. 5; op. 72; 1956

Kernis, Aaron Jay
1960-
- Musica celestis; StrQ; 1990; AMP
- StrQ; no. 2; 1997

Kerpen, Hugo Franz v.
1749-1802
- 6 StrQe; B, C, F, G, Es, D; op. 3;
  Schott (1786) [K475]

Kerr, Bessie Maude
1888-?
- StrQ; 2 movements

Kerr, Harrison
1897-1978
- StrQ; 1935; A: 1936 Paris
- StrQ; no. 2; 1937; Arrow Mus. Pr.
- StrQ; no. 3; 1941; Arrow Mus. Pr.

Kerr, Louise Lincoln
1892-1977
- 2 StrQe

- Zahlreiche Einzelsätze für StrQ, darunter:
  Midnight; Mi corazon; Shabbot Shalom

Kerry, Gordon
1961-
- Torquering points; StrQ; 1992; AMC

Kerschbaumer, Herr
1981-
- ... corpo a corpo ...; StrQ; 2010
- abbozzo IV; StrQ; 2012

Kerstens, Huub
1947-1999
- StrQ; op. 8; 1984; Donemus (1984)
- De Megaliet; StrQ; op. 18A; 1986;
  Donemus
- L'apparition de l'inexprimable; StrQ; op. 24

Kersters, Willem
1929-1998
- StrQ; op. 23; 1962; CeBeDeM (1963)
- StrQ; op. 32; 1964; CeBeDeM (1966)
- 3 Bagatellen; StrQ; op. 34; 1965;
  CeBeDeM (1966)
- StrQ; op. 102; 1996; CeBeDeM (1997)

Kerzelli, Michael
1740?-1818
- 6 StrQe; d, C, Es, D, G, F; op. 1; Artaria
  [K482]

Keshner, Joyce Grove
1927-
- StrQ; 1971

Kesnar, Maurits
1900-1957
- StrQ

Kessel, Franz
1862-1931
- StrQ

Kessler, Minuetta
1914-2002
- StrQ; op. 109; 1981

Kessler, Thomas
1937-
- 4 Stücke; StrQ; 1965; Bosse (1967)

Kessner, Daniel
1946-
- StrQ; 1990

Kestner, Erwin
1907-?
- Divertimento; StrQ

Kettering, Eunice
1906-?
- StrQ; 1960, rev. 1983

Ketting, Piet
1905-1984
- StrQ; 1927
- StrQ; 1929

Keuris, Tristan
1946-1996
- StrQ; no. 1; 1982; Donemus (1982)
- StrQ; no. 2; 1985; Donemus (1985)

Keusen, Raimund
1935-
- StrQ; h; 1969; A: 1969 Köln

Keusen-Nickel, Ursula
1932-
- 4 Miniaturen nach Themen v. J. S. Bach;
  StrQ; Tonger (2000)

Keyes, Nelson
1928-1987
- Hardinsburg; StrQ; Univ. Microf (1968)

Khachaturian, Aram
1903-1978
- Doppelfuge aus geplantem StrQ; C; 1931;
  rev. als Rezitativ + Fuge; 1967; Sovetaban
  Grokh (1982)

Khachaturian, Karen Surenovich
1920-2011
- StrQ; no. 1; 1944; Sikorski (1971)
- StrQ; no. 2; 1969; Sikorski (1971)

Khadziyev, Khadziev
1917-?
- Fuga; StrQ; 1936
- StrQ; 1937
- 3 Fugi; StrQ; 1941
- Quartet-Poema; 1963; A: 1963 Baku

- Fuge; StrQ; 1970
- Dilogie in memoriam D. Shostakovich II:
  4 Fresken; StrQ; no. 3; 1983

Khadziyev, Parashkev
1912-1992
- StrQ; G; no. 1; 1948; Nauka
- StrQ; c; no. 2; 1953; Nauka (1954)

Khagagortian, Eduard Aramovich
1930-1983
- StrQ; 1949
- StrQ; 1976

Khan, Hidayat Inayat
1917-2016
- StrQ; c; op. 45; 1972

**Khodiashev, Viktor Aleksandro-
vich**
1917-?
- StrQ; Sovetskij (1958)
- Chuvashskii; StrQ; 1955; Sovetskij (1957)

**Kholminov, Aleksandr Nikola-
yevich**
1925-
- StrQ; no. 1; op. 60; 1980; Muzyka (1985)
- StrQ; no. 2; 1985; Muzyka (1990)
- StrQ; no. 3; 1986; Muzyka (1990)

El-Khoury, Bechara
1957-
- Image; StrQ; op. 32; 1983

Khrennikov, Tikhon Nikolayevich
1913-2007
- StrQ; op. 33; 1988; Ed. Peters (1989)

Khristov, Dimitar
1933-
- StrQ; 1970

Khudoian, Adam
1921-2000
- StrQ; no. 1; Sovetskij (1985)

Khutorianskyi, Ihor
1924-1984
- StrQ; 1957
- StrQ; 1971

Kichler, Johann
siehe: Küchler, Johann

Kiefer, Bruno
1923-1987
- Quarteto, no. 2; StrQ; 1959
- Poema do horizonte II; StrQ; 1972
- StrQ; no. 1

Kiefer, Peter
1961-
- Caminando-Klänge; StrQ; 1990/91;
  A: 1991 Aachen

Kiel, Friedrich
1821-1885
- 6 Fugen; StrQ; 1845; Dohr (2003)
- StrQ; B; 1853
- StrQ; a; op. 43; Simrock (1866)
- StrQ; E; op. 44; Simrock (1866)
- StrQ; op. 50; Simrock (1850)
- 2 StrQe; a, Es; op. 53; Simrock (1869)
- Walzer; StrQ; G; op. 73; BB (1879)
- Walzer; StrQ; A; op. 78; Challier (1881)
- Festquartett; StrQ

Kielland, Olav
1901-1985
- StrQ; op. 22; 1964; NMIC

Kieman, Catherine
1930-
- StrQ; 1986; Planet

Kienecker, Tim
1978-
- STRICHVIER mal 5; StrQ + Elektr

Kienzl, Wilhelm
1857-1941
- StrQ; b; no. 1; op. 22; Voigt (1881);
  Ries (1998)
- StrQ; c; no. 2; op. 99; BB (1920)
- StrQ; E; no. 3; op. 113; UE (1941)

Kiesewetter, Peter
1945-2012
- Cassattion; StrQ; Orlando

Kiesewetter, Tomasz
1911-1992
- StrQ; no. 1; 1933

- StrQ; no. 2; 1953

Kiessig, Georg
1885-1945
- 5 kleine Sätze für Feiergestaltung; op. 51, 2;
  Portius

Kijima, Kiyohiko
1917-1998
- StrQ; 1950

Kikkawa, Kazuo
1954-
- Nocturne; StrQ; 1989; JFC

Kilenyi, Edward
1884-1968
- StrQ; 1912

Killmayer, Wilhelm
1927-
- StrQ; 1969; Schott
- StrQ; 1975; Schott

Kilon, Moshe
1925-1993
- Who's afraid of f sharp?; StrQ; 1981;
  MS: Bloomington, Indiana Univ.

Kilpatrick, Jack
1915-1967
- 6 Little pieces; op. 14; CFE

Kim, Byong-Kon
1929-
- StrQ; 1964; Seesaw (1966)

Kim, Chang-Suk
1961-
- StrQ; no. 1; 1986; A: 5/1987 Essen

Kim, Chung Gil
1934-2012
- Yoback; StrQ; 1974, rev. 1978; Sumundang

Kim, Hi Kyung
1954-
- Crash; StrQ; 1975
- Short dance; StrQ; 1987
- Dance; StrQ; 1990
- Primitive dance; StrQ; 1998

Kim, Jin Hi
1958-

- Linking; StrQ; 1986

Kimbell, Michael Alexander
1946-
- StrQ

Kimpton, Geoffrey
1927-
- The livingstone; StrQ; 1991; BMIC

King, Alvin
1917-2006
- Periodic variations; StrQ

King, Geoffrey
1949-
- StrQ; 1974; BMIC

King, Harold C.
1895-1984
- Piccolo quartetto; StrQ; 1976; Donemus
- Serenade; StrQ; 1934; Donemus (1934)
- StrQ; 1953; Donemus (1953)
- StrQ; 1962; Donemus

Kingman, Daniel C.
1924-2003
- Hammersmith; StrQ; 1978

Kinkelder, Dolf de
1953-
- Bimbo eruptions; StrQ; Donemus

Kinney, Gordon J.
1905-1981
- StrQ; 1942
- StrQ; 1953

Kino, Seiichiro
1946-
- Tree of Spring Water; StrQ; JFC (2003);
  A: 2003 Tokio

Kinscella, Hazel Gertrude
1895-1960
- Indian sketches; StrQ

Kinsella, John
1932-
- StrQ; no. 1; 1960; ICMC
- StrQ; no. 2; 1968; ICMC
- StrQ; no. 3; 1977; ICMC
- Synthesis; StrQ; 1987; ICMC

- StrQ; no. 4; 1993; ICMC

Kinzé, Jos
1918-2003
- Musik für Streicher; StrQ

Király, Ernö
1919-2007
- Tema con variazioni; StrQ; 1956

Kirchner, Elek
1852-?
- StrQ; a; op. 3; Rozsavölgyi (1891)
- StrQ; d; op. 4; Rozsavölgyi (1892)
- StrQ; a; op. 5; Rozsavölgyi (1893)
- StrQ; h; op. 6; Rozsavölgyi (1896)
- StrQ; D; op. 9; Rozsavölgyi (1900)

Kirchner, Hermann
1861-1928
- StrQ

Kirchner, Leon
1919-2009
- StrQ; no. 1; 1949; Mercury (1950)/AMP
- StrQ; no. 2; 1958; AMP (1963)
- StrQ + Tape; no. 3; 1966; AMP (1971)

Kirchner, Robert Alfred
1889-1946
- StrQ; op. 43; Hofmeister (1949)

Kirchner, Theodor
1823-1903
- StrQ; G; op. 20; Hofmeister (1874)
- Nur Tropfen. Ganz kleine Stücke; StrQ;
  Hofmeister (1903)

Kirchner, Volker David
1942-
- Mandala; StrQ; no. 1; 1982/83;
  Schott (1984)
- StrQ; no. 2; 1999; Schott
- StrQ; no. 3; 2000; Schott
- StrQ + Klar.; no. 4; 1999
- StrQ; no. 5; 2000–02; Schott
- StrQ; no. 6; 2000; Schott
- Odyssee; StrQ; no. 7; 2003; Schott

Kirigin, Ivo
1914-1964

- Tri skice; StrQ; 1941

Kirkor, Georgii Vasilevich
1910-1980
- StrQ; 1934
- StrQ; 1971

Kisielewski, Stefan
1911-1991
- StrQ; 1935; vernichtet im Warschauer Aufst.; PWM (1987)

Kissine, Victor
1953-
- Passe la nuit; StrQ; 1992; Belaieff (1999)

Kitsenko, Dmitry
1950-
- StrQ; 1975
- Burlesque; StrQ; 1978
- 4 Folkmelodies; StrQ; 1978
- 2 pieces; StrQ; 1979
- Epitaph to the memory of Lobel; StrQ; 1981
- StrQ; 1983

Kittelsen, Guttorm
1951-
- StrQ; 1977; NMIC

Kittler, Richard
1924-
- StrQ; no. 1; 1953; DAP; A: 7/1954
- Streichquartettino; 1961; DAP; A: 3/1965
- Aquivalenz; StrQ; no. 3; 1973; A: 2/1974
- StrQ; no. 4; 1984; A: 2/1986
- StrQ; 4a; op. 165; 1990

Kiurkchiiski, Krasimir
1936-2011
- StrQ; 1959; Sovetskij (1970)

Kiva, Oleg
1947-
- StrQ; 1975; Muz. Ukraina (1980)

Kiyama, Hikari
1983-
- Raga Ø; StrQ; A: 2012 Mönchengladbach

Kiyose, Yasuji
1900-1981

- StrQ; 1951

Kjeldaas, Arnljot
1916-1997
- Studie; StrQ; 1943, rev. 1987; NMIC

Kjellsby, Erling
1901-1967
- StrQ; 1944
- StrQ; no. 3; 1947; Ed. Norvegica (1958)
- StrQ; no. 4; Selbstverlag (1963)

Klaas, Julius
1888-1965
- StrQ; E; op. 12
- StrQ; D; op. 38; A: 1948 Freiburg i. Br.
- StrQ; g; no. 3; op. 56

Klafsky, Rudolf
1877-1965
- StrQe

Klami, Uuno Kalervo
1900-1961
- StrQ; Es; 1916, teilw. verschollen; FMIC
- Nain tragedie; StrQ; 1924

Klatzow, Peter
1945-
- StrQ; 1977
- StrQ; no. 2; 1988; Musications (1990)
- StrQ; no. 3; 1997

Klaus, Kenneth
1923-1980
- StrQ; 1947
- StrQ; 1951
- StrQ; 1957
- StrQ; 1963

Klebanov, Dmitrii Lvovych
1907-1987
- StrQ; no. 1; 1925
- StrQ; no. 2; 1926
- StrQ; no. 3; 1932
- StrQ; no. 4; 1946
- StrQ; no. 5; 1966
- StrQ; no. 6; 1968

Klebe, Giselher
1925-2009

- 3 Stücke; StrQ; 1948
- StrQ; op. 9; 1950; BB (1951);
  A: 1951 Darmstadt
- Dithyrambe; StrQ; op. 28; 1957
- StrQ; no. 2; op. 42; 1963; BB (1965);
  A: 1965 Hannover
- StrQ; no. 3; op. 87; 1981; Bärenreiter
  (1981)

Kleemann, Hans
1883-1958
- StrQ; op. 18; 1924
- StrQ; no. 2; op. 22; 1927

Kleemann, Matthias
1948-
- StrQ; no. 1; 1975; A: 1978 Dresden
- Kontraste; StrQ; 1975; VeNM (1982)

Kleemann, Roderich
1914-1978
- StrQ; a; 1961

Kleffel, Arno
1840-1913
- StrQ; g; op. 25; 1874; Simon (1878)

Klefisch, Walter
1910-2006
- StrQ; no. 1; op. 16; A: 1949

Klega, Miroslav
1926-1993
- StrQ; 1948
- Concertino; StrQ; 1961; Panton (1968)

Kleiberg, Ståle
1958-
- StrQ; 1985; NMIC

Klein, Bernhard
1897-1979
- Suite; StrQ;
- StrQ; a; A: 1939 Altenburg

Klein, Bernhard Joseph
1793-1832
- 15 Variations sur un theme espagnol; StrQ;
  op. 38; Trautwein (1832)

Klein, Fritz Heinrich
1892-1977

- StrQ; no. 1; op. 24; 1927
- Rezitativ + Fuge; StrQ; op. 37; 1930/31
- Phantasie; op. 112; 1976

Klein, Gideon
1919-1945
- StrQ; op. 2; 1940/41; BB; CHF (1993)
- StrQ; op. 5; 1936–38; BB; CHF (1993)
- Fantasie + Fuge; StrQ; 1942/43; BB; CHF
  (1993)

Klein, Hans-Dieter
1940-
- 2 StrQe; op. 8; 1965–73
- StrQ 1982; op. 20; 1982
- StrQ 1983; op. 21; 1983
- StrQ; op. 38; 1995

Klein, Johannes
1866-?
- StrQ; 1934
- Lied vom Meer (Rilke): Ernste Stunde;
  StrQ + Sopr; 1933

Klein, Julian
1973-
- StrQ; no. 5; 1999

Klein, Juliane
1966-
- 3 Hände voll Sand; StrQ; Ed. Juliane Klein
  (1999); A: 1994 Potsdam
- Geschwindigkeit (Musik z. gleichnamigen
  Film v. Edgar Reitz); 2007; Ed. Juliane
  Klein (2008)
- Ungetrennt; StrQ; 2007; Ed. Juliane Klein

Klein, Lothar
1932-2004
- Arias; StrQ; 1966
- Quartets of the sounds; 1990/91; CMC

Klein, Richard Rudolf
1921-2011
- StrQ; 1949; A: Stuttgart
- Epitaph; StrQ; Tonger (1995)
- Suite sacrale; StrQ; Tonger (1998)

Klein, Walther
1882-1961

- StrQ-Gesänge; A: 1916 Graz
- StrQ; Es; A: Wien

Kleinig, Gottfried
1917-?
- StrQ; a; op. 1947, 1; A: 1947
- StrQ; C; op. 1954, 7; 1953; A: 1954
- StrQ; op. 1981, 12; 1981; A: 1981
- StrQ; C; op. 1983, 16; A: 1983
- StrQ; op. 1986, 22; 1985; A: 1986

Kleinsinger, George
1914-1982
- StrQ; 1940

Kleinwächter, Louis
1807-1840
- StrQ; F; op. 8; Breitkopf (1841)
- StrQ; no. 2

Kleist, Friedrich
1900-1994
- StrQ (Präludium, Fuge, Hymnus); D

Klemperer, Otto
1885-1973
- 9 StrQe; no. 1 zerstört; no. 2–9; 1968–70; Salabert?

Klenau, Paul August v.
1883-1946
- StrQ; a; 1904
- StrQ; e; 1911
- StrQ; no. 2; 1942; W. Müller (1943)
- StrQ; no. 3; 1943
- Frühlingsquartett; StrQ

Klengel, Julius
1859-1933
- StrQ; g; op. 21; Breitkopf (1888)
- StrQ; A; op. 34; Breitkopf (1895)

Klenitskis, Abelis
1904-?
- StrQ; 1933
- StrQ; 1945
- StrQ; 1948

Klerk, Albert de
1917-1998
- StrQ

Kletzki, Paul
1900-1973
- StrQ; a; op. 1; Simrock (1923)
- StrQ; c; op. 13; Simrock (1925)
- StrQ; d; op. 23; Breitkopf (1931)
- StrQ; op. 35

Kley, Erich
1914-1988
- Kl. Festmusik; StrQ; 1966

Klima, Alois
1905-1980
- StrQ; 1936

Klinčić, Željko
1912-2004
- StrQ; no. 1; 1936
- StrQ; no. 2; 1945

Klingsor, Tristan
1874-1966
- StrQ; 1945; Salabert
- StrQ; 1948; Durand

Klint, Frederik Wilhelm
1811-1894
- StrQ; A; op. 25, 2; Musikaliska (1882)

Klit, Lars
1965-
- 3 pieces; StrQ; 1986/87

Klobučar, Anđelko
1931-2016
- StrQ; 1956
- StrQ; no. 1; 1972
- StrQ; no. 2; 1974
- StrQ; no. 3; 1989
- StrQ; no. 4; 1991
- Uskrsnu Isus doista; StrQ; 1997

Klötzke, Ernst-August
1964-
- Denn der Schluß schien mir wie; StrQ + TV; 1989; A: 12/1990 Kamen

Klose, Friedrich
1862-1942

- Ein Tribut in vier Raten entrichtet an seine Gestrengen den deutschen Schulmeister; StrQ; Es; Kuntz (1911); Peters (1912)

Klotman, Robert Howard
1918-?
- Herald; StrQ; 1958

Klouman, Carsten
1923-2004
- Capriccio; StrQ; 1971; NMIC

Klug, Ernst
1905-1985
- StrQ; 1957
- Kl. Passionsmusik; StrQ

Klughardt, August Friedrich Martin
1847-1902
- StrQ; F; op. 42; BB (1883)
- StrQ; D; op. 61; Eulenburg (1898)

Klusák, Jan
1934-
- StrQ; no. 1; 1955/56; CHF
- StrQ; no. 2; 1961/62; Ed. Modern (1966)
- StrQ; no. 3; 1975; A: 1979 Prag
- StrQ; no. 4; 1989; Bärenreiter; Supraphon (1994)
- StrQ; no. 5; 1994
- StrQ; no. 6; 2003

Klusen, Ernst
1909-1988
- 2 StrQe

Kluß, Georg
1892-1974
- StrQ; op. 67

Klussmann, Ernst Gernot
1901-1975
- StrQ; no. 1; 1927; Tischer
- StrQ; no. 2; op. 22; 1940; Tischer

Knab, Armin
1881-1951
- Ländliche Tänze; StrQ; Böhm (1932)
- Variationen über ein eig. Kinderlied; StrQ; 1930; Schott (1931)

- Festl. Reigen; StrQ; 1943; Kallmeyer (1943); Schott (1949)

Knabl, Rudolf Gregor
1951-
- StrQ; no. 1; 1976; A: 1977 München
- StrQ; no. 2; 1980.
- StrQ; no. 3; 1987

Knapik, Eugeniusz
1951-
- StrQ; 1980; PWM (1984)

Knauer, Jürgen
1947-
- StrQ; no. 1; 1969
- StrQ; no. 2; 1974
- StrQ; no. 3; 1978

Knebel, Max Alfred
1902-1970
- Divertimento; StrQ; G; um 1961

Knehans, Douglas
1957-
- Autumn sketch; StrQ
- StrQ; 1995
- Dark dances; StrQ; 2002

Kneip, Gustav
1905-1992
- StrQ; op. 3; 1924
- StrQ; op. 5; 1925

Knell, Peter
1970-
- StrQ; 1994
- Paraphrase; StrQ; 1996

Knipper, Lev Konstantinovich
1898-1974
- StrQ; no. 1; 1942; Sovetskij
- StrQ; no. 2; 1965; Sovetskij
- StrQ; no. 3; 1973; Sovetskij
- 6 Miniaturen über kirgisische Volksweisen; Verbd. sowj. Komp. (1957)

Knöchel, Wihelm
1881-1959
- StrQ; G; no. 1
- StrQ; a; no. 2

Knopf, Michael
1955-
- 5 Studies; StrQ; 1990; AMC

Knorr, Ernst-Lothar v.
1896-1973
- StrQ; c; 1929
- Sätze; StrQ; 1930
- StrQ in Form v. Variationen; vor 1944
- StrQ; 1969
- StrQ; no. 3; 1969; Bärenreiter
- StrQ nach Gryphius

Knudsen, Kenneth
1946-
- Oh dear; StrQ; 1991; DMIC

Koapeng, Mokale
1963-
- Komeng; StrQ
- Motswako; StrQ
- Zwei Sätze; StrQ; 2002–2004

Kobayashi, Arata
1929-2009
- StrQ; 1962; JFC (1973)

Kobias, Baruch
1895-1964
- 10 StrQe

Kobjela, Detlef
1944-
- Sätze; StrQ; 1972
- Legende; StrQ; A: 1988 Paris
- Tranquillo; StrQ; A: 1989 Bautzen
- Sacro; StrQ; 1991

Koblenz, Babette
1956-
- Walnut; StrQ; 1999; Kodasi

Kobune, Kojiro
1907-1982
- StrQ; no. 1; op. 5; UE

Koch, Adolf
1912-?
- StrQ; g; 1955; A: 1955 Reutlingen

Koch, Bernard
1791-1858

- StrQ; e; op. 8; Schott (1855)

Koch, Dagfinn
1964-
- Rückblick; StrQ; 1997; NMIC

Koch, Sigurd Christian Erland v.
1910-2009
- StrQ; no. 1; op. 2; 1934
- StrQ; no. 2; op. 28; 1944; Musikaliska Kunstför. (1946)
- Musica intima; StrQ; no. 3; op. 48; 1950; Breitkopf (1962)
- Concerto lirico; StrQ; no. 4; 1956; Peer
- In moto; StrQ; no. 5; 1961, rev. 1991
- Serenata Musica espressiva; StrQ; no. 6; 1963; STIM
- Arstids pastoraler; StrQ; no. 7; 1997; Breitkopf

Koch, Karl
1887-1971
- StrQ; A: 1950 Innsbruck
- StrQ; A; op. 60; 1947/48; A: 1949 Innsbruck

Kochan, Günter
1930-2008
- StrQ; G; op. 10; 1955
- 5 Sätze; StrQ; 1961; Ed. Peters (1963)
- Kl. StrQ in 2 S.; 1965; VeNM (1970)
- StrQ; 1973/74; Ed. Peters (1976)
- StrQ; no. 2; 2003

Kochetov, Vadim Nikolaevich
1898-1951
- StrQ; e; op. 58; 1943; Gos. muz. (1951)

Kochi, Takuo
1963-
- Heaven and earth; StrQ; 2003; JFC (2003); A: Yokohama

Koch-Raphael, Erwin
1949-
- Los caprichos; StrQ; 1975
- composition no. 41; 1990

Kocsis, Stefan
1930-

- Meditation über *O rumena prelipa zora*;
  StrQ (od. 4 Flö.); 1988
- 1. Suite; StrQ; 2003

Kocsis, Zoltán
1952-2016
- StrQ; 1980; EMB

Koczwara, Franz (od. František)
1750-1791
- 6 StrQe; Es, G, C, F, D, A; op. 3; um 1775;
  Komp./Welcker [K1078]

Kodalli, Nevit
1924-2009
- StrQ; 1949
- StrQ; 1966

Kodály, Zoltán
1882-1967
- Menuetto; StrQ; 1897
- StrQ; 1899
- StrQ; no. 1; op. 2; 1908/09; UE (1910);
  Rozsavölgyi (1910)
- StrQ; no. 2; op. 10; 1918; Rozsavölgyi
  (1910); UE (1921)

Köbner, Andreas
1951-
- StrQ; no. 1; 1981/82

Koechlin, Charles
1867-1950
- StrQ; no. 1; op. 51; 1911-13;
  Senart (1921)
- StrQ; no. 2; op. 57; 1911-16; Eschig
- StrQ; no. 3; op. 72; 1917-21;
  Senart (1924)
- Le vaisseau calme; StrQ; Eschig
- 2 Fugues; StrQ; op. 122; 1932;
  MS: Kopien im Koechlin-Archiv, Kassel
- Fugue sur un sujet d'Ernest Le Grand;
  StrQ; op. 126; 1931; MS: Kopien im
  Koechlin-Archiv, Kassel
- 3 Fugues; StrQ; op. 137; 1933/34;
  MS: Kopien im Koechlin-Archiv, Kassel
- Fugue modale; StrQ; op. 204; 1945;
  MS: Kopien im Koechlin-Archiv, Kassel

- Canon a quatre voix; StrQ; 1943

Kögler, Hermann
1885-1966
- StrQ; op. 18
- StrQ; op. 37

Kögler, Karl
1918-2001
- Land der dunklen Wälder; StrQ; 1995

Kögler, Walter
1917-1982
- 2 StrQe

Köhler, Arno
1898-1976
- Festliche Musik; StrQ

Koehler, Emil
1865-?
- StrQ; no. 1; CFE
- StrQ; no. 2; op. 8; CFE

Köhler, Friedemann
1923-
- StrQ; op. 17; Möseler (1981)

Köhler, Helmut
1911-?
- StrQ; op. 5; 1947-50
- StrQ; op. 8; 1949

Köhler, Kurt
1894-1966
- Revolutionsfantasie Nr. 4 über *Brüder, zur
  Sonne*; StrQ; 1955
- Partita; StrQ; 1966

Köhler, Moritz
1855-1901
- StrQ

Köhler, Oscar
1851-1917
- Träumerei am Abend; StrQ; op. 175;
  Hemme (1899)

Köhler, Siegfried
1927-1984
- Synthesen; StrQ; no. 1; op. 65; 1977;
  DVfM (1979)

- Kontraste; StrQ; no. 2; op. 73; 1981;
  Ed. Peters (1982)
- Kl. Festmusik; StrQ; op. 18; 1958;
  VeNM (1971)

Köhler, Wolfgang
1923-2003
- StrQ; no. 1; op. 7; 1939–64
- StrQ; E; op. 16; 1940

Koehne, Graeme
1956-
- Divertissement: 3 pieces bourgoises; StrQ;
  no. 1; 1983; Boosey
- Shaker dances; StrQ; no. 2; 1995; Boosey
- To his servant Bach, God grants a final
  glimpse: The morning star; StrQ; 1989

Köksal, Füsun
1973-
- 4 Stücke; StrQ; 1997/98; Dohr (1999)
- StrQ; no. 1; 2004; A: 3/2013 Berlin

Koelbl, Harald
1960-
- 9 Stücke; StrQ; 1996

Kölle, Konrad
1882-1958
- StrQ; G; op. 5 (8); 1912; Sulzbach (1927)
- StrQ; a; op. 23; 1923
- StrQ; B; op. 27; 1924
- StrQ; fis; op. 36
- StrQ; C; op. 37; 1928
- StrQ; F; op. 40; 1928
- StrQ; d; op. 42; 1929
- 2 StrQe; C, g; op. 48; 1930
- StrQ; D; op. 52; 1932
- 2 StrQe; A, d; op. 58; 1935
- StrQ; B; op. 61; 1936
- 2 StrQ3; a, a; op. 66; 1937

Koelling, Eloise
1908-1999
- StrQ; 1958
- StrQ; 1964
- Suite; StrQ; 1967

Koellreuther, Hans-Joachim
1915-2005
- Musica 1947; StrQ; 1947
- Variationen 1947; StrQ; 1947

Kölz, Ernst
1929-2014
- Quartettino; StrQ; 1951

Koenig, Gottfried Michael
1926-
- StrQ 1959; 1959; Tonos (1962);
  A: 1960 Cincinnati
- StrQ 1987; 1987/88, rev. 1996;
  Tonos (1996); A: 1988 Sermoneta

Koenig, Jean
1874-1938
- StrQ; C; Senart (1922)

Königer, Paul
1882-1943
- Gardone; StrQ; 1926/27
- StrQ; a; 1931
- StrQ; h; 1937

Koering, René
1940-
- StrQ; no. 1; op. 19; Ed. Mus. Franc. (1974)
- StrQ; no. 2; 1981; Salabert (1984)
- StrQ; no. 3; 2000

Körner, Wilfried
1931-
- StrQ; no. 1; 1968

Koerppen, Alfred
1926-
- StrQ; no. 1; Möseler
- StrQ; no. 2; 2006; Möseler

Koessler, Hans
1853–1926
- StrQ; d; no. 1; BB (um 1910)
- StrQ; g; no. 2; BB (1902)

Köszeghy, Péter
1971–
- Quadro Hungarico; StrQ; 2002; Ed. Juliane Klein (2004)

Koetsier, Jan
1911–2006
- Introduktion und 8 Etüden für ein unpünktl. StrQ; op. 45; 1954; Donemus (1956)
- StrQ; op. 104; 1985; Donemus (1987)

Köttlitz, Adolf
1820–1860
- StrQ; a; op. 13; J. Schuberth (1864)

Koffler, Józef
1896–1944
- StrQ; op. 5; 1925; verschollen
- 15 Variationen einer 12-Tonreihe; StrQ; op. 9; A: 1933 Amsterdam
- StrQ; op. 20; 1934; Edition Echo; A: 1940 Kiew
- StrQ; op. 27; vor 1941; Mystectwo (1941)

Koffman, Steven
1970–
- Images + movements; StrQ; 1998; Da Capo

Kofroň, Petr
1955–
- StrQ; 1982; Panton (1989)
- StrQ; 1986; CZMIC
- Tworl; StrQ; 1994; CZMIC

Kogan, Lev
1927–2007
- StrQ; 1951
- StrQ; 1953

Kohan, Celina
1931–2015
- StrQ; 1957

Kohan, Oleksander
1895–1963

- StrQ; 1950
- Allegro + Scherzo; StrQ; 1958+1959

Kohaut, Karl
1726–1784
- StrQ

Kohlenberg, Oliver
1957–
- StrQ; 1997; FMIC

Kohn, Karl
1926–
- Kaleidoscope; StrQ; 1964; C. Fischer (1971); A: 12/1965 New York

Kohoutek, Ctirad
1929–2011
- StrQ; 1959; Státní hudební (1964)
- Podzimni zpevy; StrQ; 1995; Státní hudební

Kohra, Toshio
1933–
- 3 Stücke; StrQ; Ongaku-no-tomo (1963)

Kohs, Ellis Bonoff
1916–2000
- StrQ; no. 1; 1940; Mercury (1951)
- A short concert; StrQ; no. 2; 1948; CFE
- StrQ; 1984

Koívula, Kari
1951–1988
- 2 StrQe

Kókai, Rezsö
1906–1962
- StrQ; a; 1926
- StrQ; fis; 1926
- StrQ; c; 1927

Kokaji, Kunitaka
1955–
- Song of Love; StrQ + Stimme; 1989; JFC
- Double resonance; StrQ; 1997; JFC

Kokkonen, Joonas
1921–1996
- StrQ; no. 1; 1958–60; Fazer (1990); A: 1959 Helsinki

- StrQ; no. 2; 1964–66; Fazer (1990);
  A: 1966 Helsinki
- StrQ; no. 3; 1976; Schirmer (1980);
  A: 1976 Helsinki

Kolar, Henry
1923-
- StrQ

Kolasiński, Jerzy
1906-1981
- StrQ; no. 1; 1931; verschollen

Kolb, Barbara
1939-
- In memory of David Huntley; StrQ; 1994;
  Boosey
- Sequela; StrQ; 1966; C. Fischer

Kolberg, Kåre
1936-2014
- StrQ; 1964; NMIC
- StrQ; no. 2; 1989, rev. 1992; NMIC

Koliada, Mykola Terent'evich
1907-1935
- 2 Fugues; StrQ

Kolinski, Mieczyslaw
1901-1981
- StrQ; 1931
- Hatikva Variations; StrQ; 1960

Koller, Gerald
1938-
- StrQ; g

Kolleritsch, Josef
1897-1966
- StrQ; op. 6

Kollert, Jiří
1943-
- StrQ; no. 1; 1971
- Skulptura II; StrQ; no. 2; 1982

Kollontay, Mikhaíl Georgi'evich
1952-
- StrQ; no. 1; op. 5; 1975
- 4 miniatury; StrQ; op. 17; 1985
- Pokhvala Presvyat oy Bogoroditse
  (14 Hymnen); StrQ; no. 2; op. 22; 1988

Kolman, Peter
1937-
- Hommage à Kandinsky; StrQ; 1964
- StrQ; 1970
- Ausgedehnter Dominantseptakkord zu
  Ehren Alfred Schlees; StrQ; 1991; UE
  (1991); A: 11/1991 Wien

Kolnhofer, Albert
1909-1979
- StrQ; no. 1
- StrQ; no. 2
- StrQ; no. 3; 1955
- Kl. Suite; StrQ; op. 65
- Rondo brillante; StrQ; op. 71, 2
- Musik zur Jugendweihe; StrQ; um 1969

Kolobkov, Serhii
1947-
- StrQ; 1975
- StrQ; 1978
- StrQ; 1980
- StrQ; 1982

Kolodub, Levko
1930-
- Poem; StrQ; 1991

Komadina, Vojin
1933-1997
- StrQ; no. 1; 1952
- StrQ; no. 2; 1956
- StrQ; no. 3; 1958
- StrQ; no. 4; 1959
- StrQ; no. 5; 1960
- Epeisodios; StrQ; 1967

Komaiko, William
1947-
- Improvisations; StrQ
- StrQ; no. 2

Komarova, Tatjana
1968-
- Ungemalte Bilder; StrQ; 2002;
  Schott (2002); A: 9/2002 Luzern

Komives, János
1932-2005
- Concerto; StrQ; 1970; Jobert

Komma, Karl Michael
1913-2012
- StrQ; 1980

Komorous, Rudolf
1931-
- Mignon; StrQ; 1965
- Kostky; StrQ; 1968
- The white shift; StrQ; no. 1; 2000
- The atonement; StrQ; no. 2; 2002

Kompaniits', Hryhorii
1881-1959
- StrQ; 1925
- Koluskova; StrQ; 1947
- Ukrainian dance; StrQ; 1947
- Uzbek folk melody; StrQ; 1951

Komzák, Karl
1850-1905
- 3 kleine StrQe; op. 248; Blaha (1898)
- Volksliedchen + Märchen; StrQ; op. 135; Amadeus (1989)

Kondō, Jō
1947-
- StrQ; 1969; A: 1972 Tokio
- Mr. Bloomfield: His spacing; StrQ; 1973; Zen-On; A: 1973 Tokio
- Hypsotony; StrQ; 1989; Sonic Art; A: 1989 London
- Fern; StrQ; 1990; Sonic Art; A: 1991 Leicester

Kondoh, Harue
1957-
- Shighira; StrQ; JFC; A: 2005 Tokio

Kondorossy, Leslie
1915-1989
- StrQ; 1960
- Oper; The StrQ; 1956

Kondracki, Michał
1902-1984
- StrQ; 1925

Kondrat'ev, Sergei Aleksandrovich
1896-1970
- StrQ; 1955

Kondrup, Eva
1964-
- StrQ; 1990; DMIC

Koniček, František
1937-
- StrQ; 1960

Koníček, Štěpán
1928-2006
- StrQ; no. 1; 1952
- StrQ; no. 4; 1982
- Quartettino im ¼-Tonsystem; StrQ; Filmkunst (1991)

Konietzny, Heinrich
1910-1983
- 2 StrQe; A: Saarbrücken

Konishi, Nagako
1945-
- 5 Romances; StrQ; 1979

Konjović, Petar
1883-1970
- 2 StrQe; d, c; Naucna
- Muzika skrivitih slutnji; StrQ; no. 1; 1906–17; Srpska akademija
- StrQ; f; no. 2; 1937; Srpska akademija

Konkelder, Dolf de
1953-
- Bimbo eruptions; StrQ; 1992; Donemus

Konkō, Iwao
1933-
- Iwahna aqua d'amapon: 2 chapters; StrQ; JFC (2005)

Konoe, Hidetake
1931-2003
- StrQ; 1964

Konold, Wulf
1946-2010
- 5 Stücke; StrQ; 1972; Möseler (1976)

Kont, Paul
1920-2000
- Finis Austriae. Eine Erinnerung; StrQ;
- Sonate + Sonatine; StrQ; 1944–81; Doblinger (1990); A: 1/1983 Wien

- Etüde f. Str III; StrQ; 1950–86; Doblinger; A: 1991 Wien
- Zyklus; StrQ; 1969; Doblinger
- Quadrum IV; StrQ; 1992; Doblinger

Kontzki, Charles
?
- StrQ; 1862; Kelmer

Koo, Taisook
1959-
- StrQ; no. 1; 1979
- StrQ; no. 2; 1981
- StrQ; no. 3; 1984

Koolmees, Hans
1959-
- Golgatha; StrQ; 1995; Donemus
- Rozen; StrQ, Sopr, Glcksp + Tape; 2000; Donemus

Koopman, Marcel
1952-
- StrQ; no. 1; 1978; Donemus (1978)

Kopczinski, Janusz de
1831-?
- StrQ; no. 1; Sur des thèmes russes; op. 9; Piwarski (1912)

Kopelent, Marek
1932-
- StrQ; no. 1; 1954
- StrQ; no. 2; 1955; CHF
- StrQ; no. 3; 1963; UE (1966); Státní hudební (1966)
- StrQ; no. 4; 1967; Gerig (1970)
- StrQ; no. 5; 1979; Breitkopf
- Hra (Spiel); StrQ; 1966; Breitkopf

Kopf, Klaus-Dieter
1941-
- StrQ; 1966
- StrQ; no. 2; 1977

Kopf, Leo
1888-1953
- StrQ

Kopitz, Klaus
1955-

- Momente. 13 Änderungen; StrQ; 1976

Kopka, Ulrico
1910-2001
- StrQ; op. 7; 1965
- Tonspiele; StrQ; op. 15; 1979, rev. 1980; Kopka (1989)
- Spiegelungen; StrQ; op. 44; 1985; Astoria (1999)

Koporc, Srečko
1900-1965
- StrQ; 1920

Kopp, Frederick
1914-1999
- Passacaglia; StrQ

Kopp, Jan
1971-
- Gestel; StrQ; no. 1; 1999

Koppel, Anders
1947-
- Prelude + Tango; StrQ; 1986; DMIC
- StrQ; 1997; Nordiska

Koppel, Hermann David
1908-1998
- StrQ; no. 1; op. 2; 1928/29; Samfundet
- StrQ; no. 2; op. 34; 1939; Samfundet
- StrQ; no. 3; op. 38; 1944; Hansen (1952)
- StrQ; no. 4; op. 77; 1964; Dan Fog (1966)
- StrQ; no. 5; op. 95; 1975; Hansen c (1978)
- StrQ; no. 6; op. 102; 1979; Egtved (1984)

Koppel, Thomas Herman
1944-2006
- StrQ; 1963; Samfundet
- StrQ; no. 2; op. 12; 1964; Samfundet (1965)
- StrQ; 1966; Samfundet

Koprowski, Piotr Paweł
1947-
- StrQ; 1967; CMC
- StrQ; 1988

Kopsch, Julius
1887-1970
- StrQ; C; 1916

**Kopylov, Aleksandr Aleksandro-
vich**
1854-1911
- Andantino sur le theme B-la-F; StrQ; op. 7;
  Belaieff (1888)
- Prélude et fugue sur le theme B-la-F; StrQ;
  op. 11; Belaieff (1889)
- StrQ; G; op. 15; Belaieff (1890)
- StrQ; F; op. 23; Belaieff (1894)
- StrQ; A; op. 32; Zimmermann (1912)
- StrQ; C; op. 33; Zimmermann (1912)
- Polka (f. *Les Vendredis*); StrQ; Belaieff

Kopytman, Mark Ruvimovich
1929-2011
- 2 Miniatures; StrQ; no. 1; 1962; Muzyka
- StrQ; no. 2; op. 65; 1966; Sovetskij (1972)
- StrQ; no. 3; 1969; IMI (1981)
- StrQ; no. 4; 1997; IMI
- Strain; StrQ; 1995

Kora, Toshi
1933-
- StrQ; 1958

Korb, Anton
1875-?
- StrQ

**Korchmaryov, Klimenty
Arkadyevich**
1899-1958
- StrQ; 1934

Korda, Viktor
1900-1992
- Festliches Vorspiel: Feiermusik 1; Österr.
  Bundesvlg. (1954)

Koreshchenko, Arsenii Nikolaevich
1870-1921
- StrQ; A; op. 25; 1895; verloren

Koretz, Karl
1865-1933
- StrQ; A: 1888 Brünn

Korganov, Tomas Iosifovich
1925-
- StrQ; op. 5; 1960; Sovetskij (1971)

Kořínek, Miloslav
1925-1998
- StrQ; Es; op. 1; 1951; SHF
- Hudba; StrQ; 1963
- Musik...; StrQ; 1992

Koringer, Franz
1921-2000
- StrQ; no. 1; 1949; A: 3/1950 Graz
- StrQ; no. 2; 1950; A: 4/1952 Graz
- StrQ; no. 3; Latzina (1999)
- 10 Steir. Tänze; StrQ (StrOrch); Doblinger
  (1988)

Korn, Peter Jona
1922-1998
- StrQ; no. 1; op. 10; 1950; Simrock;
  A: 1952 Los Angeles
- StrQ; no. 2; op. 36; 1963; Nymphenburg
  (1977); A: 1967 München

Kornauth, Egon
1891-1959
- Kl. Abendmusik; StrQ; a; op. 14; 1915;
  Doblinger (1926)
- StrQ; g; op. 26; 1920; Doblinger (1925);
  A: 1924 Salzburg
- StrQ; cis; no. 2; op. 40; 1932-37
- Kl. Hausmusik; StrQ; op. 41a; 1942;
  ÖBV (1950)

Korndorf, Nikolay Sergeyevich
1947-2001
- StrQ; 1992

Korngold, Erich Wolfgang
1897-1957
- 3 Stücke aus d. Musik zu Shakespeares
  Viel Lärm um nichts; StrQ; op. 11; Schott
- StrQ; A; no. 1; op. 16; 1920-23;
  Schott (1924)
- StrQ; Es; no. 2; op. 26; 1933; Schott (1937)
- StrQ; D; no. 3; op. 34; 1945; Schott (1978)

Kornsand, Emil
1894-1973
- StrQ; no. 1
- StrQ; no. 2; C. Fischer

Korte, Karl
1928-
- StrQ; 1948
- StrQ; no. 2; 1966; Galaxy (1966)

Kortekangas, Olli
1955-
- Bagattella; StrQ; 1997/98; FMIC

Kos, Božidar
1934-2015
- StrQ; 1982; AMC

Kósa, György
1897-1984
- Selbstportrait; StrQ; 1920; Hansen (1927)
- StrQ; no. 2; 1929; Zenemükiado (1962)
- StrQ; no. 3; 1932; Editio Musica
- StrQ; no. 4; 1935; Editio Musica
- StrQ; no. 5; 1956; EMB
- StrQ; no. 6; 1959/60; Zenemükiado (1967)
- StrQ; no. 7; 1963; EMB
- StrQ; no. 8; 1965; EMB (1974)

Kosenko, Viktor Stepanovich
1896-1938
- StrQ; 1930

Koshnaw, Risgar
1952-
- Schrei vierer verbrannter Dörfer; StrQ; 1986

Koskelin, Olli Juhani
1955-
- Music; StrQ; 1981
- Miniatures; StrQ; 1998

Koskinen, Juha
1972-
- Soleil noir; StrQ; 1997/98; FMIC

Koskinen, Jukka
1965-
- StrQ; 1987; Fazer

Kosma, Joseph
1905-1969
- Divertissement; StrQ; Eschig

Kospoth, Otto Carl E. v.
1753-1817

- 6 StrQe; A, D, g, Es, B, C; op. 8; André (1789), no. 281 [K1368]
- 6 StrQe; D, B, Es, G, C, F; op. 10; Bossler, no. 55 [K1369]
- (Breitkopf listet 5 StrQe; 1771; nicht RISM)

Kost, Josef
1954-
- StrQ; 1985-87

Kosteck, Gregory William
1937-1991
- StrQe; 1+2
- StrQ; no. 3; 1969
- StrQ; no. 4; 1971; Elkan-Vogel (1974)

Kostenko, Valentyn
1895-1960
- 6 StrQe

Kostiainen, Pekka
1944-
- StrQ; 1973
- StrQ; 1974

Kostić, Dušan
1925-2005
- StrQ; F; no. 1; 1954
- StrQ; no. 2; 1954
- StrQ; no. 3; 1975
- StrQ; no. 4; 1979
- Quartet brevis; StrQ; no. 5; 1999
- StrQ; no. 6; 2002

Kostin, Oleksander
1939-
- StrQ; 1971

Kosut, Michal
1982-
- StrQ

Kosviner, David Gordon
1957-
- Ciascun apra ben gli orecchi; StrQ; 1982; Musications c (1983)
- Thumbprint; StrQ; 1984
- Mayibuye; StrQ; 1992, rev. 1996; Musications (1997)

Kotík, Petr
1942-
- StrQ; 2007; Stajer

Kotoński, Włodzimierz
1925-2014
- StrQ; no. 1; 2002

Kotschetow, Nikolai
1864-1925
- StrQ; op. 58; Muzyka (1951)

Kotschy, Johannes
1949-
- StrQ im Naturtonsystem; no. 1; op. 18; 1984/85
- StrQ im Naturtonsystem; no. 2; op. 35; 1992; A: 1992 Mondsee
- StrQ im Naturtonsystem; no. 3; 2000
- StrQ im Naturtonsystem; no. 4; 2004

Koukl, Giorgio
1953-
- Narcisse; StrQ; A: 1976 Lugano

Kouba, Josef
1880-1951
- StrQ; c; 1921; HMUB (1924); A: 1921
- StrQ; 1923
- StrQ; 1930
- StrQ; 1936

Kougell, Arkadie
1898-1985
- 2 StrQe

Koumendakis, Giorgos
1959-
- StrQ; 1981
- Grimm Brothers' Suite; StrQ; 1996

Kounadis, Argyris
1924-2011
- StrQ; 1960; Ed. Modern (1961)

Kourliandski, Dmitri
1976-
- 7 circles; StrQ; 2002
- Night-turn; StrQ; 2004; Chant du Monde; A: 3/2009 Berlin

Koutzen, Boris
1901-1966
- StrQ; B; 1932
- StrQ; no. 2; 1936; Schirmer (1945)
- StrQ; no. 3; 1944

Kovach, Andor
1915-2005
- StrQ; 1953

Kovalev, Pavel Ivanovich
1890-1951
- StrQ; fis; no. 1; op. 23; Muzgis
- StrQ; no. 2; op. 33; Muzgis (1922)

Kovar, Vladimir
1947-
- StrQ; 1978

Kovařovic, Karel
1862-1920
- StrQ; D; no. 1; 1878; Urbanek (1922)
- StrQ; a; no. 2; 1887; Urbanek (1892)
- StrQ; G; no. 3; 1894; Urbanek (1920)
- StrQ; Es; no. 4; 1898; Urbanek (1924)

Kowalski, Július
1912-2003
- StrQ; no. 1; 1932
- Andante; StrQ; 1952
- StrQ; no. 2; 1953; SHF
- StrQ; no. 3; 1965; Opus (1971)
- StrQ; 1975
- Nina Nanna; StrQ; 1977
- StrQ; 1977
- StrQ; 1979
- StrQ; 1982

Kox, Hans
1930-
- StrQ; no. 1; 1955; Donemus
- Vier Stükken; StrQ; 1961; Donemus
- StrQ; no. 2; 1996; Donemus

Kozakevich, Anna
1914-?
- StrQ; 1937
- StrQ; 1961
- StrQ; 1973

Kozakura, Hideki
1970-
- Triangle; StrQ; JFC (2001); A: Reykjavik
- Scarf; StrQ; JFC (2001); A: Nagoya

Kozarev, Oleg
1932-
- 3 StrQe

Koželuh (Kozeluch), Leopold Antonín
1747-1818
- 3 StrQe; B, G, Es; op. 32; Sieber (1790), PD1113 [K1462]
- 3 StrQe; C, A, F; op. 33; Sieber (1791), PD1145 [K1467]

Koželuha, Lubomír
1918-2008
- StrQ; 1978

Koželuhová, Jitka
1966-
- Obrazy; StrQ; 1990/91

Kozina, Marjan
1907-1966
- StrQ; 1932; verschollen
- StrQ; 1939; verschollen

Kozma, Géza
1902-1986
- StrQ; no. 1; 1928
- StrQ; no. 2; 1936
- StrQ; no. 3; 1956
- StrQ; no. 4; 1962

Krämer, Thomas
1952-
- Intrada; StrQ; Hofmeister

Krätzschmar, Wilfried
1944-
- Changes; StrQ; 1984

Kraft, Karl
1903-1978
- StrQ; op. 21; 1926

Kraft, Leo Abraham
1922-2014
- StrQ; no. 1; 1950; Seesaw

- StrQ; no. 2; 1959; Seesaw
- StrQ; no. 3; 1966
- StrQ; no. 4; 1994; Seesaw

Krah, Jörg Ulrich
1976-
- Fantasia; StrQ; 2006

Krajči, Mirko
1968-
- StrQ; 1988

Krak, Egon
1958-
- Spiritustuus in nobis; StrQ; 1996; SLMIC

Kralik v. Mayerswalden, Mathilde
1857-1944
- StrQ; A

Kramář (Krommer), František (Franz)
1759-1831
- 3 StrQe; B, G, Es; op. 1; André (1793)
- 3 StrQe; C, A, D; op. 3; André (1793)
- 3 StrQe; G, Es, B; op. 4; André (1794)
- 3 StrQe; Es, F, B; op. 5; Gombart (1796); Accolade (1999)
- 3 StrQe; C, e, A; op. 7; Gombart (1797); Accolade
- 3 StrQe; F, B, G; op. 10; Gombart (1798); André (1798)
- 3 StrQe; Es, F, C; op. 16; André (1798)
- 3 StrQe; op. 17; Artaria [KK2634A]
- 3 StrQe; D, A, Es; op. 18; Artaria (1800)
- 3 StrQe; C, F, B; op. 19; André (1801)
- 3 StrQe; op. 20; André (1801)
- StrQ; G; op. 23; André (1802)
- 3 StrQe; D, Es, B; op. 24; Simrock (1802); Cappi (1802)
- 3 StrQe; C, F, A; op. 26; Artaria; Monzani; André (1803) [KK2651]
- 3 StrQe; G, d, B; op. 34; Artaria (1803)
- 3 StrQe; Es, C, D; op. 48; André (1804)
- 3 StrQe; op. 49; Carl [KK2665A]
- 3 StrQe; F, B, A; op. 50; Bureau d'Arts (1804)

- 3 StrQe; Es, A, C; op. 53; André (1804) [KK2670A]
- 3 StrQe; F, D, B; op. 54; Magasin de l'Imprimérie (1805)
- 3 StrQe; B, D, G; op. 56; Magasin de l'Imprimérie (1805)
- 3 StrQe; f, C, A; op. 68; Magasin de l'Imprimérie (1808)
- 3 StrQe; C, E, As; op. 72; Pleyel (1808)
- 3 StrQe; B, G, d; op. 74; Magasin de l'Imprimérie (1808)
- 3 StrQe; F, B, D; op. 85; André (um 1809)
- 3 StrQe; c, C, B; op. 90
- 3 StrQe; D, B, G; op. 92; Simrock
- 3 StrQe; op. 99; André (um 1816)
- 3 StrQe; e, C, a; op. 103; Steiner (um 1821)
- 12 Valses viennoises; StrQ

Kramer, Arthur Walter
1890-1969
- Elegie; StrQ; cis; op. 30, 1
- Humoresque on 2 Amer. folktunes; StrQ; op. 30, 2; Birchard (1927)

Krammer, Gerhard
1965-
- Rote Oper #39; StrQ; 2005

Krása, Hans Johann
1899-1944
- StrQ; 1921; Eschig (1925)
- Thema m. Variationen; StrQ; 1935/36; BB (1993); Tempo
- StrQ; op. 2; 1924; Eschig (1924)

Krasnogliadova, Vera
1902-?
- StrQ; 1952

Krasnov, Georgii Viktorovich
1916-?
- StrQ; Sovetskij (1958)

Kratochwil, Heinz
1933-1995
- StrQ; op. 33; 1963; verschollen
- StrQ; op. 89; 1974; A: 1977 Wien

Kraus, Detlef
1919-2008
- Variationen über Fr. Schuberts *Des Fischers Liebesglück*; a; 1940; Sikorski (1995); A: 1999 Hamburg

Kraus, Ernst
1875-?
- 2 StrQe

Kraus, Fritz
1901-1945
- StrQ; C; 1932; A: 1940 Karlsbad

Kraus, George
1912-?
- StrQ

Kraus, Joseph Martin
1756-1792
- StrQ; f; 1778-80; [VB178]; Carus
- StrQ; c; [VB179]; Carus
- StrQ; E; [VB180]; Carus
- StrQ; B; op. 1, 2; [VB181]; Carus
- StrQ; C; op. 1, 5; [VB182]; Carus
- StrQ; g; op. 1, 3; [VB183]; Carus
- StrQ; D; op. 1, 4; [VB184]; Carus
- StrQ; A; op. 1, 1; [VB185]; Carus
- StrQ; C; [VB186]; Carus
- StrQ; G; op. 1, 6; [VB187]; Carus

Krause, Theodor
1836-1910
- StrQ

Krause-Graumnitz, Heinz
1911-1979
- Quartettino; StrQ; op. 68; Breitkopf (1968)
- StrQ; e; no. 1; 1963; Breitkopf

Krauze, Zygmunt
1938-
- StrQ; no. 1; 1965; Agencja Autorska (1971); A: 1965 Warschau
- StrQ; no. 2; 1970; PWM; UE (1975); A: 1979 Warschau
- StrQ; no. 3; 1982; UE (1983); A: 1983 Paris
- For Alfred Schlee with admiratie; StrQ; 1991; UE; A: 1991 Wien

Krawczyk, Franck
1969-
- L'inachevé; StrQ; no. 1; 1993; Durand
- Coda; StrQ; no. 2; Durand

Krawc-Schneider, Bjarnat
1861-1948
- StrQ; e; 1893
- 14 Stücke; StrQ; 1935
- Divertimento; StrQ

Krebber, Steffen
1976-
- StrQ; A: 4/2013 Witten

Krebs, Joachim
1952-2013
- StrQ; no. 1; 1978; Peer (1981)
- Quartettomanie; StrQ; no. 2; 1979/80; Peer (1981); A: 1981 München
- StrQ; no. 3; 1992

Krebs, Karl August
1804-1880
- StrQ

Kreek, Cyrillus
1889-1962
- Scherzo; StrQ; 1916
- Scherzo; StrQ; 1932

Krehl, Stephan
1864-1924
- StrQ; A; op. 17; Simrock (1899)
- Suite in 5 S.; StrQ; a; Simrock (1925)

Krein, Alexandr Abramovich
1883-1951
- Poeme-quatuor; StrQ; cis; op. 9; 1909/10; Jurgenson (1912)
- Elegie; StrQ; op. 21; 1914
- StrQ; no. 2; 1950/51

Krein, Grigory Abramovich
1879-1955
- StrQ; op. 18; 1915; Muzgis (1925)

Krein, Yulian Grigoryevich
1913-1996
- StrQ; no. 1; 1925; Sovetskij
- StrQ; no. 2; 1927; Sovetskij

- StrQ; no. 3; 1936; Sovetskij
- StrQ; no. 4; 1943; Sovetskij

Kreisel, Paul Eberhard
1931-2011
- StrQ; A: 1957
- Zyklus f. StrQ; op. 63; um 1969

Kreisler, Fritz
1875-1962
- StrQ; a; 1919; Schott (1921)

Kreitner, Georgii Gustavovich
1903-1958
- StrQ; op. 26; Gos. muz. (1949)

Krejčí, Iša
1904-1968
- StrQ; D; no. 1; 1928, rev. 1935
- StrQ; d; no. 2; 1953; SNKL (1956); A: 1954 Prag
- StrQ; no. 3; 1960; Panton (1964)
- StrQ; no. 4; 1966; Panton (1970)
- StrQ; no. 5; 1967; Panton

Krejčí, Miroslav
1891-1964
- StrQ; F; op. 1; 1913; A: 2/1931
- StrQ; G; no. 2; op. 7; 1918; HMUB (1931)
- StrQ; no. 3; op. 21; 1926
- StrQ; no. 4; op. 50; 1941
- StrQ; no. 5; 1943
- StrQ; no. 6; 1953
- StrQ; no. 7; op. 106; 1955; A: 1958

Krek, Kros
1922-?
- StrQ; 1979; Gerig; Drustvo (2002)

Kremenliev, Boris Angeloff
1911-1988
- StrQ; no. 1; 1954
- StrQ; no. 2; 1965; Bruzzichelli (1970)
- Grapes; StrQ + Frauenstimme

Kremser, Hanns Albert
1903-?
- StrQ; op. 7; 1928

Krenedić, Kazimir
1896-1956

- 9 StrQe

Krenek, Ernst
1900-1991

- StrQ; op. 6; 1921; UE (1922)
- StrQ; no. 2; op. 8; 1921; UE (1924)
- StrQ; no. 3; op. 20; 1923; UE (1924)
- StrQ; no. 4; op. 24; 1923; Assmann (1924)
- StrQ; no. 5; op. 65; 1930; UE (1931)
- StrQ; no. 6; op. 78; 1936; UE (1937)
- StrQ; no. 7; op. 96; 1944; UE (1951)
- 5 Short pieces; StrQ; op. 116; 1948;
  Bärenreiter (1974)
- StrQ; no. 8; op. 233; 1980/81;
  Bärenreiter (1981)

Krenz, Jan
1926-

- StrQ; no. 1; 1942
- StrQ; no. 2; 1945
- Musica da camera; StrQ; 1982/83

Kreppein, Ulrich
1979-

- StrQ; no. 2; A: 2011 Heidelberg

Kresánek, Jozef
1913-1986

- StrQ; 1935
- Meditácia; StrQ; 1985

Kretzschmar, Günther
1929-1986

- Kl. StrQ; A: 1958

Kreuels, Hans-Udo
1947-

- 4 Stücke f. StrQ; op. 36; 1974;
  A: 1975 Darmstadt

Kreusser, Georg Anton
1746-1810

- StrQ; Es; op. 9, 5; Marbot (1960)
- 6 StrQe; D, A, G, B, F, C; op. 12;
  J. J. Hummel (1778) [WV69–74] [K2033]
- 6 StrQe; F, C, Es, B, G, D; Sieber (1779)
  [WV75–80] [K2042]
- 6 StrQe; um 1780; MS: D-Rtt [WV81–86]

Kreutz, Arthur
1906-1991

- Quartet Venuti; StrQ

Kreutzer, Léon Charles François
1817-1886

- 4 StrQe; D, d, a, G; op. 15; Richault (1855)
- Capriccio; StrQ; op. 43; Augener (1856)

Kreutzer, Rodolphe
1766-1831

- 6 StrQe; D, G, C, B, F, A; op. 1;
  um 1760; Mollo
- 6 StrQe; op. 2; André (1801)
- 3 StrQe; C, B, a; op. 3; Breitkopf
- Theme varie; StrQ; A; Breitkopf

Kreuz, Emil
1867-1932

- StrQ; d; op. 42; Augener (1896);
  Schott (1910)
- Capriccio; StrQ; op. 43; Augener (1896)

Kreuz, Maximilian
1953-

- Hofheimer StrQ; 1982–90; J. Weinberger
- Sätze f. StrQ; 1993

Křička, Jaroslav
1882-1969

- Rusky; StrQ; D; no. 1; op. 10; 1907
- StrQ; e; no. 2; op. 70; 1938; HMUB
- StrQ; no. 3; op. 97; 1949; Stát. hud. (1953)

Křídlo, Bedřich
1876-1902

- StrQ; um 1918; Urbanek

Krieger, Armando
1940-

- StrQ; 1960
- StrQ; 1961

Krieger, Edino
1928-

- Musica 1947; StrQ; 1947
- StrQ; no. 1; 1955; Peer

Kriens, Christiaan
1881-1934

- StrQ; B; op. 74; Witmark (1912)

- Nocturno: 3. Satz vom StrQ; op. 74

Krist, Joachim
1948-
- Nachtgesicht; StrQ, Sopr + Tonbd; 1988

Kristensen, Bjørn Sverre
1954-
- The voice in the rock; StrQ; 1998; UMP

Kristofferson, Frithjof
1894-1962
- StrQ; um 1920; Nordiska

Kriukov, Vladimir Nikolaevich
1902-1960
- Variationen auf russ. Folklore-Themen;
  StrQ; op. 37; Gos. muz. (1946)

Krivinka, Gustav
1928-1990
- StrQ; no. 1; 1954
- Pompeje; StrQ; no. 2; 1972

Křížek, Milan
1926-
- Divertimento; StrQ; A: 1985 Budweis

Kroder, Armin
1875-1960
- StrQ

Kroeger, Gerhard Hans Erich
1911-1945
- StrQ; f; MS: Weimar, Goethe-Schiller-
  Archiv

Kroeger, Karl
1932-
- Discussions, 5; 1957; CFE
- StrQ; 1960; CFE
- StrQ; no. 2; 1966; CFE

Kröger, Willi
1903-1968
- StrQ; c; op. 11; 1923
- StrQ; 1925

Kröll, Georg
1934-
- Quartett 96; StrQ; 1996; Gravis (1996)
- Terzrückung-Organum; StrQ; no. 2;
  2000/01; Gravis (2001)

- StrQ; no. 1; 1996-2006; Gravis

Kröpfl, Francisco
1931-
- Cuartetos 1; StrQ; 1990
- StrQ; no. 2; 1992

Krogseth, Gisle
1952-
- 3 Folk songs; StrQ; 1986; NMIC
- StrQ; 1986; NMIC

Krogulski, Józef Władysław
1815-1842
- StrQ

Krol, Bernhard
1920-2013
- StrQ

Kroll, Fredric
1945-
- StrQ; e; 1960

Krommer, Franz
siehe: Kramář, František

Kronenberg, Yorck
1973-
- StrQ; A: 1999 Lübeck

Kropfreiter, Augustinus Franz
1936-2003
- StrQ; no. 1; 1985

Kross, Hubert
1934-
- Divertimento; StrQ
- Ohne Roß bei d. Kentauren; StrQ; A: 1987

Kroyer, Theodor
1873-1945
- StrQ

Krüger, Jules
1899-1976
- 3 Pieces; StrQ
- Berceuse; StrQ
- Prelude et fugue; StrQ

Krüger, Thomas Nathan
1985-
- Positionen; StrQ; VNM (2010)

Krüger, Ulrich
1896-?
- StrQ; no. 1; 1968; Busch (1971)
- StrQ; no. 2; Busch

Krützfeldt, Werner
1927-
- 5 S.; StrQ; 1993; Junker (1994)
- StrQ; 1961
- StrQ; 1965

Krufft, Nikolaus v.
1779-1818
- 3 StrQe; G, d, B; Mechetti (1813)
  [Pl. Nr. 190]

Krug, Arnold
1849-1904
- StrQ; F; op. 96; O. Forberg (1900)

Krug, Gustav
1803-1873
- StrQ; Ediziun Trais Giats
- 3 StrQe; B, G, D; op. 1; Trautwein (1842)
- 3 StrQe; A, G, C; op. 8; 1844/45;
  Heinrichshofen

Krug, Siegfried
1879-1944
- StrQ; A: 1923 Freiburg i. Br.

Kruisselbrink, Astrid
1972-
- StrQ; 2000; Donemus

Krul, Eli
1926-1971
- StrQ; 1958; Ed. Peters (1963)

Krumlovsky, Claus
1930-2000
- StrQ; 1966

Krupowicz, Stanisław
1952-
- Wariacje pozegnalne na temat Mozarta;
  StrQ + Tape; 1986
- Tylko Beatrycze; StrQ + Tape; 1988
- Introdukcja i passacaglia; StrQ; 1976
- StrQ; no. 2; 1982

Kruse, Wilhelm
1872-?
- StrQ

Kruspe, Glenn Clarence
1909-1983
- StrQ; F; 1940

Krutikov, Leonty
1898-1958
- StrQ; 1937
- StrQ; 1940
- StrQ; 1944
- StrQ; 1945
- StrQ; 1946
- StrQ; 1954
- StrQ; 1955

Kruyf, Ton de
1937-2012
- Partita; StrQ; 1962; Donemus
- Music; StrQ; 1962; Donemus
- Quartetto in 3 tempi; StrQ; Donemus
- Quartetto per archi; 1961/62; Donemus

Krygell, Johann Adam
1835-1915
- StrQ

Krylov, Pavel Dmitrievich
1885-1935
- StrQ; E; um 1932

Kryzhanivskyi, Bogdan
1894-1955
- StrQ; 1940

Krzanowska, Grażyna
1952-
- StrQ; 1973; PWM
- StrQ; no. 2; 1980; PWM (1986)
- Adagietto; StrQ; 1982; PWM

Krzyżanowska, Halina
1860-1937
- StrQ; A; no. 1; op. 44; Hamelle (1925)

Krzanowski, Andrzej
1951-1990
- StrQ; no. 1; 1.+2. Version; 1976; PWM
- StrQ; no. 2; 1978; PWM (1987)

- StrQ; no. 3; 1988; PWM
- Programma no. 6; StrQ + Sopr; 1982; PWM (1985)
- Reminiscenza; StrQ; 1984
- Relief IX; StrQ + Tape; 1988

Kube, Alexander
1880-?
- StrQ

Kubelík, Rafael Jeroným
1914-1996
- StrQ; no. 1
- StrQ; C; no. 2; Litolff/Ed. Peters (1967)
- StrQ; no. 3
- StrQ; no. 4
- StrQ; no. 5; 1970; Ed. Peters
- StrQ; no. 6; Litolff/Ed. Peters (1991)

Kubička, Miroslav
1951-
- StrQ; no. 1; 1972/73
- StrQ; no. 2; 1980
- Pocta Antoninu Dvorakovi; StrQ; 1991

Kubička, Viazoslav
1953-
- Rozlucka; StrQ; op. 34; 1985
- Svitanie; StrQ; op. 61; 1988
- StrQ; op. 86; 1991

Kubik, Gail Thompson
1914-1984
- 2 Sketches; StrQ; 1931, rev. 1936
- Slow piece; StrQ; 1938

Kubík, Ladislav
1946-
- StrQ; 1980; Panton (1986)
- StrQ; 1986; CHF

Kubik, Rodolfo
1901-1985
- Fuga; StrQ

Kubín, Rudolf
1909-1973
- StrQ; op. 2; 1925/26; Panton
- Concertino; StrQ; 1971; CHF

Kubizek, Wolfgang Rudolf
1959-2008
- Liege bei dir. Suite f. StrQ; 1976
- Pizzicati f. Gabriele; StrQ; 1990; A: Wien
- Südlich ein Haus offen. Suite; StrQ; 1990; A: 1990 Oberwart/A
- Vitamin C; StrQ; 1991; A: 1991 Eisenstadt
- Nach Jahr + Tag; StrQ; 1994
- Requiem for a living; StrQ; 1997
- Jatek Takacs Jenö ... für ein junges StrQ; 1997

Kubo, Mayako
1947-
- Suite Sumi-e; StrQ; 1978/79; Ariadne (1979)

Kubo, Tadashi
1962-
- Light waves; StrQ; JFC (2004); A: Miyazaki

Kučera, Václav
1929-
- Vedomi Souvislosti; StrQ; 1976

Kucharczyk, Henry
1953-
- StrQ; 1996; CMC

Kudelski, Karl Matthias
1805-1877
- Quartett; Es; op. 30; BB (1871)

Kudryk, Borys
1897-1952
- StrQ; E
- StrQ with 6 children's instr.

Küchl, Ulrich
1943-
- 5 Lyrische Sätze f. StrQ; op. 6; A: 1985
- StrQ; A: 1989

Küchler, Johann Philipp Ernst
1738-1790
- 6 StrQe; StrQ; B, F, D, C, Es, G; op. 4; Bureau d'abonnement musical
- StrQe; 1780/od. 1781; verschollen

Küffner, Alfred
1892-?

- Musik f. StrQ; op. 5; A: 1928 Bamberg

Küffner, Joseph Georg
1776-1856
- 3 StrQe; C, G, A; op. 41; Schott (1815)
- 3 StrQe; F, G, D; op. 48; Schott (1817)
- StrQ; F; op. 52; Schott (1819)
- StrQ; B; op. 89; Schott (1820)
- Grand qu.; C; op. 90; Schott (ca. 1820)
- StrQ; C; op. 178; Schott (1828)

Kügerl, Hannes
1906-1990
- StrQ; 1973

Kühl, Carl
1947-
- 5 Short movements; StrQ; 1968/69

Kühnel, Emil
1881-1971
- StrQ; Es; op. 2; Grosch (1941); A: 1905
- StrQ; op. 54
- StrQ; op. 99; 1956

Kühner, Vasilii Vasil'evich
1840-1911
- 2 StrQe

Kühnl, Claus
1957-
- Lumina; StrQ; 1977–83; Breitkopf (1984); A: 1984 Paris

Kühr, Gerd
1952-
- Für Streichquartett; 1980/81; Durand (1994); A: 1981 Köln
- Con sordino; StrQ; 1995/96; Durand; A: 1996 Wien

Künzler, Berthold
1910-1999
- StrQ; op. 13; 1963

Kuerti, Anton
1938-
- StrQ; no. 1; 1954
- StrQ; no. 2; 1972; A: 1973 Vancouver

Kuhlau, Friedrich
1786-1832

- StrQ; a; op. 122; 1831; Ed. Peters (1841)

Kuhn, Max
1896-1994
- 5 Variationen über E, F, C, H, Re; StrQ

Kuhn, Siegfried
1893-1915
- 3 Stücke f. Haus- und Schulmusik: 1. Menuett; StrQ; Ries (1934)

Kuhnert, Rolf
1932-
- Metamorphosen; StrQ; Ed. Corona (1976); A: 1973 Berlin
- StrQ; no. 2; 1984
- Metamorphosen II; StrQ; 1984–97

Kukal, Ondřej
1964-
- StrQ; op. 9; 1988; Bärenreiter (2011); A: 1991

Kukuck, Felicitas
1914-2001
- Ländliche Suite; StrQ; Waldkauz (2010)

Kulenovic, Vuk
1946-
- StrQ; 1964; Udruženja
- StrQ; 1966; Udruženja
- StrQ; 1978; Udruženja
- StrQ; 1987; Udruženja
- StrQ; 1991, rev. 2000–03; Udruženja

Kulenty, Hanna
1961-
- StrQ; no. 1; 1984; PWM
- StrQ; no. 2; 1990; PWM

Kulesha, Gary
1954-
- Image … struck by meteor; StrQ; 1990; CMC

Kuliyev, Mamed
1936-
- StrQ; 1966

Kuliyev, Yavanshir
1950-
- StrQ; 1973

- StrQ; 1982

Kuljerić, Igor
1938-2006
- Impulsi II; StrQ; 1971
- Song; StrQ; 1981

Kullmann, Alfred
1904-1951
- StrQ; Eschig

Kummer, Hans
1880-1966
- StrQ; op. 10
- 2 StrQe; o. op.

Kunad, Rainer
1936-1995
- StrQ; D; 1957; DVfM
- StrQ; no. 2; 1967; DVfM (1974)

Kunc, Božidar
1903-1964
- StrQ; F; op. 14; 1931

Kunc, Jan
1883-1976
- StrQ; G; op. 9; 1909/10; HMUB

Kundigraber, Hermann
1879-1944
- StrQ; d; op. 12; 2. Fsg.; A: 1923 Kassel

Kunert, Kurt
1911-1996
- StrQ; op. 22; 1955

Kunitz, Luigi v.
1870-1931
- StrQ; d; 1890
- StrQ; 1915; A: 1916

Kunkel, Renata
1954-
- StrQ; no. 1; 1979
- StrQ; no. 2; 1986
- StrQ; no. 3; 1991

Kunle, Fritz
1944-
- 3 kurze Stücke; 1987; A: 1987
- Ballet Blanc II; StrQ; 1989
- Kleine Suite; StrQ; 1992

Kunst, Jos
1936-1996
- XXV Topos teleios; StrQ; 1993/94; Donemus; A: 1995

Kunstein, Andreas
1967-
- StrQ; no. 1; A: 1992 Montepulciano
- StrQ; no. 2; A: 1998 Siegburg

Kunstovny, Hans
1947-
- Minguet; StrQ; 1980; A: 1987 St. Gallen
- Erzherzog; StrQ; 1989; A: 1993 Pforzheim

Kuntze, Carl
1817-1883
- Leicht ausführb. StrQ; C, G; op. 318, 1+2; Pabst (1879 + 1881)

Kunz, Alfred
1929-
- StrQ; 1950

Kunz, Ernst
1891-1980
- StrQ + Sopr; no. 1; 1915
- StrQ; no. 2; 1922
- StrQ; no. 3; 1959

Kuosma, Kauko
1926-2013
- StrQ; 1952

Kupfer, Jürgen
1945-
- Präludien; StrQ

Kupferman, Meyer
1926-2003
- 2 StrQe; 1946
- StrQ; no. 3; 1949
- StrQ; no. 4; 1959
- StrQ; no. 5; 1959/60
- Cycle of Infinities; StrQ; no. 8; 1963
- Jazz StrQ; StrQ; no. 6; 1964
- StrQ; no. 7; 1980

Kupka, Karel
1927-1985
- 7 StrQe; 1952–81

Kupkovič, Ladislav
1936-2016
- Cluster-Dynamika Glissando (vertonale Phase); StrQ; 1963
- StrQ; C, D; 1 + 2; 1978
- StrQ-Satz; G; 1980; A: 1980 Celle
- Mala Suita; StrQ; 1981
- StrQ; d; no. 3; 1984; A: 1984 Hannover
- StrQ; B; no. 4; 1987; UE
- StrQ; G; no. 5; 1988
- StrQ; A; no. 6; 1991
- Initialen 1–12: 12 kleine Stücke; StrQ; 1992; Tre Media (1996)
- StrQ; B; no. 7; 2002

Kurauchi, Naoko
?
- Flora – the transformation of the pulsation; StrQ; 2008; JFC (2011)

Kuri-Aldana, Mario
1931-2013
- StrQ; 1996; Ediciones Mexicanas
- Puentes; StrQ; 1965, rev. 1977

Kurimoto, Yoko
1951-
- Rebirth; StrQ; 1998; JFC

Kurka, Robert Frank
1921-1957
- StrQ; 1945
- StrQ; no. 4; op. 12; A: 1950
- StrQ; no. 5

Kurokami, Yoshimitsu
1933-2002
- Song of Nogiku; StrQ; 1986; JFC

Kuronem, Jouni
1958-
- Andania; StrQ; 1992; FMIC

Kurpiński, Karol
1785-1857
- Fantazja; StrQ; PWM c (1986)

Kurscheid, Theo
1882-1954
- StrQ

Kurtág, György
1926-
- StrQ; op. 1; 1959; UE; EMB (1964)
- 12 Microludes; StrQ; op. 13; 1977; EMB; A: 1978 Witten
- StrQ; op. 21; 1959; EMB
- Officium breve; StrQ; op. 28; 1988/89; EMB (1995)
- Jelek, játékok és üzenetek; StrQ; 1989–97; EMB
- Aus der Ferne III; StrQ; 1991; UE (1991)
- 6 Moments musicaux; StrQ; op. 44; 2005; EMB; A: 2010 Berlin

Kurtz, Arthur Digby
1929-
- StrQ; op. 10; 1968
- StrQ; 1969

Kurtz, Edward Frampton
1881-1965
- From the West, Suite; StrQ; 1928
- StrQ; c; 1932

Kurylewicz, Andrzej Roman
1932-2007
- StrQ; no. 1; 1980
- Stuttgart; StrQ; no. 2; 1982
- Easter; StrQ; no. 3; 1983

Kurz, Ivan
1947-
- Notokruh; StrQ; 1979; CHF

Kurz, Siegfried
1930-
- StrQ; no. 1; op. 27; 1957; Breitkopf (1960)
- StrQ; no. 2; op. 34; 1966; Breitkopf (1970)

Kurzbach, Paul
1902-1997
- StrQ; no. 1; op. 20; 1945
- StrQ; no. 2; 1947
- StrQ; no. 3; 1948
- StrQ; no. 4; 1958; Ed. Peters/Litolff (1961)
- StrQ; no. 5; 1975; Breitkopf (1978)

Kusmina, Galina
1951-
- Notturno; StrQ

- Races of Sublimation; StrQ; 1993

Kusterer, Arthur
1898-1967
- StrQ; 1921
- StrQ; c; op. 8; 1922; Triton (1923)
- StrQ; no. 3
- StrQ; no. 4; 1925
- StrQ; no. 5; 1927

Kuula, Toivo
1883-1918
- Rondo; StrQ; 1906
- Valse lente; StrQ

Kuulberg, Mati
1947-2001
- StrQ; no. 2; 1975

Kuusisto, Ilkka
1933-
- StrQ

Kuusisto, Taneli
1905-1988
- Quartettino; op. 2; 1925
- Sonatine; StrQ; op. 7; 1927–33

Kuyper, Elisabeth
1877-1953
- StrQ; vor 1913; verschollen

Kuzmych, Christina
1934-
- StrQ; 1977
- StrQ; 1980

Kuznetsov, Aleksandr Vasilevich
1847-1918/19
- StrQ; G; op. 17; Jurgenson (1907)

Kuznik, Norbert Mateusz
1946-2006
- StrQ; no. 1; 1969; Agencja autorska (1981)
- Bulgare; StrQ; no. 2; 1972
- StrQ; no. 3; 1973

Kvam, Oddvar Schirmer
1927-2016
- StrQ; op. 25; 1973; NMIC
- StrQ; op. 36; 1976; NMIC
- StrQ; op. 73; 1985; NMIC

Kvandal, Johan Jacob
1919-1999
- Fuge; StrQ; o. op.; 1946
- StrQ; no. 1; op. 11; 1946; Norsk (1978)
- StrQ; no. 2; op. 27; 1954–66; Norsk (1977)
- Norw. Tänze; StrQ; op. 44; 1976; Norsk (1978)
- StrQ; no. 3; op. 60; 1983; Norsk (1985)

Kvapil, Jaroslav
1892-1958
- StrQ; g; no. 1; 1914; MS: CZ-Bm
- StrQ; e; no. 2; 1926; MS: CZ-Bm
- StrQ; Es; no. 3; 1931; MS: CZ-Bm
- StrQ; a; no. 4; 1935; HMUB (1943)
- StrQ; D; no. 5; 1949; Orbis (1951)
- StrQ; no. 6; 1951; MS: CZ-Bm

Kvěch, Otomar
1950-
- StrQ; no. 1; 1972; Panton
- StrQ; no. 2; 1973; Panton
- StrQ; no. 3; 1974; Panton
- StrQ; no. 4; 1979; Panton
- StrQ; no. 5; 1985; Supraphon (1989)
- Mozart's complaint; StrQ; no. 6; 2000
- StrQ; no. 7; 2002
- StrQ + Sopr; no. 8; 2005

Kwiatowski, Ryszard
1931-1993
- StrQ; 1963
- StrQ; 1966, rev. 1978
- StrQ; 1970
- StrQ; 1983

Kyburz, Hanspeter
1960-
- StrQ; 2003/04; Breitkopf

Kyllönen, Timo-Juhani
1955-
- Erään ystävän muistolle; StrQ; no. 1; op. 3; 1984/85; Hellas (1989); A: 1985 Moskau
- StrQ; no. 2; op. 23; 1989; Fazer; A: 1989 Kuhmo

Kypta, Juohann Jan
1813-1868

- StrQ; F

Kyr, Robert
1952–
- StrQ; 1990
- StrQ; 1991

Kyreyko, Vitaly Dmytrovych
1926–
- StrQ; no. 1; 1974
- StrQ; no. 2; 1978
- Suite; StrQ; 1958
- StrQ; no. 3; 1985
- StrQ; 1988

Kyriakides, Yannis
1969–
- Antichamber; StrQ

Kyva, Oleg
1947–
- Im memoriam of D. Shostakovich; StrQ; 1975

Labar, Daniel
1944–
- StrQ; 1971

Labat
tätig um 1794
- 3 quatuors; C, B, Es; op. 1; André L41

Labey, Marcel
1875–1968
- StrQ; a; op. 17; 1918; Durand (1920)

Labi, Emmanuel Gyimah
1950–
- At the immaculate bee hive; StrQ; no. 1; 1982, rev. 1998

Labroca, Mario
1896–1973
- StrQ; no. 1; 1923; UE (1925)
- StrQ; no. 2; 1932; Zerboni (1932)
- StrQ; no. 3; 1939; Zerboni (1940)

Labunski, Felix
1892–1979
- StrQ; no. 1; 1935
- StrQ; no. 2; 1962

Laburda, Jiří
1931–
- Cavatina; StrQ; Pizzicato [PVU376]
- StrQ; no. 1; Karthause-Schmülling (2001)
- StrQ; no. 2; Karthause-Schmülling (2001)

Lacerda, Osvaldo Costa de
1927–2011
- StrQ; no. 1; 1952; Novas Metas (1979)

Lach, Robert
1874–1958
- StrQ; d; no. 17; op. 101; Waldheim (1934)
- StrQ; a; op. 62
- StrQ (mit Bläs.); a; op. 68
- StrQ; a; op. 73
- StrQ; a; op. 74
- StrQ; d; op. 76
- StrQ; d; op. 77
- StrQ; g; op. 78
- StrQ; g; op. 79
- StrQ; d; op. 80
- StrQ; F; op. 82
- StrQ; a; op. 83
- StrQ; a; op. 84
- StrQ; d; op. 89
- StrQ; d; op. 90
- StrQ; d; op. 91
- StrQ; g; op. 93
- StrQ; c; op. 96
- StrQ; d; op. 101
- StrQ; a; op. 102

Lachenmann, Helmut
1935–
- Gran Torso; StrQ; 1971/72, rev. 1978/1988; Gerig (1980/1988)
- Tanzsuite mit Deutschlandlied; 1979/80; StrQ + Orch; Breitkopf (2011); A: 2011 Helsinki
- Reigen seliger Geister; StrQ; no. 2; 1989; Breitkopf (1989)
- Grido; StrQ; no. 3; 2001/02, rev. 2004; Breitkopf (2001); A: 2001 Melbourne

Lacher, Johann Joseph
1739–1798

- 6 StrQe; F, A, B, C, G, Es

Lachert, Piotr
1938-
- Adenja; StrQ; 1984; TEMV
- Vingt et un; StrQ; 1992
- StrQ; 1971; TEMV
- (Immer allein); StrQ; 1997

Lachman, Hans
1906-1990
- StrQ; 1968; Donemus
- StrQ; no. 3; Donemus

Lachner, Franz Paul
1803-1890
- StrQ; D; op. 75; Schott (1843)
- StrQ; A; op. 76; Schott (1843)
- StrQ; Es; op. 77; Schott (1843)
- StrQ; F; op. 120; Schott (1866)
- StrQ; G; op. 169a; Schott (1849 + 1875)
- StrQ; e; op. 173; Schott (1876)

Lachner, Ignaz
1807-1895
- StrQ; B; Augener (1896)
- StrQ; F; op. 36; Schott
- StrQ; F; op. 43; Schott
- StrQ.; G; op. 51; Schott
- StrQ; A; op. 54
- StrQ; op. 74; Hofmeister
- StrQ; G; op. 104; Augener (1893); Schott (1911)
- StrQ; a; op. 105; Augener (1895)

Lachner, Vinzenz
1811-1893
- StrQ; F; op. 36; Schott (1864)
- Variationen sammt Vor- u. Nachsp. über die C-Dur-Tonleiter; op. 42b; Schott (1875); Wollenweber (1992)
- StrQ; Es; op. 27; Schott (1856)

Lachnith, Ludwig Wenzel
1746-1820
- 6 StrQe; A, g, D, Es, G, F; op. 7; Sieber (um 1780) [L133]

Lachout, Karel
1929-
- StrQ; 1951
- StrQ; 1952

Lachowska, Stefania
1898-1966
- StrQ; 1947

Lackman, Susan Cohn
1948-
- StrQ; 1976
- StrQ; 1977

Lackner, Peter
1966-
- Kanon; StrQ; 1993; A: 3/1995 Graz

Lacombe, Louis Trouillon
1818-1884
- Le Château; StrQ; C; op. 92; Maquet (1894)

La Cour, Niels
1944-
- Das innere Licht; StrQ; 1968
- Mild + Leise; StrQ; no. 2; 1969; Fog (1972)
- Cummunio; StrQ; no. 3; Samfundet (1977)
- Qu. classique; StrQ; no. 4; 1972; Fog (1976)
- StrQ; 1977; Egtved
- StrQ; 1978; Egtved

Lacroix, Antoine
1756-1806
- StrQ; op. 5; Günther
- StrQ; op. 13; Günther
- 3 StrQe; op. 17; Magasin de Mus.

La Cruz, Zulema de
1958-
- Kinesis-2; StrQ; 1987

Lacy, Frederick St. John
1862-1935
- StrQ; E

Laderman, Ezra
1924-2015
- StrQ; 1953; OUP
- StrQ; no. 1; 1959; OUP (1968)
- StrQ; no. 2; 1962; OUP (1966)

- StrQ; no. 3; 1966; OUP (1970)
- StrQ; no. 4; 1974; G. Schirmer (1983)
- StrQ; no. 5; 1976; G. Schirmer
- The Audobon; StrQ; no. 6; 1980; G. Schirmer (1987)
- StrQ; no. 7; 1983; G. Schirmer
- StrQ; no. 8; 1985; G. Schirmer
- StrQ; no. 9; 1995–99; G. Schirmer

Ladmirault, Paul
1877-1944
- StrQ; 1933; Amis de Paul Ladmirault

Ladscheck, Max Leopold Henry
1889-1970
- 2 StrQe; op. 9, 1 + 2; ca. 1937 + 1955
- Divertimento; StrQ

Ladukhin, Nikolai Mikhailovich
1860-1918
- Tempora vetusta; StrQ; F; Jurgenson (1905)

Ladwig, Werner
1899-1934
- StrQ

Lämmer, Lothar
1934-
- StrQ; 1984
- 5 Momente; StrQ; 1994

Länsiö, Tapani
1953-
- Preludi imitation; StrQ; 1976
- Kaksi osaajous Kvartetille; 1986
- StrQ; 1995

Läte, Aleksandr
1860-1948
- StrQ; 1896–1902

Lag, Alexander
1979-
- Quasi una fuga; StrQ

Laitinen, Arvo
1893-1966
- Quartetto Sinfonico

Lajtha, László
1892-1963
- StrQ; no. 1; op. 5; 1923; Leduc

- StrQ; no. 2; op. 7; 1926/27; Leduc
- StrQ; no. 3; op. 11; 1929; UE (1931)
- StrQ; no. 4; op. 12; 1930; Rozsavölgyi
- 5 Études; StrQ; no. 5; op. 20; 1935; Leduc (1936)
- 4 Études; StrQ; no. 6; op. 36; 1942; Leduc
- StrQ; no. 7; op. 49; 1950; Leduc (1950)
- StrQ; no. 8; op. 53; 1951; Leduc (1954)
- StrQ; no. 9; op. 57; 1953; Leduc (1954)
- Suite transylvain; StrQ; no. 10; op. 58; 1953; EMB (1995)

Lakomy, Peregrin
1851-1935
- StrQ; op. 16

Laks, Szymon
1901-1983
- StrQ; no. 1; 1928; verschollen
- Mala suita; StrQ; 1929
- StrQ; no. 2; 1932; verschollen
- Na polskie tematy ludowe; StrQ; no. 3; 1945; BB (2007)
- StrQ; no. 4; 1962; BB
- StrQ; no. 5; 1963; BB (2007); A: 2000

La Liberté, Joseph François Alfred
1882-1952
- Chant du Rossignol; StrQ
- 2 Chansons indiennes; StrQ
- La chanson Canadienne; StrQ + Stimme

Lalo, Édouard
1823-1892
- StrQ; Es; op. 19; um 1856; Breitkopf (1859)
- StrQ; 2. Fs.; op. 45; um 1856; Hamelle (1887)
- Serenade; StrQ; um 1885

Lalor, Stephen
1962-
- StrQ; 1991; AMC
- At the edge; StrQ; 1992; AMC

Lamarque-Pons, Jaurés
1917-1982
- Tres fugas; StrQ; 1951
- Tema de tango; StrQ; 1982

La Marra, Mariano
1957–
- StrQ

Lambert, John Arthur Neill
1926–1995
- Consider the Lilies; StrQ; no. 1; 1977; UMP
- StrQ; no. 2; op. 26; 1986

Lambertini, Marta
1937–
- Quasares; StrQ; 1971; Ricordi (1976)
- Vaghe stele dell'Orsa; StrQ; 1978

Lambiri, Eleni
1889–1960
- StrQ

Lamboy, Herbert de
1928–
- 1 Partita; StrQ; 1952

Lambrechts-Vos, Anna
1876–1932
- In memoriam parentum; StrQ; a; op. 7, 1; Harmonie (1908)
- StrQ; c; op. 7, 2; Harmonie (1908)
- Requiem; StrQ; op. 30; MS: Kopie im Archiv Frau + Musik

Lam Bunching
1954–
- Movement; StrQ; 1980
- L'air du temps; StrQ; 1991

La Montaine, John
1920–2013
- StrQ; op. 16; 1957

Lampart, Karl
1900–1974
- StrQ; op. 28; A: 1950

Lampe, Günter
1925–2003
- Quartettmusik; StrQ; no. 1; 1967
- 3 Volksliedsätze f. Instr. 4 ad lib.; 1969
- StrQ; no. 2; 1978; A: 1979
- Suite f. Musikschüler; 1983

Lampe, Walther
1872–1964

- StrQ; A: 1925 München

Lampel, David
1959–
- StrQ; 2002; Fairwood

Lampersberg, Gerhard
1928–2002
- 3 Figuren f. StrQ; 1969; A: 1969 Berlin
- StrQ; 1980; A: 6/1987 Hombroich
- StrQ; 1993
- Für Alfred Schlee; StrQ; 1994; A: 5/1994 Hombroich

Lampert, Ernst
1818–1879
- StrQ

Lampson, Elmar
1952–
- StrQ; no. 1
- StrQ; no. 2; 1992–98, rev. 2005; Peer

Lamuraglia, Nicolas J.
1896–1973
- StrQ

Lana, Oiliam
1953–
- StrQ; 1985; BrMIC

Lancaster, David
1960–
- StrQ; 1984; BMIC

Lancen, Serge
1922–2005
- StrQ; 1959

Landé, Franz
1893–1942
- StrQ

Landeghem, Jan van
1954–
- Silent scream; StrQ; 1991

Landini, Carlo Alessandro
1954–
- In stile romantico; StrQ; 1990
- Changes; StrQ; 1991; Edipan
- Apart from changes; StrQ; 1998

Landowski, Marcel
1915-1999
- Qu. dit l'interrogation; StrQ; 1995; Salabert

Landré, Guillaume
1905-1968
- StrQ; no. 1; 1927; Donemus
- StrQ; no. 2; 1943, rev. 1959; Donemus (1947/1959)
- StrQ; no. 3; 1949; Donemus (1950)
- StrQ; no. 4; 1965; Donemus

Landuzzi, Cristina
1961-
- Riflessi; StrQ; 1994; Zerboni; A: 4/1994 Mailand
- Quartetto da Ricordo dell'assenza; StrQ; Zerboni

Lang, Bernhard
1957-
- Zeitmasken; StrQ; 1986
- Kleine Welten; StrQ; no. 2; 1991; A: 1991 Graz
- Monadologie IX: The anatomy of disaster; StrQ; no. 3; 2010; Vlg. Zeitvertrieb; A: 2010 Donaueschingen

Lang, David
1957-
- Wreck/Wed; StrQ; 1995

Lang, Henry Albert
1854-1930
- StrQ; no. 2; op. 61; 1913

Láng, István
1933-
- StrQ; no. 1; 1961
- StrQ; no. 2; 1966; EMB (1968)
- StrQ; no. 3; 1978; EMB (1980)

Lang, Johann Georg
1722?-1798?
- StrQ; G; Simrock (1938)

Lang, Klaus
1971-
- The sea of despair. Trauermusik; StrQ; 1995; A: 7/1995 St. Lambrecht

Lang, Margaret Ruth v.
1867-1972
- StrQ

Lang, Max
1917-?
- StrQ; 1947
- StrQ; no. 2; 1980

Lang, Peter Helmut
1974-
- StrQ; no. 1; A: 1997 Weimar
- Elegia; StrQ; A: 2000 Lodz

Lang, Walter
1896-1966
- StrQ; h; op. 6; 1919; Ries (1922)
- StrQ in Form v. Variationen; op. 52; 1957

Lange, Albert
1861-?
- Frühlingsahnung; StrQ; op. 15; Schmidt (1897)

Lange, Fr. Gustav
?
- 5 Ländler; StrQ; Seeling (1879)
- Das häusliche Glück; StrQ; Seeling (1880)

Lange, Samuel de
1840-1911
- StrQ; e; no. 1; op. 15; Leuckart (1874)
- StrQ; C; no. 2; op. 18; Leuckart (1874)
- StrQ; g; no. 3; op. 67; Rahter (1895)
- StrQ; D; no. 4; op. 81; Rieter (1901)

Langenauer, Hans
1921-1995
- Musik in 2 S.; StrQ

Langer, Hans-Klaus
1903-1987
- Divertimento; StrQ; 1953; Astoria

Langer, Johann
1861-1950
- 3 StrQe; C, G, e; 1922–25

Langey, Otto
1851-1922
- Hommage à Haydn, Variationen; StrQ; op. 17; Seeling (1880)

Langgaard, Rued Immanuel
1893-1952
- StrQ; 1914; Samfundet
- StrQ; 1918, rev. 1931; Samfundet
- StrQ; 1924; Kistner (1931); Samfundet
- Sommerdage; StrQ; f; 1931
- StrQ; 1925, rev. 1926–38
- StrQ; 1918/19; Samfundet
- Variationen über *Befiehl du deine Wege*;
  StrQ; 1914/15, rev. 1931–40
- Rosengaardsspil; StrQ; 1918
- StrQ; As; 1918

Langhammer, Anton
ca. 1820–?
- StrQ; F; Cranz (1846)

Langhans, Louise
1832-1892
- StrQ

Langhans, Wilhelm
1832-1892
- Quatuor; F; op. 4; Maho (1865) [PN582];
  Geissler (1866/1868)

Langheinrich, Friedrich Wilhelm
1904-1987
- StrQ; C; 1917
- StrQ; B; 1917
- StrQ; C; 1918
- Sylter StrQ-Sätze; 1922

Langley, James
1927-1994
- StrQ; no. 1; 1958

Langlotz, Lukas
1971-
- IN; StrQ; A: 2000 Bellinzona

Langstroth, Ivan Shed
1887-1971
- StrQ; E; op. 2; 1914
- Introduction + Fugue on a theme
  by Paul Juon; StrQ; op. 12; 1927
- StrQ; fis; op. 21; 1935
- 4 Pieces; StrQ; op. 20; 1936

Lang Zaimont, Judith
1945-

- De infinitate caeleste; StrQ; 1980

Laniuk, Jurii
1957-
- StrQ

Lann, Vanessa
1968-
- Lullabye for a young girl dreaming; StrQ;
  1990; Donemus

Lanner, Joseph
1801-1843
- StrQ; Doblinger (2000)

Lansky, Paul
1944-
- StrQ; no. 1; 1967; Boelke-Bomart;
  A: 1967 Princeton, NJ
- StrQ; no. 2; 1971, rev. 1977;
  Boelke-Bomart

Lantier, Pierre Louis
1910-1998
- StrQ; 1939; Durand (1939)
- StrQ; no. 2; 1967; Billaudot

Lanza, Alcides
1929-
- Cuarteto V; StrQ; 1967; Shelan (1983)

Lanza, Mauro
1975-
- Der Kampf zwischen Karneval und Fasten;
  2 StrQe; A: 4/2012 Witten

Laparra, Raoul
1876-1943
- StrQ

Lapeiretta de Brower, Nina
1907-1989
- Suita Arcaica; StrQ; 1942

La Porta, Louis F.
1944-
- StrQ; 1970

Laporte, André
1931-
- Divertimento academico I; StrQ; 1991;
  CeBeDeM (2001)

Laquai, Reinhold
1894-1957
- 2 kleine StrQe; 1935
- Adagio + Allegro; StrQ; 1942
- StrQ; 1944
- StrQ; 1951

Lara, Ana
1959-
- StrQ; 1987; MS: Kopie im Archiv Frau + Musik
- Arcos; StrQ; 1987/88
- Bhairav; StrQ; 2001

Lara, Felipe
1979-
- A deus; StrQ; 2001
- Corde vocale; StrQ; 2005

Lara, Kozma
1930-
- StrQ; g; no. 1; 1988
- StrQ; no. 2; 1998

Larcher, Thomas
1963-
- Cold Farmer; StrQ; no. 1; 1990; Schott; A: 1990 Wien
- IXXU; StrQ; no. 2; 1998–2004; Schott; A: 2005 Lech a. Arlberg
- Madhares; StrQ; no. 3; 2006/07; Schott; A: 2008 Salzburg
- lucid dreams; StrQ; no. 4; 2015; Schott; A: 2015 Grenoble

Laroche, Hermann
1845-1904
- 2 StrQe; 1860–62

Larsen, Elizabeth Brown (Libby)
1950-
- Alauda; StrQ; 1986
- Qu. Schoenberg, Schenker; StrQ; 1991

Larsen, Svend
1931-2004?
- StrQ; 1964; Viking
- StrQ; op. 33; 1982; DMIC

Larson, Martin
1967-

- StrQ; 1991; SMIC

Larsson, Håkan
1959-2012
- StrQ; 1993; SMIC
- Vattenminnen; StrQ; 1997; SMIC

Larsson, Lars-Erik
1908-1986
- Intima miniatyrer; StrQ; op. 20; 1938; Gehrmans (1957)
- StrQ; d; no. 1; op. 31; 1944; Gehrmans
- Alla serenata; StrQ; no. 2; op. 44; 1955; Gehrmans (1960)
- StrQ; no. 3; op. 65; 1976; Gehrmans

Larsson, Mats
1965-
- StrQ; 1989; SMIC

Lasala, Ángel E.
1914-2000
- StrQ; 1945
- StrQ; 1958
- StrQ; 1961

Lash, Hannah
1981-
- Total internal reflection; StrQ; A: 11.06.2013 Southfield, MI

Laska, Joseph Julius
1886-1964
- StrQ-Sätze

Laskovsky, Ivan Fyodorovich
1799-1855
- StrQ; e
- StrQ; G
- StrQ; g; no. 3; Muzgis
- Weitere StrQe

Lasoń, Aleksander
1951-
- StrQ; no. 1; 1980; PWM (1984)
- StrQ; no. 2; 1987; PWM
- StrQ; no. 3; 1993; PWM
- Relief dla Andrzeja; StrQ; 1995; Tonos
- Tamogorski; StrQ; no. 4; PWM (2002)

Lasser, Philip
1963-
- Prelude et double fugue; StrQ; g; 1951; Eschig

Latham, Joan
1921-?
- StrQ; op. 5; 1945

Latham, William Peters
1917-2004
- 5 Sketches; StrQ; 1938
- StrQ; 1938
- StrQ; 1939
- StrQ; 1940; A: 11/1940 Cincinnati

Latilla, Gaetano
1711-1788
- 6 StrQe; C, Es, D, A, F, G; Welcker (1770)

Lattuada, Felice
1882-1962
- StrQ
- StrQ; d; 1918; Ricordi

Lau, Heinz
1925-1975
- 12 Tanzsätze; StrQ; Pelikan

Laub, Ferdinand
1832-1875
- StrQ; cis

Lauba, Christian
1952-
- StrQ
- Morphing; StrQ; no. 2; 1999; Leduc

Laubacher, Daniel Joseph
1957-
- 2 songs of death; StrQ + Ten; 1989

Lauber, Anne
1943-
- Suite; StrQ; 1991; CMC

Lauber, Joseph
1865-1952
- StrQ; g; op. 5; Fritsch (1899)

Laubry, Jean-Jacques
1916-2001
- StrQ; 1973

Lauck, Thomas
1943-
- StrQ; 1973/74; Ed. Modern

Laudenslager, Harold
1920-1971
- StrQ; no. 1; op. 5; 1949
- StrQ; no. 2; op. 9; 1952
- StrQ; no. 3; op. 13; 1954; Cor Publ.
- StrQ; no. 4; op. 29; 1961

Lauermann, Herbert
1955-
- StrQ; 1982; Doblinger (1987); A: 10/1982 Rohrau

Laufer, Edward
1938-
- StrQ; 1962, rev. 1963

Laufer, Norbert
1960-
- StrQ; 1986; Dohr (1997)

Laughland, John
1948-
- Anthems; StrQ; 1996; ScoMIC

Laul, Rein G.
1939-
- StrQ; d; 1964, rev. 1964–81

Launis, Armas
1884-1959
- Fugen; StrQ
- StrQ; C

La, Un-yung
1922-1993
- Romantic; StrQ; no. 1; 1942

Laurens, Edmond
1852-1925
- 4 Pieces; StrQ; Jobert (um 1895)

Lauricella, Massimo
1961-
- Tremiti; StrQ; 1988; Edipan (1989)

Lauricella, Remo
1912-2003
- StrQ

Laurin, Rachel
1961-
- StrQ; d; op. 19; 1991; CMC

Lauro, Antonio
1917-1986
- StrQ; 1947; CDA
- StrQ; 1948; CDA

Laurušas, Vytautas
1930-
- StrQ; 1979; Sovetskij (1982)

Lavainne, Ferdinand-Joseph
1814-1893
- 3 StrQe; 1869

Lavallée, Calixa
1842-1891
- 2 StrQe; verloren

Lavarini, Enrico
1948-
- StrQ; no. 1; 2003/04; A: 10/2004 Zürich

Lavater, Hans
1885-1969
- StrQ; g; op. 23; 1920

La Violette, Wesley
1894-1978
- StrQ; no. 1; 1926; Schneider (1930)
- StrQ; no. 2; 1933
- StrQ; no. 3; 1936
- 3 Pieces; StrQ; 1937
- 5 Songs; StrQ + Sopr; 1931
- Largo lyrico; StrQ; 1943

Lavista, Mario
1943-
- 5 Piezas; StrQ; 1967; Southern
- Diacronia; StrQ; no. 1; 1969; Edic. Mex.
- Reflejos de la noche; StrQ; no. 2; 1984; Southern (1991)
- Musica para mi vecino; StrQ; no. 3; 1995; Southern
- Sinfonias; StrQ; no. 4; 1996; Southern
- Siete invenciones; StrQ; no. 5; 1998; Southern

- Suite en cinco partes; StrQ; no. 6; 1999; Southern

Lavri, Marc
1903-1967
- Jewish Suite; StrQ; 1931; MS: IL-J

Lavrushko, Mykhailo
1945-
- StrQ; 1973

Lavryshyn, Zenovii
1943-
- StrQ

Lawrence, William
1897-1966
- 3 negro spirituals; StrQ

Law, Wing-fai
1949-
- Plus one; StrQ; 1987

Lay, Raoul
1964-
- Les forces de l'oubli; StrQ; 1993

Layton, Billy Jim
1924-2004
- StrQ; op. 4; 1956

Lazarenko, Andrii
1909-1983
- Romance; StrQ; 1939

Lazarof, Henri
1932-2013
- StrQ; no. 1; 1956; IMP
- StrQ; no. 2; 1961/62; IMP (1964)
- Impromptus; StrQ; 1995; Merion (1995)
- StrQ; 1980; Merion (1981)
- StrQ; no. 4; 1996; Presser
- StrQ; no. 5; Merion (1998)
- Homage to Paul Klee; StrQ; no. 8; 2002; Merion (2003)

Lazkano Ortega, Ramon
1968-
- StrQ; 1988

Lazzari, Sylvio
1857-1944
- StrQ; A; op. 17; 1904; Rouart (1911)

Leach, Rachel
1973–
• Erratic Static; StrQ; 1996; BMIC

Leadbetter, Martin
1945–
• Nocturne; StrQ; 1982; BMIC

LeBaron, Alice Anne
1953–
• North coast nights; StrQ; 1991
• In celebration of youth; StrQ; 1994
• Sukey; StrQ; 1994
• Going Going Gone; StrQ; 1997

Le Beau, Louise Adolpha
1850–1927
• StrQ; op. 28; Breitkopf (1885)
• StrQ; g; op. 34; 1885; Furore (2000)

Leber, Gottfried
1864–?
• StrQ

Leberl, Rudolf
1884–1952
• Das Schwäbische; StrQ; e; no. 1
• Böhmerwaldquelle; StrQ; C; no. 3; Comes
• Bayerisches StrQ; StrQ; B; Comes
• Variationen über ein altdeutsches Volkslied
• Tanzweisen
• StrQ-Satz; C; Fragment

Lebič, Lojze
1934–
• StrQ; 1983; DVfM (1987)

Le Borne, Fernand
1862–1929
• StrQ; c; op. 23; Rouart-Lerolle (1896)

Lebrun, Paul-Henri-Joseph
1863–1920
• StrQ; d; op. 5; 1885

Lechner, Valentin
1777–1849
• Grand quatuor; op. 1; Artaria, no. 1973
  [LL1305I,1]

Lechthaler, Josef
1891–1948

• StrQ; op. 19; 1926/27
• Die Geigerin; StrQ; op. 20; 1927
• StrQ; op. 55; 1941; Böhm (1941)

Leclerc, Michel
1914–1995
• Fugue; StrQ
• Jeux mosans; StrQ; 1953
• La ronde des Cherubins; StrQ; 1958;
  Maurer (1961)
• Musique pour le pater; StrQ; 1960
• Pochade; StrQ; 1982; Bayard-Nizet (2000)
• Vieux Noel

Lecuna Lander, Juan Vicente
1891–1954
• StrQ; 1943/44

Lecuona, Ernesto
1896–1963
• StrQ; unvollständig

Ledeč, Egon
1889–1944
• Gavotte; StrQ

Ledenev, Roman
1930–
• StrQ; no. 1; op. 7; 1958; Sovetskij (1976)
• Russ. Klänge: 5; StrQ; op. 21; 1969;
  Sovetskij (1976)
• StrQ; no. 2; 2000; Sovetskij

Lederer, Joseph
1877–1958
• StrQ; d; no. 2; op. 33; Grosch (1942)

Ledoux, Claude
1960–
• Les ruptures d'Icare L; StrQ; 1993

Leduc, Jacques Pierre Edouard
1932–
• 3 mouvements; StrQ; op. 32; 1970
• Intrada et dancerie; StrQ; op. 75; 1994;
  CeBeDeM (1994)

Lee, Chan-Hae
1945–
• Chung; StrQ; 1972

Lee, Clifford
1933-
- StrQ; 1992; Melandra

Lee, Dai-Keong
1915-2005
- StrQ; 1944

Lee, Eu-Gene
1942-
- Empty infinity; StrQ; 1970

Lee, Hope Anne Keng-Wei
1953-
- Arrow of being, arrow of becoming; StrQ; 1997; Furore (1997)
- Initium; StrQ; 1978

Lee, Hwaeja
1941-
- StrQ; 1961

Lee, Louis
1819-1896
- 2 StrQe

Lee, Sang-Eun
1971-
- StrQ; 1998; MS: Kopie im Archiv Frau + Musik

Lee, Taishang
1941-
- Ewiger Frühling (Heldenlied); StrQ

Lee, Thomas Oboe
1945-
- StrQ; 1982; BB
- Child of Uranus, father of Zeus; StrQ; no. 3; 1982; Margun (1985)
- Morango; StrQ; 1983

Lee, Young Ja
1931-
- StrQ; 1956

Leech, Renee
1942-
- StrQ; 1979

Leedy, Douglas
1938-2015
- StrQ; 1965-75

- White Buffalo; StrQ; no. 2; 1995

Leef, Yinam
1953-
- StrQ; 1978; IMI
- Elegy; StrQ; 1991; IMI

Leemans, Hebert Philippe Adrien
1741-1771
- StrQ; op. 3; Selbstverlag (1769)
- Recueil de 6 Qu. d'airs choisis dans les opéras comiques les plus goutés; StrQ; op. 5; Le Menu (1771)

Lees, Benjamin
1924-2010
- StrQ; no. 1; 1952; Boosey (1954)
- StrQ; no. 2; 1955; Boosey (1957)
- StrQ; no. 3; 1980/81; Boosey (1982)
- StrQ; no. 4; 1989; Boosey (1998)
- StrQ; no. 5; 2001; Boosey (2001)
- StrQ; no. 6; 2005; Boosey

Leeuw, Reinbert de
1938-
- StrQ; 1963; Donemus
- Etude; StrQ; 1985; Donemus

Leeuw, Ton de
1926-1996
- StrQ; no. 1; 1949; Donemus (1958)
- StrQ; no. 2; 1964; Donemus (1965)
- StrQ; no. 3; 1994; Donemus

LeFanu, Nicola Frances
1947-
- StrQ; no. 1; 1988; Novello
- StrQ; no. 2; 1996; Novello

Lefèbvre, Charles
1843-1917
- StrQ; g; op. 80; Noell (1891)
- Suite; StrQ; op. 59; Hamelle (1910)
- StrQ; e; op. 124; Leduc

Lefebvre, Victor
1811-1834
- Les nuits musicales; StrQ; op. 3; Costallat

Lefever Chatterton, Tomás
1926-2003

- 3 Invenciones; StrQ
- 5 Piezas; StrQ
- StrQ; no. 1
- StrQ; no. 2
- StrQ; no. 3

Lefkoff, Gerald
1930-
- StrQ; no. 1
- StrQ; no. 2; 1983; Glyphic Press (1983)

Le Flem, Paul
1881-1984
- Piece; StrQ; 1903; Lemoine

Le Fleming, Christopher
1908-1985
- 3 Traditional tunes; StrQ; 1960; Novello

Lefmann, Paul
1893-1929
- StrQ

Leftwich, Vernon
1881-1977
- StrQ

Legido González, Jesús
1943-
- StrQ; 1979; Alpuerto

Legley, Victor
1915-1994
- StrQ; op. 5; 1941
- StrQ; no. 2; op. 28; 1947; CeBeDeM (1956)
- StrQ; no. 3; op. 50; 1956; CeBeDeM (1957)
- StrQ; no. 4; op. 56; 1963; CeBeDeM (1965)
- StrQ; no. 5; op. 116; 1990; CeBeDeM (2004)

Le Grande, Robert
1910-1974
- Suite; StrQ; op. 63; Salabert

Leguay, Jean-Pierre
1939-
- StrQ; 1989

Leguerney, Jacques
1906-1997
- StrQ; 1947

Le Guillard, Albert
1887-1958
- StrQ; C; op. 5; 1917; Senart (1918)
- StrQ; op. 11; Senart

Lehmann, Georg(e)
1865-?
- 3 Kompositionen (Menuett, Scherzo, Vortrag in Liedform); StrQ; Stoll (1895)
- Komp. f. StrQ; no. 4: Rondo, op. 10; no. 5: Melancholie, op. 10; Stoll (1896)

Lehmann, Hans Ulrich
1937-2013
- StrQ; 1987/88; Gravis (1992)
- Nachtklänge; StrQ; 2009; Gamma (2010)

Lehmann, Markus
1919-2003
- StrQ; G; WV 5; 1937
- Aus meiner Jugendzeit; StrQ; Astoria

Lehmann, Paul (Oskar Hermann)
1876-?
- Weihnachten; StrQ; 1914; Rhein. Mus. Vlg. (1928)
- Märchenszene; StrQ; 1916; Rhein. Mus. Vlg. (1928)
- Andacht; StrQ; 1926

Lehmann, Ulrich
1928-
- StrQ

Lehmann, Wilfred
1929-
- StrQ; no. 1
- StrQ; no. 2

Lehner, Franz Xaver
1904-1986
- Rondi; StrQ; 1973; Orlando

Lehrndorfer, Franz Xaver Josef
1889-1954
- StrQ

Leib, Nachmann
1905–?
- StrQ; no. 1; op. 9; 1947
- StrQ; no. 2; op. 19; 1963
- StrQ; no. 3; op. 25; 1966

Leibovich, Niza
1969–
- Gilgulim; StrQ; 1995; IMI

Leibowitz, René
1913–1972
- StrQ; op. 3; 1939/40; Boelke-Bomart
- StrQ; op. 22; 1948–1950; Boelke-Bomart
- StrQ; op. 26; 1951/52; Boelke-Bomart
- StrQ; op. 45; 1957/58; Boelke-Bomart
- StrQ; op. 59; 1962/63; Boelke-Bomart
- StrQ; op. 65; 1965; Boelke-Bomart
- StrQ + Bar; op. 72; 1966; Boelke-Bomart
- StrQ; op. 83; 1968; Boelke-Bomart
- StrQ; op. 93; Boelke-Bomart

Leich, Roland
1911–1995
- StrQ; 1937

Leichtentritt, Hugo
1874–1951
- StrQ; F; op. 1; Steingräber (1913)
- StrQ; no. 2; op. 20
- StrQ; no. 3; op. 21

Leichtling, Alan
1947–
- 3 StrQe
- StrQ; no. 4; 1967; Seesaw

Leidesdorf, Maximilian Joseph
1787–1840
- StrQ; op. 144
- StrQ; op. 171

Leide-Tedesco, Manoah
1895–1982
- StrQ; op. 23, 1

Leidgebel, Amandus Leopold
1816–?
- StrQ

Leidzen, Erik William Gustav
1894–1962

- StrQ; 1920

Leifs, Jón
1899–1968
- Variatione pastorale; StrQ; B; op. 8; IMC
- Morset vita; StrQ in 1 S.; no. 1; op. 21; 1939; IMC
- Vita et mors; StrQ; no. 2; op. 36; 1948–51
- El Greco; StrQ; no. 3; op. 64; 1965

Leifur, Pórarinsson
1934–1998
- StrQ; 1969
- StrQ; 1992

Leigh, Richard
1967–
- StrQ; 1989; Lynwood

Leigh, Walter
1905–1942
- StrQ; 1929; A: 1990 London
- StrQ; 1930; Hansen (1931)

Leighton, Kenneth
1929–1988
- StrQ; no. 1; op. 32; 1956; Lengnick (1958)
- StrQ; no. 2; op. 33; 1957; Lengnick (1960)
- 7 variations; StrQ; op. 43; 1964; Novello (1966)

Lei Liang
1972–
- Gobi Gloria; StrQ; 2007; Lei Liang Publ.
- Serashi fragments; StrQ; Lei Liang Publ.

Leimert, Volkmar
1940–
- StrQ; 1964
- StrQ; no. 2

Leiner, Cyprian
1980–
- Land der Sonne im Abendrot; StrQ; 2005

Leinert, Friedrich
1908–1975
- 4 StrQe; 1950–57

Leistner-Mayer, Roland
1945–

- In mem. L. Janacek; StrQ; no. 1; op. 15; 1975/76; Vogt (1999)
- StrQ; no. 2; op. 43; 1987
- Hukvaldy; StrQ; no. 3; op. 55; 1989; Vogt (2001)

Leitermeyer, Fritz
1925-2006
- StrQ; op. 10; 1946; A: 2/1951 Wien
- Rhaps. Skizzen; StrQ; op. 14; 1959; UE
- Polyphonie; StrQ; op. 15; 1960; UE
- Variation; StrQ; op. 27; 1965; Doblinger (1974); A: 12/1969 Salzburg
- Texmini; StrQ; no. 3; op. 56; 1974; A: 10/1974

Leiviskä, Helvi
1902-1982
- StrQ; 1926

Lejeune, Jacques
1940-
- Chronique d'un riviere; StrQ; 1977

Lejeune-Bonnier, Elaine
1921-
- StrQ; 1953

Lekeu, Guillaume
1870-1894
- Molto adagio – sempre cantate doloroso; StrQ; 1887; CeBeDeM (2000)
- Meditation; StrQ; g; 1887; CeBeDeM (1994)
- Menuett; StrQ; 1887
- StrQ; d; 1887; vollendet v. Vincent d'Indy; Rouart-Lerolle (1910)
- Commentaire sur les paroles du Christ; StrQ; 1887
- StrQ; G; 1888; CeBeDeM (2010)

Leleu, Jeanne
1898-1979
- StrQ; 1922; Heugel

Lemacher, Heinrich
1891-1966
- StrQ; d; no. 1; op. 8
- StrQ; c; no. 2; op. 14

- StrQ; e; no. 3; op. 16
- StrQ; G; no. 4; op. 20
- Suite; StrQ; op. 38, 1; Tonger (1935)
- Chaconne + Marsch; StrQ; Gerig
- StrQ; op. 94, 4; Orbis
- Liturgische Inventionen; StrQ; op. 120, 2
- Weihnachtslieder; StrQ; op. 161, 2; Gerig

Lemaître, Dominique
1953-
- Pour voir la nuit flechir; StrQ; 1991; Ruggimenti

Lemay, Robert
1960-
- L'errance ... hommage à Wim Wenders; StrQ; 1990, rev. 1997; CMC

Lemba, Artur
1885-1963
- StrQ; 1934

Lemberg, Werner
1968-
- Nachtmusik; StrQ; 1989

Lemeland, Aubert
1932-2010
- StrQ; op. 3; 1972; Jobert (1964)
- StrQ; 1974
- StrQ; no. 3; op. 34; 1985
- StrQ; no. 4; 1987; Billaudot

Lendvai, Erwin
1882-1949
- StrQ; e; no. 1; op. 8; Simrock (1917)

Lendvay, Kamilló
1928-2016
- StrQ; 1963; Ed. Musica (1971)

Lenepveu, Charles Ferdinand
1840-1910
- StrQ; B; Hamelle (1870)

Lenners, Claude
1956-
- StrQ (seriell); 1982; A: 4/1983

Lennon, John Anthony
1950-
- Voices; StrQ; 1981; Ed. Peters

Lenot, Jacques
1945-
- 7 frammenti; StrQ; 1976; Zerboni (1976)
- 3 movements; StrQ; 1991
- StrQ; no. 1; 1997; Jerona
- StrQ; no. 2; 2002; Jerona
- 3 Liebeslieder-Walzer; StrQ; 1987; Salabert
- À propos de la Grace; StrQ; 1987; Salabert

Lentz, Daniel Kirkland
1942-
- 3 Haiku in 4 movements; StrQ; 1963
- Sermon: saying ... with music; StrQ; 1963

Lenzewski, Gustav
1896-1988
- Aphorismen; StrQ; A: 1981 Frankfurt/M.

Leon, Garby
1947-2014
- StrQ; 1971

Leonhardt, Karl Michael
1900-?
- Rhein. StrQ; 1933

León Perez, Argeliers
1918-1991
- StrQ; no. 1; 1957; Edit. Mus. de Cuba
- StrQ; no. 2; 1961; Edit. Mus. de Cuba

Leoz, Jesús García
1904-1953
- StrQ; 1940

Lepik, Tarmo
1946-2001
- StrQ; 1986; EMIC

Lerdahl, Fred
1943-
- StrQ; no. 1; 1978; Mobart
- StrQ; no. 2; 1980–82; Mobart (1983)
- StrQ; no. 3; Mobart

Lerescu, Sorin
1953-
- StrQ; no. 1; 1978
- Configuratii; StrQ; no. 2; 1988

Lerstad, Terje
1955-

- 2 Pieces; StrQ; 1975; NMIC
- StrQ; 1982; NMIC

Lesage, Jean
1948-1983
- StrQ; Boosey

Leschetizky, Theodor H.
1830-1915
- Variatonen über den Refrain des Wienerlie-
  des *Ich muß wieder einmal in Grinzing sein*
  v. R. Benatzky; StrQ; Doblinger (1932)

Lesch-Michel, Ruth
1939-
- Im Märchenland; StrQ f. Kinder; 1995;
  MS: Kopie im Archiv Frau + Musik

Leshnoff, Jonathan
1973-
- Pearl German; StrQ; no. 1; ASCAP

Le Siege, Annette
1949-
- Suite II; StrQ; 1984; Seesaw

Leskovic, Bogomir
1909-1995
- StrQ

Lessel, Franciszek
um 1780-1838
Mind. 11 StrQ, erhalten, darunter:
- no. 1; A; nur 1 S.: PL-Wtm
- no. 6; D; nur Vla: PL-Wtm
- no. 8; B; op. 19; 1824: F-Pn

Lesser, Wolfgang
1923-1999
- StrQ; 1979/80; VeNM (1979)
- StrQ; 1992

Letelier Llona, Alfonso
1912-1994
- Fuga; StrQ; d; op. 11; 1933
- StrQ; 1939

Leukauf, Robert
1902-1976
- StrQ; A: 1936 Wien

Levaillant, Denis
1952-

- Suite pour Hedda; StrQ; 1987; Durand
- Le clair, l'obscure ...; StrQ; 1997

Levant, Oscar
1906-1972
- StrQ; 1937

Levay, Sylvester
1945-
- Source in the cabin; StrQ; 1984; MCA

Level, Pierre-Yves
1937-
- StrQ; 1975

Levenson, Boris
1884-1947
- 2 StrQe

Levering, Arthur
1953-
- Tema; StrQ; Edipan

Levey, Joseph A.
1925-?
- StrQ

Levi, Paul
1941-
- StrQ; 1969

Levidis, Dimitrios
1886-1951
- Fuga; StrQ; e; op. 15; 1908; Hayet (1911)

Levin, Rami Yona
1954-
- Movements; StrQ; 1978; A: 1981

Levinas, Michaël
1949-
- StrQ; no. 1; 1999; Lemoine (1999)

Levine, Jeffrey Leon
1942-
- Tapestory; Double StrQ; 1983

Levines, Thomas Allen
1954-
- A travel journal; StrQ; 1980

Levy, Alexandre
1864-1892
- StrQ; 1885
- Reverie; StrQ; 1889

Levy, Ernst
1895-1981
- StrQ; e; no. 1; 1919
- StrQ; g; no. 2; 1921
- StrQ; no. 3; 1958
- In statu nascendi; StrQ; 1936-39
- Musik. Miniaturen; StrQ; 1918
- StrQ; no. 4; 1978

Levy, Frank
1930-
- StrQ; 1951; Seesaw
- Variations; StrQ; 1966; Seesaw

Levy, Lazare
1882-1954
- StrQ; op. 11; Salabert/Senart c (1935)

Levy, Marvin David
1932-2015
- StrQ; 1955

Levych, Oleksander
1907-?
- Fugue on an Ukrainian theme; StrQ; 1958

Lewandowsky, Max
1874-1906
- 2 StrQe; F, e; André (1910)

Lewensohn, Gideon
1954-
- Odradek; StrQ; Peer
- ... und noch zurückhaltend; StrQ; 1998
- Strings attached; StrQ; 1999

Lewin, David
1933-2003
- 4 Short pieces; StrQ; 1956, rev. 1969
- Piece; StrQ; 1969

Lewin, Gustav
1869-1938
- StrQ; A: 1918 Berlin

Lewin-Richter, Andrés
1937-
- Radio 2; StrQ + Tape; 1996

Lewis, John
1920-2001
- Sketch; Double StrQ

Lewis, Peter Scott
1933-
- Night lights; StrQ; 1983; CFE
- StrQ + Tape; no. 2

Lewis, Peter Tod
1932-1982
- StrQ; no. 1; 1960
- Signs + circuits; StrQ with tape; no. 2; 1969

Lewis, Robert Hall
1926-1996
- StrQ; no. 1; 1956; Seesaw (1969)
- StrQ; no. 2; 1962; Seesaw
- StrQ; no. 3; 1980/81; Doblinger
- StrQ; no. 4; 1993; Presser

Ley, Henry George
1887-1962
- StrQ

Ley, Salvador
1907-1985
- Movimiento; StrQ; 1936

Leyendecker, Ulrich
1946-
- StrQ; no. 1; 1978; Sikorski (1980);
  A: 1980 Witten
- StrQ; no. 2; 1986/87; Sikorski (1992);
  A: 1990 Mannheim
- Ricercar zur *Kunst der Fuge*; StrQ; no. 3;
  1989; Sikorski (1992); A: 1991 Düsseldorf

Leygraf, Hans
1920-2011
- StrQ; STIM

Leyman, Katarina
1963-
- Möten; StrQ; 1998

Lhotka, Fran
1883-1962
- StrQ; g; 1911
- Konz. f. StrQ; 1924; Udruzenja (1957)
- Elegija i scherzo; StrQ; 1931; Udruzenja
  (1931)

Liana, Alexandra
1947-2011

- StrQ; 1988

Liberda, Bruno
1953-
- Ich hab mein Sach auf Nichts gestellt; StrQ;
  1976; Ariadne (1979?)
- StrQ; StrQ; 1988; Ariadne (1994)

Li Bo
1988-
- StrQ

Lichey, Reinhold
1879-1973
- Deutsches Friedens-Quartett; StrQ; 1955

Lichtfuß, Martin
1959-
- An Eurydike. Musik; StrQ; 1981; A: 2007

Licitis, Janis
1913-
- StrQe; nos. 1–4
- StrQ; no. 5; Muzyka (1978)

Lickl, Johann Georg
1769-1843
- 3 StrQe; d, G, c; op. 1; Imbault; André,
  no. 1004 [L2345]

Lidarti, Christian Joseph
1730-1795
- 6 StrQe; op. 3; nach 1762

Lidel, Andreas
1740-1789
- 6 StrQe; B, C, A, G, Es, D; op. 2; 1778
- 6 StrQe (3 StrQ/3 FlQu); op. 7; 1783;
  J. J. Hummel [L2371]

Lidholm, Ingvar
1921-
- StrQ; 1945; Hansen (1959);
  A: 1946 Fylkingen
- Tre elegier-Epilog; StrQ; 1986;
  A: 1986 Stockholm
- Music; StrQ; 1952; Hansen

Lídl, Václav
1922-2004
- StrQ; no. 1; 1948
- StrQ; no. 2

- StrQ; no. 3; op. 28; 1955; Panton
- StrQ; 1969; Panton

Lidström, John
1957-
- Collage; StrQ; 1986; SMIC

Lie, Sigurd
1871-1904
- StrQ; d

Lieberman, Fredric
1940-2013
- StrQ, no. 1
- StrQ; no. 2; 1966; Schirmer

Liebermann, Lowell Seth
1961-
- StrQ; no. 1; op. 5; 1979; Presser
- StrQ; no. 2; op. 60; 1998

Liebermann, Rolf
1910-1999
- Quartettino: Zeichen meiner Zuneigung
  (F. Alfred Schlee); StrQ; 1991; UE (1991)

Lieberson, Goddard
1911-1977
- Sonata; StrQ; 1937
- StrQ; um 1935; OUP (1966)

Lieberson, Peter
1946-
- StrQ; 1994; Schirmer

Liebert, David
1963-
- 5 Movements; StrQ; 1985

Liebeskind, Josef
1866-1916
- StrQ; e; op. 2; Breitkopf (1888)
- StrQ; C; no. 2; op. 7; Reinecke (1896)

Liebhart, Wolfgang
1958-
- StrQ; no. 1; 1987
- StrQ; no. 2; 1993; Doblinger (2002);
  A: 3/1994 Wien

Liebmann, Helene
1795-1859
- StrQ; op. 13

Lielenz, Hans
1909-?
- StrQ; op. 76; 1965

Lienenkämper, Stefan
1963-
- Periods; StrQ; Hoche

Liening, Otto
1911-?
- StrQ; op. 45; 1968/69
- StrQ; no. 2; op. 48; 1970

Lier, Bertus van
1906-1972
- StrQ; no. 1; 1929; Donemus

Lieuwen, Peter
1953-
- Fantasy variations; StrQ; MMB

Ligeti, György Sándor
1923-2006
- Sonatina; StrQ; 1938/39
- Andante + Allegretto; StrQ; 1950;
  Schott (1997)
- Metamorphoses nocturnes; StrQ; no. 1;
  1953/54; Schott (1972)
- StrQ; no. 2; 1968; Schott (1971)

Ligeti, Lukas
1965-
- Sketches in colors that aren't; StrQ;
  1988–93
- Moving houses; StrQ; 1995/96;
  A: 2/1996 Stanford

Lilburn, Douglas Gordon
1915-2001
- Phantasy; StrQ; 1939
- StrQ; e; 1946, rev. 1981; Wai-te-ata (1981)

Lilien, Ignace
1897-1964
- StrQ; 1928; Donemus
- Klangspiel; StrQ; 1962; Donemus

Lilja, Bernhard
1895-1984
- Liten serenad; StrQ; 1934; STIM
- Natt (Epilog); STIM

- Skymning; StrQ; STIM
- Tva Stycken; StrQ; 1969–80; STIM

Liljefors, Ingemar
1906-1981
- StrQ; 1963; STIM

Lillo, Giuseppe
1814-1863
- StrQ

Lim, Liza
1966-
- Pompes Funèbres; StrQ; 1988; AMC
- Hell; StrQ; 1992; Ricordi; A: 1992 Mailand
- In the Shadow's Light; StrQ; 2004; Ricordi; A: 2005 Paris
- The Weaver's Knot; StrQ; 2014; Ricordi; A: 2014 Witten

Lima, Cândido de Oliveira
1939-
- Vozes a luz (a memoria); StrQ; 1996
- StrQ; 1974/75

Lima, Emirto de
1893-1972
- StrQ

Lima, João
1898-1982
- StrQ; 1960; CDA

Limberts, Frank L.
1866-1938
- StrQ; f; op. 15; Simrock (1898)

Limmer, Franz
1808-1857
- StrQ; G; op. 10; Mechetti (1829)

Limmert, Erich
1909-1988
- StrQ

Lincke, Paul
1866-1946
- Frische Blumen; StrQ; Apollo (1908)

Lindberg, Magnus
1958-
- StrQ; A 10/2001 Oslo
- … but not simpler …; StrQ; 2005; Boosey

Lindblad, Nils
1933-
- Kurbits; StrQ; no. 1; Gehrmans

Lindblad, Rune
1923-1991
- StrQ; op. 142; 1976
- StrQ; op. 159; 1978
- StrQ; op. 167; 1979/80

Linde, (Anders) Bo (Leif)
1933-1970
- StrQ; op. 9; 1953; Musikaliska (1970)
- In memoriam; StrQ; 1966

Linde, Hans-Peter
1937-
- Serenade; StrQ; 1969

Linde, Werner
1913-1943
- StrQ; no. 1
- StrQ; C; no. 2; 1941–43; A: 1942 Pullach

Lindeman, Anna
1859-1938
- StrQ; g; Musikkverkstedet (1994)

Lindeman, Osmo
1929-1987
- StrQ; 1966

Linden, Werner
1957-
- StrQ; no. 1; op. 1; 1982

- Decolonisation; StrQ + Elektr; no. 2; op. 6; 1984; A: 1986 Frankfurt/M.
- De cantu ignoto; StrQ; no. 3; op. 11
- Inconsonabile; StrQ; no. 4; op. 21; 1990
- Sed non expecto resurrectionem mortuorum (in memoriam L. Nono); 1990

Lindin, Dag
1943-
- Dorico; StrQ; 1990; SMIC

Lindner, Emil
1870-?
- 4 StrQe

Lindpaintner, Peter Joseph v.
1791-1856
- StrQ; op. 30; um 1826

Lindroth, Peter
1950-
- StrQ; 1983; SMIC

Lindroth, Scott Allen
1958-
- StrQ; 1997

Lindwall, Christer
1950-
- A certain ratio; StrQ; 1998; SMIC

Linjama, Jouko Sakari
1934-
- Cantiones; StrQ; no. 1; op. 39; 1978
- Variazoni; StrQ; no. 2; op. 41; 1979

Link, Helmut
1918-?
- StrQ

Linke, Norbert
1933-
- Konkretionen II; StrQ; 1963; Gerig (1965); A: 1963 Darmstadt
- Varim; StrQ; 1963–68; Gerig
- Polkomania; StrQ; 2002

Linke, Robert
1958-
- StrQ; no. 1
- StrQ; no. 2
- StrQ; no. 3

- StrQ; no. 4
- StrQ; no. 5
- StrQ; no. 6; Ariadne (1991)

Linko, Ernst
1889-1960
- StrQ; Es; 1930/31
- Nocturne ja Andante; 1919

Linkola, Jukka Tapio
1955-
- StrQ; 1996

Linn, Robert
1925-1999
- StrQ; 1952

Linnala, Eino
1896-1973
- StrQ; 1925

Linnet, Anne
1953-
- Quatuor brutale; StrQ; 1978; Hansen

Linstead, George Frederick
1908-1974
- StrQ; no. 2; 1950
- StrQ; no. 3; 1966

Linthicum, David H.
1941-
- StrQ; 1969

Lintz-Maués, Igor
1955-
- Musica para paria; StrQ; 1984; A: 1984 Sao Paulo

Lin Yang
?
- StrQ; no. 1; Sikorski; A: 2010 Hamburg

Lioncourt, Guy de
1885-1961
- StrQ; a; op. 83; 1933; Durand

Lipiński, Karol Józef
1790-1861
- Siciliano varie; StrQ; op. 2
- Variationen; StrQ; G; op. 4
- 3 Polonaises; StrQ; A, e, D; op. 9; Breitkopf

Lipkin, Malcolm Leyland
1932-
- Variations on a theme of Bartók; StrQ; 1989; BMIC
- StrQ; 1951

Lipovšek, Marijan
1910-1995
- StrQ; F; 1932; DSS
- Rondo; StrQ; 1933; DSS
- Stiri Sporocila (4 Mittlgn); StrQ; 1973; DSS (1975); Gerig

Lippert, Reinhard
1951-
- StrQ; 1972
- Mysterico eruptivo; StrQ; 1998
- Im Treibhaus (Wagner); StrQ-Fassung

Lischka, Rainer
1942-
- Tanguidad; StrQ; Hofmeister (2011)

Lisovskyi, Leonid
1866-1934
- StrQe
- Variations; StrQ; 1925
- Scherzo; StrQ

Lissauer, Fritz
1874-1937
- StrQ

Lissauer, Robert
1917-2004
- StrQ

Lissmann, Kurt
1902-1983
- StrQ; d
- StrQ

List, Andrew
1956-
- StrQ; no. 2

Liszt, Franz
1811-1886
- Vier Jahreszeiten; StrQ; 1874?; unveröff.; [R674; Searle 692A]

Li Taixiang
1941-
- StrQ; 1965
- Su (Aufleben); StrQ; 1966

Litinskij, Genrich
1901-1985
14 StrQe (1923–85):
- StrQ; no. 1; 1923
- StrQ; no. 2; UE; Muz. (1929)
- StrQ; no. 3
- Suite; StrQ; no. 4; Gos. muz. (1931)
- Turkmeniana; StrQ; no. 5
- StrQ; no. 6
- StrQ; no. 7
- StrQ; no. 8
- StrQ; no. 9
- StrQ; no. 10
- StrQ; no. 11
- StrQ; no. 12; Sovetskij (1970)
- StrQ; no. 13
- StrQ; no. 14

Litolff, Henry Charles
1818-1891
- 1. Grand qu.; StrQ; C; op. 60; 1851; Meyer (1851) [PN882]

Little, David
1952-
- Heavy light; StrQ; 1986; Donemus
- StrQ; Donemus

Liudkevich (Lyudkevich), Stanislav Filippovich
1879-1979
- StrQ; 1914

Liviabella, Lino
1902-1964
- StrQ; a; 1930; Zerboni; A: 1/1942 Breslau
- StrQ; no. 2; 1930
- 2 Espressione liriche; StrQ; 1935
- La malineonia; StrQ; no. 4; 1955

Ljadov, Anatolij Konstantinovich
1855-1914
- Qu. sur le nom B-la-F; StrQ-Scherzo; 1886; A: 1886

- Imeniny; Velicanie; 1887; A: 1889
- Piatnicy. Sbomik p'es (in: *Les Vendredis*); StrQ; Polonaise, Sarabande, Fuge, Mazurka, Polka; 1894/95
- Variacii na russkuju temu; StrQ; 1898; Var. 5, 1899 (d. übrigen Var. u. a. von Skrjabin)

Llanas i Rich, Albert
1957-
- StrQ; no. 1; 1983

Llewellyn, Becky
1950-
- 4 short pieces; StrQ; AMC (1988)

Lloyd, Jonathan
1948-
- Of time + Motion; StrQ; no. 1; 1984; Boosey; A: 1986 London

Lluán, Claudio
1957-
- Cinco naditas; StrQ; 1979

Lobachev, Grigorii Grigorevich
1888-1953
- StrQ; 1916

Lobanov, Vasilii Pavolovich
1947-
- StrQ; no. 1; op. 4; 1965; Fazer; A: 1966 Moskau
- StrQ; no. 2; op. 11; 1968; Fazer; A: 1968 Moskau
- StrQ; no. 3; op. 26; 1978; Fazer
- StrQ; no. 4; op. 49; 1987/88; Fazer; A: 1988 Moskau
- StrQ; no. 5; op. 50; 1986–88; Fazer; A: 1988 Kuhmo
- StrQ; no. 6; op. 77; 2004; Sikorski (2007)

Lobe, Johann Christian
1797-1881
- StrQ; A; op. 35; 1834?; Schott (1840)

Lobel, Solomon Moiseevich
1910-1981
- Skertso; StrQ; 1948
- Zp'yesi; StrQ; 1957
- StrQ; no. 1; 1968; Sovetskij (1975)

- StrQ; no. 2; 1971

Lobingier, Christopher Crumay
1944-
- StrQ; 1973

Loche, Henri
1929-
- StrQ; 1987

Lockwood, Normand
1906-2002
- StrQ; no. 1; 1933
- StrQ; no. 2
- StrQ; no. 3; Schirmer (1948)
- StrQ; no. 4
- StrQ; no. 5
- StrQ; no. 6
- StrQ; no. 7
- 6 Serenades; StrQ; 1945; Mercury Music

Loder, Edward James
1813-1865
- StrQ; Es; no. 4; um 1841

Loder, Kate Fanny
1825-1904
- StrQ; g; 1846
- StrQ; e; 1848

Loeb, David J.
1939-
- StrQ; no. 1; Branch
- StrQ; no. 2; Branch
- StrQ; no. 3; Branch
- StrQ; no. 4; 1972; A: 1974 New York
- StrQ; no. 5
- StrQ; no. 6
- StrQ; no. 7
- StrQ; no. 8; 1974

Löbmann, Franz
1809-1878
- StrQe

Löbner, Roland
1928-1999
- StrQ; 1948

Loeffler, Charles M.
1861-1935

- StrQ; a; 1889
- Music; StrQ; 1917–20; Schirmer (1923)

Lönner, Oddvar
1954-
- Plaum; StrQ; 1982/83; NMIC

Loesch, Albert
1885-?
- StrQ

Lötfering, Dirk
1964-
- StrQ; 1981
- … aus Träumen verwoben …, 9 Bagatellen; StrQ; 1995; A: 1996 Köln

Loevendie, Johannes Theo
1930-
- StrQ; 1961; Donemus; A: 1994 Amsterdam

Loewe, Carl
1796-1869
- 3 StrQe; G, F, B; op. 24; 1821; Challier (1833 + 1896)
- Quatuor spiritual; c; op. 26; Trautwein (1830); rev. EA: Wollenweber (1993)

Löwenthal, Dagobert
1849-1914
- StrQ

Logar, Mihovil
1902-1998
- StrQ; no. 1; 1926
- StrQ; f; no. 2; 1927
- StrQ; no. 3; 1930; A: 1931
- Suite; StrQ; 1970
- StrQ; no. 4
- StrQ; no. 5; 1936

Logroscino, Nicola Bonifacio
1698-1764/65
- StrQ

Loh, Kathy
1952-
- StrQ; 1976

Lohse, Anne
1944-

- Begleitmusik zum Bau v. Luftschlössern; StrQ; g; 2004; Ramundi
- Du liegst mir im Herzen; StrQ; C; 2004; Ramundi
- Ich sitze am Ufer und schaue; StrQ; C; 2004; Ramundi
- Hagelkörner; StrQ; d; 2004; Ramundi
- Für Ypsilon; StrQ; 2004; Ramundi
- Novemberblues; StrQ; C; 2004; Ramundi
- Kleiner Aufruhr im Biotop; StrQ; D; 2004; Ramundi
- Über Stock und Stein; StrQ; D; 2004; Ramundi
- Alles Ding währt seine Zeit; StrQ; d; 2004; Ramundi
- Kalinichta; StrQ; D; 2004; Ramundi

Lohse, Carl Gustav Otto
1858-1925
- StrQ; e

Lohse, Fred
1908-1987
- StrQ; 1959/60; Ed. Peters (1968)
- StrQ; no. 2; 1977; Ed. Peters (1987)
- StrQ; no. 3; A: 12/1980 Leipzig

Lohse, Horst
1943-
- Nachtstück III; StrQ; 2000; Gravis
- Nachtstück IV; StrQ; 2001; Gravis

Lolini, Ruggero
1932-
- Estensioni; StrQ; Edipan (1982)

Lomani, Borys Grzegorz
1893-1975
- 7 Miniaturen; StrQ; 1936

Lombardi, Luca
1945-
- Qu. vom armen Mann; StrQ; no. 1; 1991/92; Ricordi
- StrQ; no. 2; 2006; A: 10/2006 Hannover

Lombardini, Maddalena Laura
siehe: Sirmen, Maddalena Laura

Lombardo, Robert M.
1932-
- Largo; StrQ
- StrQ; no. 2; 1975

Lomon, Ruth Margaret
1930-
- Vitruvian Scroll; StrQ; 1981
- Janus; StrQ; 1984
- The butterfly effect; StrQ; 1989

London, Lawrence Bernard
1949-
- StrQ; 1979

Longo, Achille
1900-1954
- StrQ; F; Forlivesi (1931)

Longtin, Michel
1946-
- StrQ; 1970
- Deux rubans noir II; StrQ + Tape; 1972
- Secrets: Bonn 63; StrQ; 1990; CMC

L'onko, Jevhen
1949-
- StrQ; 1980

Lonque, Georges
1900-1967
- StrQ; op. 24; 1937; CeBeDeM (1963)

Loomis, Clarence
1889-1965
- StrQ; 1953
- StrQ; 1963
- StrQ; 1965

Loos, Armin
1904-1971
- StrQ; no. 1; 1933; APNM
- StrQ; no. 2; 1939; APNM
- Missa brevis spiritorum; StrQ; no. 3; Boelke-Bomart
- StrQ; no. 4; 1965; Mobart (1978)
- Quarto Preghiero; APNM

Looser, Rolf
1920-2001
- Fantasia a quattro; StrQ; 1965

Looten, Christophe
1958-
- Entombment; StrQ; 1990; Durand (1993)
- StrQ; 1995; Billaudot

Lopatnikoff, Nikolai
1903-1976
- StrQ; no. 1; op. 4; 1920
- StrQ; C; no. 2; op. 6a; 1928; Belaieff (1933)
- StrQ; no. 3; op. 36; 1955; MCA

Lopes-Graça, Fernando
1906-1994
- StrQ; no. 1; 1964; A: 1972 Madrid
- Suite rustica, no. 2; StrQ; 1965; A: 1966 Porto
- Catorze anotacoes; StrQ; 1966; A: 1967 Sintra
- StrQ; no. 2; 1982; A: 1982 Estoril

López Buchardo, Próspero
1883-1964
- StrQ; 1934

López-Chávarri Marco, Eduardo
1871-1970
- Qu. brevis; StrQ; 1952; Piles (1952)

López de la Rosa, Horacio
1933-
- Himno de San Juan Bautista; StrQ; 1960
- Entelequias metodo locamente; StrQ; 1969

López García-Picos, Carlos
1922-2009
- Homage to B. Bartók; StrQ; 1988; SPMIC
- StrQ; 1989; SPMIC

López Marin, Jorge
1949-
- Variaciones en ritmos cubanos; StrQ; 1974; Stark (2002)

López Mindreau, Ernesto
1892-1972
- StrQ

Lorand, Istvan
1933-
- StrQ; 1959; EMB/Zenem. (1962)

Lorentzen, Bent
1935-
- Quadrata; StrQ; 1963; W. Hansen (1967)
- Quartetto Rustico; 1972; W. Hansen
- Quartetto Barbaro; 1971; W. Hansen

Lorenz, Ellen Jane
1907-1996
- 4 Elegies; StrQ

Lorenz, Julius
1862-1924
- StrQ

Lorenz, Karl Adolf
1837-1923
- StrQ; op. 24, 1

Lorenz, Ricardo
1961-
- Lascia ch'io pianga; StrQ; 1985

Lorenziti, Bernard
nach 1749 (um 1764)- nach 1815
- 6 StrQe; A, B, Es, A, D, G; op. 1; um 1777
- Bataille de Prague; StrQ; um 1796;
  Naderman, no. 153 [L2839]

Lorenziti, Joseph Antoine
um 1739-1789
- 6 StrQe; F, B, Es, D, G, C; op. 1;
  B. Hummel [L2851]
- 6 StrQe; F, C, G, A, E, B; op. 2;
  B. Hummel [L2854]
- 6 StrQe; A, B, Es, A, D, G; op. 3;
  B. Hummel [L2856]
- 6 StrQe; C, G, C, G, G, B; op. 5;
  Le Menu [L2859]
- 6 StrQe; op. 9; Heina; Godefroy [L2855]

Lorenzo Fernández, Oscar
1897-1948
- Quarteto; 1927
- Aquarelas; StrQ; 1927
- Quarteto; no. 2; 1946

Lorscheider, Harald
1939-2005
- Kahrener Tänze; StrQ; A: 1999 Cottbus
- D – S – C – H; StrQ; A: 1987 Cottbus

Loschdorfer, Ferdinand
1849-?
- StrQ

Loschi, Anacleto
1863-1913
- StrQ

Losonczy, Andor
1932-
- Passacaglia; StrQ; 1955; A: 1980 Salzburg

Lothar, Friedrich Wilhelm
1885-1971
- StrQ; op. 40
- StrQ; no. 2; op. 41;
  A: 1926 Donaueschingen
- StrQ; no. 3; op. 47; A: 1941 München
- 4 kl. Stücke; StrQ; op. 56; Hansen/ Kall-
  meyer (1936); A: 1932 Freiburg

Loucheur, Raymond
1899-1979
- StrQ; 1930

Loudová, Ivana
1941-
- StrQ; no. 1; 1964; A: 1964 Prag
- StrQ; no. 2; 1973–76; Panton (1978)
- StrQ; A: 1986 Prag
- Variace na tema I. V. Stamice; StrQ; 1989
- Renaissance; StrQ; no. 3; 2001

Louël, Jean
1914-2005
- StrQ; 1988

Louhivuori, Hemmo
1910-1981
- StrQ; 1956

Louie, Alexina Diane
1949-
- Edges; StrQ; 1981, rev. 1982; CMC
- Denouement; StrQ; 1994; CMC
- Songs of enchantment; 1987; CMC

Lourié, Arthur Vincent
1892-1966
- StrQ; no. 1; 1915
- Eine kleine Kammermusik; StrQ; no. 2; 1924
- Suite; StrQ; no. 3; 1924
- Microtonal; StrQ; 1910

Louvier, Alain
1945-
- StrQ; 1999

Lovec, Vladimir
1922-1992
- Endimion in Selena; StrQ; 1956
- StrQ; c; 1956
- StrQ; no. 2; 1967
- Dva skladbi; StrQ; Gerig (1972)

Lovell, William James
1939-
- StrQ; 1972

Lovett, Andrew
1962-

- StrQ; 1988; BMIC

Lovett, George
1932-
- 2 StrQe

Lowenstein, Gunilla
1929-1981
- StrQ; 1961; SMIC

Lualdi, Adriano
1887-1971
- StrQ; E; 1914; Ricordi (1928)

Lubin, Ernest
1916-1977
- 2 StrQe

Lucas, Charles
1808-1869
- StrQ

Lucas, Leighton
1903-1982
- StrQ; 1935

Lucas, Mary
1882-1952
- StrQ; no. 1
- StrQ; no. 2; 1933
- StrQ; no. 3; 1935

Lucerna, Eduard
1869-1944
- Sylvester-Qu.; op. 4; Breitkopf (1922)
- StrQ; c; op. 10; Raabe (1920)

Luce-Varlet, Ildephonse-Fr. J.
1781-1853
- 12 StrQe

Luchanok, Ihar Mikhaylavich
1938-
- StrQ; 1965

Lučić, Franjo
1889-1972
- StrQ; g; 1926

Lucier, Alvin Augustus
1931-
- Fragments; StrQ; 1961; Lucier (1993); A: 10/1962 Boston

- Navigations; StrQ; 1992;
  A: 10/1991 Frankfurt/M.

Luckman, Phyllis
1927-
- Songs from underground; StrQ + Tape

Lucký, Štěpán
1919-2006
- StrQ; 1984; Panton (1987)

Ludewig, Wolfgang
1926-
- StrQ; no. 1; op. 7; 1951; Gravis (1983)
- StrQ; no. 2; 1955; Gravis (1983)
- Quartetto breve; no. 3; 1980, rev. 1986; Gravis (1983/1986); A: 1981 Mannheim

Ludvig-Pečar, Nada
1929-
- StrQ; D; 1962
- Kl. StrQ; D; 1966; A: 1969

Ludwig, Claus-Dieter
1952-
- Happy birthday: Geburtstagsmenü in 5 Gängen; StrQ; Schott (1990)

Ludwig, Ernst
1891-1965
- Mein Leben; StrQ; G; no. 1; BB (1938)
- StrQ; a; no. 2; BB (1939)

Ludwig, Hermann Wilhelm
1890-1948
- 12 Metamorphosen; StrQ; no. 1; 1939

Lüdeke, Raymond
1944-
- StrQ; 1989; CMC

Lührss, Carl
1824-1882
- StrQ; op. 26; Senff
- StrQ; E; op. 38; Ries (1883)
- StrQ; no. 1; d; Senff (1845)

Luengo, María Teresa
1940-
- 6 Preludios; StrQ; 1968, rev. 1970

Luening, Otto Clarence
1900-1996

- Piece; StrQ; 1914
- StrQ + Klar; no. 1; op. 4; 1919/20
- StrQ; no. 2; op. 14; 1923; Ed. Peters (1976)
- StrQ; no. 3; op. 20; 1928; Ed. Peters (1978)
- Canonical variations; StrQ; 1994

Lürmann, Ludwig
1885-?
- StrQ; f; op. 13; A: 1936

Lüthi, Willy
1901-?
- StrQ; G; no. 1; op. 7; 1934
- StrQ; f; no. 2; op. 15; 1955

Lütter, Johann
1913-1992
- 4 Kanons; StrQ; Dohr (2001)

Lü Wenci
1962-
- Shihu sui de huajie; StrQ + 3 Synth; 1986
- Busuanzi; StrQ; 1987

Luff, Enid
1935-
- StrQ; 1973; Primavera (1980)
- About Phaedra; StrQ; 1976; Primavera (1980)
- Movements; StrQ; 1998; Primavera

Lugert, Josef
1841-1928
- 3 StrQe; G, A, B

Luig, Albert
1906-1942
- StrQ; Es; no. 1; op. 8; 1930
- StrQ; D; no. 2; op. 40; 1937; A: 3/1940 Witten

Luigini, Alexander
1850-1906
- StrQ; D; op. 5; Durand (1873)

Lukáš, Zdeněk
1928-2007
- StrQ; no. 1; 1954; CHF
- StrQ; no. 2; 1965; CHF
- StrQ; no. 3; 1972; CHF
- StrQ; no. 4; 1987; CHF

- Contrasti per 4; StrQ; no. 5; op. 305; 1999

Łukaszewski, Paweł
1968-
- StrQ; no. 1; PWM (1997)
- StrQ; no. 2; PWM (2002)
- StrQ; no. 3; PWM (2004)

Łukaszewski, Wojciech
1936-1978
- Utwor; StrQ; 1967; Wydawnictwo (1976)

Luke, Ray
1928-2010
- StrQ; 1966

Lumbye, Georg August
1843-1922
- StrQe

Lumsdaine, David
1931-
- Mandala, no. 4; StrQ; 1983; UMYP (1983)

Lund, Gudrun
1930-
- StrQ; op. 8; 1976
- StrQ; op. 20; 1978
- 7 Letters to M.; StrQ; 1979
- StrQ; op. 70; 1983
- StrQ; op. 77; 1984
- StrQ; op. 134; 1992

Lund Christiansen, Asger
1927-1998
- StrQ; 1991

Lunde, Ivar
1944-
- Fragments; StrQ; 1990; Skyline

Lundquist, Torbjörn Iwan
1920-2000
- Mälarkvartett; StrQ; no. 1; 1956–73; STIM
- Quartetto d'aprile; StrQ; no. 2; 1969; STIM
- StrQ; no. 3; 1991; STIM

Lunen, Camille van
1957-
- … sollen Nachtigallen schweigen?; StrQ; no. 1; op. 43; Furore

Lunn, John
1956-
- Strange fruit; StrQ; 1985; ScoMIC

Luo Zhongrong
1924-
- StrQ; no. 1; 1985
- StrQ; no. 2; 1985

Lupone, Michelangelo
1953-
- StrQ; 1975

Lurie, John
1952-
- Bella by barlight; StrQ; 1984/85
- Stranger than paradise; StrQ

Lusikian, Stepan
1956-2001
- StrQ; 1979

Lustgarten, Egon
1887-1961
- StrQ; G

Lustig, Moshe
1922-1958
- Dance, Nigun; StrQ; 1949
- Hassidic tune; StrQ

Lutfullayev, Bakhrullo
1948-
- StrQ; 1985

Luther, John Michael
1942-
- StrQ; 1990/91

Luther, Mary
1927-1979
- Movement; StrQ; 1960

Lutosławski, Witold
1913-1994
- StrQ; 1964; Chester (1967); PWM (1968)

Lutter, Wilhelm
1914-?
- Concertantes Präludium; StrQ; um 1966

Lutyens, Elisabeth
1906-1983
- StrQ; 1927; A: 1931 London

- StrQe; op. 5; 1938
- StrQ; op. 18; 1949; Lengnick (1950)
- StrQ; Orig.; op. 25; 1952; Belwin (1960)
- Plenum III; StrQ; op. 93; 1973; Olivan
- Mare/Minutiae; StrQ; op. 107; 1976; Olivan
- Doubles; StrQ; op. 125; 1978; Olivan
- StrQ; op. 139; 1979; Olivan
- Diurna; StrQ; op. 146; 1980; Olivan
- StrQ; op. 155; 1981; Olivan
- StrQ; op. 158; 1982; Olivan

Lutz, Ernst
1887-1930
- StrQ; d; op. 8
- StrQ; D

Lutze, Walter
1891-1980
- StrQ; Mannh. Mus. Vlg.; A: 1966 Stuttgart

Lux, Friedrich
1820-1895
- (Preis)-Qu.; d; op. 58; Ed. Peters (1877)
- StrQ; C; op. 87; Diemer (1892)
- StrQ; g; op. 95; 1894; Diemer (1896)

Lyadov, Anatolii Konstantinovich
1855-1914
- Scherzo from B-la-f; StrQ
- Pyatnitsi; StrQ; 1899
- Variations on a folk theme; StrQ; 1899
- Allegro; StrQiffen

Lynch, Graham
1957-
- StrQ; 1995; BMIC

Lyne, Peter
1946-
- Adagio; StrQ; op. 47; STIM

Lynn, George
1915-1989
- 3 StrQe

Lyon, David
1938-
- StrQ; op. 1; 1962

Lyon, James
1872-1949

- StrQ; op. 46; Augener (1929)

Lysenko, Nikolai Vitalevich
1842-1912
- StrQ; d; 1869; unvollendet; in 3 Teilen

Lysight, Michel
1958-
- Alchemy; StrQ; 2001; Delatour (2006)
- An awakening; StrQ; 2002; Kerckhoven
- Ritual; StrQ; 2000; Kerckhoven (2001)
- 3 croquis; StrQ; 1990; Kerckhoven (1990)

Lysko, Zimovii
1895-1969
- StrQ; 1928

Maas, Louis
1852-1889
- StrQ; F; op. 3; Breitkopf (1878)

Maasalo, Armas
1885-1960
- Hämärässä; StrQ

Maase, Wilhelm
1850-1932
- Lebenserinnerungen; StrQ; C

Maasz, Gerhard
1906-1984
- StrQ; cis
- Fest- u. Feiermusiken Nr. 12, 13, 16; StrQ; Kallmeyer (1941)

Maayani, Ami
1936-
- StrQ; 1998; Boosey; A: 7/2001 Moskau

MacAllister, Rita
1946-
- StrQ; 1969; ScoMIC

Macan, Karl Emanuel
1858-1925
- StrQ; f; HMUB (1931)

Macbride, David
1951-
- Closing inn; StrQ; Seesaw (1974)
- 3 Dances; StrQ; 1987
- 2 Stories; StrQ; 1992

Macchi, Egisto
1928-1992
- 2 Pezzi; StrQ; 1954

Macchi, Luca
1965-
- StrQ; 1993

Machl, Tadeusz
1922-2003
- StrQ; no. 1; 1952
- StrQ; no. 2; 1957
- StrQ; no. 3; 1962
- StrQ; no. 4; 1972

MacColl, Hugh Frederick
1885-1953
- StrQ; F; 1928
- StrQ; C; no. 2; 1945

MacConnell, Howard Bruce
1886-?
- StrQ

MacDonald, Andrew Paul
1958-
- Quatuor pour Camille; StrQ; 1993

MacDonald, Fraser Pringle
1912-?
- Andante; StrQ; 1943
- Things: 5 Short pieces; StrQ; 1948
- StrQ; e; 1950

Maček, Ivo
1914-2002
- StrQ; 1980

Macfarren, George Alexander
1813-1887
- StrQ; g; 1834
- StrQ; C; 1838
- StrQ; A; 1842
- StrQ; F; op. 54; 1846; Kistner (1846)
- StrQ; g; 1849 od. 1852
- StrQ; G; 1878

Mácha, Otmar
1922-2006
- StrQ; 1943
- StrQ; no. 2; 1981/82

- StrQ; 1990

Machado, Marianella
1959-
- StrQ; no. 1; 1983
- StrQ; no. 2; 1992

Machavariani, Aleksei Davidovich
1913-1995
- StrQ; no. 1; 1978
- StrQ; no. 2; 1978
- StrQ; no. 3; 1978
- StrQ; no. 4; 1982

Mâche, François-Bernard
1935-
- Parthenocissus Peverelliana; StrQ; 1976;
  A: 1976 Paris
- Eridan; StrQ; op. 57; 1986; Durand (1986)
- Moires; StrQ + Tape; 1994; Durand

Machover, Tod
1953-
- StrQ; no. 1; 1981; Ricordi (1982)

Machts, Carl
1846-1903
- Kärtner Abschiedsklänge + Tanzliedchen;
  StrQ; Oertel (1890)

Macías Alonso, Enrique
1958-
- Extracto; StrQ; 1989/90; Jobert

Maciejewski, Roman
1910-1998
- StrQ; 1938

MacIntyre, David
1952-
- Gazebo; StrQ; 1991; CMC

Mackenna, Carmela
1879-1962
- StrQ; 1940
- StrQ; 1942

Mackenzie, Alexander Campbell
1847-1935
- StrQ; G; 1868
- Ancient Scots tunes; StrQ; op. 82; 1915;
  Boosey (1915)

Mackey, Steven
1956-
- StrQ; 1983; ACA (1983)
- Fumeux fume; StrQ; 1986
- ON ALL FOURS; StrQ; 1990; Boosey
- Fables with 3 tasks; StrQ; 1991/92
- Music, Minus One; 1994
- Great crossing, great divide; StrQ; 1996; Boosey
- String theory; StrQ; 1997; Magnum
- Smoke fragments
- One red rose; StrQ; A: 2/2013 New York

Mackie, Audrey
1973-
- StrQ; 1995; ScoMIC
- Dry: Stry; 1995; ScoMIC

MacLean, Alasdair
1955-
- StrQ; 1990?

MacLean, Claire
1958-
- Let all mortal flesh keep silence; StrQ; 1984; AMC

MacLean, John T.
1933-
- 3 abstractions on human behavior and conditions; StrQ

Maclean, Quentin Morvaren
1896-1962
- StrQ; 1934

MacMillan, Ernest
1893-1973
- StrQ; c; 1914, rev. 1921; Huron (1924)
- Fugue on a theme of B. J. Dale; StrQ; 1917
- 2 Sketches based on French-Canadian Airs; StrQ; 1927; OUP (1928)
- Notre Seigneur en pauvre; StrQ; 1927; New York (1928)

MacMillan, James
1959-
- Visions of a November spring; StrQ; 1988, rev. 1991; UE; A: 1989 Glasgow

- Momento; StrQ; 1994; Boosey; A: 1994 New York
- StrQ; no. 3; Boosey; A: 5/2008 London
- Etwas zurückhaltend; StrQ; Boosey; A: 3/2010 Edinburgh
- Why is this night different?; StrQ; 1997; Boosey (2005)
- For Sonny; StrQ; Boosey; A: 3/2012 Petershouse, Cambridge

Maconchy, Elizabeth
1907-1994
- StrQ; no. 1; 1932; Lengnick (1956)
- StrQ; no. 2; 1936; Lengnick (1959)
- StrQ; no. 3; op. 15; 1938; Hinrichsen (1939)
- StrQ; no. 4; 1943; Lengnick (1949)
- StrQ; no. 5; 1948; Lengnick (1950)
- StrQ; no. 6; 1950; Lengnick (1951)
- StrQ; no. 7; 1956; Lengnick (1961)
- Sonatina; StrQ; 1963; Chappell (1964)
- StrQ; no. 8; 1967; Faber (1967)
- StrQ; no. 9; 1968–1989; Chester
- StrQ; no. 10; 1971/72; Chappell (1974)
- StrQ; no. 11; 1976; Chester (1982)
- StrQ; no. 12; 1979; Chester (1979)
- StrQ; no. 13; 1984; Chester (1985)
- Suite (J. Haydn); StrQ; zurückgez.
- 8 short pieces; StrQ; 1950; zurückgez.

Maconie, Robin John
1942-
- Sonata; StrQ; 1968; NZMIC
- StrQ; 1970; NZMIC

Macourek, Harry
1923-1992
- Mestem; StrQ; 1952

Macourek, Michal
1972-
- O case; StrQ; 1996

Macrae, Stuart
1976-
- Yellow sea city; StrQ; 1996; ScoMIC

Macridimas, Dimitri
1900-1956

- 3 StrQe

Macura, Wladyslaw
1896-1935
- StrQ; G
- StrQ; B

Madarász, Iván
1949-
- Diagrammok II; StrQ; 1980; EMB

Mader, Richard
1930-1998
- StrQ; op. 11; 1952
- Novelette; StrQ; op. 83; 1994

Maderna, Bruno
1920-1973
- StrQ; um 1946; Schott (1996);
  A: 4/1996 Paris
- In due tempi; StrQ; 1955; Zerboni (1956);
  A: 1955 Darmstadt

Madey, Bogusław
1932-2004
- Adagio; StrQ; 1956

Madina, Francisco de
1907-1972
- 2 StrQe

Madjera, Gottfried
1905-1979
- StrQ; 1949; Ed. Peters/Litolff (1954)

Madsen, Trygve
1940-
- StrQ; op. 70; 1991; NMIC
- StrQ; op. 80; 1994; NMIC

Maeda, Takuo
1916-1981
- Okinoerabu; StrQ; Ongaku-no-tomo

Maedel, Rolf
1917-2000
- StrQ in C; 1959; A: 9/1992 Salzburg

Maeder, Tobias
1966-
- Die Zeit vergeht; StrQ; no. 1; 1998;
  A: 2000 Zürich

Maegaard, Jan Carl Christian
1926-2012
- Musica riservata I; StrQ; op. 52; 1970;
  Engstrom (1972)

Mägi, Ester
1922-
- StrQ; no. 1; 1964
- Eleegiad; StrQ; no. 2; 1965; Eesti (1978)

Märker, Leonard K.
1912-?
- StrQ

Märkl, Max
1963-
- StrQ; no. 1; 1988
- StrQ; no. 2; 1995

Maertens, Willi
1915-2012
- StrQ; e; 1943

Maessen, Antoon
1919-1997
- StrQ; 1960; Donemus

Maeyer, Jan De
1949-
- Fidessa; StrQ; op. 20, 1; 1989;
  CeBeDeM (1998)

Maganini, Quinto
1897-1974
- Nocturne; StrQ; 1929; Edition Musicus
- Rhapsodie Cubaine; StrQ; op. 22;
  J. Fischer (1930)

Magdalenić, Miroslav
1906-1969
- StrQ; no. 1; 1930
- StrQ; no. 2; 1930
- Na terasi Nebodera; StrQ + Stimme;
  no. 3; 1957
- Tri ugodaja; StrQ; 1960

Magdić, Josip
1937-
- Mala Suita; StrQ; 1962
- StrQ; 1963

Mageau, Mary
1934-
- Serenade; StrQ; 1986; AMC

Maggi, Dario
1944-
- La pieghe; StrQ; 1980; Ricordi

Maggini, Ermano
1931-1991
- Canto VII; StrQ; 1983/84; A: 2001 Leipzig
- Canto XIV; StrQ; 1985/86
- Canto XXI (Ultimo Canto); StrQ; 1990

Magidenko, Olga
1954-
- Ausatmen (Ragtime); StrQ; op. 58e; Furore
- Einsiedler; StrQ + Sopr; op. 43a; Furore

Maginnis, William Richard
1938-
- Music for StrQ; 1961

Magnanensi, Giorgio
1960-
- StrQ; no. 1
- StrQ; no. 2; 1989; Zerboni; A: 11/1991
  Palermo

Magnard, Albéric
1865-1914
- StrQ; e; op. 16; 1902/03; Rouart (1918)

Maguire, Janet
1927-
- Invenzione; StrQ; 1996

Magyeri, Krisztina
1974-
- Deus meus; StrQ; A: 9/2010 Szeged

Mahle, Ernest
1929-
- 3 StrQe

Mahmoud, Hossam
1965-
- Die Notwendigkeiten; StrQ; 2003

Mahmudov, Emin Sabitoğlu
1937-2000
- StrQ; 1960

Mahn, Ernst Richard
1874-
- StrQ; F
- StrQ; G

Mahnkopf, Claus-Steffen
1962-
- StrQ; no. 1; 1988/89; Sikorski
- StrQ; no. 2; 1995/96; Sikorski
- Hommage à Theodor W. Adorno;
  StrQ; 2003; Sikorski (2009)

Mahowsky, Alfred
1907-1932
- 2 StrQe

Mahr, Gustav
1858-1930
- Es war einmal; StrQ; op. 12, 1;
  Cranz (1890)

Mai, Peter
1935-2014
- *Es flog ein kleins Waldvögelein*; Variationen
  nach d. Volkslied; StrQ; M. Bellmann

Maiben, William
1953-
- StrQ; 1971

Maïda, Clara
1963-
- StrQ

Maierhof, Michael
1956-
- Quartett für Streicher auf Plastikbecher-
  Sets; 1996
- Pin up; StrQ; 1998; Thürmchen
- Untertonquartett 1; StrQ; 2006-08

Maiguashca Guevara, Mesías
1938-
- StrQ; no. 1; 1964; Feedback;
  A: 1964 Buenos Aires
- Moments musicaux/The wings of percep-
  tion I; StrQ + TB; 1989; Tre Media (1995)
- StrQ + Elektr; no. 2; 1967

Mailian, Elza
1926-

- Quartettino; StrQ; 1946

Mailman, Martin
1932-2000
- StrQ in 1 movement; 1962; Belwin

Mainardi, Enrico
1897-1976
- StrQ; 1951; Zerboni (1954);
  A: 1953 Hannover

Mainka, Jörg
1962-
- StrQ; 2008; A: 2/2010 Stuttgart

Maintz, Philipp
1977-
- Inner circle Musik; StrQ; 2003/04,
  rev. 2006; Bärenreiter

Mais, Chester L.
1936-
- StrQ; no. 2

Maizel, Boris Sergeevich
1907-1986
- StrQ; no. 1; 1938; Muzgis (1939)
- StrQ; no. 2; op. 50; 1974; Sovetskij (1983)
- StrQ; no. 3; 1980

Majer, Milan
1895-1967
- StrQ; d; 1942; DSS

Majewski, Hans-Martin
1911-1997
- StrQ; D; 1963; Vlg. Hans M. Majewski

Major, Gyula
1858-1925
- StrQ; A; 1882; verloren
- StrQ; c; op. 21; 1896
- StrQ; d; no. 1; op. 22; 1896; Mery (1908)
- StrQ; e; op. 54; 1905?; Leipzig (1907)

Makarov, Evgenii Petrovich
1912-1985
- StrQ; 1941

Makino, Yutaka
1930-
- StrQ; no. 1; 1955

Maklakiewicz, Franciszek
1915-1939
- StrQ; 1935; Agencja autorska (1977)
- Wariacje; StrQ

Makris, Andreas
1930-2005
- StrQ; Galaxy (1973); Galliard

Maksimović, Rajko
1935-
- StrQ; 1960

Malát, Jan
1843-1915
- Narodni pisne; StrQ
- Slovanska Kvarteta; no. 1; Ceska
- Moravska; StrQ; no. 2; Urbanek (1912)

Malawski, Artur
1904-1957
- StrQ; no. 1; 1926; vernichtet
- Fuga podwojna; StrQ; g; 1937
- StrQ; no. 2; 1943; PWM (1948)

Malcolm, Carlos Edmond
1945-
- Benny Moré redivivo; StrQ; 1975

Malcudzinski, Rudolf
1907-1986
- Omaggio a tre; StrQ; op. 80; 1983

Maldonado, Javier Torres
1968-
- StrQ; no. 1; 2009

Maldybaeva, Zhyldyz
1946-
- StrQ; 1966

Małecki, Maciej
1940-
- StrQ; no. 1; 1994; Acte Prealable
- StrQ; no. 2; 1997; Acte Prealable
- The dream of Frederic; 2010; Acte Prealable
- StrQ; no. 3; 2012; Acte Prealable

Málek, Jan
1938-
- Hallgato es trancnota; StrQ; no. 1; 1966
- StrQ; no. 2; 1976; CHF

Malengreau, Paul Constant Eugène
1887-1956
- StrQ

Maler, Wilhelm
1902-1976
- StrQ; G; 1935; Schott (1936);
  A: 1937 Donaueschingen
- Serenade; StrQ; A; 1942; Schott

Maletz, Gerhard
1898-1954
- 2 Suiten; StrQ

Malfatti, Radu
1943-
- das profil des schweigens; StrQ; 1996;
  Wandelweiser; A: 5/1996 Lohmar/Köln
- übergehen I; StrQ; 2000

Malichevsky, Witold
siehe: Maliszewski, Witold

Malige, Alfred
1895-1985
- StrQ; c; no. 1; 1953; Pro Musica (1955)
- StrQ; no. 2; 1962; Pro Musica (1968)
- Über Motive v. Arbeiterliedern; StrQ; no. 3;
  1963
- Festmusik f. sozial. Namensgebungen;
  StrQ; um 1962; Breitkopf (1963)
- Variationen über *Brüder, zur Sonne, zur
  Freiheit*; StrQ; 1951; IMB
- 2 Miniaturen; StrQ; um 1966
- StrQ; no. 4; 1968
- 3 Sätze; StrQ

Malinowski, Stefan
1887-1944
- 2 StrQe

Malipiero, Gian Francesco
1882-1973
- StrQ; um 1907-10
- Rispetti e strambotti; StrQ; no. 1;
  Carisch (1921)
- Stornelli e ballate; StrQ; no. 2; 1923;
  Ricordi (1923)

- Cantari alla madrigalesca; StrQ; no. 3;
  1931; Heinrichshofen (1931)
- StrQ; no. 4; 1934; Hansen (1936)
- Dei capricci; StrQ; no. 5; 1941–50; Zerboni
  (1951); A: 5/1951 Trieste
- L'arca di Noe; StrQ; no. 6; 1947;
  Ricordi (1948)
- StrQ; no. 7; 1949/50; Ricordi (1951)
- Per Elisabetta; StrQ; no. 8; 1964;
  Ricordi (1964)

Malipiero, Riccardo
1914-2003
- Musica 3; StrQ; no. 1; 1941; Zerboni (1955)
- StrQ; no. 2; 1954; Zerboni (1955)
- StrQ; no. 3; 1960; Zerboni (1960);
  A: Florenz

Maliszewski, Camillo v.
1836-?
- StrQe

Maliszewski, Witold
1873-1939
- StrQ; F; op. 2; 1903; Belaieff (1903)
- StrQ; C; no. 2; op. 6; 1905; Belaieff (1905)
- StrQ; Es; no. 3; op. 15; 1914; Belaieff
  (1914)

Maliukova, Tamara
1919-?
- StrQ; 1945
- StrQ; 1952

Malling, Otto
1848-1915
- StrQ; a; op. 56; 1894; Hansen

Malmlöf-Forssling, Carin
1916-2005
- Silverkvartetten; StrQ; no. 1; 1988; SMIC

Malone, Kevin
1958-
- Fast forward; StrQ; 1990; BMIC

Malovec, Jozef
1933-1998
- Tri bagately; StrQ; 1962
- StrQ; no. 1; 1976

- Meditazioni notturne e coda; 1978; Opus (1981)
- StrQ; no. 2; 1980
- StrQ; no. 3; 1985
- StrQ; no. 4; 1986
- Symetricka hudba; StrQ; no. 5; 1987
- StrQ; no. 6; 1996
- StrQ; no. 7; 1997

Malovec, Pavol
1957-
- Cantus firmus; StrQ; 1988; SLMIC

Malumbres, Maria Dolores
1931-
- StrQ

Maly, Herbert
1940-
- Musikal. Scherz; StrQ; Oberländer (1991)

Malzat, Johann Michael
1749-1787
- 6 StrQe; A, F, D, G, Es, C;

Mamangakis, Nikos
1929-2013
- Tetraktys; StrQ; 1963–66; Gerig; A: 1968 Donaueschingen
- Snob: Sine nobilitate; StrQ; no. 2; 1981–90; Gerig

Mamedov, Ibrahim Qurbanoglu
1928-1993
- StrQ; 1953

Mamisashvili, Nodar
1930-
- Ekvsi miniatura; StrQ; 1964; Muzfond

Mamiya, Michio
1929-
- StrQ; 1962; Ongaku-no-tomo (1962)
- Inochi mina chowa no umi yori; StrQ; 1980
- A song of the white wind; 1999

Mamlok, Ursula
1923-2016
- StrQ; no. 1; 1962; ACE; A: 1963 New York

- StrQ; no. 2; 1998; Ed. Peters (2007); A: 1998 New York
- 2 Bagatelles; StrQ; 1961

Mamonov, Sergei
1949-
- StrQ; 1972

Mamorsky, Morris
1910-2003
- StrQ; no. 1; 1945

Manas, Edgard
1875-1964
- StrQ; d; 1918–20; Breitkopf (1922)

Manav, Özkan
1967-
- StrQ

Mandelbaum, Joel
1932-
- StrQ; 1959
- StrQ; 1979

Mandicevschi, Gheorge
1870-1907
- Variatuni pe tema unui cintec popular german; StrQ

Manduell, John
1928-
- StrQ; 1970; Novello (1975)

Manén i Planas, Juan
1883-1971
- Mobilis in mobili; StrQ; op. 6
- StrQ; F; no. 1; op. 16; 1922; UE (1922)

Maneri, Joseph Gabriel
1927-2009
- StrQ; 1960; Branch

Manfredini, Vincenzo
1737-1799
- 6 StrQe; D, B, A, C, G, F; Ranieri del Vivo (1781) [M351]

Mangini, Marino Anthony
1950-
- StrQ; A: 10/1973 New York

Mangold, Carl Ludwig Amand
1813-1899

- 12 StrQe

Mangold, Johann Wilhelm
1796–1875
- StrQe

Manicke, Dietrich
1923–2013
- StrQ; 1946; Simrock (1948);
  A: 1947 Dresden

Mank, Maria
1973–
- StrQ; 2001; Edition 49

Mankell, Ivar Henning
1868–1930
- StrQ; op. 21; 1914
- StrQ; f; op. 48; 1919
- StrQ; op. 61; 1923/24; unvollendet

Mann, Leslie
1923–1977
- StrQ; 1975

Mann, Robert N.
1920–
- 5 Pieces; StrQ; Merion
- StrQ, 5 movements; 1951

Manneke, Daan
1939–
- Arc; StrQ; 1994; Donemus

Mannes, Leopold Damrosch
1899–1964
- StrQ; c; 1927

Manning, Lockhart Kathleen
1890–1951
- StrQ

Mannino, Franco
1924–2005
- Enigma; StrQ; op. 56; 1969; Ricordi
- StrQ; op. 138; 1989; Ricordi
- StrQ; 1994; Ricordi

Manno, Robert
1944–
- 5 Thematic etudes; StrQ; 1973

Manns, Ferdinand
1844–1922

- 3 Improvisationen; StrQ; op. 17;
  Fischer (1874)
- Serenade; StrQ; op. 38 (op. 36?);
  Fischer (1884)

Mannucci, Andrea
1960–
- Cinque pezzi; StrQ; 1994; Zerboni

Manoury, Philippe
1952–
- StrQ; 1978; Amphion (1984)
- Stringendo; StrQ; no. 1; 2010
- Tensio; StrQ + Elektr; 2010; Ars Viva

Manoušek, Jaromír
1922–?
- StrQ; 1973; CHF

Manrique de Lara y Berry, Manuel
1863–1929
- StrQ; Es; 1895

Manry, Charles C.
1823–1866
- StrQ; no. 1; op. 59
- StrQ; no. 2; op. 61
- StrQ; no. 3

Manson, Eddy Lawrence
1919–1996
- Research; StrQ

Manson, Robert Graham
1883–1950
- StrQ; D

Mansurjan, Tigran
1939–
- Interieur; StrQ; 1972
- StrQ; no. 1; 1983; Belaieff; A: 1990 Moskau
- StrQ; no. 2; 1984
- StrQ; no. 3; 1993; Belaieff (1996)
- Testament; StrQ; no. 4; 2004

Mantovani, Bruno
1974–
- 2 Stücke; StrQ; Lemoine; A: 14.09.2002
- 4 Stücke; StrQ; 2001–05; Lemoine

Manukian, Irina
1948–2004

- StrQ; 1970
- StrQ; 1976

Manziarly, Marcelle de
1899–1989
- StrQ; 1943

Manzoni, Giacomo
1932–
- Quartetto; StrQ; 1971; Ricordi (1972)
- Musica per Pontormo; StrQ; no. 2; 1995; Ricordi

Maragno, Virtú
1928–2004
- StrQ; 1959; CDA
- StrQ; 1961; CDA

Maraire, Dumisani
1943–1999
- Mai Nozipo (Mother N. I.); StrQ

Maranzano, José Ramón
1940–
- StrQ; no. 1

Mařatka, Kryštof
1972–
- Fables; StrQ; 1996; Jobert

Marbe, Myriam
1931–1997
- Les musiques compatibles; StrQ; no. 1; 1981
- Hommage (A. Berg); StrQ; no. 2; 1985
- Lui Nau; StrQ; no. 3; 1988
- StrQ; 1990

Marc, Edmond
1899–?
- Pro Caecilia; StrQ; Lemoine c (1979)

Marcel, Luc-André
1919–1992
- StrQ; 1952

Marchand, Jean-Christophe
1958–
- Fantasie; StrQ; 1995

Marchena, Enrique de
1908–1988
- Plegaria; Cuarteto; A: 1943

Marckhl, Erich
1902–1980
- StrQ; e; A: 1938 Witten
- StrQ; d; UE (1940)
- 8 Tänze; StrQ; 1940; Doblinger (1942)
- StrQ; cis; Doblinger (1942)
- StrQ; D; 1954; Doblinger

Marco Aragón, Tomás
1942–
- Aura; StrQ; 1968; Salabert
- Espejo desierto; StrQ; 1968
- Rosa-rosae; StrQ; 1969
- Anatomía fractal de los ángeles; StrQ; 1993
- Los desastres de la guerra; StrQ; 1996

Marcus, Ada
1929–
- StrQ; 1953
- StrQ; 1981

Marcus, Adabelle Gross
1929–
- StrQ
- StrQ; no. 2; AMC

Marcus, Andreas Maria
1986–
- StrQ; no. 1; VeNM

Marcus, Bunita
1952–
- The rugmaker; StrQ; 1986

Marcus, Hellmuth
1906–1987
- Die kleine Kammermusik; StrQ
- Menuett; StrQ

Marczewski, Aleksander
1911–1981
- Fuga; StrQ; 1943

Mareczek, Fritz
1910–1984
- Var. über d. Lied der Donauschwaben; StrQ

Marek, Martin
1956–
- Dromos; 2004; Ritornel; A: 2004

Mares, Gaetano
1793-1862
- Quartetto; Münster (1877)

Marez Oyens, Tera de
1932-1996
- Contrafactus; StrQ; 1982; Donemus (1982)
- StrQ; no. 3; 1988; Donemus (1988)
- Snapshots; StrQ; Brockmans

Margola, Franco
1908-1992
- StrQ; no. 1; 1935
- StrQ; no. 2; 1936/37
- StrQ; no. 3; 1937
- StrQ; no. 4; 1938
- StrQ; no. 5; 1938/39; Ricordi (1941)
- StrQ; no. 6
- StrQ; no. 7
- StrQ; no. 8; 1946

Margolian, Samuel
1922-?
- StrQ; G
- StrQ; E
- StrQ; F

Margolis, Jerome N.
1941-
- StrQ

Marić, Ljubica
1909-2003
- StrQ; 1931

Marie-Elisabeth, Prinzessin v. Sachsen-Meiningen
1794-1870
- Wiegenlied; StrQ; Leuckart

Mariétan, Pierre
1935-
- Paysmusique 2; StrQ + Elektr; 1992

Marinković, Ilija
1916-
- StrQ; 1941

Mariscal Canseco, Juan Leon
1899-1972
- StrQ

Marischal, Louis
1928-1999
- StrQ; op. 33; 1982

Markaitis, Bruno
1922-1998
- StrQ; 1961

Markeas, Alexandros
1965-
- Apostaseis; StrQ; 2001; Billaudot
- Obsessions; StrQ; Billaudot (2005);
  A: 24.09.2005 Bonn

Markos, Albert
1914-1981
- Torso 1; StrQ; 1980

Markov, Katherine
1948-
- StrQ, 2 Movements; 1977

Marković, Adalbert
1929-2010
- StrQ; no. 1; 1955
- Pet 5 bagateli; StrQ; 1961; DHS
- Cetiri minijature; StrQ; 1963
- StrQ; no. 2; 1965; DSS (1967);
- 4 Houkus; StrQ; DHS
- Meditation; StrQ; DHS

Marmorstein, Dan
1954-
- The lion in winter; StrQ; 1996; DMIC

Maros, Miklós
1943-
- StrQ; no. 1; STIM

Maros, Rudolf
1917-1982
- StrQ; 1948; EMB/Zenemükiado (1963)
- StrQ; 1955
- Quartettino; EMB/Zenemükiado (1971)

Márquez Navarro, Arturo
1950-
- Ron-do; StrQ; 1985
- So-Homenaje a Gismonti; StrQ; 1993

Marsalis, Wynton
1961-

- At the octoroon Balls; StrQ; no. 1; 1995

Marschner, Franz Ludwig
1855-1932
- StrQ; op. 71

Marschner, Wolfgang
1926-
- StrQ; 1984

Marsh, John
1752-1828
- 5 StrQe; op. 3, 1–5; 1772
- Quartetto (Composed in imitation of the stile of Haydn op. prima); StrQ; (1795?)

Marshall, Ingram Douglas
1942-
- Voces resonae; StrQ + elektr. Verzögerung; 1984
- Entrada (At the river); elektr. verst. StrQ + elektr. Verzögerung; 1984
- Even songs; StrQ + Tonbd; 1993
- Fog Tropes II; StrQ + Tonbd; 1993
- Hymn of 2 embraces; StrQ + Tonbd; 1993

Marshall, James T.
1941-
- StrQ; 1966

Marshall, Kye
1943-
- StrQ; 1977

Marshall-Hall, George William Louis
1862-1915
- StrQ; C; um 1894
- StrQ; F; um 1910
- StrQ; d; verloren

Marson, John
1932-2007
- StrQ; 1999; Broadbent

Márta, István
1952-
- Doom. A Sigh.; StrQ; 1989
- The glassblower's dream; StrQ; 1990

Marteau, Henri
1874-1934

- StrQ; Des; no. 1; op. 5; Süddt. Musikvlg. (1904)
- StrQ; D; no. 2; op. 9; Simrock (1905)
- StrQ; C; no. 3; op. 17; Steingruber (1921)

Martelli, Carlo
1935-
- StrQ; no. 2; op. 4; Lengnick (1961)

Martelli, Henri
1895-1980
- StrQ; no. 1; op. 33; 1934
- StrQ; no. 2; op. 59; Ricordi (1955)

Martenot, Ginette
1902-1996
- StrQ

Marthinsen, Niels
1963-
- StrQ; 1995; Hansen

Marti, Heinz
1934-
- Nature morte; StrQ; 1985/86; Hug (1994)
- Ricordanze; StrQ; A: 4/2009 Irkutsk

Martin, Aleksander
1825-1856
- Elegia; StrQ

Martin, Frank
1890-1974
- StrQ; 1967; UE (1968); A: 6/1968 Zürich

Martin, Frédérick
1958-2016
- Closer; StrQ; 1988; Billaudot
- Tombeau à Dsch (Shostakovich); StrQ; 1982; Billaudot
- StrQ; 1986; Billaudot

Martin, Laurant
1959-
- Paysages habitable; StrQ; 1994

Martin-Andersen, Igo Franz Joseph Michael
1902-1990
- StrQ; D; 1924; A: 1933 Berlin

Martín Cantero, Edgardo
1915-2004

- StrQ; no. 1; 1967; CDA
- StrQ; no. 2; 1968; CDA

Martinček, Dušan
1936-2006
- Capriccio; StrQ; vor 1965
- Tri Kusy; StrQ; 1982
- StrQ; 1985; SLMIC

Martinček, Peter
1962-
- Micromodels; StrQ; 1989; SLMIC
- Les animaux dans la nature; StrQ; 1987
- The touch – Winterquartett; StrQ; 1995

Martinet, Jean-Louis
1912-2010
- Variations; StrQ; 1946; Menestrel (1950)

Martinez, Fabio
1951-
- Breve; StrQ; CCDM
- StrQ; 1972?; CCDM

Martínez, Luis Maria
1897-1938
- StrQ
- 2 Preludios; StrQ

Martinez, Odaline de la
1949-
- StrQ; 1984/85

Martínez Fontana, Juan Carlos
1962-
- Pontus; StrQ; 1988; SPMIC

Martínez i Imbert, Claudi
1845-1919
- Saludo angelico a San Luis Gonzaga; StrQ

Martínez Izquierdo, Ernest
1962-
- StrQ; no. 1; 1983
- StrQ; no. 2; 1984

Martin Llado, Miguel
1950-
- StrQ; 1974

Martino, Donald J.
1931-2005
- StrQ; no. 1; zurückgez.

- StrQ; no. 2; op. 12; 1952; zurückgez.
- StrQ; no. 3; 1953; zurückgez.
- Sette canoni enigmatici; StrQ; 1955; Ione
- StrQ; no. 4; 1983; Dantalian (1986)

Martinon, Jean
1910-1976
- StrQ; no. 1; op. 43; 1946; Schott (1951)
- StrQ; no. 2; op. 54; 1967; Presser (1971)

Martinov, Nikolai Avksentevich
1938-
- StrQ; 1990

Martinov, Vladimir Ivanovich
1946-
- StrQ; 1966

Martin Pompey, Ángel
1902-2001
- 9 StrQe; 1929–80

Martins, Maria de Lourdes
1926-2009
- StrQ; no. 1; 1952/53;
  Pizzicato Helvetia (1999)
- StrQ; no. 2; 1989; Pizzicato Helvetia (1999)
- StrQ; op. 9; 1958

Martinsson, Rolf
1956-
- StrQ; no. 1; op. 1; 1980;
  Svensk Musik (1984)

Martinn, Jacob-Joseph-Balthasar
1775-1836
- 3 StrQe; op. 1; Pleyel (um 1798) [PN354]
- 3 StrQe; op. 5, 2. Livr.; Simrock

Martinů, Bohuslav
1890-1959
- Tri jezdci; StrQ; 1900–03?; [H1]
- StrQ; 1912; verschollen; [H60]
- Nokturna; StrQ; 1912; verschollen; [H63]
- Andante; StrQ; 1912; verschollen; [H64]
- StrQ; Es; 1917; Panton; [H103]
- StrQ; no. 1; 1918; Panton (1973); [H117]
- StrQ; d; no. 2; 1925; UE (1927); [H150]
- StrQ; no. 3; 1929; Leduc (1931); [H183]
- StrQ; no. 4; 1937; Stát. hud. (1963); [H256]

- StrQ; g; no. 5; 1938; SNKL (1959); [H268]
- StrQ; e; no. 6; 1946; Stát. hud. (1950); [H312]
- Concerto da camera; StrQ; F; no. 7; 1947; Southern (1958); [H314]

Martirano, Salvatore
1927-1995
- StrQ; 1951

Martland, Steve
1959-2013
- Crossing the border; StrQ + elektr. TB; 1992; Schott; A: 2/1992 London
- Patrol; StrQ; 1992; Schott; A: 11/1992 Birmingham
- Toccata + Fuge v. J. S. Bach, bearb. f. StrQ; 1992; Schott; A: 11/1992 Birmingham
- Starry Nights; StrQ; Schott; A: 11/2008 Eindhoven

Márton, István
1923-1996
- Poem; StrQ; 1966

Marttinen, Tauno Olavi
1912-2008
- StrQ; no. 1; op. 50; 1969
- StrQ; no. 2; op. 63; 1971
- StrQ; no. 3; op. 228; 1983

Martucci, Giuseppe
1856-1909
- StrQ; op. 55, 1; 1893; Ricordi (1893)
- Momento musicale; StrQ; op. 64, 1; 1893; Ricordi (1893)

Maruta, Shozo
1928-
- Introduktion + Passacaglia; StrQ; 1973; JFC (1974)
- StrQ; 1960

Marutaev, Mikhail Aleksandrovich
1926-
- StrQ; no. 1; op. 5; Gos. muz. (1956)
- StrQ; no. 2; op. 9; Sovetskij (1961)
- StrQ; no. 3; Sovetskij (1986)

- StrQ; no. 5; Sovetskij

Marx, Hans-Joachim
1923-2010
- 2 StrQe; Keturi + Sikorski

Marx, Joseph Rupert Rudolf
1882-1964
- Qu. chromatico; StrQ; no. 1; 1937, rev. 1948; Doblinger (1948)
- In modo antico; StrQ; 1937/38; Doblinger (1944)
- In modo classico; StrQ; 1940/41; Doblinger (1944)
- 3 Lieder (Heyse); StrQ + mittl. Stm.; UE
- Piemontesisches Volkslied (Geißler); StrQ + hohe Stm.; UE
- Waldseligkeit StrQ + hohe Stm.; UE

Marx, Karl
1897-1985
- Fantasie + Fuge; StrQ; op. 7; Breitkopf (1929)
- Feiermusik; StrQ; Kallmeyer (1943)
- Spielmusik; StrQ (StrOrch); Möseler (1951)
- 12 Variationen über *Nun laube, Lindlein*; StrQ (StrOrch); op. 53, 3; Bärenreiter (1955)
- Musik in 2 S.; op. 53, 2; Bärenreiter (1955)
- 3 Liebeslieder; StrQ + Sopr; op. 42a; Bärenreiter (1957)
- Partita über *Ein feste Burg*; StrQ; 1967; Häussler (1973)
- Partita über *Es ist ein Ros entsprungen*; Bärenreiter

Marx, Karl Robert
1919-?
- StrQ; 1939; A: 1940 Wien

Maschat, Maria
1906-nach etwa 1954
- StrQ

Maschek, Pavel Lambert
1761-1826
- 6 StrQe

Maschek, Vinzenz
1755-1831
- Divertimento a quattro; StrQ; Dis (Es)
- 3 Divertimenti; StrQ; G, G, B
- Weitere StrQ

Mascitti, Andrea
1974-
- Mattino; StrQ

Maselli, Gianfranco
1929-2009
- Linderiana; StrQ; 1978; ESZ (1982)
- Quattro movimenti; StrQ; 1961; ESZ (1961); A: 3/1961 Florenz

Mashayekhi, Nader
1958-
- 1 + eine Nacht; StrQ; 1995; Ariadne; A: 1995 Wien

Ma Shui-Long
1939-2015
- StrQ; no. 1; 1970; A: 1971
- StrQ; no. 2; op. 32; 1982/83; A: 1983

Ma Sicong
1912-1987
- StrQ; F; no. 1; op. 10; 1938

Maslanka, David Henry
1943-
- StrQ; 1968

Máslo, Jindřich
1875-1964
- StrQ; 1903
- StrQ; 1915

Mason, Benedict
1954-
- StrQ; 1987; Chester
- StrQ; no. 2; 1993; Chester

Mason, Daniel Gregory
1873-1953
- StrQ; op. 17; 1916; Weaner-Levant (1943)
- Based on Negro Themes; StrQ; op. 19; 1918; SPAM (1930)
- Variations on a theme of John Powell; StrQ; op. 24; 1924/25; J. Fischer (1928)

- Fanny Blair, folksong fantasy; StrQ; op. 28; 1927; C. Fischer
- Serenade; StrQ; op. 31; 1931; SPAM (1934); J. Fischer
- Variations on a quiet theme; StrQ; op. 40; 1939

Mason, Lowell
1792-1872
- Näher mein Gott zu Dir; StrQ; Dohr (2006)

Mason, Marilyn
1925-
- StrQ; 1948

Massa, Nicolò
1854-1894
- Armonia degli astri; StrQ; 1875?

Massarani, Renzo
1898-1975
- StrQ; 1923

Massenet, Jules
1842-1912
- StrQ; vor 1897; verloren

Masséus, Jan
1913-1999
- Variaties en fugal; StrQ; op. 13; Donemus (1950)

Masson, Gérard
1936-
- StrQ; 1973; Salabert

Massonneau, Louis
1766-1848
- 3 StrQe; op. 4; 1793?; André, no. 569
- 6 StrQe; op. 8; Schmitt (1797?)
- 3 StrQe; op. 11; um 1800

Maštalíř, Jaroslav
1906-1988
- StrQ; no. 1; op. 9; 1934
- StrQ; no. 2; op. 20; 1941

Masuda, Kozo
1934-2006
- StrQ; 1966

Maszyński, Piotr
1855-1934

- Wariacje; StrQ; 1878

Matamoros, Gustavo
1957–
- Dreamcatcher; StrQ + Tape; 1993

Matej, Daniel
1963–
- StrQ

Matěj, Josef
1922–1992
- StrQ; no. 1; 1948/49; CHF (1978)
- StrQ; no. 2; 1966; Supraphon (1970)

Matějů, Zbyněk
1958–
- StrQ; 1981

Matevosian, Araks
1941–
- StrQ; 1965
- StrQ; 1968

Matheson, Iain
1956–
- String; StrQ; 1996; BMIC

Mathias, Gernot
1935–
- StrQ; B; no. 1; op. 6; 1954
- StrQ; D; no. 2; op. 12; 1959
- StrQ; F; no. 3; op. 14; 1978
- StrQ; As; no. 4; op. 26; 2002

Mathias, William
1934–1992
- StrQ; op. 38; 1967; OUP (1970)
- StrQ; no. 2; op. 84; 1981
- StrQ; no. 3; op. 97; 1985/86; OUP (1990)

Mathieu, Émile
1844–1932
- StrQ; D; 1873?

Mathieu, Michel-Julien
1740– nach 1777
- 3 StrQe; A: La Bordi

Mathieu, Rodolphe Joseph
1890–1962
- Piece; StrQ; 1920

Matičič, Janez
1926–
- StrQ; 1949; DSS

Matoušek, Vlastislav
1948–
- Sansara; StrQ; 1984; Prag (1997)
- Samadhi; StrQ; 1998

Matsudaira, Yoriaki
1931–
- Variations; StrQ; 1953
- Distributions; StrQ e modulatore ad onello (facoltativo); 1966/67; ESZ; A: 3/1968 Tokyo
- Domain; StrQ; 1991

Matsudaira, Yoritsune
1907–2001
- StrQ; no. 1; 1949
- StrQ; no. 2; 1951

Matsumoto, Hinoharu
1945–
- Joveux; StrQ; JFC (2002)

Matsumura, Teizō
1929–2007
- StrQ; 1996

Matsuo, Masataka
1959–
- Hirai II; StrQ; no. 1; 1985; JFC

Matsushita, Isao
1951–
- Threads of time; StrQ; 1984; Ongaku-no-tomo

Matsushita, Shin-ichi
1922–1990
- StrQ; 1988

Matthay, Tobias Augustus
1858–1945
- StrQ; 1872

Matthes, René
1897–1967
- StrQ; 1958

Matthes, Wilhelm
1889–1973

- StrQ; A: 1924 Berlin

Matthews, Colin
1946-
- StrQ; no. 1; op. 16; 1979; Faber (1983)
- StrQ; no. 2; 1985, rev. 1989; Faber
- StrQ; no. 3; 1993/94; Faber
- Fantazia 13; StrQ; 1995; Faber

Matthews, David
1943-
- StrQ; no. 1; op. 4; 1970, rev. 1980; Faber;
  A: 1973 Dartington, Devon
- StrQ; no. 2; op. 16; 1974–76; Faber;
  A: 1982 London
- StrQ; no. 3; op. 18; 1977/78; Faber;
  A: 1980 York
- StrQ; no. 4; op. 27; 1981; Faber;
  A: 1981 Portsmouth
- StrQ; no. 5; op. 36; 1984; Faber;
  A: 1984 Sheffield
- Adagio; StrQ; op. 56a; 1990; Faber
- StrQ; no. 6; op. 56; 1991; Faber (1996)
- Skies now are skies; StrQ + Ten; no. 7;
  op. 64; 1994;
- StrQ; no. 8; op. 75; 1998
- StrQ; no. 9
- StrQ; no. 10

Matthews, Justus
1945-
- 4 Miniatures; StrQ; 1966

Matthison-Hansen, Hans
1807-1890
- 3 StrQe

Matthus, Siegfried
1934-
- StrQ; op. 310; 1971; DVfM (1971)
- Das Mädchen und der Tod; StrQ; op. 410;
  1996; DVfM (1997)
- Die Sonne sinkt; StrQ + Sprecher
  (Text: Nietzsche); 1994; DVfM

Mattiesen, Emil Carl
1875-1939
- StrQ; 1892

Matton, Roger
1929-2004
- Esquisse; StrQ; 1949
- Sketch; StrQ; 1949
- StrQ; 1949

Maturana-Araya, Eduardo
1920-2003
- 3 Poems; StrQ; 1946
- Diez micro piezas; StrQ; 1950; Universidad
  de Chile, Inst. de Extension Mus. (196.?)
- StrQ; 1962; Pan American Union

Matuszczak, Bernadetta
1937-
- Quartetto in 12 parti; StrQ; 1980
- Canticum polonum; StrQ; 1987

Matviichuk, Liudmyla
1957-
- StrQ

Matys, Jiří
1927-
- StrQ; no. 1; op. 21; 1957;
  Supraphon (1984)
- StrQ; no. 2; op. 31; 1960; Panton (1963)
- StrQ; no. 3; op. 37; 1962/63;
  Státní hudební (1965)
- StrQ; no. 4; 1973; Panton (1985)
- StrQ; no. 5; 1989/90

Matz, Arnold
1904-1991
- StrQ; G; no. 1; 1956; A: 5/1957 Leipzig

Matz, Rudolf
1901-1988
- StrQ; f; no. 1; 1924
- Gradiscanski; StrQ; g; 1932
- Pastoralni; StrQ; C; 1935
- StrQ; a; no. 4; 1944; Muzička Naklada

Mauersberger, Rudolf
1889-1971
- StrQ; fis; 1918/19; MS: Nachlass in D-DI;
  [RMWV449]

Maués, Igor Lintz
1955-

- Musica par Paria; StrQ; 1984; BRMIC

Maul, Octavio B.
1901-1974
- StrQ; 1944

Maupoint, Andrés
1968-
- StrQ; 1999; Tre Media (2002);
  A: 11/2001 Leipzig

Maur, Sophie
1877-?
- Bilder aus Österreich; StrQ; A: 3/1927 Köln

Maurer, Ludwig (Wilhelm Louis)
1789-1878
- 3 StrQ; G, E, As; op. 17; Simrock (1821)
  [PI Nr. 1797/99/1800]
- 3 StrQe; E, F, A; op. 28; Bachmann (1825)
- Rondo; StrQ; A; op. 26; Ed. Peters

Maury, Lowndes
1911-1975
- 5 Rilke songs; Mezzo + StrQ

Mautner, Michael
1959-
- StrQsatz über ein Motiv v. G. Wimberger +
  ein Thema v. W. A. Mozart; 1987;
  Contemp. Art; A: 5/1991 Wien
- Bühnenmusik; StrQ; 1992; Contemp. Art

Maux, Richard
1893-1971
- StrQ; D; 1914

Maves, David W.
1937-
- StrQ

Maw, Nicholas
1935-2009
- StrQ; no. 1; 1965; Boosey (1966)
- StrQ; no. 2; 1982; Faber
- StrQ; no. 3; 1994/95; Faber
- Double canon; StrQ; 1967; Boosey

Mawet, Etienne
1914-1972
- 3 Interludes; StrQ; 1937

Mawet, Lucien
1875-1947
- StrQ; 1900

Maxfield, Richard Vance
1927-1969
- Variations; StrQ; 1956

May, Frederick
1911-1985
- StrQ; c; 1936; Woodtown (1976)
- StrQ; d

May, Siegfried
1880-?
- StrQ; D; Darmstadt Selbstverlag (1935)

May, Walter B.
1931-
- 3 StrQe

Mayer, Eckehard
1946-
- StrQ; 1970
- Caprichos; StrQ nach Goya; 1980/81

Mayer, Emilie
1821-1883
- 8 StrQe; d, D, F, B, A, G, e, g; op. 14;
  Simrock (1864)
- StrQ; B; 1855; Furore (2010) [10057]

Mayer, Johannes Leopold
1953-
- Über vertraute Landschaften; StrQ; 1996

Mayer, Lise Maria
1894-1968
- StrQ; C; vor März 1914

Mayer, Max
um 1850-1931
- StrQ; d; Falter (1858) [PN1172]

Mayer, William
1925-
- 2 movements; StrQ; 1952

Mays, Walter
1941-
- StrQ; g; A: 15.09.2002 Leipzig

Mayseder, Joseph
1789-1863

- Variations; StrQ; op. 4; Haslinger
- StrQ; A; no. 1; op. 5; Artaria (1810)
- StrQ; g; no. 2; op. 6; Artaria (1811)
- StrQ; As; no. 3; op. 7; 1806; Artaria (1811)
- StrQ; F; no. 4; op. 8; 1814; Haslinger (1816)
- StrQ; D; no. 5; op. 9; 1810; Steiner (1816)
- StrQ; G; no. 6; op. 23; 1818; Steiner (1820)
- StrQ; fis; no. 7; op. 62; Haslinger (1846)
- StrQ; D; no. 8; op. 66; Kistner (1864)

Mayuzumi, Toshiro
1929-1997
- StrQ; 1952
- Prelude; StrQ; 1961; Ed. Peters (1964)

Mazaev, Arkadii Nikolaevich
1909-1987
- StrQ; c; 1936
- StrQ; f; 1939

Mazas, Jacques Féréol
1782-1849
- 3 StrQe; op. 7; Schott 1649/1650/1651

Mazellier, Jules
1879-1959
- La mort et la vie; StrQ; Eschig

Mazepa, Leshek
1931-
- StrQ

Mažulis, Rytis
1961-
- Sans pause; StrQ; 2001

McBain, Hugh
1920-?
- Tetragon; StrQ; 1988, rev. 1998; ScoMIC

McBride, Robert
1911-2007
- String Foursome; StrQ; 1957; CFE
- Prelude + Fugue; StrQ; 1936; CFE
- Cielito Lindo; StrQ; CFE

McCabe, John
1939-2015
- Partita; StrQ; op. 5; 1960; Novello (1965)
- StrQ; no. 2; 1972; Novello (1975)
- StrQ; no. 3; 1979; Novello (1983)

- StrQ; no. 4; 1982; Novello (1983)
- Caravan; StrQ; no. 5; 1989; Novello

McCall, Maurice Henderson
1943-
- Wedding music, Suite of 4 pieces; StrQ

McCauley, William Alexander
1917-1999
- StrQ; no. 1; 1947

McClellan, Randall
1940-
- StrQ; no. 1; Seesaw

McClymont, Peter
1964-
- StrQ; 1985

McCollin, Frances
1892-1960
- StrQ; F; 1920
- Fantasia; StrQ; 1936

McCombe, Christine
1967-
- No fear of flying; StrQ; 1994; AMC

McCulloh, Byron
1927-2001
- StrQ; 1976; Seesaw
- StrQ; no. 2; Seesaw

McDaniel, William Foster
1940-
- StrQ

McDonald, Harl
1899-1955
- Fantasy; StrQ; 1932
- StrQ; 1933

McDonald, Ian
1937-
- Invention; StrQ; 1965
- M; StrQ; 1971

McDougall, Ian
1938-
- 3 pieces; StrQ; 1914; CMC

McEwen, John B.
1868-1948
19 StrQe 1891-97, darunter:

- StrQ; c; no. 1; 1891
- StrQ; a; no. 2; 1898; Novello (1903)
- StrQ; no. 3
- StrQ; c; no. 4; 1905; Novello (1908)
- Nugae; StrQ; no. 5
- StrQ; A; no. 6
- Threnody; StrQ; Es; no. 7; 1916
- Biscay; StrQ; no. 8; Cary (1916)
- Threnody; StrQ; no. 9; Anglo-French (1917)
- StrQ; b; no. 10; 1920; Schott (1929)
- StrQ; e; no. 11; 1921
- 6 National dances; StrQ; no. 12; 1923
- StrQ; c; no. 13; 1928; Murdoch (1937)
- StrQ; d; no. 14; 1936
- A little qu. in modo scotico; StrQ; no. 15; 1936; OUP (1938)
- Provencale; StrQ; G; no. 16; 1936
- Fantasia; StrQ; cis; no. 17; 1947

McGrath, Joseph J.
1889-1968
- 3 StrQe

McGregor, Richard
1953-
- Piece for magic strings; StrQ; 1977, rev. 1980; ScoMIC

McGuire, Edward
1948-
- StrQ; 1982; MS: GB-Gsma

McGuire, John
1942-
- Cadenza; StrQ; 1966; Feedback

McGurty, Mark
1955-
- StrQ; 1976
- StrQ; 1978
- StrQ; 1981
- StrQ; 1983
- StrQ; 1987

McIntyre, Paul Poirier
1931-
- StrQ; a; 1951

- Permutations on a Paganini caprice; StrQ; 1966

McKay, George Frederick
1899-1970
- StrQ; no. 1; 1935
- StrQ; no. 2; 1937; Univ. of Wash. (1955)
- StrQ; no. 3
- StrQ; no. 4; Univ. of Wash. (195.?)

McKay, Neil
1924-
- StrQ; Edwin Kalmus

McLean, Barton Keith
1938-
- From the good earth, footstompin' homage to Bartok; StrQ; 1985

McKinley, Carl
1895-1966
- StrQ in 1 movement; 1942

McKinley, William Thomas
1938-2015
- StrQ; 1959
- StrQ; 1973
- StrQ; 1976
- StrQ; 1977
- StrQ; 1986
- StrQ; 1988
- StrQ; 1992
- StrQ; 1992

McLachlan, John
1964-
- 2 Lyric sketches; StrQ; 1987, rev. 1991; ICMC
- Neo-plastic coloured shapes; StrQ; 2003

McLelland-Young, Thomas
1937-
- StrQ; 1963; ScoMIC

McLeod, John
1934-
- StrQ; 1986; Griffin

McPherson, Gordon
1965-

- Civil disobedience on the northern front; StrQ; no. 1; 1989; OUP
- Dead roses; StrQ; no. 2; 1990; OUP
- The original soundtrack; StrQ; no. 3; 1999; OUP

McTee, Cindy
1953-
- StrQ; no. 1; 1976

Meachem, Margaret
1922-
- StrQ; 1984; MS: Archiv Stichting
- Divergencies I–IV; StrQ; 1986/87; MS: Archiv Stichting

Meale, Richard
1932-2009
- StrQ; no. 1; 1974; UE (1983)
- StrQ; no. 2; 1980; London (1987)
- StrQ; no. 3; 1995; AMC

Mechem, Kirke Lewis
1925-
- StrQ; no. 1; op. 20; 1962/63; C. Fischer (1978)

Měchura, Leopold Eugen
1804-1870
14 StrQe; 1827–1869, darunter:
- Souvenir d'un temps; StrQ; G; no. 1; op. 11; 1827
- StrQ; As; no. 6; op. 34; 1837
- StrQ; no. 7
- StrQ; no. 8
- StrQ; c; no. 9; op. 80; 1860
- StrQ; no. 10
- StrQ; no. 11
- StrQ; D; no. 12; op. 93; 1866
- StrQ; no. 13
- StrQ; F; no. 14; op. 106; 1869

Medek, Tilo
1940-2006
- StrQ; no. 1; 1961
- StrQ; no. 2; 1962
- 2 StrQ-Sätze; 1962/63

Mederitsch (Gallus-), Johann
1752-1835
- 43 StrQe, davon 20 verlegt; in: A-Wn
- 6 StrQe; F, Es, D, C, B, E; Schott, no. 17 [M1715]
- 3 StrQe; B, Es, c; Artaria, no. 1550 [M1716]
- 3 StrQe; B, Es, f; Artaria, no. 1570 [M1718]
- 3 StrQe od. Fantaisies; F, d, g; op. 6; J. Traeg, no. 157 [M1720]
- Enfantaisie; StrQ; a; S. A. Steiner, no. 2275 [M1721]
- 6 StrQ capriccios; Schott (1951)
- StrQ periodique; no. 2; J. André, no. 108 [MM1721A]

Medina Seguí, Mario
1908-2000
- StrQ; no. 1
- StrQ; no. 2; 1958
- StrQ; no. 3

Mediņš, Jānis
1890-1966
- Improvisation; StrQ; vor 1934
- StrQ; c; 1946

Mediņš, Jāzeps
1877-1947
- StrQ; F; 1941

Mediņš, Jēkabs
1885-1971
- StrQ; D; no. 1; 1942
- StrQ; C; no. 2; 1953
- StrQ; g; no. 3; 1956

Medtner, Nikolai Karlovich
1879-1951
- Ouv. in Sonatinenform; StrQ (68 Takte); 1896–1906; Fragment
- Variationen über Greensleeves; StrQ; 1897/98?; unvollendet

Mee, John Henry
1852-1918
- StrQ; G; Novello (um 1915)

Meerovich, Mikhail Aleksandrovich
1920-1993
- StrQ; 1941
- StrQ; no. 2; Sovetskij (1984)

Meester, Louis de
1904-1987
- StrQ; no. 1; 1947; CeBeDeM (1968)
- StrQ; no. 2; 1949; CeBeDeM (1957)
- StrQ; no. 3; 1954; CeBeDeM (1969)

Méfano, Paul
1937-
- Mouvement calme; StrQ; 1976; Salabert

Mehler, Friedrich
1896-1981
- Kassation. Eine heitere Serenade; StrQ; op. 11; Fürstner (1930) [A.7869F.]

Meier, Burkhard
1943-2001
- 5 Aphorismen; StrQ; 1990

Meier, Daniel
1934-
- StrQ; 1982

Meier, Jost
1939-
- StrQ; 1965; MS
- 4 Lamentations; StrQ; 1988; Bim Editions
- 4 Motifs en 3 mouvements; 1965; Bim Editions

Meignein, Leopold
1793?-1873
- StrQ

Meijering, Chiel
1954-
- Niet te stuiten; StrQ; 1984, rev. 1987; Donemus (1984)
- The girls collection; StrQ; 1998–2002; Donemus
- Bats from hell; 2002; Donemus
- Ev'ry nerve a wire; StrQ; 1986, rev. 1987; Donemus

Meijering, Cord
1955-

- Traumgesang-Nachtmusik; StrQ; 1983; Moeck (1988)

Meinardus, Ludwig Siegfried
1827-1896
- StrQ; F; op. 34; Heinze (1871)
- StrQ; C; op. 43; Kistner (1885)

Meinberg, Carl H.
1889-1975
- StrQ

Meinhardt, Adolf
?
- Quatuor; B; op. 12; BB (1863)

Meister, Casimir
1869-1941
- Thema + Variationen; StrQ; um 1892; MS: Zentralbibl. Solothurn; A: 1892 Paris

Meister, Siegrid
1929-
- Progressionen; StrQ

Mejer, Thomas
1961-
- StrQ; 1989

Mekeel, Joyce
1931-1997
- Spindrift; StrQ; 1970; A: 2/1971 Boston

Melartin, Erkki Gustaf
1875-1937
- StrQ; e; no. 1; 1896
- StrQ; g; no. 2; 1900
- StrQ; Es; no. 3; 1902
- StrQ; F; no. 4; 1910

Melchers, Henrik Melcher
1882-1961
- StrQ; G; op. 17; 1922; Gehrmans

Melchiorre, Alessandro
1951-
- StrQ; 1984
- StrQ; 1990

Melichar, Alois
1896-1976
- StrQ

Melikian, Grachia Spiridonovich
1913-1941
- StrQ; Sovetskij (1979)

Melik-Pashaev, Aleksandr Shamilevich
1905-1964
- StrQ; no. 1; Sovetskij (1980)

Melin, Sten
1957-
- Q is Q; StrQ; 1983; Ed. Suecia (1991)

Melkikh, Dmitry Mikheyevich
1885-1943
- StrQ; op. 13; 1925; Gos. muz.
- StrQ; op. 18; 1928; UE; Gos. muz. (1930)
- StrQ; op. 34; 1937
- StrQ; op. 36; 1939

Mell, Gertrud
1947-
- StrQ; 1969

Mellits, Marc
1966-
- StrQ; no. 2; 2004

Mellnäs, Arne
1933-2002
- Hommages; StrQ; no. 1; 1993; STIM

Mello, Chico
1957-
- Ladainha; StrQ; 1989

Melngailis, Emilis
1874-1954
- Quasi uno (!) quartetto; StrQ; um 1946

Melnyk, Lubomyr
1948-
- Swallows; StrQ; CMC
- Pro St. Sebastian; StrQ; 1978–86

Mencherini, Fernando
1949-1997
- Variazioni; StrQ; 1977
- Ania; StrQ; 1981
- Lo specchio vegetale; StrQ; 1982
- Passaggio delle Ore; StrQ; 1984
- Stop motion; StrQ; 1987

- Miguel; StrQ; 1993
- StrQ; no. 3; 1993; Edipan
- Gli automi spirituali; StrQ; 1994

Mencken, Thomas (gen. Mancinus)
1550-1610?
- Fantasia duarum, quatuor vocum; StrQ

Mendelsohn, Alfred
1910-1966
- StrQ; no. 1; 1930
- StrQ; E; no. 2; 1930
- StrQ; A; no. 3; 1953
- Impresii diu Moscova; 1950
- StrQ; As; no. 4; 1954
- StrQ; C; no. 5; 1955; Ed. muz. (1958)
- StrQ; C; no. 6; 1957
- StrQ; F; no. 7; 1957
- Miniaturi chinezsti; StrQ; 1957
- StrQ; no. 8; 1958
- StrQ; no. 9; 1959–61
- StrQ; no. 10; 1964

Mendelson, Joachim
1897-1943
- StrQ; no. 1; um 1925; Eschig

Mendelssohn, Arnold
1855-1933
- StrQ; D; no. 1; op. 67; Ed. Peters (1916)
- StrQ; B; no. 2; op. 83; Breitkopf (1926)

Mendelssohn (Hensel), Fanny Cäcilie
1805-1847
- StrQ; Es; 1834; Breitkopf (1988); Furore (1989)/rev. Furore (1997)

Mendelssohn Bartholdy, Felix
1809-1847
- Fuge; StrQ; d; 1821; [R1]; LMA III/3; Autograph: D-B, Nachlass 2
- Fuge; StrQ; C; 1821; [R2]; LMA III/3; Autograph: D-B, Nachlass 2
- Fuge; StrQ; d; 1821; [R3]; LMA III/3; Autograph: D-B, Nachlass 2
- Fuge; StrQ; d; 1821; [R4]; LMA III/3; Autograph: D-B, Nachlass 2

- Fuge; StrQ; c; 1821; [R5]; LMA III/3; Autograph: D-B, Nachlass 2
- Fuge; StrQ; d; 1821; [R6]; LMA III/3; Autograph: D-B, Nachlass 2
- Fuge; StrQ; c; 1821; [R7]; LMA III/3; Autograph: D-B, Nachlass 2
- Fuge; StrQ; c; 1821; [R8]; LMA III/3; Autograph: D-B, Nachlass 2
- Fuge; StrQ; C; Fragment; 1821; [R9]; LMA III/3; Autograph: D-B, Nachlass 2
- Fuge; StrQ; g; Fragment; 1821; [R10]; LMA III/3; Autograph: D-B, Nachlass 2
- Fuge; StrQ; g; 1821; [R11]; LMA III/3; Autograph: D-B, Nachlass 2
- Fuge; StrQ; F; 1821; [R12]; LMA III/3; Autograph: D-B, Nachlass 2
- Fuge; StrQ; G; Fragment; 1821; [R13]; LMA III/3; Autograph: D-B, Nachlass 2
- Fuge; StrQ; A; 1821; [R14]; LMA III/3; Autograph: D-B, Nachlass 2
- Fuge; StrQ; G; Fragment; 1821; [R15]; LMA III/3; Autograph: D-B, Nachlass 2
- Fuge; StrQ; F; Fragment; 1821; [R16]; LMA III/3; Autograph: D-B, Nachlass 2
- Fuge; StrQ; C; 1821; [R17]; LMA III/3; Autograph: D-B, Nachlass 2
- StrQ; Es; 1823; [R18]; LMA III/3; Autograph: GB-Lbl/Berlin
- StrQ; a; op. 13; 1827; [R22]; Autograph: D-B, Nachlass 25
- Fuge; Es; 1827; [R23]; Autograph: D-B
- StrQ; Es; op. 12; 1829; [R25]; Hofmeister (1830); PN1515
- StrQ; e; op. 44, 2; 1837; [R26]; Sammeldruck 19; Breitkopf (1839)
- StrQ; F; Fragment; 1837; [R27]; Autograph: D-B, Nachlass 19
- StrQ; Es; op. 44, 3; 1837; [R28]; Autograph: D-B, Nachlass 30
- StrQ; D; op. 44, 1; 1838; [R30]; LMA III/2; Breitkopf (1839), Sammeldruck 19
- Andante; StrQ; A; Fragment; 1840er?; [R31]; LMA III/3; MS: GB-OB

- Capriccio; StrQ; e; 1843; [R32]; LMA III/3; Autograph: PLKj, Nachlass 38/2
- Andante sostenuto; StrQ; E; 1847; [R34]; LMA III/3; Autograph: Nachlass 44/ Breitkopf, Sammeldruck 44
- Scherzo; StrQ; a; 1847; [R35]; LMA III/3 Autograph in: PL-Kj, Nachlass 44
- Allegro vivace; StrQ; E; Fragment; 1847; [R36]; LMA III/3 Autograph: PL-Kj, Nachlass 44
- StrQ; f; 1847; [R37]; Breitkopf (1850)

Mendelssohn-Bartholdy, Léonie
1889-1980
- 4-stg. Fuge; StrQ; 1908
- 4-stm. Kanon im Ganzton; StrQ; 1966

Mendoza, Vicente Teódulo
1894-1964
- Canto Funeral; StrQ; ECJC (1944)

Mendoza-Nava, Jaime
1925-2005
- 2 StrQe

Menezes, Flo
1962-
- Traces; StrQ + Elektr; 2007

Mengelberg, Karel
1902-1984
- StrQ; no. 1; Donemus (1938)

Mengelberg, Misha
1935-
- Medusa; StrQ; 1962; Donemus

Menger, Friedrich
1891-?
- 38 StrQe

Mennesson, Christine
1955-
- Miquitzli; StrQ; 1989; CDMC

Mennin, Peter
1923-1983
- StrQ; no. 1; 1941; zurückgez.
- StrQ; no. 2; 1951; C. Fischer (1952)

Menotti, Gian Carlo
1911-2007

- Variation + Fugue; StrQ; 1932
- 4 Pieces; StrQ; 1936

Mense, René
1969-
- StrQ; no. 1; 1997/98; A: 5/2003 Hamburg

Menu, Pierre
1896-1919
- Sonatine; StrQ; 1915; Durand (1920)

Menzel, Adolf
1857-?
- Variationen + Fuge über *Stille Nacht*; op. 96

Méreaux, Jean-Amédée Lefroid de
1802-1874
- StrQ; D; op. 121; Costallat (1877)

Merikanto, Aarre
1893-1958
- StrQe; g; cis; 1913
- StrQ; E; op. 17; 1917
- StrQ; a; 1939

Merikanto, Oskar
1868-1924
- Andante; StrQ

Meriläinen, Usko
1930-2004
- 4 Bagatelles; StrQ; 1962
- StrQ; no. 1; 1965
- Kyma; StrQ; 1979; Jasemusiikki (1981)
- StrQ; no. 3; 1991

Merino Montero, Luis
1943-
- StrQ; 1964

Merkel, Johannes
1860-1934
- StrQ

Merkù, Pavle
1927-2014
- 2 Quartetto breve; StrQ; 1952
- StrQ; no. 2; 1968; Zerboni (1969)
- Romantico; StrQ; no. 3; 1987; Pizzicato

Merlet, Michel
1939-
- 8 Études; StrQ; 1965

- 2 movements; 1983
- Parted-StrQ; 1987; Samfundet

Mermoud, Robert
1912-2005
- 3 kurze Stücke; StrQ; 1992; FSPM

Merrill, Lindsey
1925-1995
- Ratio 4: 5: 6; StrQ

Mersson, Boris
1921-2013
- Hommage à Peter Rybar; StrQ; op. 58; 2004; A: 10/2004

Mertzig, René
1911-1986
- StrQ; 1961; A: 1962 Luxemburg

Merz, Viktor
1891-
- StrQ; a; op. 14 (op. 15?); 1927/28

Meschke, Paul Hermann
1877-?
- StrQ; op. 7

Messer, Franz Joseph
1811-1860
- StrQ; B; no. 1
- StrQ; C; no. 2; 1846
- StrQ; d; no. 3; ca. 1846
- StrQ; F; no. 4; 1850
- StrQ; g; no. 5

Messervy, George
1924-
- StrQ; 1962; BMIC

Messner, Joseph
1893-1969
- StrQ; 1953

Messner, Karl
1923-
- StrQ 76; 1976; A: 1976 Eisenstadt

Mestres Quadreny, Josep Maria
1929-
- StrQ; 1962; Moeck (1969)
- Invencions movils III; StrQ; 1961; Seesaw

Metallidi, Zhanneta Lazarevna
1934-
- StrQ; 1974; VeNM

Metianu, Lucian Ioan C.
1937-
- StrQ; no. 1; 1961; Salabert
- StrQ; no. 2; 1968; Ed. Muz. (1970)
- Nocturne magique; 1984
- StrQ; no. 3; 1987
- StrQ; 1999
- StrQ; 2001
- StrQ; 2004

Mětšk, Juro
1954-
- Accents antiques; StrQ; 1975; VeNM (1984)

Mettenleiter, Bernhard
1822-1901
- 2 StrQe

Mettraux, Laurent
1970-
- StrQ; no. 1; 1998/99; A: 2003 Bulle/CH
- Cypres; StrQ

Metzdorff, Richard
1844-1919
- StrQ; f; op. 40; Kahnt (1873)

Metzger, Peter
1937-
- Herbstsonate; StrQ + Sprecher; op. 23
- StrQ; op. 24; 1996

Metzler, Friedrich
1910-1979
- StrQ; fis; 1933; A: 3/1934 Berlin
- 1945; StrQ; no. 2/2. Fs.; 1965;
  Möseler (1967); A: 12/1963 Berlin
- StrQ; no. 3; 1968; Möseler (1975)
- Präludium + Fuge; StrQ; c; 1977;
  Möseler (1981)
- 4 Psalmen (Ps. 23, 70, 90 + 130);
  StrQ + Sprecher; Carus

Metzner, Leonhard
1902-1984
- StrQ; no. 1; A: 1937 Troppau

- StrQ; no. 2; A: 1944 Jägerndorf

Meulemans, Arthur
1884-1966
- Uit nin leven; 1907
- StrQ; no. 1; 1915
- StrQ; no. 2; 1932
- StrQ; no. 3; 1933
- StrQ; no. 4; 1944
- StrQ; no. 5; 1952

Meunier, Gérard
1928-
- 2 StrQe; 1969; Ph. Combre

Meuris, Ingrid
1964-2003
- Ascensus; StrQ; Heverlee (2007)

Mevorach, Rafael
1945-
- StrQ; 1975; IMP

Mexis, Thomas
1947-
- StrQ; 1996; AMC

Meyer, Bernard van den Sigten-horst
siehe: Sigtenhorst Meyer, Bernard van den

Meyer, Ernst Hermann
1905-1988
- StrQ; G; no. 1; 1956; Ed. Peters (1958)
- StrQ; no. 2; 1959; Breitkopf (1961)
- Preludio alla Ciacona; StrQ; 1965
- StrQ; no. 3; 1966; Ed. Peters (1968)
- StrQ; no. 4; 1974; Ed. Peters (1975)
- StrQ; no. 5; 1978; Ed. Peters (1980)
- StrQ; no. 6; 1982

Meyer (Majer), Ignacy Antoni
1830-1857
- StrQ

Meyer, Krzysztof
1943-
- StrQ; no. 1; op. 8; 1963, rev. 1986;
  PWM (1967)
- StrQ; no. 2; op. 23; 1969; PWM (1971)
- StrQ; no. 3; op. 27; 1971; PWM (1976)

- StrQ; no. 4; op. 33; 1974; PWM (1979)
- StrQ; no. 5; op. 42; 1977; PWM (1982)
- StrQ; no. 6; op. 51; 1981; PWM (1987)
- StrQ; no. 7; op. 65; 1985;
  Ed. Pro Nova (1988)
- StrQ; no. 8; op. 67; 1985;
  Ed. Pro Nova (1991)
- StrQ; no. 9; op. 74; 1989/90;
  Ed. Pro Nova (2004)
- StrQ; no. 10; op. 82; 1993/94;
  Ed. Pro Nova (2003)
- StrQ; no. 11; op. 95; 2001;
  Ed. Pro Nova (2002)
- Au delà d'une absence; StrQ; op. 89; 1997;
  Sikorski (1997)
- StrQ; no. 12; 2005; Ed. Pro Nova
- StrQ; no. 13; op. 113; 2010;
  Ed. Pro Nova (2011)

Meyer-Ambros, Franz
1882-1957
- Variation + Doppelfuge; StrQ; op. 34

Meyerolbersleben, Ernst Ludwig
1898-1991
- StrQ

Meyerovich, Mikhail Aleksandrovich
1920-1993
- StrQ; no. 1; 1978
- StrQ; no. 2; 1980
- StrQ; no. 3; 1988

Meyerowitz, Jan (Hans-Hermann)
1913-1998
- StrQ; 1955

Meyers, Robert G.
1932-
- StrQ; 1969

Meyer-Tormin, Wolfgang
1911-1988
- StrQ; no. 1; 1947
- StrQ; no. 2; 1950
- StrQ; no. 3; 1952
- StrQ; no. 4; 1953

- StrQ; no. 5; 1954
- StrQ; no. 6; 1955

Meyer v. Bremen, Alexander
1930-2002
- StrQ; 1952; A: 1952 München
- StrQ; no. 2; 1954

Meyer v. Bremen, Helmut
1902-1941
- Fantasie über ein Bassthema; StrQ; c;
  op. 11; A: 1926 Leipzig

Mezö, Imre
1932-
- Quartettino; 1961; Ed. Musica (1970)

Mezzetti, Enrico
1870-1930
- Minuetto; StrQ

Miaskov, Konstantyn
1921-2000
- StrQ; 1958

Miaskovsky, Nikolai Iakovlevich
1881-1950
- 4 StrQe; a, c, d, f; op. 33; 1910, rev. 1930
- StrQ; e; no. 5; op. 47; 1938/39
- StrQ; g; no. 6; op. 49; 1938/39
- StrQ; F; no. 7; op. 55; 1941
- StrQ; fis; no. 8; op. 59; 1942
- StrQ; d; no. 9; op. 62; 1943
- StrQ; F; no. 10; op. 67, 1; 1907, rev. 1945
- StrQ; Es; no. 11; op. 67, 2; 1945
- StrQ; G; no. 12; op. 77; 1947
- StrQ; a; no. 13; op. 86; 1949

Miča, František Adam
1746-1811
- 12 StrQe; in: A-Wn + CZ-Bm

Michael, Frank
1943-
- StrQ; d; no. 1; op. 2; 1961
- Unbuon Sogno; StrQ; no. 2; op. 14; 1965
- Der rote Drache; StrQ; no. 3; op. 24;
  Hoche (2001)
- Metamorphosen des Eros; StrQ; no. 4;
  op. 56; 1983/84; BB

- Metamorphosen der Trauer; StrQ; no. 5; op. 63; 1986; BB (1991)
- Dona nobis pacem; StrQ; no. 6; op. 96; Zimmermann (2002)
- StrQ; no. 7; A: 10/2006 Halle

Michaelides, Solon
1905-1979
- StrQ; 1934; Greek Ministry of Education

Michaelis, A. H.
tätig um 1774
- 6 StrQe; D, G, C, F, B, Es; op. 1; Hummel, no. 87 [M2642]

Michaelis, F. A.
?
- Variations brill.; StrQ; G; op. 8; Breitkopf
- Variations brill.; StrQ; D; op. 9; Breitkopf
- Variations brill.; StrQ; A; op. 10; Breitkopf

Michalczyk, Viktor Karl
1894-?
- StrQ; 1922; A: 1924 Berlin

Michałek, Stanisław
1925-1997
- Musik; StrQ; 1962; Státní hudební (1965)

Micháns, Carlos
1950-
- StrQ; 1988, rev. 1990; Donemus
- StrQ; 1992; Donemus

Michel, Paul-Baudouin
1930-
- StrQ; op. 14; 1961; unveröff.
- Quadrance; StrQ; op. 22; 1965; CeBeDeM (1970)
- Delitation 2; StrQ+Tape; 1969
- Expansion 1; StrQ; 1981
- Viaduc; StrQ; op. 157; 1994

Michel, Wilfried
1940-
- StrQ; 1969

Michelazzi, Gino
1927-
- Variazioni auliche; StrQ; Edipan (1980)

Michl, Artur
1897-1965
- StrQ; op. 2; A: 1925 Graz
- StrQ; c; op. 11
- StrQ; op. 15
- StrQ; op. 16
- StrQ; op. 25; A: 1957 Graz
- Thema mit Variationen; StrQ; op. 52; Krenn (1971)

Michl, Johann Joseph Willibald
1745-1816
- 6 StrQe; in: A-KR

Micka, Vit
1935-
- StrQ; 1972

Mickiewicz, Katrin
1977-
- StrQ; op. 2; MS: Kopie im Archiv Frau + Musik

Micu, Eugenia
1910-?
- StrQ; G
- StrQ; g

Middleton, Robert
1920-
- StrQ; 1950
- StrQ; 1989
- StrQ; 1990

Mieg, Peter
1906-1990
- StrQ; no. 1; 1938
- StrQ; no. 2; 1945
- StrQ; no. 3; 1987
- Bratschenquartett; 1987/88; Amadeus

Miehler, Otto
1903-?
- StrQ

Mielck, Ernst
1877-1899
- StrQ; g; op. 1; 1895; Hofmeister (1904)

Mielenz, Hans
1909-1996

- StrQ; op. 76; 1985; A: 1969 Traunreut

Mier Cáraves, Juan José
1947-1997
- StrQ; 1994; SPMIC

Miereanu, Costin
1943-
- Couleurs du temps; StrQ; 1966; Salabert (1968); A: 1968 Bukarest

Miersch, Paul Friedrich
1868-1956
- StrQ; Es; op. 38; Ries (1922)
- Thema + Variationen; StrQ; op. 18; Ries

Mignone, Francisco
1897-1986
- StrQ; e; no. 1; 1957; Esterhazy Quart. Libr.
- StrQ; a; no. 2; 1957; Esterhazy Quart. Libr.
- StrQ; no. 3; 1970; Esterhazy Quart. Libr.

Migot, Georges Elbert
1891-1976
- Cinq mouvements d'eau; StrQ; 1914?; Senart (1921)
- Estampe; StrQ; 1926; nicht vollendet
- StrQ; 1957; unvollendet; unveröff.
- StrQ; 1966; unvollendet; Centre d'art national français
- Incantation nominée sur le nom d'Henri Sauguet; StrQ; 1972; unvollendet
- 5 Chants; StrQ + Stimme; Leduc

Migranian, Emma
1940-
- Suite; StrQ; 1960
- StrQ; 1962

Mihailescu, Traian
1916-1975
- Liric; StrQ

Mihajlović, Milan
1945-
- StrQ; 1969

Mihalič, Alexander
1963-
- Quartettino; StrQ; 1984/85
- Functions; StrQ; 1988

- Music; StrQ; 1988
- Crystals; StrQ; 1995/96

Mihalovici, Marcel
1898-1985
- StrQ; no. 1; 1923; Eschig
- StrQ; no. 2; op. 31; 1930/31; Eschig (1932)
- StrQ; no. 3; op. 52; 1946; Heugel (1949)
- StrQ; no. 4; op. 111; 1981; Salabert (1985)

Mihály, András
1917-1993
- StrQ; no. 1; 1942
- StrQ; no. 2; 1960; EMB (1962)
- StrQ; no. 3; 1977; EMB (1977)

Mihelčič, Slavko
1912-2000
- StrQ; 1934

Mihule, Jiří
1907-1977
- StrQ; 1937

Mikhashoff, Yvar Emilian
1941-1993
- Light from a distant garden; StrQ; 1983

Miki, Minoru
1930-2011
- StrQ; 1989; JFC

Mikoda, Bořivoj
1904-1968/70
- StrQ; 1944

Mikula, Zdenko
1916-2012
- StrQ; 1983; SLMIC
- To bude rano; StrQ + hohe Stimme; 1975; SHF (1976)
- Ave Eva; StrQ; 1975
- StrQ; 1976
- Hudba k vernisazi; StrQ; 1989

Mikusch, Margarete v.
1884-1968
- StrQ; g; op. 5/6?; A: 1916 München
- StrQ; a; op. 10; 1926/27

Miladowski, Florian Stanislaw
1819-1889

- Ars longa, vita brevis; StrQ

Milburn, Ellsworth
1938-2007
- StrQ; 1974; Magnamusic-Baton (1984)

Milcoveanu, Dumitru
1914-1985
- StrQ; 1946
- Fuga; StrQ

Milenković, Jelena
1944-
- StrQ; 1967

Miles, Percy Hilder
1878-1922
- 3 Fantasiestücke; StrQ; BB (1904)

Miles, Philip Napier
1865-1935
- 3 Fantasiestücke; StrQ; BB

Miles, William Maurice
1883-?
- StrQ

Miletić, Miroslav
1925-
- Dahnatian; StrQ; no. 2; 1954;
  Udruženje kompozitora Hrvatske (1966)
- Folklor cassations; StrQ; 1968
- StrQ; no. 4; 1962; HDS (1973)

Milford, Robin
1903-1959
- Fantasia; h; 1945; OUP
- Miniature Qu.; StrQ; G; OUP (1938)

Milhaud, Darius
1892-1974
- StrQ; no. 1; op. 5; 1912; Durand (1951)
- StrQ; no. 2; op. 16; 1914/15;
  Durand (1920)
- StrQ + Gesang; no. 3; op. 32; 1916;
  Durand (1956)
- StrQ; no. 4; op. 46; 1918; Senart (1922)
- StrQ; no. 5; op. 64; 1920; Senart (1922)
- StrQ; no. 6; op. 77; 1922; UE (1925)
- StrQ; no. 7; op. 87; 1925; UE (1925)

- StrQ; no. 8; op. 121; 1932;
  Chant du Monde (1936)
- StrQ; no. 9; op. 140; 1935;
  Chant du Monde (1936)
- Birthday Qu.; StrQ; no. 10; op. 218; 1940;
  Salabert (1949)
- StrQ; no. 11; op. 232; 1942; Salabert (1949)
- StrQ; no. 12; op. 252; 1945; Salabert (1948)
- StrQ; no. 13; op. 268; 1946; Salabert (1949)
- StrQ; no. 14; op. 291; 1948/49; Heugel
- StrQ; no. 15; op. 291; 1948/49;
  Heugel (1949)
- StrQ; no. 16; op. 303; 1950;
  Menestrel (1950)
- StrQ; no. 17; op. 307; 1950; Heugel (1951)
- StrQ; no. 18; op. 308; 1950; Heugel (1952)
- Études sur les thèmes liturgiques du Comtat
  Venaissin; StrQ; op. 442; 1973; Eschig

Milíci, Luis
1910-1998
- Aire de Bailecito; StrQ

Miller, Cassandra
1976-
- Warbleworks; StrQ; A: 10/2011 Leuven

Miller, Charles
1899-1985
- StrQ

Miller, Edward J.
1930-2013
- Quartet-variations; any 4 players and slides

Miller, Ira Steven
1951-
- StrQ; 1976

Miller, Jesse Paul
1935-
- StrQ; no. 1; Seesaw (1969)

Miller, Michael R.
1932-
- Signs of Gaia; StrQ, 2; 1993; CMC

Miller, Philip
1961-
- Nontyolo, Part 2; StrQ

Miller, Theodor
- 4 leichte StrQe für die Jugend;
  Halbreiter (1928)

Mills, Barry
1949-
- StrQ; 1985; BMIC

Mills, Charles Borromeo
1914-1982
- StrQ; op. 7?; 1939
- StrQ; op. 22?; 1942
- StrQ; fis; no. 3; op. 31; 1943; CFE
- StrQ; no. 4; 1952; CFE
- StrQ; no. 5; 1958; CFE

Mills, Richard John
1949-
- Miniatures + Refrains; StrQ; 1986; AMC
- Sonatina; StrQ; 1986; AMC
- StrQ; no. 1; 1990; AMC

Milner, Anthony
1925-2002
- StrQ; no. 1; op. 33; 1975; Novello (1976)

Milner, Arthur
1894-1972
- Miniature StrQ; 1958; Hinrichsen (1961)

Milnes, Jan
1943-
- Holiday Suite; StrQ; Piper (1983)

Milojević, Đorđe
1921-1986
- StrQ; 1940

Milojević, Miloje
1884-1946
- StrQ; G; no. 1; op. 11; 1905
- StrQ; c; no. 2; op. 29; 1906, rev. 1921
- Prva Suita; StrQ; op. 75

Milošević, Predrag
1904-1988
- StrQ; 1928; A: 1963

Milošević, Vlado
1901-1991
- StrQ; F; 1964
- Kameni spavac; StrQ; 1968

Milstein, Silvina
1956-
- StrQ; 1989

Miltitz, Carl Borromäus v.
1780-1845
- StrQ; g; 1838

Mimaroğlu, İlhan Kemaleddin
1926-2012
- Elecution contorta; StrQ; Seesaw
- StrQ; no. 2; Seesaw
- StrQ; no. 3
- Like there's tomorrow; StrQ; no. 4; 1978

Mindel, Jiří
1931-
- StrQ; op. 22; 1981

Mindel, Meir
1946-
- The Contact; StrQ; 1980
- The tie; StrQ; 1980; IMI

Minemura, Sumiko
1941-
- StrQ; no. 2; 1996; JFC

Ming Tsao
1966-
- Pathology of Syntax; StrQ; 2008;
  A: 2009 Witten

Minkowitsch, Christian
1962-
- Lichtscheinbar; StrQ; 1989

Minoja, Ambrogio
1752-1825
- I divertimenti della campagna; 6 StrQe:
  La conversazione – Il passeggio solitario –
  La caccia – Il giuco – Il ballo – La musica

Miquel, Olivier
1955-
- StrQ; 1978; CDMC

Mira Fornes, Rafael Angel
1951-
- Caramelos para Zoe; StrQ

Miramontes, Arnulfo
1882-1960

- StrQ; 1916
- Cuarteto historico mexicano; StrQ (?)

Mirante, Thomas
1931-
- StrQ

Mirgorodsky, Aleksandr Sergeyevich
1944-1994
- StrQ; 1971

Miroglio, Francis
1924-2005
- Projections: Slides of Miro paintings; StrQ; 1967; UE (1970)
- Nineties; StrQ; 1991; Salabert

Mironer, Pierre
1947-
- 1e Discours de Yahve; StrQ + Sopr; op. 17; 1991

Mirsch-Riccius, Erich
1884-1962
- StrQ in Suitenform; A: 6/1938 Berlin

Mirshakar, Zarrina
1947-
- StrQ; 1973

Mirzayeva, Günay
1985-
- StrQ

Mirzazade, Khayyam Hadi oglu
1935-
- StrQ; no. 1; 1956; Azmuzgiz (1963)
- StrQ; no. 2; 1959; Muzyka (1965)
- Miniaturen; StrQ; 1958; Azmuzgiz (1961)

Mirzoyan, Edvard Mikhailovich
1921-2012
- Thema +Var.; StrQ; 1947; Sovetskij (1958)
- Allegro; StrQ; 1940
- StrQ; Sovetskij (1968)

Mishory, Gilead
1960-
- Psalm nach Gedichten v. Paul Celan; StrQ; 2005

Missagh, Bijan Khadem
1948-
- StrQ

Mitchell, JaNizza
1946-
- StrQ; 1961

Mitropoulos, Dimitri
1896-1960
- Fauns; StrQ; 1915

Mitsukuri, Shukichí
1895-1971
- Tone poems; StrQ; 1957

Mitterer, Wolfgang
1958-
- StrQ I.3 + Elektr; 2004; A: 2004 Ioien

Mittler, Franz
1893-1970
- StrQ; no. 1; 1909
- StrQ; no. 2
- Aus der Wanderzeit; StrQ; no. 3; 1915

Mittmann, Jörg-Peter
1962-
- Landschaften d. Seele; StrQ

Mitzscherlich, Erich
1906-1985
- StrQ; no. 1; 1942
- StrQ; D; no. 2; 1954; IMB

Mix, Silvio
1900-1927
- Preludio, notturno e Scherzo; StrQ; op. 45; 1924; Societa edit. l'odierna

Mixa, Franz
1902-1994
- StrQ; d; 1924; A: 1930 Wien

Miyagi, Jun-ichi
1952-
- Koh; StrQ; 1998; JFC

Miyoshi, Akira
1933-2013
- StrQ; no. 1; 1961; Ongaku-no-tomo (1962); Muzyka (1967)
- StrQ; no. 2; 1967; Ongaku-no-tomo (1968)

- Constellation noire; StrQ; no. 3; 1992

Mizelle, Dary John
1940-
- StrQ; no. 1; 1964
- StrQ; no. 2; 1975
- StrQ; no. 3; 1983

Mizumo, Shuko
1934-
- Yoru no uta; StrQ; 1996
- Night song; StrQ; 2006; JFC (2006)

Młodziejowski, Jerzy
1909-1985
- Wariacje i Fuga; StrQ; 1943
- Wariacje; StrQ; 1961
- StrQ; 1963
- Prelude; StrQ; 1971
- StrQ; 1972
- StrQ; 1975
- StrQ; 1978
- Jabkenicki; StrQ; 1978
- Ostatni; StrQ; 1980

Mochizuki, Misato
1969-
- Terres rouges; StrQ; 2005/06; Breitkopf

Modr, Antonín
1898-1983
- StrQ; no. 1; 1923
- StrQ; no. 2; op. 5; 1926
- StrQ; no. 3; 1940
- StrQ; no. 4; 1959; CHF

Moe, Benna
1897-1983
- StrQ; f; 1934

Moe, Ole-Henrik
1966-
- Vent Litt Lenger; StrQ

Möckl, Franz
1925-2014
- Gedanken + Wünsche; StrQ; 2000

Möller, Johann Christoph
siehe: Moller, John Christopher

Möller, Johannes
1981-
- Bisbigliando; StrQ; 1997

Moeran, Ernest John
1894-1950
- StrQ; a; 1921; Chester (1923)
- StrQ; 1923; Novello
- StrQ; Es; posth.; Novello (1956)

Moeschinger, Albert
1897-1985
- StrQ; d; no. 1; op. 5; 1921; Müller
- Nachtmusik; StrQ; no. 2; op. 6; 1922; Müller
- StrQ; d; no. 3; op. 8; 1923; Müller
- Kanonqu.; StrQ; no. 4; op. 39; 1934; Müller
- Colloqui; StrQ; no. 5; op. 48; 1940; Müller
- Die Horen; StrQ; no. 6; op. 49; 1940; Müller

Moevs, Robert Walter
1920-2007
- StrQ; no. 1; 1957; Piedmont (1967)
- StrQ; no. 2; 1989
- StrQ; no. 3; 1995; Presser

Mohler, Philipp Heinrich
1908-1982
- StrQ
- Arioso; StrQ; op. 29b

Mohr, Hermann
1830-1896
- 3 leichte Quartette; op. 67; AP Schmidt (1891/1892)

Mohr, Wilhelm
1904-1989
- Variationen über das *Lied vom Heuschreck*; StrQ; op. 8b; Kasparek (1948)

Mojica Mesa, Raúl
1928-1991
- 3 pieces + un joropo Gregrorio; StrQ; CCDM

Mojsisovics (Mojsvár), Roderich v.
1877-1953
- StrQ; G; op. 33; A: 1922 Graz

- StrQ; E; op. 58
- StrQ; c; op. 71

Mojžíš, Vojtěch
1949-
- Voluta; StrQ; no. 1; 1972
- StrQ; no. 2; 1980

Mokranjac, Stevan (Stojanović)
1856-1914
- StrQ; 1877
- Na Kosidbi; StrQ; 1879

Mokranjac, Vasilije
1923-1984
- StrQ; 1944
- StrQ; d; 1948/49

Molbe, Heinrich (Pseudonym f. Heinrich v. Bach)
1835-1915
- StrQ; B; op. 1; Buchholz (1878)
- StrQ; c; op. 5; Hofmeister

Molchanov, Porfirii
1863-1945
- StrQ

Moldovan, Mihai
1937-1981
- StrQ; no. 1; 1968; Ed. muzicala (1974)
- StrQ; no. 2; 1978
- StrQ; no. 3; 1978

Moleiro, Moisés
1904-1979
- Minué; StrQ; c; 1937

Molina, Antonio
1894-1980
- StrQ; 1925

Molino, Andrea
1964-
- Capriccio sopra la lontananza; StrQ + Elektr; 1996

Molique, Bernhard
1802-1869
- StrQ; G; op. 16; Haslinger (1841)
- StrQ; c; op. 17; Haslinger (1841)
- StrQ; f; op. 28; Kistner (1846)

- StrQ; B; op. 42; Ewer (1851)
- StrQ; A; op. 44; Kistner (1853)

Mollenhauer, Eduard
1817-1885
- Chanson sans paroles; StrQ; C. Fischer

Moller, John Christopher
1755-1803
- 6 StrQe; E, G, C, F, B, Es; Betz (1775)

Molnár, Antal
1890-1983
- StrQ; a; 1912; Rozsavölgyi
- StrQ; 1926
- StrQ; 1928
- StrQ; 1956; EMB/Zenemükiado

Molteni, Marco
1962-
- Esp (La clessidra e le altre cose); 1984

Momigny, Jérôme-Joseph de
1762-1842
- 3 StrQe; op. 1; 1807
- 3 StrQe; op. 2; 1808

Mónaco, Alfredo del
1938-2015
- Sonata; StrQ; 1965

Moniuszko, Stanisław
1819-1872
- StrQ; d; no. 1; 1839; PWM (1972)
- StrQ; F; no. 2; 1840; PWM (1972)

Monk, Meredith
1942-
- Stringsongs; StrQ; 2005

Monn, Georg Mathias
1717-1750
- 6 StrQe; C, g, g, A, a, B; Bureau d'Arts et d'Industrie (1808)

Monnet, Marc
1957-
- Les ténèbres de Marc Monnet; StrQ; 1984
- Close; StrQ; 1993/94

Mononen, Sakari
1928-1997
- StrQ; 1961

Montague, Stephen
1943-
- In memoriam B. Anderson + T. Sikorski; StrQ, Tape + Elektr; no. 1; 1989–93; UMP; A: 1989 London
- Shaman; StrQ + Elektr; no. 2; 1993

Montecino, Alfonso
1924-2015
- StrQ; 1945; CDA

Montes Capón, Juan
1840-1899
- Sonata descriptiva gallega; StrQ

Montgomery, James
1943-
- Reconnaissance; StrQ + Amplifier; CMC

Montijn, Aleida
1908-1989
- StrQ; Skizzen

Montsalvatge i Bassols, Xavier
1912-2002
- Cuarteto Indiano; StrQ; 1951; Southern (1967); A: 1952 Madrid

Montvila, Vytautas
1935-2003
- StrQ; 1967

Monza, Carlo
1735-1801
- 6 StrQe; C, Es, D, B, Es, F; op. 2; J. Bland (1782) [M3534]

Moon, Chloe
1952-
- 3 Sketches; StrQ; 1985

Moór, Emánuel
1863-1931
- StrQ; no. 1
- StrQ; no. 2
- Praeludium et fugue; StrQ
- Quartett; A; op. 59; Siegel (1905)

Moor, Karel
1873-1945
- StrQ; Panton
- Quartetto triestiano; StrQ

Moore, Carman
1936-
- Movement; StrQ; 1961

Moore, Christopher Trebue
1976-
- Scorched earth; StrQ + Elektr ad lib.; 2007/08; Gravis

Moore, David A.
1948-
- StrQ; 1970

Moore, Dorothy Rudd
1940-
- Modes; StrQ; 1968; ACA

Moore, Douglas Stuart
1893-1969
- StrQ; 1933; C. Fischer
- StrQ; 1936; Galaxy (1938)

Moore, Kermit
1929-2013
- StrQ

Moore, Mary Louise Carr
1873-1957
- StrQ; g; op. 87; no. 4; 1926
- StrQ; f; op. 91; no. 8; 1930

Moore, Sandy
1944-
- StrQ; 1996; CMC

Moore, Timothy
1922-2003
- StrQ; 1995; BMIC

Moos, Alfred
1899-?
- StrQ; A: 1953 Hannover

Morales Pino, Pedro
1863-1926
- Fantasia; StrQ; 1910?; CCDM

Moran, Robert
1937-
- StrQ; UE
- Towers of the moon; StrQ

Morasca, Benedetto
1870-1912?

- StrQ

Moravec, Paul
1957-
- StrQ; no. 1; 1986
- The angels dancing; StrQ; no. 2; 1990
- Claritas; StrQ; no. 3; 1992
- Atmosfera a Villa Aurelia; StrQ

Moraweck, Lucien
1901-1973
- StrQ

Morawetz, Oskar
1917-2007
- StrQ; F; no. 1; 1943/44; Aeneas
- StrQ; A; no. 2; 1951–1954; CMC
- StrQ; E; 1958/59; CMC
- Tribute to W. A. Mozart; StrQ; no. 5; 1990; CMC
- Improvisation on inventions by J. S. Bach; StrQ; 1992
- 5 Fantasies; StrQ; 1978; CMC

Morawski-Dabrowa, Eugeniusz
1876-1948
- 7 StrQe

Morel, Auguste
1809-1881
- StrQ; no. 1; 1830
- StrQ; As; no. 2; 1847; Durand (1850)

Morel, François
1926-
- StrQ; 1947/48
- StrQ; 1952; A: 1955 Montreal
- StrQ; 1963; Berandol (1982)
- Paysage depayse; StrQ; 1990

Moreno Gans, José
1897-1976
- StrQ; D
- StrQ; no. 2; 1971

Moreno González, Juan Carlos
1911-1983
- StrQ

Moretto, Nelly
1925-1978

- Composition, no. 12: Marcha funebre para un violinista; StrQ
- Coeri battenti; StrQ + Tape; 1968

Morgan, David
1933-1988
- StrQ; 1964
- StrQ; 1975; A: 1977 London

Morgan, David Sydney
1932-
- Palindrome; StrQ; op. 20; 1959; AMC

Morgenroth, Franz Anton
1780-1847
- Variations; StrQ; E; op. 1; Breitkopf
- Variations; StrQ; A; op. 2; Breitkopf

Mori, Junko
1948-
- StrQ; no. 2; 1980
- StrQ; no. 3; 1975

Mori, Yoshiko
1962-
- StrQ; 1983; JFC

Morillo, Roberto
1911-2003
- StrQ; 1951

Morimoto, Yuki
1953-
- Cord for strings; StrQ; 1992
- Insomnia; StrQ; 1992

Moritz, Edvard
1891-1974
- StrQ + Sopr; op. 10; Schott (1918)
- StrQ; A; op. 27; Benjamin (1926)
- StrQ; op. 42

Morley, Glen
1912-1996
- Fantasy on songs of faith + affirmation; StrQ; 1992; CMC
- Fantasy; StrQ; 1950

Moroi, Makoto
1930-2013
- Musica da camera 4; StrQ; 1954

Moroi, Saburo
1903-1977
- StrQ; 1933; Ongaku-no-tomo

Moroianu, Bogdan
1915-2002
- StrQ; no. 1; op. 1; 1946
- StrQ; no. 2; op. 18; 1955; Ed. Muz. (1969)
- StrQ; no. 3; op. 21; 1969

Morricone, Ennio
1928-
- A L. P. 1928; StrQ; Zerboni

Morrill, Dexter G.
1938-
- 3 lyric pieces; StrQ
- StrQ; no. 1; 1965; Chenango Valley (2000)
- StrQ; no. 2; 1994; Chenango Valley (1995)

Morris, David
1948-
- StrQ; 1991/92

Morris, Franklin E.
1920-
- StrQ

Morris, Harold
1890-1964
- StrQ; no. 1; 1928
- StrQ; no. 2; 1937
- StrQ; no. 3; 195.?

Morris, Reginald Owen
1886-1948
- Fantasy; StrQ; Stainer (1922)
- Canzoni ricertati; StrQ; 1931; OUP (1931)

Morris, Robert Daniel
1943-
- StrQ; 1976
- Arci; StrQ; 1988

Morrow, Charlie
1942-
- 3 StrQe; 1964–67

Mors, Rudolf
1920-1988
- StrQ; e; 1939–44

Mortari, Virgilio
1902-1993
- StrQ; G; 1931; Ricordi (1933)
- Quartetto; StrQ; no. 2; 1983; Zerboni (1983)

Mortellari, Michele
1750-1807
- 6 StrQe; B, F, A, C, Es, D; [M3781]

Mortensen, Otto
1907-1986
- StrQ; 1937; Samfundet (1938)
- StrQ; no. 2; 1955; MS: DK-KK

Mortensen, Finn
1922-1983
- StrQ; op. 50; 1979; NMIC

Morthenson, Jan Wilhelm
1940-
- Ancora; StrQ; 1983; Reimers (1984)
- Apres Michaux; StrQ; no. 2; 1985
- Epilogos; StrQ; no. 3; A: 2008 Stockholm

Moscheles, Ignaz (Isaak)
1794-1870
- StrQ; d; A: 1994 Brighton

Mosel, Ignaz Franz v.
1772-1844
- 6 StrQe; op. 2; Ranieri [MM3791A]
- 6 StrQe; B, Es, C, F, A, G; op. 4; Ferrini, Chiali [MM3793A]

Moser, Franz J.
1880-1939
- StrQ; G; no. 1; op. 19; UE (1919)
- StrQ; F; no. 2; op. 32; UE (1924)
- StrQ; a; no. 3; op. 39
- StrQ; C; no. 4; op. 45

Moser, Roland
1943-
- Neigung; StrQ; 1969–72; Hug (1988)

Moser, Rudolf
1892-1960
- 2 StrQe; E, g; op. 8; 1919; Moser
- StrQ; As; no. 3; op. 15; Moser; A: 1922 Basel

- StrQ; d; no. 4; op. 25; Moser;
  A: 1924 Basel
- Suite; StrQ; no. 5; op. 40; Moser (1970)
- Suite; StrQ; op. 47; Moser (1970)
- StrQ; A; op. 49; 1931; Steingräber (1933);
  Moser (1970)
- Minuetto; StrQ; A; op. 76; Moser

Mosko, Stephen
1947-2005
- StrQ; 1997

Mosolov, Aleksandr Vasilyevich
1900-1973
- StrQ; a; no. 1; op. 24; 1926; UE (1927)
- StrQ; C; no. 2; 1943, rev. 1963
- StrQ; no. 4; op. 26; verloren

Mosonyi, Mihály, gen. (Michael Brand)
1815-1870
- 7 StrQe; D, g, a, f, c, h, h; 1838–1845

Mosquera Ameneiro, Roberto
1957-
- Cores; StrQ; 1977; SPMIC
- Logos; StrQ; 1991

Moss, Lawrence Kenneth
1927-
- StrQ; no. 1; 1958; CFE
- StrQ; no. 2; 1975; Elkan-Vogel (1977)
- StrQ; no. 3; 1980

Moss, Piotr
1949-
- Sonata; StrQ; PWM

Mostler, Nikolaus Moritz
1879-1963
- StrQ; D; op. 40; Böhm (um 1920)

Mosusova, Nadežda
1928-
- StrQ; fis; 1952

Moszumańska-Nazar, Krystyna
1924-2008
- StrQ; no. 1; 1973/74; PWM (1975)
- StrQ; no. 2; 1980; PWM (1985)
- StrQ; no. 3; 1995; PWM

- StrQ; no. 4; 2002/03; PWM

Motta, José Vianna da
1868-1948
- StrQ; G; no. 2

Mottl, Felix
1856-1911
- StrQ; no. 1; MS: BSB
- StrQ; fis; no. 2; 1897/98; Gutmann (1901)

Moulaert, Pierre
1907-1967
- StrQ; 1956; CeBeDeM (1965)

Moulinié, Étienne
1599-1676
- 3 Fantasies; StrQ; C. Fischer

Mouquet, Jules
1867-1946
- StrQ; c; no. 1; op. 3; Lemoine (1910)

Mourant, Walter
1910-1995
- StrQ; no. 1; CFE

Movio, Simone
1978-
- Zahir la; StrQ; A: 1/2013 Wien

Mo Wuping
1959-1993
- Stück; StrQ; 1984
- Cunji (Dorfritual); StrQ; 1987/88
- StrQ; no. 1; 1986
- Sacrificial rite in village; StrQ; no. 2; 1987

Moyzes, Alexander
1906-1984
- StrQ; Es; no. 1; op. 8; 1929, als op. 9 rev.
  1942; MS: SK-Brum
- StrQ; D; no. 2; op. 66; 1969; Opus (1975)
- StrQ; no. 3; op. 83; 1981; MS: SK-Brum
- Venovane; StrQ; no. 4; op. 84; 1983;
  MS: SK-Brum
- StrQ; op. 7; 1929, rev. 1942; SHF

Moyzes, Mikuláš
1872-1944
- StrQ; no. 1; 1916–26
- StrQ; a; no. 2; 1929

- StrQ; fis; no. 3; 1932
- StrQ; G; no. 4; 1943

Mozart, Wolfgang Amadeus
1756-1791

- KV 80 (73f); G; NMA VIII/20; 1/1
- KV 136–138 (125a-c): Divertimento
- KV 155 (134a); D; 1772/73;
  NMA VIII/20; 1/1
- KV 156 (134b); G; 1772/73;
  NMA VIII/20; 1/1
- KV 157; C; 1772/73; NMA VIII/20; 1/1
- KV 158; F; 1772/73; NMA VIII/20; 1/1
- KV 159; B; 1772/73; NMA VIII/20; 1/1
- KV 160 (159a); Es; 1772/73;
  NMA VIII/20; 1/1
- KV 168; F; 8/1773; NMA VIII/20; 1/1
- KV 6/168a: Menuett; F; 1775?;
  NMA VIII/20; 1/1
- KV 169; A; 1773; NMA VIII/20; 1/1
- KV 170; C; 8/1773; NMA VIII/20; 1/1
- KV 171; Es; 8/1773; NMA VIII/20; 1/1
- KV 172; B; 8/9–1773?; NMA VIII/20; 1/1
- KV 173; d; 9/1773?; NMA VIII/20; 1/1
- KV 387; G; 12/1782–85; NMA VIII/20; 1/2
- KV 421 (417b); d; 6/1783–85;
  NMA VIII/20; 1/2
- KV 428 (421b); Es; 6/7/1783–85;
  NMA VIII/20; 1/2
- KV 458; B; Jagdquar.; 11/1784;
  NMA VIII/20; 1/2
- KV 464; A (1785) NMA VIII/20; 1/2
- KV 465; C; Dissonanzen-Quart.; 1785;
  NMA VIII/20; 1/3
- KV 499; D; Hoffmeister-Quart.; 1786;
  NMA VIII/20; 1/3 / Hoffmeister
- KV 575; D; 1. Preuss. Quart.; 1789;
  NMA VIII/20; 1/3 / Artaria (1791)
- KV 589, B; 2. Preuss. Quart.; 1790;
  NMA VIII/20; 1/3
- KV 590, F; 3. Preuss. Quart.; 1790;
  NMA VIII/20; 1/3

Fragmente:

- Fr 178X/e [KV Anh. 70 (KV 6 626b/29)]
  Adagio
- Fr 17820 [KV Anh. 68 (589a)] Rondo
- Fr 1782r [KV deest]
- Fr 1782s [KV deest] Fuge
- Fr 1783d [KV 6 bei 453b] Fuge
- Fr 1784h [KV Anh. 72 (464a)]
- Fr 1785c [KV Anh. 76 (417c)] Fuge
- Fr 1789a [KV Anh. 77 (385m, 405a)] Fuge
- Fr 1789b [KV Anh. 84 (KV 6 626b/30)
  = KV 3 417d]
- Fr 1789c [KV Anh. 71 (458b)]
- Fr 1789i [KV Anh. 74 (587a)]
- Fr 1790c [KV Anh. 75 (458a)] Menuett
- Fr 1790d [KV Anh. 73 (589b)]

Zuschreibung zweifelhaft:

- 6 StrQe KV 3 Anh. 291a
  (KV 6 Anh. C 20.05)
- Sei Quartetti capricciosi KV 3 bei Anh.
  2912 (KV 6 Anh. C 20.06)

Falsche Autorschaft:

- StrQe KV Anh. 210–213 (KV 6 C 20.01–
  04) (v. J. Schuster)

Mozetich, Marjan
1948-

- Lament in the trampled garden; StrQ;
  1992; CMC

Mraczek, Joseph Gustav
1878-1944

- 3 Sätze; StrQ; C; Forberg (1926)

Mucha, Geraldine
1917-2012

- StrQ; 1941
- StrQ; 1962
- StrQ; 1963
- StrQ; 1988

Muci, Italo Ruggero
1922-1990

- Quartetto in contrappunto quadruplo;
  StrQ; Berben

Mudie, Thomas Molleson
1809-1876

- StrQe

Mühe, Hansgeorg
1929-
- StrQ; no. 1; 1962
- StrQ; no. 2; 1963
- StrQ (über Weihnachtslieder)

Mühlbacher, Christian
1960-
- Stück 1; StrQ; 1991; A: 1992 Wien
- Tuning; StrQ; 2000; A: 2000 Linz

Mühlenbruch, Heinrich
1803-1887
- Qua. br.; op. 1; Hofmeister

Mühling, August
1786-1847
- 2 StrQe; A, C; op. 20; 1819;
  Breitkopf (1821)
- 2 StrQe; F (La Ricordanza), E; op. 59;
  Simrock (1836)

Müllenbach, Alexander
1949-
- StrQ; no. 1; 1997

Müller, Adolf sen.
1801-1886
- Präludium + Caprice; StrQ; 1826
- StrQ; Es; 1853

Müller, Alfred Thomas
1939-
- StrQ; no. 1
- StrQ; no. 2; 1976/77

Müller, Carl Christian
1831-1914
- StrQ; a; op. 63; Breitkopf (1897)

Müller, Carl Wilhelm
18.-19. Jhdt.
- 3 StrQe; op. 3; Breitkopf [MM7835A]
- 3 StrQe; op. 5; Breitkopf

Müller, Christian Gottlieb
1800-1863
- 3 StrQe; A, f, B; op. 3; Breitkopf (1829);
  Pfefferkorn (2010?)

Müller, Fabian
1964-
- StrQ; no. 1; 2000; Delta (2004)

Müller, Fritz
1889-?
- Variationen; StrQ; g; op. 3; Wunderhorn
  (1912)

Müller, Gottfried
1914-1993
- Canzona im Spiegelkontrapunkt; StrQ
  (StrOrch.); 1982; Küffner (1992)
- Sommerquartett; StrQ; no. 3;
  Küffner (1995)
- StrQ; C; 1966
- Fantasie über *Herzlich lieb hab ich Dich,
  o Herr*; C; 1966
- 4 Intermezzi; C; 1988

Müller, Karl Franz
1922-1978
- Fantasia contrapunctistica; StrQ; 1961

Müller, Karl-Josef
1937-2001
- Szene II; StrQ; 1991; Gravis (1992)

Müller, Knut
1963-
- Thorn; StrQ; no. 1; 1996;
  Tre Media (2002)
- Zeug; StrQ; no. 2; 1999; Tre Media (2002)

Müller, Ludwig Richard
1903-1967
- 6 nichtsnützige Variationen über ein
  Volkslied; StrQ; 1953
- Chines. Musik nach Erlebtem + Gehörtem;
  StrQ; 1955
- Mazurka; StrQ; um 1960
- Foxpopuli; StrQ; 1962
- Eine kl. Tanzmusik; StrQ; 1963
- Variationen über d. Seidenspr.-Lied
  v. Shalai; StrQ

Müller, Otto
1870-?
- StrQ; no. 2; 1915

Müller, Rudolf
1889-1961
- Thema + Variationen (über *Der Reiter und die Königstochter*); StrQ; Gerig (1956)

Müller, Siegfried
1926-
- Air en barock; StrQ; um 1967

Müller, Siegfried W.
1905-1946
- StrQ (Einleitung + Doppelfuge); op. 17; Breitkopf (1928)

Müller, Silverius a Sancto Leopoldo (eigentl. Franz Müller)
1745-1812
- 6 StrQe; op. 2
- 3 Quatuors; Es, B, F; op. 3; Bureau d'Arts et d'Industrie(1803)
- 6 StrQe; vermutlich unveröff.; Wien (1795)

Müller, Thomas
1939-
- StrQ; no. 1; 1973
- StrQ; no. 2; 1976/77; Ed. Peters (1984)

Müller, Thomas Samuel
1734-1790
- 7 StrQe; verschollen

Müller-Berghaus, Carl
1829-1907
- StrQ; C; no. 1; op. 11; Leuckart (1879)
- StrQ; C; no. 2; op. 12; Leuckart (1879)

Müller-Daube, Otto Helmuth
1888-?
- StrQ; g; A: 1921 Detmold

Müller-Goldboom, Gerhardt
1953-
- Gli spazi dentro; StrQ; 2001

Müller-Hartmann, Robert
1884-1950
- StrQ; op. 9; A: 1916 Hamburg

Müller-Hermann, Johanna
1878-1941
- StrQ; Es; op. 6; 1908; UE (1912)

Müller-Hornbach, Gerhard
1951-
- StrQ; 1984/85; Breitkopf; A: 1985 Frankfurt/M.

Müller-Mainau, Karl
1894-?
- StrQ; no. 1; A: 1925 Wien
- StrQ; no. 2; A: 1927 Wien
- StrQ; no. 3; A: 1927 Wien
- StrQ; no. 4; A: 1928 Wien

Müller-Medek, Willy
1897-1965
- Dem Morgenrot entgegen, Fantasie; StrQ; 1963

Müller-Oertling, Hans
1902-1989
- StrQ; no. 1; 1948
- StrQ; no. 2; 1979

Müller-Rehrmann, Fritz
1889-1949
- Thema + Variationen; StrQ; g; op. 3; Wunderhorn (1912)
- StrQ; c; op. 11

Müller-Siemens, Detlev
1957-
- StrQ; no. 1; 1989/90; Ars Viva (1991)
- … called dusk II; StrQ; 2011; Schott

Müller Talamona, Hans
1909-1987
- Fuga variata sul nome di Schaub; StrQ; Pizzicato Helvetia (1980)

Müller v. der Ocker, Fritz
1868-1931
- StrQ

Müller v. Kulm, Walter
1899-1967
- StrQ; no. 1; op. 18
- StrQ; no. 2; op. 26
- StrQ; no. 3; op. 56; Symphonia/Ricordi
- StrQ; no. 4; op. 63; 1956
- StrQ; op. 82; 1966
- Präludium + Doppelfuge im alten Stil; StrQ

Müller-Weinberg, Achim
1933-
- StrQ; no. 1; 1968
- StrQ; no. 2; 1978; DVfM (1983)

Müller-Wieland, Jan
1966-
- StrQ; 1992; A: 6/1993 Bad Kissingen
- Flanzendörfer-Wrackmente; StrQ + Bar; no. 2; 1993

Müller-Zürich, Paul
1898-1993
- StrQ; Es; op. 4; 1921; Simrock (1925)
- StrQ; no. 2; op. 64; 1960; Hug (1978)
- Canzone; StrQ; op. 64a; 1961; MS: CH-Zz

Müllner-Gollenhofer, Josepha
1768-1843
- StrQ

Münch, Christian
1951-
- StrQ; 1978
- StrQ; 2000

Muench, Gerhart
1907-1988
- StrQ; 1949
- Tetralogo; StrQ; 1977; Edic. Mexicana

Münch, Hans Sebastian
1893-1983
- StrQ; c; A: 1926

Muench, Markus
1964-
- Cranberry Sax; StrQ, Video + TB

Münch, Martin
1961-
- 3 StrQe

Münchhausen, Adolph August Dietrich F. W., Frh. v.
1756-1814
- 2 StrQe; D, G; op. 6; Durieu [MM8098]

Mujica, José Tomás
1883-1963
- StrQ

Mulder, Ernest Willem
1898-1959
- StrQ; 1926–1942; Donemus (1942)

Mulder, Frans
1955-
- 8 Movements; StrQ; 1997; Donemus

Mulder, Herman
1894-1989
- StrQ; op. 82; Donemus (1951)
- StrQ; op. 87; Donemus (1953)
- StrQ; op. 102, 1; Donemus (1957)
- StrQ; op. 122; Donemus (1963)
- StrQ; op. 146; Donemus

Mulder, Willem
1894-1947
- StrQ; 1914; Lengnick

Muldowney, Dominic
1952-
- StrQ; no. 1; 1973; Novello (1983);
- StrQ; no. 2; 1980; UE (1980–87)

Mulè, Giuseppe
1885-1951
- StrQ

Muller, Michal
1956-
- Hraci; StrQ; 1991; CZMIC

Mulsant, Florentine
1962-
- StrQ; no. 1; op. 26; 2002; Furore (2005); A: 1/2004

Mulvey, Gráinne
1966-
- Reverie; StrQ; 1991; ICMC

Mumford, Jeffrey Carlton
1955-
- StrQ; 1978
- StrQ; no. 2; 1983, rev. 1995
- A veil of liquid diamonds; StrQ; 1986, rev. 1995
- In forests of evaporating dawns; StrQ; 1996
- In afternoons of deep and amplified air; StrQ; 1998

Munakata, Kazu
1928-2016
- 4 StrQe
- StrQ; no. 5; JFC

Mundry, Isabel
1963-
- Studie; StrQ; 1990; Breitkopf
- 11 Linien; StrQ; 1991; Breitkopf (1992);
  A: 1992 Frankfurt/M.
- No one; StrQ; 1994/95; Breitkopf (1995);
  A: 1995 Paris
- Linien, Zeichnungen; StrQ; 1999–2004;
  Breitkopf (2004); A: 12/2004 Hannover

**Muneta Martínez de Morentin,
Jesús María**
1939-
- Borinqueno; StrQ; 1986

Muno, Alexander
1979-
- Fragments d'un amour inachevé; 5 StrQe;
  Ed. Peters (2007); A: 11/2007 Kassel

Muñoz, José Luis
1928-1982
- StrQ; 1963; CDA

Muñoz Molleda, José
1905-1988
- StrQ; f; no. 1; 1934; UME (1955)
- StrQ; A; no. 2; 1952; UME

Muntz-Berger, Joseph
- 6 StrQe sur 6 andantes tires des simphonies
  de J. Haydn; A, D, C, F, F, B; op. 31;
  Sieber/père, no. 1612 = RISM: B2021

Muntzing, Arne
1903-1984
- StrQ; STIM (1948)

Murao, Sachie
1945-
- StrQ; no. 3; 2003; JFC (2003); A: Osaka

Muresianu, Iuliu
1900-1956
- StrQ; 1924

Murgier, Jacques
1912-1986
- StrQ; Des; 1938; Lemoine
- StrQ; 1966; Lemoine

Murphy, Howard Ansley
1896-1962
- StrQ; d; no. 2; 1934; G. Schirmer

Murphy, Kelly-Marie
1964-
- Dark energy; StrQ; 2007; Hofmeister

Murray, Bain
1926-1993
- StrQ; 1950
- StrQ; 1953

Murray, David
1954-
- Drift, time points; StrQ; 1974; ScoMIC

Murrill, Herbert Henry John
1909-1952
- StrQ; C; 1939; OUP (1940)

Musalek, Konrad
1933-
- StrQ; 1979–83; A: 8/1983 Wien

Musard, Philippe
1792-1859
- 3 StrQe

Musgrave, Thea
1928-
- StrQ; 1958; Chester (1959)

Musolino, Angelo
1923-?
- StrQ; no. 2; Branch

Mussini (Moussini), Natale
1765-1837
- 6 StrQe; Ricordi, no. 2276

Mustea, Gheorghe
1951-
- StrQ; 1978

Mustonen, Olli
1967-
- Invention; StrQ; 2008; Schott (2008)

Myers, Peter
1962-
- Renovatus; StrQ; 1998; UMP

Myers, Theldon
1927-
- StrQ

Mykietyn, Paweł
1971-
- StrQ; 1998

Mykysha, Taras
1913-1958
- StrQ

Mysliveček, Josef
1737-1781
- 6 StrQe; Es, C, D, F, B, G; op. 1;
  André (1778) [M2886]
- 6 StrQe; A, F, B, G, Es, C; op. 3;
  London (1780)
- 6 StrQe; C, F, B, Es, G, A;
  J. J. Hummel (1781) [M2887]
- 6 StrQe; G, Es, A, E, D, B; um 1775;
  Castaud [MM2886A]

Nabokov, Nicolas
1903-1978
- Serenata estiva; StrQ; 1937; Ed. Peters

Nachéz, Tivadar
1859-1930
- StrQ; C; op. 40; Schott (1924)

Nadel, Arno
1878-1943
- 2 StrQe

Nadenenko, Fechir
1902-1963
- StrQ

Nadezhdin, Boris Borisovich
1905-1961
- Fuge; StrQ; 1932

Nagai, Akira
1931-
- StrQ; no. 1; 1985; JFC

Nagan, Zvi
1912-1986

- For Eran; StrQ; 1985; IMI

Nagatomi, Masayuki
1932-
- StrQ; 1962

Nagel, Horst
1934-
- StrQ; 1956

Nagel, Jan Paul
1934-1997
- 10 Serbische Tänze; StrQ; ENA (1991/99)
- StrQ; no. 1; 1965; ENA (1993)
- Nachdenken über J. B.; StrQ; no. 2;
  ENA (1998)

Nagel, Peter Robert
1970-
- 5 Movements; StrQ; 1998; BMIC

Naginski, Charles
1909-1940
- StrQ; f; no. 1; 1933
- StrQ; a; no. 2; 1933

**Nagovitsin, Viacheslav La-
vrent'evich**
1939-
- Suite; StrQ; 1958
- StrQ; no. 1; op. 8; 1961; Muzyka (1977)
- Buryatskiy; StrQ; no. 2; 1965

Naikhovich-Lomakina, Fania
1908-?
- StrQ; 1943

Nakajima, Tsuneo
1958-
- Stream of time; StrQ; 1997; JFC

Nakamura, Noriko
1965-
- Hotaru no Ki; StrQ; JFC (2001); A: Kyoto

Nakamura, Sawako
1931-
- StrQ; 1962

Nakas, Šarūnas
1962-
- Sombre Fragment; StrQ; 1983

Nakaseko, Kazu
1908-1973
- StrQ; 1953
- StrQ; 1959, rev. 1962

Nanatsuya, Hiroshi
1939-
- Variations; StrQ; 1969

Nancarrow, Conlon
1912-1997
- StrQ; no. 1; 1945; Smith (1986)
- StrQ; no. 2; unvollendet
- 3 Canons for Ursula; StrQ; no. 3; 1987; Smith; A: 10/1988 Köln

Nani, Paul
1906-1986
- Andante; StrQ; 1963

Napolitano, Emilio Ángel
1907-1989
- Suite Argentina; StrQ

Nápravník, Eduard Frantsevich
1839-1916
- StrQ; no. 1; op. 1; Bessel (1924)
- StrQ; A; no. 2; op. 28; 1878; Jurgenson (1900)
- StrQ; C; no. 3; op. 65; 1898; Jurgenson (1900)
- Quatuor; E; op. 16; 1873; Bessel
- Serenata a. d. StrQ; op. 16; Schmidt (1900)

Naranjo, Ivan
1977-
- Uno; StrQ; 1; 2002

Narbutaitė, Onutė
1956-
- StrQ; no. 1
- Atverk uzmarsties vartus; StrQ; no. 2; 1980; Vaga (1986)
- Piesiuys styginiu Kvartetui ir sugriztanciai ziemai; StrQ; no. 3; 1991

Nardini, Pietro Antonio Pasquale
1722-1793
- 6 StrQe; A, C, B, F, G, Es; 1782; Poggiali (1782); Breitkopf (1999); Amadeus (1996)

Nardis, Camillo de
1857-1951
- StrQ; Soc. mus. Napolitana (um 1900)

Narimanidze, Nikolai Vasil'evich
1905-1975
- 6 StrQe

Nas, Mayke
1972-
- StrQ; A: 13.03.2013 Amsterdam

Nash, Paul
1948-
- Inner Struck accord; StrQ; 1981; ACE

Nash, Peter Paul
1950-
- StrQ; 1988; Faber
- StrQ; 1993

Nasidze, Sulkhan Ivanovich
1927-1996
- StrQ; no. 1; 1968; Sovetskij (1974)
- StrQ; no. 2; 1970; Muzfond (1976)
- Epitapia; StrQ; no. 3; 1980; Muzfond (1982)
- StrQ; no. 4; 1985
- Con sordino; StrQ; no. 5; 1991; Sovetskij

Nastasijević, Svetomir
1902-1979
- StrQ; 1927
- StrQ; 1930

Natanson, Tadeusz
1927-1990
- Mala suita; StrQ; 1958

Nathow, Dieter
1937-2004
- StrQ; no. 1; 1966; Bellmann

Natoli, Eduardo Carlo
1962-
- L'acqua del sangue; 1990

Natra, Sergiu
1924-
- StrQ; no. 1; 1947
- StrQ; no. 2; 1991; IMI (1991)

Natschinski, Thomas
1947–
- Satz f. StrQ; 1968

Natsuda, Shoko
1916–2014
- StrQ; 1949

Naujalis, Juozas
1869–1934
- Svajone; StrQ; um 1922

Naumann, Ernst
1832–1910
- StrQ; g; op. 9; Breitkopf (1877)

Naumann, Ernst Guido
1890–1956
- StrQ

Naumann, Johann Gottlieb
1741–1801
- 2 Sätze; StrQ; B

Naumann, Siegfried
1919–2001
- 3 Movimenti; StrQ; op. 54; 1990/91

Nautilus (i. e. Seemann, Arthur)
1861–1925
- Nachklänge; StrQ; op. 7; Forberg (1897)
- StrQ; c; no. 2; op. 8; 1897; Forberg
- Ein Freudenlied; StrQ; no. 3; op. 9; 1898; Forberg
- Liebesmahl; StrQ; no. 4; op. 11; Kahnt (1918)
- Andante m. Variationen u. Scherzo; StrQ; Junne (1920)

Nawratil, Karl
1836–1914
- StrQ; op. 18; Kistner (1888)
- StrQ; d; op. 21; Rahter (1898), no. 1026/1027; Eul. (1899)

Nawrocki, Stanisław Hieronim
1894–1950
- Kwartet smyczkowy; 1920; verschollen

Nazareth, Ernesto
1863–1934
- Floraux, Tango; StrQ; Schott (2010)

Nazarian, Avedis
1930–
- Duo movimenti; StrQ; 1983

Ndodana-Breen, Bongani
1975–
- Rituals for forgotten faces; StrQ
- The sun, the moon, the rain; StrQ
- Noupoort fragments; StrQ

Neaga, Gheorghe
1922–2003
- Suite; StrQ; 1965
- StrQ; no. 1; 1971
- 4 p'yesi; StrQ; 1977
- StrQ; no. 2; 1980

Neaga, Stefan
1900–1951
- StrQ; 1931

Necksten, Gärt
1934–
- StrQ; 1983
- StrQ; 1985
- Dona nobis pacem; StrQ; 1986

Nedbal, Manfred Josef Maria
1902–1977
- StrQ; Doblinger (1966)
- Quartettino (Sonatine); Doblinger (1969)

Nedkal, Oskar
1874–1930
- Fuge; StrQ; D
- Valse triste; StrQ; Bosworth (1907)
- Valse noble; StrQ; Fr. A. Urbanek (1908)

Nedil'skyi, Ivan
1895–1970
- Student's StrQ; G; 1952

Nedzvieds'kyi, Mykola
1891–1977
- Poem; StrQ; 1945

Neergaard, Joachim Bruun de
1877–1920
- StrQ; op. 6; Selbstverlag (1922)

Neglia, Francesco Paolo
1874–1932

- StrQ

Negrea, Martian
1893-1973
- StrQ; Es; op. 17; 1949
- Preludiu si fuga; StrQ; op. 3; 1920

Negrete Woolcock, Samuel
1892-
- 3 StrQe; C; A; h

Neidhöfer, Christoph
1967-
- StrQ; 1992–1994; Tre Media (1997)
- Brechung; StrQ; no. 2; 2002; Tre Media (2002); A: 9/2002

Neidthardt, Nino
1889-1950
- StrQ; d; 1945

Neikrug, Marc
1946-
- StrQ; no. 1; 1969
- StrQ; no. 2; 1972; Chester
- StrQ; no. 3; 1969
- Stars, the mirror; StrQ; 1969

Neimark, Josif Gustenovich
1903-1975
- StrQ; op. 27; 1955; Sovetskij (1971)
- StrQ; 1965
- StrQ; 1971

Nejedlý, Vít
1912-1945
- StrQ; op. 12; 1937; Státní hudební (1963)

Nelhýbel, Václav
1919-1996
- StrQ; no. 1; 1949; Eulenburg (1954)
- StrQ; no. 2; 1962

Nelson, Paul
1929-2008
- Aria + Scherzo; StrQ; 1982

Nelson, Sheila Mary
1936-
- Variations on *Early one morning* from Quartet Club 1; Boosey (1992)

Nemescu, Octavian
1940-
- For midnight; StrQ; 1993

Nemeth, Tibor
1961-
- StrQ; no. 1; 2002

Németh-Samorinsky, Stefan
1896-1975
- StrQ; g; no. 1; 1947

Nemiroff, Isaac
1912-1977
- StrQ; 1962; McGinnis (1984)

Nemteanu-Rotaru, Doina
1951-
- StrQ; 1979

Nemtsov, Sarah
1980-
- Im Andenken – nach dem Fragment des Andante (2. Satz) aus dem Streichquartett c-Moll D 703 von Franz Schubert; MS: Kopie im Archiv Frau + Musik; A: 2008

Nening, Wolfgang
1966-
- StrQ; C; no. 1; 1982
- StrQ; a; no. 2; 1983
- 3 Augenblicke; StrQ; 1983–91

Nepomuceno, Alberto
1864-1920
- StrQ; g; op. 6; 1889
- StrQ; b; no. 1; 1890
- StrQ; Es; no. 2; 1890
- Brasileiro; StrQ; d; no. 3; 1891

Neruda, Franz Xaver
1843-1915
- StrQe; op. 35

Nešić, Vojna
1947-
- Dyptych; StrQ; 1989; MS: Kopie im Archiv Frau + Musik

Ness, Jon Øivind
1968-
- Charm; StrQ; 1998; NMIC

- Darey Tilih!; StrQ; 1998; NMIC
- Sul K; StrQ; 1998; NMIC
- StrQ; A: 18.11.2013

Nessler, Robert
1919-1996
- Zum 70. Geb. v. H. v. Karajan; StrQ; no. 1; 1977; A: 1977 Innsbruck
- Zum Gedichtzyklus *Hiob* v. F. Punt; StrQ; 1979; A: 1979 Innsbruck

Nesterov, Arkady Aleksandrovich
1918-?
- StrQ; no. 1; 1941
- StrQ; no. 2; op. 20; 1960; Sovetskij (1970)

Nestmann, Alf
1890-?
- StrQ; no. 1; op. 6

Nešvera, Josef
1842-1914
- Andante + Scherzino; StrQ; 1896
- StrQ; D
- StrQ; G

Netti, Giorgio
1963-
- Place; StrQ; 2001; A: 5/2002 Berlin

Netzer, Josef
1808-1864
- StrQ; no. 1

Neubacher, Franz Friedrich
1896-?
- 4 StrQe; 1926/27

Neubauer, Franz Christoph
um 1760-1795
Insgesamt rund 20 StrQe, darunter:
- 3 StrQe; C, B, A; op. 3; André, no. 434 [N447]
- 4 StrQe; C, A, F, B; op. 6; André, no. 523 [N448]
- 3 StrQe; B, F, C; op. 7; André, no. 588 [N449]
- Andante avec 8 variations; StrQ; op. 20; Andreas Böhm [NN449A]

Neubeck, Ludwig
1882-1933
- StrQ

Neubert, Günter
1936-
- Musik in 5 Sätzen; StrQ; no. 1
- Für J. S. Bach; StrQ; no. 2

Neudinger, Lukas
1980-
- Pannonia Suite; StrQ; 1998

Neuhoff, Ludwig
1859-1909
- StrQ; C; op. 10; Fritzsch (1894); Kistner

Neumann, Anton
1720/1730-1776
- 2 StrQe

Neumann, Edgar
1913-1978
- Thema m. Variationen; StrQ; 1966
- Quartettino; StrQ; 1967
- Kleine Schulsuite; StrQ; um 1967

Neumann, Franz
1874-1929
- StrQ; C; Ludwig Weber (1895)

Neumann, Friedrich
1915-1989
- StrQ; no. 1
- StrQ; no. 2
- StrQ; no. 3; 1959
- StrQ; no. 4; 1974

Neumann, Helmut
1938-
- Satz f. StrQ; op. 1; 1973; A: 1973 Klosterneuburg
- StrQ; no. 1; op. 6; 1974; A: 1974 Klosterneuburg
- StrQ; no. 2; op. 7; 1974; A: 1974 Klosterneuburg
- Aus Island; StrQ; no. 3; op. 17; 1977; A: 1978 Deutsch-Wagram

Neumann, Max
1878-1949

- StrQ; D

Neumann, Richard
1891-?
- Suite; StrQ; A: Zürich

Neumann, Věroslav
1931-2006
- StrQ; 1969; Supraphon (1984)

Neumann-Cordua, Theodor A. H.
1860-1917
- StrQ; D; op. 7; Rättig (1885)

Neumayr, Albert
1944-
- Tanzsuite; StrQ; 1967; A: 11/1968 Wien
- 2 Kirchensonaten; StrQ; 1986;
  A: 1986 Mank

Neuner, Hans
1867-1931
- StrQ; op. 27; 1901

Neunteufel, Michael
1958-
- Nachgesang; StrQ; op. 66; 1996

Neuteich, Marian
1906-1943
- Temat, z wariacjami; StrQ; PWM

Neuwirth, Gösta
1937-
- StrQ; 1976; A: 10/1976 Graz
- 7 Stücke; StrQ; A: 9/2011 Wien

Neuwirth, Olga
1968-
- Akroate Hadal; StrQ; 1995; Ricordi (1995);
  A: 10/1995 Graz
- Settori; StrQ; 1999; Ricordi (1999);
  A: 1999 München
- Walnut; StrQ
- In the realms of the unreal; StrQ; 2009;
  A: 5/2011 Saarbrücken

Nevanlinna, Tapio
1954-
- Ladut; StrQ; 1990; FMIC
- Cirrus; StrQ; 1998; FMIC

Nevin, Arthur Finley
1871-1973
- StrQ; d; 1897; A: 1929

Nevonmaa, Kimmo
1960-1996
- StrQ; 1990; Modus
- Piece; StrQ; 1994; Modus

Newbury, Guy
1964-
- StrQ; 1989; BMIC

Newcater, Graham
1941-
- StrQ; 1983/84

Newman, Chris(-topher)
1958-
- Cologne II, the tragedy of my late twenties;
  StrQ; 1987
- The dance class; StrQ; 1989
- StrQ; 1981; Thürmchen (1985)

Newman, William S.
1912-2000
- StrQ; 1937

Newski, Sergej
1972-
- Fotografie + Berührung; StrQ; 2000
- Und dass der Tod nicht fern bleibt; StrQ +
  Sprecher (Text v. M. Lentz); no. 2; 2005
- StrQ; no. 3; 2009; Ricordi; A: 2009 Berlin

Newsome, Brian
1935-
- StrQ; 1995; BMIC

Newson, George
1932-
- StrQ; 1956
- StrQ; 1986; Lengnick
- StrQ; 1990; Lengnick

Neymarck, Jean
1889-1913
- StrQ; c; Demets (1914)

Nezeritis, Andreas
1897-1980
- StrQ; D; 1937?; verloren

Niblock, Phill
1933-
- StrQ + TB; 1972
- 5 weitere StrQ + TB; 1991–93

Nica, Grigore
1936-2009
- StrQ; no. 1 (?)
- StrQ; no. 2; 1967

Nichifor, Şerban
1954-
- Anamorphose; StrQ; no. 1; 1976
- Vaile uitarii; StrQ; no. 2; 1984; A: 1988

Nicholls, David
1955-
- Winter landscape; StrQ; 1989/90; BMIC

Nicholson, George
1949-
- StrQ; no. 1; 1976; Schott (1981)
- StrQ; no. 2; 1984; Schott (1985)
- StrQ; 1995

Nicholson, Gordon
1942-
- 3 Palimpseste; StrQ; 1988; A: Hamburg
- Movement; StrQ; 1971; CMC

Nick, Andreas
1953-
- Peer
- StrQ; 1980/81

Nick, Edmund Josef
1891-1974
- Musica Serena; StrQ; 1965; Sikorski (1967)

Nickel, Volker
1970-
- StrQ; no. 1; 1990

Nicklaus, Wolfgang
1956-
- StrQ; 1985

Nicolai, Otto
1810-1849
- StrQ; B; 1834; Schott (1985)

Nicoli, Andrea
1960-

- Lachen + Weinen; StrQ + Sopr; 1978

Nieder, Fabio
1957-
- Diapente I. libro; StrQ; 1990; Ricordi

Niehaus, Manfred
1933-2013
- StrQ (in Negativform); Gerig (1980)

Niël, Matty
1918-1989
- Pieces; StrQ

Nielsen, Carl
1865-1931
- StrQ; d; 1882/83; unveröff.
- StrQ; F; 1887; unveröff.
- StrQ; f; no. 1; op. 5; 1890; Hansen (1892)
- StrQ; g; no. 2; op. 13; 1887/88, rev. 1897; Hansen (1900)
- StrQ; Es; no. 3; op. 14; 1897/98, rev. 1899–1900; Hansen (1901)
- StrQ; op. 19; (1906; rev. StrQ; F; op. 44)
- StrQ; F; op. 44; 1906, rev. 1919; Ed. Peters (1923)

Nielsen, John
1927-1988
- Otte aforismer; StrQ mit Sequenzen aus H. C. Andersens Märchen; op. 1; Hansen (1953)

Nielsen, Ludolf
1876-1939
- StrQ; A; op. 1; 1900; Breitkopf (1904)
- StrQ; c; op. 5; 1904; Breitkopf (1906)
- StrQ; C; op. 41; 1920; Kistner (1930)

Nielsen, Svend
1937-1988
- Mist; StrQ; 1987; Samfundet (1991)
- Passenger; StrQ; 1988; Samfundet (1991)

Nielsen, Tage
1929-2003
- StrQ; 1947; Samfundet

Niemack, Ilza
1936-
- StrQ; 1947

- StrQ; 1980

Niemi, Riku
1967-
- Ice cube music; StrQ; 1995; FMIC

Niemöller, Oliver
1961-
- Für Elisabeth; StrQ; 1985/86; Schruft
- StrQ; 1989

Niessner, Wolfgang
1953-
- 6 Miniaturen; StrQ; op. 3; 1974; A: 1976
- Fresko; StrQ; op. 4; 1975
- Immagine; StrQ; 1998

Niewiadomski, Stanisław
1859-1936
- StrQ; d

Nigg, Serge
1924-2008
- StrQ; 1981/82; Jobert (1984)

Nightingale, James F.
1948-
- Sketches; StrQ

Niimi, Tokuhide
1947-
- StrQ; 1994; Boosey

Nikiprowetzky, Tolia
1916-1997
- StrQ; 1960; CDMC

Niklander, Alwar
1875-1969
- Fugen; StrQ

Nikolayev, Aleksey Aleksandrovich
1931-
- StrQ; no. 1; 1980
- StrQ; no. 2; 1985-91; Muzyka (1983)
- StrQ; no. 3; 1997; Muzyka (1986)

Nikolayev, Leonid
1878-1942
- StrQ; A; no. 1; 1901
- StrQ; d; no. 2; 1941/42
- StrQ; no. 3?; Sovetskij (1960)

Nikolayeva, Tatjana Petrovna
1924-1993
- StrQ; no. 1; op. 25; 1960; Sovetskij (1969)

Nikolov, Dimitar
1945-
- Pictures; StrQ; 1991
- Passions; StrQ; 1994
- Waltz in the end of the century; StrQ; 1998

Nikolov, Lazar Kostov
1922-2005
- StrQ; no. 1; 1964-66
- Virtuose Spiele; StrQ; no. 2; 1970; Schott (1973)
- StrQ; no. 3; 1990

Nikolovski, Vlastimir
1925-2001
- StrQ; D; no. 1; 1954
- StrQ; no. 2; 1985

Nikula, Markku
1959-
- SSSS; StrQ; 1991; FMIC

Nilsson, Anders Göran
1954-
- StrQ; 2001

Nilsson, Bo
1937-
- Attraktionen; StrQ; 1968; Nordiska

Nilsson, Hans
1954-
- Mini-Svit; StrQ; Gehrman

Nilsson, Torsten
1920-1999
- Skizein; StrQ; op. 29; no. 3; 1969

Nimmons, Philip Rista
1923-
- StrQ; 1950

Ninomiya, Reiko
1959-
- Prelude; StrQ; 1983; JFC

Niro, Piero
1957-
- StrQ; 1985

Nishikaze, Makiko
1968-
- StrQ; 1997; A: Aarau 1998
- … lux …: Räumliche Musik; StrQ + Lichtinstallation v. J. Fleischer; 1999

Nishimura, Akira
1953-
- Heterophony; StrQ; 1975, rev. 1987; Zen-On
- Pulses of light; StrQ; no. 2; 1992; Zen-On
- Avian; StrQ; no. 3; 1997; Zen-On

Nishio, Toshitaka
1969-
- Born in this beautiful star; StrQ; JFC (2001); A: Tokio
- StrQ; no. 1; JFC (2003); A: Tokio
- StrQ; no. 2; JFC (2004); A: Tokio

Nisle, Johann Martin Friedrich
1780- 1873
- 2 StrQ3; g, G; Chem. Druckerei, no. 795; Dohr (2008) [NN708I,28]

Nito, José de
1887-1945
- StrQ

Nitsch, Adolf
1866-?
- 2 StrQe

Nitschké, Alain
1955-
- Structure; StrQ; 1980; A: 3/1984

Niverd, Lucien
1879-1967
- StrQ; D; Senart (1922)

Nixon, Roger
1921-2009
- StrQ; 1949

Niziurski, Mirosław
1932-2015
- StrQ

Njirić, Nikša
1927-
- StrQ; no. 1; 1950

- StrQ; no. 2; 1956

Noack, Gerd
1969-
- StrQ; no. 1; 1989
- StrQ; no. 2; 1992
- StrQ; no. 3; 1993/94
- StrQ; no. 4; op. 1; 1995
- StrQ; no. 5; op. 6; 1997–2000

Nobis, Herbert
1941-
- StrQ; no. 1; 1972; Moeck (1991); A: 1974 Mönchengladbach
- StrQ; no. 2; 1991; Moeck (1994); A: 1993 Stuttgart

Noble, Javier Giménez
1953-
- StrQ; 1982

Nobre (de Almeida), Marlos
1939-
- StrQ; no. 1; op. 26; 1967; Tonos (1975)
- StrQ; no. 2; 1985
- StrQ; no. 3; 1997; Seesaw

Nobutoki, Kiyoshi
1887-1965
- StrQ; um 1920–22

Noda, Teruyuki
1940-
- Novelette; StrQ; 1983
- StrQ; 1986

Nodaira, Ichiro
1953-
- Texture du delire; StrQ; 1998; Lemoine
- StrQ; no. 1; Lemoine
- StrQ; no. 2; Lemoine

Noë, Artur
1871-1959
- StrQ; Es; no. 1; op. 3; 1902
- Serenade; StrQ; op. 11b; 1906
- StrQ; d; no. 2; op. 12; 1906
- StrQ; C; no. 3; op. 22; 1911
- StrQ; G; no. 4; op. 28; 1913
- StrQ; c; no. 5; op. 31; 1915

- StrQ; B; no. 6; op. 33; 1917
- StrQ; a; no. 7; op. 36; 1918
- StrQ; no. 8; op. 38; 1919
- StrQ; C; no. 9; op. 45; 1922–31
- StrQ; G; no. 10; op. 54; 1926
- StrQ; D; no. 11; op. 58; 1927
- StrQ; G; no. 12; op. 62; 1930
- Kinder-StrQ; no. 3; op. 64; 1933
- Kinder-StrQ; no. 4; op. 65; 1933
- StrQ; D; no. 13; op. 67; 1934–40
- StrQ; no. 14; op. 73; 1942
- StrQ; no. 15; op. 74; 1947
- StrQ; g; no. 16; op. 82; 1951
- StrQ; D; no. 17; op. 83; 1951
- StrQ; G; no. 18; op. 86; 1952/53
- StrQ; G; no. 19; op. 93; 1956

Noëlli, Georg(e)
um 1727–1789
- Partita; StrQ; A
- Partita; StrQ; f

Noetel, Konrad Friedrich
1903–1947
- StrQ; 1938; Schott (1940)
- Kleine Suite; StrQ; 1939; Sirius (1954)
- Kl. Musik; StrQ; 1942; Schott (1949)

Nöthling, Elisabeth
1881–?
- StrQ

Nogueira, Teodoro
1913–2002
- StrQ; 1951

Nohr, Chr. Friedrich
1800–1875
- 2 StrQe; op. 4; Ed. Peters (um 1833)

Nolinskii, Nikolai Mikhailovich
1886–1966
- StrQ; no. 1
- StrQ; no. 2; Gos. muz. (1946)
- StrQ; no. 3; 1950
- StrQ; no. 4
- StrQ; no. 5; Muzgis (1950)
- StrQe; no. 6–9

Noll, Diether
1934–
- Intrade; StrQ; um 1968

Nonnweiler, Jörg
1959–
- StrQ

Nono, Luigi
1924–1990
- Fragmente – Stille, An Diotima; StrQ; 1979/80; Ricordi (1980); A: 6/1980 Bad Godesberg
- Projekt: einz. Skizzen; StrQ; um 1969/70

Noon, David
1946–
- StrQ; 1975
- StrQ; 1978

Nordal, Jón
1926–
- Fra draumi til draums; StrQ; 1996/97; IMIC

Norden, Hugo
1909–1986
- StrQ

Norden, Maarten van
1955–
- 3 Phrases; StrQ; 1993; Donemus

Nordensten, Frank
1955–
- StrQ; op. 47; 1985
- StrQ; 1989

Nordentoft, Anders
1957–
- A short romance in slow motion; StrQ; 1988; Hansen

Nordgren, Erik
1913–1992
- StrQ; no. 1; op. 12; 1946; STIM
- StrQ; no. 2; op. 65; 1966; STIM
- StrQ; no. 3; op. 70; 1966; STIM

Nordgren, Pehr Henrik
1944–2008

- StrQ; no. 1; op. 2; 1967; Fazer;
  A: 1968 Helsinki
- StrQ; no. 2; op. 7; 1968; verloren;
  A: 1969 Trondheim
- StrQ; c; no. 3; op. 27; 1976;
  A: 1976 Helsinki
- StrQ; no. 4; op. 60; 1983; A: 1984 Joensuu
- StrQ; no. 5; op. 69; 1986; A: 1986 Kuhmo
- StrQ; no. 6; op. 73; 1989
- StrQ; no. 7; op. 85; 1992
- StrQ; no. 8; op. 105; 1999
- StrQ; no. 9; op. ?
- StrQ; no. 10; op. 142; 2007;
  A: 2008 Kaustinen
- StrQ; no. 11; op. 144; 2008;
  A: 2008 Kuhmo

Nordheim, Arne
1931-2010

- Essay; StrQ; 1954; Hansen
- Epigram; StrQ; 1955; Hansen
- StrQ; no. 1; 1956; Hansen (1972)
- Five stages for Four; StrQ; 2003; Hansen
  (2003)

Nordio, Cesare
1891-1977

- StrQ; e; Pizzi (1926)

Nordoff, Paul
1909-1977

- StrQ; e; 1932; MS: US-SPma
- StrQ; no. 2; 1935; MS: US-SPma

Nordstrom, Hans-Hendrik
1947-

- StrQ; 1994; DMIC
- StrQ; 1998; DMIC

Noren, Heinrich Suso J.
1861-1928

- StrQ

Nørgård, Per
1932-

- Qu. breve; StrQ; no. 1; 1952, rev. 1987;
  Hansen

- Qu. brioso; StrQ; no. 2; op. 21; 1958;
  Hansen
- Tre miniaturer; StrQ; no. 3; op. 26;
  1959; Hansen
- Kvartet i 3 sfærer; StrQ + Tape; no. 4;
  1969; Hansen
- Inscape; StrQ; no. 5; 1969; Hansen
- Tintinnabulary; StrQ; no. 6; 1986; Hansen
- StrQ; no. 7; 1993; rev. 1994; Hansen
- Natten sænker sig som røg; StrQ; no. 8;
  1995–97; Hansen
- Ind i Kilden; StrQ; no. 9; 2001; Hansen
- Høsttidløs; StrQ; no. 10; 2005; Hansen

Nørholm, Ib
1931-

- In vere; StrQ; no. 1; op. 4; 1955;
  Kontrapunkt
- 5 Impromptus; StrQ; no. 2; op. 31; 1965;
  Kontrapunkt
- Fra nut grønne herbarium; StrQ; no. 3;
  op. 35; 1966; Kontrapunkt
- Sept – Okt – Nov.; StrQ; no. 4; op. 38;
  1961/62; STIM
- StrQ; no. 5; op. 65; 1976; STIM
- Skygerne frosner; StrQ; no. 6; op. 73;
  1978; STIM
- En passant; StrQ; no. 7; op. 94; 1985
- Memories; StrQ; no. 8; op. 107; 1988;
  A: 1989 London
- Hvad de spillede hos Waagepetersens da
  Weyse var taget hjem; StrQ; no. 9; op. 137;
  1994

Norman, Andrew
1979-

- Peculiar Strokes; 2011–15; StrQ; Schott
- Stop Motion; StrQ; 2015; Schott

Norman, Ludvig
1831-1885

- StrQ
- StrQ; Es; o. op.; 1848
- StrQ; E; op. 20; 1855; Bagge (1882)
- StrQ; d; op. 24; 1858
- StrQ; C; op. 42; 1871–73

- StrQ; a; no. 6; op. 65; 1884; Gehrmanns (1887)

Norman, Katharine
1960-
- Wheel of fortune; StrQ; 1995; BMIC

Norris, Philip
1948-
- Fantasy-burlesce; StrQ; 1981; ScoMIC

North, Alex
1910-1991
- Suite; StrQ; 1939; MS: US-LAum

Noskowski, Zygmunt
1846-1909
- StrQ; d; no. 1; op. 9; 1775–80; Leuckart (1885)
- StrQ; E; no. 2; 1879–83; PWM (2003)
- Fantazja; StrQ; e; no. 3; vor 1884
- Kazdy po swojemu; StrQ
- Intermezzo; StrQ; A: 1883 Krakau
- Wariacje i fuga na temat G. B. Viotti; StrQ; 1872/73; A: 1883 Warschau

Nott, Douglas Duane
1944-
- StrQ; 1977
- StrQ; no. 2; 1982

Nottara, Constantin
1890-1951
- Coral; StrQ; 1920

Nováček, Ottokar Eugen
1866-1900
- StrQ; e; o. op.; Fritzsch (1890)
- StrQ; Es; op. 10; Simrock (1898)
- StrQ; C; op. 13 (posth.); Schirmer (1904)

Novák, Jan
1921-1984
- StrQ; 1946
- StrQ; 1978
- Tres inventiones; StrQ; 1960

Novák, Milan
1927-
- Quartettino; StrQ; 1986
- Pät serenad; StrQ; 1990

Novák, Pavel (Pseud. Pavel Ze- mek)
1957-
- Zahrada ticha; StrQ; no. 1; 1990–93
- Pizzicato; StrQ; no. 2; A: 11/1995
- Unisono; StrQ; no. 4; 1997/98

Novák, Vítězslav
1870-1949
- StrQ; G; no. 1; op. 22; 1899; Simrock (1902)
- StrQ; D; no. 2; op. 35; 1905; Breitkopf (1906)
- StrQ; Des; no. 3; op. 66; 1938; Breitkopf (1939)

Nova Sondag, Jacqueline del Carmen
1935-1975
- Pequeña Suite; StrQ; 1964; Bogotá: Centro
- StrQ; 1974; Bogotá: Centro

Novenko, Michal
1962-
- StrQ; 1990

Novosads'kyi, Borys
1880-1932
- StrQ; 1927
- 2 Preludes; StrQ; 1921 + 1927

Novotny, Jaroslav
1886-1918
- StrQ; HMUB
- StrQ; op. 7, 1; 1913; vernichtet

Nowak, Lionel
1911-1995
- StrQ; 1938
- Diptych; StrQ; 1951
- Soundscape; StrQ; 1980; CFE

Nowakowski, Józef
1800-1865
- StrQ

Nowka, Dieter
1924-1998
- StrQ; op. 30; 1954; VeNM
- StrQ; no. 2; op. 51; 1956; IMB

- Musik z. Jugendweihe; StrQ; no. 3; op. 63a; 1960; Breitkopf (1962)
- StrQ; 1972
- StrQ; 1985

Nowowiejski, Feliks
1877-1946
- StrQ; 1908; verschollen

Nummi, Seppo
1932-1981
- StrQ

Nunes, Emmanuel
1941-2012
- Esquisses; StrQ; 1967, rev. 1980; Jobert (1984)
- Chessed III; StrQ; 1990/91
- Le voile tangeant; StrQ; 1967; Salabert
- StrQ; 1978
- Improvisation IV: L'électricité de la pensée humaine; StrQ; A: 8/2009 San Sebastian
- Chessed IV; StrQ + Orch; 1992–94

Nunes Garcia, José Maurício
1767-1830
- StrQ

Núñez Navarrete, Pedro
1906-1989
- StrQ; 1939
- StrQ; 1968

Núñez Pérez, Adolfo
1954-
- StrQ; 1981

Nunlist, Juli
1916-2006
- StrQ; 1954
- StrQ; 1979

Nuorvala, Juhani
1961-
- Dancescapes; StrQ; no. 1; 1992; Love
- StrQ; no. 2; 1997; Love

Nuryev, Durdy
1933-
- StrQ; Sovetskij (1977)

Nurymov, Chary
1940-1993
- Suite; StrQ; 1960
- Partita; StrQ; 1963
- StrQ; 1980; Sovetskij (1984)

Nussbaumer, Georg
1963-
- Schotterfeld mit Schwemmholzzeichen (plastische Part); StrQ; 1990
- Horizont/Geschwindigkeit; StrQ I; 1996; Ariadne
- Wie dick ist der Blitz?; StrQ II; 1996; Ariadne
- Vision mit Heftpflaster; StrQ III; 1996; Ariadne

Nussgruber, Walther
1919-2012
- Streichquartettsatz. Fantasia tragica

Nussio, Otmar
1902-1990
- Quartetto; D; J. Oertel (1959)
- Adagio + Scherzo; StrQ

Nussio, Remigio
1919-2000
- Momenti musicali; StrQ; 1994; Müller

Nuyts, Gaston
1922-2016
- 4 x 4; StrQ; 2000; CeBeDeM (2006)
- Intermezzo elegiaco; StrQ; 2002; CeBeDeM (2005)

Nyman, Michael Laurence
1944-
- In Re Don Giovanni; StrQ; 1977
- StrQ; no. 1; 1985; Chester
- StrQ; no. 2; 1988; Chester
- StrQ; no. 3; 1990; Chester
- StrQ; no. 4; 1990; Chester
- StrQ; no. 5; 1995; Chester

Nyman, Uno
1879-?
- Phantasie; StrQ; 1928
- StrQ; 1939
- StrQ; 1945

Nystedt, Knut
1915-2014
- StrQ; no. 1; op. 1; 1939
- StrQ; no. 2; op. 23; 1948
- StrQ; no. 3; op. 40; 1956; Lyche (1957)
- StrQ; no. 4; op. 56; 1966; Norsk (1974)
- StrQ; no. 5; op. 115; 1988

Nystroem, Gösta
1890-1966
- StrQ; no. 1; 1956; Musikaliska
- StrQ; no. 2; 1961; Musikaliska

Nyvang, Michael
1963-
- Sindbriser; StrQ; 1988; DMIC

Obermaier, Klaus
1955-
- 3 Stücke; StrQ; 1986–88;
  A: 8/1989 St. Gallen
- Der geklonte Klang; StrQ, Elektr, Laser +
  Video; A: 6/1993 Linz

Obermayer, Klaus
1943-2009
- Serenade an einem Herbsttag; StrQ
- Annäherungen; StrQ

Obermüller, Karola
1977-
- xs; StrQ; 2005

Oberstadt, Carel Detmar
1871-1940
- StrQ; As; op. 4; 1910; Eck + van Zoon

Oborný, Václav
1915-2000
- StrQ; no. 1; 1948
- StrQ; no. 2; op. 22; 1953
- StrQ; no. 3; 1958
- StrQ; no. 4; 1962
- StrQ; no. 5; op. 30; 1971
- StrQ; no. 6; op. 37; 1974; CHF
- StrQ; no. 7; op. 46; 1978; CHF
- StrQ; no. 8; op. 53; 1984

Oboussier, Robert
1900-1957
- StrQ in F
- StrQ + Stimme; op. 3; 1922

Obradovic, Aleksandr
1927-2001
- Intermezzo; StrQ; 1950

Obrovská, Jana
1930-1987
- StrQ; 1975; Panton (1978)

Obst, Marian
1911-1979
- StrQ; 1952; A: 1952 Poznań

Očenáš, Andrej
1911-1995
- Obrazky duse; StrQ; no. 1; 1942
- Etudova; StrQ; op. 42; 1970
- Obrazky sveta; StrQ; 1971
- Ozveny st'asia; StrQ; no. 3; op. 54; 1977;
  SHF (1980)

Ochs, Gerd
1903-1977
- StrQ; d; 1945

Ochs, Rudolf
1887-?
- StrQ; C; Klemm (1935)

O'Connell, Kevin
1958-
- 3 Studies; StrQ; 1979; ICMC

Odăgescu-Țuțuianu, Irina
1937-
- StrQ; op. 6; 1963; Edit. Muzicala

Odak, Krsto
1888-1965
- StrQ; no. 1; op. 5; 1923
- StrQ; no. 2; op. 7; 1927; Schott (1927)
- StrQ; no. 3; op. 30; 1935
- StrQ; no. 4; op. 64; 1956
- StrQ; no. 5; 1962

Odriozola, Ricardo
1965-
- StrQ; 1987

Odstrčil, Karel
1930-1997

- StrQ; 1975; CHF
- StrQ; 1983; CHF

Öfverlund, Albin
1883-1971
- 2 StrQe

Oehring, Helmut
1961-
- StrQ; no. 1; 1987; Timescraper (1994);
  A: 1995 Berlin
- Marie B. (Seven Chambers); StrQ + Elektr;
  no. 2; 1997; Boosey (1999);
  A: 2003 Huddersfield
- LOVE IN (Doppelquartett mit Henry);
  StrQ + SaxQ; Boosey; A: 2006 Antwerpen

Oelbrandt, Kris
1972-
- Herinneringen aan het nu; StrQ; op. 12;
  2001
- Bits and pieces; StrQ; no. 2; op. 19; 2008

Önder, Perihan
1960-
- Variationen + Fuge; StrQ; 1982

Oertzen, Rudolf v.
1910-1990
- StrQ; Es; op. 15; 1952; Hüllenhagen;
  A: 1953 Hamburg

Oesterle, Michael
1968-
- Pulau Dewata (v. Claude Vivier); bearb. v.
  M. Oe.; StrQ; 1977, arr. 2002
- Courage; StrQ; 1998
- Daydream mechanics V; StrQ; 2001
- Higgs Ocean; StrQ + Gamelan; 2008
- Alan Turing – Solace for Irreversible Losses;
  StrQ; 2010

Österreicher, Wilhelm Otto
1906-1984
- Thema + Variationen; StrQ

Ofenbauer, Christian
1961-
- StrQ-Satz; no. 1; 1997; Doblinger
- StrQ-Satz; no. 2; 2008; Doblinger

- StrQ-Satz; no. 3; 2009; Doblinger
- Bruchstück IX; StrQ-Satz; no. 4; 2010;
  Doblinger
- StrQ-Satz no. 5; 2011; Doblinger
- StrQ-Satz; no. 6; 2011; Doblinger

Ogdon, Wilbur Lee
1921-2013
- StrQ; no. 1; APNM
- Palindrome + Variations; StrQ; 1960

Ogura, Roh
1916-1990
- StrQ; 1941
- StrQ; 1946
- StrQ; 1954

Ōguri, Hiroshi
1918-1982
- StrQ; 1969

Ohana, Maurice
1914-1992
- 5 Sequences; StrQ; 1963; Jobert (1973)
- StrQ; no. 2; 1978; Jobert (1980)
- Sorgin-Ngo; StrQ; no. 3; 1989; Billaudot
  (1995); A: 1990 Prag

Ohlsson, J. Richard
1874-1940
- StrQ; e; 1898
- StrQ; D; 1907
- StrQ; As; no. 3; 1914; Musikaliska (1934)

Ohmura, Tetsuya
1951-2008
- StrQ; no. 2; 1985; JFC

Okabe, Fujio
1947-
- Temariuta, Elegy; StrQ; JFC (2001)

Okasaka, Keiki
1940-
- StrQ (rev.); JFC (2002); A: Nagoya

Okunev, German Grigoryevich
1931-1973
- StrQ; no. 1; 1951
- StrQ; no. 2; 1962; Moskau

Ólafsson, Kjartan
1958-
- String Q; StrQ; 1987; IMIC
- Memory; StrQ; 1994; IMIC

Olah, Tiberiu
1928-2002
- StrQ; 1952, rev. 1972
- Trei sboruri asupra unui fluriu; StrQ; 1987

Olbrisch, Franz Martin
1952-
- Ein Quadratmeter Schwärze; StrQ; 1998/99; A: 4/1999 Witten

Oldberg, Arne
1874-1962
- StrQ

O'Leary, Jane Strong
1946-
- StrQ; 1983; Mobart
- Mystic play of shadows; StrQ; 1995

O'Leary, Martin
1963-
- StrQ; 1984; ICMC

Olenin, Aleksandr Alekseevich
1865-1944
- StrQ; no. 1; 1928
- StrQ; no. 2; 1932

Oliva, Jan
1923-1986
- StrQ; 1944

Oliveira, Jamary
1944-
- StrQ; 1978

Oliveira, João Pedro
1959-
- Perenigracao; StrQ; 1995
- Labirinto; StrQ + TB; 2001

Oliver, Harold
1942-
- StrQ; APNM

Oliver, John
1959-
- Summer ayre; StrQ; 1995; CMC

Oliveros, Pauline
1932-2016
- Prelude + Fugue; StrQ; 1953; MS: Oliveros Found., Kingston; A: 1954 San Francisco
- 1000 acres; StrQ; 1964, rev. 1972; MS: Oliveros Found., Kingston
- The wheel of time; StrQ + TB; 1983; Deep Listening
- Tree/Peace; StrQ; 1984; Smith (1984)

Oliver Pina, Ángel
1937-2005
- StrQ; 1986; SPMIC

Ollone, Max d'
1875-1959
- StrQ; 1898; Enoch (1900)

Olofsson, Kent
1962-
- Alinea II; StrQ; 1997/98

Olovnikov, Vladimir Vladimirovich
1919-1996
- StrQ; 1940
- StrQ; 1948

Olsen, Poul Rovsing
1922-1982
- StrQ; no. 1; 1948
- StrQ; no. 2; op. 62; 1969; Hansen (1970)

Olsen, Sparre
1903-1984
- StrQ; op. 55; 1972; Musikk-Huset (1977)

Olsson, Otto Emanuel
1879-1964
- StrQ; G; no. 1; op. 10
- StrQ; G; no. 2; op. 27; 1907; Musikaliska (um 1920)
- StrQ; a; no. 3; op. 58; 1945–48; Musikaliska
- La bemol; StrQ; 1947; Musikaliska

Olthuis, Kees
1940-
- Willem Russell; StrQ; 1993; Donemus

Omáčka, Josef
1869-1939

- Walzer; StrQ; op. 9; Urbanek (1896)

Ondříček, Emanuel
1880-1958
- StrQ; 1924

Ondříček, František
1857-1922
- StrQ; As; op. 22; 1905–07; Urbanek (1944)

O'Neal, Barry
1942-
- StrQ; 1968–70

O'Neill, Norman Houston
1875-1934
- Scherzo; StrQ; op. 52

Onitiu, Virgil
1929-
- StrQ; 1957; Ed. muz. (1964)

Ono, Namoru
1915-?
- StrQ; 1958
- StrQ; 1960

Onslow, Georges
1784-1853
- 3 StrQe; B, D, a; op. 4; Artaria
- 3 StrQe; c, F, A; op. 8; Steiner; Breitkopf
- 3 StrQe; g, C, f; op. 9; Steiner; Breitkopf
- 3 StrQe; G, d, E; op. 10; Haslinger; Peters
- 3 StrQe; B, e, E; op. 21; 1823; Breitkopf
- 3 StrQe; e, E, D; op. 36; 1829; Breitkopf
- 3 StrQe; f, F, g; op. 46; Troupenas
- StrQ; C; op. 47; Troupenas; Kistner
- StrQ; A; op. 48; Kistner
- StrQ; e; op. 49; Kistner
- StrQ; B; op. 50; Depot Central; Kistner
- StrQ; C; op. 52; Troupenas
- StrQ; d; op. 53; Troupenas
- StrQ; E; op. 54; Troupenas; Kistner
- StrQ; d; op. 55; Kistner
- StrQ; c; op. 56; Troupenas
- StrQ; B; op. 62; Troupenas
- StrQ; h; op. 63; Kistner
- StrQ; c; op. 64; Kistner
- StrQ; g; op. 65; Kistner

- StrQ; D; op. 66; Kistner
- StrQ; A; op. 69; Kistner

Opahle, Eva Maria
1951-
- Nach dem Tod einer Liebe: 4 Variationen; StrQ; 2002; Götte-Schmidt

Opieński, Henryk
1870-1942
- Scenes lyrique en formie de quatuor; StrQ; op. 10; 1903

Opitz, Erich
1912-2001
- 2 StrQe

Oppel, Reinhard
1878-1941
- StrQ; f; op. 33; Ed. Peters (1929)
- StrQ; d; no. 2; A: 11/2004 Halifax
- StrQ; no. 3
- StrQ; f; no. 4; op. 156; Ed. Peters

Oppo, Franco
1935-2016
- Movimento; StrQ; 1962

Orbán, György
1947-
- StrQ; no. 1; 1994
- StrQ; no. 2; 1994
- Balzene Razumovszkij grofnak; StrQ; 1998
- StrQ; no. 3; 1998

Orban, Marcel
1884-1958
- StrQ; 1913
- StrQ; 1951

**Orbelian, Konstantin Agaparono-
vich**
1928-2014
- StrQ; d; 1956; Gos. muz. (1959)

Orbón de Soto, Julián
1925-1991
- StrQ; no. 1; 1951; Southern M. (1959)

Orchard, Arundel
1867-1961
- Threnody/Elegy; StrQ

- StrQ; f

Orchard, Juliet
1956-
- Inner truth; StrQ; 1996; BMIC

Ordóñez, Carlo d'
1734-1786
- 6 StrQe; A, F, c, Es, B, G; op. 1; Guera; Bureau de musique [O101]
- Weitere StrQe

Ore, Cecilie
1954-
- Praesens subitus; StrQ + Elektr; 1988/89
- Lex temporis; StrQ + Elek.; 1992/93
- Cirrus; StrQ; 2002; A: 4/2002 Witten

Orellana, Joaquín
1937-
- Piezas caracteristicas; StrQ; 1983

Orff, Carl
1895-1982
- Quartettsatz; StrQ; c; op. 22; 1914; Schott (1993); A: 10/2007 München

Orfieiev, Serafym
1904-1974
- StrQ; 1930
- StrQ; 1931
- StrQ; 1941
- StrQ; 1946

Orga, Ates
1944-
- StrQ; no. 1; op. 11; 1967, rev. 1968

Orgad, Ben-Zion
1926-2006
- To the beginning; StrQ; 2004; IMI

Ori, David
1934-
- StrQ; 1962

Orland, Henry
1918-1999
- StrQ; op. 23; 1950; Seesaw (1970)

Orlinski, Heinz Bernhard
1928-2012
- StrQ; G; no. 1

- StrQ; g; no. 2

Orłowski, Antoni
1811-1861
- 2 StrQe

Ornstein, Leo
1892-2002
- StrQ; no. 1; op. 28; um 1914; MS: Yale Univ., New Haven, CT
- StrQ; no. 2; op. 99; um 1928; Poon Hill (1990)
- StrQ; no. 3; 1976; MS: Yale Univ., New Haven, CT; A: 1979 Waltham, MA

Orowan, Thomas F.
1940-
- StrQ; 1965

Orr, Buxton
1924-1997
- Refrains IV; StrQ; no. 1; 1977; Gamber
- StrQ; no. 2; 1985; Gamber

Orrego-Salas, Juan A.
1919-
- Canciones; StrQ + Sopr; op. 12; 1945
- StrQ; no. 1; op. 46; 1957; Peer; Southern (1963); A: 4/1958 Washington, D. C.
- StrQ; no. 2; op. 110; 1996

Ortakov, Dragoslav
1928-
- StrQ; 1966

Ortega, Alvarado Sergio
1938-2003
- Acoso y muerte de un hombre; StrQ; 1983; Salabert

Orthel, Léon
1905-1985
- StrQ; op. 50; 1964; Donemus

Ortiz, Gabriela
1964-
- StrQ; no. 1; 1987; MS: Kopie im Archiv Frau + Musik
- Altar de muertos; StrQ + Tape; 1996

Ortiz-Alvarado, William
1947-

- StrQ; no. 1; 1976; ACA
- StrQ; no. 2; 1987; ACA

Ortner, Anton
1823-1900
- StrQ; g; op. 28; Falter (1862)

Orton, Richard
1940-
- StrQ; 1993; UYMP

Osborn, Franz
1905-1955
- 2 StrQe

Osborn, Mark Randall
1969-2002
- 4 Views coming and going; StrQ; 2001

Osborne, George Alexander
1806-1893
- Mehrere StrQe; verloren?

Osborne, Nigel
1948-
- Medicinal songs + dances; StrQ; no. 1; 1999; UE
- Lumière; StrQ, 4 groups of children; 1986; A: 9/1986 Devon
- Graffiti after Cy Twombly; StrQ; UE (1991)

Osborne, Stanley Llewellyn
1907-2000
- StrQ; F; 1936

Oschanitzky, Richard Carol
1901-1971
- StrQ; a

Oschanitzky, Richard Waldemar
1939-1979
- StrQ; 1965

Osghian, Petar
1932-1979
- StrQ; 1958

Osiander, Irene
1903-1980
- StrQ; op. 65; 1961

Osman, Ali
1958-

- Suite; StrQ; 1983

Osokin, Michail Alekseevich
1903-1995
- StrQ; no. 1
- StrQ; no. 2
- StrQ; no. 3
- StrQ; no. 4; op. 65; Sovetskij (1984)
- StrQ; no. 5

Ostendorf, Jens-Peter
1944-2006
- StrQ; no. 1; 1968; Sikorski (1970)
- StrQ + Sopr (ad lib.); no. 2; 1989; Sikorski (1989)

Osterc, Slavko
1895-1941
- StrQ; no. 1; 1927
- Silhouete; StrQ; 1928
- StrQ; no. 2; 1934; DSS (1972)
- 4 Poema; StrQ + Alt; 1929; DSS (1974)

Ostergren, Eduardo Augusto
1943-
- StrQ; 1974

Ostertag, Bob
1957-
- All the rage; StrQ + TB; 1992

Osthoff, Helmuth
1896-1983
- StrQ; d; A: 4/1962 Bielefeld

Ostrander, Linda W.
1937-
- StrQ; 1956
- Variations; StrQ; 1958
- Fun 'n games; StrQ; 1968

Ostrčil, Otakar
1879-1935
- StrQ; H; op. 4; 1899; Melantrich (1943); Státní hudební (1961)

Ostyn (Ostijn), Willy
1913-1993
- StrQ; no. 1; unveröff.
- StrQ; no. 2
- StrQ; no. 3

- StrQ; no. 4
- StrQ; no. 5; 1953; unveröff.
- Elegie; StrQ; 1956; unveröff.

Osvald, Miroslav
1946-
- StrQ; 1976; Panton
- Suite; StrQ; 1981

Oswald, Henrique
1852-1931
- StrQ; op. 17; 4/1905–21
- StrQ; op. 38
- StrQ; op. 39
- StrQ; op. 46

Oswald, John
1953-
- Spectre + Tape; 1990; CMC
- Cat o'nine tails; StrQ; 1991; CMC
- Pre-lieu; StrQ; 1991; CMC
- Mach; StrQ + Tape; CMC

Oswell, Susan
1955-
- Endenich; StrQ; Accent (1999)

Otaka, Hisatada
1911-1951
- StrQ; no. 1; 1938; Ongaku-no-tomo
- StrQ; no. 2; 1943; Ongaku-no-tomo

Otero Pérez, Francisco
1940-
- El liro el crisantemo; StrQ; 1991; SPMIC

Othegraven, August v.
1864-1946
- 2 StrQ-Sätze; cis, G; um 1882; Nachlass: Musikw. Inst., Univ. Köln

Ott, David
1947-
- StrQ; 1989; MMB

Otte, Hans
1926-2007
- drama: Schau- und Hörspiel; StrQ; 1970; MS

Otten, Ludwig
1924-

- StrQ; Donemus (1953)

Otter, Franz Joseph
1760-1836
- Pastorale varice; StrQ

Otterloo, Willem van
1907-1978
- StrQ

Oulie, Einar
1890-1957
- StrQ; 1943
- StrQ; 1944
- StrQ; 1946
- StrQ + Stimme; 1947
- StrQ; 1955

Ouseley, Fredrick Arthur Gore
1825-1889
- StrQ; C; 1868; Augener
- StrQ; d; 1868; Augener
- Fuge; StrQ

Ovcharenko, Halyna Ivanovna
1963-
- StrQ; 1996

Ovcharenko, Vasyl'
1889-1974
- Priadu sokochut; StrQ

Overton, Hall (Franklin)
1920-1972
- StrQ; no. 1; 1950
- StrQ; no. 2; 1954; Highgate (1961)
- StrQ; no. 3; 1967; CFE; A: 1974 New York

Owen, Angela
1928-
- StrQ; 1952
- StrQ; 1953

Owen, Blythe
1898-2000
- StrQ; 1944
- StrQ; 1951

Owen, Jerry Michael
1944-
- StrQ; 1967

Ozgijan, Petar
1832-1979
- StrQ; 1958
- StrQ; no. 2; 1972
- Divertimento; 2 StrQe; 1973

Pablo, Luis de
1930-
- StrQ; 1957; zurückgez.; A: 1958 Madrid
- Ejercicio/Modulos IV; StrQ; 1965–67; Salabert;
- Fragmento; StrQ; 1985/86; Zerboni; A: 1986 London
- Parodia; StrQ; 1992; A: 1992 Madrid
- Caligrafia serena; StrQ; 1993; Zerboni; A: 1994 London
- Flessuoso; StrQ; 1996; Zerboni

Paccagnini, Angelo
1930-1999
- StrQ; 1956

Pace, Carmelo
1906-1993
- 10 StrQe; 1930–38 + 1970; MS: M-MDca, Carmelo P. Mus. Coll. Nos. 2582–3052
- 3 Movements; StrQ; 1972; MS: M-MDca, Carmelo P. Mus. Coll. Nos. 2582–3052

Pache, Johannes
1857-1897
- Schlummerlied *Schlafe, schlaf' mein Kindelein*; StrQ; Grude (1886)
- 2 Stücke; Schlummerlied + Romanze; StrQ; op. 16; Leuckart

Pacheco de Céspedes, Luis
1895-1982
- Sic(e)lla; StrQ; 1946

Pacini, Giovanni
1796-1867
- 6 StrQe; no. 4: Ricordi (1863)

Paciorkiewicz, Tadeusz
1916-1998
- StrQ; no. 1; 1946; Agencja A.
- StrQ; 1960; PWM (1964)
- StrQ; no. 2; 1982

Pacius, Fredrik
1809-1891
- StrQ; op. 10; 1826

Packer, George Leonard
1945-
- StrQ; 1972

Padding, Martijn
1956-
- Dramm; StrQ; 1990; Donemus

Pade, Steen
1956-
- StrQ; no. 1; 1980; Samfundet (1983)
- StrQ; no. 2; 1983, rev. 1986; Samfundet
- Nature morte; StrQ; no. 3; 1985; Samfundet (1990)
- StrQ in 3 movements; op. 3; 1974; DMIC

Paderewski, Ignacy Jan
1860-1941
- Variat. + Fuge; StrQ; 1882; [GA5]

Padlewski, Roman
1915-1944
- StrQ; no. 1; A: 1934 Poznań
- StrQ; no. 2; 1940–42; PWM (1949); A: 1943 Warschau
- StrQ; no. 3; 1944; verloren

Pádua, Newton
1894-1966
- Andante; StrQ

Padwa, Vladimir
1900-1981
- 3 StrQe

Pärt, Arvo
1935-
- StrQ; op. 4; 1959; Sovetskij (1962)
- Fratres; StrQ; 1985, rev. 1989; UE (1989)
- Psalom; StrQ; 1985, 1991, rev. 1997; UE (1998); A: 1991/1998
- Summa; StrQ; 1977, rev. 1991; UE (1980/1991)
- Da pacem Domine; StrQ; 2004–06; UE (2004/2006)

Paganini, Niccolò
1782-1840

- 3 StrQe; d, Es, a; 1815; Lienau
- 4 Notturni; StrQ; Curci

Pagotto, Mario
1966-
- Parvulae lacrimae; StrQ; Pizzicato (1996)

Pahissa, Jaime
1880-1969
- Quartet; 1933

Pahnke, Waldemar
1871-1934
- StrQ; a

Pahor, Karol
1896-1974
- StrQ; no. 1; 1935; DSS
- StrQ; no. 2; 1938; DSS

Paidere, Ruta
1977-
- StrQ; A: 3/2004 Berlin
- Himmel unterschiedlich; StrQ; VeNM (2010)

Paik, Byung-Dong
1936-
- StrQ; no. 1; 1963; A: 1963 Seoul
- StrQ; no. 2; 1977; A: 1977 Seoul

Paik, Nam June
1932-2006
- StrQ; 1957

Paine, John Knowles
1839-1906
- StrQ; D; op. 5; um 1855

Paintal, Priti
1960-
- Bound by Strings of rhythm; 1990; A: 12/1990 London

Paisible, Louis-Henri
1748-1782
- 6 StrQe; B, D, C, A, C, Es; op. 2; J. Welcker (1777) [P105]
- 6 Qua. dialogues; op. 3; verloren

Paisiello, Giovanni
1740-1816

- 6 StrQe; A, C, Es, D, A, C; op. 1; 1774; J. André, no. 74 [P628]
- 9 StrQe; A, A, C, C, D, Es, Es, Es, G; I-Mc (Robinson #8.01-8.09); J. André

Pajaro, Eliseo
1915-1984
- StrQ; 1957
- StrQ; 1958
- Harana; StrQ; 1959

Pakesch, Muki
1961-
- A trip to Austria; StrQ; 1990

Pakhmutova, Aleksandra Nikola-jewa
1929-
- 4 Russian Miniatures; StrQ; 1950

Paladi, Radu
1927-2013
- StrQ; 1957; Ed. muz. (1960)

Palange, Louis Salvador
1917-1979
- 4 Generations; StrQ; 1950

Palau Boix, Manuel
1893-1967
- Cuarteto en stilo popular; StrQ; 1928, rev. 1938; UME

Páleníček, Josef
1914-1991
- StrQ; no. 1; 1954

Palermo, Vincenzo
1967-
- StrQ; 1990
- StrQ; 1993

Palester, Roman
1907-1989
- StrQ; no. 1; 1929/30; verloren
- StrQ; no. 2; 1936; PWM (1946)
- StrQ; no. 3; 1942–44
- StrQ; 1949; PWM
- StrQ; 2. Fs.; 1974; PWM (1992)

Palikruschewa, Fanya
1950-

- Konzertstück; StrQ; 1977/78

Palkovský, Oldřich
1907-1983
- StrQ; op. 4; 1931
- StrQ; op. 6; 1933
- StrQ; op. 9; 1937
- StrQ; op. 29; 1957; Panton
- StrQ; op. 37; 1962; Panton
- StrQ; op. 50; 1970; CHF
- StrQ; op. 53; 1971; CHF
- StrQ; op. 65; 1976; CHF
- StrQ; op. 74; 1980; CHF
- StrQ; op. 77; 1981; CHF

Pallis, Marco
1895-1989
- StrQ; 1980; Corda

Palma, Athos
1891-1951
- StrQ; h; 1915

Palmér, Catharina
1963-
- That short moment; StrQ; 1995; STIM

Palmer, Courtlandt
1872-1951
- StrQ; a; Hug (1938)

Palmer, Geoffrey
1951-
- La Maesta; StrQ; 1995; BMIC

Palmer, Jane
1952-
- StrQ; 1973

Palmer, John
1959-
- Dream; StrQ; 1996; A: 1996 Klagenfurt

Palmer, Juliet
1967-
- Presage; StrQ; 1988; NZMIC
- Babe; StrQ; 1992; NZMIC
- Egg + Tongue; StrQ; 1994

Palmer, Robert Moffat
1915-2010
- StrQ; no. 1; 1937

- StrQ; no. 2; 1943, rev. 1947
- StrQ; no. 3; 1954; Independent (1954)
- 3 Epigrams; StrQ; 1957
- StrQ; no. 4; 1960

Pals, Leopold van der
1884-1966
- StrQ; no. 1; op. 33
- StrQ; no. 2; op. 66
- StrQ; no. 3; op. 79
- StrQ; no. 4; op. 89
- StrQ; no. 5
- StrQ; no. 6; op. 186

Pałubicki, Konrad
1910-1992
- StrQ; no. 1; 1961

Paluselli, Stefan
1748-1805
- Quadro; StrQ; D; um 1775

Pander, Oscar August H. G. P. v.
1883-1968
- StrQ; g; no. 1; A: 1938 München
- StrQ; d; no. 2; 1946; A: 1948 München
- StrQ; f; no. 3; 1949
- StrQ; e/E; no. 4; 1954

Pan Huanglong
1945-
- StrQ; no. 1; 1973/74
- StrQ; no. 2; 1977
- StrQ; no. 3; 1981, rev. 1983
- Taiwan fengqing; StrQ; 1987, rev. 1990

Paniagua, Cenobio
1821-1882
- StrQ; um 1850

Paniccia, Renzo
1956-
- Anxious song; StrQ; 1993

Panizza, Héctor (Ettore)
1875-1967
- StrQ; c; 1935; ESZ

Pankiewicz, Eugeniusz
1857-1898
- Temat z wariacjami; StrQ; 1882; verloren

Pann, Carter
1972-
- Love letters; StrQ; 2000
- Angela's waltz; StrQ; 2006

Pannain, Guido
1891-1977
- Frammento elegiaco; StrQ; Zerboni (1949)

Pannell, Raymond
1935-
- StrQ; no. 1; 1954

Panni, Marcello
1940-
- D'Ailleurs; StrQ; 1966; ESZ (1965);
  A: 3/1967 Rom

Panny, Joseph
1794-1838
- Leichte StrQe; op. 15
- Leichte StrQe; op. 19, 1 + 2; Artaria

Pan Shiji
1957-
- StrQ; 1980
- StrQ; 1981

Pantchev, Vladimir
1948-
- 16 StrQe, Zyklus; 1998–2000

Panufnik, Andrzej
1914-1991
- Classical suite; StrQ; 1932/33; zerstört
- Prelude, transformations, postlude; StrQ;
  no. 1; 1972, rev. 1976; Boosey (1978)
- Messages; StrQ; no. 2; 1980; Boosey (1981)
- Wycinanki; StrQ; no. 3; 1990;
  Boosey (1991)

Panufnik, Roxanna
1968-
- Olivia; StrQ; 1996; Kalmus

Papaioannou, Yannis Andreou
1910-1989
- StrQ; op. 135; 1959

Papandopulo, Boris
1906- 1991
- StrQ; op. 7; 1927

- StrQ; no. 2; op. 20; 1933
- StrQ; no. 3; op. 126; 1945
- StrQ; no. 4; 1950
- StrQ; 1970
- StrQ; 1983

Pape, Andy Jacob
1955-
- StrQ; op. 11; 1979

Pape, Gérard
1955-
- Fire + Ice; StrQ; 1983/84
- Vortex; StrQ; no. 2; 1988/89

Pape, (Louis) Ludwig
1799-1855
- StrQ; F; op. 6; Breitkopf
- StrQ; Es; no. 2; op. 10; Hofmeister (1841)
- StrQ; no. 3; veröffentlicht?
- StrQ; no. 4; veröffentlicht?
- StrQ; c; no. 5; Hofmeister (1845)

Papineau-Couture, Jean
1916-2000
- StrQ; no. 1; 1953; Éd. Québec-Musique
- StrQ; no. 2; 1967; Éd. Québec-Musique
- StrQ; no. 3

Papini, Piero
1957-
- Nuances; StrQ; Ruggimenti

Paporisz, Yoram
1944-1992
- October 1971; StrQ; IMI

Papp, Lajos
1935-
- Scherzo; 4 Strings; StrQ; EMB

Pappalardo, Salvatore
1817-1884
- StrQ
- StrQ; no. 2
- StrQ; no. 3
- StrQ; h; no. 4; op. 18; Ricordi (1851)

Pâque, (Marie Joseph Léon) Désiré
1867-1939
- StrQ; op. 23; 1892

- StrQ; op. 30; 1894
- StrQ; op. 37; 1897
- StrQ; op. 38; 1899
- StrQ; op. 44; 1902
- StrQ; op. 90; 1917; Breitkopf
- StrQ; op. 96; 1921
- StrQ; op. 122; 1933; Breitkopf
- StrQ; op. 138; 1937; Breitkopf
- StrQ; op. 144; 1939

Parać, Frano
1948-
- StrQ; 1990; HDS (1999)

Parać, Ivo
1892-1954
- Andante amoroso; StrQ
- StrQ; d

Paradeiser, P. Marian OSB, ei-gentl. Karl Paradeiser
1747-1775
- 17 StrQe; Divertimenti
- 10 Trios, davon 6 StrQe; gedr. London o. J.
- 2 weit. StrQe angez. im kleinen Quartbuch (A-Wn), 6 StrQe im Ktlg. v. Traeg (1799)

Paraskevaidis, Graciela
1940-
- Cuarteto de cuerdas; StrQ; 1961
- magma IV; StrQ; 1974

Paray, Paul
1886-1979
- StrQ; e; 1919; Jobert (1920)

Paredes, Hilda
1957-
- Cuerdas del destino; StrQ
- Uy u'tan; StrQ; 1998

(Río-)Pareja, José
1973-
- Tempo fluidum; StrQ; 2005/06

Parent, Armand
1863-1934
- 2 StrQe

Parfrey, Raymond
1928-2008

- Scherzetto; StrQ; 1964

Parík, Ivan
1936-2005
- StrQ; 1958
- StrQ; 1981

Parker, Alice
1925-
- StrQ; 1968

Parker, Horatio William
1863-1919
- StrQ; D; 1881
- StrQ; F; op. 11; 1885; A: 11/1887 Detroit

Parker, Michael
1948-
- Rufus; StrQ; op. 40; 1989; CMC
- Confectum carmine munus; 1990; CMC

Parkhomenko, Mykola
1902-1964
- StrQ; 1923
- StrQ; 1935
- StrQ; 1948

Parkinson, Paul
1954-
- StrQ; 1982; BMIC

Parma, Viktor Marko Anton
1858-1924
- StrQ; A; 1922

Parmerud, Åke
1953-
- StrQ + TB; 1988

Paroff, Peter
1894-
- StrQ; F; op. 21; Nobile (1965)

Parra i Esteve, Hèctor
1976-
- Stasis-Antigone; StrQ; 2002
- Studies on fragility; StrQ + Elektr; 2008/09; A: 24.02.2009 Witten

Parris, Herman M.
1903-1973
- 4 StrQe

Parris, Robert
1924-1999
- StrQ; no. 1; 1951; CFE
- StrQ; no. 2; 1952; CFE

Parrish, Carl
1904-1965
- StrQ

Parrott, Ian
1916-2012
- 3 Pieces; StrQ; F; no. 1; 1946
- StrQ; Gis; no. 2; 1956
- StrQ; no. 3; 1957
- StrQ; no. 4; 1963; Elkin; Novello
- Divertimento; StrQ; no. 5; 1994
- Berceuse; StrQ; 1942

Parry, Charles Hubert Hastings
1848-1918
- StrQ; g; 1867
- StrQ; C; 1868
- StrQ; G; 1878–80; A: 1995

Parry, Joseph
1841-1903
- StrQ; d; University College Cardiff Press (1983)

Pars, Ates
1942-
- StrQ; no. 1; MS: zurückgez.
- StrQ; no. 2; op. 21; 1983; A: 1998
- StrQ; no. 3; op. 29; 1998; A: 2000
- StrQ; no. 4; op. 30; 1999
- StrQ; no. 5

Parsadanian, Boris
1925-1997
- StrQ; 1974; Ed. 49 (1975)

Parsch, Arnošt
1936-2013
- StrQ; 1969
- StrQ; no. 2; 1974; CHF
- StrQ; no. 3; op. 84; 1994

Parsons, Michael Edward
1938-
- Highland Variations; StrQ; 1972; Forward

Pártos, Ödön
1907-1977
- Concertino; StrQ; no. 1; 1934, rev. 1939; IMI (1953)
- Tehilim; StrQ; no. 2; 1960; IMI (1962)

Partskhaladze, Merab Alekseevich
1924-2008
- Tema i variatsiiami; StrQ; op. 7; Sovetskij (1969)

Parwez, Akmal M.
1948-
- StrQ; no. 2; 1983

Pasada, Alberto
1967-
- 5 tlg.-StrQ-Zyklus *Liturgia fractal*; 2003–08; A: 2009

Pascal, André
1894-1976
- StrQ; 1923; Durand (1925)

Pascal, Claude René Georges
1921-
- StrQ; 1942; Durand (1944)

Pascher, Hartmut
1956-
- StrQ; op. 27

Pashchenko, Andrey Filippovich
1885-1972
- 9 StrQe; 1915–1971

Paskhalov, Viacheslav Viktorovich
1873-1951
- StrQe

Paskhalov, Viktor Nikandrovich
1841-1885
- StrQ

Pasquotti, Corrado
1954-
- I'riffliessi; StrQ; 1983; Ricordi

Passy, Ludvig Anton Edmund
1789-1870
- 3 StrQe

Pastel, Karen de
1949-

- StrQ; op. 1; 1965; A: 7/1965 Pullman
- StrQ; e; no. 2; op. 36; 1989;
  A: 1989 Lilienfeld

Pászthory, Casimir v.
1886-1966
- StrQ; 1951

Patachich, Iván
1922-1993
- StrQ; no. 1; 1961; EMB
- StrQ; no. 2; 1966; EMB

Patiño Andrade, Gabriela
1920-
- StrQ

Pattar, Frédéric
1968-
- StrQ; 2004/05; A: 30.01.2011

Patten, James
1936-
- StrQ; 1985; BMIC

Pattenhausen, Hellmuth
1896-1979
- StrQ; A: 10/1928 Darmstadt

Patterson, Andra Jane
1964-
- From love to deuce; StrQ; 1981
- Piece; StrQ; 1982
- Fugue; StrQ; 1983
- StrQ; 1984
- Changes; StrQ; 1985
- StrQ; 1988

Patterson, Paul
1947-
- StrQ; op. 58; 1986; UE (1986)

Paudice, Amelia
1959-
- Movimento; StrQ

Pauels, Heinz
1908-1985
- StrQ; op. 4; BB (1932); A: 1932 Berlin
- StrQ; op. 68
- Lacrimoso; StrQ + Sopr; op. 57

Pauer, Jiří
1919-2007
- StrQ; no. 1; 1960; Panton (1961)
- Miniatury; StrQ; no. 2; 1969;
  Panton (1981)
- StrQ; no. 3; 1970; Supraphon (1972)
- Epizody; StrQ; no. 4; 1980

Pauk, Alex
1945-
- The 7th aura; StrQ; 1986

Paul, Berthold
1948-
- StrQ; op. 6; A: 2/1968 Hamburg
- Memento mori; StrQ; A: 1980 Bremen

Paul, Dietrich
1950-
- Happy birthday, Amadeus; StrQ;
  Schott (2007)

Paull, James
1957-
- Houses within houses; StrQ; 1981

Paulson, Gustaf
1898-1966
- StrQ; no. 2; op. 5; 1940; STIM
- StrQ; g; no. 3; op. 10; STIM
- StrQ; no. 4; op. 43; 1945; STIM
- StrQ; no. 5; op. 53; 1949; STIM
- StrQ; no. 6; op. 81; 1955; STIM

Paulus, Stephen Harrison
1949-
- Music for contrasts; StrQ; 1980; Schott
- StrQ; no. 2; 1987; Schott
- Quartessence; StrQ; 1990; Schott

Paur, Emil
1855-1932
- StrQ

Pauset, Brice
1965-
- Das unglückselige Bewußtsein; StrQ;
  A: 12/1996 Paris
- StrQ; 1996; Lemoine
- … écrit-récrit; StrQ; no. 3; Lemoine

Pautza, Sabin Gheorghe
1943-
- StrQ; no. 1; 1968; Edit. Muzicala
- Jocuri; StrQ; no. 2; 1974; Edit. Muzicala
- StrQ; no. 3; 1979; Edit. Muzicala
- Ludus modalis; StrQ; no. 4; 1998;
  Edit. Muzicala

Pauwels, Jean-Englebert
1768-1804
- 3 StrQe; G, g, F; Weissenbruch [P1068]

Paviour, Paul
1931-
- Tactics for four; 1963; AMC

Pavlenko, Sergey Vasil'yevich
1952-
- StrQ; no. 1; 1974
- StrQ; no. 2; 1979

Pawollek, Roman
1971-
- StrQ; 1971, Neufsg. 2009

Payne, Albert
siehe: Ehrlich, Albert

Payne, Anthony Edward
1936-
- StrQ; 1978; Chester
- StrQ; 1993

Paynter, John
1931-2010
- StrQ; 1981
- StrQ; 1991

Paz, Juan Carlos
1897 -1972
- StrQ; no. 1; op. 34; 1938
- StrQ; no. 2; op. 40; 1940–43
- Invencion; StrQ; 1961; Tonos

Pazdírek, Bohumil
1839-1919
- 6 StrQe

Paz Lopez-Novo, Javier de
1963-
- StrQ; 1988

Peacock, Kenneth
1922-
- StrQ; 1949; BMI

Pearsall, Robert Lucas
1795-1856
- StrQ; B; op. 26; 1834; Schott (1844)

Pecháček, Franz Xaver
1793-1840
- StrQ; 1817

Pechenika-Uhlyts'kyi, Pavlo
1892-1948
- StrQ; a; 1935
- StrQ; a; 1943

Peçi, Aleksandër
1951-
- Rondo; StrQ; um 1975
- Suite; StrQ; 1990

Peck, Russell
1945-
- Don't tread on me or on my StrQ;
  Pecktackular

Pécou, Thierry
1965-
- Fuga del son; StrQ; 2012; Schott (2012);
  A: 11/2012 Istres
- Spinoza in Cuzco; StrQ + Orch; 2013;
  Schott (2014)

Pedrell i Sabaté, Felipe
1841-1922
- StrQ

Peeters, Emil A. A.
1893-1974
- StrQe; nos. 1–3; 1910–12
- StrQ; no. 4; 1914; A: 1918 Barmen
- StrQ; no. 5; 1919; A: 1919 Barmen
- StrQ; no. 6; op. 23; A: 1930 Duisburg
- StrQ; no. 7; op. 38; A: 1948 Bochum
- StrQe; nos. 8–14

Pehrson, Joseph
1950-
- Epitax; StQ; 1984; Seesaw

Peiko, Nikolay Ivanovich
1916-1995
- StrQ; 1962
- StrQ; no. 2; 1965; Sovetskij
- StrQ; no. 3; 1966; Sovetskij

Pejačević, Dora
1885-1923
- StrQ; F; op. 31; 1911; verloren
- StrQ; C; no. 2; op. 58; 1922

Pek, Albert
1893-1972
- Jugoslav rhapsody; StrQ
- From South Bohemia; StrQ
- StrQ; a

Pelegrí i Marimón, Maria Teresa
1907-1995
- Cuarteto para musica XXI; StrQ; 1979
- StrQ; no. 2; 1984
- StrQ; no. 3; 1984

Pelemans, Willem
1901-1991
- StrQ; no. 1; 1942
- StrQ; no. 2; 1943
- StrQ; no. 3; 1943
- StrQ; no. 4; 1943
- StrQ; no. 5; 1944; Maurer
- StrQ; no. 6; 1955; Maurer
- StrQ; no. 7; 1961; Maurer
- StrQ; no. 8; 1970; Maurer

Peletsis, Georgy
1947-
- Lamento; StrQ; 1986; A: 1986 Riga

Pelikán, Miroslav
1922-2006
- StrQ; 1950
- Udoli smutku; StrQ; 1964; Stát. hud. (1966)

Pelleg, Frank
1910-1968
- StrQ

Pellegrini, Alfred
1887-1962
- StrQ

Pellegrini, Ernesto P.
1932-
- StrQ; 1961

Pelz, Walter L.
1926-1997
- StrQ

Pelzel, Michael
1978-
- Slivers of sound; StrQ; 2009
- ...vers le vent; StrQ; 2010
- Vague écume des mers; StrQ;
  A: 24.08.2013 Luzern

Peña, Angel Matias
1921-
- 3 pieces; StrQ; 1981

Peña Hen, Jorge
1928-1973
- StrQ

Penberthy, James
1917-1999
- StrQ; 1959
- StrQ; 1981
- StrQ; no. 4; 1981
- StrQ; no. 5; 1987; AMC

Penderecki, Krzysztof
1933-
- StrQ; no. 1; 1960; PWM (1963)
- StrQ; no. 2; 1968; Schott (1971)
- Der unterbrochene Gedanke; StrQ; 1988;
  Schott (1991)
- Blätter eines nicht geschrieb. Tagebuchs;
  StrQ; no. 3; 2008; Schott (2011)
- StrQ; no. 4; 2016; Schott (2016/17)

Pengilly, Sylvia
1935-
- StrQ; 1973

Penherski, Zbigniew
1935-
- Chamber music primer: book 5; 1964;
  Agenzja autorska (1979)
- StrQ; 1966; PWM

Pěnička, Miroslav
1935-

- StrQ; 1962
- StrQ; 1980; AMC

Peñin, José
1942-
- Espejos; StrQ

Penn, William (Albert)
1943-
- StrQ; 1968; Seesaw

Pennacchio, Giovanni
1878-1978
- StrQ

Pensch, Robert
1881-1940
- StrQ; G

Pentland, Barbara
1912-2000
- StrQ; no. 1; 1944/45; CMC
- StrQ; no. 2; 1953; CMC
- StrQ; no. 3; 1969; CMC
- StrQ; no. 4; 1980; CMC
- StrQ; no. 5; 1985; AMC

Pépin, (Jean Joseph) Clermont
1926-2006
- 3 menuets; StrQ; 1944
- StrQ; no. 1; 1948; CMC
- Variations; StrQ; no. 2; 1956; MCA (1983)
- Adagio + Fugue; StrQ; no. 3; 1959; CMC
- Hyperbotes; StrQ; no. 4; 1960; CMC
- StrQ; no. 5; 1976
- 3 miniatures; StrQ; OUP

Pepl, Harry
1945-2005
- String I; StrQ; 1990; A: 1990 Wien
- Obsession; StrQ; 1991; A: 1991 Graz
- String VIII; StrQ; 1991; A: 1991 Graz
- Moving Navel; StrQ; 1991; A: 1991 Graz
- Über Kurz oder Lang – von der Weite und der Enge; StrQ; 1993; A: 1993 Wien

Pepöck, August
1887-1967
- StrQ

Pepping, Ernst
1901-1981
- Serenade; StrQ; 1922
- StrQ; 1926
- StrQ; 1943; Schott (1943)

Peragallo, Mario
1910-1996
- StrQ; 1933
- StrQ; 1934
- StrQ; 1937
- Musica; 2 StrQe; 1948; UE (1949)

Perales, Stella
1944-
- StrQ; 1977

Pereira, Diana
1932-
- Exercises in metamorphosis III; StrQ; 1967; DMIC

Perelli, Edoardo
1842-1885
- Quartetto; E; Ricordi (1864)

Pereyra-Lizaso, Nydia
1920-1998
- StrQ

Perez, Delfin
1955-
- StrQ; 1986

Pérez Puentes, José Ángel
1951-
- Gamas II; StrQ; 1983

Perezzani, Paolo
1955-
- StrQ + Elektr; no. 1; 1996

Pergament, Moses
1893-1977
- StrQ; c; no. 1; 1918; STIM
- StrQ; 1922; STIM
- StrQ; no. 2; 1952; Suecia (1958)
- StrQ; no. 3; 1967
- StrQ; 1975

Perger, Richard v.
1854-1911

- StrQ; g; op. 8; Rebay (1886)
- StrQ; B; no. 2; op. 11; Bösendorfer (1887)
- StrQ; A; no. 3; op. 15; Rieter-B.(1889)

Peri, Achille
1812–1880
- StrQ; vor 1855

Peričić, Vlastimir
1927–2000
- StrQ; 1950

Peřina, Hubert
1890–1964
- StrQ; op. 22; 1956

Perinello, Carlo
1877–1942
- StrQ; C; op. 10; 1905; Schmidt (1913)

Perkins, Andrew
1961–
- StrQ; 1987

Perkins, Charles C.
1823–1886
- StrQ; A; op. 8; Breitkopf (1854)
- StrQ; E; op. 9; Breitkopf (1856)

Perkins, John MacIvor
1935–2010
- 3 Miniatures; StrQ; 1960

Perkinson, Coleridge-Taylor
1932–2004
- Calvary; StrQ

Perkowski, Piotr
1901–1990
- StrQ; no. 1; op. 11; 1930, rev. 1985; Orig. verloren/rekonstr. (1947); PWM
- StrQ; no. 2; 1977; PWM

Perle, George
1915–2009
- Triolet; StrQ; no. 1; 1938
- StrQ; no. 2; 1942
- StrQ; no. 3; um 1950; Presser (1950)
- StrQ; no. 4; 1948
- StrQ; no. 5; op. 42; 1960, rev. 1967; Presser (1973)
- StrQ; no. 6; 1969; zurückgez.

- StrQ; no. 7; 1973; Boelke-Bomart (1978)
- Windows of order; StrQ; no. 8; 1988; ESC Publ. (2000)
- Brief encounters – 14 movements; StrQ; no. 9; 1998; ESC Publ. (2000)

Perlea, Jonel
1900–1970
- Heiteres StrQ; op. 10; 1923; Rahter (1924)
- StrQ; op. 22; 1922; Rahter (1924)

Permont, Haim
1950–
- Nakhala; StrQ; 2004

Perna, Dana Paul
1958–
- 3 nocturnal pieces; 1984; Bardic

Pernes, Thomas
1956–
- StrQ; no. 1; 1977; Sonoton; A: 1977 Wien
- StrQ; no. 2; 1977
- StrQ; no. 3; 1990; A: 1991 Wien
- … diese zerbrochene Zeit; StrQ; no. 4; 1993/94; A: 1994 Wien

Pernette, Roger
1930–1973
- StrQ; 1959/60; MS b. Komp.

Peroni, Wally
1937–
- StrQ; 1963

Perosi, Lorenzo
1872–1956
- 16 StrQe; 1928–1932

Perotti, Giovanni Domenico
1761–1825
- 2 StrQe

Perpessas, Harilaos
1907–1995
- StrQ; 1928–1932?; vernichtet?

Perrachio, Luigi
1883–1966
- StrQ; op. 13; 1912
- StrQ; no. 2; 1930

Perrin, Jean
1920-1989
- StrQ; 1961
- StrQ; 1988

Perron, Alain
1959-
- Releves, no. 7; StrQ; 1990; CMC

Perry, Edward
1855-1924
- StrQ; G; Augener (1878)

Perry, Julia Amanda
1924-1979
- StrQ; um 1960

Perry, Zenobia Powell
1908-2004
- StrQ; no. 1
- StrQ; no. 2; 1964

Persen, John
1941-2014
- Recycled encores; StrQ; 1996

Persiany, Johann
1872-?
- StrQ; A; op. 1; Belaieff (1906)

Persichetti, Vincent
1915-1987
- StrQ; no. 1; op. 7; 1939;
  Elkan-Vogel (1977)
- StrQ; no. 2; op. 24; 1944;
  Elkan-Vogel (1974)
- StrQ; no. 3; op. 81; 1959;
  Elkan-Vogel (1965)
- Parable 10; StrQ; no. 4; op. 122; 1972;
  Elkan-Vogel (1973)

Perusso, Mario
1936-
- Invenzioni; StrQ; 1967

Peschek, Alfred
1929-2015
- Melophonie. Zusammenhänge; 2. Fs.; StrQ;
  1994/95; DAP-Edition; A: 4/1994 Salzburg
- StrQ; 1997; DAP-Edition

Peška, Vlastimil
1954-
- Accelerando; StrQ; 1981
- ... a tak si ziju; StrQ; 1988; CZMIC

Peskó, Zoltán
1937-
- Tensioni; StrQ; 1967; ESZ (1973);
  A: 1967 Berlin

Pesola, Väinö
1886-1966
- StrQ; a; 1936
- Quartetto vernale in F

Pesonen, Olavi
1909-1993
- StrQ; 1935, rev. 1989

Pessione, Umberto
1889-1943
- StrQ

Pesson, Gérard
1958-
- Respirez ne respirez plus; StrQ; 1993;
  Una Corda
- Bitume; StrQ; 2008
- StrQ; 2013; A: 11/2013 München

Pestalozzi, Heinrich
1878-1940
- StrQ, in 1 S.; fis; op. 73; Hug (1934)

Petculescu, Valentin
1947-
- StrQ; no. 2; 1978

Peter, Herbert
1926-
- Quartett; StrQ; VeNM

Peterka, Rudolf
1894-1933
- Zurück zur Musik; StrQ; a; op. 9;
  Simrock (1924)

Peters, Guido
1866-1937
- StrQ; A; 1902; UE (1918)
- StrQ; c; no. 2; 1911; UE (1918)

Peters, Rudolf
1902-1962
- StrQ; a; op. 8; Simrock (1923)

Petersen, Christian W.
1964-
- 5 Miniaturen; StrQ; Pfefferkorn (2012)

Petersen, Friedrich
1881-1933
- 2 StrQe

Petersen, Wilhelm
1890-1957
- StrQ; G; no. 1; op. 5; 1921
- StrQ; op. 8; 1923; Thiasos (2000)
- StrQ; op. 10; 1923
- StrQ; op. 11; 1924
- StrQ; e; op. 49; 1946–50; W. Müller

Petersen-Mikkelsen, Birger
1972-
- 2 StrQe

Peterson, Wayne T.
1927-
- Transformations; StrQ; 1974
- StrQ; no. 1; 1983; Ed. Peters
- Apparitions, Jazz Play; StrQ; no. 2; 1991; Ed. Peters
- Music of the vineyards; StrQ; 1974

Pethel, James
1936-
- StrQ

Petit, Armand (Arnaud)
1959-
- Quatuor Fiction; Ricordi; A: 11/1974

Petit, Jean-Claude
1943-
- Pour un passé dépassé; 1984; Durand (1984)
- L'intranquillite; StrQ; 1992

Petit, Jean-Louis
1937-
- 3 Versets; StrQ; 1989

Petit, Raymond
1893-1976

- 2 Meditations; StrQ; 1921; Ricordi

Petrassi, Goffredo
1904-2003
- Sinfonia, siciliana e fuge; StrQ; 1929; A: 1930 Rom
- Quartetto; StrQ; 1958; ESZ (1958); A: 1958 Venedig
- Odi; StrQ; 1973–75; ESZ [9422]; A: 1983 Rom

Petrić, Ivo
1931-
- StrQ; 1956; DSS
- A la memoire de mon per; StrQ; 1969; DSS; Gerig (1972)
- StrQ; 1979; DSS (1983)
- StrQ; 1985; DSS (1988)
- Portrait d'automne; StrQ; 1992
- Quatuor … et après; StrQ; 1996
- StrQ; 2004

Petridis, Petros
1892-1977
- StrQ; 1951; unvollendet

Petroff, Peter
1942-
- StrQ; 1990
- Pieta; StrQ; 1991

Petrov, Andrey Pavlovich
1930-
- StrQ; 1993

Petrová, Elena
1929-2002
- StrQ; 1965; Panton
- StrQ; 1967; Panton (1983)
- StrQ; 1991
- StrQ; 1994

Petrović, Radomir
1923-
- StrQ; 1956

Petrovics, Emil
1930-2011
- StrQ; no. 1; op. 10; 1959; EMB (1962)
- StrQ; no. 2; op. 39; 1991; EMB (1994)

Petrželka, Vilém
1889-1967
- StrQ; B; op. 2; 1909
- StrQ; c; op. 6; 1914/15; HMUB (1927)
- Fantazie; StrQ; op. 19; 1927;
  HMUB (1932)
- Suita; StrQ; op. 28; 1932
- StrQ; no. 5; op. 43; 1947
- Fantazie; StrQ; op. 59; 1959

Petsch, Hans
1891-1978
- StrQ; A: 1917 Wiesbaden

Petsch, Kuno
1923-1967
- Kindertag. 5 Miniaturen; StrQ; 1962

Pettan, Hubert
1912-1989
- StrQ; 1962

Petterson, Gustaf Allan
1911-1980
- Sketch; StrQ; 1936; unvollendet

Petyrek, Felix Karl Aug.
1892-1951
- StrQ; d; 1912/13
- Der Wind. Manchmal wirft sich der Wind.;
  StrQ + Stimme; UE (1920)

Petzold, Rudolf
1908-1991
- Spielstücke; StrQ; op. 12; Tischer (1940)
- StrQ; no. 1; op. 14; 1934; Gerig;
  A: 1939 Köln
- 3 Gesänge; StrQ + mittl. Stimme; op. 23
- StrQ; no. 2; op. 24; 1944; Gerig;
  A: 1948 Köln
- StrQ; no. 3; op. 34; 1954; Gerig
- StrQ; no. 4; op. 48; 1972; Gerig

Pexidr, Karel
1929-
- Romantik; StrQ; 1953
- StrQ; 1979
- StrQ; 1982

Peyretti, Alberto
1936-

- Suite trobadosica; StrQ; Ruggimenti

Peyrot, Fernande
1888-1978
- StrQ; 1933
- StrQ; 1935

Pezolt, Rainer
1957-
- StrQ; no. 1; 1984; A: 1985 Freiburg

Pfanner, Adolf
1897-n. 1937
- StrQ; op. 3

Pfeifer, August
1887-n. 1943
- 3 StrQe

Pfeiffer, Irena
1912-1996
- StrQ; 1950

Pfisterer, Ares Athanasios
1958-
- StrQ; no. 2; 1982
- Reflexionen; StrQ; no. 4; 1988

Pfitzner, Hans
1869-1949
- Quartettsatz; f; vor 1890; MS-Fragment
- Quartettsatz; F; vor 1890; MS-Fragment
- Marsch; C; vor 1890
- StrQ; d; 1886; Bärenreiter (1972)
- StrQ; D; op. 13; 1902; Brockhaus (1903);
  Feuchtinger (1903)
- StrQ; cis; op. 36; 1925; Fürstner (1925);
  Schott
- StrQ; c; op. 50; 1942; Oertel (1942)
- Unorthographisches Fugato; StrQ; 1943

Pfundt, Reinhard
1951-
- StrQ; 1974; DVfM (1978);
  A: 4/1976 Leipzig
- Inventionen zu BACH; StrQ (StrO); 1984;
  DVfM (1985); A: 1985 Eisenach
- 8 Sätze zu dtsch. Volksliedern; StrQ
- Exaudi; StrQ; 2005

Pflüger, Andreas
1941-
- 5 Nachtstücke; StrQ; 1977/78; Hartmann (1978)
- Vari-Azioni; StrQ; 1981; Hartmann

Pflüger, Hans Georg
1944-1999
- StrQ; vernichtet
- StrQ; 1984; A: 5/1985 Bietigheim

Phan, P. Q.
1962-
- Tragedy at the opera; StrQ; 1995
- Children games; StrQ

Philipp, Franz
1890-1972
- Concert-Variationen über ein Thema v. Händel; StrQ; Oertel (1886)

Philippot, Michel Paul
1925-1996
- 3 Movements; StrQ; Selbstverlag (1952)
- StrQ; no. 1; 1976; Salabert (1977)
- StrQ; no. 2; 1982; Salabert (1983)
- StrQ; no. 3; 1985; Salabert (1985)
- StrQ; no. 4; 1986; Salabert (1987)

Phillips, Burrill
1907-1988
- StrQ; no. 1; 1939/40
- StrQ; no. 2; 1958

Phillips, Karen
1942-
- StrQ; 1978

Philpot, Michael
1954-
- Vexilla regis; StrQ; 1977

Piaček, Marek
1972-
- Drozd; StrQ; 1988
- StrQ; 1989

Piacentini, Riccardo
1958-
- For Four; StrQ; in 5 Teilen; Edipan

Piazzolla, Ástor
1921-1992
- 5 Tango Sensations; StrQ; 1989; Lemoine
- Four for Tango; StrQ; Lemoine (1989)
- Suite del Ángel; StrQ; Lemoine

Pibernik, Zlatko
1926-2010
- StrQ; D; 1951, rev. 1983

Picchi, Silvano
1922-
- StrQ; no. 1
- StrQ; no. 2; 1979
- StrQ; no. 3
- StrQ; no. 4; 1989
- StrQ; no. 5; 1984
- StrQ; no. 6; 1990

Picha, František
1893-1964
- StrQ; cis; op. 6; 1922/23, rev. 1929; Naklad. Vlastnim (1929)
- StrQ; G; no. 2; op. 30; 1943–47; HMUB (1947)

Pichl, Václav
1741-1805
18 StrQe, davon feststellbar:
- StrQ; op. 1, 4; Heinrichshofen
- 6 StrQe; A, C, F, e, D, B; op. 2; Hummel, no. 397 [P2255]
- 3 StrQe; Es, B, Es; op. 13; Hummel, no. 723 [P2260]

Pick, Karl-Heinz
1929-2009
- Auf den Spuren des roten Oktober; StrQ; 1967; DVfM (1971)

Pickard, John
1963-
- StrQ; 1991; Bardic
- StrQ; 1993
- StrQ; 1994; Bardic
- StrQ; 1998; Bardic

Picker, Tobias
1954-

- New memories; StrQ; no. 1; 1987; Schott
- StrQ; no. 2; 2008; Schott
- StrQ with Bass; 1988; Schott

Pickett, Steve
1958-
- StrQ; 1994

Pick-Mangiagalli, Riccardo
1882-1949
- Tre fughe; StrQ; 1943; ESZ (1947); A: 1949 Mailand
- StrQ; g; op. 18; 1909; UE (1910); Ricordi (1936)

Piechler, Arthur
1896-1974
- Präludium + Fuge; StrQ; cis; op. 4

Piechowska, Alina
1937-
- Anagrams; StrQ; 1966

Pieltain, Dieudonné-Pascal
1754-1833
Fétis zählt: 167 StrQe, darunter:
- 6 StrQe; A, D, F, B, Es, G; op. 2; Sieber
- 6 StrQe; B, e, C, As, g, D; op. 4; Auteur Boieldieu

Pieper, Andreas
1958-
- Englandbilder; StrQ; A: 2000 Langenberg

Pierce, Alexandra
1934-
- 4 Movements; StrQ; 1987; Seesaw
- Outcrops + Upshots; StrQ; no. 2; 1994; Seesaw

Pierné, Gabriel
1863-1937
- Adagietto; StrQ; Heugel
- Menuet du Roy; StrQ; Heugel
- Passepied; StrQ; Heugel

Pierné, Paul
1874-1952
- Rhapsodie lorraine; StrQ; op. 7; Lemoine (1920)

Pietsch, Edna Frida
1894-1982
- StrQ

Piggott, Patrick (Edward Smerdon)
1915-1990
- Essay; StrQ; um 1966
- Fantasy; StrQ; 1974/75
- StrQ; no. 3; 1983

Pijper, Willem
1894-1947
- StrQ; no. 1; 1914; Lengnick (1954)
- StrQ; no. 2; 1920; Lengnick (1956)
- StrQ; no. 3; 1923; Lengnick (1950)
- StrQ; no. 4; 1928; Lengnick (1952)
- StrQ; no. 5; 1946; Lengnick (1950); unvollendet

Pike, Alfred
1913-?
- StrQ; 1950
- StrQ; 1954

Pike, Jeremy
1955-
- StrQ; 1974
- StrQ; 1984

Pilati, Mario
1903-1938
- StrQ; a; Ricordi (1931)

Pilecki, Ignacy
1867-1929
- Wariacje; StrQ

Pillecyn, Jurgen de
1965-
- Le Ricordanze; StrQ; 1998
- StrQ; 1998
- Les lumières du delire; StrQ; no. 2; 2003

Pillin, Boris William
1940-
- StrQ; 1965

Pillinger, Wolfgang
1943-
- Alles Gute, Georg Trakl; StrQ; 1984; A: 1984 Salzburg

Pilss, Karl
1902-1979
- StrQ

Pimsleur, Solomon
1900-1962
- Alas for the day; StrQ; CFE
- StrQ; op. 12
- StrQ; op. 13
- StrQ; op. 28
- StrQ; op. 54

Pineda Duque, Roberto
1910-1977
- StrQ; no. 1; 1953
- StrQ; no. 2; 1958

Pinelli, Ettore
1843-1915
- StrQ

Pingel, Paul
1874-?
- StrQ; B; 1908

Pinnock, Naomi
1979-
- StrQ; 2010
- Traces; StrQ; no. 2; A: 2012 Witten

Piňos-Simandl, Alois
1925-2008
- StrQ; 1962
- Canti intimi; StrQ; no. 2; 1976
- StrQ; no. 3; 1993; Editio Praga

Pinto, Francisco A. N. dos Santos
1815-1860
- StrQ; C; 1838

Pintscher, Matthias
1971-
- StrQ; no. 1; 1988
- StrQ; no. 2; 1990; Bärenreiter (1997)
- StrQ + Bar; no. 3; 1991; Fragm.
- Ritratto di Gesualdo; StrQ; no. 4; 1992; Bärenreiter (1996)
- Figura II/Frammento; StrQ; 1997; Bärenreiter (1997)Figura IV/Passaggio;

StrQ; 1999;
Bärenreiter (2000)
- Study IV for treatise on the veil; StrQ; A: 1/2009 Salzburg

Piozzi, Gabriele Mario
1740-1809
- 6 StrQe; D, B, F, Es, A, E; op. 4

Pipkov, Ljubomir
1904-1974
- StrQ; e; no. 1; op. 4; 1928; Nauka
- StrQ; a; no. 2; op. 33; 1948; Nauka
- StrQ + Schlagz.; no. 3; op. 66; 1966; Nauka

Pirchner, Werner Preisegott
1940-2001
- Von der gewöhnlichen Traurigkeit. Zum Kotzen; StrQ; 1998; [PWV 17]

Pirck, Wenzel Raimund Johann
1718-1763
- 16 StrQe; in: A-Wn

Pires, Luis Filipe
1934-
- StrQ; 1958
- In memoriam Béla Bartók; StrQ; 1970

Piriou, Adolphe
1878-1964
- StrQ; g; op. 21; 1923; Lemoine (1927)

Pirlinger, Joseph
1726-1793
- 6 StrQe; Imbault, no. 32 [PP2436A]

Pirnik, Makso
1902-1993
- StrQ; 1936

Pironkov, Simeon Angelov
1927-2000
- StrQ; no. 1; 1951
- StrQ; no. 2; 1966
- StrQ; no. 3; 1985

Pironkov, Simeon d. J.
1965-
- Stretti commentati; Doppel-StrQ; 1992

Pirou, Adolphe
1878-1964

- StrQ; op. 21; 1937; Salabert

Pirumov, Aleksandr Ivanovich
1930-1995
- StrQ; no. 1; 1952
- StrQ; no. 2; 1954; Sovetskij (1958)
- StrQ; no. 3; 1959; Sovetskij (1963)
- StrQ; no. 4; 1967; Sovetskij (1969)

Pisaro, Michael
1961-
- Page; StrQ; Wandelweiser (1996)

Pisarowitz, Karl Maria
1901-1979
- StrQ; 1924

Pishny-Floyd, Monte Keene
1941-
- C. V. 10; StrQ; no. 1; 1961
- 3 Soundscapes after Munch; StrQ; 2000

Pisk, Paul Amadeus
1893-1990
- StrQ; no. 1; op. 8; 1924; UE (1925)

Piskáček, Adolf
1873-1919
- StrQ; C

Piston, Walter Hamor
1894-1976
- Minuetto in stile vecchio; StrQ; 1927
- StrQ; no. 1; 1933; Cos Cob (1934)
- StrQ; no. 2; 1935; G. Schirmer (1946);
  A: 1935 Cambridge, MA
- StrQ; no. 3; 1947; Boosey (1949)
- StrQ; no. 4; 1951; AMP (1953)
- StrQ; no. 5; 1962; AMP (1963)

Pistono d'Angelo, Piera
1938-
- Memorie; StrQ; Edipan

Pistor, Carl Friedrich
1884-1969
- StrQ; no. 1; 1951
- StrQ; no. 2; op. 45; um 1958; MS/IMB
- StrQ; no. 3; op. 47; um 1959; MS/IMB
- StrQ; no. 4; op. 77; 1962

Pistorius, Günter
1940-
- StrQ; 1972

Piva, Franco
1938-
- Variazioni Ludwig; StrQ

Pixis, Johann Peter
1788-1874
- StrQ; A, d, f/F; op. 7; 1814; Cappi (1814)
- StrQ; F, c/C, G; op. 69; 1824; Probst (1827)

Pizer, Elizabeth F. Hayden
1954-
- Elegy; StrQ; op. 43; 1977
- Interfuguelude; StrQ; 1980
- StrQ; 1981, rev. 1987

Pizzetti, Ildebrando
1880-1968
- StrQ; A; 1906; Pizzi (1920)
- 3 Canzoni; StrQ + Sopr; Ricordi (1927)
- StrQ; D; 1932/33; Ricordi (1933)

Pizzini, Carlo Alberto
1905-1981
- Sarabanda e fuga; StrQ; 1929

Plachý, Zdenek
1961-
- StrQ; 1987; CZMIC

Plagge, Wolfgang
1960-
- StrQ; op. 18; 1982; NMIC

Plamenac, Dragan
1895-1983
- StrQ

Planel, Robert
1908-1994
- StrQ; Durand (1939)

Plangg, Volker M.
1953-
- Spielplan I; StrQ; 1981; Astoria;
  A: 1982 Lüneburg

Platania, Pietro
1828-1907
- StrQ; a; Palermo (1868)

- StrQ; e; Palermo (1868)

Plater, Gustaw
1841-1912
- StrQ

Platthy, Jenö
1920-2002
- StrQ; op. 5; A: 1939 Brüssel
- Xenas; StrQ; op. 80; 1980

Platz, Robert HP
1951-
- QUARTETT (Zeitstrahl); StrQ; op. 16;
  1986; Breitkopf (1986)
- Tau; StrQ; 1999; Ricordi (2000)
- Strings (Echo VII); StrQ; no. 3;
  A: 5/2009 Mönchengladbach

Plavec, Josef
1905-1979
- StrQ; 1928

Plaza Alfonzo, Juan Bautista
1898-1965
- Fuga criolla; StrQ; 1931

Pleskow, Raoul
1931-
- StrQ; 1979; McGinnis (1980)

Plettner, Arthur
1904-1999
- Appalachia; StrQ

Pleyel, Ignaz
1757-1831
Insgesamt rund 80 StrQe, darunter:
- 6 StrQe; C, Es, A, B, G, D; op. 1; (B 301–
  306); 1782/83; André (1799), no. 1391
- 6 StrQe; A, C, g, Es, B, D; op. 2;
  (B 307–312); Sieber
- 6 StrQe; B, A, e, C, Es, D; op. 3;
  (B 313–318); André
- 6 StrQe; C, G, F, A, B, D; op. 4;
  (B 319–324); André
- 12 StrQe; op. 9; W. Forster (1787)
- 3 StrQe; op. 10; (B 337–339); Schmitt
- 3 StrQe; (B 340–342); Götz
- 3 StrQe; op. 12; Artaria (1787/88)

- 3 StrQe; op. 13; Artaria (1787/88)
- 3 StrQe; op. 14; (B 346–348); Artaria
- 6 StrQe; op. 20; (B 346–351); Götz; Artaria
- 6 StrQe; op. 34; (B 353–358); André
- 3 StrQe; op. 67; (B 365–367); André

Pleyel-Cliquet, Henri
siehe: Cliquet-Pleyel, Henri

Ploner, Josef Eduard
1894-1955
- Serenade; StrQ; op. 3; 1922

Plowman, Lynne
1969-
- Between places; StrQ; 1992

Plush, Vincent
1950-
- StrQ; 1988

Podešva, Jaromír
1927-2000
- StrQ; no. 1; 1950; Orbis (1952)
- Budes zit v miru!; StrQ; no. 2; 1951
- You will live in peace; StrQ; no. 3; 1955
- Z pribehu noveho soucasnilev; StrQ; no. 4;
  1960; Panton (1962)
- Cim jsem byl ...; StrQ; no. 5; 1964
- O mladi; StrQ; no. 6; 1976

Podia, Gianluca
1953-
- StrQ; 1987

Podkovyrov, Petr Petrovich
1910-1977
- StrQ; 1941
- StrQ; 1942
- StrQ; 1968
- StrQ; 1970
- ? StrQ; 1971
- ? StrQ; 1975

Podprocký, Jozef
1944-
- Variations; StrQ; op. 3; 1964
- StrQ; op. 15; 1970
- Suite; StrQ; 1972
- Suite; StrQ; 1973

- StrQ; no. 2; op. 21; 1976; Opus (1982)
- Hommage à Béla Bartók; StrQ; no. 3; op. 27; 1981
- Suite; StrQ; 1981
- StrQ; no. 4; op. 37; 1994

Podvala, Valerii
1932-2003
- StrQ; 1954
- Ukrainian StrQ; 1958
- Ukrainian StrQ; 1965

Pöntinen, Stefan
1967-
- StrQ; 1991; SMIC

Pössinger, Franz A.
1767-1827
- 3 StrQe; G, Es, A; op. 1; Hoffmeister, no. 280 [PP4974II/1–3]
- 3 StrQe; B, G, d; op. 1 ma; Artaria, no. 743 [PP4974II/3]
- 3 StrQe; c, F, A; op. 8; Bureau d'Arts, no. 396 [PP4974II/11]
- 3 StrQe; c, D, f; op. 18; Artaria, no. 1801 [PP4974II/17]
- Die 4 Temperamente; StrQ; op. 48; Weigl, no. 2355 [PP4974II/44]
- 6 fortschreitende StrQe; C, F, G, Es, D, g; op. 49; A. Diabelli, no. 4361–66
- 3 brillante + charact. National-Quartette; F, g, D; op. 50; Weigl, no. 2863–65

Pogojeff, Wladimir
1872-1941
- Theme et variations; StrQ; op. 3; Belaieff (1903)
- Quartettino; C; op. 5; Belaieff (1906)
- Quatuor; D; op. 7; Belaieff (1909)

Pogorelez, Natalja
?
- StrQ; 1998; Strube (1999)

Pohjannoro, Hannu (Einari)
1963-
- Syksyn huoneet; StrQ; 1997

Pohjola, Seppo
1965-
- StrQ; no. 1; 1990/91; Sulasol
- StrQ; no. 2; 1995; Sulasol
- StrQ; no. 3; 1999/2000; Sulasol
- StrQ; no. 4; 2006; Sulasol

Pohl, Wilhelm
?-um 1807
- 3 StrQe; C, B, a; op. 5; Hoffmeister, no. 235 [P4995]

Poirée, Élie Émile Gabriel
1850-1925
- StrQ; Senart (1908)

Poirier, Benoît
1882-1965
- Basso ostinato; StrQ; Boston Music

Pokorný, Antonín
1890-1975
- StrQ; 1918
- StrQ; 1959

Pokorný, Jaroslav
1952-
- StrQ; 1977–82

Pokorný, Petr
1932-2008
- StrQ; no. 1; op. 4; 1964
- Dlouhy stin bezcasi; StrQ; no. 4; op. 32; 1989

Pokrass, Daniil Jakovlevich
1905-1954
- StrQ

Polevyí, Valerii Petrovich
1927-
- StrQ; 1949
- StrQ; no. 2; op. 44; 1973

Polglase, John
1959-
- StrQ; 1992; AMC
- StrQ; no. 2; AMC

Poliakov, Petr Andrianovich
1907-1973
- StrQ; a; 1954; Muz. Ukraina (1976)

Poliakov, Valerii Leonidovich
1913–1970
- StrQ; 1965

Poliart, Jean-Louis
1954–
- 3 Miniatures; StrQ; 2000

Polignac, Armande de
1876–1962
- StrQ; no. 1
- StrQ; F; no. 2; Costallat (um 1908)

Polignac, Edmond de
1834–1901
- StrQ; no. 1
- StrQ; no. 2; Richault (um 1865)

Polin, Claire
1926–1995
- StrQ; no. 1; 1953
- StrQ; no. 2; 1959
- StrQ; no. 3; 1964
- The legend of Orion; StrQ; 1969

Politzer, Robert
1939–2010
- StrQ

Polívka, Vladimír
1896–1948
- StrQ; 1937; Melpa (1938)

Pollard, Mark Clement
1957–
- The quick or the dead; StrQ; 1992; AMC

Poll da Silva, David
1834–1875
- StrQe

Pollock, Robert Emil
1946–
- Geometrics; StrQ; APNM
- StrQ; 1967; Ione (1974)

Pololáník, Zdeněk
1935–
- StrQ; 1958
- Partita giubilare; StrQ; 1983

Polonio García-Camba, Eduardo
1941–

- Cuarteto animal; StrQ; 1970

Poloz, Mykola
1936–
- StrQ; 1963
- StrQ; 1980

Polovinkin, Leonid Alekseyvich
1894–1949
- StrQ; no. 1; 1944; Gos. muz.
- StrQ; no. 2; 1945; Gos. muz.
- StrQ; no. 3; 1946; Gos. muz.
- StrQ; no. 4; 1946; Gos. muz.

Polson, Arthur
1934–2003
- StrQ; 1966; CMC
- StrQ; 1974; CMC

Polster, Wilhelm
1914–?
- Fughette; StrQ; op. 12, 2
- Sonatine; StrQ; A

Polsterer, Rudolf
1879–1945
- 3 StrQe

Pomàrico, Emilio
1954–
- StrQ; 1985
- Silent, as the cyclone of silence; StrQ; no. 2;
  1986–91; A: 4/2002 Witten

Pomfrett, Robert
1891–?
- StrQ; g; op. 5; A: 11/1942 Hamburg

Pompili, Claudio
1949–
- StrQ; 1982–87
- StrQ; 1992; Friendly Woods

Ponce, Manuel María
1882–1948
- Andante; StrQ; 1902
- StrQ; 1929; Peer (1959)
- 4 miniatures; 1930; Senart

Poniridis, Georgios
1892–1982
- 4 StrQe; 1941–66

Ponjee, Ted
1953-2002
- StrQ; 1988; Donemus

Ponomarenko, Valentyn
1928-1984
- StrQ; 1960
- Romance; StrQ; 1969
- Ukrainian fantasy; StrQ; 1972

Ponse, Luctor
1914-1998
- StrQ; Donemus (1941)
- StrQ; no. 2; 1946; Donemus (1947)
- StrQ; no. 3

Pontelibero, Ferdinando
1772-1835
- 3 StrQe; op. 4; Sirene musical
- 3 StrQe; op. 5; Scotti

Poole, Geoffrey Richard
1949-
- StrQ; no. 1; 1983; Maecenas
- StrQ; no. 2; 1990; Maecenas
- StrQ; no. 3; 1997, rev. 1999; Maecenas

Poot, Marcel
1901-1988
- Cinq bagatelles; StrQ; 1939; Universal
- StrQ; Eschig (1952)

Pop, Adrian
1961-
- opt bagatele; StrQ; um 1995; Muzika

Popa, Aurel
1917-1981
- Cortegiu albanez; StrQ; 1970

Popa, Mircea
1915-1975
- StrQ; 1940

Pope, Conrad
1951-
- StrQ; APNM

Popiel, Stanisław
1902-1970
- StrQ; 1940

Popławski, Marceli
1882-1948
- StrQ; 1904
- StrQ; 1915

Popov, Aleksandr Georgiyevich
1957-
- StrQ; 1981

Popov, Gavriil Nikola'evich
1904-1972
- StrQ; op. 61; 1951; Sovetskij (1977)

Popov, Mykola
1950-
- StrQ; 1986

Popov, Todor
1921-2000
- StrQ; Gos. muz. (1956)
- StrQ; Gos. muz. (1965)

Popović, Berislav
1931-2002
- StrQ; 1962

Popovici, Doru
1932-
- StrQ; no. 1; op. 24; 1954, rev. 1964

Popp, Wilhelm
1828-1903
- Wiegenlied; StrQ; Schmidt (1894)
- Es war ein Traum. Romanze; StrQ; op. 444; Fischer (1895)

Poppe, Enno
1969-
- Tier; StrQ; 2002; Ricordi; A: 2003 Berlin
- Wald; f. 4 StrQe; 2010; Ricordi; A: 2010 München
- Buch; StrQ; 2013/16; Ricordi; A: 2016 Witten
- Freizeit; StrQ; 2016; Ricordi; A: 2016 Hannover

Popper, David P.
1843-1913
- StrQ; c; op. 74; Hofmeister (1905)

Poppy, Andrew
1954-

- Ember; StrQ; 1990

Poradowski, Stefan Bolesław
1902-1967

- Metamorfozy; StrQ; no. 1; 1923
- StrQ; A; no. 2; 1923
- StrQ; no. 3; op. 34; 1936; Barwicki (1947)
- StrQ; no. 4; 1947; PWM

Porcelijn, David
1947-

- Interpretations, no. IV; StrQ; 1969; Donemus

Porena, Boris
1927-

- Musica; StrQ; 1967; ESZ; A: 1967 Venedig

Profetye, Andreas
1927-2011

- StrQ; no. 1
- StrQ; no. 2; 1969

Porkell, Sigurbjörnsson
1938-

- Hasselby Qu.; 1968; A: 1968 Stockholm
- Visit; StrQ; 1993; IMIC; A: 1993 Bergen

Porta, Bernardo
1758-1829

- 3 StrQe; op. 1

Porter, Quincy
1897-1966

- StrQ; e; no. 1; 1922/23
- Fugue; StrQ; CFE
- StrQ; g; no. 2; 1925
- In monasterio; StrQ; 1927
- StrQ; no. 3; 1929; G. Schirmer (1936)/ Nachdr. (1962)
- StrQ; no. 4; 1931; Arrow Music (1936); Boosey
- StrQ; no. 5; 1935; CFE (1935)
- StrQ; no. 6; 1937; Ed. Peters (1937)/ Nachdr. (1964)
- StrQ; no. 7; 1943; Valley (1944)
- StrQ; no. 8; 1950; Valley (1950)
- StrQ; no. 9; 1955; New York (1958)
- StrQ; no. 10; 1965

Porter, Walter
1856-1935

- StrQ; 1894

Porthmann, Paul
?

- StrQ; G; Rouart-Lerolle (1908)

Portisch, Reinhold
1930-

- StrQ; no. 1; op. 8; 1972; A: 1972 Innsbruck
- Horai; StrQ

Posadas, Alberto
1967-

- Liturgia fractal-Aborescencias; StrQ
- Sombra (5-teilig); StrQ m. satzweis. hinzutr. Sopr + Klarinette

Poser, Emil
1901-?

- StrQ

Poser, Hans
1917-1970

- Serenade; C; o. op.; 1945
- StrQ; no. 1; op. 20; Sikorski (1954)
- StrQ; no. 2; op. 38; 1956; Sikorski (1958)

Pospíšil, Juraj
1931-2007

- StrQ; op. 29; 1970
- StrQ; no. 2; op. 47; 1979
- StrQ; no. 3; op. 61; 1985
- StrQ; no. 4; op. 72; 1990
- StrQ; 2003

Post, David L.
1949-

- StrQ; no. 2; 2001; Ed. Bim; A: 2002 Prag
- StrQ; no. 3; 2003; Ed. Bim
- Fantasia on a virtual choral; StrQ; 2003; Ed. Bim
- 3 Photographs of A. Moreu; StrQ; no. 4; 2005; Ed. Bim

Potpeschnigg, Heinrich
1847-1932

- Aus der Steiermark. 4 Ländler + Coda; StrQ; Ries (1910)

Potter, Archibald Joseph
1918–1980
- 2 Fantasien; StrQ; 1938

Potter, Rick
1956–
- StrQ; 1986; ScoMIC
- StrQ; 1996; ScoMIC

Pottgießer, Karl
1861–?
- StrQ

Poturlyan, Artin
1943–
- StrQ; 1993

Poulenc, Francis
1899–1963
- StrQ; 1921/22
- StrQ; 1945/46

Poulsen, Hasse
1965–
- Fire vignetter; StrQ; 1990; DMIC

Poupine, Yvonne
1944–
- The step dancer; StrQ; op. 7; 1974

Pousseur, Henri
1929–2009
- Ode; StrQ; 1960/61; UE (1966)
- Fantaisie et Fugue; StrQ; 1980; Zerboni
- Mnemosyne (doublement) obstinée; StrQ + Frauenstimme ad lib.; 1988; Zerboni
- Schleedoyer II; StrQ; 1991; UE (1991)
- Rasche Fuge zur Sache Bach; StrQ; 1996; Zerboni
- Minima Sinfonia; StrQ + Frauenstimme ad lib.; 2006; Zerboni
- Piccolo Ricercare; StrQ; 2006; Zerboni
- Ostinato finale; StrQ; 2006; Zerboni

Powell, John
1882–1963
- StrQ; E; no. 1; op. 19; 1907
- StrQ; e; no. 2; 1922; unvollendet

Powell, Jonathan
1969–
- StrQ; 1988; BMIC

Powell, Laurence
1899–1990
- 2 StrQe

Powell, Mel
1923–1998
- Filigree setting; StrQ; 1959; G. Schirmer (1965)
- Beethoven analogs; StrQ; 1948; G. Schirmer
- StrQ; 1982; G. Schirmer

Powers, Anthony
1953–
- StrQ; 1987; OUP
- StrQ; 1990; OUP
- StrQ; 1991; OUP

Powers, Maxwell
1911–?
- StrQ

Pozajić, Mladen
1905–1979
- Studije o jednom motivu; StrQ; 1929; Udruzenje Komp. (1971)

Pozdro, John W.
1923–2009
- StrQ; 1947
- StrQ; 1948

Praag, Henri C. van
1894–1968
- StrQ; Donemus (1955)

Prado, José Antônio Rezende de Almeida
1943–2010
- Livro sonoro; StrQ; 1973; Tonos (1973)
- Movimento continuo; StrQ; Tonos (1976)
- StrQ; 1978; Tonos
- Requiem sem palavres; StrQ; Tonos (1989)

Prado Quesada, Alcides
1900–1984
- StrQ

Praeger, Ferdinand
1815–1891

- StrQ; Kahnt
- StrQ; no. 2; Donajowski (1891)
- 2 StrQe

Praeger, Heinrich Aloys
1773-1854
- 3 StrQe; D, f, Es; op. 13; Breitkopf
- Andante + Thema mit Variationen; StrQ; op. 15; Breitkopf
- StrQ; F; op. 17; Breitkopf
- StrQ; Es; op. 18; Breitkopf
- StrQ; C; op. 19; Breitkopf
- Theme varie; G, F, A, B; StrQ; op. 27; Breitkopf
- StrQ; D; op. 34; Breitkopf
- StrQ; op. 43
- StrQ; c; op. 47

Präsent, Gerhard
1957-
- Musik f. Streicher; StrQ; op. 2; 1977/78; A: 5/1980 Seckau
- La Teche; StrQ; no. 2; op. 31a; 1994/95; A: 1/1995 Wien
- Missa; StrQ; op. 42; 2001; A: 2002 Graz

Praetorius, Ernst
1880-1946
- StrQ; D; 1942

Pratella, Francesco Balilla
1880-1955
- Giallo pallido; StrQ; op. 39; 1923; Pizzi (1925)

Prawossudovich, Natalie (Natascha)
1899-1988
- StrQ; op. 25; 1930

Přecechtěl, Zbyněk
1916-1996
- StrQ; 1942
- Lyricka crta; StrQ; 1982

Predic-Saper, Branislava
1946-
- StrQ; 1969/70

Preisenhammer, Herbert
1936-
- StrQ, 2 Sätze; no. 1; 1965

Preitz, Gerhard
1884-1946
- StrQ; C; op. 32

Prek, Stanko
1915-1999
- StrQ; 1946; DSS (1966)
- Menuet; StrQ; 1956; DSS
- Mladinska suita; StrQ; 1959; DSS
- StrQ; no. 2; 1959#StrQ; 1966; DSS (1966)

Premrl, Stanko
1880-1965
- StrQ; G

Preobrajenska, Vera
1926-?
- Petite sonatine; StrQ; 1962
- Preludium; StrQ

Preprek, Stanislav
1900-1982
- StrQ; 1923
- StrQ; 1925

Prescott, Oliveria Luisa
1842-1919
- StrQ; a
- StrQ; c

Presle, Jacques de la
1888-1969
- Suite; G; Senart (um 1930)

Pressl, Hermann Markus
1939-1994
- 4 StrQe; 1966–70
- Kreuzweiskreisschweigquartett; StrQ; 1976
- Das stillvergnügte StrQ; f. 7 Ens.; 1977

Presuhn, Alexander
1909-?
- StrQ; no. 1; A: 1947 Frankfurt
- StrQ; d; no. 2; A: 1949 Frankfurt

Preuß, Alexander
1877-1950
- StrQ; G

Previn, André
1929-
- StrQ

Prévost, André
1934-2001
- StrQ; no. 1; 1957/58; Doberman (2001)
- Ode an St. Laurent; StrQ; 1965
- Suite; StrQ; 1968; CMC
- Ad pacem; StrQ; no. 2; 1971/72;
  Doberman (2001)
- StrQ; no. 3; 1989; CMC
- StrQ; no. 4; 1991/92; CMC

Price, Florence Beatrice
1887-1953
Zahlreiche StrQe, darunter:
- Negro folksongs in counterpoint; StrQ

Price, Graham
1926-1998
- StrQ; op. 6; 1986; Lynwood

Prieto, María Teresa
1896-1982
- StrQ; G; 1951; CDA
- Fuga; StrQ; B; 1952; CDA
- Fuga postdodecafonica; StrQ; 1953; CDA
- StrQ; f; 1954; CDA
- Cuarteto modal; StrQ; 1958; Ediciones
  Mexicanas de Música
- Fuga para aliento; StrQ; 1969; CDA

Prieto Alonso, Claudio
1934-2015
- Pezzi; StrQ; 1961; Arambol
- Sonidos; StrQ; no. 1; 1968, rev. 1974;
  Alpuerto (1968)
- Cuarteto de Primavera; StrQ; 1988; Arambol (1992)
- Alcala; StrQ; 1991; Arambol

Prigozhin, Liutsian Abramovich
1926-1994
- StrQ; no. 1; 1970; Sovetskij (1973)
- StrQ; no. 2; 1978; Sovetskij (1981)
- StrQ; no. 3; 1983; Sovetskij (1990)
- StrQ; no. 4; 1987
- StrQ; no. 5; 1988

- StrQ; no. 6; 1990
- StrQ; no. 7; 1992
- StrQ; no. 8; 1992

Primosch, James
1956-
- StrQ; 1983; AMC
- StrQ; no. 2; 1991; Merion
- StrQ; 1999

Primrose, Edward
1959-
- Canon; StrQ; 1991, rev. 1997; AMC

Prin, Yves
1933-
- La Barque; StrQ; 1992/93; Durand (1993)

Pringsheim, Heinz
1882-1974
- StrQ; c; 1916

Prinz, Alfred
1930-2014
- StrQ; no. 1; 1948
- StrQ; no. 2; 1953
- Rhapsodie; StrQ; 1965; Papageno
- StrQ; 1975

Prinz, Gerhard
1925-
- StrQ; A; 1984
- StrQ an W. A. M.; 1989

Priolli, Maria
1915-2000
- StrQ; 1940

Procaccini, Teresa
1934-
- StrQ; op. 43; 1969; Edipan (1983)

Proch, Heinrich Ernest Friedrich
1809-1878
- StrQ; op. 12; A. Diabelli

Procházka, Rudolf L. Freiherr v.
1864-1936
- In memoriam; StrQ

Procter, Leland Herrick
1914-?
- StrQ; no. 1; 1943

- StrQ; no. 2; CFE

Prodigo, Sergio
1949-
- Quartetto IV; StrQ; Berben

Pröve, Bernfried E. G.
1963-
- 4 Stücke; StrQ; 1983
- StrQ; 1991
- StrQ; 1993
- StrQ; 1998
- StrQ; no. 5; 2002

Prohaska, Karl
1869-1927
- StrQ; G; op. 4; Schlesinger (1902)
- 2 Gedichte (Dehmel); StrQ + Sopr; Breit-kopf (1952)

Prokofiev, Gabriel
1975-
- StrQ; no. 1
- StrQ; no. 2

Prokofiev, Sergey Sergeyevich
1891-1953
- StrQ; h; no. 1; op. 50; 1930; Ed. Russe de Mus. (1931); Boosey (1965)
- StrQ; F; no. 2; op. 92; 1941; Muzgis (1944); IMC (1948)

Proksch, Josef, d. Ä.
1794-1864
- Capriccio; StrQ; 1828

Prošev, Toma
1931-1996
- StrQ; no. 1; 1959
- Oscilacije; StrQ; 1968
- StrQ; no. 2; 1989
- StrQ; no. 3; 1990

Prosnak, Jan
1904-1987
- StrQ

Prószyński, Stanisław
1926-1997
- StrQ; no. 1; 1954; Zaiks (1974)

- music in 2 pieces; StrQ; no. 2; 1969/70, rev. 1973; Agencja Autorska (1976)

Protheroe, Daniel William
1866-1934
- StrQ; a; op. 52; Schuberth, J. (1902)

Proto, Frank
1941-
- StrQ; no. 1; 1977; Liben (1977)

Protze, Kurt
1891-1967
- StrQ

Prout, Ebenezer
1835-1909
- StrQ; E; no. 1; op. 1; 1862; Addison
- StrQ; B; no. 2; op. 15; 1880; Augener

Provenzano, Aldo
1930-1999
- Essay; StrQ

Provost, Serge
1952-
- Vents; StrQ; 1994; CMC

Przybylski, Bronisław Kazimierz
1941-2011
- StrQ da triton; 1969; PWM (1976)
- ArnolD SCHönBErG in memoriam; 1977; PWM (1981)

Psathas, John
1966-
- Abhisheka; StrQ; 1996; NZMIC

Pstrokońska-Nawratil, Grażyna
1947-
- StrQ; 1968
- Arabesque; StrQ; 1980; PWM
- Andrzej Krzanowski in memoriam; StrQ; no. 2; 1991; PWM
- StrQ; 1994
- Podrugie; stronie teczy; StrQ; 1997

Ptaszyńska, Marta
1943-
- Cztery portrety; StrQ; 1994
- Mosaics; StrQ; PWM

Ptushkin, Volodymyr
1949-
- StrQ; 1969

Puccini, Giacomo
1858-1924
- Adagio; StrQ; A; WV31; 1881/82; Ricordi
- Scherzo; StrQ; a; WV34; Boccaccini
- Fuga reale; StrQ; A; WV36; 1883;
  Boccaccini
- Fuga reale; StrQ; c; WV37; 1883;
  Boccaccini
- StrQ; D; WV50; 1882; Boccaccini
- Scherzo; StrQ; WV56; 1883?; Ricordi
- 3 Minuetti; StrQ; WV61; 1884; Boccaccini
- Crisantemi; StrQ; WV65; 1890; Ricordi
- 3 Fughe; StrQ; ohne WV-No.; Boccaccini

Puchat, Max
1859-1919
- StrQ; F; op. 25; BB (1892/93)

Pudlák, Miroslav
1961-
- Bimboa; verstärktes StrQ; 1998

Puelma Francini, Roberto
1893-?
- StrQ; E; 1939

Puerto, David del
1964-
- StrQ

Puertolas Gutierrez, Pedro José
1949-
- StrQ; 1990

Pütz, Eduard
1911-2000
- StrQ; G; no. 1; 1947
- Canto epico; StrQ; no. 2; 1982; Tonos
- Dancing strings; StrQ; 1986; Tonger

Pugnani, Gaetano
1731-1798
- 3 StrQe; B, Es, A; Welcker (1763?) [P5587]
- 3 StrQe; Es, C, B; Welcker [P5590]
- 3 StrQe; op. 13; Sieber [P5591]

Pulgar Vidal, Francisco Bernardo
1929-2012

StrQ; no. 1; 1953; CDA
- StrQ; no. 1; 1953; CDA
- StrQ; no. 2; 1955; CDA
- StrQ; no. 3; 1983

Pulkkis, Uljas
1975-
- Nachtlieder; StrQ; 2003; Fennica Gehrman

Purdy, Winston
1941-
- StrQ; CMC

Purser, John
1942-
- StrQ; 1981; ScoMIC
- Skyline III; StrQ; 1995; ScoMIC

Pusceddu, Marcello
1956-
- Mikrós; StrQ; Edipan

Putignano, Biagio
1960-
- StrQ; 1969
- Quartetto, no. 2; StrQ; Ruggimenti

Puts, Kevin
1972-
- Lento assai; StrQ

Puumala, Veli-Matti
1965-
- StrQ; 1994; Warner
- Credenza; StrQ; 2005; Warner

Puw, Guto Pryderi
1971-
- Mecanwaith; StrQ; 1997; BMIC

Pylkkänen, Tauno
1918-1980
- StrQ; op. 27; 1945

Pzdro, John
1923-?
- StrQ; 1947
- StrQ; 1952

Qin, Daping
1957-
- StrQ; 1996; FMIC

Quadranti, Luigi
1941-

- StrQ; 1970

Quaritsch, Johannes
1882-1946
- StrQ; a

Quevedo Zornoza, Guillermo
1886-1964
- StrQ; 1940

Queylar, Jean de
1868-1926
- StrQ; d; Senart (1923)

Quilling, Howard L.
1935-2016
- StrQ; 1966

Quinet, Fernand
1898-1971
- L'école buissonière; StrQ; 1925
- Fantaisie; StrQ; 1926

Quinet, Marcel
1915-1986
- StrQ; op. 36; 1958; CeBeDeM (1960)

Quinsche, Albert
1867-?
- Allegro; StrQ

Quintón, José Ignacio
1881-1925
- StrQ; D; 1913

Qu Wei
1917-2002
- StrQ; G; 1957

Qu Xiasong
1952-
- Ji #5: –Pok Shi; 1981; Peer
- StrQ; no. 1; Peer

Raaff, Robinde
1968-
- Althomus; StrQ; Donemus (1993)

Raaijmakers, Dick
1930-2013
- StrQ; 1971

Raasted, Niels Otto
1888-1966
- StrQ; no. 1; 1914

- StrQ; d; no. 2; op. 19; 1918; Leuckart
- StrQ; e; no. 3; op. 28; 1920; Leuckart
- In memoriam; StrQ; no. 4; op. 47; Kistner

Rabaud, Henri Benjamin
1873-1949
- StrQ; g; op. 3; 1897; Enoch (1898)

Rabinski, Jacek
1956-
- Musica de lutto; StrQ; A: 1990 Warschau

Rabson, Miriam
1960-
- Number one; StrQ; 1983
- On the river; StrQ; 1983
- Klezzified; StrQ; 1984
- The resq theme; StrQ; 1986
- The King street tango; StrQ; 1987

Racek, Friedrich
1911-1975
- StrQ; d; 1953; A: 1953 Krems
- StrQ; 1958

Rachinskii, Ivan Ivanovich
1861-1921
- 3 StrQe

Rachmaninov, Sergey Vasiljevic
1873-1943
- StrQ; g; 1889; Muzgis (1947); unvollendet:
  2. Satz: Romance, 3. Satz: Scherzo
- StrQ; no. 2; 1896?; Muzgis (1947);
  unvollendet: 1. Satz: Allegro moderato,
  2. Satz: Andante molto sostenuto

Račiūnas, Antanas
1905-1984
- StrQ; no. 1; 1932; Vaga
- StrQ; no. 2; 1978; Sovetskij

Racky, Rudolf
1891-1950
- StrQ; 1914

Radanovics, Michael
1958-
- Wohin willst Du, Fisch? 12 kleine
  Geschichten; StrQ; Doblinger (2000)
- Spring StrQ

- Karminrote Flammen; StrQ; no. 2; 1991

Radauer, Irmfried
1928-1999
- Computermusik; StrQ 14–3–71; 1971; A: 1972 Wien

Radcliffe, Philip
1905-1986
- StrQ; 1939

Raddatz, Otto
1917-1988
- Allegro; StrQ; C; 1942
- Stüber-Qu.; B; 1959
- 3 tänzerische Stücke; StrQ; C, F, G; 1982
- Stüber-Qu.; Es/c; 1983; A: 1988 Crailsheim

Radenković, Milutin
1921-2007
- StrQ; 1944

Radermacher, Erika
1936-
- Nicht mehr lange hat Vieles; StrQ; op. 13; 1970, rev. 1984/85

Radermacher, Friedrich
1924-
- StrQ; op. 15; 1950
- StrQ; 1964
- StrQ; 1983
- StrQ; 1992

Radica, Ruben
1931-
- Poème crepusculaire; StrQ; 2004

Radicati, Felice Alessandro
1775-1820
- StrQ; A; op. 8; Artaria (1806)
- StrQ; op. 11; Artaria (1807)
- 3 StrQe; C, Es, F; op. 14; Artaria (1808)
- StrQ; op. 15; Thade Weigl (1808)
- 3 StrQe; B, D, e; op. 16; Artaria (1809)
- Theme varie; StrQ; op. 18; J. Traeg

Radnai, Miklós
1892-1935
- Divertimento; StrQ; op. 7; UE (1930)

Rădulescu, Horatiu
1942-2008
- Introito, Ricercare, Suonare; StrQ; no. 1; 1968
- Vies pour les cieux interrumpes; StrQ; no. 2; 1968
- IHI 19–IV; StrQ; no. 3; 1972
- Infinite to be cannot be infinite, infinite anti-be could be infinite; StrQ; no. 4; op. 33; 1976–87
- Before the universe was born; StrQ; no. 5; op. 89; 1993
- Practising eternity; StrQ; no. 6; op. 91; 1993
- StrQe; nos. 7–9

Radziwill, Prince Maciej
1749-1821
- Serenada; StrQ; B; PWM (1972)

Radzynski, Jan
1950-
- StrQ; 1978; IMI

Rae, Allan
1942-
- StrQ; 1967; CMC
- StrQ; 1968; CMC
- Things remembered; StrQ; 1971
- Improvisations; StrQ; 1977; CMC

Rääts, Jaan
1932-
- StrQ; no. 1; op. 1; 1956
- StrQ; no. 2; op. 7; 1958
- StrQ; no. 3; op. 24; 1964
- StrQ; no. 4; 1970
- StrQ; no. 5; op. 53; 1974
- StrQ; no. 6; 1983

Raecke, Hans-Karsten
1941-
- 5 Kanons auf ein Fugenthema v. J. S. Bach; StrQ; 1971

Räihälä, Osmo Tapio
1964-
- Ever-tone; StrQ; 1992

Rafael, João
1960-

- StrQ; 1997/98

Raff, Joachim
1822-1882
- StrQ; C; 1849/50; [WV, Nr. 23]
- StrQ; d; no. 1; op. 77; 1855;
  J. Schuberth (1860)
- StrQ; A; no. 2; op. 90; 1857; J. Schuberth
  (1862); Nordstern (2002); [PN1651]
- StrQ; e; no. 3; op. 136; 1866;
  J. Schuberth (1868); [PN4435/36]
- StrQ; a; no. 4; op. 137; 1867;
  J. Schuberth (1869); Nordstern (2004)
- StrQ; G; no. 5; op. 138; 1867;
  J. Schuberth (1869)
- Suite in älterer Form; StrQ; c; no. 6;
  op. 192, 1; 1870; Kahnt (1870)
- Die schöne Müllerin; StrQ; D; no. 7;
  op. 192, 2; 1874; Kahnt
- Suite in Kanonform; StrQ; C; no. 8;
  op. 192, 3; 1874; Kahnt (1876)

Raffaseder, Hannes
1970-
- What gap?; StrQ; no. 2; Doblinger (2001)

Raffelin, Antonio
1796-1882
- StrQ; 1836?

Ragland, Robert Oliver
1931-2012
- StrQ

Ragnarsson, Hjálmar
1952-
- Movement; StrQ; 1976; IMIC

Ragwitz, Erhard
1933-
- StrQ; op. 4; 1958
- Zum 50. Jahrestag der Oktoberrevolution;
  StrQ; 1967
- StrQ; op. 22; 1968; Breitkopf (1969)

Rai, Takayuki
1954-
- Style; StrQ; 1991; Donemus

Raichl, Miroslav
1930-1998
- Divertimento; StrQ; 1983

Raimann, Rudolf
1861-1913
- Serenade; StrQ; op. 18; Jungmann (1894)

Rainier, Priaulx
1903-1986
- StrQ; no. 1; 1923; Schott
- StrQ; no. 2; 1939; Schott (1947)

Raithel, Hugo
1932-
- StrQ; 1956

Raitio, Väinö
1891-1945
- StrQ; op. 10; 1917

Rajcev, Aleksandr
1922-2003
- StrQ; 1988; Muzyka

Rajičić, Stanojlo
1910-2000
- StrQ; 1938
- StrQ; 1939

Rajna, Thomas
1928-
- StrQ; 1947

Rajter, L'udovít
1906-2000
- StrQ; E; 1927–29
- StrQ; C; 1943/44

Rak, Stephan
1945-
- StrQ; 1974; Panton (1976)

Rakijaš, Branko
1911-1986
- Zvjezdane noci; StrQ; no. 1; DSS

Ramberg, Hans
1915-?
- StrQ; 1957; STIM

Ramey, Philip
1939-
- StrQ; 1970

Ramirez Avila, Hernan
1941-
- StrQ; 1971

Ramm, Valentina Iosifovna
1888-1968
- StrQ; 1934
- StrQ; 1945

Rammaert, Alove
1915-2006
- Ad mortem et resurrectionem; StrQ; 1969–98; unveröff.
- Ce qu'ont vu les disciples d'Emmaus; Version 1; StrQ; 1976; unveröff.
- Ce qu'ont vu les disciples d'Emmaus; Version 2; StrQ; 1998; unveröff.

Ramone, Joel
1967-
- Wiener Qu. f. Streicher; StrQ, Sound + Vision; A: 2000 Wien

Ramos, Ramón
1954-
- Pas encore; StrQ

Ramous, Gianni
1930-
- StrQ; 1959; ESZ (1963)

Ramovš, Primož
1921-1999
- Triptychon; StrQ; 1969; Gerig (1972)

Ramsauer, Joseph
1905-1976
- 23 StrQe

Ran, Shulamit
1949-
- StrQ; no. 1; 1984; IMI
- Vistas; StrQ; no. 2; 1988/89; Presser

Randalls, Jeremy
1959-
- StrQ; 1985; ScoMIC

Randel, Andreas
1806-1864
- 3 StrQe

Randhartinger, Benedikt
1802-1893
- StrQe

Rands, Bernard
1934-
- Cuaderno; StrQ; 1974; Schott
- StrQ; no. 2; 1994; Helicon (1994)
- StrQ; no. 3; 2004; Schott (2014); A: 2008 Rochester, NY

Rangström, Anders Johan Ture
1884-1947
- Un notturno nella maniera di E. T. A. Hoffmann; StrQ; 1909; Musikaliska
- Rhapsodie; StrQ; Musikaliska

Ranieri, Stefano
1945-
- Divertimento; StrQ; 1981

Ranjbaran, Behzad
1955-
- StrQ; 1988; Presser

Ránki, György
1907-1992
- In memoriam Béla Bartók; StrQ; 1985; Ed. Musica (1988)

Rankl, Karl Franz
1898-1968
- StrQ; 1935; A: 1936 Graz

Ranta, Sulho
1901-1960
- StrQ; 1924
- Concertino; StrQ; 1935–39

Rapf, Kurt
1922-2007
- Visions; StrQ; 1973

Raphael, Günter
1903-1960
- StrQ; e; no. 1; op. 5; 1924; Simrock (1926)
- StrQ; C; no. 2; op. 9; 1925; Breitkopf (1926)
- StrQ; A; no. 3; op. 28; 1930; Breitkopf (1931)
- StrQ; F; no. 4; op. 54; 1945; W. Müller

- StrQ; no. 5; W. Müller

Raphling, Sam
1910-1988
- 2 StrQe

Rapoport, Eda
1900-1968
- On Hebrew themes; StrQ; no. 1; 1934
- StrQ; G; no. 2; 1935; Weaner-Levant
- StrQ; no. 3; 1940

Rappaz, Marc-André
1958-
- Quatuor sur un poème de C. Morgenstern *Der Tod*; StrQ; 1993
- Dans la vallée des chevaux; StrQ; 1991/92

Raseghi, Andreas
1964-
- Kammerquartett; StrQ; Ricordi (1990); A: 1987 Donaueschingen

Rasetti, Amédeo
1754?- 1799
- 3 StrQe, Naderman, no. 1142 [R288]

Raskatov, Aleksandr Mikhaylovich
1953-
- I will see a rose [...]; StrQ; 1994; Ed. Peters

Rasmussen, Karl Aage
1947-
- Canto serioso; StrQ; 1965; Hansen
- As a child; StrQ; 1971, rev. 1985; Hansen
- Solos and Shadows; StrQ; 1983; Hansen
- Surrounded by Scales; StrQ; 1985; Hansen
- Still; StrQ; 1989; W. Hansen

Rasmussen, Sunleif
1961-
- Sunshine + Clouds; StrQ; no. 2; 2001
- StrQ; no. 1; A: 1995 Färöer

Rasse, François
1873-1955
- StrQ; op. 12; 1896; Senart
- StrQ; g; 1898–1906; unveröff.
- StrQ; h; 1919, rev. 1950; unveröff.
- StrQ; 1920; unveröff.

Ratez, Émile-Pierre
1851-1934
- StrQ; op. 20; Hamelle (1900)
- Chantecler; StrQ; Leduc (1911)

Rathaus, Karol
1895-1954
- StrQ; no. 1; op. 10; 1921; A: 1926 Wien
- StrQ; no. 2; op. 19; A: 1928 Berlin
- StrQ; no. 3; op. 41; 1936; OUP
- StrQ; no. 4; op. 59; 1946; SPAM (1956)
- StrQ; no. 5; op. 72; 1954; UE (um 1963)

Rathburn, Eldon
1916-2008
- Andante; StrQ; 1933
- Subway thoughts; StrQ; 1993; CMC

Ratiu, Adrian
1928-2005
- StrQ; no. 1; 1956
- Convergences II; StrQ; no. 2; 1983; Edit. Muzicala

Ratiu, Horia
1951-
- StrQ; 1974

Ratkje, Maja
1973-
- A tale of lead + light; StrQ

Ratner, Leonard Gilbert
1916-2011
- 2 StrQe

Ratner, Samuil
1910-1992
- Dance suite; StrQ; 1970

Rauchbauer, Friedrich
1958-
- Variationen über ein türkisches Volkslied; StrQ; 1980; A: 1984 Burgenland
- Variationen f. StrQ nach einem Kinderlied; 1989; A: 1990 Eisenstadt
- Farben; StrQ; 1994

Rauchenecker, Georg Wilhelm
1844-1906
- StrQ; c; no. 1; Breitkopf (1875)

- StrQ; D; no. 2; Rieter-Biedermann (1878)
- StrQe; nos. 3–6

Raukhverger, Mikhail Rafailovich
1901-1989
- StrQ; no. 1; 1948; Gos. muz. (1958)
- StrQ; g; no. 2; 1954; Gos. muz. (1956)
- StrQ; no. 3; 1964; Gos. muz. (1966)
- StrQ; no. 4; 1972; Sovetskij (1977)
- StrQ; no. 5; 1975; Sovetskij (1983)

Raum, Elizabeth
1945-
- StrQ; 1993; CMC

Rausch, Carlos
1924-
- StrQ; Mobart (1957)

Rausch, Karl (Carlos)
1880-
- StrQ; F; 1922; A: 1924 Wien
- StrQ; f; 1924; A: 1925 Wien
- StrQ; e; 1926

Rautavaara, Einojuhani
1928-2016
- StrQ; no. 1; op. 2; 1952; Gehrman, A: 1954 Helsinki
- StrQ; no. 2; op. 12; 1958; Breitkopf (1961); A: 1959 Helsinki
- StrQ in 1 movement; no. 3; op. 18; 1965; Weinberger; A: 1967 London
- StrQ; no. 4; op. 87; 1975; Gehrman; A: 1976 Espoo
- The last Runo; StrQ + Fl; 2007; Boosey; A: 2009 Helsinki

Rautio, Karl
1889-1963
- StrQ; 1941
- StrQ; 1946
- StrQ; 1948

Rauzzini, Venanzio
1746-1810
- 6 StrQe; op. 2; 1777; Sieber [R418]
- 6 StrQe; op. 7; Welcker (um 1778) [R423]

Ravanello, Oreste
1871-1938
- StrQ

Ravasenga, Carlo
1891-1964
- Variazioni pittoresche; StrQ

Ravel, Maurice
1875-1937
- StrQ; 1902/03; Durand, rev. v. Komp. (1910); Bärenreiter (2008); A: 1904

Ravelo, José de Jesús
1876-1951
- StrQ; 1929

Rawsthorne, Alan
1905-1971
- Theme + Variations; StrQ; no. 1; 1939; OUP (1946)
- StrQ; no. 2; 1954; OUP (1954)
- StrQ; no. 3; 1965; OUP (1966)
- StrQ; 1932
- StrQ; 1935

Raxach, Enrique
1932-
- Fases; StrQ; 1961; Tonos c (1964)
- StrQ + Elektr ad lib; no. 2; 1971; Donemus

Raymond, Lewis
1908-1956
- StrQ

Rázek, Antonín
1852-1929
- Harmonika. Scherz-Polka; StrQ; op. 13; Wetzler (1910)
- Katzenständchen. Ländler; StrQ; op. 22; Hoffmann's Wwe. (1890)
- Spatzencongress. Ein musik. Scherz; StrQ; op. 24; Hoffmann's Wwe. (1892)
- Morgen im Hühnerstall. Komisches Intermezzo; StrQ; op. 28; Hoffmann's Wwe.
- Uns're Lait. Jux-Polka; StrQ; op. 30; Hoffmann's Wwe.
- Frosch-Quartett; op. 33; Hoffmann's Wwe. (1893)

- Komische StrQe; op. 36; Hoffmann's Wwe.
- Die Spieldose/Plaisanterie; StrQ; op. 37; Hoffmann's Wwe. (1894)

Razzi, Fausto
1932-
- StrQ; 1958
- StrQ; 1980
- StrQ; 1983

Rea, John
1944-
- Objets perdus; StrQ; 1971; CMC
- Some time later; StrQ; 1986

Read, Gardner
1913-2005
- Suite; StrQ; op. 33; 1935; Galaxy
- StrQ; no. 1; op. 100; 1957

Rebel, Meeuwis
1957-
- Leviticus; StrQ; 1978; Donemus (1980)

Rebensburg, Thomas
1958-
- Essentials; StrQ; Accolad (1999); A: 1999 Tegernsee

Reber, Henri
1807-1880
- StrQ; B; op. 4; 1832; Costallat/Richault
- StrQ; op. 5; MS: F-Pc
- StrQ; no. 3; op. 7; um 1832; Costallat

Rebikov, Vladimir Ivanovic
1866-1920
- Tableaux pour enfants. Petite suite; StrQ; op. 37; Jurgenson (1911)

Rebolledo, Pedro
1895-1963
- StrQ

Rechberger, Herman
1947-
- Almost four seasons; StrQ; 1981; FMIC

Recli, Giulia
1890-1970
- StrQ; F; 1913/14; Bongiovanni (1925)

Redel, Martin Christoph
1947-
- StrQ; no. 1; op. 7; 1967; BB; A: 1968 Detmold
- StrQ; no. 2; op. 25; 1977; BB (1980); A: 1977 Hitzacker

Redgate, Roger John
1958-
- StrQ; no. 1; 1983; Lemoine
- StrQ; no. 2; 1985; Lemoine

Redman, Harry Newton
1869-1958
- Creole; StrQ; A; no. 1; 1905; White Smith
- StrQ; D; no. 2; 1907; White Smith
- StrQ; no. 4; Roxbury

Reed, Herbert Owen
1910-2014
- StrQ; 1937

Reed, Marlyce
1955-
- StrQ; 1978

Reed, William Henry
1877-1942
- StrQe; nos. 1–4
- StrQ; A; no. 5; Augener (1916)

Regamey, Constantin
1907-1982
- StrQ; 1948; PWM (1979)
- StrQ; 1953; Mills Music (1960)

Reger, Max
1873-1916
- 2 StrQe; g, A; op. 54; 1900/01; Aibl (1902)
- StrQ; d; op. 74; 1903/04; Lauterbach (1904)
- StrQ; Es; op. 109; 1909; BB (1909)
- StrQ; fis; op. 121; Ed. Peters (1911)
- Jugendquartett; d; ohne op.; 1888; Breitkopf (1951)
- WoO II/2; StrQ + Kb od. Vcl.
- WoO II/5; StrQ; C; A: 1891 Wiesbaden; vermutl. verschollen
- WoO II/6, WoO II/8: Scherzo; g, c; vermutl. verschollen

Regner, Hermann
1928-2008
- 5 Versuche f. StrQ; 1987

Regteren Altena, Lucas van
1924-2000
- StrQ; no. 1; 1958; Donemus (1978)

Řehák, Václav
1933-
- StrQ; 1962; CHF

Rehberg, Walter
1900-1957
- StrQ; op. 13

Řehoř, Bohuslav
1938-
- StrQ; 1963; CHF
- StrQ; 1967; CHF
- StrQ; 1971
- StrQ; 1977
- StrQ; 1981
- StrQ; no. 8; 1984
- Fantasie; StrQ; 1965; Panton

Reich, Bruce
1948-
- StrQ; 1971

Reich, Steve
1936-
- Different trains, interviews; StrQ + TB; 1988; Boosey
- Triple Quartet; Version: StrQ + Tape; 1998; Boosey
- WTC 9/11; StrQ + Tape; 2010; Boosey

Reicha, Anton
1770-1836
- 3 StrQe; C, G, Es; op. 48; Breitkopf (1806)
- 3 StrQe; c, D, B; op. 49; Breitkopf (1805)
- StrQ; C; op. 52; Breitkopf (1805)
- StrQ; A; op. 58; Breitkopf (1805)
- 6 StrQe; Es, G, C, e, F, D; op. 90; Petit (um 1816) [PN184]
- 3 StrQe; A, Es, f; op. 94
- Qua. scientifique; StrQ; 1806?
- 3 StrQe; E, D, C; op. 95

Reichardt, Johann Friedrich
1752-1814
- StrQ; Hartknoch (1773)
- StrQ; B; um 1774; Astoria (2002)
- StrQ; C; in: D-B

Reichel, Adolf
1820-1896
- StrQ; C; op. 8; Kahnt (1843)

Reichel, Friedrich
1833-1889
- StrQ

Reid, John William
1946-
- StrQ

Reidinger, Friedrich
1890-
- StrQ; c; 1926; A: 1928 Wien
- StrQ; b; 1928; A: 1929 Wien

Reif, Paul
1910-1978
- 5 divertimenti; StrQ; 1969

Reiff-Sertorius, Lily
1866-1958
- StrQ

Reimann, Aribert
1936-
- Miniaturen; StrQ; 2004/05; Schott
- Adagio. Zum Gedenken an Robert Schumann; StrQ; 2006; Schott

Reinagle, Alexander
1756-1809
- 3 StrQe; 1791

Reinagle, Joseph
1762-1836
- 6 StrQe

Reinberger, Karl
1933-
- Von der Sehnsucht; StrQ; 1977; UE (1979)

Reindl, Constantin
1738-1799
Zahlreiche StrQe, darunter:
- 6 StrQe; op. 1; Castaud (1786) [R1074]

Reinecke, Carl
1824-1910
- StrQ; Es; op. 16; 1843; Hofmeister (1848)
- StrQ; F; op. 30; 1851; Hofmeister (1852)
- StrQ; C; op. 132; 1874?; Forberg (1874)
- StrQ; D; op. 211; 1890; Breitkopf (1891)
- StrQ; op. 287; 1909; Breitkopf (1910)

Reiner, Fritz
1888-1963
- StrQ;

Reiner, Karel
1910-1979
- StrQ; no. 1; op. 8; 1931; Státní (1966)
- StrQ; no. 2; 1947
- StrQ; no. 3; 1951
- StrQ; no. 4; 1951

Reinhard, Kurt
1914-1979
- StrQ; 1947; A: 1949 Berlin

Reinhold, Hugo
1854-1935
- StrQ; A; op. 18; Rättig (1880)

Reinhold, Otto
1899-1965
- StrQ; 1960
- 6 Stücke; StrQ; VeNM (1977)

Reinholdsten, Trond
1972-
- Aus der Vergängnis; StrQ; 1998; UMP

Reinl, Franz Joseph
1903-1977
- Variationen über eine altdeutsche Volkswei-se; StrQ; Kliment (1940)
- StrQ; e; Kliment

Reinstein, Ernst Richard
1881-?
- StrQ; c; op. 6; A: 1922 Zittau
- StrQ; D; op. 13; A: 1928 Bayreuth

Reinvere, Jüri
1971-
- Central hospital aus *Four quartets I*; StrQ; A: 2013 Hamburg

Reis, Hilda Pries dos
1919-
- StrQ; 1939
- StrQ; 1970

Reise, Jay
1950-
- StrQ; no. 1; 1977
- StrQ; no. 2; 1983; APNM

Reiser, Alois
1887-1977
- StrQ; e; op. 16; 1916; G. Schirmer (1920)
- StrQ; C; op. 18; 1930
- StrQ; 1950
- StrQ; 1969

Reiser, Joachim
1946-
- Rock; StrQ; Schott

Reissiger, Friedrich August
1809-1883
- StrQ; D; no. 1; vor 1850

Reissiger, Carl Gottlieb
1798-1859
- 3 StrQe; A, h, Es; op. 111; Ed. Peters (1838)
- StrQ; op. 141; Ed. Peters
- StrQ; f; op. 155; W. Paul (1840)
- 5 StrQe; Es; op. 179; Schlesinger (1844)
- 3 StrQe; G, F, D; op. 211; Ed. Peters (1856)

Reiter, Albert
1905-1970
- Kleine Suite; StrQ; ÖBV (1949)

Reiter, Ernst
1814-1875
- StrQ; E; op. 7; Cranz (1847)
- StrQ; e; op. 8; Cranz (1847)

Reiter, Josef
1862-1939
- Fantasiebilder; StrQ; A; op. 3
- Fantasiebilder; StrQ; d; op. 8
- Fantasiebilder; StrQ; d; op. 12
- Fantasiebilder; StrQ; g; op. 19
- Aus der Heimat; StrQ; no. 5; op. 30; Mozarthaus (1903)

- StrQ; f; no. 6; op. 33

Reiter, Manfred
1933-
- StrQ in Rondoform; 1969

Reiter, Wolfgang Maria
1957-
- StrQ; 1982

Reizenstein, Franz
1911-1968
- StrQ; g; 1925/26
- Fugues; 1929/30
- Divertimento; StrQ; op. 9; 1936;
  Lengnick (1956)

Rekašius, Antanas
1928-2003
- StrQ; 1954
- StrQ; 1974
- StrQ; no. 2; 1977; Vaga (1985)
- StrQ; no. 3; 1979; Vaga (1985)

Rekay, Ferdinand
1870-1928?
- 2 StrQe

Rekola, Jukka
1948-
- StrQ; op. 9; 1981; SMIC

Remacha Villar, Fernando
1898-1984
- StrQ; 1924; Consejo Central de la Música
- StrQ; 1955; UME

Rengifo, Javier
1884-1958
- Intermedios; StrQ

Rengifo, Rafael
1937-2006?
- 4 StrQe

Renie, Jean-Henri
1867-1914
- StrQ; c; 1912; Rouart-Lerolle (1919)

Renner, Josef, jun.
1868-1934
- StrQ; c; op. 32; A: 1916 Regensburg

Rennert, Konrad
1958-
- StrQ; 1983; A: 1986 Wien

Renosto, Paolo
1935-1988
- Variazioni; StrQ; 1955
- The Al(do)us; StrQ; 1967; Ricordi (1971)
- StrQ; no. 2; 1978–83

Rentsch, Ernst
1844-1886
- StrQ; a; op. 12; Cranz (1879)

Rentzsch, Friedhelm
1945-2004
- StrQ; 1999; Carus (2001)

Resch, Felix
1957-
- StrQ; 1979
- 3 Stücke; StrQ; 1985
- Bilder einer Ausstellung; StrQ; 1996

Resch, Gerald
1975-
- Zerrissene Zeit/Verschaltung; StrQ;
  1995–98

Reschofsky, Sándor
1887-1972
- StrQ; no. 1

Respighi, Ottorino
1879-1936
- StrQ; D; no. 1; 1897/98; unveröff.
- StrQ; H; no. 2; 1897/98; unveröff.
- Double StrQ; d; 1900
- StrQ; B; 1901; unveröff.
- StrQ; D; no. 3; 1904; Bongiovanni
- StrQ; d; 1909; Ricordi
- Scherzo; StrQ; unveröff.
- StrQ; D; 1904; Pizzi
- Qu. dorico; 1924

Reti, Rudolf
1885-1957
- StrQ

Rettich, Wilhelm
1892-1988

- 5 Skizzen; StrQ; op. 25A; 1952; Astoria
- StrQ; d; op. 50a; 1950
- Partita; StrQ; Astoria

Retzel, Frank
1948-
- Schism I; StrQ; APNM

Reuchsel, Amédée
1875-1931
- StrQ; d; no. 1; Lemoine (1909)

Reuchsel, Maurice
1880-1968
- StrQ; e; Hamelle (1914)
- Scherzo; StrQ; C; Hamelle

Reudenbach, Michael
1956-
- Danach; StrQ; 1994
- Und aber; A: 2004 Darmstadt

Reul, Maximilian de
?
- StrQe; nos. 1–4; op. 1; Schott (1859)

Reuss, August
1871-1935
- StrQ; d; no. 1; op. 25; 1905/06;
  Eulenburg (1907)
- Frühlingsqua.; StrQ; E; no. 2; op. 31; 1914;
  Eulenburg (1916)

Reuter, Fritz
1896-1963
- StrQ; C; 1940; Ed. Peters/Litolff (1958)
- StrQ; op. 13

Reuter, Willi Albrecht
1906-?
- Zyklus Kontrapunktischer Formen. Suite I;
  StrQ

Reutter, Hans Peter
1966-
- StrQ; no. 1; 1985/86;
  A: 10/1988 Donaueschingen

Reutter, Hermann
1900-1985
- 3 Gesänge; StrQ + mittl. Stimme; op. 3;
  Schott

Reverdy, Michèlle
1943-
- L'intranquillité; StrQ; 1991; Durand
  (1992)

Revueltas, Silvestre
1899-1940
- StrQ; no. 1; 1930; Southern (1952)
- Magueyes; StrQ; no. 2; 1931;
  Southern (1953)
- StrQ; no. 3; 1931; Peer (1995)
- Musica de Feria; StrQ; no. 4;
  Southern (1967)

Rey, Cemal Reşit
1904-1985
- Yayli Sazlar Kuarteti; StrQ; 1935

Rey, Jean-Etienne
1832-1923
- StrQe

Reynolds, Peter
1958-
- StrQ; 1996; BMIC

Reynolds, Roger
1934-
- StrQ; no. 2; 1961; Ed. Peters (1963)
- Coconino … a shattered landscape; StrQ;
  1985, rev. 1993; Ed. Peters (1989)
- Visions; StrQ; 1991; Ed. Peters (1994)
- Ariadne's Thread; StrQ + Computer; 1994;
  Ed. Peters
- Not forgotten (6 kurzweilige Erinnerungs-
  bilder); StrQ; 2009; A: 2010 Witten

Řezáč, Ivan
1924-1977
- StrQ; 1955
- StrQ; no. 2; 1971; CHF

Rezende, Marisa
1944-
- Vortice; StrQ; 1997

Reznicek, Emil Nikolaus v.
1860-1945
- StrQ; c; 1882; Fritzsch (1884)
- StrQ; cis; 1906, rev. 1921; Simrock (1921)

- StrQ; d; 1921/22; Birnbach (1923)
- StrQ; e; 1925, rev. 1930
- StrQ; B; Birnbach (1932)

Řezníček, Petr
1938-
- Detska suita; StrQ; 1971

Rheault-Scherer, Mary Lise
1954-
- 3 Pieces; StrQ; 1975; A: 1975 Princeton

Rheinberger, Josef Gabriel
1839-1901
- StrQ; c; no. 1; op. 89; 1875; Leuckart; Carus (1988)
- Thema mit 50 Veränderungen; StrQ; op. 93; 1875; Forberg (1876); Carus
- StrQ; F; no. 2; op. 147; 1886; Leuckart (1888); Carus (1988)
- StrQ; F; 1854; [JWV6]
- StrQ; A; 1855; [JWV53]
- StrQ; B; 1855?; [JWV162]
- StrQ; d; 1856; [JWV59]
- StrQ; Es; 1856; [JWV63]
- StrQ; c; 1856; [JWV64]
- StrQ; Es; 1858; [JWV100]
- StrQ; F; [JWV164]
- Fuge; G, c, Es; [JWV165/166/170]
- Thema m. Variationen; StrQ; [WoO89]; Autorschaft unsicher
- 44 Variationen; StrQ; [WoO90]; Autorschaft unsicher

Rhode, Erich
1870-1950
- StrQ; B; A: 1924 Nürnberg

Rhodes, Phillip
1940-
- Autumn setting; StrQ + Sopr; 1969
- StrQ; 1973

Riabov, Aleksei Panteleimonovich
1899-1955
- StrQ; 1921

Riabov, Vladimir Vladimirovich
1950-

- 5 StrQe; 1977/78

Riadis, Emilios
1880-1935
- StrQ; E; Fragment
- StrQ; G; Fragment
- Quatuor en Fa, Andante (Scherzo); StrQ; Fragment

Riazanov, Petr
1899-1942
- StrQ; op. 8; 1935; Triton (1936)
- Fuga; StrQ; vor 1939

Ribáry, Antal
1924-1992
- StrQ; no. 1; 1955
- StrQ; no. 2; 1964
- Gedanken. 9 Miniaturen; StrQ; 1966; EMB
- Doppelquartett; 2 StrQe; 1977; EMB
- StrQ; no. 5; EMB

Ribeiro, Agnaldo
1943-
- Centaurus; StrQ; 1979

Ribeiro, León Julio A.
1854-1931
- StrQ; 1897

Ricci, Francesco Pasquale
1732-1817
- 6 StrQe; B, D, Es, C, G, D; op. 8; S. Markordt [R1265]

Ricci, Paolo
1949-
- Framenento lirico; StrQ; 1970, rev. 1980
- StrQ; no. 2; 1980, rev. 1985
- Recuperi dal silenzio; StrQ; no. 3; 1987
- StrQ; no. 4; Edipan (1990)

Ricci, Robert J.
1938-
- StrQ

Ricciardi, Rubens
1964-
- ... una reforma agraria no Brasil; StrQ; 1984

Ricci-Signorini, Antonio
1867-1965
- Adagietto e Tempo di Gavotta; StrQ; Carisch (1909)
- Andantino e Tempo di Minuetto; F; Carisch (1925)
- Larghetto e Tempo di Furlana; StrQ; Carisch (1925)

Rice, Thomas W.
1933-
- StrQ; no. 1
- StrQ; no. 2; 1971; Seesaw

Richard, André
1944-
- StrQ; 1981/82; A: 1982 Berlin

Richardson, Darrell E.
1911-?
- 2 StrQe

Richelot, Gustave
1844-1924
- StrQ; d; 1916; Senart (1922)

Richens, James W.
1936-
- StrQ

Richter, Ernst Friedrich
1808-1879
- StrQ; e; op. 25; Breitkopf

Richter, Franz Xaver
1709-1789
- 6 StrQe; C, B, A, Es, G, D; op. 5; Longman (1768) [R1347]

Richter, Jiří
1921-?
- StrQ; 1965; CHF
- StrQ; no. 2; 1972; Panton

Richter, Joseph
1744?-1824
- 3 StrQe; C, A, B; op. 1; André, No. 991
- 3 StrQe; C, G, F; op. 2; André (1797), No. 1060 [R1365]

Richter, Jovita
1871-1958

- 2 StrQe

Richter, Kurt Dietmar
1931-
- 3 StrQe

Richter, Marga
1926-
- StrQ; no. 1
- StrQ; no. 2; 1958; C. Fischer (1975)
- Ricercare; StrQ; Branch

Richter, Paul
1875-1950
- StrQ; c; no. 1; op. 98; 1935; Latzina (2002)
- StrQ; d; no. 2; op. 99; 1937; Latzina (2001)
- StrQ; no. 3; op. 122; 1943; Latzina (2001)
- StrQ; E; no. 4

Richter, Werner
1929-
- Kl. Festmusik; StrQ; um 1966

Richter de Rangenier, Peter
1930-
- StrQ; no. 1; 1993; NÖ Musikedit.
- StrQ; 1. Fs.; no. 2; 1993; NÖ Musikedit.
- StrQ; no. 3

Richter-Haaser, Hans
1912-1980
- StrQ; 1942; A: 1942 Dresden

Richter-Herf, Franz
1920-1989
- Ekmetischer Satz; StrQ; op. 13; 1976; Helbling (1979); A: 11/1976

Rickard, Sylvia
1937-
- Human time zones; StrQ; 1987; CMC

Ricordi, Giulio
1840-1912
- StrQ; G; no. 1; 1864; Ricordi (1865)
- Serenade française; StrQ

Ridil, Christian
1943-
- Sisifo; StrQ; 1997

Řídký, Jaroslav
1897-1956

- StrQ; no. 1; op. 6; 1926; Sádlo
- StrQ; no. 2; op. 9; 1927; Sádlo
- StrQ; no. 3; op. 16; 1931; Sádlo
- StrQ; no. 4; op. 20; 1933; Sádlo
- StrQ; a; no. 5; op. 34; 1937; Supraphon

Rieder, Ambrosius
1771-1855
- 3 StrQe; op. 8; Eder

Riedlbauch, Václav
1947-
- Pisne; StrQ; 1971; CHF
- To the memory of J. Capek; StrQ; 1987

Riedstra, Tom
1957-
- Majesteit; StrQ; 1987; Donemus
- Canons; StrQ; 1984; Donemus

Riegebauer, Sigrid
1961-
- G'sätzl, Gesätz, Gegensatz, Endsatz; StrQ;
  Nr. 1.2.; 1993/94; A: 1993 Graz

Rieger, Gottfried
1764-1855
- 4 StrQe

Rieger, Otto
1892-1960
- StrQ; D; A: 1913 Tafanrog
- Serenade; StrQ; G; A: 1925 Bremen

Riegger, Wallingford
1885-1961
- StrQ; no. 1; op. 30; 1938/39; Arrow (1946)
- StrQ; no. 2; op. 43; 1948; AMP (1949)

Riehl, Wilhelm Heinrich v.
1823-1897
- StrQ; C; op. 1; Schuberth (1843)

Riehm, Rolf
1937-
- Tempo strozzato; StrQ; 1978; Ricordi;
  A: 1983 Witten

Riem, Wilhelm
1779-1857
- 3 StrQe; A, B, Es; op. 19; Breitkopf

Riemann, Hugo
1849-1919
- StrQ; g; op. 26; Breitkopf (1879)
- Variationen über ein Thema v. Beethoven;
  StrQ; op. 53; Breitkopf (1903)

Ries, Ferdinand
1784-1838
- 3 StrQe; F, G, fis; op. 70; Ed. Peters (1817)
- 3 StrQe; op. 73
- 3 StrQe; B, c, A; op. 126; Ed. Peters (1824)
- 3 StrQe; a, e, g; op. 150; Simrock (1828)
- 2 StrQe; Es, g; op. 166; Dunst (1834)
- 3 StrQe; WoO 1; 1798
- StrQ; WoO 6; 1803
- StrQ; WoO 10; 1805
- StrQ; WoO 34; 1825
- 2 StrQe; WoO 36, 37; 1826/27;
  Kistner (1833)
- StrQ; WoO 48; 1833

Ries, Franz
1846-1932
- StrQ; d; op. 5; Sulzer (1869)
- Schlummerlied; op. 20, 4; Sulzer (1874)
- StrQ; B; no. 2; op. 22; Ries (1876)
- 3 StrQe; op. 70; Ed. Peters (ca. 1817)

Ries, Hubert
1802-1886
- Qua. brillant; G; op. 1; Simrock
- Variation; StrQ; op. 4; Breitkopf
- 2 Qua. faciles; G, C; op. 20; André

Ries, Julius
1812-?
- StrQ; op. 1; Klage

Riethmüller, Heinrich
1921-2006
- StrQ (mit d. Blues); 1965; Ed. Kontra;
  A: 1968 Berlin
- Chronik eines Lebens; StrQ; 1967; Budde;
  A: 1969 Berlin

Rieti, Vittorio
1898-1994
- StrQ; 1926; Senart (1926)
- StrQ; no. 2; 1941

- StrQ; no. 3; 1953; General Music
- StrQ; no. 4; 1960; General Music
- StrQ; no. 5; 1988
- StrQ; no. 6; 1991
- StrQ; no. 7; 1992
- StrQ; no. 8; 1992
- StrQ; no. 9; 1992
- StrQ; no. 10; 1993
- StrQ; no. 11; 1994

Rietsch, Heinrich
1860-1927
- StrQ; A; op. 3; Robitschek (1894)
- StrQ; E

Rietz, Julius
1812-1877
- StrQ; d; op. 1; 1830; Breitkopf

Rigaki, Evangelia
1980-
- Through closed eyelids; StrQ

Rigel, Henri-Joseph
1741-1799
- 6 StrQe; F, F, C, G, B, e; op. 4; um 1770
- StrQe; op. 10; um 1773?

Riggins, Herbert L.
1948-
- StrQ

Rigoní, Michel
1956-
- Spectres; StrQ; 1984

Rihm, Wolfgang
1952-
- StrQ; g; 1966; UE
- StrQ; 1968; UE
- StrQ; no. 1; op. 2; 1967; UE
- StrQ; no. 2; op. 10; 1970; Breitkopf
- Tristesse d'une étoile; StrQ; 1971; UE
- Im Innersten; StrQ; no. 3; 1976; UE
- StrQ; no. 4; 1980/81; UE
- Ohne Titel; StrQ; no. 5; 1981–83; UE
- Zwischenblick: Selbsthenker; 1983/84; UE
- Blaubuch; StrQ; no. 6; 1984; UE
- Veränderungen; StrQ; no. 7; 1985; UE

- StrQ; no. 8; 1987/88; UE
- Zwischen d. Zeilen; StrQ; 1991; UE
- Quartettsatz; StrQ; no. 9; 1992/93; UE
- StrQ; no. 10; 1993–97; UE
- StrQ; no. 11; 1998/2007; UE
- Fetzen; StrQ; 1999; UE
- StrQ; no. 12; 2000/01; UE
- Fetzen (2); StrQ; 2002; UE
- Irvine's Birthday Waltz; StrQ; 2002
- Grave. In memoriam Thomas Kakuska; StrQ; 2005
- Quartettstudie; StrQ; 2003/04; UE
- StrQ; no. 13; 2011; UE

Riisager, Knudåge
1897-1974
- StrQ; C; no. 1; op. 4; 1918
- StrQ; no. 2; 1920
- StrQ; e; no. 3; 1922; Hansen (1926)
- StrQ; no. 4; op. 11; 1926
- StrQ; no. 5; 1932
- StrQ; no. 6; 1942/43

Riis-Magnussen, Adolf
1883-1950
- StrQ

Riley, James Rex
1938-
- 2 StrQe
- StrQ; no. 3; 1977

Riley, John Arthur
1920-?
- StrQ; no. 1; 1954
- StrQ; no. 2; 1959; Valley Mus. Pr. (1961)

Riley, Terry
1935-
- StrQ; 1960
- Sunrise of the planetary dream collector; StrQ + Synth; 1968
- Poppy Nogood Concert; StrQ; 1980
- G-Song; StrQ + Synth; 1980
- Cadenza on the night plain; StrQ; 1983
- The wheel mythic birds waltz; StrQ; 1984
- Salome dances for peace; StrQ; 1985–87

- Half-wolf dances mad in moonlight; StrQ; 1987
- 3 Requiem quartets; StrQ; 1998
- The crow's rosary; StrQ + Synth; 1988

Rimmer, John Francis
1939-
- Bowed insights; StrQ; 1993; NZMIC

Rimski-Korsakov, Georgi Mikhailovich
1901-1965
- StrQ; 1926
- StrQ; 1932

Rimski-Korsakov, Nikolai Andreevich
1844-1908
- StrQ; F; op. 12; 1875; Jurgenson (1875)
- StrQ; WoO; 1878/79; Muzgis (1955)
- B-la-F; StrQ; Belaieff (1887)
- Choral-Var.; StrQ; g; 1885; Muzgis (1955)
- Khorovod; StrQ; D; 1887; Belaieff (1889)
- Im Kloster; StrQ; 1878/79; Wollenweber (1988)

Ringbom, Nils-Eric
1907-1988
- StrQ; 1951, rev. 1971; Fazer (1974)

Ringelberg, Justus
1908-1995
- StrQ; op. 1; 1988

Ringger, Rolf Urs
1935-
- Invocations alternées; StrQ; 1979
- Feuillages; StrQ; 1996

Rinkens, Wilhelm
1879-1933
- Hausmusik; StrQ; op. 34
- Polyphone Suite; StrQ; D; op. 41

Rinner, Ernst Christian
1961-
- Scordatura; StrQ; 1986; A: 6/1987

Riotte, André
1928-2011
- Multiple; StrQ; 1983; CDMC

Riotte, Philipp Jacob
1776-1856
- 3 StrQe; D, G, c; op. 21; Breitkopf

Risgaard, Christian
1952-
- Landscapes; StrQ; 1991; DMIC

Risinger, Karel
1920-2008
- StrQ; no. 1; 1942
- StrQ; no. 2; 1946
- StrQ; no. 3; 1956

Ristić, Milan
1908-1982
- StrQ; no. 1; 1935; 2. Vers. 1973
- StrQ; no. 2; 1942; 2. Vers. 1973
- StrQ; no. 3; 1977

Ritchie, Anthony
1960-
- Whakatipua; StrQ; 1995

Ritter, Alexander Sascha
1833-1896
- StrQ; c; op. 1; 1865/66; Fritzsch (1872)

Ritter, Peter Johann
1763-1846
- 6 StrQe; B, Es, F, Es, e, A; op. 1; 1788; Sieber (ca. 1801) [PN1015] [R1764]

Ritter, Touissant Prévost
1840-1886
- StrQ

Ritzmann, Jakob
1894-1990?
- StrQ; op. 1
- StrQ; op. 2; 1960
- Var. ü. ein Friedenslied; StrQ; op. 3
- Var. ü. eine alte Volksweise; StrQ; op. 4
- StrQ; op. 5; 1961

Rivera, Paquito d'
1948-
- Wapango; StrQ; 1990-98

Rivier, Jean
1896-1987
- Quasi pastorella; StrQ; no. 1; 1924; Salabert

- StrQ; F; no. 2; 1940; Transatl. (1959)

Rivière Gómez, Pablo
1951-
- Lamento de Teseo; StrQ; 1988

Rizzi, Bernardino
1871-1968
- Suite di cinque pezzi; StrQ; Studi Antoniani

Robb, John Donald
1892-1989
- StrQ; 1935
- StrQ; 1964

Robb, Magnus
1970-
- Blood foliage; StrQ; 1995; ScoMIC

Robert-Diessel, Lucie
1936-
- StrQ; 1960

Roberts, Gordon
1906-?
- Suite; StrQ; 1966; BMIC

Roberts, (William Herbert) Mervyn
1906-1990
- StrQ; 1949; zurückgez.

Robertson, Donna Nagey
1935-
- StrQ; 1957

Robertson, Hugh Sterling II
1940-1973
- StrQ

Robertson, Leroy
1896-1971
- StrQ; e; 1940
- American Serenade; StrQ; 1944

Robinson, Michael Finlay
1933-
- StrQ; no. 1; 1972
- StrQ; no. 2; 1975

Rochberg, George A.
1918-2005
- StrQ; no. 1; 1952, rev. 1983; SPAM (1957); Presser (1986)
- StrQ + Sopr; no. 2; 1959-61; Presser

- StrQ; no. 3; 1972; Galaxy (1976)
- StrQ; no. 4; 1977; Galaxy (1977)
- Concord StrQe; nos. 5-6; 1977/78; Presser
- StrQ mit Bariton; no. 7; 1979; Presser

Rochefort, Jean-Baptiste
1746-1819
- 6 StrQe; op. 1; Michaud (1778)
- 6 StrQe; op. 2; Michaud (1780)

Rockstroh, Johannes
1903-1997
- StrQ; 1963

Rode, Pierre
1774-1830
- Andante + Var.; StrQ; op. 10; Senff
- 3 StrQe; Es, F, D; op. 11; Hoffmeister (1804/05)
- StrQ; op. 14; Breitkopf; Werckmeister; Artaria (um 1811/12)
- StrQ; op. 15; Breitkopf; André; Artaria
- StrQ; op. 18; Breitkopf; Abelshauser
- 2 StrQe; op. 28; Schlesinger
- 2 StrQe; op. 24; J. Frey
- 2 StrQe; op. 26; J. Frey
- 3 Sonaten; StrQ; J. Frey
- Quatuor brillant; op. posthum.; Lauer
- StrQe; nos. 1 + 2; op. posthum.; Schlesinger

Rodeiro Casa, Manuel
1965-
- Fragmentos ... un mar de alem; StrQ; 1992; SPMIC

Rodes, Sixto Manuel Herrero
1965-
- Quera; StrQ

Rodrigo, María
1888-1967
- StrQ

Rodrigues, Eugénio
1961-
- StrQ; 1988
- Mata Hari; StrQ; 1992

Rodriguez Albert, Rafael
1902-1979

- StrQ; E; 1953; UME (1953)

Rodriguez, Esther
1920-
- StrQ; A; 1943

Rodriguez, Marcela
1951-
- Este mundo; StrQ; no. 1; 1984
- StrQ; no. 2; 1994
- StrQ; no. 3; 1996

Rodriguez, Robert Xavier
1946-
- Meta 4; StrQ; 1993; Schirmer

Rodríguez-Losada Rebellón, Eduardo
1886-1973
- StrQ; no. 1
- StrQ; no. 2; 1947
- StrQ; no. 3; verloren
- StrQe; nos. 4–8
- StrQ; no. 9

Roe, Christopher
1940-
- StrQ; 1961

Roe, Helen
1955-
- StrQ; 1980; BMIC

Roeder, Georg Valentin
1776-1848
- StrQe; verschollen

Röhrling, Arnold
1893-1974
- StrQe

Roelstraete, Herman
1925-1985
- StrQ; op. 116; 1976
- StrQ; no. 2; op. 132; 1977–79
- StrQ; no. 3; op. 139; 1981

Roemheld, Heinz Erich
1901-1985
- StrQ; 1952

Röntgen, Julius
1855-1932

- 22 StrQe

Rösel, Artur
1859-1934
- StrQ; op. 5
- StrQ; op. 26

Roeseling, Kaspar
1894-1960
- StrQ; no. 1; 1920–23
- StrQ; no. 2; 1951
- Präludium + Tanzstück; StrQ

Roesgen-Champion, Marguerite
1894-1976
- Scherzo; StrQ
- StrQ; 1931; Senart

Rösler, Johann Joseph
1771-1813
- 3 StrQe; G, e, A; op. 6; 1800; Breitkopf

Röthig, Gustav Bruno
1859-1931
- StrQ; Es; A: 1926 Leipzig

Röttenbacher, Hans
1915-1953
- StrQ; no. 1; op. 7; 1953; A: 1953 München

Röttger, Heinz
1909-1977
- StrQ; 1951
- Constellationen; StrQ; 1958; DVfM (1973)
- StrQ; cis; Gamus (2000/01)

Rövenstrunck, Bernhard
1920-2010
- 10 StrQe; 1955–83

Rogalski, Theodor
1901-1954
- StrQ; 1925; Ed. Muz. (1963)

Roger, Denise
1924-2005
- StrQ; no. 1; 1965; ACDMC
- StrQ; no. 2; 1970; ACDMC
- StrQ; 1976; ACDMC

Roger, Kurt Georg
1895-1966
- StrQ; op. 11; 1932

- StrQ; op. 16; 1934

Roger-Ducasse, Jean
1873-1954

- StrQ; d; no. 1; 1900–09; Durand (1909)
- StrQ; D; no. 2; 1953; Durand (1956)

Roger i Casamada, Miquel
1954-

- Blanca; StrQ; 1987
- StrQ; no. 2; 1994; Southern Music

Rogers, Adrian
1940-

- StrQ; 1976; ScoMIC

Rogers, Bernard
1893-1968

- StrQ; 1918
- Free Variations + Fugue; StrQ; 1918
- StrQ; no. 2; 1925
- StrQ; d; 1927
- StrQ; 1928

Rogers, Clara Kathleen
1844-1931

- StrQ; d; op. 5; 1866; Middleton (2001)
- StrQ; D; op. 31; unvollendet

Rogers, William Keith
1921-

- StrQ; 1947/48; BMI

Roggero, Giuseppe Paolo
1884-?

- StrQ

Rogister, Jean
1879-1964

- StrQ; 1902
- StrQ; 1914
- StrQ; 1921
- StrQ; D; no. 4; 1927; Senart (1928)
- StrQ; A; no. 5; 1928; Senart (1929)
- StrQ; no. 6; 1931
- StrQ; no. 7; 1940
- StrQ; no. 8

Rogojina, Paul
1944-

- StrQ; 1968

Rogowski, Ludomir Michał
1881-1954

- StrQ; 1936
- StrQ; 1939

Roguski, Gustaw
1839-1921

- 4 Menuety; StrQ; 1860/61
- StrQ; e; op. 9; 1865; Warschau (1869)
- StrQ; a; Hofmeister (1873)

Rohde, Wilhelm
1856-1931

- StrQ; G; op. 25; C. G. Röder

Rohe, Robert Kenneth
1916-?

- StrQ; C; 1958

Rohloff, Ernst Franz
1884-1947

- StrQ; D; 1900
- StrQ; Des; op. 24; 1911
- StrQ; a; 1917
- StrQ; c; 1917

Rohloff, Max
1877-1955

- StrQ; 1928

Rohloff, Steingrimur
1971-

- StrQ; 2000/01; unvollendet

Rohnstock, Sofie
1875-1964

- StrQ; sämtl. Werke zerstört bei Bombenangriff auf Leipzig 1943

Rohwer, Jens
1914-1994

- StrQ; 1949/50; Möseler (1951)
- Heptameron-Suite; StrQ; Breitkopf (1954)
- StrQ; 1968; Möseler (1970)

Roig-Francolí, Miguel Ángel
1953-

- Differencias y fugas; StrQ; 1987; SpMIC

Roither, Gerhard
1932-

- Quartettsatz; A: 11/1961 Berlin

Rojko, Uroš
1954-
- StrQ; no. 1; 1984; Ricordi

Roland, Claude-Robert
1935-
- Lent; StrQ; op. 8; 1955
- Souance; StrQ; op. 11; 1956

Roland-Manuel (= Roland Alexis Manuel Lévy)
1891-1966
- StrQ; F; BB
- StrQ; d; BB

Roldán Gardes, Amadeo
1900-1939
- Fuga; StrQ; 1916
- Poema; StrQ; 1920?
- Poema negro; StrQ; 1939

Rolin, Etienne
1952-
- Resonance diagonale; StrQ; 1977

Rolla, Alessandro
1757-1841
- 3 StrQe; A, f, C; op. 2; Ricordi (1823)
- 3 StrQe; G, d, Es; op. 5; Artaria (1803)
- Quartetto per conversaziona; StrQ; A; op. posthum.; Ricordi; Amadeus (2002)

Rollin, Robert
1947-
- Thematic transformation; StrQ

Rolón Alcaráz, José
1876-1945
- StrQ; op. 35; 1929; CDA
- Allegro y fuga; StrQ; CDA

Romnovsky, Erich
1929-1993
- StrQ; no. 1; 1959; A: 3/1960 Wien
- StrQ; no. 2; 1985; ÖMIZ

Romberg, Andreas
1767-1821
- 3 StrQe; Es, g, F; op. 1; Breitkopf (1799)
- 3 StrQe; E, A, B; op. 2; Simrock (1801)
- 3 StrQe; Es, D, f; op. 5; Pleyel (1803)

- 3 StrQe; D, E, C; op. 7; Werckmeister (1805)
- StrQ; A; op. 11; Werckmeister (1805)
- 3 StrQe; F, g, B; op. 16; André (1806)
- Airs var.; StrQ; G, D; op. 17; André (1806)
- 3 StrQe; h, A, F; op. 30; Böhme (1811)
- 3 Rondos alla Pollaca; StrQ; e, A, F; op. 34; Förster (1814)
- Fantasie; StrQ; C; op. 40; Förster
- Capriccio; StrQ; op. 52; Ed. Peters (1818)
- 3 StrQe; G, fis, Es; op. 53; Ed. Peters (1818)
- 3 StrQe; e, C, D; op. 59; Ed. Peters (1820)
- 3 StrQe; C, G, fis; op. 67; J. Frey (um 1829)
- StrQ; D; 1790–93
- StrQ; G; 1796;

Romberg, Bernhard H.
1767-1841
- 3 StrQe; Es, B, D; op. 1; Breitkopf
- StrQ; F; no. 4; op. 12; Kühnel
- 3 StrQe; g, C, G; op. 25; Kühnel
- StrQ; A; no. 8; Ed. Peters
- StrQ; d; no. 9; op. 39; Ed. Peters
- StrQe; op. 59 + 60; RISM

Romero, Barbara Elena
1923-?
- 2 Movimientos; StrQ; 1984
- StrQ; g; 1988

Romiti, Richard A.
1940-
- StrQ

Romm, Rosaliia Davidovna
1916-?
- StrQ; 1940
- StrQ; 1946
- StrQ; 1966

Ron, Jean Martin de
1789-1817
- StrQ; f; um 1805; Nordiska (1940)
- StrQ; C; 1811; MS: S-Skma
- StrQ; c; 1816; MS: S-Skma
- StrQ; d; MS: S-Skma
- StrQ; B; MS: S-Skma

Ronzhyn, Valerii
1938-
- StrQ

Roos, Robert de
1907-1976
- StrQ; no. 1; 1941; Alsbach
- StrQ; no. 2; 1942; Donemus
- StrQ; no. 3; 1944/45; Donemus
- StrQ; no. 4; 1949; Donemus
- StrQ; no. 5; 1951; Donemus
- StrQ; no. 6; 1969/70; Donemus
- Quartettino; StrQ; no. 7; 1971; Donemus

Roosendael, Jan Rokus van
1960-2005
- Drone; StrQ; 1993; Donemus

Roosenschoon, Hans
1952-
- To open a window; StrQ; 1985; H. R. Publ.
- StrQ; 1995; H. R. Publ.

Rootham, Cyril
1875-1938
- StrQ; C; 1914; Murdoch (1924)

Ropartz, Joseph Guy Marie
1864-1955
- StrQ; E; no. 1; 1893; Rouart-Lerolle (1900)
- StrQ; g; no. 2; 1911/12; Durand (1913)
- StrQ; E; no. 3; 1924/25; Durand (1926)
- StrQ; E; no. 4; 1933/34; Durand (1936)
- Quasi una fantasia; StrQ; D; no. 5 1939/40; Durand (1947)
- StrQ; no. 6; 1947/48; Durand (1951)
- Serenade; StrQ; Salabert; Rouart-Lerolle

Roqué Alsina, Carlos
1941-
- Voie avec voix; StrQ; 1984; Zerboni

Rorem, Ned
1923-
- StrQ; no. 1; 1947; zurückgez.
- StrQ; no. 2; 1950; Southern c (1971)
- StrQ; no. 3; 1991; Boosey (1993)
- StrQ; no. 4; 1994; Boosey

- Mourning scene from Samuel; StrQ + Stimme; 1947

Rorich, Carl Philipp
1869-1941
- StrQ; Es; op. 74
- StrQ; C; op. 75

Rosa, Hanno Rodger di
1955-
- StrQ; 1994; A: 1994 Berlin

Rosario, Conrado del
1958-
- Elegia III; StrQ
- Sari-Sarihan IV; StrQ

Rosas-Fernandes, Maria Helena
1933-
- Territorio e Ocas; StrQ + Perc; 1979
- Holocausto; StrQ; 1980

Rosato, Clorinda
1913-1985
- Ponteio, Movimento de valsa-seresta, Danza; StrQ; 1936

Rosé, Alfred
1902-1975
- StrQ; 1927; Doblinger (1927)

Rose, John
1928-
- StrQ; 1997; Eden
- StrQ; 1999; Eden

Rose, John L.
1933-
- StrQ; no. 1; op. 5; 1955
- StrQ; no. 2; op. 11; 1958

Rose, Michael
1934-
- Cantilena; StrQ; 1994; Fentone

Rosegger Sepp, Walter
1874-1948
- 2 Knittelfelderinnen; StrQ; 1927

Rosell, Lars-Erik
1944-2005
- StrQ; 1989; SMIC

- Mellan tvenne världar; StrQ; no. 2; 1994–98; SMIC

Rosen, Jerome
1921-2011

- StrQ; no. 1; 1953; Boosey (1955)
- StrQ; no. 2; 1965; Boosey

Rosen, Robert
1956-

- StrQ; 1979; CMC

Rosenberg, Hilding Constantin
1892-1985

- StrQ; no. 1; 1920, rev. 1956; STIM; A: 3/1923 Stockholm
- StrQ; no. 2; 1924, rev. 1956; Nordiska (1961); A: 3/1925 Stockholm
- Quartetto Pastorale; StrQ; no. 3; 1926, rev. 1956; STIM; A: 4/1932 Göteborg
- StrQ; no. 4; 1939; Ed. Suecia (1947); A: 11/1942 Stockholm
- StrQ; no. 5; 1949; Nordiska (1952); A: 5/1950 Stockholm
- StrQ; no. 6; 1953; Nordiska (1956); A: 5/1954 Stockholm
- StrQ; no. 7; 1957/58; Nordiska (1959)
- StrQ; no. 8; 1957/58; Nordiska (1959)
- StrQ; no. 9; 1957/58, rev. 1965; Nordiska (1968)
- StrQ; no. 10; 1957/58; Nordiska
- StrQ; no. 11; 1957/58; Nordiska (1968)
- Quartetto ripielogo; StrQ; no. 12; 1957/58; Nordiska (1968); A: 12/1959 Stockholm
- 6 Moments musicaux; StrQ; 1972; Nordiska

Rosenberg, Joseph
1863-?

- StrQ

Rosenberg, Richard
1894-1987

- StrQ; g; Tre Media (2009)

Rosenberg, Wolf
1915-1996

- StrQ; no. 1

- StrQ; no. 2; 1957
- StrQ; no. 3; Tonos (1962)

Rosenblüth, Leo
1904-2000

- StrQ; 1984

Rosendorfer, Herbert
1934-2012

- StrQ; d; op. 1; K. O. M. (1993)

Rosenfeld, Gerhard
1931-2003

- Quartettino I; StrQ; 1968; Ed. Peters/ Litolff (1971); A: 12/1968 Berlin
- Quartettino II; StrQ; 1972; VeNM; A: 1/1973 Berlin
- StrQ; no. 1; 1977; Ulbrich (1978)
- Einstein-Qua.; 1979; A: 3/1979 Potsdam

Rosenhain, Jacob (Jacques)
1813-1894

- StrQ; G; no. 1; op. 5; Breitkopf (1885)
- StrQ; C; no. 2; op. 57; Breitkopf (1894)
- StrQ; d; no. 3; op. 65; Breitkopf (1886)
- Am Abend. Stimmungsbilder; StrQ; op. 99; Breitkopf (1888?)

Rosenman, Leonard
1924-2008
- StrQ; 1996; Southern/Peer
- StrQ; 1999

Rosenthal, Felix
1867-1936
- Suite im alten Stil; StrQ; F; 1925
- StrQ; d; 1928

Rosenthal, Manuel Emmanuel
1904-2003
- Soirées du petit juas; StrQ; 1942; Jobert

Rosetti, Antonio
1750-1792
- 3 StrQe; A, C, Es; op. 4; André, no. 88
- 6 StrQe; A, Es, B, c, D, F; op. 6; Artaria;
  Eulenburg; Hummel;
- 6 StrQe; op. 7; Sieber (um 1790)

Rosing-Schow, Niels
1954-
- Solprismer (1974); StrQ; 1973; Samfundet
- The sunflower; StrQ; 1978; Samfundet

Rosinský, Jozef
1897-1973
- StrQ

Roslavets, Nikolai Andreevich
1880-1944
- Menuett; StrQ; 1907
- StrQ; no. 1; 1913; UE; Schott (1990)
- StrQ; no. 2; 1919
- StrQ; no. 3; 1920; UE; Schott (1990)
- Turkestan-Qua.; StrQ; 1930?; verschollen
- StrQ; no. 4; 1939; Partitur unvollständig
- StrQ; no. 5; 1941; Schott (1990)

Rosmalen, Bart van
1957-
- StrQ; 1989; Donemus

Rosner, Arnold
1945-2013
- StrQ; op. 10; 1962
- StrQ; op. 19; 1963
- StrQ; op. 32; 1965
- StrQ; op. 56; 1972

- StrQ; op. 66; 1977

Rossé, François
1945-
- Voix cordales; StrQ; 1988; Fuzeau (1988)

Rossem, Andries van
1957-
- Four is(n) One; StrQ; 1996; Donemus

Rossi, Rinaldo
1945-1984
- Epifanias; StrQ; 1973; Tonos

Rossini, Gioacchino A.
1792-1868
- StrQ; no. 1; Zanibon
- StrQ; A; no. 2; Zanibon (1961)
- StrQ; no. 3; Zanibon
- StrQ; no. 4; Zanibon
- StrQ; no. 5; Zanibon

Rossum, Frederik v.
1939-
- StrQ; 1967

Rostomian, Stepan Arzumani
1956-
- StrQ; 1979; A: 1979 Jerewan

Rot, Michael
1955-
- StrQ; op. 1; 1979; Eirich; A: 1980 Wien
- Made in Austria; StrQ; op. 23a; 1988;
  Eirich; A: 11/1990 Wien

Rota, Nino
1911-1979
- Invenzioni; StrQ; 1932
- Sonata; StrQ; 1947
- StrQ; 1948–54; Schott (2001)

Rotaru, Doina Marilena
1951-
- StrQ; no. 1; 1974
- Polychromie; StrQ; no. 2; 1981
- StrQ; no. 3; 1982
- 7 levels to the sky; StrQ; no. 4; 1993

Rotaru, Vladimir
1931-2007
- Synita; StrQ; 1978

- StrQ; 1988
- StrQ; 1992

Roters, Ernst
1892-1961
- Nachtstück; StrQ; F; op. 5; 1914;
  Simrock (1919)
- Palastmusik. Suite; StrQ; op. 42, 3
- StrQ; op. 85
- Requiem; StrQ (StrOrch); op. 94; 1945

Roth, Bertrand
1855-1938
- Tröstungen. 5 Stimmungsbilder; StrQ;
  op. 21; Frey (1919)

Roth-Aeschlimann, Esther
1953-
- StrQ; 1994

Rothman, Daniel B.
1958-
- Was näht an dieser Stimme; StrQ;
  A: 10/1988 Donaueschingen
- Sense absence; StrQ

Rothmüller, (Aaron) Marko
1908-1993
- 2 StrQe

Rothstein, James
1871-1941?
- StrQ; d

Rotondi, Umberto
1937-2007
- StrQ; no. 1; 1970; ESZ (1970);
  A: 9/1970 Como

Rott, Hans
1858-1884
- Satz; StrQ; C; vor 1874?; Ries
- StrQ; c; 1879/80; Doblinger; Ries

Rottenbach, Augusto
1927-?
- Variaciones; StrQ; 1969; CDA
- Lirico; StrQ; 1969; CDA

Rouse, Christopher
1949-
- StrQ; no. 1; 1982; EAM; Helicon (1982)

- StrQ; no. 2; 1988; Boosey; A: 1988 Aspen
- Deploration; StrQ; 1994

Rouse, Mikel
1957-
- Book One; StrQ; 1986

Roussakis, Nicolas
1934-1994
- Ephemeris; StrQ; 1979; ACE
- StrQ; CFE

Rousseau, (Alexandre-) Samuel
1853-1904
- 2 Pieces; StrQ; um 1890; Durand (1902)

Roussel, Albert
1869-1937
- StrQ; D; op. 45; 1932; Durand (1932);
  A: 12/1932 Brüssel

Rousselot, Scipion
1800-1857?
- 3 StrQe; op. 10; Costallat (1828)
- StrQ; no. 4; op. 25; Costallat (1844?)

Routh, Francis John
1927-
- Dance Suite; StrQ; op. 13; 1967
- Divertimento; StrQ; op. 6; 1998

Rovelli, Pietro
1793-1838
- StrQe; F. Lucca

Rovner, Anton Arkad'evich
1970-
- StrQ; 1988/89
- StrQ; 1993

Rovsing Olsen, Poul
siehe: Olsen, Poul Rovsing

Rowicki, Witold
1914-1989
- StrQ; verschollen

Rowland-Jones, Simon
1950-
- StrQ; 1993; BMIC

Rowley, Alec
1892-1958
- Pastoral; StrQ; E; Goodwin (1931)

- Miniature Qu.; Novello (1956)
- Phantasy; StrQ; g; Cramer (1924)
- From Faerie; StrQ; Cramer
- Phyllis and Corydon; StrQ; OUP (1926)
- Nautical Suite; StrQ; Stainer (1927)

Roxburgh, Edwin
1937-
- Movements; StrQ; IMC (1968)

Roy, Alphonse
1906-2000
- StrQ; a; 1943; Henn (1956); A: 1944 Genf
- StrQ; 1957; Henn (1957)

Roy, Heinz
1927-
- 3 StrQe

Royer, Etienne
1882-1928
- Pour le temps de la maison; StrQ; Senart
- Pour les fêtes de Mai; StrQ; 1918; Salabert

Roze, Abbé (L.) Nicolas
1745-1819
- StrQ; 1769?

Rózsa, Béla
1905-1977
- 2 StrQe

Rózsa, Miklós
1907-1995
- StrQ; op. 22; 1950; Breitkopf (1955)
- StrQ; no. 2; op. 38; 1982; Breitkopf (1988)

Rózsavölgyi, Márk
1789-1848
- Erster ungar. Gesellschaftstanz; StrQ; Doblinger (1965)
- 3 Csárdás; StrQ; Doblinger (1974)
- 4 Csárdás; StrQ; Doblinger (2001)
- Magyar tancok; StrQ; Ed. Musica (2001)

Różycki, Ludomir v.
1883-1953
- StrQ; F; op. 49; 1916; Gebetner (1925)

Rubbert, Rainer
1957-
- StrQ; 1982

Rubbra, Edmund
1901-1986
- StrQ; f; no. 1; op. 35; 1934, rev. 1946; Lengnick
- StrQ; Es; no. 2; op. 73; 1951/52; Lengnick
- StrQ; no. 3; op. 112; 1963/64; Lengnick
- StrQ; no. 4; op. 150; 1976/77; Lengnick

Rubenson, Albert
1826-1901
- StrQ; a; 1850
- StrQ; F; op. 2; 1848–56; Kistner (1861)

Rubin, Anna
1946-
- Dream fires to the sea, to the sea; StrQ; 1988; MS: Kopie im Archiv Frau + Musik

Rubin, Marcel
1905-1995
- StrQ; no. 1; 1926, rev. 1961; Doblinger
- StrQ; no. 2; 1981; Doblinger
- StrQ; no. 3; 1989/90; Doblinger
- StrQ; no. 4; 1990; Doblinger
- StrQ; no. 5; 1991; Doblinger
- StrQ; no. 6; 1991; Doblinger

Rubin, Vladimir Ilich
1924-
- StrQ; 1948; Muzyka

Rubin de Cervin, Ernesto
1936-2013
- 3 Stücke; StrQ; op. 2; 1961
- Varianti; StrQ; 1999

Rubinstein, Anton Grigor'evich
1829-1894
- 3 StrQe; c, Es, d; op. 4; 1852/53
- 3 StrQe; G, c, F; op. 17; 1852/53; Breitkopf (1855)
- 3 StrQe; E, B, D; op. 47; 1857; Breitkopf
- StrQ; F; op. 59; 1857
- 2 StrQe; g, e; op. 90; 1871/92; Senff (1893)
- 2 StrQe; As, f; op. 106; 1880; Senff

Rubinstein, Art(h)ur
1887-1982
- StrQ; c; op. 51, 1

Rubinstein, Beryl
1898-1952
- Passepied; StrQ; 1924; C. Fischer
- StrQ; d; 1933

Rubinstein, David
1949-
- The burghers of Calais; StrQ; 1991

Ruck, Hermann
1897-1983
- StrQ; op. 37a; 1923
- Fuge; op. 37b; 1924

Rud, Diana Elena
1940-
- Cuatro Vertientes; StrQ; 1988

Ruders, Poul
1949-
- Der rastlose Mensch; StrQ; no. 1; 1971; Hansen (1972)
- StrQ; no. 2; 1979; Hansen (1983)
- Motet; StrQ; no. 3; 1979; Hansen

Rudhyar, Dane
1895-1985
- Dark passage; StrQ; 1941
- Solituden, Tetragram, no. 5; StrQ; CFE
- Advent; StrQ; no. 1; 1978
- Crisis and overcoming; StrQ; no. 2; 1979

Ruduytskyi, Antin
1902-1975
- 2 StrQe

Rudolf, Bert
1905-1992
- Brieffragmente; StrQ; 1980; Astoria

Rudolf, Waldemar
1885-1975
- StrQ; op. 11; STIM

Rudolph, Oskar
1856-1913
- StrQ

Rudziński, Witold
1913-2004
- StrQ; no. 1; 1935
- StrQ; no. 2; 1943

Rueda, Jesús
1961-
- La esencia subita; StrQ; 1990; Ariadne (1992)
- Desde las sombras; StrQ; 2000; Ariadne
- Islas; StrQ; no. 3; 2002–04; Ariadne

Rüdenauer, Meinhard
1941-
- Ergänzungen zu *Alice im Wunderland*; StrQ; no. 1; 1972; A: 3/1974
- Canzonen; StrQ; no. 2; 1979; A: 6/1984 Bonn
- StrQ; no. 3; 1988; A: 2/1991 Wien
- La rosa si chiama Sandra; A: 2005 Wien

Rüdinger, Gottfried
1886-1946
- StrQ; D; no. 1; op. 41
- StrQ; G; no. 2; op. 126

Rüfer, Philipp
1844-1919
- StrQ; d; op. 20; André (1875); Hamelle
- StrQ; Es; no. 2; op. 31; BB (1882)

Rueff, Jeanine
1922-1999
- StrQ; op. 2; 1947; Durand (1947)

Rüegg, Mathias
1952-
- Mozart's Balls; StrQ; no. 2; 1994; A: 5/1995 Wien

Ruera (i Pinart), Josep Maria
1900-1988
- Ambients; StrQ; 1979

Rüter, Hugo
1859-1949
- 10 StrQe

Rüter, Raimund
1886-1968
- 2 StrQe

Rufeisen, Arie
1926-
- StrQ; op. 3; 1954
- StrQ; op. 6; 1955

- 4 x 4; StrQ; op. 50; 1979

Ruff-Stoehr, Herta
1904-1991
- StrQ; no. 1; 1947
- StrQ; no. 2; 1947
- StrQ; no. 3; VDMK

Ruggles, Carl Sprague
1876-1971
- StrQ; 1952; unvollendet; MS: US-NH

Ruggli, Madeleine
1964-
- StrQ; no. 2; 1998; Tre Media (1999);
  A: 2001 Basel

Ruiter, Wim de
1943-
- StrQ; no. 1; 1972; Donemus
- StrQ; no. 2; 1974; Donemus
- StrQ; no. 3; 1984; Donemus

Ruiz Espadero, Nicolás
1832-1890
- Rondo brillante; StrQ

Ruiz Lastres, Magaly
1941-
- StrQ; 1978
- Movimiento; no. 2; 1980

Ruiz López, Valentín
1939-
- Liberaciones; StrQ; 1993; SpMIC

Ruiz-Pipó, Antonio
1934-1997
- Diferencias; StrQ; 1982
- Homenaje a Villa-Lobos; StrQ; 1983

Rund, Zdenko Karol
1889-1962
- StrQ; c
- StrQ; E
- StrQ; F; 1952

Rung, Frederik
1854-1914
- StrQ; no. 1; op. 30
- StrQ; F; no. 2; op. 38; W. Hansen (1893)

Runnstrom, William
1951-
- Testamentet; StrQ; STIM

Ruoff, Axel
1957-
- StrQ; no. 1; 1986/87; Moeck;
  A: 1987 Tokio
- StrQ; no. 2; 1988

Rupnik, Ivan
1911-?
- Mojoj majci; StrQ; 1945

Ruppert, Anton
1936-
- StrQ; no. 1; 1978;
- StrQ; no. 2; 1986

Rush, Loren
1935-
- Quatuor ut dièse; Jobert
- StrQ; cis; 1960/61

Russell, William
1905-1992
- 3 Dance movements; StrQ; 1931

Rust, Friedrich Wilhelm
1739-1796
- Serenade; StrQ

Rut, Josef
1926-2007
- StrQ; 1972; CHF
- StrQ; 1986

Ruyneman, Daniël
1886-1963
- StrQ; 1946; Donemus (1947)

Ruždjak, Marko
1946-2012
- Klasicni vrt; StrQ; 1976
- Prije snijega; StrQ; 1985; Ars Croatica

Ruzicka, Peter
1948-
- Introspezione. Dokumentation für StrQ;
  StrQ; no. 1; 1970; Sikorski; A: 11/1970 Kiel
- ... Fragment ...: 5 Epigramme; StrQ; no. 2;
  1970; Sikorski; A: 06/1974 Stuttgart

- Über ein Verschwinden; StrQ; no. 3; 1992; Sikorski; A: 04/1993 Köln
- ... sich verlierend; StrQ + Sprecher; no. 4; 1996; Sikorski; A: 04/1997 Köln
- Sturz; StrQ; no. 5; 2004; Sikorski; A: 11/2004 Wien
- Erinnerung und Vergessen; StrQ + Sopr; no. 6; 2008; Sikorski; A: 07/2008 Kissingen
- Clouds; StrQ + Orch; 2013; Sikorski; A: 06/2015 Linz
- ... possible-a-chaque-instant; StrQ, no. 7; 2017; A: 05/2017 Hamburg

Růžička, Petr
1936-2007
- StrQ; 1960; Panton

Růžička, Rudolf
1941-
- StrQ; 1967; CHF
- Festivo; StrQ; no. 2; 1972; CHF

Ruzitska, György
1789-1869
- StrQ; no. 4; Zenemükiado

Ryan, Jeffrey
1962-
- Quantum mechanics; StrQ; 1996; CMC
- Slask; StrQ; 2003
- Sonata distorta; StrQ; 2006

Ryba, Jakub (Jan) S.
1765-1815
Insges. 72 Quartette; erhalten nur 2 StrQe
- StrQ; d; Heinrichshofen (1988)
- StrQ; a; MS: CZ-Pnm

Rybář, Jaroslav
1942-
- StrQ; 1994; CZMIC

Rybicki, Feliks
1899-1978
- StrQ; C; op. 40

Rychlík, Jan
1916-1964
- Partita da camera; StrQ; 1954; SNKL

Rychling, Wincenty Waclaw
1841-1896
- Fuga Podwójna; StrQ

Rydman, Kari
1936-
- StrQ; no. 1; 1959; FMIC
- StrQ; no. 2; op. 19; 1963; FMIC
- StrQ; no. 3; op. 20; 1964; FMIC
- StrQ; no. 4; op. 21; 1964; FMIC
- StrQ; no. 5; FMIC
- StrQ; no. 6; op. 72; 1980; FMIC

Ryelandt, Joseph
1870-1965
- Adagio; StrQ; op. 13; 1895; CeBeDeM
- StrQ; op. 20; 1897
- StrQ; f; op. 36; 1903
- StrQ; op. 99; 1930
- StrQ; op. 130; 1943

Rynja, Pieter
1954-
- Circular (in a certain way ... II); StrQ; 1987; Donemus

Rypdal, Terje
1947-
- StrQ; op. 2; 1970; NMIC
- StrQ; 1980-93; NMIC

Rytel, Piotr
1884-1970
- Wariacje; StrQ; 1906

Rytterkvist, Hans
1926-1998
- Tre stycken; StrQ; 1956; STIM
- StrQ; 1965; STIM

Rzaev, Azer Guseinovich
1930-
- StrQ; 1954, rev. 1964

Rzepko, Adolf
1825-1892
- Polonez + Walce; StrQ

Rzepko, Karol
1882-1944
- 2 StrQe

Rzepko, Władysław
1854–1932
- Wariacje; no. 1; c; 1882
- Wariacje; no. 2; A; 1887
- StrQ; B; no. 1; 1884; A: 1885 Warschau
- StrQ; A; no. 2; 1889; A: 1928 Warschau
- StrQ; F; no. 3; 1928
- StrQ; f; no. 4; 1928
- StrQ; G; no. 5; 1929
- StrQ; C; no. 6; 1929

Saar, Hermann
1905–?
- Spielmusik; B; 1938; A: 1941 München

Saariaho, Kaija
1952–
- Nymphéa; StrQ + Elektr; 1987; Hansen
- Terra memoria; StrQ; 2006; Chester

Sabat, Marc
1965–
- Beautiful city; StrQ; 1994
- Euler Lattice spirals scenery; StrQ; 2011

Sabata, Viktor de
1892–1967
- StrQ

Sabbagh, Peter
1965–
- StrQ; 1993; A: 1994 NDR

Sabel, Hans
1912–2003
- Variation über ein altdeutsches Marienlied; StrQ; A: 1948 Köln

Sabin, Nigel
1959–
- StrQ; 1977; AMC

Sacchini, Antonio
1730–1786
- 6 StrQe; B, D, C, Es, G, A; Sieber; ESZ

Sachs, Léo
1856–1930
- Petite Suite; StrQ; F; op. 1; ca. 1900; Fromont
- StrQ; op. 44; 1904; Hamelle

- StrQ; D; op. 143; 1920; Senart

Sachs, Milan
1884–1968
- StrQ; D; 1945

Sachse, Hans Wolfgang
1899–1982
- StrQ; op. 6; A: 1927 Plauen
- StrQ; op. 12; A: 1929 Plauen
- StrQ; no. 4; op. 42; 1952; Ed. Peters; Litolff
- StrQ; no. 5; op. 90; um 1958
- StrQ; no. 6; 1978

Sachsse, Hans
1891–1960
- StrQ; c; op. 18
- StrQ; h; op. 40
- StrQ; g; op. 56
- StrQ; fis; op. 61
- StrQ; a; op. 62
- StrQ; c; op. 64
- StrQ; cis; op. 69
- StrQ; c; op. 70
- StrQ; c; op. 73
- StrQ; h; op. 75
- StrQ; D; op. 76
- StrQ; c; op. 82; 1956–58

Sackman, Nicholas
1950–
- StrQ; no. 1; 1979; Schott (1981)
- StrQ; no. 2; 1990/91; Schott

Sadai, Yitzhak
1935–
- Anamorphoses; StrQ; 1984

Sadler, Helmut
1921–
- StrQ

Saegusa, Shigeaki
1942–
- Novelette; StrQ; Ongaku-no-tomo
- Memory; StrQ + Sprecher; 1978; JFC

Saeki, Hiroyuki
1962–
- StrQ; JFC (2001)

Sæverud, Harald Sigurd Johan
1897-1992
- De to rivaters serenade; StrQ; no. 1; op. 49; 1970; Musikk-Huset (1971)
- StrQ; no. 2; op. 52; 1975; NMIC
- StrQ; no. 3; op. 55; 1978; NMIC

Safran, Arno M.
1932-
- StrQ; 1956

Sagaev, Dimitar
1915-2003
- StrQ; 1945
- StrQ; 1962
- StrQ; 1963
- StrQ; 1966
- StrQ; 1967
- StrQ; 1968

Saguer, Louis (eigentl. Wolfgang Simoni)
1907-1991
- Quatuor; StrQ
- BranoAltro. Brano di un pezzo per quattro; StrQ; 1989

Sagvik, Stellan
1952-
- StrQ; op. 20; 1971; SMIC
- StrQ; no. 2; op. 23; 1972; STIM
- StrQ; no. 3; op. 41; 1974; SMIC
- StrQ; op. 156; 1990; SMIC
- Ylanin logoty; StrQ; op. 180; 1990; STIM

Sahl, Michael
1934-
- StrQ; 1969; Seesaw (1975)
- Dancing in the landscapes; StrQ; 1993

Saifiddinov, Sharofiddin Sanginovich
1929-
- StrQ; 1955

Saikkola, Lauri
1906-1995
- StrQ; g; 1932
- Quartetto burlesco; Es; 1937, rev. 1973
- StrQ; D; 1945

- StrQ; 1968
- Quartetto intimo; StrQ; 1983
- Pensieri interni; StrQ; 1984
- Quartetto-85; StrQ; 1985

Saint-Clair, Richard
1946-
- StrQ; no. 1; op. 59; 1990
- Canzona; StrQ; op. 36; 1973/74

Saint-Georges, Joseph Bologne de
1745-1799
- 6 StrQe; B, G, C, F, G, B; Durieu (1777)
- 6 StrQe; C, Es, g, c, g, D; op. 1a; Sieber (1773); Castaud
- 6 StrQe; D, B, f, G, Es, g; op. 14; Boyer (1785)

Saint-Lubin, Léon de
1805-1850
- Schöne Minka; StrQ; a; op. 6; Simrock
- StrQ; h; op. 10; Artaria
- StrQ; d; op. 19; 1824
- StrQ; no. 3; op. 27; Leidesdorf (um 1829)
- StrQ; op. 39; Schlesinger (1837)

Saint-Marcoux, Micheline
1938-1985
- StrQ; 1966

Saint-Saëns, Camille
1835-1921
- StrQ; e; no. 1; op. 112; 1899; Durand (1899) [WV 113]
- StrQ; G; no. 2; op. 153; 1918; Durand (1919) [WV 141]

Saitō, Takanobu
1924-2004
- 5 Movements on Northeast folksongs; StrQ; JFC (2003); A: Tokio
- Imayo; StrQ; 1954; Ryugin Sha

Saito, Takeo
1904-1983
- StrQ; 1949

Saitoh, Takeshi
1958-
- The voice of water; 1987; JFC

- Yuen no Mai; StrQ; JFC (2003); A: Oita

Sakač, Branimir
1918-1979
- Koralni kvartet; StrQ; 1966/67
- Doppio; StrQ; 1968; Ed. Modern

Sakaieva, Tatiana
1948-
- StrQ; 1975

Salazar, Adolfo
1890-1958
- Rubaiyat; StrQ; 1924; Eschig (1927)
- Arabia; StrQ; 1923
- StrQ; b; 1929

Salbert, Dieter
1932-2006
- Strandmusik; StrQ; 1980; Zahoransky

Salgado, Luis
1903-1977
- StrQ; 1943
- StrQ; 1958

Salich, Milan
1927-1993
- StrQ; 1959

Salieri, Antonio
1750-1825
- Scherzi istrumentali; Doblinger (1964)

Sallinen, Aulis Heikki
1935-
- StrQ; op. 2; 1958; Fazer
- Canzona; StrQ; op. 4; 1960; Fazer
- StrQ; op. 19; 1969; Fazer
- Aspekteja Peltoniemen; StrQ; 1969; Fazer
- Hiljaisia lauluja; StrQ; op. 25; 1971; Fazer
- Mosaikin Palojan; StrQ; op. 54; 1983; Novello

Sallustio, Eraclio
1922-1998
- Tricromia; StrQ; Berben

Salmanov, Vadim Nikolayevich
1912-1978
- 6 Stücke; StrQ; 1940
- StrQ; no. 1; 1945/1956; Muzyka (1971)

- StrQ; no. 2; 1958; Muzyka (1964)
- StrQ; no. 3; 1961; Muzyka (1968)
- StrQ; no. 4; 1963; Muzyka (1965)
- StrQ; no. 5; 1968; Muzyka (1973)
- StrQ; no. 6; 1971; Muzyka (1975)

Salmenhaara, Erkki
1941-2002
- Composition; StrQ; 1963
- Elegia 2; 2 StrQe; 1963; A: 1964 Helsinki
- StrQ; no. 1; 1977; A: 1978 Jyväskyla

Salmhofer, Franz
1900-1975
- Jahr des Herrn; StrQ; ÖBV (1952)

Salmon, Karel
1897-1974
- Partita; StrQ; 1948; IMP
- 5 StrQe

Salmon, Raymond
1917-1987
- StrQ; no. 1
- StrQ; no. 2; 1969
- StrQ; no. 3; 1989

Salomon, Hector
1838-1906
- StrQ; D; op. 38; Brandus (1882)

Salomon, Johann Peter
1745-1815
- StrQ; verschollen

Salomon, Siegfried
1885-1962
- 6 StrQe

Salonen, Sulo Nikolai
1899-1976
- Soittakaa te soittoniekat, Part 3; StrQ; op. 46; 1971
- Soittakaa te soittoniekat, Part 4; StrQ, op. 48; Fazer (1971)
- StrQ; no. 2; op. 52; 1972; Fazer

Salter, Timothy
1942-
- StrQ; 1980, rev. 1985
- StrQ; 1983

Salva, Tadeáš
1937-1995
- StrQ; no. 1; 1959
- StrQ; no. 2; 1962
- StrQ; b; no. 3; 1970, rev. 1978; Opus
- StrQ; no. 4; 1988

Salviucci, Giovanni
1907-1937
- StrQ; 1932

Salvadori, Luca
1958-
- A time for the evening; StrQ; Edipan

Salzedo, Leonard
1921-2000
- StrQ; no. 1; op. 1; 1942; Selbstverlag
- StrQ; no. 2; op. 3; 1943; Selbstverlag
- StrQ; no. 3; op. 6; 1945; Selbstverlag
- StrQ; no. 4; op. 17; 1947; Selbstverlag
- StrQ; no. 5; op. 32a; 1952; Selbstverlag
- StrQ; no. 6; op. 32b; 1952; Selbstverlag
- StrQ; 1969; Selbstverlag
- StrQ; 1987; Selbstverlag
- StrQ; op. 134; 1996; Selbstverlag

Salzman, Eric
1933-
- StrQ; 1955

Salzmann, Karl Gottfried
1797-1871
- StrQ

Samazeuilh, Gustave
1877-1967
- StrQ; d; 1900; Durand (1911)
- Suite; StrQ; 1937
- Cantabile e capriccio; StrQ; 1948;
  Durand (1948)

Samet, Elias Emile
1862-1926
- Bagatellen; StrQ; op. 87; André (1893)
- Was der Bach erzählt; StrQ; op. 117; André
  (1900)

Saminsky, Lazare
1882-1959

- StrQ; 1930; Universal

Sammons, Albert
1886-1957
- Phantasy; StrQ; B; op. 8; Boosey (1916)

Samo, Igor Naumovich
1925-1982
- Ukrainskij; StrQ; no. 1; 1955; Muzychna
  Ukr. (1958)
- Druzba; StrQ; no. 2; 1955; Sovetskij (1958)
- StrQ; no. 3
- StrQ; no. 4; 1962
- Bolgarskij; StrQ; no. 5; 1980

Samter, Alice
1908-2004
- StrQ

Samuel, Adolphe (-Abraham)
1824-1898
- StrQ; op. 5; 1844
- StrQ; op. 34; 1868

Samuel, Gerhard
1924-2008
- StrQ; 1978; Belwin Mills; A: 1978
- StrQ; 1981

Samuel, Leopold
1893-1975
- StrQ; 1941
- StrQ; 1942
- StrQ; 1948

Samuel, Rhian
1944-
- Rondo pizzicato; StrQ; 1982; Simrock
- Preludes + dances; StrQ; 1997

Samuel-Holeman, Eugène
1863-1942
- Une vie; StrQ; 1914
- Dans la chambre de la petite morte;
  StrQ; 1917

Samuel-Rousseau, Marcel
1882-1955
- Deux pieces; StrQ; Durand (1902)

Sánchez de Fuentes, Eduardo
1874-1944

- StrQ; 1910

Sánchez-Verdú, José María
1968-
- StrQe 1–3?
- StrQ; no. 4; 1991
- Cuarteto nazarí; StrQ; no. 5; 1992/93
- Arquitecturas de la memoria; StrQ; no. 7; 2004; Breitkopf
- Blau; StrQ + Bar; no. 8; 2005; Breitkopf
- Paraíso cerrado; StrQ; no. 9; 2012; Breitkopf
- Barzaj; StrQ; no. 10; 2014/15; Breitkopf

Sandahl, Helge
1905-1995
- StrQ; G; STIM

Sandberg, Mordecai
1897-1973
- StrQ; no. 1; 1941
- StrQ; no. 2
- Orah, no. 3; StrQ; 1945
- StrQ; 1955; Institute of New Music

Sandberger, Adolf
1864-1943
- StrQ; d; op. 9
- StrQ; e; no. 2; op. 15; Breitkopf (1899)

Sandby, Herman
1881-1965
- Roselil; StrQ; W. Hansen (1912)
- StrQ; C; 1921; Hansen (1922)
- StrQ; no. 2; C. Fischer (1926)
- StrQ; no. 3; Skandinavisk (1938)

Sander, Alexander
1940-
- StrQ; 1957/58; A: 1958 Darmstadt

Sander, Peter
1933-
- StrQ; 1973; BMIC
- StrQ; 1992; BMIC

Sanders, Noel
1948-
- Wolf; StrQ; 1990
- StrQ; 1994

Sanders, Robert Levine
1906-1974
- StrQ; 1929

Sandi, Luis
1905-1996
- StrQ; 1938; Edic. Mexicanas (1951)
- 4 Movimenti; StrQ; 1950; CDA

Sandström, Sven-David
1942-
- StrQ; 1969; SMIC
- Behind; StrQ; 1981; Nordiska
- Farewell; StrQ; 1985; Nordiska
- StrQ; 1987; SMIC

Sandvold, Arild Edvin
1895-1984
- StrQ; c; 1918

Sannicandro, Valerio
1971-
- StrQ

Sanri, Erhan
1957-
- Quartettsatz; 1994/95

Santacreu, Javier
1965-
- De Tardor; StrQ; Presser

Santa Cruz Wilson, Domingo
1899-1987
- StrQ; no. 1; op. 12; 1930/31; Peer
- StrQ; no. 2; op. 24; 1946/47; Peer (1959)
- StrQ; no. 3; op. 31; 1959; Peer (1970)

Santiago, Rodrigo A. de
1907-1985
- Gaelico; StrQ; 1974; EMEC

Santoboni, Riccardo
1964-
- Anabasi II; StrQ; 1992

Santoliquido, Francesco
1883-1971
- StrQ; C; 1931; Ricordi (1931)

Santoro, Cláudio
1919-1989
- StrQ; no. 1; 1943

- StrQ; no. 2; 1946/47
- StrQ; no. 3; 1953
- StrQ; no. 4; 1955; Tonos
- StrQ; no. 5; 1957; Tonos
- StrQ; no. 6; 1963; Tonos
- StrQ; no. 7; 1965; Tonos (1971)
- Mutationen VII; StrQ + TB ad lib.; 1973
- Mutationen XII; StrQ + TB ad lib.; 1976

Santórsola di Bari Bruno, Guido Antonio
1904-1994
- StrQ; no. 1; 1957; CDA;
  A: 1958 Montevideo

Santos, Joly Braga
1924-1988
- StrQ; no. 1; op. 4; 1945; Santos Beirao
- StrQ; a; no. 2; op. 27; 1956; Santos Beirao

Santos, Ramón Pagayon
1941-
- Quartet 1971; StrQ + Tape; 1970/71
- Quartet 1974; StrQ; 1974

Santos-Ocampo, Amada Galvez
1925-2009
- StrQ; 1961

Sanz Guerrero, Fernando
1936-
- StrQ

Sapieyevski, Jerzy
1945-
- Mazurka variations; StrQ; 1985; Presser

Sapozhnikov, Vladimir Alekseyevich
1945-
- StrQ; 1984

Sárai, Tibor
1919-1995
- StrQ; no. 1; 1958; EMB
- StrQ; no. 2; 1971; EMB
- StrQ; no. 3; 1980–82; EMB

Sarcina, Antonia
1963-
- 4 Artettando; StrQ; 1994; ISNP (1996)

Sardà y Bofill, Albert
1943-
- StrQ; 1978; Southern Music

Sargenti, Simonetta
1952-
- Trasformazioni; StrQ; 1982

Sári, József
1935-
- StrQ; 1975; EMB (1978); A: 1976 Lich

Sári, László
1940-
- … es a Nap?; 1986; Editio Musica
- Variaciok; StrQ; 1986–88; Editio Musica

Sárközy, István
1920-2002
- Ricordanze III; StrQ; 1977; EMB (1980)

Sarmientos, Jorge Álvaro
1931-2012
- StrQ; 1965

Šaroun, Jaroslav
1943-
- StrQ; 1965

Saryan, Ghazaros Lazar Martirosi
1920-1998
- StrQ; no. 1; 1949
- StrQ; no. 2; 1986

Sás, Andrés
1900-1967
- StrQ; 1938; CDA

Sasse, Karl Ernst
1923-2006
- Musik zur Jugendweihe; StrQ; um 1969
- Wiener-Walzer-Melange; StrQ; Ed. Modern

Satanowski, Robert
1918-1997
- StrQ

Satie, Erik
1866-1925
- Quatuor intime et secret; Salabert

Sato, Masahiro
1962-
- Triplex; StrQ; no. 2; JFC (2002); A: Tokio

Sato, Shin
1938-
- StrQ; 1997; JFC

Satō, Sōmei
1947-
- Shirasagi; StrQ; 1987; Zen-On;
  A: 1987 Tokio
- Homa; StrQ + Stimme; 1988;
  A: 1988 Tokio
- Toward the night; StrQ; 1991; Zen-On;
  A: 1991 New York
- River; StrQ; 1997

Sato, Toshinao
1936-
- StrQ; 1964
- StrQ; 1970

Šatra, Antonín
1901-1979
- StrQ; no. 1; 1931
- Hudba o cloveku; StrQ; no. 2; 1933
- StrQ; 1965
- StrQ; 1972

Saudek, Vojtěch
1951-2003
- StrQ; no. 1; 1979; CHF (1986)
- StrQ; no. 2; 1990

Šauer, František
1912-1989
- StrQ; 1943

Sauerstein, Erich Willy
1899-?
- StrQ; op. 16

Sauger, Louis
1897-1991
- StrQ; 1929

Sauguet, Henri
1901-1989
- StrQ; G; no. 1; 1941; Eschig (1991)
- StrQ; A; no. 2; 1947/48; Menestrel/Heugel
  (1950); A: 1950
- StrQ; no. 3; 1979; Eschig
- Meditation; StrQ; 1983; Eschig

- StrQ; 1989; Eschig

Saunders, Rebecca
1967-
- StrQ; 1997; Ed. Peters; A: 19/1997 Graz
- Fletch; StrQ; 2012; Ed. Peters;
  A: 10/2012 Graz

Saunway, Theodore
1940-
- StrQ

Sautereau, César
1913-?
- StrQ; Durand (1942)

Sauveplane, Henri Emile
1892-1942
- StrQ; f; Senart (1921)

Savard, Augustin
1861-1942
- StrQ; F; 1912; G. Schirmer (1915)

Savery, Finn
1933-
- StrQ; no. 1; 1956
- StrQ; no. 2; 1983; Samfundet (1983–88)
- Egne veje; StrQ; no. 3; 1990; Samfundet

Savj, Luigi
1803-1842
- 2 StrQe; op. 4; Ricordi (1845)
- 2 StrQe; op. 5; Ricordi (1845)

Savli, Peter
1961-
- Melos Solem; StrQ; 1997

Sawyer, Eric
1962-
- StrQ; 1992
- StrQ; 1998
- StrQ; 2000
- StrQ; 2004

Saxton, Robert
1953-
- Fantazia; StrQ; 1993; Chester
- Songs, Dances, Ellipses; StrQ; 1997; Chester

Say, Fazıl
1970-

- Divorce; StrQ; op. 29; 2010; Schott (2011)

Saygun, Ahmet Adnan
1907-1991
- StrQ; no. 1; op. 27; 1947; Peer (1961)
- StrQ; no. 2; op. 35; 1958; Peer (1961)
- StrQ; no. 3; op. 43; 1967; Peer (1973)
- StrQ; no. 4; op. 78; 1990; Peer (Fragment)

Sbordoni, Alessandro
1948-
- Ombre venivano leggere; StrQ; 1987
- Delumine; StrQ; 2001

Scaglia, Carlo
1863-?
- StrQ

Scaramuzza Fabi, Giovanni
1961-
- Invenzioni prismatiche; StrQ; op. 15; Berben
- Quartetto; StrQ; op. 20; Berben

Scărlătescu, Ion
1872-1922
- Menuet; StrQ; op. 16; 1898
- Preludio; StrQ

Scarmolin, Anthony Louis
1890-1969
- Landscapes; StrQ; 1939
- StrQ; no. 1
- StrQ; no. 2

Scearce, J. Mark
1960-
- YZK; StrQ

Scelsi, Giacinto
1905-1988
- StrQ; no. 1; 1944; de Santis (1948)
- StrQ; no. 2; 1961; Salabert (1985)
- StrQ; no. 3; 1963; Salabert (1983)
- StrQ; no. 4; 1964; Salabert (1983)
- Aitsi; StrQ; 1974; Neufsg.; 1984; Salabert
- Manto; StrQ; Fis; 1975; Salabert
- StrQ; no. 5; 1984; Salabert

Ščerba, Libor
1959-

- StrQ; 1981; CHF

Scerbacev, Vladimir Vladimirovic
1887-1952
- Petr Pervyj, Suite; StrQ; 1943

Schaaf, Edward Oswald
1869-1939
- StrQ

Schacht, Peter
1901-1945
- StrQ; 1932
- Satz; StrQ; um 1930

Schacht, Theodor v.
1748-1823
- StrQ; B; Molinari (1996)

Schäfer, Dirk
1873-1931
- StrQ; cis; op. 14; Noske (1921/22)

Schäfer, František
1905-1966
- StrQ; a

Schäfer, Gerhart
1926-
- StrQ; 1950; A: 1952 Darmstadt

Schaefer, Helmut
1908-1976
- StrQ; a; op. 7; 1931

Schäfer, Hermann
1927-2009
- StrQ; no. 1; 1946; A: 12/1946 Trossingen
- StrQ; no. 2; 1951; A: 1952 Stuttgart

Schäfer, Johannes
1957-
- StrQ; no. 1; 1983; A: 1983

Schaefer, Theodor
1904-1969
- StrQ; no. 1; op. 2; 1928/29
- StrQ; no. 2; op. 16; 1940/41
- StrQ; no. 3; op. 21; 1944/45

Schaefers, Anton
1908-1997
- StrQ; no. 1; A: 1947 Trier
- StrQ; 1948; 4. Satz nach Komp. 1993

Schaeffer, Bogusław
1929-
- Muzyka; StrQ; 1954
- StrQ; no. 1; 1957
- Monosonata; 6 StrQe; 1959; PWM
- Concerto; StrQ; 1959
- StrQ; no. 2; 1964; Ahn (1966)
- StrQ; no. 3; 1971
- StrQ; no. 4; 1973
- StrQ; no. 5; 1986
- StrQ; no. 6; 1993
- StrQ; no. 7; 1997
- StrQ; no. 8; 1998
- StrQ; no. 9; 1999
- StrQ; no. 10; 2000
- StrQ; no. 11; 2003
- StrQ; no. 12; 2005

Schär, Ernst-Martin
1958-
- Kind of Jazz; StrQ; 1989; FSPM

Schaeuble, Hans Joachim
1906-1988
- StrQ; op. 3; Amadeus
- StrQ; op. 8; 1931; BB
- Musik f. StrQ; op. 19; 1936; BB (1936)
- StrQ; no. 3; op. 35; 1950; Amadeus

Schafer, Raymond Murray
1933-
- StrQ; no. 1; 1970; UE (1973)
- Waves; StrQ; no. 2; 1976; Berandol (1978)
- StrQ; no. 3; 1981; Arcana (1983)
- StrQ; no. 4; 1989; Arcana (1989)
- Rosalind; StrQ; no. 5; 1989; Arcana (1989)
- Parting Wild Horse's Mane; StrQ; no. 6; 1993; Arcana
- StrQ + Sopr + Perc; no. 7; 1998
- StrQ + Tape; no. 8; 2000
- StrQ; no. 9; 2005
- StrQ; no. 10; 2005
- StrQ; no. 11; 2006
- StrQ; no. 12; 2012

Schaffner, Nicolaus
1790-1860

- StrQ; Es; op. 22; Costallat
- StrQ; h; op. 23; Costallat
- StrQ; G; op. 27; Costallat
- StrQ; C; op. 28; Costallat
- StrQ; C; op. 57; Costallat

Schaffrath, Christoph
1709-1763
- 3 StrQe; F, Es, C

Schaller, Ferdinand
1835-1884
- Quartettino; D; op. 15; Gruber (1883)

Schanzara, Hans
1897-1984
- StrQ; a; op. 17
- StrQ; G; op. 18

Schanze, Johannes
1889-1978
- StrQ; no. 1; 1949
- StrQ; a; no. 2; um 1954
- StrQ; no. 3; op. 52; um 1959

Schaper, Gustav
1845-1906
- Musikalische Gedenkblätter; StrQ; op. 12; Litolff (1884)

Schapfl, Nikolaus
1963-
- StrQ; no. 1; 1997
- StrQ; no. 2; 1998/99

Schapler, Julius
1813-1886
- Preis-Quartett; StrQ; G; Heckel (1841)

Scharf, Moritz
1838-1908
- StrQ; G; op. 60; Reinecke (1899)

Scharrer, August
1866-1936
- StrQ; c; op. 57

Scharwenka, Philipp
1847-1917
- StrQ; d; op. 117; Breitkopf (1910); Amadeus

- StrQ; D; op. 120; Simrock (1924); Amadeus

Scharwenka, Xaver
1850-1924
- StrQ; g; vor 1875; verschollen

Schat, Peter
1935-2003
- Introductie en adagio in oude Stijl; StrQ; op. 2; 1954; Donemus

Schatt, Leo
1889-1982
- StrQ; e; no. 1; 1932
- StrQ; cis; no. 2; 1947
- StrQ; no. 3; 1950–53
- StrQ; no. 4; 1961/62

Schaub, Hans Ferdinand
1880-1965
- StrQ; c; no. 1
- StrQ; D; no. 2

Schedl, Gerhard
1957-2000
- Nächtliche Szenen, Skizzen; StrQ; op. 5; 1977; Doblinger (1996); A: 12/1980 Wien
- Paraphrase über Schuberts *Der Tod und das Mädchen*; StrQ; no. 2; 1986; Doblinger (1986); A: 1/1987 Frankfurt/Main
- *... denn ohne, daß er etwas Böses getan hätte ... es war ...* (Kafka); StrQ; no. 3; 1996; Doblinger (1996); A: 6/1997 Wien

Scheidel Austin, Elizabeth
1938-
- Inscapes; StrQ; 1981

Scheffler, Siegfried
1892-1969
- StrQ; G

Scheiling, Janos
1945-1995
- Das kleine Streichquartett; Kuscera

Scheinpflug, Paul
1875-1937
- StrQ; c; op. 16; Heinrichshofen (1912)

Schelb, Josef
1894-1977
- 3 StrQe

Scheller Zembrano, Maria
1917-1944
- StrQ; F; 1936

Schelling, Ernest
1876-1939
- Tarantella; StrQ; C. Fischer
- Divertimento; StrQ; Leuckart (1927)

Schenck, Piotr Petrovich
1870-1915
- StrQ; d; op. 29

Schenk, Johann Baptist
1753-1836
- 5 StrQe

Schenker, Friedrich
1942-2013
- StrQ; no. 1; 1971; Ed. Peters (1972)
- Omaggio à Michelangelo Buonarotti e Dmitri Schostakovitsch; StrQ; no. 2; 1982; Ed. Peters (1982)
- Die vom Berge; StrQ; no. 3; 2005; Intermezzo

Scherber, Ferdinand
1874-1944
- StrQ; Fitzner; A: 4/1917

Scherchen, Hermann
1891-1966
- StrQ; no. 1; op. 1; 1915; Steingrüber (1920)

Scherchen, Tona
1938-
- Wai; StrQ + Mezzosopr; 1967; UE (1976)

Schermann, Dietmar
1957-
- StrQ; no. 1; op. 4; 1979
- Wanderung; StrQ; op. 14; 1989

Scherner, Helmuth
1941-
- 2 StrQe; 1994

Scherr, Hans-Jörg
1935-

- StrQ; 1968–72; A: 1972 Klagenfurt

Scheunemann, Max
1881-1965
- StrQ; no. 1; 1927
- StrQ; D; no. 2; 1928

Schibler, Armin
1920-1986
- StrQ; no. 1; 1945; Ahn
- StrQ; no. 2; 1951; Ahn
- StrQ; no. 3; 1958; Ahn
- StrQ; no. 4; 1959/60; Ahn
- StrQ; no. 5; 1975; Kunzelmann

Schick, Philippine
1893-1970
- StrQ; op. 3; 1920; A: 3/1990 München

Schickele, Peter
1935-
- American dreams; StrQ; no. 1; 1983; Elkan-Vogel
- In memoriam; StrQ; no. 2; 1987; Elkan-Vogel
- The 4 Seasons; StrQ; no. 3; 1988; Elkan-Vogel
- Inter-Era Dance Suite; StrQ; no. 4; 1992; Elkan-Vogel
- Blue Set, no. 1; StrQ; 1993; Elkan-Vogel
- A year in the country; StrQ; no. 5; 1998; Elkan-Vogel
- Viola dreams. Quodlibet; StrQ; Elkan-Vogel
- As: P. D. Q. Bach: The moose; StrQ; F

Schidlowsky, Léon
1931-
- StrQ; 1967; Ars Viva (1972)
- StrQ; 1988
- StrQ; 2001

Schieck, Konrad
1942-1999
- 2 StrQe; 1969

Schiff, David
1945-
- Elegy; StrQ; 1978; MMB

Schiff, Helmut
1918-1982
- StrQ; 1940

Schiffauer, Eduard
1942-
- StrQ; 1997

Schiffman, Harold Anthony
1928-
- StrQ; no. 1; 1951
- StrQ; no. 2; 1981

Schiffmann, Ernst
1901-1980
- StrQ; op. 35

Schifrin, Lalo Boris
1932-
- Canons; StrQ; 1969

Schildknecht, Björn
1905-1946
- StrQ; d; STIM

Schilling, Hans Ludwig
1927-2012
- 3 StrQe

Schilling, Otto-Erich
1910-1967
- StrQ

Schilling, Walther
1892-1939
- StrQ; G; op. 8

Schillings, Günter M.
1956-
- StrQ

Schillings, Max v.
1868-1933
- StrQ; e; op. 1b; 1887, rev. 1906; Simrock (1906); Nachlass

Schilling-Ziemssen, Hans Eduard
1868-?
- StrQ

Schimon, Adolf
1820-1887
- StrQ; a; op. 25; Heugel (1869)

Schindler, Anton Felix
1798–1864
- StrQ; d; 1822

Schindler, Hanns
1889–1951
- Nordische Skizzen; StrQ

Schinman, Jan Philipp
1887–nach 1954
- StrQ

Schinelli, Achille
1892–1969
- StrQ; um 1925; Blanchi

Schipperges, Thomas
1959–
- Entelechia; StrQ; 1981

Schiske, Karl
1916–1969
- StrQ; e; no. 1; op. 4; 1936/37; ÖBV (1949); Doblinger (1972); A: 1939 Wien
- StrQ; no. 2; op. 21a; 1945; UE (1950); A: 2/1948 Wien

Schiuma, Armando
1891–1955
- Motivos Criollos; StrQ

Schjelderup, Gerhard
1859–1933
- StrQ; fis; 1921

Schläger, Hans
1820–1885
- StrQ; F; op. 29; Doblinger (1873)

Schlecht, Franz Anton
1730–1782
- 7 StrQe; G, C, G, D, B, A, E

Schlecht, Johannes
1948–
- StrQ; no. 1; A: 1996 Eisenach

Schlee, Thomas Daniel
1957–
- StrQ; no. 1; op. 9; 1980; A: 7/1983 Ossiach
- Tempus floridum; StrQ; 1991; UE (1991); A: 11/1991 Wien

- StrQ; no. 2; op. 21; 1983–85, rev. 1997; Bärenreiter (1992/1998); A: 1/1993 Linz

Schlegel, Leander
1844–1913
- StrQ; G; op. 17; Siegel (1905)
- StrQ; no. 2; op. 35

Schleiermacher, Steffen
1960–
- Festgefressen; StrQ; op. 38; 1994; BB (1995)

Schlemm, Gustav Adolf
1902–1987
- StrQ; f; no. 1; 1934
- StrQ; D; no. 2; Breitkopf (1948)
- StrQ; no. 3; 1959; Tonos (1977)
- StrQ; op. 4; 1924

Schlenker, Manfred
1926–
- 9 Episoden; StrQ; 1994; ADU (1995)
- Komm in unsre stolze Welt; StrQ; 1990

Schlensog, Martin
1897–
- Geistliche Hausmusiken; StrQ; a; Zwißler (1924); Ed. Kemel (2008)

Schlesier, Raimund
1910–1975
- StrQ

Schlesinger, Lotte
1909–1976
- StrQ; 1929

Schliepe, Ernst Heinrich
1893–1961
- StrQ; F; 1920; A: 1922 Berlin
- StrQ; no. 2; 1922; A: 1929 Berlin

Schlösser, Louis (Ludwig)
1800–1886
- StrQ; D; op. 1; Costallat
- StrQ; op. 4; Riehaut (1825)
- StrQ; op. 15; André (1835?)

Schloß, Julius
1902–1973
- StrQ; A: 1929 Genf

Schlosser, Ernst
1866-1938
- StrQ; e; A: 1893 Wiesbaden

Schlothauer, Burkhard
1957-
- meer raunt, fels schweigt, wind streichelt;
  StrQ; 2001; Wandelweiser
- Similar Sounds 2; StrQ; 2001;
  Wandelweiser

Schlünz, Annette
1964-
- StrQ; no. 1; 1980
- An eine Vernunft, nach Arthur Rimbaud;
  StrQ; no. 2; 1982
- There is no time to ask; StrQ; 2008; Ricordi

Schlüter-Ungar, Hanns
1892-?
- StrQ; Des

Schmeidler, Carl
1859-1935
- StrQ

Schmid, Erich Karl Theodor
1907-2000
- In modo classic; StrQ; op. 4; 1930/31,
  rev. 1934; A: 6/1931 Berlin
- Kleines Hauskonzert, op. 13; 1937–40
- StrQ; o. op.; 1928/29; 1 S. erhalten

Schmid, Heinrich Kaspar
1874-1953
- StrQ; G; op. 26; 1916; Schott (1920)

Schmid, Josef
1868-1945
- StrQ; D; 1941

Schmid, Waldemar
1881-1967
- StrQ; cis; A: 1936 Kiel

Schmidek, Kurt
1919-1986
- StrQ; no. 1; 1952
- StrQ; no. 2; 1974

Schmidinger, Helmut
1969-

- Zyklen; StrQ; Doblinger (2009);
  A: 5/2009 Augsburg

Schmid-Lindner, August
1870-1959
- Serenade; StrQ; E

Schmidt, Christfried
1932-
- StrQ; no. 1; 1965
- Hommage à Béla Bartók; StrQ; no. 2;
  1970; DVfM (1980); A: 1977 Köln

Schmidt, Daniel
1969-
- StrQ; 1991/92; A: 6/1992 Wien

Schmidt, Ernst
1878-1955
- StrQ

Schmidt, Franz
1874-1939
- StrQ; A; no. 1; 1925; Leuckart (1927)
- StrQ; G; no. 2; 1929; Doblinger (1930)

Schmidt, Hansjürgen
1935-
- StrQ; no. 1
- StrQ; no. 2; 1979; DVfM (1989)

Schmidt, Hartmut
1946-
- StrQ; 1973/74; A: 6/1975 Salzburg
- Walzer für Trude; StrQ; Tonger (1996)

Schmidt, Harvey Lester
1929-
- StrQ

Schmidt, Hermann
1810-1845
- 3 StrQe

Schmidt, Mia
1952-
- StrQ; 1983
- Mondwein; StrQ; 1985; Ricordi;
  A: 1986 Darmstadt
- 4 Stücke; StrQ

Schmidt, Ole
1928-2010

- StrQ; 1954
- StrQ; 1963
- StrQ; 1965
- StrQ; 1969
- StrQ; 1977

Schmidtkonz, Max
1869-?
- StrQ; G; 1928

Schmidt-Kowalski, Thomas
1949-
- Der Stern der Cherubim; op. 51, 2

Schmidt-Walter, Herbert
1904-?
- 9 StrQe; 1949–72

Schmit, Camille
1908-1976
- StrQ; 1948

Schmitt, Aloys
1788-1866
- 3 StrQe; B, G, f; op. 70; Breitkopf (1829)
- 2 StrQe; opp. 80, 81; Weygand; Breitkopf

Schmitt, Florent
1870-1958
- Andante religioso; StrQ; op. 109; Durand
- StrQ; G; op. 112; 1947; Durand (1949); A: 1948

Schmitt, Georg Aloys
1827-1902
- StrQ

Schmitt, Joseph
1734-1791
- 6 StrQe; F, D, Es, A, E, Es; op. 5; 1773; Hummel (1773), no. 255 [S1777]
- StrQ; F; op. 17; um 1793; Schmitt (1793) [S1794]
- 6 StrQe; C, Es, E, G, B, B; A-Wn, CZ-Bm, D-Bsb, D-RH
- 2 StrQe; F, Es; op. 1; Hummel (1766)

Schmitt, Jürgen
1954-
- StrQe

Schmitt, Meinrad
1935-
- Fantasia piccola; StrQ; 1971; Bosse (1972); A: 1975 München

Schmitz, Hans-Joachim
1953-
- Skizzen f. StrQ; Fragment

Schmügel, Johann Christoph
1727-1798
- StrQ; B; Chevardière

Schmutz, Albert Daniel
1887-1975
- StrQ

Schnabel, Alexander Sascha Maria Robert
1889-1969
- StrQ; op. 13
- StrQ; D; no. 1; op. 26; A: 1925 Riga
- StrQ; d; no. 2; A: 1943 Posen

Schnabel, Artur
1882-1951
- StrQ; no. 1; 1918; UE (1927); Peer
- StrQ; no. 2; op. 12; 1921
- StrQ; no. 3; 1922; Boosey (1961); Peer
- StrQ; no. 4; 1930; Peer
- StrQ; no. 5; 1940; Peer

Schnebel, Dieter
1930-
- Versuche I–II; StrQ; 1954/55; Schott; A: 9/1973 Stuttgart
- im Raum; StrQ; no. 1; 2005; Schott; A: 2/2008 Stuttgart
- Erinnern–Wiederholen–Durcharbeiten; StrQ; no. 2; 2006; Schott; A: 7/2007 Berlin

Schneegass, Klaus-Peter
1962-
- Mori no name–Oceano-futuristische Epiloge; StrQ; op. 23; 1997/98

Schneid, Tobias PM
1963-
- Entrez!; StrQ; 1989; Peer; Accent (1995)
- Versuch über Vergangenes; StrQ + TB; 1991–93; Accent (1994); A: 1990 Hitzacker

- ... in memoriam ...; StrQ; no. 3; 2007; Peer

Schneider, Bernhard
1861–1948
- StrQ

Schneider, Ernst
1939–
- StrQ; 1974; CMC

Schneider, Friedrich
1786–1853
- 10 StrQe; alle MS
- StrQ; 1806; Pfefferkorn (1999)
- StrQ; g; no. 6; Gamus (2000)
- StrQ; g; op. 90; Breitkopf (1833); Pfefferkorn (2012)

Schneider, Georg Abraham
1770–1839
- 3 StrQe; Es, d, C; op. 10; Gombart (1802)
- 3 StrQe; Es, D, C; op. 14; Gombart (1803)
- 3 StrQe; c, D, F; op. 20; Simrock (1803)
- 3 StrQe; Es, G, g; op. 65; Schlesinger (1812)
- 3 StrQe; F, B, e; op. 68; Schlesinger (1813)

Schneider, Joachim F. W.
1970–
- StrQ; 1995
- StrQ; no. 2; 1999; Theophilus (2002)

Schneider, Otto
1912–1991
- StrQ; op. 0; 1944
- StrQ; op. 5; 1961
- StrQ; op. 31; 1975
- StrQ; op. 43; 1986
- StrQ; op. 53; 1989

Schneider, Willy
1907–1983
- Kleine Streichermusik; StrQ; 1968; Möseler
- StrQ; 1946; A: 1947 Stuttgart

Schneider-Trnavský, Mikuláš
1881–1958
- Humoreske; StrQ; 1918; SHF (1980)
- Cie sa to ovecky; StrQ; 1950

Schneikart, Heinrich
1929–2008

- StrQ; no. 1; 1957
- StrQ; no. 2; 1972

Schneller, Oliver Martin
1966–
- Joyce paraphrases; StrQ; 1997; A: 1998 Boston
- Ambers; 2 StrQe; A: 5/2012 Luxemburg

Schnittke, Alfred
1934–1998
- StrQ; 1959; unvollendet
- StrQ; no. 1; 1966; UE (1968)
- Kanon in memoriam I. Strawinsky; StrQ; 1971, rev. 1976; Sikorski (1977)
- StrQ; no. 2; 1980; UE (1981)
- StrQ; no. 3; 1983; UE (1984)
- StrQ; no. 4; 1989; UE (1989)
- StrQ (Variations); 1995–98
- Polka; StrQ; Sikorski

Schnitzer, Tomas
1963–1984
- Passacaglia; StrQ; 1982

Schnyder, Daniel Johannes
1961–
- StrQ; no. 1; 1988
- Beginning of life; 1989
- StrQ; no. 2; 1991
- Fantastic tales; StrQ
- Sunrise + Sunset; StrQ; no. 3

Schoarsbach
lebte im 18. Jhdt.
- 6 StrQe; A, G, D, Es, g, B; Chevardière; Castaud [S1915]

Schober, David
1974–
- StrQ; 2000; AMC; A: New York

Schoeck, Othmar
1886–1957
- StrQ; D; op. 23; 1912/13; Hug (1913)
- StrQ; C; op. 37; 1923; Breitkopf (1924)
- Menuett + Trio; StrQ; o. op. = Nr. 26; 1906/07; MS im Privatbesitz
- Walzer; StrQ; G; o. op. = Nr. 71; 1908?

- Fuga; StrQ; o. op. = Nr. 72; 1908?
- Satz; StrQ; C; o. op. = Nr. 73; 1908?
- Satz; StrQ; B; o. op. = Nr. 75; 1908?
- Trio; StrQ; D; o. op. = Nr. 100; 1908?

Schöfmann, Karl Peter Franz
1886-1945?
- StrQ; a; 1910; A: 1914 Wien

Schoemaker, Maurice
1890-1964
- StrQ; D; 1945; Lecomte

Schön, Moritz
1808-1885
- Andante + Polonaise; StrQ; G; op. 8; Hoffmeister

Schönbach, Dieter
1931-2012
- StrQ; 1962; Ahn (1962)

Schönberg, Arnold
1874-1951
- Presto; StrQ; C; um 1895; Schott [GA A20]
- StrQ; F; vor 1897; Schott [GA B20, Fragm.]
- Scherzo; StrQ; F; 1897; Belmont [GA A20, Fragm.]
- StrQ; D; 1897; Faber; Schott [GA A20]
- Fuge [GA A20] + Scherzo [GA B20, Fragm.]; StrQ; 1901–04
- StrQ; d; no. 1; op. 7; 1904/05; Dreililien
- StrQ; C; o. op.; nach 1905; Schott [GA A20, Fragm.]
- StrQ + Sopr; fis; no. 2; op. 10; 1910, rev. 1921; Selbstverlag; rev. UE [GA A20]
- StrQ nach d. Bläserquintett; op. 26; 1925; Schott [GA B22, Fragm.]
- StrQ; 1926; Schott [GA B21, Fragm.]
- StrQ; C; o. op.; nach 1927; Schott (1986) [GA A 20, Fragm.]
- StrQ; no. 3; op. 30; 1927; UE [GA A21]
- StrQ; no. 4; op. 37; 1936; Schirmer [GA A21]
- StrQ; 1949; Schott [GA B21, Fragm.]

Schönberg, Stig Gustav
1933-

- StrQ; no. 1; op. 19; 1961; STIM
- StrQ; no. 2; op. 29; 1963; STIM
- StrQ; no. 3; op. 53; 1968; STIM
- StrQ; no. 4; op. 58; 1969; STIM
- StrQ; no. 5; op. 61; 1970; STIM
- StrQ; no. 6; op. 67; 1971/72; STIM
- StrQ; no. 7; op. 118; 1983/84; STIM

Schoendlinger, Anton
1919-1983
- StrQ; no. 1
- StrQ; no. 2; 1966; Gehann (2003)
- StrQ; no. 3; 1966; Gehann (2003)
- StrQ; no. 4; 1974

Schönfeldinger, Gerald
1960-
- Harkauer Aussiedlungstanz; StrQ

Schoenfield, Paul
1947-
- Tales from Chelm; StrQ

Schönherr, Max
1903-1984
- StrQ; no. 1; op. 1; 1920; A: 1922 Graz
- StrQ; no. 2; op. 4
- StrQ; no. 3; op. 10

Schönthal, Ruth
1924-2006
- StrQ; no. 1; 1962; Furore (1997)
- StrQ; no. 2; 1983, rev. 1996; Furore (1997)
- In memoriam Holocaust; StrQ; no. 3; 1997; Furore (1998)

Schöny, Heinrich
1881-1965
- 9 StrQe

Scholl, Gregor Michael
1964-
- ... geheimnisvoll verkündet durch die Zeiten ...; StrQ; 1999; A: 1999 Köln

Schollum, Robert
1913-1987
- StrQ; op. 40; 1949; Doblinger (1949); A: 1950 Wien

- StrQ; no. 2; op. 72; 1966/67;
  Doblinger (1969)
- Was wollen wir singen und fangen an; StrQ;
  Doblinger

Scholz, Arthur Johannes
1883-1945
- 6 StrQe; D, G, C, D, A, D; ÖBV (1949)

Scholz, Bernhard Ernst
1835-1916
- StrQ; G; op. 46; Ed. Peters (1877)
- StrQ; A; no. 2; op. 48; Hainauer (1879);
  Amadeus (2006)

Scholz, Erwin Christian
1910-1977
- StrQ; no. 1
- StrQ; no. 2
- StrQ; no. 3
- StrQ; no. 4
- StrQ; no. 5

Scholz, Friedrich
1926-2008
- Von der Silberpappel im Zigeunerwald;
  StrQ; 2002; A: 2002 Osttirol

Schoor, Wolfgang
1926-2007
- StrQ; no. 1; 1949
- StrQ; no. 2; 1953
- StrQ; no. 3; A: 1998 Görlitz

Schorr-Weiler, Eva
1927-2016
- Rondo + Var.; StrQ; 1950
- Wände; StrQ + Sopr; A: 11/1974 Stuttgart
- StrQ; 2009

Schramm, Friedrich August
1867-?
- StrQ; 1898

Schramowski, Herbert
1927-
- Miniaturen; StrQ; 1988

Schrattenholz, Leo
1872-1955
- StrQ; h; op. 28; 1901; Simrock (1902)

Schreiner, Franz Nono
1948-
- Der Kawehdji und der Derwisch; StrQ,
  Sprecher, Chor; 1993–97
- 3 Ländler aus Tirol; StrQ; 2005
- 5 gradtaktige Ländler aus Niederösterreich;
  2005
- 6 Ländler aus Niederösterreich; StrQ; 2005

Schröder, Carl
1848-1935
- StrQ; d; op. 88; Eulenburg (1907)
- StrQ; C; op. 89; Eulenburg (1909)

Schröder, Hanning
1896-1987
- StrQ; no. 1; 1922
- StrQ; no. 2; 1922/23
- StrQ; no. 3; 1928/29
- In memoriam: Lied der Moorsoldaten;
  StrQ; 1953; Breitkopf (1957)
- 7 Bagatellen; StrQ; no. 4; 1974; Corona
- StrQ; no. 5; 1978/79; Ries; A: 1979 Berlin

Schroeder, Hermann
1904-1984
- StrQ; c; op. 26; 1939; Schott (1940)
- StrQ; no. 2; op. 32; 1952; Schott (1954)
- StrQ; no. 3; op. 38; 1959; Schott (1959)
- StrQ; no. 4; op. 44; 1968, rev. 1976; Dohr
- StrQ; no. 5; op. 55; 1978; Dohr

Schröder, Hermann
1843-1909
- 6 kleine, leichte + instrukt. Quartette; op. 8;
  Schott (1884)

Schröder, Wolfgang
1943-
- Eine kl. Lachmusik; StrQ; 1965, rev. 1981;
  Möseler (1983)

Schröder-Limmer, Walter
1938-
- Zum präzisen Vergnügen; StrQ;

Schrödl, Karlheinz
1937-
- StrQ; no. 1; op. 2; 1970; Weinberger
- StrQ; no. 2; op. 77; 1991; Selbstverlag

Schroth, William
1881-1971
- StrQ; no. 1
- StrQ; no. 2; op. 41; 1955; IMLB

Schuback, Peter
1947-
- Holzwege; StrQ; 1987; STIM
- Doctor Faust; StrQ; 1988; STIM
- Jetzt und Nichts; StrQ; 1989; STIM
- Eigentlich; StrQ; 1989; STIM
- StrQ; 1993
- Palintonos; StrQ; 1996; STIM

Schubel, Max
1932-2010
- StrQ; no. 1
- High Ice; StrQ; no. 2; 1967; A: 1/1968
- Charismata; StrQ + Tape; no. 3; 1968
- StrQ; no. 4; 1980

Schubert, Franz
1797-1828
- Satz; StrQ; 1811; Bärenreiter (1979) [NGA VI/3] [D2c: Fragm.]
- Satz; StrQ; C; 1812; Bärenreiter [NGA VI/3] [D3: Fragm.]
- StrQ; c; nach 1811; Litolff (1970) [NGA VI/3] [D8A]
- StrQ; g/B; 1810/11; Breitkopf (1890) [NGA VI/3] [D18]
- 2 StrQe; B; verschollen [D19, 19a + 20]
- StrQ; C; 1812; Breitkopf (1890); [NGA VI/3] [D32]
- StrQ; B; 1812/13; Breitkopf (1890) [NGA VI/3] [D36]
- StrQ; C; 1813; Breitkopf (1890) [NGA VI/3] [D46]
- StrQ; B; 1813; Breitkopf (1890) [NGA VI/3] [D68]
- StrQ; D; 1813; Breitkopf (1890) [NGA VI/4] [D74]
- Menuett; D; 1813; Breitkopf (1886) [NGA VI/9] [D86]
- StrQ; Es; op. 125, 1; Czerny (1830) [NGA VI/4] [D87]
- 5 Menuette + 5 Deutsche Tänze; StrQ; 1813; Breitkopf (1886) [NGA VI/9] [D89]
- StrQ; D; 1811/12?; Ed. Peters (1871) [NGA VI/3] [D94]
- Satz; StrQ; c; 1814; Robitschek (1941) [NGA VI/4: Fragm.] [D103]
- StrQ; B; op. 168; 1814; Spina (1863) [NGA VI/4] [D112]
- StrQ; g; 1815; Ed. Peters (1871) [NGA VI/4] [D173]
- StrQ; E; op. 125, 2; 1816; Czerny (1840); Leukart [NGA VI/4] [D353]
- StrQ; B; 1816?; Bärenreiter (1994) [NGA VI/4] [D470]
- StrQ; c; 1820; Senff (1870) [NGA VI/5] [D703]
- StrQ; a; op. 29; 1824; Sauer (1824) [NGA VI/5] [D804]
- StrQ; d; 1824; Czerny (1831) [NGA VI/5] [D810]
- StrQ; G; op. 161; 1826; Diabelli (1851); Henle (2010)

Schubert, Heinz
1908-1945
- Fantasia + Gigue; StrQ; 1940; Ries (1936)

Schubert, Manfred
1937-2011
- Studie; StrQ; 1960
- StrQ; no. 1; 1963; VeNM (1974)
- Capiccietti – 3 Stücke; StrQ; 1969; DVfM (1973)
- Laager StrQ; no. 2; 1970; DVfM (1971); A: 1970; [ca. 14']

Schuberth, Carl Eduard
1811-1863
- StrQ; C; no. 1; op. 34; Schuberth (1854)
- StrQ; F; no. 2; op. 35; Schuberth (1860)
- Meine Reise i. d. Kirgisen-Steppen; StrQ; B; no. 3; op. 37; Schuberth (1862)
- StrQ; a; no. 4; op. 40; Schuberth (1862)

Schuberth, Ludwig
1806-1850
- StrQ; A; op. 22; Schuberth (1843)

- StrQ; c; op. 34; Schuberth (1847)

Schubrow, Manuel
1954-
- StrQ; no. 1; 1975; DVfM (1978)

Schuchmacher, Gilles
1977-
- Kreise; StrQ

Schudel, Thomas
1937-
- StrQ; 1967; CMC

Schürmanns, Ralph
19..?-
- Beginn zu viert; 1. StrQ-Spiel; Lienau

Schütter, Meinrad
1910-2006
- StrQ; 1990

Schütze, Hermann
1884-?
- StrQ; C

Schul, Siegmund
1916-1944
- Uv'tzeil Knovecho + Tzaddik; StrQ; 1942; BB; Boosey
- Divertimento ebraico; StrQ; 1942–44; verloren

Schulé, Bernard
1909-1996
- StrQ; op. 1; 1932; FSPM
- Fête Romantique; StrQ; op. 149; 1986; FSPM

Schuler, Thomas Herwig
1961-
- StrQ; no. 1; Doblinger (2002); A: 2002

Schulhoff, Erwin
1894-1942
- Divertimento; StrQ; op. 14; 1914; Schott (2004) [WV32]
- StrQ; G; op. 25; 1918 [WV43]
- StrQ; op. 51
- 5 Stücke; StrQ; 1923; Schott (1925) [WV68]
- StrQ; no. 1; 1924; UE (1925) [WV72]

- StrQ; no. 2; 1925; UE (1929) [WV77]
- StrQ; no. 3; 1927; Fragment [WV84]

Schulkin, Claudio Bernardo
1953-
- StrQ

Schuller, Gunther
1925-2015
- StrQ; no. 1; 1957; Universal (1958)
- StrQ; no. 2; 1965; AMP
- StrQ; no. 3; 1986; Margun
- StrQ; no. 4; 2002

Schult, Reiner
1960-
- Concertino; StrQ; 1992

Schultheiss, Ulrich
1956-
- StrQ; 1982
- StrQ; no. 2; 1984; Ed. Peters/Litolff; A: 5/1985
- StrQ; no. 3; 1996; A: 1999 Kempten

Schulthess, Walter
1894-1956
- StrQ; d; op. 5; Henn (1921)
- StrQ; 1940; Henn
- StrQ; 1940
- StrQ; 1961
- StrQ; 1962; Henn
- StrQ; 1975; Henn

Schultz, Andrew
1960-
- StrQ; 1986; AMC; A: 1991 Hobart

Schultz, Herbert
1911-1977
- StrQ; no. 1; op. 11; 1936
- StrQ; no. 2; op. 18; 1938
- StrQ; D; no. 3; op. 33; 1945
- StrQ; no. 4; op. 46; 1947
- StrQ; no. 5; op. 60; 1949
- StrQ; no. 6; op. 80; 1957

Schultz, Svend Simon
1913-1998
- StrQ; 1939; DMIC

- StrQ; 1940; DMIC
- StrQ; 1960; DMIC
- Primulae veris; StrQ; no. 4; 1961; Samfundet (1963)
- StrQ; 1962, rev. 1983; DMIC
- StrQ; 1975; DMIC
- StrQ; 1981; DMIC
- StrQ; 1987; DMIC

Schultz, Wolfgang-Andreas
1948-
- StrQ; no. 1; 1973; A: 1974 Hamburg
- Eurydike – 2 Landschaftsbilder; StrQ; no. 2; 1988/89, rev. 1997; A: 1995 Pinneberg
- Landschaft der Horchenden – 4 Menschen; StrQ; no. 3; 2004/05; A: 2009 Hamburg

Schulz, Stephan
1965-
- StrQ; 1988; NZMIC
- To the future; StrQ; 1991; NZMIC
- StrQ; 1991/92; NZMIC

Schulze, Fritz
1900-1983
- Suite; StrQ; op. 36; 1947; IMB
- StrQ; d; no. 1; op. 39; um 1953; IMB
- StrQ; c; no. 2; op. 41; 1954; IMB

Schulze, Tristan
1964-
- Der gestiefelte Kater; StrQ + Sprecher; op. 94; Schott (2013)

Schumacher, Hans
1886-?
- StrQ

Schuman, William
1910-1992
- StrQ; no. 1; 1936; zurückgez.
- StrQ; no. 2; 1937; Arrow (1938); Boosey
- StrQ; no. 3; 1939; Presser (1942)
- StrQ; no. 4; 1950; G. Schirmer (1953)
- StrQ; no. 5; 1987; Merion (1989)

Schumann, Camillo
1872-1946
- StrQ; G; no. 1; op. 20; Vieweg (1888)

- Tanz-Suite f. angehende Spieler; StrQ; op. 21; Merseburger (1888)
- StrQ; G; no. 2; op. 24; Vieweg (1888)
- StrQ; C; no. 3; op. 25; Vieweg (1888)

Schumann, Karl
1835-1910
- StrQ

Schumann, Robert
1810-1856
- 3 StrQe; a, F, A; op. 41, 1–3; 1842; Breitkopf (1843) [RSA II/1]
- 3 StrQe; op. 41, 1–3; Urfassung ohne Streichungen; Pfefferkorn (2010)
- StrQ; 1838; verschollen [Anh. D1]
- 2 StrQe; D, Es; Fragm.; 1939 [Anh. D2]

Schumann, Wolfgang
1927-2012
- Partita moderna; StrQ; A: 10/1979 Fürstenwalde
- Präludium; StrQ; 1958
- 3 Lieder ohne Worte; StrQ

Schuppans, Adolf
1863-1931
- StrQ; F; op. 5; Breitkopf (1890)

Schuppanzigh, Ignaz Anton
1776-1830
- Var. (...) sur l'air russe; StrQ; Wien (1815)

Schurig, Wolfram
1967-
- hot powdery snow; StrQ; 1994/95; Ariadne; A: 1/1996 Berlin
- StrQ; no. 2; 1997/98; Ariadne

Schurink, Bart
1947-1979
- Sweet pages; StrQ; 1971; Donemus

Schurmann, Gerard
1924-
- StrQ; no. 1; 1943
- StrQ; no. 2; 1946

Schuster, Bernhard
1870-1934
- 2 StrQe

Schuster, Joseph
1748-1812
- 4 StrQe; 1780; früher W. A. Mozart zugeschr., KV, Anh. 210–213/C 20.01–04

Schutti, Ralph
1974-
- StrQ; no. 2; A: 2011

Schwabe, Matthias
1958-
- Schatten; StrQ; 1986; Bärenreiter (1987)

Schwaen, Kurt
1909-2007
- Volkslieder-StrQ; 1958; Ed. Peters (1960) [KSV143]
- 8 Miniaturen, Quartettino 2; StrQ; 1968; DVfM (1971) [KSV307]
- StrQ; As; no. 2; 1963; IMB
- Nachtszenen; StrQ; 1996; VeNM (2009) [KSV590]
- Impressionen; StrQ; 1996; MS: K.-Schwaen-Archiv, Berlin [KSV592]

Schwake, Kurt Karl v.
1890-1962
- StrQ; fis; 1927

Schwan, Heinrich
1872-1963
- StrQ; vor 1933
- Romanze; StrQ; verschollen

Schwartz, Elliott Shelling
1936-2016
- Bellagio variations; StrQ; 1980

Schwartz, Isaak Josifovich
1923-2009
- StrQ; 1948

Schwartz, Jay
1965-
- StrQ; 2003; UE

Schwartz, Julie
1947-
- In return; StrQ

Schwartz, Paul
1907-1999

- StrQ; op. 4; CFE
- Chaconne + Fuge; StrQ; op. 17; CFE

Schwartz, Samuel
1896-1979
- StrQ; 1945

Schwarz, Ira-Paul
1922-2006
- StrQ; 1960

Schwarz, Maximilian
1899-1986
- StrQ; no. 1; vor 1945
- StrQ; no. 2; um 1947
- StrQ; no. 3; 1948
- StrQ; no. 4; um 1955

Schwarz, Reinhard
1904-1985
- StrQ; f; A: 2/1934 Leipzig

Schwarze, Günter
1949-
- StrQ; op. 22

Schwarz-Schilling, Reinhard
1904-1985
- StrQ; f; 1932; Bärenreiter (1965); A: 1/1933 Hannover [RSS,8]

Schwedeler, Raimund
1925-2011
- StrQ; A; op. 6; 1958; Möllmann; A: 1972
- StrQ; d; op. 24; 1976; A: 1983
- StrQ; e; op. 34; 1982; Möllmann; A: 1988
- StrQ; B; op. 43; 1987; Möllmann

Schwehr, Cornelius
1953-
- Schatten; StrQ; 1979/80
- attacca; StrQ; 1996; Breitkopf (2002); A: 4/1997

Schweinitz, Wolfgang v.
1953-
- StrQ; op. 13; 1976/77; Sikorski (1978)
- Holy howl; StrQ; op. 57

Schweitzer, Benjamin
1973-

- Labyrinth, wenn man darin ist; StrQ; 1995; A: 1998 Dresden

Schweizer, Theodor
1916-2001
- StrQ; op. 58; 1950

Schwencke, Karl
1797-1870
- 3 StrQe; op. 29

Schwendler, Otto
1867-?
- StrQ; F; op. 63; A: 1923 Halle

Schwenk, Fredrik
1960-
- StrQ; no. 1; 1991; A: 1991 München
- StrQ; no. 2; 2006; A: 2006 Hamburg

Schwenke, Matthias
1955-
- 4 Stücke; StrQ; 1982/83

Schweppe, Joachim
1926-1999
- StrQ

Schwetz, Daniel
1955-
- StrQ; 1989

Schwertsik, Kurt
1935-
- StrQ; op. 4; 1962; Ed. Modern (1962); A: 3/1961 Wien
- Skizzen + Entwürfe; StrQ; op. 25; 1974; Boosey; A: 9/1974 Hamburg
- Baumgesang III; StrQ; 1991; Boosey; A: 11/1991 Wien
- Wake a little; StrQ; op. 70; 1994; Boosey; A: 10/1994 New York
- Ganesha Walkabout; StrQ; op. 76; 1998; Boosey
- Boltenstern Qu.; StrQ; op. 78; 1998; Boosey
- Adieu Satie; StrQ; op. 86; 2002
- Liedersammlung; StrQ; op. 91; 2005; Boosey

Schwindel, Friedrich
1737-1786
- 6 StrQe; G, C, A, D, G, D; op. 7; B. Hummel [S2565]

Sciapíro, Michel
1891-1962
- Fantasy; StrQ

Sciarrino, Salvatore
1947-
- Sei quartetti brevi; 1967–92; Ricordi
- StrQ; no. 1; Ricordi
- StrQ; no. 2; G. Denaro
- StrQ; no. 7; 1999; Ricordi
- StrQ; no. 8; 2008; Rai Trade
- StrQ; no. 9; 2012; Rai Trade

Sciavolino, Igor
1966-
- Nuvola in Pantaloni; StrQ; 1988

Sciortino, Patrice
1922-
- Quadratura d'archi; StrQ; 1981
- Quadratura di corde; StrQ; 1996

Scodanibbio, Stefano
1956-2012
- Visas, Episoden; StrQ; 1985–87
- StrQ; 1999
- StrQ; 2003
- Reinventions; StrQ; 2011

Scogna, Flavio Emilio
1956-
- Risonanze; StrQ; Ricordi (1988)

Scolari, Henri
1923-2011
- Petite concert; StrQ; 1945; Fonds H. Scolari
- Andante molto espressivo et Allegro; StrQ; 1951; Fonds H. Scolari
- In memoriam Béla Bartók; 1947; Fonds H. Scolari
- La sérénité; StrQ; 1987/88; Fonds H. Scolari

Scontrino, Antonio
1850-1922

- Präludium + Fuge; StrQ; e; 1895; Eulenburg (1913)
- StrQ; g; no. 1; 1901; Eulenburg (1901)
- StrQ; C; no. 2; 1903; Eulenburg (1905)
- StrQ; a; no. 3; 1905; Eulenburg (1908)
- StrQ; F; no. 4; 1918; Eulenburg (1920)

Scott, Anthony
1911-?
- StrQ; 1949

Scott, Cyril
1879-1970
- StrQ; C; no. 1; op. 28; Elkin (1920)
- StrQ; no. 2; 1958; Elkin; Galaxy (1960)
- StrQ; no. 3; Elkin; Galaxy (1960)
- StrQ; no. 4; Elkin (1968)
- Divertimento; StrQ; Elkin

Scott, Rupert
1945-
- Fantasia elegiaca; StrQ; 1982; BMIC

Scott, Stuart
1949-
- StrQ; 1984; BMIC

Scott, Tom
1912-1961
- StrQ; 1944
- StrQ; 1956

Scriba, Ludwig
1885-1969?
- StrQ; a; op. 12; Schlemüller (1916)
- StrQ; f; no. 2

Scrinzi, Giovanni
1864-1935
- StrQ; a; Breitkopf (1911)

Sculthorpe, Peter
1929-2014
- StrQ; no. 1; 1944–48; zurückgez.
- StrQ; no. 2; 1948; verloren
- StrQ; no. 3; 1949; zurückgez.
- Pastorale; StrQ; no. 4; 1950, rev. 1996; Faber
- Irkanda II; StrQ; no. 5; zurückgez.
- StrQ; no. 6; 1964/65; Faber

- Red landscape; StrQ; no. 7; 1966; Faber
- Music for Vietnam; StrQ; 1968
- StrQ; no. 8; 1968, rev. 1979; Faber
- Morning song; StrQ; 1970; Faber
- StrQ; no. 9; 1975; Faber
- Little Serenade; StrQ; 1977; Faber
- StrQ; no. 10; 1983; Faber
- Jabiru dreaming; StrQ; no. 11; 1990; Faber
- Irkanda IV; StrQ; Faber
- Hill-Song I; StrQ; 1992/93; Faber
- Hill-Song II; StrQ; 1993; Faber
- From Ubirr; StrQ + Didgeridoo; no. 12; 1994; Faber
- Saibai; StrQ; 1994; Faber
- From Nourlangie; StrQ; 1994; Faber
- Island dreaming; StrQ + Mezzsopr; no. 13; 1996; Faber
- Autumn Song; StrQ; 1996; Faber
- Quamby; StrQ; no. 14; 1998; Faber
- Gershwin Arrangements; StrQ; 1998; Faber
- A little love song; StrQ; 1999; Faber
- StrQ; no. 15; 1999; Faber
- Djilile; StrQ; 2000; Faber
- StrQ; no. 16; 2005; Faber
- StrQ; no. 17; 2009; Faber
- StrQ; no. 18; 2010; Faber
- Left Bank Waltz; StrQ; 2011; Faber

Sear, Walter
1930-2010
- 3 StrQe

Search, Frederick Preston
1899-1959
- StrQ; 1910; Composers Press
- StrQ; 1915
- StrQ; 1932, rev. 1942
- StrQ; 1935

Searle, Humphrey
1915-1982
- StrQ; no. 1; 1932
- StrQ; no. 2; op. 2; 1939
- Passacaglietta in nomine A. Schoenberg; StrQ; op. 16; 1949; Lengnick (1950)
- 3 Movements; StrQ; op. 37; 1960; Schott

Sebastian, Georg
1903-?
- StrQ; 1922

Sechter, Simon
1788-1867
- Die vier Temperamente; StrQ; op. 6; Czerny [PN2544]
- Variationen über *God save the King*; StrQ; op. 41; Diabelli [PN3041]

Seco de Arpe, Manuel
1958-
- Volterra; StrQ; 1983; JMB

Sedláček, Bohuslav
1928-2013
- StrQ; 1951

Sedlmeier Nowitz, Alexander
1968-
- Unruhe ist in den Gräsern; StrQ

Sedmidubský, Miloš
1924-1995
- StrQ; no. 1; op. 23; 1961
- StrQ; no. 2; 1963

Seeboth, Max
1904-1967
- Variationen + Fuge; StrQ
- Andreana; StrQ; 1952; Breitkopf (1954)

Segerstam, Leif
1944-
- StrQ; no. 1; 1962; FMIC
- StrQ; no. 2; 1964; Busch (1973)
- StrQ; no. 3; 1965/66; FMIC
- StrQ; no. 4; 1966; Busch (1973)
- 360 degrees – The Lemming; StrQ; no. 5; Busch (1973)
- StrQ; no. 6; 1974; Busch
- StrQ; no. 7; 1974/75; FMIC
- StrQ; no. 8; 1975/76; FMIC
- StrQ; no. 9; 1976; FMIC; A: 1979 Espoo
- Homage to Charles Ives; StrQ; no. 10; 1976; Jasemusiikki; Reimers
- Voces con visiones; StrQ; no. 11; 1977; FMIC
- StrQ; no. 12; 1977; FMIC

- StrQ; no. 13; 1978; FMIC
- StrQ; no. 14; 1978; FMIC
- StrQ; no. 15; 1978; FMIC
- A moment of string time; StrQ; no. 16; 1979; FMIC
- StrQ; no. 17; 1979; FMIC
- StrQ; no. 18; 1979; FMIC
- StrQ; no. 19; 1979; FMIC
- StrQ; no. 20; 1980; FMIC
- StrQ; no. 21; 1980; FMIC
- StrQ; no. 22; 1980; FMIC
- StrQ; no. 23; 1980; FMIC
- Mad Song; StrQ; no. 24; 1982; FMIC
- Another mad song; StrQ + Mezzosopr; no. 25; 1982; Helsinki
- I – For 4 … or 1 + 3; II: For 2 + 2 mostly; StrQ; no. 26; 1986; FMIC
- Thoughts 1991; StrQ; no. 27; 1990; FMIC
- StrQ; no. 28; 1995; FMIC

Seghizzi Campolieti, Cecilia
1908-?
- Allegro; StrQ; Pizzicato (2002)

Sehested, Hilda
1858-1936
- StrQ; G; 1911

Sehlbach, Erich
1898-1985
- StrQ; G; op. 36; 1942
- StrQ; no. 1; op. 69; 1951; Möseler (1962)
- StrQ; no. 2; op. 103; 1965; Möseler (1974)
- StrQ; no. 3; op. 104; 1966; Möseler (1973)
- StrQ; no. 4; op. 117; Möseler (1973)

Seiber, Mátyás György
1905-1960
- StrQ; no. 1; 1924; Zerboni (1956)
- StrQ; no. 2; 1934/35; Zerboni (1954); A: 1941 New York
- Quart. lirico; StrQ; no. 3; 1951; Schott (1953); A: 1952 London

Seidel, Elmar
1930-
- Skizzen; StrQ

Seidel, Jan
1908-1998
- StrQ; no. 1; 1930
- StrQ + Sopr; no. 2; 1940
- Chryzantemy; StrQ; no. 3; 1943
- StrQ; no. 4; 1944

Seidl, Hermann
1958-
- StrQ; no. 1; 1983
- StrQ; no. 2; 1989
- StrQ; no. 3; 1996

Seidmann, Kristian
1967-
- StrQ; 1984; SLMIC

Seierl, Wolfgang
1955-
- StrQ; 1986; A: 3/1995 Wien

Seifert, Karl Paul
1901-1966
- Serenade; StrQ; G; 1956

Seischab, Hedda
1957-
- Bagatellen; StrQ; 1991

Seither, Charlotte
1965-
- Corps croisé; StrQ; Bärenreiter (2002)

Seitz, Albert
1872-1937
- StrQ; C; Demets (um 1900)

Seitz, Daniel
1974-
- 8 StrQe

Seitz, Johannes Friedrich Werner
1946-
- StrQ

Sejas, Gastón
1963-
- StrQ; op. 7; 1988, rev. 1996
- El habitaculo del niño; StrQ; op. 20; 1992

Sekles, Bernhard
1872-1934
- Divertimento; op. 20; André (1911)

- Passacaglia + Fuge; op. 23; Brockhaus (1914)
- StrQ; op. 31; Schott (1923)

Selden-Goth, Gisella
1884-1975
- StrQ; 1956
- StrQ; 1960

Selen, Reinhold
1962-2006
- StrQ; 1987; Donemus

Seletsky, Harold
1927-2010
- Adagio + Scherzo; StrQ; op. 2; Branch
- 4 Pieces; StrQ; Branch
- StrQ; op. 8; 1967; Okra

Selig, Robert
1939-1984
- StrQ

Selleck, John Hugh
1939-
- StrQ; 1980

Semegen, Daria
1946-
- StrQ; 1963
- StrQ; 1964
- StrQ; 1965

Semenov, Oleksii
1929-
- StrQ; 1961

Semerák, Oldřich
1932-
- StrQ; no. 1; 1969; CHF
- StrQ; no. 2; 1974

Sendrey, Albert Richard
1900-?
- 2 StrQe

Senfter, Johanna
1879-1961
- StrQ; d; no. 1; op. 4; 1907/08
- StrQ; fis; no. 2; op. 28
- StrQ; f; no. 3; op. 46
- Veränderungen; StrQ; Des; op. 63
- StrQ; B; no. 4; op. 64; 1922

- StrQ; e; no. 5; op. 115

Sengstschmid, Johann
1936-
- Quadruplum; StrQ; op. 10; 1961

Senilov, Vladimir Alekseevich
1875-1918
- 3 StrQe

Senitsa, Pavel Ivanovich
1879-1960
- StrQ; C; 1906
- StrQ; F; 1929
- StrQ; B; 1931
- StrQ; G; 1932
- StrQ; g; 1933
- StrQ; 1946
- StrQ; D; 1950

Senn, Karl
1878-1964
- StrQ; op. 87; A: 1928 Dresden

Senstius, Kai
1889-1966
- StrQ; a; op. 28; Samfundet (1949)

Sentinella Jasan, Jose Ramon
1933-
- Homenaje ô Apostolo; StrQ; 1989; SpMIC

Serebrier, José
1938-
- StrQe; nos. 1–3
- Fantasia; StrQ; no. 4; 1960; Peer (1971)
- Tango in blue (en azul); 2001; Peer (2005)

Serendero, David
1934-
- Fox Trot; StrQ; 1955

Serkin, Rudolf
1903-1991
- StrQ-Satz; op. 1; 1927; A: 1928 Berlin

Šerkšnytė, Raminta
1975-
- StrQ; 1994
- Rytu Elegija; StrQ; 2002; A: 3/2004 Berlin
- Mirazai; StrQ; 2005

Serly, Tibor
1901-1978
- StrQ; 1924; G. Schirmer

Sermilä, Jarno Kalevi
1939-
- Movimenti e ritornelli; StrQ; 1986, rev. 1995; FMIC
- Diary fragments; StrQ; 1996; FMIC

Seroussi, Ruben
1959-
- StrQ; 1981; IMI

Serov, Aleksandr Nikolayevich
1820-1871
- StrQ; um 1849; verschollen

Serra, Luis María
1942-
- Momento; StrQ; 1968

Serrano y Ruiz, Emilio
1850-1939
- StrQ; D; UME (1908)

Servais, Joseph
1850-1885
- StrQ; C; 1868; Rouart-Lerolle (1880)

Sessions, Roger Huntington
1896-1985
- StrQ; e; no. 1; 1936; Marks (1938)
- StrQ; no. 2; 1950/51; Marks (1954)
- StrQ; 1957/58
- Canons; StrQ; 1971

Šesták, Zdeněk
1925-
- StrQ; 1949
- StrQ; 1953
- Akroasis; StrQ; no. 3; 1974; CHF
- Znamy hlas; StrQ; no. 4; 1975
- Labyrint duse; StrQ; no. 5; 1976; CHF
- Machovske variace; StrQ; no. 6; 1993
- Soliloquia; StrQ; no. 7; 1994
- Hledami svetla; StrQ; no. 8; 1996
- StrQ; no. 9

Setaccioli, Giacomo
1868-1925

- StrQ; op. 18; um 1910; Safonoff

Seter, Mordecai
1916-1994

- StrQ; op. 9; 1937; verloren
- Ricercar; StrQ; op. 30A; 1953–12; IMI
- StrQ; no. 1; op. 69; 1965; IMI
- Music; StrQ; op. 72; 1976; IMI
- Quartetto sinfonico; StrQ; no. 2; op. 70; 1976; IMI
- StrQ; no. 3; op. 73; 1976; IMI
- StrQ; no. 4; op. 74; 1977; IMI
- Romantic harmony; StrQ; op. 75; 1980/81; unveröff.
- Post scriptum; StrQ; op. 95; 1986; IMI
- For StrQ; StrQ; 1986

Seung-Ah Oh
1969-

- StrQ; A: 10/2011 Leuven

Seyboth, Paul
1888-1944

- StrQ-Satz; op. 3
- StrQ; d; op. 26

Seyffardt, Ernst Hermann
1859-1942

- StrQ; Es; op. 12; Cranz (1884)

Sezer, Atac
1979-

- subject; StrQ; 2008

Sfetsas, Kyriacos
1945-

- StrQ; no. 1; 1987

Sgambati, Giovanni
1841-1914

- StrQ; d; 1864
- StrQ; cis; op. 12 (17); Schott (1885)

Shackford, Charles
1918-1979

- StrQ; A; no. 1; 1977
- StrQ; C; no. 2; 1979

Shakespeare, William
1849-1931

- StrQe

Shamo, Juri
1947-

- 5 StrQe
- Variations; StrQ; 1967
- Suite; StrQ; 1982

Shanet, Howard
1918-2006

- Allegro giocoso; StrQ; 1942

Shapero, Harold Samuel
1920-2013

- StrQ; no. 1; 1941; Southern (1958)

Shapey, Ralph
1921-2002

- StrQ; no. 1; 1946; CFE
- StrQ; no. 2; 1949; CFE
- StrQ; no. 3; 1950/51; CFE (1951)
- StrQ; no. 4; 1953; CFE (1953)
- StrQ + Stimme; no. 5; 1957/58
- StrQ; no. 6; 1963; Presser
- StrQ; no. 7; 1972
- StrQ; no. 8; 1993; Presser (2000)
- StrQ; no. 9; 1995; Presser (1998)

Shapira, Arie
1943-

- StrQ; 1998; IMI

Shapira, Sergiu
1931-

- StrQ; 1961

Shapiro, Gerald
1942-

- Serenade, no. 3; StrQ; 1983
- StrQ; no. 2; 1994

Shapleigh, Bertram
1871-1940

- StrQ

Sharara, Attia
1922-2014

- StrQ; g

Sharma, Pyarelal
1940-

- Indian Summer; StrQ; Schott (2011)

Sharman, Rodney
1958-
- Cordes vides; StrQ; 1989

Sharp, Elliott
1951-
Zahlreiche StrQe, darunter:
- Hammer, Anvil, Stirrup; StrQ; 1987
- Twistmap; StrQ; 1991
- XenocodeX; StrQ; 1996
- The Boreal; StrQ; 2009
- Occam's Razor; StrQ; 2011

Shatin, Judith
1949-
- Constellations; StrQ; 1979
- The Janus qt.; StrQ; 1995

Shaverzashvili, Aleksandr
1919-2003
- StrQ; 1943
- StrQ; 1960

Shaverzashvili, Tamara
1891-1955
- StrQ; 1938

Shaw, Martin
1875-1958
- Suite; StrQ; a; 1923; Cramer (1923)

Shchedrin, Rodion
1932-
- StrQ; 1951; Sovetskij
- StrQ; 1954; Sovetskij
- Lyrische Szenen; StrQ; 2006; Schott

Shcherbachyov, Vladimir Vladimirovich
1887-1952
- Pyotr I, Suite; StrQ; 1943; Sovetskij

Shchetinsky, Aleksandr Stepanovych
1960-
- StrQ; 1991
- StrQ; 1998

Shebalin, Vissarion Jakovlevich
1902-1963
- StrQ; no. 1; op. 2; 1923
- StrQ; no. 2; op. 19; 1934

- StrQ; no. 3; op. 28; 1938
- StrQ; no. 4; op. 29; 1940
- StrQ; no. 5; op. 33; 1942
- StrQ; no. 6; op. 34; 1946
- StrQ; no. 7; op. 41; 1948
- StrQ; no. 8; op. 53; 1960
- StrQ; no. 9; op. 58; 1963

Sheinfeld, David
1910-?
- StrQ; 1978; Fallen Leaf
- StrQ; no. 2; 1994; Fallen Leaf

Sheller, William
1946-
- Foehn; StrQ; Leduc
- Ondis; StrQ; 1997; Leduc
- Script; StrQ; 1997; Leduc

Shenderov, Anatolii Mikhailovich
1945-
- StrQ; Sovetskij (1979)

Shen Jintang
1940-
- Zu: Yu Y in Yue; StrQ; 1967
- Liehen; StrQ; 1974

Sheng, Bright
1955-
- StrQ; no. 1; 1984
- StrQ; no. 2; 1984
- StrQ; no. 3; 1993; Schirmer
- Silent temple; StrQ; no. 4; 2000; Schirmer

Shenshin, Aleksandr Alekseevich
1890-1944
- StrQ; 1943

Shephard, Jean Ellen
1949-
- StrQ; 1974

Shepherd, Arthur
1880-1958
- StrQ; g; 1926
- StrQ; e; 1935
- StrQ; d; 1936
- StrQ; D; 1944
- StrQ; C; 1955

Sher, Veniamin Iosifovich
1900-1962
- StrQ; 1927
- StrQ; 1932
- StrQ; 1953

Sheriff, Noam
1935-
- StrQ; 1982; IMI
- Rosendorf; StrQ; no. 2; 1996; Litolff (1999)
- StrQ; 1969; IMI

Sherman, Norman Morris
1926-
- Quadron; StrQ; 1976; Kerby

Sherman, Robert William
1921-2006
- StrQ; no. 1
- StrQ; no. 2; CFE

Sherwood, Percy
1866-1939
- 6 StrQe (4 verloren)

Shibat, Minao
1916-1996
- StrQ; op. 3; 1941–43
- StrQ; op. 5; 1947

Shibuya, Takucho
1930-
- StrQ; 1970

Shield, William
1748-1829
- 6 StrQ; B, F, C, Es, D, C; op. 3; Napier, no. 122 [S3354]

Shifrin, Seymour J.
1926-1979
- StrQ; no. 1; 1949; BB (1960)
- StrQ; no. 2; 1962; Ed. Peters (1977)
- StrQ; no. 3; 1965/66; Ed. Peters (1974)
- StrQ; no. 4; 1966/67; Ed. Peters (1973)
- StrQ; no. 5; 1971/72; Ed. Peters (1981)

Shim, Kunsu
1958-
- Wär ich ein Vogel, ein Wasser und ein Wind; StrQ; 2002
- Last night; StrQ + Stimme

Shimazu, Takehito
1949-
- Chromosom; StrQ; 1978; DVfM (1982)

Shimizu, Akio
1973-
- The blue butterfly which flopped; StrQ; JFC (2003)
- StrQ über ein Thema v. Mendelssohn; JFC (2003)

Shimizu, Hajime
1961-
- StrQ; 1996

Shimizu, Osamu
1911-1986
- StrQ; 1940

Shimoyama, Hifumi
1930-
- StrQ; 1959; Ongaku-no-tomo-sha (1967)
- Exorcism; StrQ; 1998; JFC

Shirinskii, Vasilii Petrovich
1901-1965
- StrQ; no. 1; op. 2; 1923; Muzgiz (1926)
- StrQ; no. 2; op. 8; 1925; UE (1927)
- StrQ; no. 3; op. 14; 1929; UE (1931)
- StrQ; no. 4; op. 19; 1939, rev. 1955; Muzyka (1972)
- StrQ; 1953
- StrQ; no. 6; 1958; Sovetskij (1980)

Shleh, Lyudmila Karpawna
1948-
- StrQ; 1971

Shlonsky, Verdina
1905-1990
- StrQ; 1948, rev. 1971; IMP (1973)

Shoot, Vladislav Alekseevich
1941-
- Serenade; StrQ; 1994; Belaieff (1968)

Shore, Clare
1954-

- StrQ; 1978–80; Seesaw

Short, Michael
1937-
- Fantasia; StrQ; 1966
- StrQ; no. 1; 1982; Crouch (1984)

Shortall, Harrington
1895-1984
- Opus; StrQ; 1931
- Fantasia; StrQ; 1936

Shostakovich, Dmitry Dmitriyevich
1906-1975
- 2 Stücke; StrQ; 1931; Fragm.; Boosey
- StrQ; C; no. 1; op. 49; 1938; Muzgiz (1939)
- StrQ; A; no. 2; op. 68; 1944; Muzgiz (1945); Eulenburg (1970)
- StrQ; F; no. 3; op. 73; 1946; Muzgiz (1947)
- StrQ; D; no. 4; op. 83; 1949; Muzgiz (1954); Eulenburg (1970)
- StrQ; B; no. 5; op. 92; 1952; Muzgiz (1954); Eulenburg (1970)
- StrQ; G; no. 6; op. 101; 1956; Sovetskij (1957); Eulenburg (1970)
- StrQ; fis; no. 7; op. 108; 1960; Sovetskij (1960); Eulenburg (1970)
- StrQ; c; no. 8; op. 110; 1960; Sovetskij (1961); Boosey (1961)
- StrQ; Es; no. 9; op. 117; 1964; Muzyka (1966)
- StrQ; As; no. 10; op. 118; 1964; Muzyka (1965)
- StrQ; f; no. 11; op. 122; 1966; Sikorski (1966)
- StrQ; Des; no. 12; op. 133; 1968; Muzyka (1969); Sikorski (1969)
- StrQ; b; no. 13; op. 138; 1970; Sikorski (1971); Muzyka (1972); Ed. Peters (1974)
- StrQ; Fis; no. 14; op. 142; 1973; Muzyka (1974); Sikorski (1974)
- StrQ; es; no. 15; op. 144; 1974; Muzyka (1975); Sikorski (1974)

- Adagio + Allegretto; StrQ; Sikorski (1984); G. Schirmer

Shugliashvili, Mikhail
1941-1966
- StrQ; 1963

Shukailo, Liudmyla
1942-
- StrQ; 1963

Shulman, Alan M.
1915-2002
- Threnody; StrQ; 1950

Shumeiko, Volodymyr Viktorovich
1949-
- StrQ; 1971
- StrQ; 1974
- StrQ; 1988; Muz. Ukraina

Shupo, Sokol
1954-
- StrQ; no. 1; 1992
- StrQ; no. 2; 1996

Shutenko, Taisiia
1905-1975
- StrQ; 1935

Sialm, Duri Ulrich
1891-1961
- StrQ; no. 1
- StrQ; no. 2

Sibelius, Jean
1865-1957
- StrQ; B; op. 4; 1889/90
- Voces intimae; StrQ; d; 1908/09; Schlesinger (1909); Lienau (1957)
- Adagio; StrQ; d; 1890; Fazer [JS12]
- Adagio; f; 1888/89; [JS14]
- Alla marcia; StrQ; 1888; [JS16]
- Allegretto; A; 1888/89; [JS17]
- Allegretto; D; 1888; [JS20]
- Allegro; e; 1888/89; [JS28]
- Andante-Allegro molto; 1888/89; [JS32]
- Andante festivo; 1922; Fazer [JS34a]
- Andante molto sostenuto; 1888/89; [JS37]
- Andantino; C; 1888; [JS39]

- Fuga för Martin Wegelius; StrQ; 1889; [JS85]
- Moderato-Allegro appassionato; StrQ; 1888/89; [JS131]
- Molto moderato. Scherzo; 1885; [JS134]
- Piu lento; 1888/89; [JS149]
- Presto; 1888; [JS154]
- StrQ; a; 1889; [JS183]
- Thema + Var.; StrQ; cis; 1888; Fragm.; [JS195]
- Thema + Var.; StrQ; g; 1888; Fragm.; [JS197]

Siccardi, Honorio
1897-1963
- StrQ; no. 1; 1922; CDA
- StrQ; no. 2; 1940; CDA
- StrQ; no. 3; 1944; CDA
- StrQ; no. 4; 1949; CDA
- StrQ; no. 5; 1952; CDA
- StrQ; no. 6; 1954; CDA
- StrQ; no. 7; 1955; CDA

Siciliani, José
1910-1995
- StrQ

Sicilianos, Yorgos
1920-2005
- StrQ; no. 1; op. 8; 1952
- StrQ; no. 2; op. 13; 1954/55
- StrQ; no. 3; op. 15; 1957–62
- StrQ; no. 4; op. 28; 1967
- StrQ; no. 5; op. 53; 1990/91

Siddle, Simon
1972-
- StrQ; 1996; BMIC

Sidorenko, Tamara
1919-?
- StrQ; 1945
- StrQ; 1952

Siebert, Oskar
1923-2009
- 3 StrQe

Siechkin, Vitalii
1927-1988
- Andante cantabile; StrQ; 1951

Siegel, Wayne
1953-
- StrQ; no. 1; 1975, rev. 1979; Samfundet (1983)
- Tracking; StrQ + Computer; 1990

Siegl, Otto
1896-1978
- Burleskes StrQ; op. 29; Doblinger (1924)
- StrQ; no. 2; op. 35; Doblinger (1924)
- StrQ; g; op. 77; Doblinger (1966)
- Zitzmann-StrQ; f; op. 122; Simrock (1942)
- Meersburger Schloß-Serenade; StrQ; op. 121; 1941; Simrock (1943)

Siegmeister, Elie
1909-1991
- StrQ; no. 1; 1935, rev. 1968
- StrQ; no. 2; 1960; C. Fischer (1964)
- On Hebrew Themes; StrQ; no. 3; 1973; C. Fischer (1980)
- StrQ; no. 4; 1974

Sierek, Martin
1958-
- StrQ Nr. XI; 1990; A: 10/1990

Siering, Moritz
1821-1892
- 3 Deutsche Tänze; StrQ; Hoffarth (1880)

Sierra, Roberto
1953-
- Tiempo mueto; StrQ; 1978
- Memorias tropicales; StrQ; 1985; Salabert

Sigal, Eleonor
1963-
- StrQ; no. 1; 1989

Sigal Sefchovich, Jorge Rodrigo
1971-
- Murmullo; StrQ; 1996
- Altai; StrQ; 1996
- Vueltas al Sol; StrQ; 1997

Sigmund, Oskar
1919-2008

- StrQ; e; 1976
- StrQ; e; 1982

Signoretti, A. Giuseppe
lebte um 1770 in Paris
- 6 StrQe; A, B, G, F, A, C; op. 12; Borrelly [S3423]

Sigtenhorst Meyer, Bernhard van den
1888-1953
- StrQ; a; op. 13; 1911; Alsbach
- StrQ; op. 47; 1944; Donemus

Sigurbjörnsson, Þorkell
1938-
- Hässelby; StrQ; 1968
- Heimsokn; StrQ; 1992; Lengnick
- Kopenhagen; StrQ; 1977
- Perlukvartett; StrQ; 1991; IMIC
- Snorralog; StrQ; 1991; IMIC

Sigwart, Botho
1884-1915
- StrQ; H; op. 13; 1913

Sikora, Elżbieta
1943-
- StrQ; no. 1; 1975, rev. 1996; Stroklosa
- StrQ; no. 2; 1980; Ariadne (1983)
- In memoriam Ursula; StrQ; no. 3; 1998

Sikorski, Kazimierz
1895-1986
- StrQ; no. 1; 1915
- StrQ; no. 2; op. 4; 1918; PWM
- StrQ; no. 3; 1919
- StrQ; 1930?

Sikorski, Tomasz
1939-1988
- Szkice; StrQ; 1961

Silsbee, Ann L.
1930-
- Quest; StrQ; 1977; ACA (1977)

Silva, David Poll de
1834-1875
- StrQ; D; op. 28; um 1870; Costallat

Silva, Óscar da
1870-1958
- 8 Fantasias; StrQ
- Cinema; StrQ

Silver, Sheila
1946-
- StrQ; no. 1; 1975
- StrQ; no. 2; 1996

Silverman, Faye-Ellen
1947-
- StrQ; 1977; Seesaw
- Paula's song; StrQ; 1996; Seesaw

Silvertsen, Kenneth
1961-2006
- Steingarden; StrQ; 1991; NMIC

Silvestri, Constantin
1913-1969
- StrQ; no. 1; op. 27, 1; 1946
- StrQ; no. 2; op. 27, 2; 1946; Salabert (1960)
- StrQ; 1935

Sílvestrov, Valentin Vasilevich
1937-
- Quartetto piccolo; StrQ; 1961; Belaieff
- StrQ; no. 1; 1974, rev. 1999; Sikorski
- StrQ; no. 2; 1988; Sikorski
- StrQ; no. 3; 2011; Sikorski

Simaku, Thoma
1958-
- The Nightingale; StrQ; 1979
- StrQ; 1991; Emerson

Simbriger, Heinrich
1903-1976
- StrQ; no. 1; op. 72; 1950, rev. 1973
- StrQ; no. 2; op. 107; 1964
- StrQ; no. 3; op. 122; 1970
- Metamorphosen; StrQ; no. 4; op. 124
- Sequentia instrumentalis in honorem Sancti Joannis Nepomucensis; StrQ; op. 30; 1961
- 7 Sudetendt. Volkstexte; StrQ; op. 6; 1971
- Trauermusik/Fs. StrQ; op. 114; 1966

Simić, Borivoje
1920-2001

- StrQ; E; 1953

Simionescu, Constantin
1938-
- StrQ; 1971

Simm, Juhan
1885-1959
- StrQ; 1957

Simmons, Homer
1900-
- 3 StrQe

Simon, Anton
1851-1916
- StrQ; op. 24; um 1871; Jurgenson
- Plainte elegiaque; StrQ; op. 38, 1; Jurgenson

Simon, Hans
1897-1982
- 3 fantastische Sätze; StrQ; op. 5; 1922
- StrQ; d; no. 2; 1951-53

Simon, James
1880-1944
- Legende; StrQ

Simonetti, Achille
1857-1928
- StrQ; d; no. 1; op. 14; Decourcelle (1904)
- StrQ; B; no. 2; op. 16; Decourcelle (1904)

Simonis, Jean-Marie
1931-
- Escale en Algarve; StrQ; op. 45; 1994

Simons, Netty
1913-1991
- StrQ; 1950; CFE
- StrQ; 1953

Simonsen, Rudolph Hermann
1889-1947
- StrQ; C; 1923
- StrQ; a; 1925

Simovich, Roman Apollonovich
1901-1984
- StrQ; 1929
- StrQ; 1950

Simpson, Nicholas
1958-
- StrQ; 1991; BMIC

Simpson, Robert
1921-1997
- StrQ; no. 1; 1952; Lengnick (1954)
- StrQ; no. 2; 1953; Lengnick (1956)
- StrQ; no. 3; 1954; Lengnick (1958)
- StrQ; no. 4; 1973; Lengnick (1976)
- StrQ; no. 5; 1974; Lengnick (1976)
- StrQ; no. 6; 1975; Lengnick (1976)
- StrQ; no. 7; 1977; Lengnick (1979)
- StrQ; no. 8; 1979; Faber (1985)
- 32 Variations and fugue on a theme by Haydn; StrQ; no. 9; Faber (1982)
- For peace; StrQ; no. 10; 1983; Roberton
- StrQ; no. 11; 1984; Lengnick
- StrQ; no. 12; 1987; Lengnick
- StrQ; no. 13; 1989; Lengnick
- StrQ; no. 14; 1990; Lengnick
- StrQ; no. 15; 1991; Lengnick
- StrQ; no. 16; 1996 ff.

Sims, Ezra
1928-2015
- StrQ; no. 1; 1959; CFE
- StrQ; no. 2; 1961
- StrQ; no. 3; 1962; CFE
- StrQ; no. 4; 1984
- StrQ; no. 5
- Sonate concertanti, nos. 6-10; StrQ; 1961

Šin, Otakar
1881-1943
- StrQ; a; no. 1; op. 7; 1923
- StrQ; B; no. 2; op. 10; 1928; HMP (1948)

Sinding, Christian August
1856-1941
- StrQ; 1884
- StrQ; a; op. 70; 1904; Ed. Peters (1904)

Singer, André
1907-1996
- StrQ; no. 1; 1926-36
- StrQ; no. 2; op. 9; 1940
- StrQ; no. 3; op. 21; 1948

- StrQ; no. 4; op. 40; 1956
- StrQ; no. 5; 1980
- StrQ; no. 6; 1992

Singer, Lawrence
1940-
- StrQ; Zerboni

Singer, Malcolm John
1953-
- StrQ; 1986; BMIC

Singleton, Alvin Elliott
1940-
- StrQ; no. 1; 1967; Schott
- Secret desire to be black; StrQ; 1988; Schott
- Quartet Isabella; StrQ; 1988; Schott
- Somehow we can; StrQ; 1994; Schott

Sinigaglia, Leone
1868-1944
- Konzertetüde; StrQ; op. 5; Urbanek (1903); Eulenburg (1904)
- Scherzo; StrQ; op. 8; Ricordi (1895)
- StrQ; op. 22; Simrock (1902)
- StrQ; D; op. 27; Breitkopf (1906)
- Serenade; StrQ; op. 33; Breitkopf (1908)
- Charakterstücke; StrQ; op. 35
- Variationen über ein Thema; StrQ
- Hora Musica; StrQ

Sinisalo, Helmer-Rayner
1920-1989
- StrQ; 1942
- Karel'skaya Syuita; StrQ; 1946

Sink, Kuldar
1942-1995
- StrQ; 1965
- Vaikesed Kvartetid; StrQ; 1965

Sinnhoffer, Ingo
1936-
- StrQ; 1967; Orlando

Sinopoli, Giuseppe
1946-2001
- StrQ; 1977; Ricordi; A: 3/1977 Royan

Siohan, Robert
1894-1985

- StrQ; g; no. 1; op. 2; 1922; Senart (1923)

Sipilä, Eero
1918-1972
- Lux aeterna; StrQ; 1972

Šipuš, Berislav
1958-
- Iz Knjige zaboravljenik rijeci; StrQ; 2001

Siqueira, Batista
1906-1992
- StrQ; 1959; CDA

Siqueira, José de Lima
1907-1985
- Tripticos I–V; StrQ; 1960–66; CDA
- StrQ; 1933; CDA
- Louvacão; StrQ; 1962; CDA
- StrQ; nos. 1 + 2; 1963; CDA

Sirmen, Maddalena Laura
1745-1818
- 6 StrQe; Es, B, g, B, F, E; op. 3; Mme. Berault (1769); Furore (2007); Hildegard

Širola, Božidar
1889-1956
- Medimurski; StrQ; d; no. 1; 1920
- Bodulski; StrQ; C; no. 2; 1933
- StrQ; e; no. 3; 1946
- StrQ; F; no. 4; 1946
- StrQ; g; no. 5; 1951
- StrQ; A; no. 6; 1951
- StrQ; h; no. 7; 1951
- StrQ; G; no. 8; 1952
- StrQ; G; no. 9; 1953
- StrQ; F; no. 10; 1955
- StrQ; A; no. 11; 1955
- StrQ; f; no. 12; 1955
- StrQ; A; no. 13; 1955

Sisask, Urmas
1960-
- Sky + Music; StrQ; Edition 49

Sitsky, Lazar (Larry)
1934-
- StrQ; no. 1; 1969; Seesaw
- StrQ; no. 2; 1980; Seesaw

- StrQ; no. 3; 1993; Seesaw

Sivori, Camillo (Ernesto)
1815-1894
- Piccolo tema con variazioni; StrQ; op. 1
- StrQe; nos. 1–14

Sixt, Paul
1908-1964
- StrQ

Sixta, Jozef
1940-2007
- StrQ; no. 1; 1965; SHF
- StrQ; no. 2; 1984; SLMIC

Sjöberg, Johan-Magnus
1953-
- Reverse; StrQ + Tape; 1994
- StrQ; 1994

Skalkottas, Nikos
1904-1949
- StrQ; no. 1; 1928
- StrQ; no. 2; 1929
- Leichtes StrQ; 1929; verschollen
- StrQ; no. 3; 1935
- StrQ; no. 4; 1940; UE (1968)
- Suite f. StrQ; UE (1953)
- 10 griech. Tänze; StrQ; um 1938–47; UE (1956)
- O gero-Demos; StrQ; um 1947

Skalska-Szemioth, Hanna Wanda
1921-1964
- StrQ; 1948

Skarecky, Jana
1957-
- Movement; StrQ; CMC

Skempton, Howard
1947-
- Aria; StrQ; 1987
- From Scratch; StrQ; 1989

Skene, Hugh Crawford
1919-?
- Yarrow water; StrQ; 1984; ScoMIC

Škerjanc, Lucijan Marija
1900-1973

- StrQ; no. 1; 1917
- StrQ; no. 2; 1921
- StrQ; no. 3; 1925
- StrQ; no. 4; 1935
- StrQ; no. 5; 1945

Skilton, Charles Sanford
1868-1941
- Indian dances; StrQ; 1915
- StrQ; b; 1938

Sklenička, Karel
1933-2001
- StrQ; no. 1; 1959; CHF
- Evoluce; StrQ; no. 2; 1964; CHF

Skocic, Adalbert
1904-1959
- StrQ; E; 1926

Sköld, Karl Yngve
1899-1992
- StrQ; no. 1; op. 29; 1930; STIM
- StrQ; no. 2; op. 55; 1955; STIM
- StrQ; no. 3; op. 65; 1965; STIM
- StrQ; no. 4; op. 72; 1974; STIM
- Elegie; StrQ; op. 77; 1980; STIM

Skorokhod, Konstantin
1921-?
- StrQ; 1953
- Suite; StrQ; 1973

Skorulskyi, Mykhailo
1887-1950
- StrQ; 1932

Skoryk, Miroslav Mikhailovich
1938-
- Partita, no. 3; StrQ; 1974; Sovetskij
- Diptych; StrQ; 1993; Sovetskij
- Partita, no. 6; StrQ; 1996; Sovetskij
- Melody; StrQ; Sovetskij

Skorzeny, Fritz
1900-1965
- StrQ; no. 1; 1942
- StrQ; no. 2; 1944
- StrQ; g; no. 3

Skrjabin, Aleksandr Nikolaevich
1871–1915
- Variatsiya II na russkuyu temu; StrQ; 1898; Belaieff (1899)

Skowrońska, Janina
1920–1992
- StrQ; 1956

Škroup, František Jan
1801–1862
- StrQ; F; no. 1; op. 24; Hoffmann (1843)
- StrQ; c; no. 2; op. 25; MS: CZ-Pnm
- StrQ; G; no. 3; op. 29

Skrowaczewski, Stanisław
1923–2017
- StrQ; D; no. 1; 1933
- StrQ; B; no. 2; 1943
- StrQ; cis; no. 3; 1943
- StrQ; no. 4; 1947

Skrypnyk, Oleksii
1955–
- Scherzo; StrQ; 1983
- StrQ; 1985

Skrzypczak, Bettina
1962–
- StrQ; 1985
- StrQ; 1991
- StrQ; 1993
- StrQ; no. 4; 2000; Ricordi (2004)

Skuherský, František Zdeněk
1830–1892
- StrQ; 1871

Skulte, Ādolfs
1909–2000
- StrQ; G; 1936

Skulte, Bruno
1905–1976
- StrQ; 1954

Škvor, František
1898–1970
- StrQ; 1936
- StrQ; e; 1954; Supraphon

Skweres, Piotr
1980–
- StrQ; no. 1; Doblinger (2009)

Slack, Roy
1912–1991
- Four play three; StrQ

Slavenski-Štolcer, Josip
1896–1955
- StrQ; no. 1; op. 3; 1923; Schott (1926);
- Liriski; StrQ; no. 2; op. 11; 1928; Schott
- StrQ; no. 3; 1936; Drustvo
- Pesme moje majke; StrQ + Stimme; 1944

Slavický, Klement
1910–1999
- StrQ; no. 1; 1932
- StrQ; no. 2; 1972; Panton

Slavický, Milan
1947–2009
- Dialogy s tichem; StrQ; 1978; CHF (1982)
- Roshovor 1; StrQ; CHF (1980)
- Adventui rozjimani; StrQ; 2002; Supraphon

Slavík, Josef
1806–1833
- 3 StrQe; verschollen

Slavik, Josef
1910–1978
- StrQ; um 1960; aufgetaucht 1992

Slawson, Wayne
1932–
- Limits; StrQ

Slezák, Pavel
1941–
- Ptaci; StrQ; no. 1; 1965
- Valassky; StrQ; no. 2; op. 47; 1976; CHF

Šlik, Miroslav
1898–1986
- StrQe; nos. 1–4
- Slovacka rapsodie; StrQ; no. 5
- 2 Albanian pictures; StrQ; 1959
- Psalm; StrQ; 1962

Slimáček, Milan
1936–

- StrQ; no. 1; 1965; CHF
- StrQ; no. 2; 1973; CHF

Slonimski, Sergei Mikhailovich
1932–
- Antifony; StrQ; no. 1; 1968;
  Sovetskij (1983); Sikorski (1986)

Słowiński, Władysław
1930–
- Quartetto piccolo; 1980; Agencija Autorska

Sluijs, Hans
1964–
- Weerspiegelingen; StrQ; op. 2; 2002;
  Euprint (2002)

Sluka, Luboš
1928–
- StrQ; no. 1; 1977; Panton (1979)
- Miniature; StrQ; 1956; CHF

Smaldone, Edward Michael
1956–
- StrQ; 1979

Smalley, Roger
1943–2015
- StrQ; no. 1; 1978/79; Faber
- StrQ; no. 2; 2003

Smedeby, Sune
1934–1998
- Quartetto tramontano; StrQ; STIM (1975)

Smedt, Kristin de
1959–
- StrQ; 1998

Smejkalová-Skrova, Sylva
1974–
- … rekni vsecko, co mas v sobe; StrQ; 1948
- StrQ; 1953

Smekal, Giselher
1945–
- Orbit Nr. 4; StrQ; 1970;
  A: 1970 Frankfurt/Main
- Faire ses adieux; StrQ; 1983;
  A: 5/1983 Wien
- Timetracks; StrQ; 1984; A: 1984 Wien

Smelkov, Aleksandr Pavlovich
1950–
- StrQ; no. 1; 1974
- StrQ; no. 2; 1975
- StrQ; no. 3; 1987

Smet, Raoul de
1936–
- De vier etappen; StrQ; 1961, rev. 2002
- 5 misericordes; StrQ; 1998
- Muzicale Kliekjes; StrQ; 1991
- StrQ; no. 3; 2006/07; CeBeDeM

Smetana, Bedřich
1824–1884
- Z mého života; StrQ; e; no. 1; 1876;
- Ed. Peters (1879) [JB 1:105]
- StrQ; d; no. 2; 1882/83; Eulenburg
  [JB 1:124]
- Polka; StrQ; 1839/40; verloren; [JB 11:4]
- Osmanen-Polka; StrQ; 1839/40;
  verloren; [JB 11:5]
- StrQ; db; 1839/40; verloren; [JB 11:6]
- Waltz; StrQ; F; 1840
- Ouvertüre; StrQ; 1840; verloren; [JB 11:7]
- Fantasia; StrQ; 1840; Frag.; [JB 2:5]

Smetana, Radim
1950–
- StrQ; 1976
- Invence; StrQ; 1981; CHF

Smetanin, Michael
1958–
- Red lightning; StrQ; 1988; AMC

Smieton, John More
1857–1904
- StrQ

Smirnov, Dmitrii Nikolaevich
1948–
- StrQ; no. 1; op. 11; 1973
- StrQ; no. 2; op. 42; 1985
- StrQ; no. 3; op. 75; 1993
- StrQ; no. 4; op. 78; 1993
- StrQ; no. 5; op. 81; 1994
- StrQ; no. 6; op. 106; 1998
- StrQ; no. 7; 2005

Smit, André-Jean
1926-
- StrQ; 1976
- Fascinatio; StrQ; 1993; CeBeDeM (1997)

Smit, Leo
1900-1943
- StrQ; 1939–43; unvollendet

Smith, Alice Mary
1839-1884
- StrQ; D; no. 1; 1862
- StrQ; a; no. 2; 1870
- Jubal-cain; StrQ; no. 3
- StrQ; G; Novello

Smith, Branson
1921-
- StrQ; 1967

Smith, Cary
1934-
- Frammenti; StrQ; 1969

Smith, David Stanley
1877-1949
- StrQ; op. 19; 1899; G. Schirmer (1913)
- StrQ; C; op. 46; Schirmer (1922)
- StrQ; D; op. 62; Schirmer (1931)
- StrQ; Es; op. 57; OUP
- StrQ; no. 6; 1937; Schirmer
- To the memory of JH; StrQ; no. 7; Schirmer (1936)
- StrQ; no. 8; op. 80; Schirmer (1938)

Smith, (Joseph) Leopold
1881-1952
- Men of Harlech; StrQ
- O/Mistress/Mine; StrQ
- StrQ; D; 1932
- 3 Sketches; StrQ; Thomson (1942)

Smith, Julia Frances
1911-1989
- StrQ; 1962–64; Mowbray

Smith, Linda Catlin
1957-
- Clay; StrQ; 1979; CMC

- As you pass a reflective surface; StrQ; 1991; CMC

Smith, Ronald
1959-
- Mecaniques; StrQ; 1990; CMC

Smith, Russell
1927-1998
- StrQ; no. 1; 1990; A: 1995 München

Smith, Theodore
tätig um 1780 in Berlin
- 6 StrQ; G, C, D, A, F, Es; Welcker [S3749]

Smith, William Overton
1926-
- StrQ; 1952
- Chronos; StrQ; 1975

Smith-Masters, Anthony
1916-?
- StrQ; 1971; BMIC

Smit Sibinga, Theo H.
1899-1958
- StrQ; C; no. 1; Broekmans
- StrQ; no. 2; Donemus (1952)
- Julrosornas-Suite; StrQ; Donemus (1953)

Smokvarski, Gligor
1914-1974
- StrQ

Smolanoff, Michael Louis
1942-
- StrQ; no. 1; 1969; Seesaw
- StrQ; 1972

Smolka, Jaroslav
1933-2011
- StrQ; no. 1
- StrQ; no. 2; 1964/65, rev. 1973; Panton
- Hopakaju; StrQ; 1983; CHF

Smolka, Martin
1959-
- Zababku; StrQ; 2004; Breitkopf

Smol'ski, Dmitrii Branislavavich
1937-
- StrQ; no. 1; 1983; Sovetskij
- StrQ; no. 2; 2005; Sovetskij

Smutuy, Jiří
1932-
- StrQ; 1962
- StrQ; 1966; CHF

Smutny, Daniel
1976-
- StrQ; no. 1; 2009; Sikorski
- So zaghaft diese Worte der Nacht; StrQ; Sikorski; A: 2/2010 Stuttgart

Smutný, Pavel
1975-
- SAL; StrQ; 1993

Smyth, Ethel Mary
1858-1944
- StrQ; d; 1880; unveröff.
- StrQ; c; 1883
- StrQ; C; 1886–1888
- StrQ; e; 1902–12; UE (1914)
- StrQ; a, no. 1
- StrQ; C
- StrQ; Es

Snaga, Josef
1871- vermutlich 1946
- StrQ

Snel, Joseph François
1793-1861
- Serenade espagnole; StrQ

Snížková-Skrhova, Jitka
1924-1989
- StrQ; no. 1; 1948
- Starodavny; StrQ; no. 2; 1955
- StrQ; no. 3; 1956
- Choral; StrQ; 1967

Snorri, Sigfús Birgisson
1954-
- StrQ; no. 1
- StrQ; no. 2; 1991

Snunit, Zvi
1933-1966
- StrQ; 1949
- StrQ; no. 1; 1949/50

Snyers, Félix
1899-1970

- Adagio; StrQ; op. 166, 3; 2006; unveröff.

Soares, Calimério
1944-2011
- Suite antiga; StrQ; 1979; BMIC

Sobanski, Hans Joachim
1906-1959
- StrQ

Soccio, Giuseppe
1950-
- Prisma: altri canti; StrQ; 1981; Ricordi
- Couleur; StrQ; 1980/81

Socnik, Hugo
1889-
- Symph. Variationen; StrQ; 1920

Søderlind, Ragnar
1945-
- StrQ; no. 1; op. 22; 1975; NMIC
- StrQ; no. 2; op. 71; 1997; NMIC

Søderlundh, Lille Bror
1912-1957
- Dalasvit; StrQ; Busch

Sodero, Cesare
1886-1947
- Suite; StrQ

Sodomka, Karel
1929-1988
- Quartettino; 1975

Söchting, Emil
1858-1937
- 3 StrQe; G, D, a; op. 70; Schmidt (1907)

Söderberg, Hans
1937-
- StrQ, no. 1; 1980; SMIC
- Chambre séparée; StrQ, no. 2; 1985

Sörgel, Friedrich Wilhelm
1870-?
- StrQ; d; op. 11; Breitkopf
- StrQ; Es; op. 13; Breitkopf
- 2 StrQe; G, e; op. 21; Breitkopf

Söring, Wolfgang
1943-
- Quartettsatz, no. 1: Allegro; ca. 1985

- Quartettsatz (in Variationsform); ca. 1985

Sogner, Tommaso Tomas
1762-1821
- StrQ

Soh, Michael
1934-
- StrQ; Seesaw (1975)

Sohal, Naresh Kumar
1939-
- Chiaroscuro II; StrQ; 1976; Novello; A: 10/1978 Middleburg

Soini, Pentti
1927-
- 7 StrQe

Sojo, Vicente Emilio
1887-1974
- StrQ; D; 1913; CDA

Sokola, Miloš
1913-1976
- StrQ; 1944
- StrQ; 1955; CHF
- StrQ; 1964; CHF
- StrQ; 1971; CHF

Sokolov, Elliott
1933-
- 7 Soundscapes; StrQ

Sokolov, Nikolai Aleksandrovich
1859-1922
- StrQ; F; no. 1; op. 7; 1884; Belaieff (1890)
- StrQ; A; no. 2; op. 14; 1892; Belaieff (1892)
- StrQ; d; no. 3; op. 20; 1894; Belaieff (1899)
- Canon, Scherzo, Mazurka; StrQ; Belaieff

Sokolović, Ana
1968-
- Blanc dominant; StrQ; 1998
- Commedia dell'arte; StrQ; 2007

Solare, Juan María
1966-
- Demeter; StrQ; 1990
- Neverness; StrQ; no. 2; 1997

Solares, Enrique
1910-?

- Breve; StrQ; 1954/55

Solberg, Leif
1914-2016
- His Haydnesque; StrQ; 1945

Solbiati, Alessandro
1956-
- Quartetto; 1980; ESZ
- Quartetto; no. 2; 1991; ESZ
- Tempo di Quartetto; StrQ; 1988; ESZ
- 7 Pezzi; StrQ; 1995; ESZ

Soldier, Dave (Sulzer, David Louis)
1956-
- 3 Preludes; StrQ; 1984/85
- The impossible; StrQ + Drums; 1986/87
- Sojourner truth; StrQ; 1989

Soler i Sardà, Josep
1935-
- StrQ; 1966; Seesaw; Southern
- StrQ; no. 1; 1971; Southern
- StrQ; no. 2; 1974; Southern
- StrQ; no. 3; 1971–95
- StrQ; no. 4; 1971–95
- StrQ; no. 5; 1995; Southern

Sollberger, Harvey
1938-
- StrQ; 1973; A: 3/1973 New York

Sollfellner, Bernd Hannes
1963-
- StrQ; 1989; ÖMIZ; A: 1990 Wien

Sollima, Eliodoro
1926-2000
- StrQ; 1967

Sollima, Giovanni
1962-
- Equo canone; StrQ; 1991
- Africa; StrQ; Sonzogno (1992)
- Sonnets et Rondeau; StrQ; 2008

Solodukho, Iakov Semenovich
1911-?
- StrQe; 1938–78
- StrQ; no. 4; Sovetskij (1972)

- StrQ; no. 5; 1978; Sovetskij (1979)
- StrQ; no. 6; Sovetskij (1985)

Solomons, David
1953–
- StrQ; 1995; Da Capo

Soltan, Wladzimir Yawhen'yevich
1953–
- StrQ; 1983

Solti, Árpád
1986–
- Elsoszo; StrQ; A: 9/2010 Szeged

Sołtys, Adam
1890–1968
- StrQ; 1921

Somborn, Carl Theodor
1851–1935
- StrQ; op. 32

Sõmer, Avo
1934–
- Tableaux; StrQ; 1978

Somer, Louis
1901–1966
- StrQ; Donemus (1935)

Somers, Harry Stewart
1925–1999
- StrQ; no. 1; 1943; Berandol (1945)
- StrQ; no. 2; 1950; Berandol (1963)
- StrQ; no. 3; 1959; Berandol (1959)

Somers-Cocks, John
1907–1995
- StrQ; 1976; Bardic

Sommer, Karl Julius
1883–1962
- StrQ; D; op. 40

Sommer, Vladimir
1921–1997
- StrQ; no. 1; 1950
- StrQ; no. 2; 1955
- StrQ; no. 3; 1963
- StrQ; B; 1983, rev. 1987

Sommer, Willibald
1846–1935

- An Prinzesschen Wunderhold; op. 1; Schmidt (1900)
- StrQ; op. 2
- StrQ; g; no. 3; op. 3; Schmidt (1899)

Sompek, Ernst
1876–1954
- StrQ

Sonneck, Oscar G. Th.
1873–1928
- StrQ

Sonninen, Ahti
1914–1984
- Teesejä; StrQ; op. 70; 1968

Sonnleithner, Christoph v.
1734–1786
- 3 StrQ; C, F, d; op. posth.; au bureau des arts et d'industrie, no. 36 [S3958]
- zahlreiche weitere StrQe

Sonntag, Brunhilde
1936–2002
- StrQ; no. 1; 1984
- Animus; StrQ; no. 2; 1988
- Es ist ein Schnitter, heißt der Tod; StrQ; no. 3; 1993

Sønstevold, Gunnar (Johannes)
1912–1991
- StrQ; no. 1; 1945; Lyche
- 3 Little pieces; StrQ
- Pinter-Qua.; StrQ; no. 2; 1971, rev. 1977

Soproni, József
1930–
- StrQ; no. 1; 1958; EMB (1962)
- StrQ; no. 2; 1960; EMB (1966)
- StrQ; no. 3; 1965; EMB (1970)
- StrQ; no. 4; 1971; EMB (1972)
- StrQ; no. 5; 1988
- StrQ; no. 6; 1993
- StrQ; no. 7; 1993
- StrQ; no. 8; 1994
- StrQ; no. 9; 1994
- StrQ; no. 10; 1994
- StrQ; no. 11; 1999

- StrQ; no. 12; 1999

Sørensen, Bent
1958-
- StrQ; 1978; DMIC
- Alman; StrQ; 1983/84; Hansen (1986)
- Adieu; StrQ; 1986; Hansen
- Angel's Music; StrQ; 1988; Hansen
- The lady of Shalott; StrQ; 1993; Hansen
- Schreie + Melancholie; StrQ; 1994

Sørenson, Torsten Napoleon
1908-1992
- Per quattro archi; StrQ; 1970; STIM
- Due contrasti; StrQ; 1983; STIM

Sorg-Rose, Margarete
1960-
- StrQ; 1999; A: 4/2000 Edenkoben

Soriano, Alberto
1915-1981
- StrQ; 1958; CDA

Sorkočević, Antun
1775-1841
- StrQ; C

Soro Barriga, Enrique
1884-1954
- StrQ; A; 1904

Sorozábal Mariezcurrena, Pablo
1897-1988
- StrQ; 1920; UME

Sosa, Raoul
1939-
- Affinités; StrQ; 1985

Sosaya, José
1956-
- StrQ; 1979

Sotelo, Mauricio
1961-
- Degli eroici furori; StrQ; no. 1; 2002
- StrQ; no. 2; 2003/04

Soto Sánchez, Mateo Juan
1972-
- StrQ; 1993; SpMIC

Souchay, Marc André
1906-1991
- StrQ

Souffriau, Arsène
1926-
- StrQ

Soukup, Vladimír
1930-2012
- Poem about love; StrQ; 1954
- StrQ; 1971; CHF

Soulage, Marcelle
1894-1970
- StrQ; 1922

Souris, André
1899-1970
- Fantasque; StrQ; 1916; unveröff.
- Fugue; StrQ; 1917; unveröff.

Souster, Tim
1943-1994
- Hambledon Hill; amplified StrQ + Tape; 1985; Signum (2007)

Southam, Ann
1937-2010
- Song of the varied thrush; StrQ; 1991
- Counterplay; StrQ + Tape

Southgate, William
1941-
- StrQ; 1984
- StrQ; 1985

Southwick, Martha Jean
1956-
- Lustige Streicher; StrQ; 1983; ÖMIZ

Souza, Rodolfo Coelho de
1952-
- Phantasiestück; StrQ; 1982

Soveral, Isabel
1961-
- Anamorphoses V; StrQ; 1997

Sowerby, Leo
1895-1968
- Serenade; StrQ; G; 1916; Schirmer (1921)

Sowiński, Wojciech
1805-1880
- Polonez na fort. z tow.; StrQ; op. 16

Soyka, Ulf-Diether
1954-
- StrQ; 1981
- StrQ; no. 2; op. 2, 32; 1988; A: 1988 Wien
- StrQ; no. 3; op. 2, 41; 1994

Spadavekkia, Antonio Emmanui-lovich
1907-1988
- StrQ; 1937

Späth, Andreas (André)
1790-1876
- 3 StrQ; op. 107; Schott (1828)
  [PN2820, 2821, 2822]

Spahlinger, Mathias
1944-
- Apo do; StrQ; 1982; Peer (1982);
  A: 11/1982 Athen

Spain-Dunk, Susan
1880-1962
- Phantasy-StrQ; d; 1915; Cramer (1922)

Spalding, Albert
1888-1953
- StrQ; e; op. 10; G. Schirmer (1925)
- StrQ; no. 2; G. Schirmer (1930)

Spalding, Eva Ruth
1882-1969
- StrQ; no. 1; 1923; Senart (1929)
- StrQ; no. 2; 1928; Senart (1930)
- StrQ; no. 3; 1929
- StrQ; no. 4
- StrQ; no. 5

Spannagel, Carl
1897-1986
- Fuge; StrQ
- StrQ; 1933
- StrQ III; 1935
- Scherzo; StrQ; 1947
- StrQ; 1966

Spannheimer, Franz Erasmus
1946-

- Tripartita; StrQ; no. 1; Zimmermann

Spannhof, Otto
1882-
- StrQ; A; op. 5

Sparey-Ghillies, Robert
1950-
- Nasut; StrQ; 1996; ScoMIC
- Lahut; StrQ; 1996; ScoMIC
- Baha: Letters; StrQ; 1996; ScoMIC
- Jalal: Letters; StrQ; 1997; ScoMIC
- Jamal: Letters; StrQ; 1997; ScoMIC

Spasov, Ivan
1934-1996
- StrQ; 1972; Muzika (1978)

Spătărelu, Vasile
1938-2005
- StrQ; no. 1; 1962
- StrQ; no. 2; 1974
- StrQ; no. 3; 1982

Speach, Bernadette
1948-
- Les ondes pour quatre; StrQ; 1988

Speaight, Joseph
1868-1947
- Some Shakespeare's fairy characters; StrQ;
  Boosey (1916)
- Ariel; StrQ; Boosey (1916)
- Poem; StrQ; Boosey (1916)

Speare, Simon
1962-
- Crowding in; StrQ; 1988
- St. Caecilia's day parade; StrQ; 1992; BMIC
- After the parade; StrQ; 1996; BMIC

Spech, Johann (János)
1767-1836
- 3 StrQe; g, Es, C; op. 2; 1802; Bureau
  d'Arts, no. 11 [SS4062I,1]
- 3 Fugen; StrQ; g, C, a; op. 3; 1802; Bureau
  d'Arts, no. 24 [SS4062I,3]
- StrQ; G; o. op.; 1808; Chem. Druckerei,
  no. 762 [SS4062I,30]

- StrQ; D; op. 19; 1815; Tranquillo Molto, no. 1600
- StrQ; B; op. 22; 1816; Mechetti qdm. Carlo, no. 425 [SS4062I,18]
- StrQ; A; op. 25
- StrQ; d; op. 26

Specht, Judy
1943-
- On korean themes; StrQ; 1990

Spedding, Frank
1929-2001
- StrQ; 1956
- StrQ; 1969; ScoMIC

Speer, William Henry
1863-1937
- StrQ; B; op. 6; Simrock (1895)

Speight, John Anthony
1945-
- StrQ; no. 1; 1969; IMIC
- StrQ; no. 2; 1974; IMIC

Spelman, Timothy Mather
1891-1970
- 5 Whimsical serenades; StrQ; 1924
- StrQ; D; 1951; ESZ (1953)
- StrQ; F

Spencer, James Houston
1895-1967
- Rustic suite; StrQ

Spencer, Marguerita
1892-1993
- StrQ

Spendiaryan (Spendiarov), Aleksandr Afanas'evich
1871-1928
- StrQ

Spergel, Robert
1919-?
- The Seasons; StrQ

Sperger, Johannes
1750-1812
- 3 StrQe; F, A, C; op. 1; J. J. Hummel
- 9 StrQe; B, G, D, B, g, D, F, A, C

Speyer (Speier), Wilhelm
1790-1878
- StrQ; op. 8; André (1821)
- StrQ; op. 9; André (1821?)
- StrQ; op. 10; André (1822)

Spiegelman, Joel Warren
1933-
- Fantasy; StrQ; no. 1; 1963; C. Fischer (1976)
- Fantasy; StrQ; no. 2; C. Fischer (1976)

Spiering, Theodore
1871-1925
- Scherzo; StrQ

Spies, Leo
1899-1965
- StrQ; b; no. 1; 1939; IMB
- 4 Präludien; StrQ; 1953; Ed. Peters (1966)
- Marsch; StrQ (StrOrch); 1962
- StrQ; no. 2; 1963; IMB
- 2 Ständchen z. Jugendweihe; StrQ; 1964

Spiess, Ernst
1830-1905
- StrQ; C; op. 49; Praeger (1892)

Spilka, Dalibor
1931-1997
- StrQ; 1958
- StrQ; 1973
- StrQ; 1979

Spiller, Manfred
1932-
- Weihnachtliche Musik; StrQ; op. 89
- StrQ; op. 94; 1998

Spilling, Robert
1907-1961
- StrQ

Spindler, Fritz
1817-1905
- StrQ; c; op. 62; Whistling (1854)

Spinner, Leopold Israel
1906-1980
- StrQ; vor 1931; verloren
- StrQ; o. op.; um 1934/35; Boosey?

- StrQ; op. 2; 1941; Boosey
- StrQ; no. 3; op. 7; 1952

Spisak, Michał
1914-1965
- StrQ; no. 1; 1953; PWM (1976)

Spitta, Heinrich Arnold Theodor
1902-1972
- Triptychon; StrQ; op. 77; Möseler (1952)

Spitzmüller, Alexander
1894-1962
- StrQ; op. 8; A: 1930 Wien

Spöndlin, Elisabeth
1923-
- StrQ; 1986
- Variationen über ein Thema aus Verg; StrQ; 1987
- StrQ; 1990
- StrQ; 1991

Spörlein, Josef
1900-?
- StrQ; e; op. 45; 1941

Spohr, Louis
1784-1859
- 2 StrQe; C, g; op. 4; 1804/05; Kühnel/Zumsteeg (1806); Ed. Peters (1987); op. 4, 1 Wollenweber (1989)
- Quatuor brillant; op. 11; 1806; Simrock (1808)
- 2 StrQe; Es, D; op. 15; 1806–08; Ed. Peters (1809)
- StrQ; g; op. 27; 1809–12; Haslinger/Mechetti (1813)
- 3 StrQe; Es, C, f; op. 29; Haslinger
- StrQ; A; op. 30; Steiner; Haslinger
- StrQ; E; op. 43; Ed. Peters (nach 1840)
- StrQe; C, e, f; op. 45; Ed. Peters (vor 1841)
- 3 StrQe; Es, a, G; op. 58; Ed. Peters
- StrQ; h; op. 61; Ed. Peters, no. 1768; Wollenweber (1983)
- StrQ; A; op. 68; Ed. Peters (1864)
- 3 StrQe; a, B, d; op. 74; Ed. Peters (1944/45/46); Mechetti

- 3 StrQe; E, G, a; op. 82; Schlesinger (1839)
- StrQ; Es; op. 83
- 3 StrQe; d, As, h; op. 84; André
- StrQ; A; op. 93; Schlesinger
- StrQ; A; op. 132; Breitkopf
- StrQ; G; no. 32; op. 146; Ed. Peters
- StrQ; Es; no. 33; op. 152; Siegel (1865)
- StrQ; C; op. 141
- Menuett; Es; WoO 31; Autogr. verloren
- StrQ; Es; WoO 41
- StrQ; g; WoO 42

Sponer, Alfred v.
1870-?
- Versuch e. Vollendung des im Table 239 abbrech. Contrapunktus XIX aus J. S. Bachs *Kunst der Fuge*; StrQ; Jost (1947)
- Kleine Suite im alten Stil; StrQ; op. 25b; Forberg
- StrQ; h; op. 48

Spratlan, Lewis
1940-
- StrQ; 1982; Margun
- Fanfare for the tenth; StrQ; 1988; Margun

Spree, Hermann
1960-
- 2 Sätze; StrQ; 1982

Springer, Max
1877-1954
- 4 StrQe

Sprongl, Norbert
1892-1983
- StrQ; no. 1; op. 24; 1936
- StrQ; no. 2; op. 41; 1941
- StrQ; no. 3; op. 55; 1944
- StrQ; no. 4; op. 60; 1945

Sprung, David R.
1931-
- StrQ; 1959

Spuller, Willi
1979-
- Printaniere; StrQ + Stabspiele; 2002/03

Šrámek, Vladimír
1923-2004
- Tempi; StrQ; 1960

Srebotnjak, Alojz
1931-2010
- Allegro, chorale + Passacaglia; StrQ; 1954

Srnka, Jiří
1907-1982
- StrQ; no. 1; 1928
- StrQ; no. 2; op. 7; 1930–36
- There was a quiet Summer; StrQ; no. 3; 1981

Srnka, Miroslav
1975-
- StrQ; no. 1
- StrQ; no. 2; 1998
- StrQ; no. 3; 2004

Srom, Karel
1904-1981
- StrQ; no. 1; 1923
- StrQ; no. 2; 1941–43
- StrQ; no. 3; 1966; Supraphon (1974)

Staar, René
1951-
- Structures III; StrQ; op. 7, 3; 1981; Ed. Contemp Art; A: 1990 Wien
- Versunkene Träume. 6 Skizzen; StrQ; op. 22c; 1993; Contemp Art; A: 11/1993 Wien

Stachowiak, Lechosław
1926-
- StrQ; no. 1; 1956; PWM
- StrQ; no. 2; 1957; PWM
- StrQ; no. 3; 1958; PWM
- StrQ; no. 4; 1960; PWM

Stachowski, Marek
1936-2004
- StrQ; no. 1; 1963
- Musica; StrQ; 1965; PWM (1972)
- StrQ; no. 2; 1972; PWM (1975)
- Qua. da ingresso; 1980; PWM (1986)
- StrQ; no. 3; 1988; PWM (1993)
- Musica festeggiante; StrQ; 1995; PWM (1998)

- Quando resta l'estate; StrQ; no. 4; PWM (2003/04)

Stadler, Anton Paul
1753-1812
- Fragment of a StrQ; G; unvollendet (Erg. v. Reinhard van Hoorickx)

Stadler, Abbé Maximilian
1748-1833
- 2 StrQe; vor 1790

Stadler, M.
18..?-19..?
- Canon zu Jos. Haydns letztem Quartett; StrQ; Cranz (1850)

Stadtfeld, Alexander
1826-1853
- StrQ; 1848

Stäbler, Gerhard F.
1949-
- ... strike the ear ...; StrQ; 1987/88; Ricordi
- Beats; StrQ + Schlagwerk; 1998; Aktive Musik
- White spaces; StrQ + Gesang

Staeger, Alexander Theodor
1857-1932
- StrQe

Staehle, Johann Hugo
1826-1848
- StrQ; G; um 1842

Staempfli, Edward
1908-2002
- StrQ; no. 1; 1926
- StrQ; no. 2; 1935
- StrQ; no. 3; 1939
- StrQ; no. 4; 1945
- StrQ; no. 5; 1954
- StrQ; no. 6; 1962
- StrQ; no. 7; 1976

Staff, Charles Bancroft, Jr.
1929-
- StrQ; 1954

Stafford, Simeon
1956-

- StrQ; 1986; Da Capo
- StrQ; 1986; Da Capo
- StrQ; 1987; Da Capo
- StrQ; 1989; Da Capo

Stahl, Andreas
1955-
- Aufstieg, Abstieg; StrQ; 1989; FSPM

Stahl, Willy
1896-1963
- 5 StrQe; 1936–45

Stahlknecht, E. H. Adolf
1813-1887
- StrQ; a; op. 8; Paez (1852)
- StrQ; A; no. 2; op. 16;
  Heinrichshofen (1869)
- StrQ; B; no. 3; op. 17;
  Heinrichshofen (1869)

Stahmer, Klaus Hinrich
1941-
- Kristalgitter; StrQ, Comp.-gest. Steinklänge
  + Ringmodulation; 1992; Sonoton (1992)
- Embith-Ka; StrQ; 1998; VeNM (2004)
- Pages for Four; StrQ; no. 3; Sonoton

Stahnke, Manfred
1951-
- StrQ; no. 1; 1976
- StrQ; no. 2; 1981
- Penthesilea; StrQ; no. 3; 1983, rev. 1992
- StrQ; no. 4; 2000

Stahr, Franz
1877-?
- StrQ; a; op. 2
- StrQ; C; no. 2; op. 4
- StrQ; c; no. 3; op. 6
- StrQ; D; no. 4; op. 14
- StrQ; a; no. 5; op. 19a
- StrQ; b; no. 6; op. 19b
- StrQ; c; no. 7; op. 30
- StrQ; e; no. 8; op. 33
- StrQ; e; no. 9; op. 58a
- StrQ; f; no. 10; op. 58b
- StrQ; no. 11; op. 75

Stahuljak, Dubravko
1920-1988
- Impresije; StrQ; no. 1
- StrQ; D; no. 2
- StrQ; Es; no. 3
- In modo classico; StrQ; no. 4

Stahuljak, Juraj
1901-1975
- StrQ; g; 1922
- StrQ; c; no. 2; 1932; Drustvo
- Suita; StrQ; 1926

Stahuljak, Mladen
1914-1996
- Cet veroglasne invencije; StrQ; no. 1; 1948
- Dalmatinski; StrQ; no. 2; 1952
- Hercegovački; StrQ; no. 3; 1959

Stainlein, Ludwig v.
- StrQ; G; no. 1; op. 10; Schott (1856)
- StrQ; C; no. 2; op. 11; Schott (1856)

Stalder, Joseph Franz Xaver Dominik
1725-1865
- 6 StrQe; Straight (um 1770) [S4339]

Stalheim, Jostein
1960-
- To-tve-tvil; StrQ; 1992; NMIC

Stalze, Gerhard
1952-
- StrQ; 2002

Stam, Henk
1922-2002
- StrQ; no. 1; Donemus (1947)
- StrQ; no. 2; Donemus (1948)
- StrQ; no. 3; Donemus (1949)

Stamitz, Anton
1750-1796? 1809?
- 6 StrQe; op. 1; B. Hummel [S4376]
- 6 StrQe; D, A, F, D, C, Es; op. 7; Bouin
- 6 StrQe; B, E, Es, C, D, F; op. 9; Bouin
- 6 StrQe; D, G, C, F, B, Es; op. 28; Durieu
- 6 StrQe; D, A, Es, F, B, E; op. 29; Sieber

- 6 StrQe; A, D, B, F, Es, G; op. 30;
Chevardière

Stamitz, Carl
1745-1801
- 6 StrQe; C, G, Es, B, F, D; op. 1;
Bureau d'abonnement musical (1770)
- 6 StrQe; Es, g, B, D, A, E; op. 2;
Scherer (1774)
- 6 StrQe; op. 4; J. Betz
- StrQ; A; op. 4, 6; Leuckart (1960)
- 6 StrQe; D, Es, F, Es, Es, Es; op. 8; Sieber
- 6 StrQe; C, G, D, B, A, F; op. 11;
J. J. Hummel
- 3 StrQe; Es, A, B; op. 12; Mme. Berault
- 3 StrQe; op. 13; J. Dyck
- 6 StrQe; op. 15; 1774
- 6 StrQe; Es, B, Es, E, B, F; op. 19; Sieber
- 6 StrQe; F, A, Es, G, B, C; op. 22; Sieber

Stamitz, Johann
1717-1757
- StrQ; B; Bernoulli (1922)

Stanček, Ladislav
1898-1979
- StrQ; no. 1
- StrQ; g; no. 2

Standford, Patric
1939-2014
- StrQ; no. 1; op. 6; 1966; Redcliffe
- Bagatelles; StrQ; op. 22; 1969; Novello
- In memoriam; StrQ; no. 2; op. 25; 1973;
Blackwell's
- A London Suite; StrQ; 1979; Middle Eight
- StrQ; 1992
- Unreturning spring; StrQ; 1996; BMIC

Stanford, Charles Villiers
1852-1924
- StrQ; G; no. 1; op. 44; Payne (1887)
- StrQ; a; no. 2; op. 45; Payne (1887)
- StrQ; d; no. 3; op. 64; 1896; Augener (1897)
- StrQ; g; no. 4; op. 99; 1906
- StrQ; B; no. 5; op. 104; 1907;
Stainer (1908)

- StrQ; a; no. 6; op. 122; 1910
- StrQ; c; no. 7; op. 166; ca. 1918/19
- StrQ; e; no. 8; op. 167; 1919

Stanhope, Paul
1969-
- Morning star; StrQ; 1992; AMC

Stanislav, Josef
1897-1971
- StrQ; C; 1935

Stankiewicz, Marian
1952-1977
- StrQ; 1974; AMC

Stankovich, Evgenii Fedorovich
1942-
- Allegro/Moderato; StrQ; 1967
- Suite; StrQ; 1971
- StrQ; 1973; Muzychna Ukr. (1983)
- Elegy; StrQ; 1997

Stanley, Helen
1930-
- StrQ; 1951
- StrQ; 1980

Stants, Jet
1903-1968
- StrQ; no. 1
- StrQ; no. 2; 1922; MS: Archiv Stichting

Stárek, Jiří
1952-1994
- StrQ; 1977

Starer, Robert
1924-2001
- StrQ; no. 1; 1947; Mercury (1951);
A: 8/1948 Tanglewood
- StrQ; no. 2; 1995; Southern;
A: 8/1995 Bellington
- StrQ; no. 3; 1996; Southern;
A: 7/1996 Cleveland
- Mandala; StrQ; 1974; MCA
- Elegy; StrQ; MCA

Stark, Ludwig
1831-1884
- Nachtmusik; StrQ; op. 60; Doblinger (1872)

Starke, Friedrich
1774–1835
- 3 StrQe

Starokadomsky, Mikhail Leonidovich
1901–1954
- StrQ; 1924/25
- StrQ; 1928

Šťastný, Vincenc
1885–1971
- StrQ; 1951

Statkowski, Roman
1859–1925
- StrQ; F; no. 1; op. 10; 1896; Ries (1892)
- StrQ; f; no. 2; op. 13
- StrQ; D; no. 3; op. 14
- StrQ; Es; no. 4; op. 38; 1948; PWM (1948)
- StrQ; c; no. 5; op. 40; 1929; PWM; Moeck
- StrQ; e; no. 6; o. op.

Staub, Volker
1961–
- Für StrQ; Nr. 32; 1995

Staud, Johannes Maria
1974–
- Dichotomie; StrQ; op. 3; 1997/98; UE (2001); A: 7/1999 Erl

Staude, Christoph
1965–
- StrQ; 1986; Salabert
- Befund; StrQ; no. 2; 1988; Tre Media
- All'aperto; 18 Scherben f. e. StrQ; no. 3; 1992; Tre Media
- StrQ; no. 4; 1997; Tre Media
- StrQ; no. 6; 2003; Tre Media

Stcherbachev, Vladimir
1889–1952
- Suite; StrQ; Muzgis (1946)

Stea, Vicente
1884–1943
- La sera; StrQ

Stearns, Peter Pindar
1931–2016
- StrQ; 1950; CFE

- StrQ; 1951
- StrQ; 1955
- StrQ; no. 4; 1958; CFE
- StrQ; no. 5; 1960; CFE

Steblianko, Oleksander
1896–1977
- StrQ; 1925

Steck(n)er, Karol
1861–1918
- StrQ; op. 4; 1884; Urbanek

Štědroň, Miloš
1942–
- StrQ; 1970; CHF
- Danze, canti e lamenti; StrQ; 1986
- StrQ; 1994

Štědroň, Vladimír
1900–1982
- Variacni fantasie na lidovou pisen; StrQ; op. 1; 1923; Panton (1931)
- StrQ; C; no. 1; 1921
- Lidove tanecni fantasie; StrQ; no. 2; 1945; HMUB

Steel, Charles Christopher
1938–1991
- StrQ; op. 32; 1967; Novello (1969)

Steele, Lanny
1933–1994
- StrQ; 1964

Steen-Andersen, Simon
1976–
- StrQ; 1999
- Study f. String Instrument #1 (for one or more string instruments); 2007
- Study f. String Instrument #2 (for one or more string instruments); 2009
- StrQ m. präp. + verstärkten Bögen; no. 2; 2012

Stefani, Jozef
1800–1876
- StrQ; Es; MS: PL-Wtm

Stefanovic, Ivana
1948–

- StrQ; 1970

Stefánsson, Finnur
1947-
- StrQ; 1987; IMIC
- StrQ; 1989; IMIC
- Movement for Bernardel; StrQ; 1994; IMIC
- Movements 98; StrQ; 1998; IMIC

Steffen, Wolfgang
1923-1993
- Variationen über ein eigenes Thema; StrQ; op. 3; 1948
- StrQ; op. 31

Steffens, Walter
1934-
- Ekstase; StrQ; no. 1; op. 2b; 1963; Breitkopf (1964)
- Quartetto lirico; StrQ; no. 2; op. 6; Breitkopf (1966)
- StrQ; no. 3; 1983

Steg, Paul Oskar
1919-?
- StrQ; 1957

Steger, Werner
1932-
- StrQ; no. 1; A: 1973 Mannheim
- StrQ; no. 2; A: 1997 Mainz

Steglich, Hermann
1929-
- Musik für Feierstunden; op. 39; um 1963

Stehmann, Jacques
1912-1975
- StrQ; 1963; CeBeDeM (1992)

Steibelt, Daniel
1765-1823
- 3 StrQe; op. 8; Artaria [S4855]
- 3 StrQe; op. 17; Artaria [SS4855A]
- 6 StrQe; op. 34; Imbault [S4858]

Stein, Erwin
1885-1958
- Scherzo + Trio; StrQ

Stein, Leon
1910-2002

- Suite; StrQ; 1930; CFE; A: 1931 Chicago
- StrQ; no. 1; 1934; CFE; A: 1935 Chicago
- StrQ; no. 2; 1962; CFE
- StrQ; no. 3; 1964; CFE
- StrQ; no. 4; 1965; CFE

Steinauer, Mathias
1959-
- StrQ; no. 1; 1983
- 3 Skizzen; StrQ; 1986

Steinberg, Carolyn
1956-
- StrQ; no. 1; 1985; A: 1986 Darmstadt

Steinberg, Haya
1961-
- StrQ; 1990; IMI
- StrQ; no. 4; IMI

Steinberg, Maksimilian Oseyevich
1883-1946
- StrQ; A; no. 1; op. 5; 1907; Belaieff (1909)
- StrQ; C; no. 2; op. 16; UE; Muzgiz (1927)

Steinberg, Ze'ev (Wolfgang)
1918-
- StrQ; 1959; IMP
- Inventions; StrQ; no. 2; 1969; IMP
- StrQ; no. 3; 1981/82; IMI
- Fantasy on Greek folksongs; StrQ; 1963

Steiner, Frederick
1923-2011
- StrQ

Steiner, Gitta Hana
1932-1990
- StrQ; 1967/68; Seesaw (1969)
- StrQ; 1984

Steiner, Johann Karl
1962-
- Polyphonia barbarica; StrQ; no. 1; 1986; A: 1/1989 Wien
- 5 Miniaturen; StrQ; 1986
- Archangelsker-StrQ; no. 2; 1989; A: 1990 Vilnius

Steinkauler, Walter
1873-1921

- StrQ; c; op. 6, 1; Hille (1904)

Steinke, Greg A.
1942-
- Music; StrQ; 1964; Seesaw

Steinke, Günter
1956-
- Vereinzelt, gebannt – eine Wegbeschreibung; StrQ; 1999/2000; Boosey

Steinkogler, Siegfried
1968-
- Wandteppich-Szenen; StrQ

Steinmetz, Werner
1959-
- StrQ; no. 1; 1996

Stekl, Konrad
1901-1979
- StrQ; op. 36b; 1938
- Qu. breve; op. 93; 1973
- Qu. enigmatico; op. 112; 1975

Stella-Palikruschewa, Fanya de
1950-
- Konzertstück; StrQ; 1978

Stelzenbach, Susanne
1947-
- haut; StrQ; no. 1; A: 10/2007 Berlin

Stelzer, August
1900-1969
- StrQ; A; no. 1; 1927
- StrQ; no. 2
- StrQ; C; no. 3; 1943-50

Stendel, Wolfgang
1943-
- Metamorphosen; StrQ; 1992; VeNM (2002); A: 1993 Halle/Saale
- StrQ; no. 1; 1976
- StrQ; 2009; VeNM

Stenhammar, Per Ulrik
1828-1875
Mehrere StrQe, darunter:
- StrQ; B; no. 3; 1866

Stenhammar, Wilhelm
1871-1927

- StrQ; C; no. 1; op. 2; 1894; Hainauer (1895)
- StrQ; c; no. 2; op. 14; 1896; Hainauer (1898)
- StrQ; F; no. 3; op. 18; 1897-99; Hainauer
- StrQ; a; no. 4; op. 25; 1904-09; Hansen (1911/12)
- Serenade; StrQ; C; no. 5; op. 29; 1910; Hirsch/Gehrmans (1962)
- StrQ; d; no. 6; op. 35; 1916; Musikaliska (1928)
- StrQ; f; o. op.; 1897; zurückgez.

Štěpánek, Jiří
1917-2012
- StrQ; no. 1; 1963
- StrQ; no. 3; 1971; CHF
- StrQ; 1975, rev. 1996

Stepanenko, Mykhailo
1942-
- Allegro; StrQ; 1977

Stepanian, Aro (Haro Levoni)
1897-1966
- StrQ; no. 1; op. 25; 1940; Muzyka
- StrQ; no. 2; op. 27; 1940; Muzyka
- StrQ; no. 3; 1957; Muzyka
- StrQ; no. 4; 1958; Muzyka

Stepanian, Ruben Gerasimovich
1902-1984
- StrQ; 1940
- Siuty; StrQ; 1946
- StrQ; 1965
- Siuty; StrQ; 1973

Stephanescu, George
1843-1925
- StrQ; F; 1870?

Stephens, Charles Edward
1821-1892
- StrQ; G; no. 1; op. 21; Schott (1880)
- StrQ; F; no. 2; op. 22; Schott (1880)

Stephenson, Allan
1949-
- StrQ; no. 1; 1994; Accolade (2000)

- StrQ; no. 2; 1997; Accolade
- StrQ; no. 4; 2005; Accolade
- Miniature Quartet; 1992; Accolade

Stepka, Karel Vaclav
1908–1989
- Meditation; StrQ; 1951

Stepper, Martin Paul
1948–
- StrQ; 1973

Steptoe, Roger
1953–
- StrQ; no. 1; 1976; Stainer; A: 1977 London
- StrQ; no. 2; 1985/86; Stainer;
  A: 1986 Aberystwyth

Stepurko, Viktor
1952–
- Variatons on Ukrainian themes; StrQ;
  1978; MS

Stern, Max
1947–
- Double variations; StrQ; 1972

Stern, Robert
1934–
- StrQ

Sternberg, Erich Walter
1891–1974
- StrQ + Mezzosopr; no. 1; 1924, rev. 1942;
  IMP (1953)
- StrQ; no. 2; 1928; IMI; A: 1928
- To youth; StrQ; 1958; IMI
- 5 pieces; StrQ; 1959; IMI
- 4 Jewish melodies; StrQ; IMI

Sternberg, Hans
1910–1997
- StrQ; no. 1; A: 1943 Jaro
- StrQ; no. 3; A: 1950 Coburg

Sternicka-Niekrasz, Ilza
1898–1932
- Wariacje; StrQ

Sternwald, Jiří
1910–2007
- StrQ; 1939

Stetsiuk, Oleksander
1941–
- StrQ; 1966
- StrQ; 1982

Stetsiun, Mykola
1942–
- StrQ; 1975

Steuermann, Eduard
1892–1964
- 7 Waltzes; StrQ; 1946; APNM
- Diary; StrQ; no. 2; 1960/61; APNM

Steven, Donald
1945–
- My friend, the leper; StrQ; Kerby

Stevens, Bernard
1916–1983
- StrQ; e; no. 1; 1936
- Theme + Variations; StrQ; op. 11; 1949;
  Lengnick (1950)
- StrQ; no. 2; op. 34; 1962; Galliard (1966)

Stevens, Halsey
1908–1989
- StrQ; no. 1; 1931
- StrQ; no. 2; 1943/44
- StrQ; no. 3; 1949; CFE
- Nepdalszvit; CFE

Stevenson, Rohan
1970–
- In the deepening south; StrQ; 1992; AMC

Stevenson, Ronald
1928–2015
- 4 meditations; StrQ; 1964; ScoMIC
- StrQ movement; 1945;
- Voces, vagabundae; StrQ; 1990; ScoMIC

Stewart, David A.
1970–
- Entropy; StrQ; CFE
- Knowing not knowing; StrQ; 1992
- Sawdust; StrQ; 2005

Stewart, Frank Graham
1920–2012
- StrQ; no. 1; 1962; Seesaw (1976)

Stewart, Robert
1918-1995
- StrQ; 1960?; ACA
- StrQ; no. 2; 1966; ACA
- StrQ; no. 3; 1967; ACA
- StrQ; no. 4; 1975; ACA
- Fractal images; StrQ; 1990

Stewart, Robert J.
1932-
- StrQ

Sthamer, Heinrich
1885-1955
- StrQ; no. 1; op. 20; MS: D-Hmb
- StrQ; no. 2; op. 53; MS: D-Hmb
- StrQ; no. 3; op. 71; MS: D-Hmb

Stieber, Hans
1886-1969
- StrQ; E; um 1955; IMB
- StrQ; g; um 1957; IMB

Stiebitz, Kurt
1891-
- StrQ; A: 4/1954 Bremen

Stiebler, Ernstalbrecht
1934-
- StrQ; A: 9/2007 Schwaz

Stiegler, Robert
1959-
- Quartettsatz; StrQ

Stiegler, Thomas
1966-
- Namenlose Gärten; StrQ; 2003;
  A: 2003 Düsseldorf

Stiel, Ludwig
1901-1988
- StrQ; 1944; A: 1948 Köln

Stier, Alfred Friedrich
1880-1967
- StrQ; no. 1; op. 7
- StrQ; no. 2; op. 8

Stier, Sebastian
1970-
- 3 Skizzen; StrQ; 2007; Ed. Juliane Klein

Stierlin-Vallon, Henri
1887-1952
- StrQ; A; no. 1
- Quartettsatz; g; 1924
- StrQ; no. 3

Stiles, Frank
1924-
- StrQ; Mixolydian (1970)
- StrQ; 1976; BMIC
- StrQ; 1997; BMIC

Still, William Grant
1895-1978
- Danzas de Panama; StrQ; Southern (1948)
- 5 Little folk suites; StrQ

Stiller, Andrew Philip
1946-
- Paganini Variations; StrQ; 1973

Stillman, Mitya
1892-1936
- StrQ; no. 7; Leeds Music
- StrQ; no. 8; Leeds Music

Stillman-Kelley, Edgar
1857-1944
- Theme + Variations; StrQ; C; op. 25
  (ursprünglich op. 1); Stahl (1907)

Stilman-Lasansky, Julia
1935-
- Etudes; StrQ; 1967; CFE

Stingl, Alfred
1952-
- StrQ; no. 1; op. 7; 1982/83

Stock, David Frederick
1939-2015
- StrQ; 1960–62

Stock, Friedrich A.
1872-1942
- StrQ; c; op. 6; Rahter (1910)

Stockhausen, Karlheinz
1928-2007
- Helikopter-StrQ; StrQ, 4 Helikopter +
  umfangreicher Technik; Werk-Nr. 69;
  1992/93; Stockhausen-Vlg.

Stockly, Raymond
1941-1992
- StrQ; op. 19; 1976; FSPM
- Fantasien; StrQ; 1976; FSPM

Stockmann, Aloys
1887-1963
- 2 StrQe; 1914

Stockmeier, Wolfgang
1931-2015
- StrQ; 1956

Stögbauer, Isidor
1883-1966
- StrQ; op. 53; 1940; Ullmann (1941)
- StrQ; Es; no. 2; op. 107; 1945/46

Stöhr, Richard (eigentl. Stern)
1874-1967
- StrQ; d; op. 22; 1903; UE (1911)
- 3 Intermezzi; StrQ; op. 124; 1948

Stölzel, Ingrid
1971-
- Impulse; StrQ; Arsis (1999)

Stöss, Thomas
1969-
- Irritationen. 2 Bilder; StrQ; Hoche (1999)

Stoffers, Erich
1930-
- StrQ; no. 1; op. 90; 1979; A: 1980 Münster

Stojanov, Penčo (Cvetanov)
1931-
- StrQ; 1955
- StrQ; 1956

Stojanov, Veselin
1902-1969
- StrQ; no. 1; 1933
- StrQ; no. 2; 1934
- StrQ; no. 3; 1935

Stojanović, Josip
1909-1972
- Ljetni Kvartet; Drustvo (1972)

Stojanović, Petar Lazar
1877-1957
- StrQ; Es; no, 1; op. 17; 1909–15

- StrQ; no. 2; op. 138; 1956

Stojkov, Stojan
1941-
- StrQ; 1966/67

Stojowski, Zygmunt Denis Anton
1870-1946
- Variations et fugue; StrQ; op. 6

Stoker, Richard
1938-
- StrQ; no. 1; op. 11; 1961; Heinrichshofen;
  A: 1962 Buxton
- StrQ; no. 2; op. 18; 1962; Heinrichshofen;
  A: 1965 Harlow
- 4 movements f. StrQ; 1964
- 3 miniature; StrQue.; 1966; Hinrichsen
- StrQ; no. 3; op. 36; 1968; Heinrichshofen;
  A: 1969 London

Stoll, David M.
1948-
- StrQ; 1994; BMIC
- Miranda; StrQ; 1997; BMIC
- StrQ; 1999; BMIC
- Fools by heavenly compulsion; StrQ; 2002;
  BMIC

Stoll, Marianne
1911-2012
- Andante; StrQ; op. 35
- Veränderungen; StrQ; op. 63
- StrQ; c; no. 5; op. 115

Stollenwerk, Wilhelm
1906-1961
- StrQ; d; A: 1944
- StrQ; no. 2; A: 1947

Stolpe, Antoni
1851-1872
- StrQ; c; 1866
- StrQ; a; 1869
- Wariacje; StrQ; 1869?

Stolzenbach, Lorenz
1934-
- StrQ

Stone, Carl Joseph
1953-
- Mae ploy; StrQ + Elektr; 1994

Stone, David
1922-
- Miniature StrQ; a; 1955; Novello (1956)
- Miniature StrQ; d; 1955; Novello (1956)

Stookey, Nathaniel
1970-
- StrQ; no. 1; 1998; PRB Production (2004)

Storch, Franz
1886-1976
- StrQ; no. 1
- StrQ; H; no. 2
- StrQ; A; no. 3

Storm, Ricardo
1930-2000
- StrQ; 1958; CDA

Storm, Staffan
1964-
- Ein Augenblick; StrQ; 1988, rev. 1992; SMIC

Stout, Alan Burrage
1932-
- StrQ; no. 1; op. 1; 1953; CFE
- StrQ; no. 2; o. op.; 1953; CFE
- StrQ; no. 3; op. 18; 1954; CFE
- StrQ; no. 4; op. 21; 1955; CFE
- StrQ; no. 5; op. 43; 1957; CFE
- StrQ; no. 6; op. 51; 1959; CFE
- StrQ; no. 7; o. op.; 1960; CFE
- StrQ; no. 8; op. 60; 1961; CFE
- StrQ; no. 9; op. 62, 1; 1962; CFE
- StrQ; no. 10; o. op.; 1962; CFE
- StrQ mit Sopr.; no. 11; CFE
- Epitaph. Canons; op. 75, 3; CFE

Strässer, Ewald
1867-1933
- StrQ; e; op. 12, 1; Simrock (1901)
- StrQ; G; op. 12, 2; Simrock (1901)
- StrQ; B; no. 3; op. 15; Tischer (1913)
- StrQ; e; no. 4; op. 42; Ed. Peters (1920)
- StrQ; g; no. 5; op. 52; Steingräber (1925)

- StrQ; no. 6; o. op.; Fragm.

Straesser, Joep
1934-2004
- Spring; StrQ; 1971; Donemus (1975)
- StrQ; no. 2; Harmonia (1967)

Strahan, Derek
1935-
- The key; StrQ; 1980; AMC

Strandberg, Newton Dwight
1921-2001
- StrQ; no. 1
- StrQ; no. 2; 1972
- StrQ; no. 3

Strang, Gerald
1908-1983
- StrQ; 1934
- StrQ; 1937
- Intermedio; StrQ; 1941

Stranz, Ulrich
1946-2004
- StrQ; no. 1; 1976; Bärenreiter
- StrQ; no. 2; 1980/81; Bärenreiter
- StrQ; no. 3; 1993-97; Bärenreiter
- StrQ; no. 4; 1998-2000; Bärenreiter
- Vier Intermezzi; StrQ; 2000; Bärenreiter

Strasfogel, Ignace
1909-1994
- StrQ; no. 1; um 1927; A: 1996 Köln
- StrQ; no. 2; 1989/90; A: 1993 New York

Strategier, Herman
1912-1988
- StrQ; 1935; Donemus
- StrQ; 1936; Donemus
- StrQ; no. 3; 1937; Donemus (1950)

Stratico, Giuseppe Michele
1728- nach 1782
- 6 StrQe

Straumann, Bruno
1889-1973
- StrQ; As

Strauss, Joseph
1793-1866

- StrQ

Strauss, Richard
1864-1949
- Quartettsatz; StrQ; c; 1875
- Quartettsatz; StrQ; Es; 1879
- StrQ; A; op. 2; 1880; Aibl (1881); UE
- Var. über eine Tanzweise; StrQ; 1883
- StrQ; c; op. 13; Aibl

Strauss, Wolfgang
1927-
- Kl. StrQ; um 1955

Stravinsky, Igor Fyodorovich
1882-1971
- 3 Pieces; StrQ; 1914, rev. 1918; Ed. Russe de M. (1922)
- Concertino; StrQ; 1920; Hansen (1923)
- Double canon; StrQ; 1959; Boosey (1960)
- Tango; StrQ; Schott (2010)

Stravinsky, Soulima
1910-1994
- StrQ; Henmar (1985)
- StrQ; no. 2; Henmar (1993)
- StrQ; no. 3; Henmar (1994)

Strecke, Gerhard Werner
1890-1968
- StrQ; no. 1; op. 7; 1917; A: 1924 Neiße
- StrQ; no. 2; op. 10; 1918; A: 1924 Neiße
- StrQ; no. 3; op. 20; 1924; A: 1925 Ratibor
- StrQ; no. 4; op. 22; 1925
- Serenade; StrQ; no. 5; op. 50

Street, Joseph
18..?-
- StrQ; e; op. 27; Breitkopf (1875)

Street, Tison
1943-
- StrQ; no. 1; 1972; G. Schirmer (1974)
- 6 Fantasies on a hymntune; StrQ; no. 2; 1984
- Caprice; StrQ; 1985

Streich, Stefan
1961-
- StrQ; 1986

- StrQ; 1999/2000

Streichardt, Antonius
1936-
- 5 Bilder; um 1969
- Saitenspiele; StrQ; Ed. Peters (1966)

Streicher, Ljuba
1887-1958
- Suite; StrQ; 1930
- Armenian StrQ; 1936
- Suite; StrQ; 1941
- StrQ; 1955

Streiff, Peter
1944-
- Wandelnde Gänge; StrQ; 1985–87; Nepomuk (1990)

Streletzki, Anton
1859-1907
- Serenade; StrQ; Donajowski (1890)

Streller, Friedbert
1931-
- StrQ; 1955

Streus, Jules
1892-1971
- StrQ; F; op. 1; 1917; unveröff.
- StrQ; op. 9; 1925; unveröff.
- StrQ; op. 14; 1929–36; unveröff.
- StrQ; op. 23; 1933; unveröff.
- StrQ; op. 26; 1935; unveröff.

Striegler, Kurt Emil
1886-1958
- StrQ; op. 38; A: 1920 Dresden

Strimer, Joseph
1881-1962
- Poeme; StrQ; Bessel (1926)

Strindberg, Henrik
1954-
- Kort stråkkvartett; StrQ; 1982

Stringfield, Lamar
1897-1959
- Concert fugue; StrQ; 1924
- A mountain episode; StrQ; 1933; Baron
- An old bridge; StrQ; Leeds Music

Stringham, Edwin John
1890-1974
- StrQ; f; 1935

Strini, Tom
1949-
- StrQ

Strizich, Robert
1945-
- Chronograph II; StrQ; Fallen Leaf (1991)

Strmčnik, Maks
1948-
- Godalni Kvartet; StrQ; 1973

Strobl, Bruno
1949-
- überwärts; StrQ; A: 2000 Salzburg

Strobl, Otto
1927-
- Galerie I; Musik f. StrQ + KB; 1970
- Es hielten drei Gesellen; StrQ; d
- Quartenquartett; StrQ; no. 2
- StrQ; a; no. 3
- Walzer; StrQ; 1991
- Toccata + Valse triste; 1993

Stroe, Aurel
1932-2008
- StrQ; 1972; Ed. Muz.

Strößenreuther, Fritz
1888-
- 2 StrQe

Strohl, Aimée-Rita
1865-1941
- StrQ; 1885

Strømholm, Folke
1941-
- In memoriam Alban Berg; StrQ; 1967

Strong, George Templeton
1856-1948
- StrQ; A; no. 1; 1883
- StrQ; g; no. 2; versch.
- Edgar Allan Poe; StrQ; no. 3; 1905/06
- Pan, a forest idyll; StrQ; no. 4; 1906
- StrQ; c; no. 5; 1930–40

- Montferrine; StrQ

Strongylis, Aristides
1974-
- Die Zeit des Narziss; StrQ; no. 1; 2001; Gravis (2010)
- Troisième hymne Delphique à Apollon; StrQ; no. 2; 2008/09; Gravis (2010)

Stroppa, Marco
1959-
- Spirali; StrQ + Raumprojektion; 1987/88
- Un segno nello spazio; StrQ; 1992

Strube, Gustav
1867-1953
Zahlreiche StrQe, darunter:
- StrQ; 1923
- StrQ; 1936

Struck, Paul Friedrich
1776-1820
- StrQ; C; op. 2; André (1797), no. 1019

Strüver, Paul
1896-1957
- StrQe; nos. 1–3

Strukow, Valery
1937-2005
- Russische Miniaturen; StrQ

Strunz, Jakob
1783-1852
- StrQ

Strutt, Dal
1941-
- StrQ; 1961; BMIC

Stuart, Paul O.
1956-
- StrQ; e

Stubbe, Arthur
1866-1938
- Suite; StrQ; 1891

Stucky, Steven Edward
1949-2016
- Bagatelles; StrQ; 1969

Studer, Hans
1911-1984

- StrQ; 1942–59

Stürmer, Bruno
1892-1958
- Thema mit Variationen; StrQ
- StrQ; no. 2; op. 97; Tonger
- Erlösungen, Gesänge; StrQ + Alt; op. 12; A: 7/1923 Donaueschingen

Štuhec, Igor
1932-
- StrQ; 1955; DSS

Stuiber, Paul
1887-1967
- StrQ; A; op. 3; A: 1923 Prag

Stumpe, Willi
1913-2013
- StrQ; um 1966

Stumpff, Johann Christian
1737-1801
- 6 StrQe; A, G, D, C, e, F; op. 5; 1772; Chevardière; Castaud [S7061]

Stuppner, Hubert
1944-
- StrQ; no. 1; 1984; Ricordi
- StrQ; no. 2; 1985–87; Ricordi
- StrQ; no. 3; 1990; Ricordi
- Eine Mahler-Soiree mit der Titanic am 14.04.1912; StrQ; no. 4; 1998
- Mahler-Bilder; Doppel-StrQ; no. 5; 2005; Ricordi
- Mahlers Erde; Doppel-StrQ; no. 6; 2005; Ricordi

Stutschewsky, Joachim
1891-1982
- An die Jugend; StrQ; 1958
- 5 Pieces; StrQ; 1959

Subotnick, Morton (Leon)
1933-
- A fluttering of wings; StrQ + Elektr; 1981; Presser (1984)
- Echoes from the silent call of Girona; StrQ + Comp; 1998; Schott
- Angels; StrQ + Elektr; 1984

Suchoň, Eugen
1908-1993
- StrQ; op. 2; 1931, rev. 1939; SHF
- Ked sa vlci zisli; StrQ; SHF
- Preletel sokol; StrQ; SHF

Suchsland, Leopold
1871-1943
- StrQ; G; no. 1; op. 80
- StrQ; F; no. 2; op. 105
- StrQ; e; no. 3; op. 115
- StrQ; A; no. 4; op. 130

Suchý, František
1902-1977
- StrQ; no. 1; op. 15; 1934; Sadlo (1939)
- StrQ; no. 2
- StrQ; no. 3; op. 61; 1975

Suckling, Norman
1904-1994
- Introduction and Scherzo; StrQ; 1923; A: 1942 San Francisco

Sucoff, Herbert
1938-1996
- 3 StrQe

Su Cong
1957-
- StrQ; no. 1; 1979
- StrQ; no. 2; 1983
- StrQ; no. 3; 1985
- StrQ; no. 4; 2000

Suder, Joseph
1892-1980
- Variationen f. StrQ; 1913
- StrQ; F; no. 1; 1919
- StrQ; e; no. 2; 1939; Amadeus (1981)
- StrQ; a; no. 3; 1967; Amadeus

Suderburg, Robert Charles
1936-2013
- Chamber Music II; StrQ; 1967; Presser

Süsskind, Hans Walter
1913-1980
- 4 Lieder mit StrQ; A: 1935 Prag

Suffern, Carlos
1901-1991

- Moreciendote; StrQ; 1930; CDA
- StrQ; 1969; CDA

Sugár, Rezsö
1919-1988
- StrQ; no. 1; 1947
- StrQ; no. 2; 1950; EMB
- StrQ; no. 3; 1969; EMB
- StrQ; no. 4

Sugata, Isotaro
1907-1952
- StrQ; 1941
- StrQ; 1946

Suitner, Peter
1928-
- Var. ü. einen alten Osterhymnus; StrQ; no. 1; op. 38; 1966; Löffler (1973)
- 2 Elegien; StrQ; op. 40
- StrQ; no. 2; op. 42; 1972; Löffler (1974)
- StrQ; no. 3; op. 59; 1974
- StrQ; no. 4; op. 60
- StrQ; no. 5; op. 74
- StrQ; no. 6; op. 87; 1990
- StrQ; no. 7; op. 90; 1990
- StrQ; no. 8; op. 104; 1994

Suk, Josef
1874-1935
- Fuge; StrQ; c; 1890
- StrQ; B; op. 11; 1896; Státní hud. (1896); Simrock (1896); Bärenreiter (2012)
- Menuett; StrQ; o. op.; 1900?
- StrQ; op. 31; 1911; Simrock (1911/12)
- Meditation über einen altböhmischen Choral; StrQ; op. 35a; Urbanek (1914)

Sukegawa, Toshiya
1930-2015
- StrQ; 1956

Šulek, Stjepan
1914-1986
- Moje djetinjstvo; StrQ; 1984–86

Sullivan, Arthur Seymour
1842-1900
- Romance; StrQ; g; 1859; Chappell (1964)

Sullivan, Timothy
1954-
- StrQ; 1975/76; CMC

Sulpizi, Fernando
1936-
- StrQ

Sulyok, Imre
1912-2008
- StrQ; 1955; Ed. Musica (1965)

Suman, Graf Marco Antonio
1787-1817
- 6 StrQe; 1801

Sumera, Lepo
1950-2000
- StrQ; 1995; Ed. 49

Sumitomo, Junji
1936-
- StrQ; 1962
- StrQ; 1963, rev. 1965

Summers, James Lea
1831-1881
- StrQ; Es

Sumski, Vadim
1900-1956
- StrQ

Sundblad-Halme, Heidi
1903-1973
- StrQ; 1935

Sundbø, Geir
1967-
- Phantasy; StrQ; op. 14; 1998; NMIC

Suolahti, Heikki
1920-1936
- Qua. piccolo; StrQ; a; no. 1
- StrQ; g; no. 2; A: 1937 Helsinki
- StrQ; no. 3; 1936

Suppan, Wolfgang
1933-2015
- StrQ; 1993; MICA

Surdin, Morris
1914-1979
- StrQ; 1966

Surges, Franz
1958-2015
- Sieben Anrufungen; StrQ; 1991/92; Dohr

Surianu, Horia
1952-
- StrQ; no. 1; 1980

Surinach, Carlos
1915-1997
- StrQ; 1975; AMP (1978); G. Schirmer

Suslin, Viktor Yevseyevich
1942-2012
- StrQ; 1963; Sovetskij (1975)
- To De–F G.; StrQ; 2004

Šust, Jiří
1919-1995
- Allegro; StrQ; 1955

Suter, Hermann
1870-1926
- StrQ; D; op. 1; 1952; Amadeus (1988)
- StrQ; cis; no. 2; op. 10; Foetisch (1910)
- Amselrufe; StrQ; G; no. 3; op. 20

Suter, Robert
1919-2008
- StrQ; no. 1; 1952; Ed. Modern (1959)
- StrQ; no. 2; 1988; Müller

Sutermeister, Heinrich
1910-1995
- StrQ; no. 1
- StrQ; no. 2
- StrQ; no. 3; 1933; Schott (2001)

Sutherland, Hugh
1930-
- Through a glass darkly; StrQ; 1993; ScoMIC

Sutherland, Margaret
1897-1984
- StrQ; no. 1
- Discussion; StrQ; no. 2; 1954
- StrQ; no. 3; 1967

Suttner, Josef
1881-1974
- StrQ

Suzuki, Asako
1966-
- Innocentia; StrQ; JFC (2004)

Suzuki, Hideaki
1938-
- Sketch; StrQ; JFC
- Dimension; StrQ; 2003; JFC

Suzuki, Rieko
1956-
- Lithograph (II); StrQ; 1997; JFC

Suzuki, Satoshi
1941-
- Poem of Muryo II; StrQ; 1993; JFC (2003)

Suzuki, Tadashi
1934-
- StrQ; no. 1; 1958
- StrQ; no. 2; 1962
- StrQ; no. 3; 1973
- StrQ; no. 4; 1989; JFC

Švara, Damilo
1902-1981
- StrQ; 1932
- StrQ; no. 2; 1938
- Kvartet za godala vistrskem modusu; 1979

Švarc, Alfred
1907-1986
- StrQ; Des; no. 1; 1930
- StrQ; c; no. 2; 1951
- StrQ; A; no. 3; 1951
- Putevi zivota; StrQ; no. 4; 1959
- StrQ; no. 5; 1960
- Dva svijeta; StrQ; no. 6; 1961
- Na dnu; StrQ; no. 7; 1961

Svatoš, Vladimír
1928-2011
- Divertissement; StrQ; 1965; CHF

Svěcený, Ladislav
1881-1970
- 2 StrQe

Sveinsson, Atli Heimir
1938-
- Aldamót; StrQ; 1986

Sveinsson, Gunnar Reynir
1933-
- Net til ad veida vindinn; StrQ; 1984; IMIC

Svendsen, Johann Severin
1840-1911
- StrQ; a; op. 1; 1865; Fritzsch (1868)
- StrQ; op. 20; Hansen (1880)

Svento, Truvor
1910-1939
- StrQ; D; 1935

Svete, Tomaž
1956-
- Pet skladb; StrQ; 1986
- Quartettino; StrQ; 1992
- I cantici dei angeli; StrQ; 2004

Svetlanov, Evgenii Fedorovich
1928-2002
- StrQ; D

Sviridov, Georgii Vasil'evich
1915-1998
- StrQ; 1947

Svoboda, Hanuš
1876-1964
- 36 StrQe

Svoboda, Tomáš
1939-
- Prelude + Fugue; StrQ; op. 5; Stangland
- StrQ; no. 1; op. 29; 1960; Stangland
- StrQ; no. 2; op. 151; 1996; Stangland
- 2 Epitaphs; StrQ; 1967

Swack, Irwin(g)
1916-2006
- StrQ; CFE
- StrQ; no. 3; 1978

Swain, Freda Mary
1902-1985
- The Norfolk; StrQ; e; no. 1; 1924
- StrQ; g; no. 2; 1950

Swan, Alfred
1890-1970
- StrQ; no. 1; Paxton (1967)
- StrQ; no. 2; Paxton (1968)

- StrQ; no. 3; Paxton
- StrQ; no. 4; Paxton (1966)
- StrQ; no. 5; Paxton (1968)
- StrQ; no. 6; Paxton (1966)

Swanson, Howard
1907-1978
- StrQ; 1965

Swanson, Walter
1903-1985
- Suite; StrQ; 1953

Swayne, Giles
1946-
- Sonata; StrQ; op. 3; 1968; Novello
- StrQ; no. 1; op. 8; 1971; Novello
- StrQ; op. 19; 1975; Novello
- StrQ; no. 2; op. 24; 1977; Novello
- StrQ; no. 3; op. 61; 1993; Novello

Sweeney, Eric
1948-
- StrQ; 1996; Beaumaris

Sweeney, William John
1950-
- StrQ; 1981

Swerts, Piet
1960-
- Paganini à la creme; StrQ; 1982
- Prélude; StrQ; 1985
- StrQ; 1991
- Zortzico, Danse espagnole; StrQ; 1994

Swickard, Ralph
1922-1997
- StrQ; 1957

Świder, Józef
1930-2014
- Maly Kwartet smyczkowy; 1957
- Suite; StrQ + Akkordeon; Carus

Swift, Richard
1927-2003
- StrQ; no. 1; 1955; Presser
- StrQ; no. 2; 1958; Presser
- StrQ; no. 3; 1964; Presser
- StrQ; no. 4; 1973; Presser

- StrQ; no. 5; 1982; Presser
- Music for a while IV; StrQ; 1991
- StrQ; no. 6; 1992

Swinnen, Peter
1965-
- Iro Mania; StrQ; 1990
- Gogutos; StrQ; 1998
- Quants; StrQ; 2004

Swinstead, Felix Gerald
1880-1959
- Gavotte; StrQ; OUP

Swolkień, Henryk
1910-1990
- StrQ; 1943

Syber, Ants
- StrQ; no. 2; Muzyka (1982)

Syberg, Franz Adolf
1904-1955
- StrQ; 1927
- StrQ; 1930

Sydoriak, Jurii
1947-
- Reminiscences; StrQ
- 3 pieces; StrQ

Synowiec, Ewa
1942-
- StrQ; 1966
- Quartettino; StrQ; 1969

Syverud, Stephen Luther
1938-
- Sequence; StrQ; Seesaw

Szabados, Béla Antal
1867-1936
- StrQ; no. 1

Szabelski, Bolesław
1896-1979
- StrQ; no. 1; 1924
- StrQ; no. 2; 1956; Szabó (1950)
- StrQ; 1935; PWM

Szabó, Csaba
1936-2003
- Quatuor tineret II; 1958; Ed. Muz. (1964)

Szabó, Ferenc
1902-1969
- StrQ; no. 1; 1926; Muzgiz (1933)
- Magyar parasztdalok; StrQ; 1929
- StrQ; no. 2; 1962; Zenemükiado (1964)

Szadrowsky, (eigentl. Schack), Heinrich
1828-1878
- StrQ; 1853

Szalonek, Witold Jósef
1927-2001
- 1 + 1 + 1 + 1; StrQ; 1969; PWM (1970); A: 9/1975
- Sinfonie der Rituale; StrQ; 1993; PWM; A: 5/1994

Szalowski, Antoni
1907-1973
- StrQ; no. 1; 1928; A: 1929 Warschau
- StrQ; no. 2; 1934; A: 1935 Paris
- StrQ; no. 3; 1936; Moeck (1947)
- StrQ; no. 4; 1956

Szantó, Theodor
1877-1934
- Pieces choréographiques; StrQ; 1933; Salabert

Szathmáry, Zsigmond
1939-
- StrQ; 1970; Moeck (1971); A: 10/1970 Hannover

Szczeniowski, Boleslaw
1898-1985
- StrQ; no. 1; CMC (1956)
- StrQ; no. 2; CMC (1962)

Szczerbinski, Jan
1924-?
- StrQ; 1952

Szeghy (Szeghyova), Iris
1956-
- Musica dolorosa; StrQ; 1985; SHF

Székely, Endre
1912-1988
- StrQ; no. 1; 1954
- StrQ; no. 2; 1959; Zenemükiado

- StrQ; no. 3; 1962/63; Zenemükiado
- StrQ; no. 4; 1972; EMB
- StrQ; no. 5; 1981; EMB

Székely, Erik
1927-
- StrQ; 1953

Székely, Katalin
1953-
- 9 Short pieces; StrQ; 1975

Székely, Zoltán
1903-2001
- StrQ; 1935–37; A: 1999 Banff

Szelényi, István
1904-1972
- StrQ; no. 1; 1927
- StrQ; no. 2; 1928
- StrQ; no. 3; 1929
- StrQ; no. 4; 1964; Zenemükiado (1967)

Szeligowski, Tadeusz
1896-1963
- StrQ; no. 1; 1929
- StrQ; no. 2; 1934; PWM

Szeluto, Apolinary
1884-1966
- StrQ; Es; op. 72; 1931
- StrQ; 1951

Szendrei, Alfred
1884-1976
- StrQ

Szendy, Árpád
1863-1922
- StrQ; C; op. 10; Rozsnyai (1911)
- StrQ; g; op. 12

Szenkar, Eugen
1891-1977
- StrQ

Szervánsky, Endre
1911-1977
- StrQ; no. 1; 1936/37; Zenemükiado (1967)
- StrQ; no 2; 1956/57; Zenemükiado (1961)
- Nepdal-Vonósnegyes; StrQ; 1952

Szeto, Caroline
1956-
- Catalogue; StrQ; 1985

Szlavnics, Chiyoko
1967-
- Gradients of detail; StrQ; 2005

Szöllösy, András
1921-2007
- StrQ; 1988; EMB (1993)

Szokolay, Sándor
1931-2013
- StrQ; no. 1; op. 40; 1972; EMB (1973)
- StrQ; no. 2; op. 82; 1981; Ed. Peters

Szymanowski, Karol
1882-1937
- StrQ; no. 1; op. 37; 1917; Universal (1924)
- StrQ; no. 2; op. 56; 1927; Universal (1931)

Szymański, Paweł
1954-
- StrQ; 1975; Chester
- Dwa utwory; StrQ; 1982; Chester
- Piec utworow; StrQ; 1992; Chester
- Fotografia; StrQ; 1998; Chester

Tabachnik, Michel
1942-
- StrQ; 1992; Durand

Taborowski, Stanisław
1830-1890
- StrQ; um 1859

Tacuchian, Ricardo
1939-
- Juvenil; StrQ; no. 1; 1963
- Brasilia; StrQ; no. 2; 1979
- StrQ; no. 3; 2000

Tadashi, Suzuki
1934-
- StrQ; no. 1
- StrQ; no. 2

Täglichsbeck, Thomas
1799-1867
- StrQ; e; op. 41; Trautwein
- StrQ; B; op. 42; Trautwein

- StrQ; G; op. 43; Trautwein

Täubl, Johann
1914–2001
- Menuett in modo classico; StrQ; 1950

Taffs, Anthony
1916–2005
- StrQ; no. 1; 1960
- StrQe; nos. 2–3

Tagashira, Yuko
1957–
- To unknown friends; StrQ; 1991; JFC

Tahourdin, Peter Richard
1928–2009
- StrQ; 1982; AMC

Tailleferre, Germaine Marcelle
1892–1983
- StrQ; 1918; Durand (1921)
- StrQ; 1930; Heugel

Takács, Jenö Gusztav
1902–2005
- Vier Stücke – Vier Länder; StrQ; 1993
- Suite altungarischer Tänze; StrQ; op. 42d
- Rhapsodie ungarischer Weisen; StrQ; op. 49

Takahashi, Tohgo
1961–
- Modorukoto-no-nai-michi; StrQ; 2003; JFC (2003); A: 2003 Tokio

Takahashi, Yūji
1938–
- Maeander; StrQ; 1976
- A way alone; StrQ; Schott

Takahashi, Yutaka
1953–
- StrQ; 1986; JFC (1986)

Takemitsu, Tōru
1930–1996
- Landscape, no. 1; StrQ; 1961; Salabert (1962)
- A way a Lone; StrQ; 1981; Schott (1982)

Takami, Toshio
1916–?

- StrQ; 1962
- StrQ; 1963
- StrQ; 1964
- StrQ; 1967
- StrQ; 1968

Takata, Saburō
1913–2000
- Marionette; StrQ; 1954; Ongaku-no-tomo
- Fantasy; StrQ; 1968

Takenaka, Atsuhiko
1962–
- Manyô; StrQ; no. 1; JFC

Taktakishvili, Otar
1924–1989
- StrQ; 1984

Taktakishvili, Shalva Mikhailovich
1900–1965
- StrQ; 1930
- StrQ; 1933
- StrQ; 1952

Taku, Koji
1904–1983
- StrQ; 1933

Tal, Josef
1910–2008
- StrQ; no. 1; 1959; IMP (1962)
- StrQ; no. 2; 1964; IMI (1972)
- StrQ; no. 3; 1976; IMI

Talbot, Jean Robert
1893–1954
- StrQ

Talbot, Joby
1971–
- Nightfall; StrQ; 1994; BMIC
- StrQ; 1999; BMIC
- StrQ; 2002; BMIC

Talma, Louise Juliette
1906–1996
- StrQ; 1954
- StrQ; 1969

Tamaru, Sawako
1956–

- In the light; StrQ; JFC

Tamás, János
1936-1995
- StrQ; 1963; Kunzelmann
- Notturno; StrQ; 1988; Müller

Tamasuza, Justinian
1951-
- StrQ; 1988–93; VeNM (2003)
- Ekitundu Ekisooka; StrQ; VeNM
- StrQ; no. 2; 1995

Tamberg, Eino
1930-2010
- StrQ; op. 8; 1958; Sovetskij (1960); Ed. 49

Tamblyn, William
1941-
- Recollections; StrQ; op. 15; 1959

Tamulenis, Ionas
1949-
- StrQ; 1973
- Dienorastis; StrQ; 1979; Muzyka (1984)
- StrQ; 1982

Tanabe, Tsuneya
1935-
- Fünf Veränderungen über Bach; StrQ; JFC

Tanaka, Karen
1961-
- Metal strings; StrQ; 1996; Chester (1998)
- At the grave of Beethoven; StrQ; 1999; Chester

Tanaka, Satoshi
1956-
- Drifting; StrQ; 1998; JFC

Tanaka, Toshimitsu
1930-
- StrQ; 1962
- StrQ; 1988

Tandler, Juraj
1934-
- StrQ; no. 1; 1974
- Tri spevy; StrQ; no. 2; 1984
- StrQ; no. 3; 1997

Tan Dun
1957-
- Feng-ya-song; StrQ; 1982; Parnassus
- 8 Colors; StrQe; 1986; G. Schirmer

Tanenbaum, Elias
1924-2008
- StrQ; no. 1; 1955; CFE
- StrQ; no. 2; 1958; CFE
- Bring Em On; StrQ
- Hazy light; StrQ

Taneyev, Aleksandr Sergeyevich
1850-1918
- StrQ; G; no. 1; op. 25; Zimmermann
- StrQ; C; no. 2; op. 28; Zimmermann
- StrQ; A; no. 3; op. 30; Zimmermann

Taneyev, Sergei Aleksandrovich
1821-1889
- StrQ; C; 1860; Breitkopf (1861)

Taneyev, Sergey Ivanovich
1856-1915
- StrQ; h; op. 4; Jurgenson (1892)
- StrQ; C; no. 2; op. 5; 1895; Belaieff (1896)
- StrQ; d; no. 3; op. 7; 1886, rev. 1896; Belaieff (1898)
- StrQ; a; no. 4; op. 11; 1898/99; Belaieff (1900)
- StrQ; A; no. 5; op. 13; 1943; Belaieff (1903)
- StrQ; B; no. 6; op. 19; 1905; Belaieff (1906)
- StrQ; G; op. 25; Zimmermann (1904)
- StrQ; C; no. 2; op. 28; Zimmermann (1904)
- StrQ; unvoll. (2 S.)

Tang, Jordan Cho-Tung
1948-
- StrQ

Tanguy, Éric
1968-
- StrQ; no. 1; 1993; Salabert
- StrQ; no. 2; 1999; Billaudot

Tanigawa, Todahiro
1935-
- StrQ; 1962
- StrQ; 1967

Tansman, Alexandre
1897-1986
- Triptyque; StrQ; 1917; Eschig (1930)
- StrQ; no. 1; 1919
- StrQ; no. 2; 1922; Senart (1924)
- StrQ; no. 3; 1925; UE (1927)
- StrQ; no. 4; 1935; Eschig (1938)
- StrQ; no. 5; 1940; Eschig (1940)
- StrQ; no. 6; 1945; Eschig (1960)
- StrQ; no. 7; 1947; Eschig (1952)
- StrQ; no. 8; 1955; Eschig (1956)

Tapkov, Dimitar
1929-
- Variations; StrQ; 1954
- StrQ; C; no. 1; 1956
- Pet miniaturi; StrQ; 1958
- StrQ; no. 2; 1973
- Povest za Belasica, Cetiri prikazki; StrQ; 1958

Taraba, Bohuslav
1894-1978
- StrQ; 1946; CHF
- StrQ; 1955

Taranov, Gleb Pavlovich
1904-1989
- StrQ; no. 1; 1929
- StrQ; no. 2; op. 19; 1945; Sovetskij

Tarbuk, Mladen
1962-
- Cetiri Strofe; 1988

Tardos, Béla
1910-1966
- Variations; StrQ; 1935; EMB
- StrQ; no. 1; 1947; Zenemükiado
- StrQ; no. 2; 1949; Zenemükiado
- StrQ; no. 3; 1963; Zenemükiado

Tarenghi, Mario
1870-1938
- StrQ

Tarjan, Elemer
1947-
- StrQ; 1984

Tarnowski, Count Władysław
1841-1878
- StrQ; D; Kratochwill (1874)

Tarp, Svend Erik
1908-1994
- StrQ; op. 76; 1971; Hansen (1973)

Tartini, Giuseppe
1692-1770
- Due sonate a quattro; StrQ; Zerboni

Tasca, Pier Antonio
1864-1934
- StrQ

Tate, Phyllis Margaret Duncan
1911-1987
- StrQ; A; 1936
- StrQ; F; 1952, rev. 1963; OUP (1955)

Tatsuno, Yungi
1934-
- Fountains of Janacek; StrQ

Taub, Bruce Jeffrey
1948-
- Variations; StrQ; 1973; Ed. Peters
- Rhapsodies; StrQ; no. 2; 1984
- Final days; StrQ; 1987/88; Ed. Peters

Taubert, Ernst Eduard
1838-1934
- 2 StrQe; D, Es; op. 32; Raabe (1889)
- StrQ; e; no. 3; op. 34; 1878; Siegel (1893)
- StrQ; fis; op. 56; Eulenburg (1898)
- StrQ; d; op. 63; Raabe (1902)

Taubert, Wilhelm
1811-1891
- StrQ; e; op. 73; Ed. Peters (1848)
- StrQ; B; op. 93; Breitkopf (1853)
- StrQ; G; op. 130; Kistner (1861)
- StrQ; F; op. 183; Ries

Taubmann, Otto
1859-1929
- StrQ; e; Paris (1923)

Tausinger, Jan
1921-1980
- StrQ; 1961/62

- StrQ; 1966; CHF
- StrQ; 1967; CHF
- StrQ; 1970; CHF
- Structures; StrQ; 1972

Tauský, Vilém
1910-2004
- Coventry Quartet; StrQ; Boosey

Tautenhahn, Günther
1938-
- 5 Bagatelles; StrQ; 1968; Seesaw
- Poetical rhapsody; StrQ; 1976; Seesaw
- StrQ; 1981; Seesaw
- StrQ; no. 2; Seesaw

Tăutu, Cornelia
1938-
- StrQ; no. 1; 1965
- Collage; StrQ; 1972

Tauwitz, Julius
1826-1898
- StrQ

Taverner, John
1944-2013
- The hidden treasure; StrQ; 1989; Chester
- Diodia; StrQ; 1997; Chester
- Ikon of Joy and Sorrow; StrQ; 1999
- Last sleep of the virgin; StrQ; 1992; Chester

Taverna-Bech, Francesco
1932-2009
- Suite; StrQ; 1983–86; SPMIC

Taxin, Ira
1950-
- StrQ; 1971

Taylor, Clifford
1923-1987
- StrQ; no. 1; 1960
- StrQ; no. 2; 1978

Taylor, Dean C.
1943-
- StrQ; 1971; Mobart (1978)

Taylor, Matthew
1964-
- StrQ; 1984, rev. 1985; Maecenas

- StrQ; 1984; Maecenas
- StrQ; 1995; Maecenas
- Adagio (to R. S.); StrQ; 1998; Maecenas
- StrQ; 1999; Ed. Peters

Tchaikovsky, Aleksandr
1946-
- StrQ; no. 3; Sovetskij (1984)

Tchaikovsky, Boris Aleksandrovich
1925-1996
- StrQ; no. 1; 1954; Sovetskij (1960)
- StrQ; no. 2; 1961; Sovetskij (1968)
- StrQ; no. 3; 1967; Muzyka (1971)
- StrQ; no. 4; 1972; Sovetskij (1975)
- StrQ; no. 5; 1974; Muzyka (1976)
- StrQ; no. 6; 1976; Muzyka (1976)

Tchaikovsky, Pyotr Il'yich
1840-1893
- Allegretto; StrQ; E; 1863/64; Muzgiz
- Allegretto vivace; StrQ; B; 1863/64; Muzgiz
- Andante molto; StrQ; G; 1863/64; Muzgiz
- StrQ-Satz; B; 1865; Muzgiz (1940)
- StrQ; D; no. 1; op. 11; 1871; Jurgenson (1872); Ed. Peters
- StrQ; F; no. 2; op. 22; 1873; Jurgenson (1875); Ed. Peters
- StrQ; es; no. 3; op. 30; 1876; Jurgenson (1876); Ed. Peters

Tchaikowsky, André
1935-1982
- StrQ; A; op. 3; 1967; Weinberger
- StrQ; no. 2; op. 5; 1975; Weinberger

Tcherepnin, Aleksandr Nikola-yevich
1899-1977
- StrQ; no. 1; op. 36; 1922; Schott
- StrQ; a; no. 2; op. 40; 1926; Schott

Tcherepnin, Ivan (Aleksandrovich)
1943-1998
- Rings; StrQ + Ring-Modul; 1966, rev. 1969

Tcherepnin, Nikolai Nikolayevich
1873-1945
- StrQ; a; op. 11; 1898; Bessel (1902)

- StrQ; op. 13; Bessel

Tcherepnin, Serge Aleksandrovich
1941–
- StrQ; 1961

Tchiba, Martin
1982–
- StrQ; 2000

Tedde, Giorgio
1958–
- Tetram; StrQ; 1988

Teixidor y Barceló, José
um 1752– nach 1809
- StrQ; no. 1; Madrid (ca. 1801)

Telemann, Georg Philipp
1681–1767
- StrQ; A; Bärenreiter (1941)

Telfer (Lindsey), Nancy Ellen
1950–
- StrQ; 1983; CMC

Tello, Aurelio
1951–
- Meditaciones II; StrQ; 1974
- Dansaq II; StrQ; 1985

Tello Rojas, Rafael Julio
1872–1946
- StrQ; no. 1
- StrQ; no. 2
- StrQ; no. 3
- StrQ; no. 4
- StrQ; no. 5
- StrQ; no. 6
- StrQ; no. 7
- StrQ; no. 8
- StrQ; no. 9; 1916
- StrQ; no. 10
- StrQ; no. 11
- StrQ; no. 12

Telychko, Viktor
1957–
- StrQ; 1983

Teml, Jiří
1936–

- Vivat Stravinsky; StrQ; 1970; CHF
- Fantasticke sceny; StrQ; 1988
- Divertimento; 1996; CHF

Temmitschka, Edmund v.
1900–1943
- Vorspiel + Fuge; StrQ

Templeton, Alec
1910–1963
- StrQ; d; no. 1; Shawnee
- Pastorale; StrQ; Es; no. 2; Shawnee

Tenne, Otto
1904–1971
- StrQ

Tenney, James Carl
1934–2006
- Stochastic Quartet; 1963; Smith
- Arbor vitae; StrQ; 1966
- Koan; StrQ; 1984; Smith

Teodoreanu, Nicolae
1962–
- StrQ; 1990; Edit. Muzicala

Teodossiu, Lucian
1897–1973
- StrQ; D; no. 1; 1914
- StrQ; no. 2; 1916
- StrQ; G; no. 3; 1937
- StrQ; F; no. 4; 1959

Teplyts'kyi, Oleksander
1902–1979
- Lirychni storinki; StrQ; 1958

Tepper, Albert
1921–2010
- StrQ; 1946; Seesaw (1968)

Terauchi, Sonoh
1959–
- Narcissus, a poem; StrQ; 1991; JFC (2001)

Teregulov, Evgenii Davidovich
1950–
- StrQ; 1989

Terény, Ede
1935–
- StrQ; no. 1; 1973/74; Edit. Muzicala

- StrQ; no. 2; 1984; Edit. Muzicala
- StrQ; no. 3; 1992; Edit. Muzicala
- StrQ; no. 4; 1996; Edit. Muzicala
- StrQ; no. 5; 1998; Edit. Muzicala
- StrQ; no. 6; 2001; Edit. Muzicala
- StrQ; no. 7; 2002; Edit. Muzicala

Termos, Paul
1952-2003
- StrQ; no. 1; 1987, rev. 1991; Donemus
- StrQ; no. 2; 2002

Ternes, Tina
1969-
- Seul sur terre; StrQ; op. 49; 2008
- Also hat Gott die Welt geliebt; StrQ; op. 53; 2009

Terrabugio, Giuseppe
1843-1933
- StrQ

Ter-Tatevosian, Jivan Giurgeno-vich
1926-1988
- Scherzo; StrQ; 1949
- StrQ; no. 1; 1956; Sovetskij (1958)
- StrQ; no. 2; 1967; Sovetskij (1972)
- StrQ; no. 3; 1983
- StrQ; no. 4; 1984

Terzakis, Dimitri
1938-
- StrQ; no. 1; 1969
- StrQ; no. 2; 1976/77; Bärenreiter (1978)
- StrQ; no. 3; 1982; Gravis (1983);
  A: 4/1983 Witten
- StrQ; no. 4; 1990; Gravis; A: 1991 Bremen
- Nymphen der Nacht und des Feuers; StrQ;
  no. 5; 1999; Gravis

Terzian, Alicia
1934-
- Pastoral; StrQ; 1954; CDA
- StrQ; op. 5; 1955; Ricordi (1969)
- StrQ; 1959; CDA

Terziani, Raffaele
1860-1928

- StrQ

Tesakov, Kim Dmitri'evich
1936-
- StrQ; no. 1; 1967
- StrQ; no. 2; 1972
- StrQ; no. 3; op. 44; Sovetskij (1980)
- StrQ; no. 4; op. 59; Sovetskij (1984)
- StrQ; no. 5; 1979
- StrQ; no. 6; 1980
- StrQ; no. 7; 1982
- StrQ; no. 8; 1990
- StrQ; no. 9; 1991
- StrQ; no. 10; 1993

Tessier, Roger
1939-
- 3 pieces; StrQ; op. 7; 1965
- 3 pieces; StrQ; op. 12; 1965
- Isometrie; StrQ; op. 44; 1979
- Fragment – Adieu Maurice Ravel; StrQ;
  op. 57; 1987
- Le reve de l'Indien; StrQ; op. 81; 2001

Testi, Flavio
1923-2014
- Tempo; StrQ; op. 33; 1976; Ricordi

Teuscher, Wolfgang
1923-1992
- StrQ

Teyber, Anton
1756-1822
- 3 StrQe; D, F, C; op. 1; Artaria (1788)
- 3 StrQe; B, Es, G; op. 2; Hilscher

Teyber, Franz
1758-1810
- 6 StrQe

Thabe, Erich
1915-?
- StrQ; 1937

Thadewaldt, Hermann
1827-1909
- Herbstlied; StrQ; op. 23; Philipp (1876)
- Najadengesang; StrQ; op. 24; Philipp
  (1876); Schmidt (1892)

- Traumgesang; StrQ; op. 25; Philipp (1876); Schmidt (1892)

Thärichen, Werner
1921-2008
- StrQ; no. 1; op. 31; 1950/51; BB (1963)
- StrQ; 1956

Thalhuber, Alexander
1878-1972
- StrQ

Thatcher, Howard Rutledge
1878-1973
- StrQ

Theberge, Paul
1953-
- Etudes et concert sketch; StrQ; 1981

Theiler, Christoph
1959-
- Kampf gegen die Stille; StrQ; op. 11; 1991
- 13 Bilder; StrQ; op. 16; 1982; A: 1983 Stuttgart

Theimer, Uwe
1944-
- Nonett für 4
- StrQ; 1988; ÖMIZ

Themessl, Sebastian
1975-
- StrQ; op. 10; 1999

Theodorakis, Mikis
1925-
- The turn; StrQ; no. 1; 1946; Schott
- To Koimeterio; StrQ; no. 2; 1946; Schott
- Epoca nocturna; StrQ; no. 3; Schott
- Masa; StrQ; no. 4; Schott
- Petite suite; StrQ; 1952/53; Schott (2010)

Theodoroff, Nikolaus
1931-2011
- StrQ; 1971
- StrQ; 1994/95

Theofanidis, Christopher
1967-
- Ariel ascending; StrQ; 1995

Thewes, Bernd
1957-
- Wait for the Ricochet; StrQ; no. 1; 2000
- Streifen, Maqamat, Sterne; ein konzertantes Bild f. 2 StrQe; 2002; Selbstverlag

Thibaud, Alfonso
1861-1937
- StrQ; E

Thiébaut, Henri
1865-1959
- StrQ

Thiele, Richard
1847-1903
- StrQ; no. 1; op. 27; Güttner (1879)
- StrQ; no. 2; op. 39; Güttner (1879)
- StrQ; no. 3; op. 45; Güttner

Thiele, Siegfried
1934-
- StrQ; no. 1; [#6]; 1959; A: 10/1960 Leipzig
- StrQ; 1982/83; DVfM (1983); A: 10/1983 Leipzig
- Gespräche + ein Abgesang; StrQ; 1997; DVfM (1997); A: 6/1997 Leipzig

Thieme, Kerstin
1909-2001
- StrQ; 1958

Thieriot, Ferdinand
1838-1919
- StrQ; A; op. 83; Rieter (1905)
- StrQ; C; no. 2; op. 93; Rieter (1912)

Thiers, Hans-Jürgen
1929-
- StrQ; cis; um 1969

Thilman, Johannes Paul
1906-1973
- Sonatine; StrQ; op. 49; 1948; Mitteldeutscher Verlag (1950); Ed. Peters (1951)
- StrQ; no. 1; 1950
- StrQ; no. 2; op. 62; 1953; Ed. Peters (1955)
- Mouvements; StrQ
- StrQ; B; no. 4; op. 69; 1954
- StrQ; D; op. 81; Hofmeister (1957)

- StrQ; op. 84; 1956; Ed. Peters (1958)
- StrQ; 1957; Ed. Peters
- Romantisches StrQ; 1962
- Dramatische Szenen; StrQ; 1969; Ed. Peters (1974)
- Concertino; StrQ; 1970
- Kammerspiel; StrQ; 1970; Ed. Peters (1971)
- Elegie. 5 Stücke; StrQ; 1971

Thim, Günter
1922-
- StrQ; 1. Fs.; 1961; A: 1965 Nürnberg
- StrQ; 2. Fs.; 1981

Thiman, Eric Harding
1900-1975
- Folksong Suite; StrQ; 1928; Augener (1935)

Thimmig, Leslie
1943-
- Seven profiles; StrQ; 1967; Schirmer (1977)

Thirion, Louis
1879-1966
- StrQ; E; op. 10; Demets/Eschig (1910)

Thoma, Xaver Paul
1953-
- Var. + Fuge über einen alten Haslacher Weihnachtschoral; StrQ; op. 1; 1. Fs.; 1972; Ed. 49
- StrQ; no. 1; op. 3; 1972–75; Ed. 49
- StrQ; no. 2; op. 24; 1982/83; Ed. 49
- StrQ; no. 3; op. 35; 1984/85; Ed. 49
- StrQ; no. 4; Ed. 49
- Sursum Corda – Habemus ad Dominum; StrQ; Hoche

Thomalla, Hans
1975-
- Albumblatt; StrQ; 2010

Thomas, (Charles Louis) Ambroise
1811-1896
- StrQ; op. 1; 1833; Hofmeister (1834)

Thomas, Augusta Read
1964-
- Nocturne; StrQ; 1994

Thomas, John
1826-1913
- StrQe

Thomas, Karen P.
1957-
- Metamorphoses; StrQ; 1983; AMC

Thomas, Kurt
1904-1973
- StrQ; f; op. 5; 1926; Breitkopf (1926); A: 3/1926 Leipzig

Thomas, Mansel
1909-1986
- StrQ; f; 1929
- Music for a family; StrQ; 1974

Thomas, Stefan
1968-
- StrQ

Thomas-Mifune, Werner
1941-
- Komisches StrQ über die 5 Sinfonien v. Beethoven; Kunzelmann (1990)
- Haydus südamerikanische Saitensprünge; StrQ-Fragment; Kunzelmann (1984)

Thomassin, Arthur
1958-
- StrQ; no. 1
- StrQ; no. 2
- StrQ; B; no. 3; op. 30; Costallat

Thomassin, Désiré
1858-1933
- 3 StrQe

Thommessen, Olav Anton
1946-
- Borodins lov; StrQ; 2005
- StrQ; 1969; NMIC
- StrQ; 1970; NMIC

Thompson, Lesleigh
1966-
- Enost; StrQ; 1992; AMC

Thompson, Peter
1955-
- StrQ; 1982

- Integration; StrQ; 1989

Thompson, Ira Randall
1899–1984
- The wind in the Willows; StrQ; 1924
- StrQ; d; no. 1; 1941; C. Fischer (1948)
- StrQ; G; no. 2; 1967; Schirmer (1972)
- Wedding music; StrQ; A: 1971

Thompson, Shirley Joy
1958–
- StrQ; no. 1; 1978/79

Thomsen-Muchová, Geraldine
1917–2012
- StrQ; no. 1; 1962
- StrQ; no. 2; 1963

Thomson, Virgil Garnett
1896–1989
- StrQ; no. 1; 1930, rev. 1957; Arrow (1931); Boosey (1958)
- StrQ; no. 2; 1. Fs. 1932, 2. Fs. 1957; Boosey (1958)

Thorarinsson, Leifur
1934–1998
- StrQ; no. 1; 1969
- StrQ; no. 2; 1992

Thoresen, Lasse
1949–
- Etterkvartet; StrQ; op. 2?; 1971; NMIC
- Aion; StrQ; op. 26?; 1996; NMIC

Thorn, Benjamin
1961–
- Deadly sins; StrQ; 1993; AMC

Thorne, Francis Burritt
1922–2017
- StrQ; no. 1; 1960
- StrQ; no. 2; 1967
- StrQ; no. 3; 1975
- StrQ; no. 4; 1982

Thornton, William
1919–?
- 2 StrQe

Thorp, Bill
19..?–

- Quartet Cabaret; no. 1; Boosey
- Quartet Cabaret; no. 2; Boosey
- Quartet Cabaret; no. 3; Boosey
- Quartet Cabaret; no. 4; Boosey

Thorpe Davie, Cedric
1913–1983
- Fantasy; StrQ; 1935
- Directions for a map; StrQ + Sopr + Ten; 1955

Thuille, Ludwig
1861–1907
- StrQ; A; o. op.; 1878; Wollenweber (2000)
- StrQ; G; unvollendet; 1880/81; Wollenweber (1998)
- StrQ; F; 1882/83
- 13 Fugen; StrQ; 1897

Thurm, Joachim
1927–1995
- Scherzo; StrQ

Thybo, Leif
1922–2001
- StrQ; 1990

Thyrestam, Gunnar
1900–1984
- 2 StrQe

Tibbits, George Richard
1933–2008
- StrQ; no. 1; 1968
- StrQ; no. 2; 1978; verloren
- StrQ; no. 3; 1983
- StrQ; no. 4; 1989
- StrQ; no. 5; 1992

Tichavský, Radko
1959–
- StrQ; 1983

Tichý, Antonín
1880–1946
- StrQ; Salabert

Tichý, Otto Albert
1890–1973
- StrQ; b; Senart (1929)

Tichý, Vladimir
1946-
- StrQ; 1985; CHF

Tiensu, Jukka
1948-
- StrQ; A: 2009 Heidelberg

Tiessen, Heinz
1887-1971
- StrQ; op. 32; 1919–22; UE (1926)

Tietz, August Ferdinand
um 1742-1810
- 6 StrQe; Artaria (1781); Gravis (2010)
- (gezeichnet m. Antoine Tietz); 3 StrQe; G, F, a; Simrock; Gayl; Gravis (2010)

Tillis, Frederick Charles
1930-
- Spiritual fantasy, no. 12-Suite; StrQ; 1988

Timaru, Valentin-Mihai
1940-
- StrQ; no. 1; 1968
- StrQ; no. 2; 1992

Tingry, Jean-Nicolas-Celestin
1819-1892
- StrQ; d; no. 9; op. 84; Costallat (1874)

Tinoco, Luís
1969-
- StrQ; 1995

Tinti, Salvadore
um 1740- um 1800
- 6 StrQe; B, G, F, g, A, Es; Florenz

Tintorer Segarra, Pedro
1814-1891
- 3 StrQe

Tippett, Michael
1905-1998
- StrQ; F; 1928, rev. 1930; unveröff.
- StrQ; f; 1929; unveröff.
- StrQ; no. 1; 1934/35, rev. 1943; Schott (1948)
- StrQ; fis; no. 2; 1941/42; Schott (1944)
- StrQ; no. 3; 1945/46; Schott (1948)
- StrQ; no. 4; 1977/78; Schott (1982)

- StrQ; no. 5; 1990/91; Schott (1992)

Tipton, Clyde
1934-
- Chorale with transparencies; StrQ

Tircuit, Heuwell Andrew
1931-2010
- StrQ; 1953
- StrQ; 1957
- Drama in musica; StrQ; no. 3; AMP (1975); G. Schirmer

Tishchenko, Boris Ivanovich
1939-2010
- Präludium + Fuge; StrQ; 1957; VeNM
- StrQ; no. 1; op. 8; 1957; Sovetskij (1990); VeNM
- StrQ; no. 2; op. 13; 1959; Muzyka (1981); VeNM
- StrQ; no. 3; op. 47; 1969; Muzyka (1982); VeNM
- StrQ; no. 4; op. 77; 1980; Sovetskij (1983); VeNM
- StrQ; no. 5; op. 90; 1984; Sovetskij (1988); VeNM

Tisné, Antoine
1932-1998
- StrQ; 1956
- 3 Etudes; StrQ; 1978; Billaudot
- StrQ; 1979; Billaudot
- StrQ; 1988; Billaudot (1989)

Tits, Mykhailo Dmytrovych
1898-1978
- StrQ; 1924
- StrQ; no. 1; 1950
- StrQ; no. 2; 1956
- StrQ; no. 3; op. 43; 1969

Tittel, Ernst
1910-1969
- StrQ; e; op. 1a; 1930

Tittel, Gerhard
1937-
- StrQ; no. 1; 1958
- StrQ; no. 2; 1970

Tittle, Steve
1935-
- StrQ; 1966; CMC

Tkach, Zlata Moyseyevna
1928-2006
- StrQ; no. 1; 1982
- 5 Melodien; StrQ; 1986
- 5 Pesrevuri de D. Cantemir; StrQ; 1992

Tobias, Rudolf
1873-1918
- StrQ; d; no. 1; 1899; Eres (2002)
- StrQ; c; no. 2; um 1902; Eres (2001)
- StrQ; C; no. 3; 1918; Fragm.

Toch, Ernst
1887-1964
- StrQe; op. 1–5; verloren
- StrQ; a; no. 6; op. 12; 1904/05
- StrQ; G; no. 7; op. 15; Schott
- StrQ; Des; no. 8; op. 18; 1910; Weinberger (1911)
- StrQ; C; no. 9; op. 26; 1919; Tischer
- StrQ; no. 10; op. 28; 1921; Tischer
- StrQ; no. 11; op. 34; 1924; Schott (1924)
- StrQ; no. 12; op. 70; 1946; Leeds (1950)
- StrQ; no. 13; op. 74; 1954; Mills (1961)

Toda, Kunio
1915-2003
- Introduzione – Movimento – Rapido; StrQ; 1994; JFC

Toebosch, Louis
1916-2009
- King's Qt; StrQ; op. 100; 1968; Donemus

Töpel, Michael
1958-
- Variationen über ein Mozart-Fragment v. 1782; StrQ; 2011; Merseburger

Törne, Bengt Benedikt v.
1891-1967
- StrQ; no. 1; 1920–28
- StrQ; e; no. 2; 1924–31
- StrQ; g; no. 3

Törnudd, Axel
1874-1923

- Thema con variazioni; StrQ; 1894
- Allegretto; StrQ

Toeschi, Karl Joseph
1731-1788
- 6 StrQe; G, F, G, F, C, B; op. 9; Bailleux; Castaud [T893]

Togni, Camillo
1922-1993
- StrQ; op. 5; 1938
- StrQ; op. 6; 1938

Toifl, Hans
1900-1989
- StrQ; c

Tokunaga, Hidemori
1925-
- StrQ; 1953
- StrQ; 1955
- StrQ; 1959

Toldrà i Soler, Eduard
1895-1962
- Quartet Perl'art; StrQ; 1915; UME (1989)
- Vistas al mar; StrQ; 1921; UME (1963)

Tole, Vasil S.
1963-
- Pese skica; StrQ; 1991
- DdA; StrQ; 1995

Tollemache, Wilbraham J.
18..?-
- StrQ; a; no. 1; Vincent (1910)

Tolmachov, Jevhen
1961-
- StrQ; 1985

Tolstoi, Dmitrii Alekseevich
1923-2003
- StrQ; no. 1; op. 45; 1969; Muzyka (1979)
- StrQ; no. 2; op. 53; 1972; Sovetskij (1975)

Toman, Josef
1894-1972
- StrQ; op. 20
- StrQ; op. 27
- StrQ; op. 74

Tomás Bouffartigue, Guillermo
1868–1933
- Solitude; StrQ

Tomaschek, Anton
1882–1940
- StrQ; D; no. 1; op. 2; 1923
- StrQ; F; no. 2; op. 7; 1929–35; A: 1936 Prag
- StrQ; c; no. 3

Tomášek, Jaroslav
1896–1970
- StrQ; op. 2; 1921
- StrQ; no. 2; HMUB

Tomášek, Václav Jan Křtitel
1774–1850
- 3 StrQe; 1792/93; MS: CZ-Pnm

Tomasini, Luigi
1741–1808
- Divertimento; StrQ; F; no. 1
- Divertimento; StrQ; e; no. 2
- Divertimento; StrQ; C; no. 3
- Divertimento; StrQ; G; no. 4
- Divertimento; StrQ; D; no. 5
- Divertimento; StrQ; A; no. 6
- 3 StrQe; A, d, B; op. 8; Chemische Druckerei, no. 579 [T928]

Tómasson, Jónas
1946–
- Sonata IX; StrQ; 1973; IMIC
- Ballet III; StrQ; 1983; IMIC

Tombelle, Fernand de la
1854–1928
- StrQ; Es; op. 36; Richault (1897); Costallat

Tomc, Matija
1899–1986
- StrQ; D; 1953

Tomchin, Arkadii
19..?–
- StrQ; Sovetskij (1983)

Tommasini, Vincenzo
1878–1950
- StrQ; a; 1898
- StrQ; F; no. 1; 1908/09; Hamelle (1912)

- StrQ; no. 2; 1926; Senart (1927)
- StrQ; no. 3; 1943; Hamelle
- StrQ; h; Fragment

Toms, Charles J.
1824–1880
- StrQ; a; op. 21; um 1900; Novello
- StrQ; 1927; Novello

Tonassi, Pietro
1800–1877
- StrQ

Toni, Alceo
1884–1969
- Sonatina; no. 1; StrQ; Carisch (1928)
- Sonatina; no. 2; StrQ; 1928; Carisch (1930)

Tôn-Thất, Tiêt
1933–
- Phong-vu; StrQ; 1991; Jobert
- StrQ; no. 2; 1966; Jobert (1974)

Toovey, Andrew
1962–
- StrQ; 1985; BMIC
- String quartet music; 1987; BMIC

Top, Edward
1972–
- StrQ; no. 1; 1998; Donemus
- Das Lied der Schwermuth; StrQ; 2002; Donemus

Torkanowsky, Werner
1926–1992
- StrQ; 1977
- StrQ; 1981

Torke, Michael
1961–
- Chalk; StrQ; 1992; Hendon; A: 10/1992 Manchester
- July 19th; StrQ; 1996; Hendon

Tornyai, Péter
1987–
- … über die letzten Worte von J. H.; StrQ

Toro-Pérez, Germán
1964–
- StrQ; 1990; A: 5/1990 Wien

Torres Sáenz, Jorge
1968-
- La Venus se va de Juerga; StrQ; 1998

Torres Santos, Raymond
1958-
- Un jibarito en New York; StrQ; 1977
- StrQ; 1978

Torres Zuleta, Luis
1941-
- 3 Piezas; StrQ; 1972; Centro: Bogotá
- Diplico; StrQ; 1976; Centro: Bogotá

Torstensson, Klas
1951-
- StrQ; 1971

Tortelier, Paul
1914-1990
- Offrande; StrQ; Ed. Transatlantiques

Tortiglione, Paolo
1965-
- StrQ; 1985
- Naemesis; StrQ; 1990; Edipan

Tosar Errecart, Héctor Alberto
1923-2002
- Reflejos IV + V; StrQ; 1973

Tosatti, Vieri
1920-1999
- StrQ; 1968

Tošić, Vladimir
1949-
- In/Dependence; StrQ; 1985

Totzauer, Josef
1896-1989
- StrQ; op. 6

Touchemoulin, Joseph
1727-1801
- StrQ

Tournemire, Charles
1870-1939
- Musique orante; StrQ; op. 61;
  Heugel (1970)

Tovey, Donald Francis
1875-1940

- StrQ; B; op. 11; 1900; Schott (1913)
- StrQ; G; op. 23; 1909; Schott (1914)
- StrQ; D; op. 24; 1909; Schott (1913)

Tower, Joan
1938-
- Night fields; StrQ; 1994; AMP
- In memory; StrQ; 2002; AMP
- Incandescent; StrQ; 2003; AMP

Traiger, Laurence
1956-
- StrQ; 1991; A: 6/1991 München
- Divertimento; StrQ; Varner

Trăilescu, Cornel
1926-
- StrQ; D; 1954

Trajković, Vlastimir
1947-
- StrQ; op. 1; 1970

Trambitskii, Viktor Nikolaevich
1895-1970
- Suita; StrQ; 1925
- StrQ; 1928

Trapp, Jakob
1895-1986
- StrQ; op. 23

Trapp, Max Hermann
1887-1971
- StrQ; op. 1
- StrQ; op. 22; 1935; Litolff (1935)

Trautner, Friedrich Wilhelm
1855-1932
- Thema m. Variationen + Fuge; StrQ;
  op. 42; A: 1902 Nördlingen

Traversa, Gioacchino
1745?-?
- 6 StrQe; F, B, G, D, A, E; op. 3; Sieber
- 6 StrQe; A, C, Es, F, d, B; Sieber
- 6 StrQe; a, d, c, F, g, D; La Chevardière

Travis, Roy
1922-2013
- StrQ; 1948

Travlos, Mihalis
1950-
- Antithesis; StrQ; 1977
- Methatesis; StrQ; 1977; Seesaw

Trbojevic, Jovanka
1963-
- Oro; StrQ; 1994; FMIC

Trebinsky, Arkady
1897-1982
- StrQ; no. 1; Senart (1934)

Trede, Yngve Jan
1933-2010
- StrQ; no. 1; 1967; DMIC
- Udspil; StrQ; 1991
- StrQ; no. 3; 1993

Treiber, Friedrich
1909-1988
- StrQ; no. 1; 1972
- StrQe; nos. 2–3
- StrQ; no. 4; 1977
- StrQ; no. 5; 1985

Treibmann, Karl Ottomar
1936-2017
- StrQ; 1970; Ed. Peters (1974)

Tremain, Ronald
1923-1998
- StrQ; 1950

Tremblay, George Amédée
1911-1982
- StrQ; no. 1; 1936
- Modes of transportation; StrQ; 1939
- In memoriam; StrQ; 1942; CFE
- StrQ; no. 3; 1962; CFE
- StrQ; no. 4; 1963

Tremblay, Gilles Léonce
1932-
- Croissant; StrQ; 2001

Trenkner, Werner
1902-1981
- StrQ; f; op. 18

Trento, Vittorio
um 1761-1833

- 6 StrQ

Trexler, Georg Max
1903-1979
- Gregorianische Suite; StrQ; 1937

Triebel, Bernhard
1847-1897
- StrQ; op. 22; Schmidt (1897)

Triebensee, Josef
1772-1846
- 2 StrQe; 1806; MS: CZ-Pum

Trieder, Jan
1957-
- Doch meine Stimme dringt nicht zu dir: Ricercare; StrQ; 1977; DVfM (1980)

Trifunović, Vitomir
1916-
- StrQ; no. 1; 1959
- StrQ; no. 2; 1973; Udruzenje (1981)

Trimble, Lester Albert
1923-1986
- StrQ; no. 1; 1949; SPAM
- Pastorale; StrQ; no. 2; 1955
- Panels V; StrQ; no. 3; 1974/75

Trötschel, Oliver
1961-
- StrQ; no. 1
- Versuch über Gesualdo; StrQ; no. 2; op. 17; Tonger
- Tagebuch; StrQ; no. 3; op. 18
- Begegnungen; StrQ; no. 4; op. 19; Tonger

Trojahn, Manfred
1949-
- Pièces brèves; StrQ; 1973; Bärenreiter
- StrQ; no. 1; 1976; Bärenreiter
- StrQ + Mezzosopr + Klar; no. 2; 1979/80; Bärenreiter
- StrQ; no. 3; 1983; Bärenreiter
- Fragmente f. Antigone, 6 Stücke; StrQ; 1988; Bärenreiter
- StrQ; no. 4; 2009; Bärenreiter (2012)

Trojan, Václav
1907-1983

- StrQ; no. 1; 1929; CHF
- StrQ; no. 2; 1945; CHF

Trombly, Preston Andrew
1945-
- StrQ; 1979

Trompowski, Mario
1956-
- StrQ; 1991; BraMIC
- StrQ; 1992; BraMIC
- StrQ; 1993; BraMIC
- StrQ; 1995; BraMIC

Troncin, Dominique
1961-1994
- Les oiseaux perdus; StrQ; 1991; Una Corda

Tronnier, Richard
1878-?
- StrQ

Troupin, Edward
1925-2004
- StrQ

Trow, Karel
1929-1992
- StrQ; 1953; Donemus

Trowell, Arnold
1887-1966
- StrQ; op. 25; Novello (1916)

Trózner, József
1904-1984
- StrQ; 1935

Trubitt, Allen R.
1931-
- StrQ

Truesdell, F. Donald
1920-?
- StrQ; 1950

Trunk, Richard
1879-1968
- StrQ; a; op. 80; 1942/43; Leuckart (1958)

Truong, Tang
1936-
- Perspective; StrQ; 1979

Trythall, Gilbert
1930-
- StrQ

Trytten, Lorre Lynn
1958-
- Cha-ga; StrQ; 1996

Tschiderer, Ernst
1830-1916
- StrQ; F; no. 3; Gotthard (1870)

Tsepkolenko, Karmella
1955-
- Slavlennja Cotyrjoch stychii; StrQ; 1982; Asociacija Nova muzyka (1989)

Tsintsadze, Sulkhan Fedorovich
1925-1991
- Tri miniatiurii; StrQ; 1945; Muzgis (1951)
- StrQ; no. 1; 1947; Muzfond (1976)
- StrQ; no. 2; 1948; Gos. muz. (1950)
- 5 Miniaturen; StrQ; 1949; Muzfond
- 1. Suite; StrQ; 1949
- 2. Suite; StrQ; 1950
- StrQ; no. 3; 1950; Muzfond (1963)
- StrQ; no. 4; 1955; Sovetskij (1957)
- 3. Suite; StrQ; 1955
- 17 Miniaturen; StrQ; 1960; Muzfond (1961); Sikorski
- StrQ; no. 5; 1962; Muzfond (1963)
- StrQ; no. 6; 1966; Sovetskij (1971)
- StrQ; no. 7; 1970; Sovetskij (1973); Sikorski
- StrQ in 8 Episoden; no. 8; 1974; Muzfond (1977); Sovetskij (1978)
- In memoriam D. Schostakovitsch; StrQ; no. 9; 1978; Muzfond (1979)
- 12 Miniaturen; StrQ; 1979; Muzfond (1980)
- StrQ; no. 10; 1984; Sovetskij (1986)
- StrQ; no. 11; 1987
- StrQ; no. 12; 1991

Tsoupaki, Calliope
1963-
- Song for 4; StrQ; 1991
- Groeibriljant; StrQ; A: 5/2013 Amsterdam

Tsontakis, George
1951-
- The mother's hymn; StrQ + Mezzosopr; no. 1; 1980
- Emerson; StrQ; 1983
- Coraggio; StrQ; no. 3; 1986; Presser
- Beneath thy tenderness of heart; StrQ; no. 4; Presser

Tsubonoh, Katsuhiro
1947-
- StrQ; um 1974

Tsuchida, Eisuke
1963-
- StrQ; 1994; JFC

Tsuyuki, Masato
1965-
- StrQ; no. 1; JFC (2004)

Tsvetanov, Tsvetan
1931-1982
- Variationen; StrQ; 1953

Tubb, Monte
1933-
- StrQ; 1959

Tubin, Eduard
1905-1982
- Keelpillikvartett; StrQ; 1979; Nordiska

Tučapský, Antonín
1928-2014
- StrQ; no. 1
- StrQ; no. 2; 1993

Tucker, Tui St. George
1924-2004
- StrQ; no. 1; 1958
- StrQ; no. 2
- The end of love; StrQ; no. 3; 1998

Tuczek, Felicia
1849-1905
- StrQ; f; Steingräber (1904)

Türk, Hans Peter
1940-
- Meditationen über KV 499; StrQ; 1975

Tüür, Erkki-Sven
1959-
- In memory of Urmas Kibuspuu; StrQ; 1985; Fazer
- Mythos; StrQ + Tape; 1992
- Lost prayers; StrQ; Ed. Peters

Tugenlieb, Viteslav
1926-
- StrQ; 1986

Tukhmanov, David Fedorovich
1940-
- Andantino; StrQ; 1965

Tulev, Toivo
1958-
- StrQ; 1991; Ed. 49
- Neither this nor the further shore; StrQ; 2000

Tulindberg, Erik Eriksson
1761-1814
- 6 StrQe; B, d, C, G, c, F; 1784?; Fazer (mit Ergänzungen)

Tulve, Helena
1972-
- nec ros, nec pluvia; StrQ; 2004

Tupkov, Dimiter
1929-2011
- StrQ; 1956
- StrQ; 1958

Turankov, Aliksei Iavlampavich
1886-1958
- 2 StrQe; 1953

Turányi, Carl v.
1805-1873
- StrQ; F; no. 1
- StrQe; nos. 2–3?
- StrQ; e; no. 4
- StrQ; D; no. 5
- StrQ; A; no. 6

Turchi, Guido
1916-2010
- Concerto breve; StrQ; 1947; ESZ (1955)
- StrQ; 1940

Turenkov, Aleksei Evlampievich
1886-1958
- StrQ; 1953
- StrQ; 1958

Turina, Joaquín
1882-1949
- StrQ; no. 1; op. 4; 1911; Eschig (1912)
- La oración del Torero; StrQ; op. 34; 1925; UME (1926)
- Serenata; StrQ; op. 87; 1933–35; UME (1935)
- Talía: Naranjos y olivos (de *Las musas de Andalucía*); 1942); UME (1943)

Turina de Santos, José Luis
1952-
- StrQ; G; 1985
- Homenaje a Oscar Wilde; StrQ; 1997
- Las siete ultimas Palabras de Jesucristo en la Cruz; StrQ; 2004

Turkevych-Lukiianovych, Stefaniia
1898-1977
- 2 StrQe

Turkson, Ato
1933-1993
- StrQ

Turnage, Mark-Anthony
1960-
- Are you sure?; StrQ; 1990, rev. 1991
- Barrie's deviant fantasy; StrQ; 1995; Schott; A: 7/1995 London
- Twisted blues with twisted ballad; StrQ; Boosey; A: 12/2010 London

Turner, Paul
1948-
- Austerity measures; StrQ; 1977; AMC

Turner, Robert Comrie
1920-2012
- StrQ; 1946
- Passacaglia; StrQ; 1947
- StrQ; 1949
- StrQ; 1954; Berandol (1963)
- StrQ; 1975

Turner, Sara
1926-
- Variations on a canon; StrQ; 1948
- StrQ; 1980

Turok, Paul
1929-
- StrQ; no. 1; op. 8; 1966; Seesaw
- StrQ; no. 2; op. 29; 1969; Seesaw
- StrQ; no. 3; op. 31; 1970; Seesaw (1980)
- Variations; StrQ; 1952; Seesaw

Turpin, Edmund Hart
1835-1907
- StrQ

Turrietta, Cherry
1956-
- StrQ; 1979

Turski, Zbigniew
1908-1979
- StrQ; no. 1; 1938; verloren
- StrQ; no. 2; 1951/52; PWM

Tuschewitzki, Stefan
1963-
- StrQ; F

Tuthill, Burnet
1888-1982
- StrQ; op. 34; 1953

Tuttowitsch, Benoît
- 3 StrQe; B, g, C; op. 1; Artaria
- Quatuor; Es; op. 4; Artaria
- Quatuor; d/D; op. 5; Weigl
- Quatuor; G; op. 6; Traeg et fils
- Quatuor; F; op. 7; Weigl

Tu Wen-Hui
1964-
- Tyan-Sian-Dzz; StrQ; 1986; Furore (1996)

Tuxen-Bang, Carlos
1933-
- StrQ; 1951
- StrQ; 1958

Tveitt, Nils Geirr
1908-1981
- Fylgja fyr fire felur; StrQ

- Fra ei reisedagbok; StrQ

Twa, Andrew John
1919-2009
- StrQ; 1948; CMC

Tylňák, Ivan
1910-1969
- StrQ; op. 17; 1955; CHF
- StrQ; op. 23; 1958; CHF

Tylyk, Volodymyr
1938-
- StrQ; 1967

Tymozhynskyi, Viktor
1957-
- StrQ; 1987

Tyrell, Agnes A. J.
1846-1883
- StrQ; o. op.

Tyszkowski, Jerzy
1930-
- StrQ; 1984

Tzortzis, Nicolas
1978-
- Furcht Blitz Vier; StrQ

Ubben, Arnd-Dieter
1954-
- Fünf einfache Variationen über heiter besinnliche Weihnachtslieder; Fs. StrQ; ADU (1999)

Udbye, Martin Andreas
1820-1889
3 StrQe; 1851–55
- StrQ; As; no. 1; op. 1; Schuberth (1852)
- StrQ; G; no. 2; op. 6; Breitkopf (1855)
- StrQ; no. 3; op. 7; vor 1860

Uddén, Åke
1903-1987
- StrQ; no. 1; 1940; Suecia (1967)
- StrQ; Es; no. 2; 1956; STIM

Ün, Ekrem Zeki
1910-1987
- StrQ; no. 1; 1935
- StrQ; no. 2; 1937

Ünlü, Altuğ
1965-
- StrQ; um 2013

Ugarte, Floro Meliton
1884-1975
- StrQ; 1935; Fleischer

Uhl, Alfred
1909-1992
- Jubiläums-StrQ; 1961; Doblinger (1961)
- StrQ; no. 1; 1946; Doblinger (1972)

Uhlig, Theodor
1822-1853
- StrQ; A; op. 1; A: Dresden 1844
- Charakterstück in Fugenform; StrQ; 1847

Uhlmann, Otto
1891-1980
- StrQ

Ujj, Béla v.
1873-1942
- Gemieden – Vergessen. 2 Bagatellen; StrQ; op. 82; Bosworth (1901)

Ukmar, Vilko
1905-1991
- StrQ; no. 1; 1933; DSS
- StrQ; no. 2; 1954; DSS
- StrQ; no. 3; 1959; DSS

Ulanowski, Slawa
1951-
- StrQ

Uldall, Hans
1903-1983
- StrQ; c; 1927; A: 1928 Berlin

Ulela (Ulehla), Ludmila
1923-2009
- StrQ; e; 1953
- Aria, Fugue + Toccata; StrQ; 1968
- Contrasts + interludes; StrQ; 1979

Ullman, Bo
1929-1989
- Sine nomine; StrQ; 1980; STIM
- Elegie; StrQ; 1984; SMIC
- Canzona; StrQ; 1985; SMIC

Ullmann, Jakob
1958-
- Komposition; StrQ; 1985; DVfM (1988)
- Komposition; StrQ; no. 2; 1998/99; DVfM (2000); A: 2000 Darmstadt

Ullmann, Viktor
1898-1944
- StrQ; no. 1; op. 1; 1923; verschollen
- StrQ; no. 2; op. 7; 1935; verschollen
- StrQ; no. 3; op. 46; 1943; Schott (1995)
- Variationen + Doppelfuge über ein Thema v. A. Schoenberg; StrQ; op. 3c; 1939

Ulloa Berrenechea, Ricardo
1928-
- Indio; StrQ; 1980

Ullrich, Hermann
1888-1982
- Musik; StrQ; 1923

Ulmann, Hellmuth v.
1913-1987
- StrQ; d; 1942; A: 1943 Schwerin
- StrQ; 1954; Möseler (1956)

Ulrich, Boris
1931-1983
- StrQ; 1962

Ulrich, Hugo
1827-1872
- StrQ; Es; op. 7; Bahn (1854); Leuckart (1899)

Ulrich, Jürgen
1939-2007
- Sang des Sommers; StrQ; 1963

Ultan, Lloyd
1929-1998
- StrQ; 1964–71; CFE
- StrQ; 1981

Umanets, Vasyl
1916-?
- 2 Suiten; StrQ; 1944/46
- 2 Pieces; StrQ; 1948

Underhill, Owen
1954-

- Northern line – Angel station; StrQ; 1986; CMC
- StrQ; 1974; A: 4/1976 Stony Brook, NY

Underwood, James
1951-
- Brave new zoos; StrQ; 1982

Ung, Chinary
1942-
- Spiral III; StrQ; no. 1; 1990; Ed. Peters (1994); A: 1990 Chicago

Unger, Hermann Gustav
1886-1958
- Eine kleine Serenade; StrQ; op. 35; Tischer
- Kammersuite; StrQ; op. 69; Sanssouci
- Divertimento; op. 82

Unterhofer, Heinrich
1958-
- StrQ; no. 1; 1981/82; Ruggimenti;

Unterholzner, Ludwig
1902-?
- StrQ; 1923

Uppström, Tore
1937-2006
- StrQ; 1991–93; SMIC

Uray, Ernst Ludwig
1906-1988
- StrQ; G; 1937
- Neue Steirer; StrQ; 1966

Urbach, Otto
1871-1927
- StrQ

Urbaitis, Mindaugas
1952-
- StrQ; 1977/78

Urbanec, Bartolomej
1918-1983
- StrQ; 1962; SHF

Urbanner, Erich
1936-
- StrQ; no. 1; 1956; A: 3/1958 Wien
- StrQ; no. 2; 1957; Doblinger (1957); A: 1958 Wien

- StrQ; no. 3; 1972; Doblinger (1980);
  A: 5/1973 Wien
- StrQ; no. 4; 1991/92; Doblinger (1994);
  A: 1/1993 Vevey
- StrQ; no. 5; 2001

Uribe Holguín, Guillermo
1880-1971
- StrQ; no. 1; op. 12; 1920; CDA
- StrQ; no. 2; op. 19; 1926; CDM
- StrQ; no. 3; op. 63
- StrQ; no. 4; op. 86
- StrQ; no. 5; op. 87; 1951
- StrQ; no. 6; op. 90
- StrQ; no. 7; op. 93; 1955?
- StrQ; no. 8; op. 106; 1958?
- StrQ; no. 9; op. 114
- StrQ; no. 10; op. 116; 1969

Urmetzer, Reinhold
1950-
- Felix namque; StrQ; no. 1; Tre Media
  (1996)

Urrutia Blondel, Jorge
1905-1981
- StrQ; no. 1; op. 23; 1944; CDA

Urteaga, Irma
1929-
- StrQ; 1969; CDA

Usandizaga Soraluce, José María
1887-1915
- StrQ; op. 31; 1905

Usher, Paul
1970-
- StrQ; no. 1; 2000
- StrQ; no. 2; 2003; A: 11/2004 Köln

Ustvolskaya, Galina Ivanovna
1919-2006
- StrQ; 1945; verworfen

Utting, Craig
1965-
- StrQ; 1983; NZMIC

Utz, Christian
1969-

- StrQ; 1987/88

Utz, Kurt
1901-1974
- StrQ; a

Uyttenhove, Yolande
1925-2000
- StrQ; op. 77; 1977; unveröff.
- Antyre; StrQ; op. 174; 1994; unveröff.

Uzaki, Koichi
1935-
- StrQ; 1961

Uzor, Charles
1961-
- StrQ; 1999/2000
- Shakespeare's Sonnett 65; StrQ + Tape;
  2001/02

Vaage, Knut
1961-
- In memoriam; StrQ; 1994; NMIC

Vacchi, Fabio
1949-
- StrQ; no. 1; 1992; Ricordi
- Movimento; StrQ; 1999; Ricordi
- Quartetto, no. 3; StrQ; 2001; Ricordi
- Quartetto, no. 4; StrQ; 2004; Ricordi

Vacek, Jaroslav Václav
1865-1935
- Lesni Pohádky; StrQ; op. 10; Kotrba (1902)

Vacek, Miloš
1928-2012
- StrQ; op. 10?; 1949; CHF
- Miniaturni suita; StrQ; 1951

Vachon, Pierre
1738-1803
- 6 StrQe; A, g, f, B, A, Es; op. 5; Napier
- 6 StrQe; Es, G, E, c, E, D; op. 6; Napier
- 6 StrQe; F, D, Es, B, d, c; op. 7; Napier
- 6 StrQe; A, E, G, B, f, c; op. 11; Sieber

Vačkář, Dalibor Cyril
1906-1984
- Concerto; StrQ; 1960
- Monogramy; StrQ; 1979

- Juniores; StrQ; 1982

Vaglini, Riccardo
1965–
- Deposizione; StrQ; 1992

Vaira, Claudio
1953–
- Frammenti, da Nostalghia; StrQ
- Nostalghia; StrQ+ Elektr

Vajda, János
1949–
- StrQ; no. 1; 1994
- StrQ; no. 2; 1997

Vakkilainen, Ari
1959–
- StrQ; 1995; FMIC
- StrQ; 1996; FMIC

Valcárcel, Edgar
1932–2010
- StrQ; 1962
- StrQ; 1963

Valdés, Mario
1898–1930
- StrQ

Válek, Jiří
1923–2005
- Daisies; StrQ; no. 1; 1943
- StrQ; no. 2; 1948
- The Rumburk revolt; StrQ; no. 3; 1960
- StrQ; no. 4; 1973

Valen, Fartein Olav
1887–1952
- StrQ; no. 0; 1909
- StrQ; no. 1; op. 10; 1928/29; Hansen
- StrQ; no. 2; op. 13; 1930/31; Norsk

Valentin, Lukas
1907–1985
- StrQ; 1983; FSPM

Valera Chamizo, Roberto
1938–
- StrQ; 1966

Valeri, Gaetano
1760–1822

- 3 StrQe; 1797

Vallerand, Jean
1915–1994
- StrQ; 1958; CMC; A: 3/1958 Montreal

Valls (Gorina), Manuel
1920–1984
- StrQ; 1962

Van Buren, John
1952–
- StrQ; 1981; Peer (1982/2001)

Vancea, Zeno Octavian
1900–1990
- StrQ; 1931; verloren
- StrQ; no. 1; 1934
- StrQ; no. 2; 1953; ESPLA (1955)
- StrQ; no. 3; 1957; Ed. Muzicala (1967)
- StrQ; a; no. 4; 1965; Ed. Muzicala (1967)
- StrQ; no. 5; 1969/70; Ed. Muzicala (1973)
- StrQ; no. 6; 1974; Ed. Muzicala (1977)
- StrQ; no. 7; 1978
- StrQ; no. 8; 1980; Ed. Muzicala (1982)

Van de Vate, Nancy Hayes
1930–
- StrQ; no. 1; 1969; ACE
- Letter to a friend's loneliness; StrQ; no. 2;
  1976

Van de Woestijne, David
1915–1979
- StrQ; 1970

Van Dieren, Bernard
1887–1936
- StrQe; nos. 1–4
- StrQ; no. 5; Denis Apivor (1984)

Vándor, Iván
1932–
- StrQ; 1961; ESZ; A: 10/1962 Palermo
- StrQ; no. 2; 1983

Van Durme, Jef
1907–1965
- StrQe; nos. 1–4
- StrQ; no. 5; 1953; CeBeDeM

Van Gilse, Jan
1881–1944
- StrQ; 1922; Fragment

Vanhal, Jan Baptist
1739–1813
- 6 StrQe; Es, F, G, c, D, G; op. 1; Huberty
- 6 StrQe; F, Es, B, B, E, B; op. 2; Huberty
- 6 StrQe; E, C, F, A, B, G; op. 3;
  J. J. Hummel
- 6 StrQe; G, C, B, Es, A, E; op. 4;
  J. J. Hummel
- 6 StrQe; F, E, C, G, A, B; op. 6; Huberty
- 6 StrQe; Es, G, F, B, F, Es; op. 9; Bureau
  d'abonnement musical
- 6 StrQe; F, d, C, g, B, Es; op. 11;
  J. J. Hummel
- 6 StrQe; op. 13; Leduc
- 6 StrQe; Es, G, E, F, Es, D; op. 21;
  La Chevardière
- 6 StrQe; C, G, A, B, Es, E; op. 24;
  Mmes Le Menu et Boyer
- 6 StrQe; op. 26; Sieber
- 6 StrQe; B, D, Es, C, G, A; op. 28; Boyer
- 6 StrQe; C, A, F, D, G, B; op. 33; Artaria
- 6 StrQe; F, Es, g, B, G, D; o. op.;
  Hoffmeister

Van Hove, Luc
1957–
- StrQ; op. 30; 1994; CeBeDeM

Van Ohlen, Deborah S.
1955–
- Piece in 2 sections; StrQ; 1980

Van Vactor, David
1906–1994
- StrQ; no. 1; 1940
- StrQ; no. 2; 1949/50

Van Wyk, Arnoldus
1916–1983
- 5 Elegies; StrQ; 1940/41; Boosey (1946)
- StrQ; no. 1; 1946; Boosey (1955)

Van Wyk, Carl Albert
1942–
- 3 Paraphrases; 2 StrQe; 1996

Varela Rojas, Victor Raul
1955–
- StrQ

Varga, Dorian
1910–?
- StrQ; 1948

Varga, Ovidiu
1913–1993
- StrQ; no. 1; 1953; Ed. muz. (1962)

Vargas, António Manuel Faria Pinho
1951–
- Monodia – quasi un requiem; StrQ; 1993
- Var. ü. ein russ. Volkslied; Belaieff (1977)

Várkonyi, Béla
1878–1947
- Scherzo; StrQ; 1918

Vars, Henry
1902–1977
- StrQ

Vartan, Hayg
1953–
- StrQ; no. 1; 1978
- StrQ; no. 2; 1980

Varvoglis, Marios
1885–1967
- Poimenike Suita; StrQ; 1912
- Meditation of Areti; StrQ; 1929
- Stochasmos; StrQ; 1932
- Dedication to Nikos Skalkottas; StrQ;
  1957?–1964; unvollständig

Vasconcelos (Moniz Bettencourt), Jorge Croner de
1910–1974
- Rapsodia; StrQ; 1935

Vasilenko, Sergei Nikiforovich
1872–1956
- StrQ; G; no. 1; op. 58; UE

Vasilescu, Ion
1903–1960
- Trei miscari in stil Romanesc; StrQ; 1926
- Tema cun variatiuni; StrQ; 1950

Vasilieva, Tatiana
1943-
- Dvepesni; StrQ; 1961
- StrQ; 1968

Vasks, Pēteris
1946-
- StrQ; no. 1; 1977, rev. 1997; Schott
- StrQ; no. 2; 1984; Schott
- StrQ; no. 3; 1995; Schott
- StrQ; no. 4; 1999; Schott
- StrQ; no. 5; 2004; Schott

Vásquez, Edmundo
1938-
- Tres piezas; StrQ; 1969, rev. 1972; Eschig
- Le harpe et l'ombre; StrQ; 1980; Eschig

Vassallo, Paolino
1856-1923
- Andante; StrQ

Vassena, Nadir
1970-
- Per una maschera; StrQ; 1991; Adesso

Vaszy, Viktor
1903-1979
- StrQ; d; 1939–48

Vauclain, Constant
1908-
- StrQ; 1955; A: 1957 Philadelphia
- StrQ; no. 2; Peer (1971); A:1965 New York

Vaucorbeil, Auguste-Emanuel
1821-1884
- StrQ; D; no. 1; Heugel (1862)

Vauda, Zlatan
1923-2010
- StrQ; 1954

Vaughan, Clifford
1893-1987
- StrQ; no. 1; 1970

Vaughan, Mike
1954-
- StrQ; 1985

Vaughan Thomas, David
1873-1934

- StrQ; 1929
- StrQ; 1930

Vaughan Williams, Ralph
1872-1958
- StrQ; c; 1898; Faber
- StrQ; g; 1908/09, rev. 1921; Goodwin (Curwen) (1923); Faber (1983)
- Household music; StrQ; 1940/41; OUP (1943)
- StrQ; a; no. 2; 1944; OUP (1947)

Vayo, David
1957-
- 5 Small packages; StrQ; 1987

Vázquez, Alida
1931-
- 2 StrQe

Vázquez, Hebert
1963-
- Exposicion, Relectura; StrQ; no. 1; 1999

Veale, John
1922-2006
- StrQ; 1946, rev. 1951

Vecchiotti, Alessandro
1955-
- StrQ; no. 1; 1980

Vecsey, Franz v.
1893-1935
- StrQ

Vécsey, Jenö
1909-1966
- StrQ; 1942

Veerhoff, Carlos Heinrich
1926-2011
- StrQ; no. 1; op. 1; 1949
- StrQ; no. 2; op. 33; 1972; Zerboni; A: 6/1974 Stuttgart

Vega y Palacio, Aurelio de la
1925-
- StrQ; no. 1; 1945
- StrQ; no. 2; 1950
- In memoriam Alban Berg; StrQ; 1957

Vehar, Persis
1937–
· StrQ; 1989

Veichtner, Franz Adam
1741–1822
· 3 StrQe; F, D, g; Gerstenberg
· StrQ; D; no. 2; 1796–99; Gravis (1988)
· 3 StrQe; F, D, g; als op. 3; J. J. Hummel, no. 1067

Veigl, Walter
1943–
· StrQ; 1984; A: 9/1987 Wien

Veit, Václav
1806–1864
· StrQ; d; op. 3; Kistner (1836)
· StrQ; E; op. 5; 1837; Kistner (1838)
· StrQ; Es; op. 7; 1838; Breitkopf (1839)
· StrQ; g; op. 16; Breitkopf (1840)

Veith, Johann Joseph
1872–1947
· StrQ; g; op. 33

Velasco Llanos, Santiago
1915–1996
· StrQ; C; no. 1; 1945
· StrQ; f; 1946; Centro: Bogotá

Velasco Maidana, José María
1896–1989
· Paisaje andino; StrQ; 1958

Velásquez, Glauco
1884–1914
· StrQ; no. 1; 1910

Velázquez, Higinio
1926–
· StrQ; 1970

Velden, Renier van der
1910–1993
· StrQ

Veldhuis, Jacob ter
1951–
· StrQ; no. 1; 1990
· StrQ; no. 2; 1994
· StrQ; no. 3; 1995

· StrQ; no. 4; 2002

Velehorschi, Alexandru
1918–1997
· StrQ; H; 1948

Velke, Fritz
1930–2005
· StrQ; Shawnee

Vella, Joseph
1942–
· StrQ; op. 33; 1981

Vellère, Lucie
1896–1966
· StrQ; d; no. 1; 1937; unveröff.
· StrQ; e; no. 2; 1942; unveröff.
· StrQ; no. 3; 1951; Steenberghe
· StrQ; no. 4; 1962; unveröff.

Vellones, Pierre
1889–1939
· Elegie; StrQ; op. 119; Lemoine

Velte, Eugen Werner
1923–1984
· StrQ; 1966

Vendler, Bohumil
1865–1948
· StrQ; F; op. 47; 1931

(Les) Vendredis
Bd. 1; Belaieff (1899)
　1. Glazunow; Preludio e Fuga; d
　2. Arzybusev; Serenade; A
　3. Sokolow; Polka; D
　4. Vitols; Menuet; B
　5. Sokolov; Canon; D
　6. Osten-Sacken, M. de; Berceuse; h
　7. Liadov; Mazurka; D
　8. Blumenfeld, F.; Sarabande; g
　9. Sokolow; Scherzo; d
Bd. 2; Belaieff (1900)
　1. Rimsky-Kors.; Allegro; B
　2. Ljadov; Sarabande; g
　3. Borodin; Scherzo; D
　4. Ljadov; Fuga; d
　5. Sokolov; Mazurka; a

6.   Glazunov; Courante; G
7.   Kopylov; Polka; C

Vené, Ruggero
1897–1961
- StrQ

Vento, Mattia
um 1736–1776
- 3 StrQe; op. 1; Sieber, no. 1268

Verbey, Theo
1959–
- Spring rain; StrQ; 2001, rev. 2004
- Beethoven, op. 101; bearb. f. StrQ; 1983
- Berg, Lyr. Suite; bearb. f. StrQ; 2006

Verbugt, Eric
1966–
- Aufgerichtet, untereinander: Hölderlin-Zettelkasten; StrQ; 2009

Vercken, François
1928–2005
- C'est comme l'orée d'une prière; StrQ; 1989; Durand (1989)

Vercoe, Elizabeth Walton
1941–
- Brief encounters; StrQ; 1995

Verdi, Giuseppe
1813–1901
- StrQ; e; 1873; Ricordi (1876); Eulenburg; Schott (1877/78); Ed. Peters (1932)

Verdú, Carmen
1962–
- Sombra de Ailanto; StrQ; EMEC

Vereno, Klemens
1957–
- StrQ; 1980; ÖMIZ

Vereshchahin, Jaroslav Romanovich
1948–1999
- Pastoral'niy; StrQ; no. 1; 1976; Muz. Ukraina (1982)
- StrQ; no. 2; 1980/81; Muz. Ukraina (1984)

Veress, Sándor
1907–1992

- StrQ; no. 1; 1931; ESZ (1953)
- StrQ; no. 2; 1936/37; ESZ (1953)

Veretti, Antonio
1900–1978
- StrQ; 1919; Ricordi

Verhaar, Ary Gerardus Petrus
1900–1994
- StrQ; no. 1; 1962; Donemus (1963)
- StrQ; no. 2; 1965; Donemus (1966)

Verhaegen, Marc
1943–
- Miroirs; StrQ; 1974; Lantro

Verhallen, Bartholomäus Adriaen
1870–1940?
- Andante; StrQ; op. 35; van Eck (1901)

Verheyen, Pierre Emmanuel
1750–1819
- 5 StrQe

Verhulst, Johannes
1816–1891
- StrQ; d; no. 1; op. 6; Hofmeister
- StrQ; As; no. 2; Hofmeister (1840)
- StrQ; Es; no. 3; op. 21; Hofmeister (1845)

Vermeersch, Peter
1959–
- 3 Pieces; StrQ

Vermeire, Oscar
1882–1935
- Quatuor; C; no. 1; Cranz (1911)

Vermesy, Péter
1939–1989
- Noveletti; StrQ; 1980

Vermeulen, Matthijs
1888–1967
- StrQ; 1961; Donemus

Verrall, John Weedon
1908–2001
- StrQ; no. 1; 1941
- StrQ; no. 2; 1942; Valley
- StrQ; no. 3; 1948; Presser
- StrQ; no. 4; 1949; Ditson
- StrQ; no. 5; 1952; CFE

- StrQ; no. 6; 1956
- StrQ; no. 7; 1961; CFE

Verrando, Giovanni
1965-
- Prima consecutio; StrQ; 1992/93; ESZ
- Come minime conversazioni; StrQ; Edipan

Verykivskyí, Mykhailo
1896-1962
- 5 Pieces on folk themes; StrQ; 1920/21
- StrQ in d; 1923
- Suite on Ukrainian folksongs; StrQ; 1942

Vetsera, Walter
1899-1965
- StrQ; G; op. 19

Vianna da Motta, José
1868-1948
- StrQ; G; no. 2
- Cenas nas Montankas; StrQ

Viardot, Louise Pauline Marie
1841-1918
- 4 StrQe

Viardot, Paul
1857-1941
- StrQ; a; Senart (1920)

Vičar, Jan
1949-
- StrQ; 1978, rev. 1982; CHF

Vicente, José Guerra
1907-1976
- StrQ; 1963

Victory, Thomas Gerard
1921-1995
- StrQ; op. 28; 1963; Vanderbeck

Vidaković, Albe
1914-1964
- StrQ; g; 1940

Vidal Pacheco, Gonzalo
1863-1946
- Pequeño preludio; StrQ; CCDM

Vidošić, Tihomil
1902-1973
- Tri bagatele; StrQ

Vidulich, Michael
1946-
- StrQ; 1987

Viebig, Ernst
1897-1959
- StrQ

Viecenz, Herbert
1893-1959
- StrQ; 1925

Vieira Brandão, José
1911-2002
- StrQ; 1944
- StrQ; 1960

Viera, Julio Martin
1943-
- StrQ; 1976

Vierk, Lois V.
1951-
- River beneath the river; StrQ; 1993
- Into the brightening air; StrQ; 1994

Vierling, Georg
1820-1901
- StrQ; G; op. 56; Challier (1879)
- StrQ; A; no. 2; op. 76; Challier (1892)

Vierne, Louis Victor Jules
1870-1937
- StrQ; d; op. 12; 1894; Leduc (1894)

Vieru, Anatol
1926-1998
- StrQ; d; no. 1; 1955; Ed. Muz.
- StrQ + Fr.-Stm.; no. 2; 1956; Sovetskij
- StrQ m. Fr.-Stm.; no. 3; 1973; Sovetskij
- StrQ; no. 4; 1980; Sovetskij
- StrQ; no. 5; 1981/82; Sovetskij
- StrQ; no. 6; 1986; Sovetskij
- StrQ; no. 7; 1987; Sovetskij
- StrQ; no. 8; 1991; Sovetskij

Vieuxtemps, Henri Joseph François
1820-1881
- StrQ; e; no. 1; op. 44; Schuberth (1871)
- StrQ; C; no. 2; op. 51; Brandus (1884)
- StrQ; B; no. 3; op. 52; Brandus (1884)

Vignati, Miloš
1897-1966
- StrQ; no. 1; op. 20?; 1949
- 3 Pastorals; StrQ; 1953
- StrQ; no. 2; op. 49?; 1962
- Rapsodie proletare; op. 20; 1950
- StrQ; op. 61?; 1964

Vigneau, Hans v.
1869-?
- StrQ; d; op. 1; vom Ende (1896)/Leuckart

Vihmand, Mari
1967-
- StrQ; 1994; Ed. 49

Viitala, Mauri
1948-
- Antiikin ajoilta; StrQ; 1997; FMIC

Viitanen, Harri
1954-
- Quartet music; StrQ; Presser

Vila, Cirilo
1937-2015
- Secuencia; StrQ

Vilec, Michal
1902-1979
- StrQ; op. 33; 1962; SHF

Vilens'kyi, Illia
1896-1973
- 2 Pieces; StrQ; 1925
- StrQ; 1944

Vilens'kyi, Konstantyn
1949-
- 2 StrQe

Vilins'kyi, Mykola
1888-1956
- 2 pieces; StrQ; 1925

Villa Lobos, Heitor
1887-1959
- StrQ; no. 1; 1915; Southern (1953)
- StrQ; no. 2; op. 56; 1915; Eschig (1951)
- StrQ; no. 3; 1916; Eschig
- StrQ; no. 4; 1917; AMP (1956)
- StrQ; no. 5; 1931; AMP (1958)

- StrQ; no. 6; 1938; AMP (1948)
- StrQ; no. 7; 1941; AMP (1956)
- StrQ; no. 8; 1944; Ricordi (1949)
- StrQ; no. 9; 1945; Southern (1957)
- StrQ; no. 10; 1946; Southern (1963)
- StrQ; no. 11; 1947; Southern (1966)
- StrQ; no. 12; 1950; AMP (1956)
- StrQ; no. 13; 1951; Eschig
- StrQ; no. 14; 1953; Eschig (1958)
- StrQ; no. 15; 1954; Eschig (1981)
- StrQ; no. 16; 1955; Eschig (1981)
- StrQ; no. 17; 1957; Eschig (1977)

Villalpando Buitrago, Alberto
1940-
- Preludio, passacaglia y postludio;
  StrQ; 1963

Villanis, Luigi Alberto
1863-1906
- StrQ

Villanueva, (María) Cecilia
1964-
- Retrato del pasado; 2002; Thürmchen
  (2003); A: 11/2002 Hannover

Villanueva (Conroy), Mariana
1964-
- Serpere; StrQ; 1987

Villar, Rogelio del
1873-1937
- 3 StrQe

Villa Rojo, Jesus
1940-
- Tiempos; StrQ; 1970; EMB (1971);
  A: 3/1971 Budapest
- Juegos Grafico-Musicales IV – Planos II;
  StrQ; 1972; Alpuerto
- Lineal-Secco; StrQ; 1973; EMEC;
  A: 11/1975 Madrid
- StrQ; no. 3

Villoing, Vassilii
1850-1922
- 4 StrQe

Viñao, Alejandro Raul
1951-
- Phrase + fiction; StrQ + Tape; 1995–97

Vincent, John
1902-1977
- StrQ; G; 1936; Mills Music (1948);
  A: 5/1938 Princeton
- StrQ; no. 2; 1967, rev. 1969;
  A: 4/1967 Lexington, KY

Vincze, Imre
1926-1969
- StrQ; no. 1; 1954; EMB
- StrQ; no. 2; 1958; EMB
- StrQ; no. 3; 1961; EMB
- StrQ; no. 4; 1965; EMB

Vine, Carl
1954-
- Tempi; StrQ; no. 1; 1976; AMC
- Knips-Suite; StrQ; 1979; AMC
- StrQ; no. 2; 1984; Chester
- StrQ; no. 3; 1994; Faber; A: 1995 Brighton

Vinogradskii, Aleksandr Nikola'evich
1856-1912
- 2 StrQe

Vintila, Ion
1924-1977
- In tabara la mara. Miniatura; StrQ; 1960
- Plecarea recrutilor. Miniatura; StrQ; 1960
- Dor de primavera. Miniatura; StrQ; 1960
- Tineretea ne e draga. Miniatura; StrQ; 1960
- Stringerea recoltei; StrQ; 1960

Vintule, Ruta
1944-
- StrQ; 1967

Vinuesa, Roman
19..?-
- StrQ; no. 1

Viotti, Giovanni Battista
1755-1824
- 6 StrQe; A, C, Es, B, Es, E; op. 1; 1783–85;
  Sieber (1789/90); [WII: 1–6] [G 7–12]

- 6 StrQe; A, C, F, B, Es, E; op. 3; 1783–86;
  Sieber; [WII: 7–12] [G 78–83]
- 3 StrQe; o. op.; Janet et Cotelle;
  [WII: 13–15] [G 112–114]
- 3 StrQe; op. 22; Banger (1801–06);
  [WII: 16–18]
- 6 Quatuors d'airs connus; op. 23; Lobry
  (zweifelhaft); [WII: 1–6] [G 115–117]

Viozzi, Giulio
1912-1984
- StrQ; no. 1
- StrQ; no. 2; 1951

Vipler, Vlastislav Antonín
1903-1971
- StrQ; 1923

Virágh, András Gábor
19..?-
- Metamorph III; StrQ; A: 9/2010 Szeged

Virkhaus, Taavo
1934-
- Miniature StrQ; 1957

Vishnegradsky, Ivan Aleksandrovich
1893-1979
- StrQ; no. 1; op. 13; 1923/24
- StrQ; no. 2; op. 18; 1930/31
- StrQ; B; no. 3; op. 38; 1945–58
- StrQ; op. 43; 1960; Belaieff (1970)

Vishnick, Martin
1952-
- StrQ; 1979; BMIC

Viskup, Anton
1953-
- StrQ; 1980
- StrQ; no. 2; 1982
- StrQ; no. 3; 1987

Vitale, Corrado
1953-
- Tacet; StrQ; EMB (1988)

Vito-Delvaux, Berthe di
1915-2005
- Suite; StrQ; op. 35; 1947

Vītols, Jāzeps (eigentl. Herman Joseph Wihtol)
1863–1948
- StrQ; G; 1899
- Legende; StrQ; 1942
- StrQ; G; no. 2; op. 27; Belaieff (1899)

Vivier, Claude
1948–1983
- StrQ, nachgel. Werk (s. Oesterle, Michael)
- StrQ; 1968; Boosey

Vlachopoulos, Jannis
1939–
- Rue de pas oublies; StrQ; 1983

Vlach-Vrutický, Josef
1897–1977
- StrQ; op. 10; 1924/25
- StrQ; op. 32; 1936
- StrQ; op. 115; 1951
- StrQ; op. 123; 1958
- StrQ; op. 130; 1962
- StrQ; op. 141; 1966

Vlad, Marina Marta
1949–
- 2 StrQe; 1981 + 1982

Vlad, Roman
1919–2013
- Tetraktys; StrQ; 1955, rev. 1984; ESZ; A: 6/1984 Todi
- StrQ; 1957

Vlad, Ulpio
1945–
- StrQ; 1969
- Flori de pace; StrQ; no. 1; 1982

Vladigerov, Pancho (Haralanov)
1899–1978
- StrQ; op. 34; 1949; Nauka (1954)

Vladuta, Ioan
1875–1965
- StrQ; 1908

Vlajin, Milan
1912–1976
- StrQ; no. 1; 1943
- StrQ; no. 2; 1947

Vlasov, Vladimir Aleksandrovich
1906–1986
- StrQ; no. 1; 1953; Gos. muz. (1955)
- Chekhoslovatskie Kartiny; StrQ; no. 2; 1955; Gos. muz. (1956)
- StrQ; no. 3; 1965
- StrQ; no. 4; 1978; Muzyka (1982)

Vliet, Henk van der
1928–
- StrQ; 1967; Donemus (1976)

Vlijmen, Jan van
1935–2004
- StrQ; no. 1; 1956; Donemus
- Trimurti, trittico; StrQ; 1980, rev. 1981; Donemus (1981)

Vocelle, Lucien
1910–1954
- Military spirit; StrQ; 1945

Vodák, Josef
1927–
- StrQ; 1954; Liège
- StrQ; 1966

Vodenitcharov, Jasen
1964–
- Mosaiques. Dix enigmes nach Escher; StrQ; 1994
- Le valse du Klein II; StrQ; 2006

Vodovozov, Albert
1932–
- Suite; StrQ; 1958
- Divertissement; StrQ; 1969

Voegelin, Fritz
1943–
- StrQ; no. 1
- StrQ + Voice; no. 2
- 4 Szenen; StrQ; no. 4; 1980; Müller (1990)

Völgyiy, Hans
1880–?
- StrQ; Es; 1900

Voelkel, Ernst August
1886–1960
- Praeludium + Fuge; StrQ; E; op. 145; 1952

Vogel, Ernst
1926-1990
- StrQ; no. 1; 1955; Hans Pero
- StrQ; no. 2; 1961; Doblinger (1970)

Vogel, Helmut
1925-1999
- StrQ; 1949
- StrQ; 1950

Vogel, Johann Christoph
1756-1788
- 6 StrQe; A, B, C, G, D, Es; Roullede

Vogel, Wladimir Rudolfovich
1896-1984
- StrQ; 1924; A: 1925 Berlin
- Analogien, Hörformen; StrQ; 1973; Pegasus (1976); Heinrichshofen
- Klangexpressionen; StrQ; 1983

Vogl, Willi
1961-
- Stilübung: Allegro; StrQ; 1989
- StrQ; no. 1; 1990/91

Vogler, Georg Joseph
1749-1814
- 4 StrQe; f, As, F, Es

Vogt, Carl August
1905-?
- StrQ; A; op. 1; vor 1925

Vogt, Hans
1909-1978
- StrQ; no. 1; 1934
- StrQ; no. 2; 1952

Vogt, Hans
1911-1992
- StrQ; no. 1; 1960; W. Müller; BB
- StrQ; no. 2; 1975; BB
- Alla fantasia; StrQ; no. 3; 1977; BB
- StrQ; no. 4; 1984; BB; A: 5/1986
- Sonata; StrQ; 1989

Vogt, Jean
1823-1888
- StrQ; op. 56
- Berceuse; StrQ; op. 70, 2; Mendel (1865)

Voigt, Johann Georg Hermann
1769-1811
- 3 StrQe; A, B, F; op. 1; André [V2542]
- StrQ; f; op. 21; Breitkopf

Vojáček, Jindřich
1888-1945
- StrQ; op. 19; 1919/20

Vojcik, Viktar Antonavic
1947-
- StrQ; 1979

Volans, Kevin
1949-
- White man sleeps; StrQ; no. 1; 1982; Chester (1996)
- Hunting: Gathering; StrQ; no. 2; 1987; Chester (1996)
- Notes d'un peintre; StrQ; 1987; Chester
- The songlines; StrQ; no. 3; 1988, rev. 1993; Chester
- Ramanujan notebooks; StrQ; no. 4; 1988, rev. 1994; Chester
- Dancers on a plane; StrQ + Tape; no. 5; 1994; Chester
- StrQ + Tape; no. 6; 2000; Chester
- StrQ; no. 7; 2002; Chester
- Black woman rising; StrQ; no. 8; 2004; Chester
- Shiva dances; StrQ; no. 9; 2004; Chester
- StrQ; no. 10; 2006; Chester

Volckmar, Wilhelm Valentin
1812-1887
- 3 StrQe; C, G, a; op. 58; Breitkopf (1861)

Volder, Pierre-Jean de
1767-1841
- Quatuor; F; op. 9; J. J. Hummel

Volkmann, Robert
1815-1883
- StrQ; a; no. 1; op. 9; 1847/48; Breitkopf
- StrQ; g; no. 2; op. 14; 1846/47; Cranz
- StrQ; G; no. 3; op. 34; 1856/57; Eulenburg
- StrQ; e; no. 4; op. 35; 1857; Eulenburg; Heckenast

- StrQ; f; no. 5; op. 37; 1858; Eulenburg; Wollenweber
- StrQ; Es; no. 6; op. 43; 1861; Eulenburg; Heckenast

Volkonsky, Andrei Mikhailovich
1933-2008
- StrQ; no. 1; op. 5; 1955; Sovetskij
- StrQ; no. 2; 1958

Vollmer, Ludger
1961-
- My love is a fever; StrQ + Sprecher; Carus

Vollprecht, Emil
1876-?
- StrQ

Vollweiler, Karl
1813-1848
- Var. concertantes; StrQ; Schlesinger (1846)

Voloshinov, Viktor Vladimirovich
1905-1960
- StrQ; 1934, rev. 1958; Sovetskij (1973)

Volpe, Arnold
1869-1940
- StrQ; G; C. Fischer (1933)

Vomáčka, Boleslav
1887-1965
- StrQ; op. 31a; 1941; HMUB (1942)
- StrQ; op. 66; 1959

Voormolen, Alexander
1895-1980
- StrQ; 1939; Donemus (1976)
- StrQ; no. 2; 1942
- StrQ; Alsbach (1919)

Voorn, Joop
1932-
- StrQ; no. 2; 1970, rev. 1980; Donemus (1971)

Voříšek, Jan Václav
1791-1825
- Rondo; StrQ; A; op. 11; 1822; Mechetti

Vorlová, Sláva
1894-1973
- Bezkydy; StrQ; op. 1; 1933

- StrQ; op. 3; 1938
- StrQ; op. 5; 1939
- Melodicke variace; StrQ; op. 22; 1950

Voronina, Tatjana Alexandrovna
1953-
- StrQ; no. 1; 1959
- StrQ; no. 2; 1969; Sovetskij (1975)

Voss, Friedrich
1930-
- StrQ; no. 1; 1960; Breitkopf (1961)
- StrQ; no. 2; 1969/70
- StrQ; no. 3; 1980/81
- StrQ; no. 4; 1990

Vostřák, Zbyněk
1920-1985
- Kontrasty; StrQ; op. 27; 1961
- Elementy; StrQ; op. 35; 1964; Supraphon (1967); Gerig
- Kosmogonia; StrQ; op. 38; 1965; UE
- Posledni vecere; StrQ; op. 59; 1979; Panton
- StrQ; op. 80; 1978; Panton

Voytik, Viktor Antonovich
1947-
- StrQ; 1979

Vrána, František
1914-1975
- StrQ; no. 1; 1936
- StrQ; no. 2; 1937
- StrQ; no. 3; 1972; Panton

Vrangel', Vasilii Georgievich, Baron
1862-1901
- StrQ; 1892

Vrebalov, Alexandra
1970-
- StrQ; no. 1; 1995
- StrQ; no. 2; 1997
- Pannonia boundless; StrQ; no. 3; 1998; Boosey (2007)
- ... hold me, neighbor, in this storm ...; StrQ; 2007

Vreuls, Victor
1876–1944
- StrQ; f; 1903; Bosworth

Vrhovski, Josip
1902–1983
- StrQ; no. 1; 1940
- Scherzo; StrQ

Vriend, Jan
1938–
- StrQ; 1963; Donemus

Vries, Klaas de
1944–
- StrQ; 1993; Donemus
- Das Lebewohl? Oder … das Wiedersehen; 1979; Donemus (1979)

Vries Robbé, Willem de
1902–1996
- StrQ; 1979; Donemus (1980)
- StrQ; Broekmans

Vuataz, Roger
1898–1988
- StrQ; op. 116; 1966–70

Vučković, Vojislav
1910–1942
- StrQ; 1932; Udruženja komp. Srbije (1982)

Vukdragović, Mihailo
1900–1986
- StrQ; F; 1925
- StrQ; a; 1944; Naucua Delo (1966)

Vulcu, Sorin
1938–
- StrQ; 1959
- Neuma; StrQ; no. 2; 1972

Vultée, Waldemar v.
1900–?
- StrQ; a; A: 1920 Kiel
- StrQ; E; A: 1920 Kiel

Vun Kannon, Raymond
1931–
- StrQ; no. 1; op. 8; 1987; AMC

Vuori, Harri
1957–

- StrQ; 1978

Vustin, Aleksandr
1943–
- StrQ; 1966
- Entstehung eines Musikstücks; StrQ; 1994

Vycpálek, Ladislav
1882–1969
- StrQ; C; op. 3; 1909; HMUB (1925)

Vyhnálek, Ivo
1930–
- StrQ; no. 1; 1952
- StrQ; no. 2; 1955

Vysnegradskii, Ivan Aleksandrovich
1893–1979
- StrQ; no. 1; op. 13; 1923, rev. 1954
- StrQ; no. 2; op. 18; 1930/31
- StrQ; op. 38b; 1944–46, rev. 1958/59
- StrQ; op. 43; 1960, rev. 1970; Belaieff

Wachmann, Eduard
1836–1908
- StrQ

Wachsmann, Julius
1866–1936
- 4 StrQe

Wachsmann, Max
1881–1943
- StrQ; f; 1927

Wachtel, Erich
1898–?
- StrQ; A: 1927 Prag
- Musik für StrQ; 1927

Wade, Simon
1958–
- An introduction; StrQ; 1985; AMC

Waelput, Henri
1845–1885
- Canzonetta; StrQ; MS: B-Gc

Wagemans, Peter-Jan
1952–
- StrQ; 1997, rev. 1998
- StrQ; op. 15; 1980; Donemus c (1980)

Wagenaar, Bernard
1894-1971
- StrQ; no. 1; 1926
- StrQ; no. 2; 1932; Arrow (1933)
- StrQ; no. 3; 1936; Schirmer (1940)
- StrQ; no. 4; 1960; Schirmer

Wagenaar, Diderik
1946-
- Limiet; StrQ; 1985; Donemus (1985)

Wagendristel, Alexander
1965-
- StrQ; no. 1; op. 2; 1981–95; A: 1996 Wien
- StrQ; no. 2; op. 34; 1988; A: 1991 Wien
- Hörst du; StrQ; no. 3; op. 62; 1996

Wagenseil, Georg Christoph
1715-1777
- 4 StrQe; in: A-Wn/zweifelhaft als StrQ

Waghalter, Henryk
1869-1958
- StrQ; op. 1

Waghalter, Ignacy
1881-1949
- StrQ; D; op. 3; Simrock (1913)

Wagner, Alfred
1918-1995
- StrQ; A; op. 23; 1958
- Jugend-Quartett; StrQ; 1966; Pro Musica (1967); A: 1966 Leipzig
- StrQ; c; Pro Musica; A: 1942 Waldenburg

Wagner, Christoph Maria
1966-
- Introduzione – Nostalgia – Intossicazione; StrQ; 1993/94, rev. 1997 + 2002
- StrQ; no. 2; 2004

Wagner, Franz Josef
1885-1972
- Lieder ohne Worte; StrQ; op. 13; Bratfisch

Wagner, Friedrich
1889-?
- Am Abend; StrQ; op. 106; Seeling (1881)

Wagner, Hugo
1873-1951

- Allegro moderato; StrQ

Wagner, Joseph Frederick
1900-1974
- Moments musical; StrQ; 1927; Cranz

Wagner, Richard
1813-1883
- StrQ; D; 1829; verschollen; [WWV4]
- Albumblatt; StrQ; OUP

Wagner, Siegfried
1869-1930
- O Haupt voll Blut und Wunden. Variationen; StrQ; 1889

Wagner, Werner
1927-
- StrQ; 1959; CDA
- StrQ; 1962, rev. 1966; Ricordi (1969)

Wagner, Wolfram
1962-
- StrQ; 1989; Contemp Art; A: 11/1990 London
- 2 Stücke; StrQ; 1985; ÖMIZ
- 4 Intermezzi; StrQ; ÖMIZ

Wagner-Loeberschütz, Theodor
1870-1931
- StrQ; B; op. 15; Schmidt (1898)
- StrQ; g; 1902

Wagner-Régeny, Rudolf
1903-1969
- StrQ; 1948; Mitteldt. Vlg. (1951); Ed. Peters

Wahlberg, Rune
1910-1999
- Prisma; StrQ; 1961; STIM
- StrQ; 1972; SMIC
- Prelude + fugue; StrQ; 1985; SMIC
- Fantasy + fugue; StrQ; 1987; SMIC
- Prelude + finale; StrQ; 1987; SMIC

Wahren, Karl Heinz
1933-
- Dionysos meets Apollo; StrQ; 1973; Corona (1975)
- Tango appassionato; StrQ; 1977; VeNM; A: 9/1977 Berlin

- Ricordandi a Verdi; VeNM (1997);
  A: 1989 Offenbach

Wailly, Paul de
1854-1933
- Poeme; StrQ; op. 20; 1895; Rouart-Lerolle

Walaciński, Adam
1928-2015
- StrQ; 1959; PWM

Waldek, Gunter
1953-
- Winternacht; StrQ; 1981;
  A: 5/1983 Salzburg
- StrQ; no. 2; 199; A: 12/1994 Linz

Waldstein, Wilhelm
1897-1974
- 3 StrQe

Waljewski, Szymon Edward
1892-1951
- Menuet; StrQ; G; 1921

Walker, Ernest
1870-1949
- Fantasia; StrQ; D; op. 32; 1905; Novello

Walker, George Theophilus
1922-
- StrQ; no. 1; 1946; Lauren Keiser
- StrQ; no. 2; 1968; MMB (1985)

Walker, Gwyneth
1947-
- 3 American Portraits; StrQ; 1988; MMB
- Short set; StrQ; MMB

Walker, Mark
1918-1991?
- StrQ

Walker, Robert Ernest
1946-
- StrQ; no. 1; 1982; Novello

Wall, Alfred Michael
1875-
- Three sketches; StrQ; OUP (1926)

Wallace, William
1933-
- StrQ; 1981; CMC

Wallace, William
1860-1940
- StrQ

Wallach, Joelle
1946-
- StrQ; 1986; ACA

Wallen, Errollyn
1958-
- Variations; StrQ; 1983
- StrQ; no. 2; 1988

Wallin, Rolf
1957-
- Phonotope I; StrQ + Comp; 2000;
  A: 10/2001 Oslo
- Concerning King; StrQ; 2006

Wallmann, Johannes
1952-
- StrQ; no. 1; 1974
- Moderabel; StrQ; 1978; Ed. Peters (1983)

Wallner, Alarich
1922-2005
- StrQ incontri; 1968; Philharmonia Styria;
  A: 1/1971 Graz
- Intermezzo tonalis; StrQ; 1988;
  A: 2/1991 Zellweg

Walmisley, Thomas Attwood
1814-1856
- StrQ; G; no. 1; 1831
- StrQ; A; no. 2; 1832
- StrQ; F; no. 3; 1840

Walsh, Michael A.
1949-
- StrQ

Walshe, Jennifer
1974-
- Saw it in a movie; StrQ; 2003;
  A: 6/2004 Stuttgart
- :blurt; StrQ; 1997
- minard/nithsdale; StrQ; 2003; ICMC
- Marlowe; StrQ + Tonbd; 2009

Walter, August
1821-1896

- 3 StrQe; op. 1; 1841/42; Haslinger (1845)

Walter, Bruno
1876-1962
- StrQ; um 1903; unvollständig

Walter, Caspar Johannes
1964-
- Ende einer Geschichte; StrQ
- Lange unstete Töne; StrQ
- Durchscheinende Etüde III B; StrQ; 1990; Thürmchen (1990); A: 8/1997 Rom

Walter, Fried
1907-1996
- StrQ; cis; op. 11; BB (1940)

Walter, Georg Anton
tätig um 1785- um 1801
- StrQ; d; um 1800; Simrock (1964)
- 3 StrQe; Es, D, g; Boyer
- 3 StrQe; B, d, Es; op. 5; Pleyel
- 3 StrQe; op. 7; Vogt

Walter-Choinanus, Siegfried
1887-1954
- StrQ

Waltershausen, Hermann Wolfgang v.
1882-1954
- StrQ; e; op. 16; 1915

Walther, Erwin
1920-1995
- Die Nacht. Improv. nach Michelangelo; StrQ; 1949; Ikuro

Walthew, Richard Henry
1872-1951
- Lyrical pieces; StrQ; Stainer

Walton, Walter Turner
1902-1983
- StrQ; zurückgez.; A: 1921 London
- StrQ; a; 1947; OUP (1947); A: 1947 London
- StrQ; 1919, rev. 1921/22; OUP

Wambach, Émile-Xavier
1854-1924
- Au matin; StrQ

- Improvisation; StrQ

Wanek, Friedrich K.
1929-1991
- 5 Epigramme; StrQ; 1987; Schott (1988)
- StrQ; 1985; Schott (1988)
- Segment I + II; StrQ; 1990

Wang, Fay
1986-
- Melting Clock; StrQ; Doblinger

Wang Xilin
1936-
- StrQ; op. 1; 1961

Ward, David
1941-
- StrQ; 1988; Vanderbeek
- StrQ; 1990; Vanderbeek
- Quasi Divertimento; StrQ; 1993; ScoMIC
- StrQ; 1994; ScoMIC

Ward, Frank Edwin
1872-1953
- 2 StrQe

Ward, Frederick
1845-?
- StrQe; nos. 1-10

Ward, Robert
1917-1994
- Andante or Scherzo; StrQ; 1937
- StrQ; no. 1; 1966; Antiphon (1966)

Ware, Peter
1951-
- Artua; StrQ; 1973; Acoma

Wareing, Herbert Walter
1857-1918
- StrQ; F

Waring, Kate
1953-
- Elegy, in memory of Alfred Loewenguth; StrQ; 1984

Warkentin, Larry R.
1940-
- StrQ; 1978

Warlock, Peter
1894-1930
- 4 Parodies; StrQ; 1916; verloren

Warne, Katharine Mulky
1923-2015
- StrQ; 1952

Warner, Harry Waldo
1874-1945
- Phantasy; StrQ; op. 12; 1906;
  Novello (1908)
- Phantasy; 2 StrQe; D, C; op. 15;
  Cary (1914); Ricordi (1920)
- Folksong phantasy; StrQ; op. 18;
  Ricordi (1922)
- The Pixyring; StrQ; op. 23; Ricordi (1923)
- Suite; StrQ; op. 34; J. Fischer (1931)
- Arias; StrQ; op. 39; J. Fischer (1931)
- StrQ; op. 42; J. Fischer (1933)

Warren, Frank Edward
1950-
- Suite, no. 1; StrQ; 1977; Seesaw

Warren, F. Purcell
1895-1916
- Var. on an original theme; StrQ; Cramer

Warren, Raymond
1928-
- StrQ; no. 1; 1964; Novello (1974)
- StrQ; no. 2; 1975
- StrQ; no. 3; 1977

Wartisch, Otto
1893-1969
- StrQ

Washburn, Robert
1928-2013
- StrQ; 1963; OUP (1968)
- Serenade; StrQ; 1967; OUP

Wassermann, Heinrich Joseph
1791-1838
- StrQ; no. 1; op. 14; 1826; Ed. Peters (1827)

Wassmann, Karl
1857-1902
- 2 StrQe

Watamura, Matsuki
1941-
- StrQe; nos. 1–5
- StrQ; no. 6; 1990; JFC (2007)

Watanabe, Kenji
1950-
- StrQ; no. 2; 2003; JFC; A: 2003 Tokio

Watanabe, Manabu
1932-
- StrQ; 1959
- StrQ; 1960
- StrQ; 1961

Waterhouse, Graham
1962-
- Hungarian polyphony; StrQ; op. 25; 1984;
  Hofmeister (2000)

Waters, Charles F.
1895-1975
- 2 Miniatures; StrQ; Hinrichsen

Watkins, Huw
1976-
- New work; StrQ; 2013

Watkins, Michael Blake
1948-
- StrQ; 1979; Novello (1982)

Watson, Anthony Arthur
1933-1973
- StrQ; no. 1; 1959; Wai-te-ata
- StrQ; no. 2; 1962; Wai-te-ata
- StrQ; no. 3; 1971; Wai-te-ata

Wayne, Siegel
1953-
- StrQ; no. 1; 1975–79; Samfundet (1983)

Weaver, Powell
1890-1951
- StrQ; 1937

Webb, John
1969-
- Cries of London; StrQ; 1994; BMIC

Webb, Richard
1942-
- Kaleidoscope; StrQ; 1964

Webbe, Samuel
um 1770-1843
- StrQ

Webber, John
1949-
- StrQ; 1974; Anglo-American
- StrQ; 1987; Anglo-American
- St. Jude's quartet; StrQ; 1998; BMIC

Weber, Ben William Jennings Bryan
1916-1979
- Lyric piece; StrQ; op. 7; 1940; CFE (1953)
- StrQ; op. 12; 1942
- StrQ; no. 2; op. 35; 1951; Hillsdale (1976)
- StrQ; no. 3; op. 50; 1959

Weber, Edmond
1838-1885
- StrQ; c; op. 34; Ebner (1886)

Weber, Heinrich
1901-1970
- StrQ; 1968

Weber, Helmut
1927-
- StrQ; no. 1
- StrQ; no. 2; um 1957

Weber, Joseph
1937-
- StrQ

Weber, Joseph Miroslav
1854-1906
- Nr. 24; StrQ; D; no. 1; 1873, rev. 1892
- Nr. 25; StrQ; h; no. 2; 1891; Hansen (1892)
- Nr. 26; StrQ; g; no. 3; Fragm.
- Nr. 27; 2. Miniatur-Suite; StrQ; 1905?
- Nr. 28; I. Ave Maria; StrQ; op. 43a; 1872
- Nr. 29; Intermezzo (pizzicato); StrQ

Weber, Ludwig
1891-1947
- StrQ; 1913
- StrQ; 1921; Kallmeyer (1927)

Weber, Roland
1925-
- StrQ; 1982; A: 1983 Karlsruhe

Webern, Anton v.
1883-1945
- Scherzo + Trio; StrQ; a; 1904; unveröff.
- StrQ; 1905; Fischer (1965); Boosey (1966)
- Rondo; StrQ; 1906; Fischer (1970)
- Langsamer Satz; StrQ; 1907; Fischer (1965); Boosey (1966)
- StrQ; a; 1907; unveröff.
- Thema + Var.; StrQ; cis; 1907; unvollst.
- Fünf Sätze; StrQ; op. 5; 1909; UE (1922)
- Bagatellen; StrQ; op. 9; 1911-13; UE (1924)
- 4 Sätze; StrQ; 1917/18; Fragment
- StrQ; op. 28; 1936-38; Boosey (1939);
- UE (1955)

Weckerlin, Jean-Baptiste
1821-1910
- StrQ

Wedd, F. L. Dunkin
1955-
- Homenaje to Luis; StrQ; 1997; BMIC

Weed, Maurice James
1912-2005
- StrQ; 1953

Weegenhuise, Johan
1910-2007
- Hommage à Haydn; StrQ; 1959; Donemus

Wegelius, Martin
1846-1906
- Variazioni; StrQ; 1870
- Scherzo; StrQ; 1874

Wegener, Emmy
1901-1973
- StrQ; 1929; Donemus

Wehding, Hans-Hendrik
1915-1975
- StrQ; a; 1939

Wehrli, Werner
1892-1944
- StrQ; no. 1; 1912
- StrQ; G; no. 2; op. 8; 1912; Hug (1922)
- StrQ; B; no. 3; op. 37; 1933; Hug (1934)

Weiand, Ludwig Werner
1939-
- StrQ; 1971

Weidenhagen, Emil
1862-1922
- StrQ

Weidig, Adolf
1867-1931
- Quartettino en forme de Suite; StrQ; C; op. 11; Schott (1897)
- Serenade; StrQ; E; op. 16; Summy (1899)
- Credo; StrQ; a; op. 53; Summy (1920)

Weigl, Karl
1881-1949
- StrQ; c; no. 1; 1903; CFE
- StrQ + Vla d'amore; E; no. 2; 1906; CFE
- StrQ; A; no. 3; op. 4; UE (1911)
- StrQ; d; no. 4; op. 20; Breitkopf (1926)
- StrQ; G; no. 5; op. 31; UE (1936)
- StrQ; C; no. 6; 1939; CFE
- StrQ; f; no. 7; 1942; CFE
- StrQ; d; no. 8; 1949; CFE
- Serenade; StrQ; 1941; AMC

Weigl, Vally
1894-1982
- 3 Sätze; StrQ; 1951–70; ACA
- Revelation; StrQ + Sopr; 1982

Weill, Kurt
1900-1950
- StrQ; no. 1; op. 8; 1922/23; UE [GA II/1]
- 2 Sätze; StrQ; 1922/23; (zurückgez.
- StrQ; h; 1917/18; UE [GA II/1]

Weimer, Jürgen
1941-
- StrQ; no. 1; 1971

Weinberg, Henry
1931-
- StrQ; no. 1; 1959
- StrQ; no. 2; 1960–64

Weinberg, Jacob
1879-1956

- StrQ; op. 55; 1950; C. Fischer (1950)

Weinberg, Moisey Samuilovich
1919-1996
- StrQ; no. 1; op. 2; 1937, rev. 1985; Peer
- StrQ; no. 2; op. 3; 1940; Peer
- Arie; StrQ; op. 9; 1942; Peer
- Capriccio; StrQ; op. 11; 1943; Peer
- StrQ; no. 3; op. 14; 1944; Peer
- StrQ; no. 4; op. 20; 1945; Sovetskij; Peer
- StrQ; no. 5; op. 27; 1945; Peer
- StrQ; no. 6; op. 35; 1946; Muzyka
- StrQ; no. 7; op. 59; 1957; Muzyka; Peer
- StrQ; no. 8; op. 66; 1959; Sovetskij; Peer
- StrQ; no. 9; op. 80; 1963; Sovetskij; Peer
- StrQ; no. 10; op. 85; 1964; Sovetskij; Peer
- StrQ; no. 11; op. 89; 1965; Sovetskij; Peer
- StrQ; no. 12; op. 103; 1969; Sovetskij; Peer
- StrQ; no. 13; op. 118; 1977; Sovetskij; Peer
- StrQ; no. 14; op. 122; 1978; Sovetskij; Peer
- StrQ; no. 15; op. 124; 1929; Sovetskij; Peer
- StrQ; no. 16; op. 130; 1981; Peer
- StrQ; no. 17; op. 146; 1986; Peer

Weiner, Lazar
1897-1982
- StrQ; 1937

Weiner, Leo
1885-1960
- StrQ; Es; op. 4; 1906; BB; Lauterbach
- StrQ; fis; no. 2; op. 13; 1921; Wiener Philh. Vlg.; Zenemükiado
- Divertimento; no. 2; op. 24a; Fsg. StrQ; 1932?; Zenemükiado (1965)
- StrQ; no. 3; op. 26; Rozsavölgyi (1949)

Weingartner, Felix
1863-1942
- StrQ; d; no. 1; op. 24; Breitkopf (1899)
- StrQ; f; no. 2; op. 26; Breitkopf (1900)
- StrQ; F; no. 3; op. 34; Breitkopf (1903)
- StrQ; D; no. 4; op. 62; UE (1918)
- StrQ; no. 5; op. 81; UE (1931)

Weinstangel, Sasha
1947-

- StrQ; 1969–76

Weinzweig, John Jacob
1913-2006
- StrQ; no. 1; 1937; CMC
- StrQ; no. 2; 1946; CMC
- StrQ; no. 3; 1962; CMC

Weir, Judith
1954–
- StrQ; 1990; Chester (1990)

Weirauch, Peter
1933–
- StrQ

Weis, Flemming
1898-1981
- StrQ; no. 1; 1922
- StrQ; no. 2; 1926
- StrQ; no. 3; 1929
- Fantasia Seria; StrQ; no. 4; 1956; Engström
- 5 epigrammer; StrQ; 1960; DMIC
- Statiske situationer; StrQ; 1970; Hansen
- StrQ; no. 6; 1977; Samfundet (1980)

Weis, Karel
1862-1944
- StrQ; a; o. op.; 1894

Weisensel, Neil
1965–
- StrQ; 1998

Weiser, Friedrich
1895-1945
- 2 Fugen; StrQ; op. 6
- StrQ; f; op. 7
- StrQ; C; op. 15
- StrQ; C; op. 26
- StrQ; a; op. 27

Weisgarber, Elliot
1919-2001
- StrQ; 1945
- StrQ; 1975; CMC
- StrQ; 1980; CMC

Weishappel, Rudolf
1921-2006
- StrQ; no. 1; 1945; A: 1945 Graz

- StrQ; no. 2; 1948; A: 7/1948

Weiske, Georg
1911-1998?
- StrQ; A: 1953

Weismann, Julius
1879-1950
- StrQ; F; op. 14; 1905
- StrQ; c; op. 24; 1907
- StrQ; d; op. 42; 1910
- StrQ; Es; op. 66; 1914
- StrQ; op. 84; 1922
- StrQ; a; op. 85; 1918–22
- StrQ; e; op. 102; 1929
- Fuge; StrQ; b; 1931
- StrQ; a; op. 133; 1940; Litolff (1958)
- StrQ; G; op. 147; 1943–45
- StrQ; a; op. 154; 1947

Weiss, Adolph
1891-1971
- StrQ; no. 1; 1923
- StrQ; no. 2; 1926
- StrQ; no. 3; 1929
- StrQ; no. 4; 1932

Weiss, Ferdinand
1933–
- StrQ; no. 1; op. 28; 1957
- StrQ; no. 2; op. 29; 1957
- StrQ; no. 3; op. 34; 1957
- StrQ; no. 4; Fragment
- StrQ; no. 5; op. 130; 1971
- DissonanzenStrQ – 200 Jahre danach;
  StrQ; no. 6; op. 144; 1976

Weiss, Franz
1778-1830
- 2 StrQe; op. 1; Bureau d'Arts (1802)
- 2 StrQe; op. 8; Steiner (1814)
- 3 StrQe; op. 9, 10, 12; André (1820)

Weiss, Hans
1889-1957
- StrQ; c; op. 9
- StrQ; e; op. 15
- StrQ; d; op. 20

Weiss, Harald
1949-
- Impressionen; StrQ + Git; 1977;
  W. Hansen (1977)
- Gestanzte Gedanken; StrQ; 1977; Ed.
  Modern (1978)
- Stille Mauern; StrQ + Zuspielband; 2003;
  Schott (2006)
- Gebet; StrQ; 2005; Schott (2006)

Weiss, Heinrich
1836-1914
- Frieden d. Nacht; StrQ; Weiss (1888)

Weiss, Julius
1814-1898
- StrQ; c; op. 64; J. Weiss (1860)

Weiss, Manfred
1935-
- StrQ; no. 1; 1956
- StrQ; no. 2; 1965; DVfM (1968)
- 4 Stücke; StrQ; 1972; DVfM (1977)
- Emotionen; StrQ; 1990

Weissberg, Daniel
1954-
- Über Schrift; 2 StrQe + 4 Monitore + CD;
  1997; Adesso
- 3 Tanzsätze; StrQ; 1991; Adesso

Weisse, Hans
1892-1940
- StrQ; c; op. 4; UE (1925)

Weissensteiner, Raimund
1905-1997
- StrQ; no. 1; 1951
- StrQ; no. 2; 1972
- StrQ; no. 3; 1975
- StrQ; no. 4; 1978

Weißheimer, Wendelin
1838-1910
- StrQ; 1870

Weisz, Paul
1906-?
- StrQ; 1920

Weixler, Andreas
1963-

- Fragmente; StrQ; 1994; A: 3/1995 Graz

Welander, Svea
1898-1985
- StrQ; no. 1; STIM
- StrQ; no. 2; 1976; STIM

Welander, Waldemar
1899-1984
- StrQ; no. 1; STIM
- StrQ; no. 3; STIM
- Quartetto breve; StrQ; 1974; STIM

Welcher, Dan Edward
1948-
- StrQ; no. 1; 1988; Presser
- Harbor Music; StrQ; no. 2; 1992; Elkan

Welffens, Peter
1924-2003
- StrQ; C; 1943–45; CeBeDeM (1997)
- StrQ; 1992; CeBeDeM (1994)

Welin, Karl-Erik
1934-1992
- Eigentlich nicht; StrQ; no. 1; 1967; Busch
  (1970); A: 1968 Stockholm
- PC-132; StrQ; no. 2; 1969/70; Busch;
  A: 1971 Stockholm
- Recidivans; StrQ; no. 3; 1972; STIM;
  A: 1972 Norköpping
- Residuo; StrQ; no. 4; 1974; Gehrmans
- Min femte; StrQ; no. 5; 1977; Gehrmans
- StrQ; no. 6; 1982; Hansen;
  A: 1982 München
- StrQ; no. 7; 1984; Svensk Musik;
  A: 1985 Stockholm
- StrQ; no. 8; 1986/87; Hansen;
  A: 1988 Lund
- StrQ; no. 9; op. 62; 1990; Hansen

Wellesz, Egon
1885-1974
- StrQ; op. 14; 1912; Simrock (1913)
- StrQ; g; op. 20; 1915/16; Simrock (1921)
- StrQ; op. 25; 1918; Doblinger (1997)
- StrQ; op. 28; 1920; UE (1920)
- StrQ; op. 60; 1943; Schott (1948)

- StrQ; op. 64; 1946; Lengnick (1949)
- StrQ; op. 66; 1948; Lengnick (1949)
- StrQ; op. 79; 1957; Sikorski (1959)
- StrQ; op. 97; 1966; Doblinger (1968)
- 4 Stücke; op. 103; 1968; Doblinger (1974)

Wells, John
1948-
- StrQ; 1974
- StrQ; 1979

Wendel, Eugen
1934-
- StrQ; 1964
- Quadro; StrQ; 1988

Wendel, Martin
1925-2013
- StrQ; no. 1; op. 4; 1948
- StrQ; no. 2; op. 13; 1959

Wendelburg, Norma
1918-?
- StrQ; no. 1
- StrQ; no. 2; 1959

Wendt, Eduard
1807-1890
- StrQ; D; op. 5; BB (1856)

Wendt, Ernst Adolf
1806-1850
- StrQ; D; op. 5; 1850?; BB

Wengler, Marcel
1946-
- StrQ; no. 1; 1985

Weninger, Leopold
1879-1940
- StrQ; A: 1912 Dresden

Wennäkoski, Lotta
1970-
- culla d'aria; StrQ; 2003/04; FMIC (2004)

Wennig, Hermann
1890-?
- StrQ in 5; um 1966

Went, Johann Nepomuk
1745-1801
- 3 StrQe; B, Es, G; op. 1; André (1791)

Wenusch, Josef v.
1811-1882
- StrQ; A; op. 1; Simrock (1846)

Wenzel, Eberhard
1896-1982
- StrQ; 1926

Wenzel, Hans Jürgen
1939-2009
- StrQ; no. 1; 1960
- StrQ; no. 2; 1968; DVfM (1969)
- StrQ; no. 3; 1970; DVfM (1973)
- StrQ; no. 4; 1977; DVfM (1987)

Werder, Felix
1922-2012
- StrQ; no. 1; 1948
- StrQ; no. 2
- StrQ; no. 3
- StrQ; no. 4; 1955
- StrQ; no. 5
- StrQ; no. 6; 1962; ÖMIZ (1968)
- StrQ; no. 7
- StrQ; no. 8
- StrQ; no. 9; op. 90; 1968; Allans
- StrQ; no. 10
- StrQ; no. 11; op. 127
- StrQ; no. 12
- StrQ; no. 13; 1975

Werle, Lars Johan
1926-2001
- Pentagram; StrQ; 1960; Nordiska (1961)
- Variete; StrQ; 1971; Chester/Hansen; Nordiska c (1976)

Werner, André
1960-
- cante-grito; StrQ; 1994

Werner, Edmund
18..?-
- Christkindl kommt; StrQ; Seeling (1892)
- Kinderspiele; StrQ; Seeling
- Dorf-Idylle; StrQ; Seeling
- Weihnachtsgedanken; StrQ; Seeling
- Schnitterreigen. Walzer-Idyll; StrQ; Seeling

Werner, Felix
1900-1968
- StrQ; d; op. 11; 1936; Eschig (1953)

Werner, Fritz
1898-1977
- StrQ; d; op. 11; 1939; Eschig (1953);
  A: 1939 Berlin
- StrQ; e; 1956

Werner, Jean-Jacques
1935-
- StrQ; 1965
- StrQ; 1971; ACDMC
- Pour le temps de la passion; StrQ; 1980;
  ACDMC
- StrQ; 1991; ACDMC

Werner, Mathias
1959-
- StrQ; no. 1; op. 6

Werner, Sven Erik
1938-
- 6 epilogues; StrQ; 1986; DMIC

Werner, Theodor Wilhelm
1874-1957
- StrQ; c
- Einltg. + Chaconne; StrQ; D

Wernick, Richard Frank
1934-
- StrQ; 1953; zurückgez.
- StrQ; no. 1; 1963; Univ. Microf. (1968)
- StrQ; no. 2; 1990
- StrQ; no. 3; 1972/73; Belwin
- StrQ; no. 4; 1988; Presser (1996)
- StrQ; no. 5; 1996; Presser (1998)
- StrQ; no. 6; 1998; Presser (2001)

Wertheim, Rosy
1888-1949
- StrQ; 1932; Broekmans (1933)

Wesley, Charles
1757-1834
- Easy string quartets; F, D, B; um 1776;
  Hinrichsen (1953)

- 6 StrQe; F, D, Es, E, B, F; J. Johnston
  (1779) [W908]

Wesley, Samuel
1766-1837
- StrQ; F; no. 1; Hinrichsen
- StrQ; D; no. 2; Hinrichsen
- StrQ; Es; no. 3; um 1810; Redcliffe
- StrQ; no. 4
- StrQ; B; no. 5; Hinrichsen

Wesley-Smith, Martin
1945-
- Doublets; StrQ; 1974; AMC

Wessel, Mark
1894-1973
- StrQ; 1931
- Prelude + Fugue; StrQ; 1931

Wessel, Michael
1960-
- Kreuzwege; StrQ; 2002/03;
  A: 2003 Bayreuth

Wessely, Bernhard
1768-1826
- StrQ

Wessely, Johann Paul
1762-1810
- 2 StrQe; op. 1
- 2 StrQe; op. 2
- 3 StrQe; op. 4
- 3 StrQe; op. 8; Joh. André (1792),
  no. 395 [W933]
- 3 StrQe; op. 9; Joh. André (1798),
  no. 1124 [W934]
- 3 StrQe; op. 10; Joh. André,
  no. 1137 [W935]; Simrock

Wessman, Harri
1949-
- Mini; StrQ; 1988
- Hymni Kamarimiikille; StrQ; 1998; FMIC

Wesström, Anders
1720/21-1781
- StrQ; E; Gehrmans (1941)
- StrQ; B

- StrQ; G
- StrQ; C

Westergaard, Peter Talbot
1931–
- StrQ; 1957

Westergaard, Sven
1922–1988
- StrQ; op. 28; 1966; Warnys (1967)
- Capriccio; StrQ; 1948

Westerhout, Niccolò v.
1857–1898
- Serenade; StrQ; Ricordi (1887)
- Menuetto; StrQ; Ricordi (1891)
- Preludio; StrQ; Ricordi (1892)

Westerlinck, Wilfried
1945–
- StrQ; no. 1; 1978; CeBeDeM (2004)
- StrQ; no. 2; 1987; unveröff.
- StrQ; no. 3; 1994; CeBeDeM (2005)

Westerman, Gerhart v.
1894–1963
- StrQ; fis; no. 1; op. 4; 1914; BB (1938)
- StrQ; c; no. 2; op. 8; 1928; Adler (1932);
  A: 1928 München

Westermann, Helmut
1895–1967
- StrQ; D; op. 28
- StrQ; G; op. 38

Westlake, Nigel
1958–
- High tension wires; StrQ; 1994; AMC

Westmoreland, John Fane
1784–1859
- StrQe

Westrop, Henry John
1812–1879
- 2 StrQe; E, Es; op. 1; 1835

Wettstein, Peter
1939–
- Janus; StrQ; 1987; Nepomuk (1990)

Wetz, Richard
1875–1935

- StrQ; f; op. 43; 1916; Kistner
- StrQ; e; no. 2; op. 49; 1923; Simrock

Wetzler, Hermann
1870–1943
- StrQ; c; op. 18; 1937

Weweler, August
1868–1952
- StrQ; E; op. 35; 1935; Mörike (1937)

Weydert, Max
1871–1940?
- Variationen über ein Originalthema;
  StrQ; Weydert (1902)

Weyhmann, Johannes Walther
1887–?
- Var. über ein Pastoralthema; StrQ; op. 22

Weyrauch, Johannes
1897–1977
- StrQ; op. 6; Kistner (1923)
- StrQ; h; op. 11
- StrQ; 1958; Ed. Peters/Litolff (1962)
- StrQ; no. 3; Ebert
- StrQ; no. 4; Kaschta

Whatley, G. Larry
1940–
- StrQ; 1967

Whear, Paul William
1925–
- 2 StrQe
- The phoenix; StrQ; no. 3; Unicorn c (1977)

Wheeler, Scott
1952–
- StrQ; 1994

Wheelock, Donald F.
1940–
- StrQ; 1969
- StrQ; no. 2; 1973
- StrQ; 1988
- StrQ; 1992

Whettam, Graham Dudley
1927–2007
- StrQ; no. 1; 1967; Meriden
- Hymnus; StrQ; no. 2; 1977; Meriden

- StrQ; no. 3; 1980; Meriden
- StrQ; no. 4; Meriden

Whiffin, Lawrence
1930–
- StrQ; 1992; AMC

White, Clarence Cameron
1880–1960
- Halleluja; StrQ; no. 1; 1931
- StrQ; no. 2; 1931

White, Gary
1937–
- StrQ; 1963

White, Paul
1895–1973
- StrQ; 1925; Elkan

Whitehead, Gillian
1941–
- Te Ahua, te Atarangi; StrQ; 1970;
- Moon, Tides + Shoreline; StrQ; 1990
- The wing was in their wings; StrQ; 1990

Whithorne, Emerson
1884–1958
- StrQ; op. 5
- Greek impressions; StrQ; op. 18; 1917; Senart (1923)
- StrQ; op. 51; 1930; Cos Cob Press (1931)

Whiting, Arthur Battelle
1861–1936
- StrQ

Whiticker, Michael
1954–
- Kwa; StrQ; 1985; AuMC

Whitney, John Cary
1942–
- The junk food blues; StrQ; Presser (1979)

Whittaker, Howard
1922–1989
- StrQ; 1947
- StrQ; 1948

Whittenberg, Charles
1927–1984
- StrQ; 1965

- StrQ; no. 2; 1974/75

White y Lafitte, José Silvestre de los Dolores
1836–1918
- StrQ

Whyte, Ian
1901–1960
- 3 StrQe

Wiblé, Michel
1923–
- StrQ; 1971; FSPM
- Arioso; StrQ; 1987; FSPM

Wichmann, Hermann
1824–1905
- StrQ; a; op. 6; Trautwein (1845)
- StrQ; e; op. 12; Breitkopf (1847)
- StrQ; f; op. 17; BB
- StrQ; Es; op. 19; Kistner (1854)
- StrQ; F; op. 33; Heinrichshofen (1873)
- StrQ; c; op. 40; Ed. Peters (1866)

Wichtl, Georg
1805–1877
- Quatuor; Es; op. 3; Breitkopf

Wickenhauser, Richard
1867–1936
- StrQ; no. 1
- StrQ; no. 2

Widawska-Melzer, Olga
1967–
- Erwartung; StrQ; 1988; Doblinger (1995)

Widdicombe, Trevor
19..?–
- Miniature; StrQ; Novello (1956)
- Suite of fancies; StrQ; Curwen; Schirmer
- StrQ; no. 1; Curwen
- StrQ; no. 2; Curwen
- StrQ; no. 3; Curwen

Widerkehr, Jacques
1759–1823
- 3 StrQe; Es, e, D; op. 1; Sieber
- 3 StrQe; B, b, C; Pleyel (um 1803)
- 4 StrQe; B, d, Es, g; Philippe Petit

- 3 StrQe; Joh. André

Widmann, Jörg
1973–
- StrQ; no. 1; 1997; Schott; A: 1997 Berlin
- Choralquartett; StrQ; no. 2; 2003, rev. 2006; Schott; A: 7/2003 Hitzacker
- Jagdquartett; StrQ; no. 3; 2003; Schott; A: 11/2003
- StrQ; no. 4; 2005; Schott; A: 1/2005 Essen
- Versuch über d. Fuge; StrQ + Sopr; no. 5; 2005; Schott (2009); A: 2/2005 Köln

Widmer, Ernst
1927–1990
- StrQ; no. 1; 1962; FSPM
- StrQ; no. 2; 1967
- Convergencias; StrQ; no. 3; 1973
- StrQ; no. 4; 1975/76; FSPM
- StrQ; no. 5; 1980; FSPM
- Interface; StrQ; op. 135; 1982

Widmoser, Jörg
1955–
- Präludium + Fuge; StrQ; c; Schott (1998)

Wiechowicz, Stanisław
1893–1963
- StrQ; Es; vor 1939

Wieczorek, Jan Michał
1904–1980
- StrQ; no. 1; 1931
- StrQ; no. 2; 1936

Wiefler, Florian
1908–2000
- StrQ; 1973
- Sei episodi; StrQ; 1978
- StrQ; 1982
- StrQ; 1986

Wiegold, Peter John
1949–
- Prelude V Aside; StrQ; 1981; UE

Wielecki, Tadeusz
1954–
- StrQ; 1991
- StrQ; 2004

Wielhorski, Count Michal
1788–1856
- StrQ; C; 1856

Wiemann, Robert
1870–1965
- StrQ; op. 1
- StrQ; op. 5
- StrQ; op. 10

Wiemans, Frans Louis
1889–1935
- StrQ; MS

Wiener, Karl
1891–1942
- StrQ; 1924
- StrQ; op. 25; BB (1930); A: 1929 Berlin

Wieniawski, Józef
1837–1912
- StrQ; a; op. 32; um 1876; Kahnt (1882)

Wieniawski, Adam Tadeusz
1879–1950
- StrQ; no. 1
- StrQ; no. 2; 1902

Wiernik, Adam
1916–2006
- Theme + Variations; StrQ; 1995; SMIC

Wiese, Paul
1894–?
- StrQ; no. 1
- StrQ; no. 2

Wiesemann, Günther
1956–
- Una hora mastarde; StrQ; no. 1; op. 29; 1986–91; Astoria (1992)
- Ausklang-inwendig Einklang I; StrQ; no. 2; W 76; 1993; Astoria; A: 1994 Duisburg
- egregio ospite; StrQ; no. 3; Astoria
- Ausklang-inwendig Einklang II; StrQ; Astoria
- Emerald green; StrQ; no. 4; Astoria

Wiesenberg, Menachem
1950–
- Between sacred + profane; StrQ; 1996; IMI

- Song of the land; StrQ; 1996; IMI

Wieshart, Peter Charles Arthur
1921–1984
- StrQ; no. 1; 1951
- StrQ; no. 2; 1954
- StrQ; A; no. 3; 1953

Wieslander, Ingvar
1917–1963
- StrQ; no. 1; 1948; STIM
- StrQ; no. 2; 1949, rev. 1954; STIM
- StrQ; no. 3; 1957; STIM
- StrQ; no. 4; 1958; STIM
- StrQ; no. 5; 1961; STIM

Wiest, Ludwig (Ludovic)
1819–1889
- StrQ

Wieth-Knudsen, Asbjørn
1878–1962
- StrQ; e; no. 1; op. 10; Kahnt (1927)

Wiggins, Christopher
1956–
- StrQ; 1975; BMIC
- StrQ; 1991; BMIC
- StrQ; 1994; BMIC

Wigglesworth, Frank
1918–
- Pine tree waltz; StrQ; CFE

Wikmanson, Johan
1753–1800
- StrQ; A; um 1782; Reimers
- 3 StrQe; d, e, B; op. 1; Reimers

Wilberg, Adolf
1880–?
- StrQ; c; 1924

Wilbrandt, Jürgen
1922–
- StrQ; no. 1; 1961; IMB

Wilby, Philip
1949–
- Music for East Coker; StrQ; no. 5; 1990

Wildberger, Jacques
1922–2006

- Commiato; StrQ; 1997; Tre Media (1998)

Wilding-White, Raymond
1922–2001
- StrQ; 1948
- Monte-Carlo-Suite, no. 1; StrQ; 1962
- StrQ; 1988

Wilhelmi, Tobias
1885–1944
- StrQ; 1923; STIM

Wilhelmj, August
1845–1908
- Thema m. Variationen (nach Fr. Schubert);
  StrQ; Schlesinger (1888)

Wilkens, Eckart
1942–
- StrQ; 1–3, 5–6?
- StrQ; no. 4; 1972
- StrQ; no. 7; 1987/88
- StrQ; no. 8; 1988

Wilkins, Caroline
1953–
- With circle + axis; StrQ; 1998; Tre Media
  (2002)

Wilkinson, Philip George
1929–
- StrQ
- Miniature quartet; Novello (1958)

Wiłkomirski, Kazimierz
1900–1995
- StrQ; 1941/42; PWM (1947)
- StrQ; 1942/43; PWM (1947)

Willan, James Healey
1880–1968
- Poem; StrQ; op. 102; 1930
- Introduction + Allegro; StrQ; vervollstän-
  digt v. F. R. C. Clarke
- Fugue; StrQ; g; 1947
- Adagio; StrQ; E

Willcock, Ian
1959–
- In praise of action; StrQ; 1986; Forward

Willey, James Henry
1939-
- StrQ; 1976; Spectrum
- StrQ; 1980; Spectrum
- StrQ; no. 3; 1981
- StrQ; no. 4
- StrQ; no. 5

Willi, Herbert
1956-
- StrQ; 1986; Doblinger (1987);
  A: 10/1987 Wien

Williams, Adrian
1956-
- StrQ; 1972; Eschig
- StrQ; 1981; Eschig
- StrQ; 1991; Eschig

Williams, Edgar Warren
1949-
- StrQ; 1971

Williams, Gerrard
1888-1947
- StrQ; no. 1; 1915; Goodwin (1922)
- StrQ; no. 2; 1919; Curwen (1921)

Williams, Grace
1906-1977
- Cavatina; StrQ; 1937

Williams, Graham
1940-
- StrQ; 1978; Chester
- StrQ; 1996; BMIC

Williams, Howard
1933-1972
- StrQ

Williams, Joan Frances
1930-
- StrQ; 1964

Williamson, Malcolm
1931-2003
- Winterset; StrQ; no. 1; 1948
- StrQ; no. 2; 1954
- StrQ; no. 3; 1993

Willingham, Lawrence Hardwick
1942-
- StrQ; no. 1; 1963

Willis, Richard M.
1929-1997
- StrQ; no. 1
- StrQ; no. 2; 1968; SPAM (1973)

Willisegger, Hansruedi
1935-
- Introduction et fugue; 1963

Willnauer, Jörg-Martin
1957-
- wwv 1; StrQ; 1984, rev. 1994

Willnecker, Alfred
1875-?
- StrQ

Willner, Arthur
1881-1959
- StrQ; no. 1; op. 9; vor 1907
- StrQ; no. 2; op. 10; vor 1907
- StrQ; no. 3; op. 14; vor 1907
- StrQ; no. 4; op. 44
- StrQ; no. 5; op. 50
- StrQ; no. 6; op. 106
- Der Lebenskreis, 12 Fugen; StrQ; no. 7

Willscher, Andreas
1955-
- StrQ; 1994

Wilm, Peter Nicolai v.
1834-1911
- StrQ; c; op. 4; Breitkopf (1875)

Wilms, Johann Wilhelm
1772-1847
- 2 StrQe; g, A; op. 25; Ed. Peters (1812);
  Dohr (2007)

Wilson, Charles Mills
1931-
- StrQ; no. 1; 1950; MS: CDN-Tcm
- StrQ; no. 2; 1968; MS: CDN-Tcm
- StrQ; no. 3; 1975; MS: CDN-Tcm
- StrQ; no. 4; 1983; MS: CDN-Tcm

Wilson, Donald M.
1937-
- Stabile IV; StrQ; CFE

Wilson, George Balch
1927-
- StrQ in G; SPAM; G. Schirmer (1953)

Wilson, Ian
1964-
- Winter's edge; StrQ; no. 1; 1992; UE
- The capsizing man and other stories; StrQ; no. 2; 1994; UE
- Towards the far country; StrQ; no. 3; 1996; UE
- Veer; StrQ; no. 4; UE (2004)
- ... wander, darkling; StrQ; no. 5; 2000; UE
- in fretta, in vento; StrQ; no. 6; 2001; UE
- Lyric suite; StrQ; 2004; UE

Wilson, James
1922-2005
- StrQ; no. 1; op. 53; 1972; MS: Irl-Dc
- StrQ; no. 2; op. 126; 1991; MS: Irl-Dc
- StrQ; no. 3; 2002; MS: Irl-Dc

Wilson, Mortimer
1876-1932
- Miniature Suite; StrQ; op. 22; J. Fischer

Wilson, Olly Woodrow
1937-
- StrQ; 1960

Wilson, Richard
1941-
- StrQ; no. 1; 1968
- StrQ; no. 2; 1977
- StrQ; no. 3; 1982; Southern (1985)
- StrQ; no. 4; 1997

Wilson, Thomas Brendan
1927-2001
- StrQ; no. 1; 1953
- StrQ; no. 2; 1954
- StrQ; no. 3; 1958; A: 1958 Glasgow
- StrQ; no. 4; 1978; A: 1978 Glasgow

Wiltberger, August
1850-1928

- 2 leicht ausführb. StrQe; G, e; op. 127; Schwann (1909)

Wiltberger, Hans
1887-1970
- StrQ; e; op. 8; A: 1920 Köln

Wimberger, Gerhard
1923-2016
- StrQ; 1978; Bärenreiter (1980); A: 8/1980 Salzburg

Winbeck, Heinz
1946-
- Tempi capricciosi; StrQ; 1979; Bärenreiter
- Tempi notturni; StrQ; no. 2; 1979; Bärenreiter
- Jagdquartett; StrQ; no. 3; 1983/84; Bärenreiter (1986)

Windisch, Fritz
1897-?
- StrQ

Windisch-Sartowsky, Hans
1894-?
- 3 StrQe

Windsperger, Lothar
1885-1935
- StrQ; g; op. 21; 1920; Schott (1920)

Winesanker, Michael Max
1913-1989
- StrQ

Wingham, Thomas
1846-1893
- StrQ; b
- StrQ; g

Winham, Godfrey
1934-1975
- Composition; StrQ; APNM

Winkel Holm, Mogens
1936-1999
- StrQ; 1958; Samfundet

Winkler, Alexander Gustav
1865-1935
- StrQ; C; op. 7; Belaieff (1897)
- StrQ; d; no. 2; op. 9; Belaieff (1901)

- StrQ; B; no. 3; op. 14; Belaieff (1909)

Winkler, Georg Carl
1902-?
- 3 StrQe; op. 2–4
- StrQ; op. 9; A: 1925 Erfurt

Winkler, Gerhard Eduard
1959-
- Al-Kimiva; StrQ; 1986; Doblinger (1987);
  A: 8/1987 Salzburg
- Koma; StrQ + Elektr; 1995/96;
  A: 2/1996 Paris

Winkler, Max
1810-1864
- Jugendquartette; G, F, D; Böhm (1883)
- StrQ; D; Böhm (1882)

Winkler, Michael-Christfried
1946-
- StrQ; 1987/88

Winkler, Peter Kenton
1943-
- StrQ; 1966/67

Winnubst, Johan H. P.
1885-1934
- StrQ; Donemus

Winrow, Barbara
1923-
- StrQ; 1975; BMIC

Winslow, Walter Keith
1947-
- StrQ; 1981

Winsor, Phil
- Flos harmonicus I; StrQ (amplified);
  Pembroke Mus. (1977)
- Flos harmonicus II; StrQ (amplified);
  Pembroke Mus. (1977)

Winter, Paul
1894-1970
- StrQ; d; 1929; Fürstner (1929)
-

Winter, Tomas
1954-
- Istros; StrQ; 1996/97; SMIC

Winterberg, Hans
1901-1991
- StrQ; no. 1
- StrQ; no. 2; 1942
- StrQ; no. 3; 1957/58, rev. 1970

Winter-Hjelm, Otto
1837-1931
- StrQ; D; 1862

Winters, Geoffrey
1928-
- StrQ; no. 1; 1956
- StrQ; no. 2; 1960
- 5 Epigrams; StrQ; op. 62; Brett (1981)
- 3 Gesten; StrQ; op. 76; Simrock (1986)

Winters, George Archer
1950-
- 2 StrQe

Wintle, James R.
1942-
- Paraphonoi; StrQ

Wirén, Dag
1905-1986
- StrQ; no. 1; 1929
- StrQ; no. 2; op. 9; 1935; Nordiska
- StrQ; no. 3; op. 18; 1941–45; Nordiska
- StrQ; no. 4; op. 28; 1952/53; Gehrmans
- StrQ; no. 5; op. 41; 1968–70; Gehrmans

Wirkander, Yngve
1917-?
- StrQ; no. 1; 1973; STIM
- StrQ; no. 2; 1973; STIM
- StrQ; no. 3; 1974; STIM
- StrQ; no. 4; 1974; STIM
- Sommarstänk; StrQ; no. 5; STIM
- StrQ; no. 6; STIM
- StrQ; no. 7; 1989/90; STIM
- Morning spirit; StrQ; no. 8; 1996; STIM

Wishart, Peter Charles Arthur
1921-1984
- StrQ; d; no. 1; 1948; zurückgez.
- StrQ; F; no. 2; op. 12; 1951; Hinrichsen
- StrQ; A; no. 3; op. 22; 1954
- StrQ; no. 4; unvollendet

Wisner v. Morgenstern, Georg Karl
1783-1855
- Quatuor; StrQ; G; MS: HR-Zh

Wisser, Haimo
1952-1998
- Kunst d. Unfugs; StrQ; 1990
- Tabla solo f. StrQ; 1993; A: 1/1994 Wien

Wissmer, Pierre
1915-1992
- StrQ; no. 1; 1937; A: 1938 Paris
- 2e StrQ; 1949; A: 1949 Genf
- StrQ; no. 3; 1972
- StrQ; no. 4

Wister, Owen
1860-1938
- Andante; StrQ

Wistuba-Alvarez, Vladimir
1956-
- Un lunes 10…; StrQ; 1990; FMIC

Wiszniewski, Zbigniew
1922-1999
- StrQ; no. 1; 1954
- StrQ; no. 2; 1957; Fragm.
- StrQ; 1990

Witkowski, Georges-Martin
1867-1943
- Quatuor; E; Durand (1903)

Witschurke, Günther
1937-
- StrQ; no. 1; op. 50

Witt, Günter de
1909-1997
- StrQ

Witt, Wilhelm de
1882-1965
- 3 StrQe; op. 10

Wittekopf, Mathias
1953-
- …; StrQ, Diaproj. + Tonbd

Wittemeier, Regina
1956-

- StrQ; no. 1; op. 31; Waldkauz (2003)

Wittinger, Róbert
1945-
- StrQ; no. 1; op. 3; 1964
- Costruzioni; StrQ; op. 8; 1966; Breitkopf (1967)
- StrQ; no. 3; op. 20; 1970; Breitkopf (1971)
- StrQ; op. 34; 1977; Moeck
- StrQ; no. 4; op. 60; 1999
- StrQ; op. 67

Witzke, Lothar
1903-1998
- StrQ; D

Wödl, Franz
1899-1972
- StrQ; h; 1931
- StrQ; d; 1938

Wölfert, Carl
1854-?
- StrQ

Wölfl, Joseph
1773-1812
- 3 StrQe; C, F, c; op. 4; Kozeluch, no. 229; [WW1722 II/7]
- 6 StrQe; C, e, A, G, d, F; op. 10; Kozeluch; Breitkopf [WW1722II/16]
- 3 StrQe; Es, C, D; op. 30; Mlles Erardi (1805); Garnier, no. 488 [WW1722 II/57]
- 6 StrQe; op. 51; Lavenu (1808), verloren [WW1722 II/102]

Wöss, Josef Venantius v.
1863-1943
- StrQ; F; op. 9

Wohl, Yehuda
1904-1988
- Appassionato Quartetto; StrQ; op. 15; 1949; IMI

Wohlfahrt, Frank
1894-1971
- StrQ; no. 1; 1921; A: 1921 Hamburg
- StrQ; no. 2; op. 3; A: 1923 Donaueschingen
- StrQ; no. 3; 1924

- StrQ; no. 4; 1933

Wohlgemuth, Gerhard
1920-2001
- StrQ; 1940er-Jahre; unveröff.
- StrQ; no. 1; 1960; Ed. Peters (1961)
- StrQ; no. 2; 1968; Ed. Peters (1969)
- StrQ; no. 3; 1977; Ed. Peters (1978)

Wohlhauser, René
1954-
- Adagio assai; StrQ; 1982–88
- Carpe diem in beschleunigter Zeit; StrQ; 1998/99; Adesso

Woldemar, Michel
1750-1815
- Quatuor dialogue; StrQ; d; 1805; Le Duc [W1736]

Wolf, Bodo
1888-1965
- StrQ; E; op. 16; Bergsträßer (1919); A: 1920 Weimar

Wolf, Ernst Wilhelm
1735-1792
- 3 StrQe; op. 1; J. J. Hummel (1778)
- 3 StrQe; C, A, G; op. 2; J. J. Hummel
- 3 StrQe; B, Es, g; op. 3; Bossler

Wolf, Hugo
1860-1903
- StrQ; D; 1876; Fragm.
- Entbehren sollst du, sollst entbehren; StrQ; d; 1878–84; Lauterbach (1903)
- Intermezzo; StrQ; E; 1882–86; Musikw. Vlg. (1960)
- Italienische Serenade; StrQ; G; 1887; Lauterbach (1903)

Wolf, Ilda v.
1883-?
- Rondo; StrQ; E; op. 12
- StrQ; d; op. 14; A: 1917 Dresden

Wolf, Jaroslav
1932-
- Sonata; StrQ; op. 21; 1961; CHF

Wolf, Ludwig (Louis)
1804-1859
- 3 StrQe; F, A, D; op. 12; 1841

Wolfe, Jacques Leon
1896-1973
- Serenade; StrQ

Wolfe, Julia
1958-
- Four Marys; StrQ; 1991
- Early that summer; StrQ; 1993
- Dig deep; StrQ; 1996–98

Wolfe, Stanley
1924-2009
- StrQ; 1961

Wolfermann, Albert
1844-1908
- StrQ; a; op. 12; Hoffarth (1888)

Wolff, Christian
1934-
- Summer; StrQ; 1961; Ed. Peters (1962)
- Lines; StrQ; 1972; Ed. Peters (1972)
- Exercises out of songs; StrQ; 1974–76; Ed. Peters (1977)
- For E. C.; StrQ; 2003; Ed. Peters
- For 2 violinists, violist + Cellist; 2008; A: 3/2009 Berlin

Wolff, Hellmuth Christian
1906-1988
- StrQ; no. 1; op. 37; 1944
- StrQ; no. 2; op. 47; 1946

Wolf-Ferrari, Ermanno
1876-1948
- StrQ; e; op. 25; 1940; Leuckart; Eulenburg (1940)
- StrQ; a; 1895

Wolfrum, Philipp Julius
1854-1919
- Im Frühling; StrQ; A; op. 13; Breitkopf (1888)

Wolfurt, Kurt v.
1880-1957
- StrQ; no. 1; op. 27a; 1935; Litolff (1936)

- Göttinger StrQ; no. 2; op. 40; 1947;
  W. Müller; A: 1947 Göttingen
- Divertimento; StrQ; op. 46a; um 1948;
  Müller

Wollank, Friedrich
1782-1831
- StrQe; nos. 1–3

Wøllo, Eric
1961-
- Formations; StrQ; 1982; NMIC
- Accordance; StrQ; 1991; NMIC
- Imaginations; StrQ; 1998

Wolosoff, Bruce
1955-
- Songs without words; StrQ

Wolpe, Michael
1960-
- StrQ; no. 2; 1995

Wolpe, Stefan
1902-1972
- 12 pieces; StrQ; 1950
- StrQ; 1968/69

Wolpert, Franz Alphons
1917-1978
- Andante, Trauermusik; StrQ; op. 8, 3;
  Breitkopf (1948)

Wolschina, Reinhard
1952-
- Präludium + Variationen; StrQ; 1984;
  Breitkopf (1995); A: 11/1984 Weimar

Wolstenholme, William
1865-1931
- StrQ; C; op. 26; Laudy

Wolter, Detlef
1933-2002
- Serenade; StrQ; Kahnt (1973); Ed. Peters

Wolzogen, Ernst v.
1855-1934
- StrQ; a; no. 10; op. 56; Schmid (1930)

Wood, Charles
1866-1926
- StrQ; d; 1885; OUP (1929)

- The Highgate; StrQ; Es; 1892/93;
  OUP (1929)
- StrQ; a; 1911/12; OUP (1929)
- The Harrogate; StrQ; Es; 1912;
  OUP (1929)
- StrQ; F; 1914/15; OUP (1929)
- StrQ; D; 1915/16?; OUP (1929)

Wood, Haydn
1882-1959
- Phantasy; StrQ; 1906; Novello (1917)

Wood, Hugh Bradshaw
1932-
- StrQ; op. 4; 1962; UE (1968)
- StrQ; no. 2; op. 13; 1970; Chester (1978)
- StrQ; no. 3; op. 20; 1978; Chester (1980)
- StrQ; no. 4; op. 34; 1992/93; UE (1968)
- StrQ; no. 5; op. 45; 2001

Wood, James Peter
1953-
- StrQ; 1984

Wood, Joseph Roberts
1915-2000
- StrQ; no. 1; 1938; CFE
- StrQ; no. 2; 1941; CFE
- StrQ; no. 3; 1965; CFE
- StrQ; no. 4; 1975; ACE

Wood, Philip
1972-
- StrQ; 1993; Da Capo
- StrQ; 1995; Da Capo
- StrQ; 1997; Da Capo

Wood, Ralph Walter
1902-1987
- StrQ; no. 1; 1925
- StrQ; no. 2; 1948; Anglian (1948/1985?)
- StrQ; no. 3; 1952; Anglian (1952/1985?)

Woodgate, Leslie
1900-1961
- Phantasy; StrQ; op. 6; J. B. Cramer (1924)

Wood-Hill, Mabel
1870-1954
- Suite; Out-of-Doors; StrQ

Woods, Michael E.
1952-
- Question 85; StrQ
- StrQ; no. 1

Wooldridge, David
1927-
- StrQ; no. 1
- StrQ; no. 2
- Lacrinae; StrQ; no. 3; op. 32; 1979

Woolf, Benjamin Edward
1836-1901
- 2 StrQe

Woolf, Gregory Buxton
1935-1971
- StrQ

Woollett, Henry
1864-1936
- StrQ; h; 1928; Senart (1929)

Woolrich, John
1954-
- StrQ; 1995; Faber

Wordsworth, William
1908-1988
- StrQ; D; no. 1; op. 16; 1941;
  Lengnick (1949)
- StrQ; B; no. 2; op. 20; 1941;
  Lengnick (1948)
- StrQ; A; no. 3; op. 30; 1947;
  Lengnick (1951); [30']
- StrQ; a; no. 4; op. 47; 1950;
  Lengnick (1955)
- StrQ; g; no. 5; op. 63; 1957, rev. 1978
- StrQ; C; no. 6; op. 75; 196
- Elegy (for Frieda); StrQ; op. 111; 1982

Work, Frederik Jerome
1880-1942
- StrQ; F

Woschitka, Franz Xaver
1728-1796
- 6 StrQe; E, D, Es, F, a, B

Woyrsch, Felix v.
1860-1944

- StrQ; a; op. 55; 1909; Leuckart (1910)
- StrQ; c; op. 63; 1916; Simrock (1927)
- StrQ; Es; op. 64; 1928; Simrock (1929)
- Skizzen; StrQ; op. 74; 1932-35
- StrQ; c; op. 78; ca. 1938-40
- StrQ; g; vor 1889; verschollen

Woytowicz, Bolesław
1899-1980
- Kvartet smyczkowy; no. 1; 1932; PWM
- Kvartet smyczkowy; no. 2; 1953; PWM

Wozny, Joanna
1973-
- Pale movem.; StrQ; Juliane Klein;
  A: 12/2009 Wien

Wranitzky, Anton
1761-1820
- 6 StrQe; A, D, G, c, F, B; op. 1; Bd. 1 + 2;
  Hoffmeister [W1971+72]
- 3 StrQe; C, F, B; op. 2; Kozeluch [W1973]
- 3 StrQe; C, F, D; op. 3; Kozeluch [W1974]
- 3 StrQe; Es, G, B; op. 4;
  André, no. 1432 [W1976]
- 3 StrQe; G, D, F; op. 5;
  André, no. 1433 [W1977]
- 3 StrQe; G, a, E; op. 13;
  Artaria, no. 1797 [W1978]

Wranitzky, Paul
1756-1808
- 3 StrQe; A, d, F; op. 1;
  Hoffmeister, no. 185 [W2094]
- 3 StrQe; Es, G, B; op. 2;
  Hoffmeister, no. 188 [W2095]
- 6 StrQe; F, D, G, C, Es, f; op. 9;
  Bossler, no. 162 [W2096]
- 6 StrQe; G, B, D, A, C, Es; op. 10;
  André, no. 341 (342) [W2097]
- 6 StrQe; D, c/C, B, F, Es, A; op. 15;
  André, no. 382 (383) [W2100]
- 6 StrQe; B, Es, D, F, C, d; op. 16;
  Imbault, no. 455 (456) [W2104]
- 6 StrQe; C, e/E, A, Es, G, F; op. 23;
  J. André, no. 576 (577) [W2109]

- 6 StrQe; op. 26;
  André, no. 612 (613) [W2107]
- 6 StrQe; Es, C, B, G, A, D; op. 30;
  J. André, no. 718 (719) [W2112]
- 6 StrQe; C, A, D, G, Es, h; op. 32;
  Gombart, no. 218 (219) [W2113]
- 3 StrQe; Es, C, e; op. 40;
  Thade Weigl, no. 442 [W2115]
- StrQ; G, Es, d; op. 41; op. 45; op. 49;
  J. André, no. 1901 (02.03) [W2116]

Wreede, Katrina
1960-
- Mr. Twitty's chair; StrQ; 1990; MMB

Wright, John
1911-?
- StrQ; no. 1; 1939 + 1953
- StrQ; no. 2; 1965

Wright, Matthew
1977-
- Compromise with strings; StrQ; 1998;
  BMIC

Wright, Maurice Willis
1949-
- Quartet; StrQ + Comp; 1983
- StrQ; no. 2; 1983

Wronka, Erwin
1906-1995
- StrQ; a; 1935

Wu Dinglian
1950-
- Gu yi; StrQ; 1976

Wüllner, Franz
1832-1902
- StrQ; fis; 1853
- StrQ; A; 1854

Wuensch, Gerhard
1925-2007
- StrQ; D; no. 1; op. 8; 1955
- StrQ; no. 2; op. 18; 1963

Wünschmann, Theodor
1901-1992
- StrQ; a; op. 6, 1

- StrQ; A; op. 6, 2; 1922-24
- StrQ; cis; op. 14
- StrQ; op. 19; 1961

Würdinger, Ernst
1952-
- StrQ; 1975; A: 1975

Wüerst, Richard
1824-1881
- 3 StrQe; a, D, G; op. 33; Friedländer

Würz, Anton
1903-1995
- StrQ; op. 19; 1943/44
- StrQ; op. 34; 1947/48
- StrQ; g; op. 39; 1944-49
- StrQ; op. 45; 1951
- StrQ; G; op. 50; 1953-55
- StrQ; a; op. 74; 1976
- Lemaniana; StrQ; op. 79
- StrQ; fis; op. 84; 1987/88

Würz, Richard
1885-1965
- 2 StrQe

Wulff-Woesten, Johannes
1966-
- StrQ; op. 7; 1988

Wuller, Sinta
1958-
- Voyage; StrQ; 1985

Wuorinen, Charles Peter
1938-
- StrQ; no. 1; 1971; Ed. Peters
- StrQ; no. 2; 1979; Peters (1979)
- StrQ; no. 3; 1987; Ed. Peters
- StrQ; no. 4; 2000; Ed. Peters
- Josquiniana; StrQ; 2001; Ed. Peters
- ALAP: a prelude to Contrapunctus of the
  Kunst der Fuge; StrQ; Ed. Peters

Wurm, Marie J. A.
1860-1938
- StrQ; B; op. 40; 1894

Wustand, Richard
1860-1920

- StrQ

Wykes, Robert A.
1926-
- Cheirality; StrQ; 1970

Wylie, Ruth Shaw
1916-1989
- StrQ; no. 1; 1941
- StrQ; no. 2; 1946
- StrQ; no. 3; op. 17; 1956; Cor Publ.
- StrQ; no. 4; 1983

Wyman, Dann Coriat
1923-
- StrQ; no. 1; 1973; Seesaw (1974)

Wynne, David
1900-1983
- StrQ; no. 1; 1944
- StrQ; no. 2; 1949/50
- StrQ; no. 3; 1966
- StrQ; no. 4; 1972
- StrQ; no. 5; 1980

Wysocki, Zdzisław
1944-
- Studien; StrQ; op. 18; 1970; Contemp. Art

Wyss, Edmund
1867-1929
- Melodrama; StrQ; d; um 1921

Wyttenbach, Jürg
1935-
- Execution ajournee II; 1970; Ars viva
- Execution ajournee III; 1973; Ars viva

Xenakis, Iannis
1922-2001
- ST/4–1.080262; StrQ; 1956–62; Boosey (1967)
- Tetras; StrQ; 1983; Salabert (1983)
- Tetora; StrQ; 1990; Salabert
- Ergma; StrQ; 1994; Salabert

Xiaogang Ye
1955-
- Mapangyong Cuo; StrQ; op. 60; 2013; Schott; A: 5/2013 Tianjin

Xiao Shuxian
1905-1991
- Xintian You; StrQ

Xiaoyong Chen
1955-
- StrQ; no. 2; Sikorski

Xin Huguang
1933-2011
- StrQ; 1980

Xuntian He
1952-
- Scent dance III; StrQ; Schott (2013)

Xu Shuya
1961-
- Song of the Miao; StrQ; 1982

Yagi, Tatsue
1906-?
- StrQ; 1936
- StrQ; 1940
- StrQ; 1947

Yagüe Llorente, Alejandro
1947-
- StrQ; 1993; SpMIC

Yamada, Izumi
1952-1991
- StrQ; 1997; JFC

Yamada, Kazuo
1912-1991
- StrQ; 1936

Yamaguchi, Jun
1967-
- StrQ; 1997; JFC

Yamamoto, Hiroyuki
1967-
- Eve; StrQ; 1997; JFC

Yamamoto, Shigeji
1931-
- StrQ; 1966

Yanagi, Hiroshi
1932-
- StrQ; 1958

Yang, Lin
19..?–
- In diesem Augenblick; StrQ; no. 1; Sikorski; A: 11/2010 Hamburg

Yannatos, James
1929–2011
- 5 epigrams; StrQ; 1966
- StrQ; no. 2; CFE

Yanov-Yanovsky, Dmitrii Feliksovich
1963–
- StrQ; 1985
- Awakening; StrQ + Tape; 1993
- Chang-Music IV; StrQ; 1993

Yanov-Yanovsky, Feliks
1934–
- Sostenuto; StrQ; 1993

Yarden, Elie
1923–
- StrQ; 1949
- StrQ; 1956
- StrQ; 1965

Yardumian, Richard
1917–1985
- Cantus animae et cordis; StrQ; 1955; Elkan

Yarullin, Färit
1914–1943
- StrQ; 1940

Yashiro, Akio
1929–1976
- StrQ; 1955; Ongaku-no-tomo (1962)

Yasugi, Tadatoshi
1951–
- StrQ; 1998; JFC

Yasuraoka, Akio
1958–
- StrQ; 2001

Yates, Martin
1959–
- New York night music; StrQ; Broadbent (1992)
- L. A. beach music; StrQ; Broadbent (1992)

- Frisco bay music; StrQ; Broadbent (1992)
- Nashville-Tennessee; StrQ; Broadbent (1993)

Yavelow, Christopher Fowler Johnson
1950–
- StrQ; 1971
- Soneptua; StrQ; 1973; ACA (1973)

Yerkanian, Yervand Vahani
1951–
- StrQ; 1983
- StrQ; no. 2; 1986

Yi, Manbang
1945–
- StrQ; no. 1; 1987; Hyondae-Kyoyuksa
- Amitayus Buddha; StrQ; no. 2; 1988/89; Hyondae-Kyoyuksa
- StrQ; no. 3; 2005; Hyondae-Kyoyuksa

Yim, Jay Alan
1958–
- Autumn rhythm; StrQ; 1984/85; Jay Alan Yim (1985); A: 10/1984
- The blue voice of air; StrQ; 1990; Jay Alan Yim (1991)

Yoshida, Kohji
1945–
- StrQ; no. 1; JFC (2001)

Yoshida, Susumu
1947–
- Quartettino; StrQ; 1988; Durand (1988)

Yoshimatsu, Takashi
1953–
- Atom hearts club quartet; StrQ; 1997; JFC

Young, Douglas
1947–
- Essay; StrQ; 1971
- Mr. Klee visits the botanical gardens; StrQ; 1990–93; Ricordi

Young, La Monte
1935–
- Variations; StrQ; 1955

- Five small pieces f. StrQ *On remembering a Naiad*; 1956
- Chronos Kristalla; StrQ; 1990

Young, Victor
1900-1956
- StrQ

Ysaÿe, Eugène
1858-1931
- StrQ

Ysaÿe, Théophile-Antoine
1865-1918
- StrQ; b

Yu, Julian
1957-
- Classical allusion; StrQ; 1982; AMC

Yuama, Akira
1932-
- StrQ; 1954

Yuasa, Jōji
1929-
- Projection VIII; StrQ; 1970; Zen-On; Schott; A: 7/1970 Honolulu
- Projection VIII, no. 2; StrQ; 1996; Schott (2000); A: 11/1996 Tokio

Yuhas, Dan Isvachi
1947-
- StrQ; 1989

Yun, Isang
1917-1995
- StrQ; no. 1; 1955; zurückgez.
- StrQ; no. 2; 1956; zurückgez.
- StrQ; no. 3; 1959, rev. 1961; BB (1962)
- StrQ; no. 4; 1988; BB (1990)
- StrQ; no. 5; 1990; BB (1993)
- StrQ; no. 6; 1992; BB (1994)

Yurovsky, Vladimir
1915-1972
- StrQ; 1934
- StrQ; 1947

Yusupov, Benjamin
1962-
- Musica mundi; StrQ; Sikorski (2000)

- Et ma sheratsiti; 1997

Zabel, Frank
1968-
- Danse macabre; StrQ; no. 1; 1999/2000

Zabelka, Mia
1963-
- StrQ in Cyberspace; Vl/Violinroboter, Vla/Vcl-Roboter; 1992; A: 10/1992 Lugano

Zaborov, Grigorii
- Veselye skazki; StrQ; no. 3; Sovetskij (1980)

Zach, Jan
1713-1773
- StrQ; A; no. 1; Klemm (1914)
- 5 Sinfonien; StrQ; Státní hudební (1960)

Zafred, Mario
1922-1987
- StrQ; no. 1; 1941
- StrQ; no. 2; 1947
- StrQ; no. 3; 1948
- StrQ; no. 4; 1953; Chant du Monde (1956)

Zagar, Peter
1961-
- Este vela skum a Prazdnoty; StrQ; 1988
- StrQ; 1995

Zagorsky, Vasily Georgiyevich
1926-2003
- StrQ; no. 1; 1966; Sovetskij (1968)
- StrQ; no. 2; 1986

Zagwijn, Henri
1878-1954
- StrQ; no. 1; 1918; Donemus (1918)
- StrQ; no. 2; 1949; Donemus (1949)

Zahnhausen, Markus
1965-
- Stilleben; StrQ; 2003; A: 3/2003 Leipzig

Zahortsev, Volodymyr Mykolayo-vych
1944-
- Little StrQ; 1964
- StrQ; no. 1; 1967
- Sonata; StrQ; 1969
- StrQ; no. 2; 1979

Zahradník, Zdeněk
1936-
- Four returns; StrQ; Panton

Zahranychnyi, Zinovii
1900-1966
- StrQ; 1927

Zaidel-Rudolph, Jeanne
1948-
- StrQ

Zaimont, Judith Lang
1945-
- De infinitate caeleste; StrQ; 1980

Zaimov, Velislav
1951-
- StrQ; no. 1; 1976
- StrQ; no. 2; 1980
- StrQ; no. 3; 1982
- StrQ; no. 4; 1987
- StrQ; no. 5; 1992
- StrQ; no. 6; 1996

Zajaczek, Roman-W.
1927-1986
- StrQ; 1983; Pro Nova-Sonoton

Zajc, Ivan
1832-1914
- Quartetto originale; StrQ; E; op. 143; 1861
- Qu. fugato nello stile libero; e; op. 202

Zajíček, Jeroným
1926-2007
- StrQ; 1962/63

Zakarían, Suren Karolyi
1956-
- In Statu nascendi; StrQ; 1996

Zakrzewska-Nikiporczyk, Barbara
1946-
- Dream; StrQ; 1979
- Na mleznei drodze; StrQ; 1980

Zallman, Arlene
1934-2006
- Intermezzi; StrQ

Zalu, Cristea
1932-

- StrQ; 1958, rev. 1969

Zalyotnew, Aleh Barisavich
1947-
- StrQ; 1972
- Brevis; StrQ; no. 2; 1983
- Liturgicheskiy; StrQ; no. 3; 1995

Zamacois Soler, Joaquin
1894-1976
- StrQ; d; 1922; UME (1995)

Zámečník, Evžen
1939-
- StrQ; no. 1; 1964; Orlando (1970)
- Meditace; StrQ; 1974; Supraphon (1980)
- StrQ; no. 2; 1976; Panton (1978)
- StrQ; no. 3; 1987; Panton

Zander, Heinz Joachim
1920-2010
- Präludium – Scherz – Adagio – Finale; StrQ; A: 1995 Hamburg
- StrQ; 1991; Gravis

Zander, Johan David
1753-1796
- 3 StrQe; in: S-HÖ

Zandonai, Riccardo
1883-1944
- Quartetto; G; 1904; Ruggimenti (1997)

Zanella, Amilcare
1873-1949
- StrQ; A; no. 1; op. 62; 1918; Ricordi (1919)
- StrQ; d; no. 2; 1924

Zannetti, Francesco
1737-1788
- 6 StrQe; B, Es, G, C, A, D; Carlo Baduel (Agostino Valentini) (1781), no. 1781

Zapf, Helmut
1956-
- StrQ; no. 1; op. 28; 1983/84; VNM (1992)
- Sound; StrQ; 1993

Zárate, José
1972-
- StrQ; A: 2000 Granada

Zaremba, Nikolaj Ivanovic
1821–1879
- StrQ

Zaremba, Sigismund Vladislavovich
1861–1915
- StrQ

Zaripova, Naila
1932–
- StrQ; 1959

Zarubko, Anatolii
1939–
- StrQ; 1967
- StrQ; 1973

Zaunschirm, Franz
1953–
- Dialog; StrQ; 1981; A: 1982 München

Zavaro, Pascal
1959–
- Tags; StrQ; 1996
- Remiix; StrQ; 1998
- Fiberglass music; 2 verstärkte StrQe; 2001, rev. 2005

Zazhyt'ko, Serhy
1962–
- StrQ; 1987

Zbinden, Julien-François
1917–
- StrQ; op. 60; 1978/79; Henn
- Alligun; StrQ; op. 69; 1983

Zebinger, Franz
1946–
- Tanzquartett; StrQ; op. 167; 2000; A: 4/2001 Wien
- Pannonisch; StrQ; 2004

Žebre, Demetrij
1912–1970
- StrQ; 1935; DSS/Gerig (1979)

Zech, Carlferdinand
1928–1999
- Zum 15. Jahrestag d. VDK; StrQ; no. 1; 1966

Zech, Frederick, jr.
1858–1926
- 2 StrQe; 1897–1902

Zech, Fritz
1875–
- StrQ; a
- StrQ; f; op. 14

Zechberger, Günther
1951–
- StrQ; 1984/85; A: 1985 Wien

Zechlin, Ruth
1926–2007
- StrQ; 1959; Breitkopf (1961); A: 10/1959 Leipzig
- StrQ; no. 2; 1965; Breitkopf (1967)
- StrQ; no. 3; 1970; Breitkopf (1973)
- StrQ; no. 4; 1971; Breitkopf (1973)
- StrQ; no. 5; 1971; Breitkopf (1973)
- StrQ; no. 6; 1977; Breitkopf (1977)
- Aktionen; StrQ; DVfM (1980)
- Dessau-Adaption; StrQ
- Introversion – Extraversion; StrQ; no. 7; 1995; Ries (1996)
- StrQ; no. 8; 2001

Zeeland, Cees van
1954–
- Passe indefini; StrQ; 1992; Donemus

Zehden, Hans
1912–1972
- StrQ; 1947–53; A: 1954 Darmstadt

Zehelein, Alfred
1902–1978
- Farchanter StrQ; op. 44; 1950

Zehender, Siegfried Michael
1901–nach 1955
- Suite; StrQ; 1932

Zehm, Friedrich
1923–2007
- StrQ; 1971; Schott

Zehm, Norbert
1962–
- Prothalamion; StrQ; 1993; A: 11/1993 Wien

Zehnder, Max
1901-1971
- StrQ; 1928

Zeidman, Boris Isaakovich
1908-1981
- StrQ; 1955
- StrQ; 1963

Zeilinger, Franz
1898-?
- StrQ; c; 1955
- Kl. Qu. in G; 1956

Zeilinger, Ignaz
um 1800
- Quatuor; F; op. 2; Chem. Druckerei, no. 1802 [ZZ119I,1]
- Quatuor; B; op. 4; Chem. Druckerei, no. 1803 [ZZ119I,2]
- Quatuor; Es; op. 6; Chem. Druckerei, no. 1804 [ZZ119I,4]

Zeiner, Marliese
1944-
- Miniaturen; StrQ

Zeisl, Eric
1905-1959
- StrQ; d; no. 1; um 1930–33
- StrQ; d; no. 2; 1953; Doblinger (1957)

Żeleński, Władysław
1837-1921
- StrQ; op. 1
- Variations sur un thème original; StrQ; op. 21; vor 1870; PWM (1948); Kistner (1883)
- StrQ; F; op. 28; 1875; Kistner (1883)
- StrQ; A; op. 42; Hainauer (1891)

Zelezny, Lubomir
1925-1979
- StrQ; no. 1; 1959; Státní hudební (1962)
- StrQ; no. 2; 1968; Panton

Zelinka, Jan Evangelista
1893-1969
- StrQ

Zeljenka, Ilja
1932-2007

- StrQ; no. 1; 1963; SHF (1963)
- StrQ; no. 2; 1976; SLMIC (1978)
- StrQ; no. 3; 1979; SLMIC
- StrQ; no. 4; 1986; SLMIC
- StrQ; no. 5; 1988; SLMIC
- Zariekania; Alt + StrQ; no. 6; 1988
- Pamiatke Beethovena; StrQ; no. 7; 1992
- Sturtitonove; StrQ; no. 8; 1995
- StrQ; no. 9; 1999
- StrQ; no. 10; 2002
- StrQ; no. 11; 2003
- StrQ; no. 12; 2006

Zeller, Wolfgang
1893-1967
- StrQ; C; no. 1; 1918
- StrQ; h; no. 2; 1919; A: 1920 Berlin

Zellner, Julius
1832-1900
- StrQ; g; op. 14; Doblinger (1872)
- Variationen über ein Thema J. S. Bachs; StrQ; op. 33; Wedl (1882)
- StrQ; op. 34; M. Brockhaus (1882)

Zeman, Anton
1937-1996
- StrQ; 1964
- Sase piese; StrQ; 1968

Zemanovský, Alfred
1919-1994
- StrQ; e; op. 16; 1959

Zemlinsky, Alexander v.
1871-1942
- StrQ; e; 1893; Ricordi (1996)
- StrQ; op. 4; 1896; Simrock (1898)
- StrQ; op. 15; 1913–15; Universal (1916)
- StrQ; op. 19; 1924; Philharmonia (1925)
- 2 Sätze; StrQ; 1927; Ricordi (1994)
- Suite; StrQ; op. 25; 1936; UE (1974)

Zemtsov, Evgenii
1940-
- StrQ; 1962; Sovetskij

Zemzaris, Imants
1951-

- Liriska skices; StrQ; 1998

Zen, Maria Gabriella
1957-
- Liederkreis; StrQ; op. 13; 1991; MS: Kopie im Archiv Frau + Musik

Zender, Hans
1936-
- Hölderlin lesen I; StrQ + Sprecher ad lib.; 1979, rev. 1999; BB (1980)
- 5 Haiku; StrQ; 1992; UE; A: 1992 Wien
- *Denn wiederkommen.* Hölderlin lesen III; StrQ + Sprecher; 1991; Breitkopf

Zenger, Max
1837-1911
- 2 StrQe; F, c

Zenkl, Michal
1955-1983
- StrQ; 1977; CHF

Zepkolenko, Karmella
1955-
- Verherrlichung der 4 Naturkräfte; StrQ; Sikorski

Zerlett, Johann Baptist
1859-1935
- StrQ

Zeugherr, Jakob
1803-1865
- StrQ

Zeuner, Karl Traugott
1775-1841
- StrQ; op. 8; 1817
- StrQ; Es; op. 11; Breitkopf
- StrQ; op. 14; Costallat
- StrQ; op. 15; Costallat

Zhitomirsky, Aleksandr Matveevich
1881-1937
- Quatuor; e; op. 13; UE

Zhou Long
1953-
- Song of the Ch'in; StrQ; 1982; OUP; A: 1985 Berkeley

- Soul; StrQ; 1986; A: 1988 Illinois
- Chinese folk songs; StrQ; 1998

Zhou, Shirui
1954-
- 2 StrQe

Zhubanova, Gaziza Akhmetovna
1927-1993
- StrQ; 1952; Sovetskij (1981)
- StrQ; 1990

Zhuk, Oleksander
1907-?
- StrQ; 1935
- StrQ; 1959

Zhvanetskaia, Inna
1937-
- StrQ; 1962

Zich, Jaroslav
1912-2001
- StrQ; C; op. 4; 1931

Zielińska, Lidia
1953-
- Litany; StrQ; 1979
- StrQ; 1987
- 6 Stücke; StrQ; 1979; PWM

Zierau, Fritz
1865-1932
- 2 Stücke; StrQ; op. 3

Zieritz, Grete v.
1899-2001
- StrQ; 1916
- 2 Stücke; StrQ; 1926

Ziffrin, Marilyn Jane
1926-
- StrQ; no. 1; 1970; AMC
- StrQ; no. 2; 1999

Ziino, Ottavio
1909-1995
- StrQ; 1931
- StrQ; 1958; Zanibon

Zika, Richard
1897-1947
- StrQ; 1937; HMUB (1949)

Zilch, Josef
1928-
- Happy Birthday, heitere Variationen; StrQ; K. O. M. Vlg. (1997)

Zilcher, Hermann Karl Josef
1881-1948
- Suite; StrQ; G; op. 77; Eulenburg (1935)
- StrQ; c; op. 104; Willy Müller

Žilevičius, Juozas
1891-1985
- StrQ

Zillig, Winfried
1905-1963
- StrQ; no. 1; op. 5; 1927; Bärenreiter (1961)
- StrQ; no. 2; op. 31; 1944; Bärenreiter (1961)
- Tema con variazioni, zu Goethes *Clavigo*; StrQ; 1941; Bärenreiter (1961)

Zillmann, Eduard
1834-1909
- StrQ

Zimbalist, Efrem Alexandrovich
1889-1985
- StrQ; e; G. Schirmer (1939)

Zimmer, Jan
1926-1993
- StrQ; no. 1; op. 39; 1960
- StrQ; no. 2; op. 100; 1983
- StrQ; no. 3; op. 110; 1987

Zimmerlin, Alfred
1955-
- Auf nach Hippodamien; StrQ + Sprecher; 2001/02
- StrQ; no. 2; 2003; A: 8/2004 Luzern

Zimmermann, Agnes Marie Jacobina
1847-1925
- StrQ; Es

Zimmermann, Anton
1741-1781
- 6 StrQe; Es, B, F, C, D, A; op. 3; Guera (1777) [Z220]

Zimmermann, Bernd Alois
1918-1970
- StrQ; 1944/45; Schott (2008)

Zimmermann, Heinz Werner
1930-
- StrQ; 1985; Gravis (1998); A: 5/1988 Bad Homburg

Zimmermann, Louis
1873-1954
- StrQ

Zimmermann, Margrit
1927-
- StrQ; no. 1; op. 7; 1979–82; Furore
- StrQ; no. 2; op. 11; 1980
- Il gioco; StrQ; no. 3; op. 16; 1981

Zimmermann, Udo
1943-
- StrQ; 1974

Zimmermann, Walter
1949-
- Parabel; StrQ; 1965; [Werkgr. 1/1.]
- 10 fränk. Tänze; StrQ; 1977; [Werk 5/2.]
- Keuper; StrQ; 1980; [Werk 3.3]
- Festina lente; StrQ; 1990; [Werkgr. 17/1.]
- Songs of innocence + experience; StrQ + Tonbd; 1996; [Werkgr. 21/4.]

Zinn, William
1924-
- Arkansastraveller; StrQ; Excelsior
- Skip to my lou; Excelsior

Zinsstag, Gérard
1941-
- Fragmets; StrQ; 1982/83
- In memoriam B. Bartók; StrQ; no. 2; 1994/95; Tre Media
- Qua sine nomine; StrQ; no. 3; 2002/03; A: 2003 Luzern

Zipp, Friedrich
1914-1997
- StrQ; C; op. 25; 1943; Noetzel (1962); A: 1947 Frankfurt/Main

- *Befiehl du deine Wege*: Choral-Sonate; StrQ; 1966; Carus (1973)
- *In Dich hab ich gehoffet, Herr*: Choralpartita; StrQ; 1961; Schultheiß
- *Knecht Ruprecht aus d. Walde*: Variationen über ein Kinderlied v. C. Bresgen; StrQ; 1943; Heinrichshofen
- *O du lieber Augustin*: Metamorphosen eines Gassenhauers im Stil berühmter Kompon.; StrQ; 1983; Merseburger (1983)
- Scarlatti-Suite I; StrQ; 1987
- Scarlatti-Suite II; StrQ; 1988
- Scarlatti-Suite III; StrQ; 1989

Zipper, Herbert
1904-1997
- Erlebnisse. Fantasia; StrQ; 1994; Doblinger (1996)

Zirra, Alexandru
1883-1946
- StrQ; 1929?

Žižka, František
1923-
- Serenade; StrQ; 1983; CHF

Znosko-Borovskii, Aleksandr Fedorovich
1908-1983
- Ukrainskii Kvartet; StrQ; 1936
- StrQ; 1937
- In Turkmeniia; StrQ; 1942
- Var. on a Ukrainian theme; StrQ; 1931
- Suite; StrQ; 1959
- 5 Preludes; StrQ; 1969
- StrQ; 1977

Zobl, Wilhelm
1950-1991
- 10 Sätze; StrQ; 1976

Zoeller, Carli
1840-1889
- StrQ

Zöllner, Heinrich
1854-1941
- StrQ; op. 9

- StrQ; op. 27
- StrQ; c; op. 91; Leuckart (1906)
- Pastorale; StrQ; op. 139; Kistner (1925)

Zöllner, Richard
1896-1954
- StrQ; a; no. 1; op. 7; 1922
- StrQ, no. 2; op. 8; 1924
- StrQ; no. 3; op. 22; verschollen
- StrQ; no. 4; op. 27; Kistner (1923); A: 1923 München

Zohrabian, Ashot Patvakani
1945-
- Narcisse; StrQ; no. 1; 1994
- Kronos; StrQ; no. 2; 1998

Zolkin, Anatolii
1942-
- StrQ; 1988

Zolotarëv, Vladislav Andreevich
1942-1975
- StrQ; no. 1; 1970
- StrQ; no. 2; 1970
- StrQ; no. 3

Zolotaryov, Vasilii Andre'evich
1872-1964
- StrQ; D; op. 5; 1899; Belaieff (1901)
- StrQ; a; op. 6; 1902; Belaieff (1903)
- StrQ; D; op. 25; 1906; Jurgenson (1908)
- StrQ; B; op. 33; 1912; Belaieff (1913)
- StrQ; G; op. 46; 1915; UE (1931)
- StrQ; 1943; Muzgiz (1959)

Zoltán, Aladár
1929-1978
- StrQ; 1953
- StrQ; no. 1; 1965

Zonn, Paul
1938-
- StrQ; no. 1; CFE
- StrQ; no. 2; CFE
- StrQ; no. 4; ACA

Zoraqi, Nikolla
1929-1991
- Rondo; StrQ; 1960

- Theme + Variations; StrQ; 1960

Zoras, Leonidas
1905-1987
- StrQ; 1966

Zorman, Moshe
1952-
- 5 Pieces; StrQ; 1972; IMI

Zorn, John
1953-
- Forbidden Fruit; StrQ + Voice; 1987
- Cat O'Nine tails; 1988; BMI
- The deadman; StrQ; 1990
- Kol Nidre; 1996; C. Fischer

Zorzi, Juan Carlos
1935-1999
- 3 piezas; StrQ; 1959/60

Zorzor, Stefan
1932-
- StrQ; no. 1; 1960
- StrQ; no. 2; 1962
- StrQ; no. 3; 1967–68
- Il ritorno; StrQ; 1977

Zoudilkine, Evgenii
1965-
- StrQ; 1986

Zouhar, Vit
1966-
- Brnenske veduty; StrQ; 1986

Zouhar, Zdeněk
1927-2011
- StrQ; no. 1; 1966; Panton (1972)
- In memoriam; StrQ; no. 2; 1981–83; CHF

Zourabichvili, Nicolas
1936-
- StrQ; 1989
- Fidus Achates; StrQ; 1994

Zozaya, Carlos
1893-?
- StrQ; 1938

Zrno, Felix
1890-1981
- StrQ; 1955

- StrQ; 1959
- StrQ; 1974; CHF

Zubel, Agata
1978-
- Nenufary; StrQ; 1996

Zubillaga, Luis
1928-1995
- Direccionales; StrQ; 1966

Zuckert, Leon
1904-1992
- StrQ; 1965
- StrQ; 1971
- StrQ; 1972; CMC

Zuelli, Guglielmo
1859-1941
- StrQ

Zuidam, Rob
1964-
- StrQ; A: 4/2013 Amsterdam

Żuławski, Wawrzyniec Jerzy
1916-1957
- Preludium i fuga; StrQ; 1942; verloren

Zumaqué, Francisco
1945-
- Fandango; StrQ; 1973
- Cumbiamba; StrQ; 1975
- Requiem for the Amazon; StrQ; 1994

Zumpe, Hermann
1850-1903
- StrQ; 1871
- StrQ; 1891

Županović, Lovro
1925-2004
- Autobiografski; StrQ; no. 1; 1952–56
- Balkanski; StrQ; no. 2; 1960

Zupko, Ramon
1932-
- Noosphere; StrQ; 1980

Zur, Menachem
1942-
- StrQ; 1985; IMP

Zurrón, Vincente
1871–1915
- StrQ

Zutphen, Wim van
1950–
- Sie würden sich; StrQ; 1999
- Es so wäre; StrQ; 1999
- Namenlos; StrQ; 1999

Zuylen, Belle van
1740–1805
- Menuette; StrQ; Donemus

Zwicker, Alfons Karl
1952–
- Rituale für Fada; StrQ; 1994; Adesso

Zwilich, Ellen Taaffe
1939–
- StrQ; e; 1974; Margun (1980)
- Double Quartet; e; 1984; Merion (1985)
- StrQ; no. 2; 1998; Merion (1998)

Zygel, Jean-François
1960–
- Crowned ground; StrQ; 1993

Zykan, Otto J. M.
1935–2006
- StrQ; 1958; A: 2/1958 Innsbruck
- StrQ (aus: *Symphonie aus d. heilen Welt*); 1977
- 3 StrQe; StrQ + Sprecher; 1984; A: 5/1985 Wien
- StrQ; 1990

Zyman, Samuel
1956–
- StrQ; Presser (2002)

Verlagsverzeichnis

- Abelshauser – DE – Mannheim
- ABRSM: Associated Board of the Royal Schools of Music – GB – London
- ACA: American Composers Alliance – US – New York, NY
- Acanthus – CH – Rüttenen
- Accardi, G. – NL – Rotterdam
- Accent – DE – München
- Accent – DE – Regensburg
- Accolade Musikverlag – DE – Warngau
- ACDMC: Archiv Centre de Documentation de la Musique Contemporaire – FR – Paris
- A Cœur Joie – FR – Lyon
- Acoma – CAN – Toronto
- ACUM – Association of Composers, Authors and Publishers of Musical Works – IL – Tel Aviv
- Addison, Hollier & Lucas – GB – London
- Adesso – CH – Corticiasca
- Adeva: Akademische Druck- und Verlagsanstalt – AT – Graz
- Adler – DE – Berlin
- ADU Verlag für zeitgenössische Musik – DE – Aurich
- advance music – DE – Mainz
- Aeneas – GB/US
- Afas – DE – Berlin
- Agencja Autorska – PL – Warschau
- Ahn & Simrock – DE – München
- Aibl – DE – München; Leipzig
- Akademija nauka i umjetnosti Bosne i Hercegovine – BA – Sarajevo
- Aktive Musik – DE – Duisburg
- Albert – AU – Sydney
- Albert & Son – AU – Neutral Bay, NSW
- Alessandrie & Scattaglia – IT – Venedig
- Allan's Music – AU – Spit Junction, NSW; Melbourne
- Allanbrook, Douglas – US
- Almqvist & Wiksell – SE – Stockholm
- Alpuerto – ES – Madrid
- Alsbach – NL – Amsterdam
- Ama – DE – Brühl
- Amadeus – CH – Winterthur
- Amanuensis – ZA – Kapstadt
- AMC: American Music Centre – US – New York, NY
- American Composers – US – New York, NY
- Amis de Paul Ladmirault – FR – Nantes

- Amon, Joh. Andr. – DE – Heilbronn
- AMP: Associated Music Publishers – US – New York, NY
- Amphion – FR – Paris
- Anacrusa – PE – Lima
- Andel – BE – Ostende
- Anderssons – SE – Malmö
- André – DE – Braunschweig
- André, J. – DE – Offenbach
- Anglo-American Music – GB – South Croydon, Surrey
- Anglo-French – GB – London
- Annecke – DE – Berlin
- Antes – DE – Bühl
- Antinea – DE – München
- Antiphon – US – New York, NY
- Antonlin, P. – VE – Caracas
- Apivor, Denis – GB – London
- APNM: Association for the promotion of new music – US – Ship Bottom, NJ
- Apollo – DE – Berlin
- Aquastra, Music – US – New York, NY
- A–R Editions – US – Middleton, WI; Madison, WI
- Arambol – ES – Madrid
- Archiv des Teatro Arriago – ES – Bilbao
- Arends, Paul (Trumpf GmbH) – DE – Rimsting
- Ariadne – AT – Wien
- Arioso – FR – Paris
- Arnold, F. W. – DE – Elberfeld
- Arrow – US – New York, NY
- Ars Croatica – HR – Zagreb
- Ars Sonora – RO – Bukarest
- Arsis Press – US – Washington, D. C.
- Ars Viva – DE – Mainz
- Artaria – AT – Wien
- Artia – CZ – Prag
- ASCAP: American Society of Composers Authors and Publishers – US – New York, NY
- Asmurgis – AZ – Baku
- Asociacija Nova Muzyka – UA – Kiew
- Assmann – DE – Frankfurt/M.
- Association Magison – FR – Paris
- Astoria – DE – Berlin; Düsseldorf-Benrath; Mainz
- Au Magasin de Musique – FR – Paris
- Augener – GB – London
- AuMC: Australian Music Centre – AU – The Rocks, NSW
- Autographus Musicus – SE – Bandhagen

- Avera Music Press – US – Chico, CA
- Bachmann, Christian – DE – Hannover
- Badian, Lucian – CAN – Montreal
- Baduel, Carlo – IT – Perugia
- Bärenreiter – DE – Kassel; Prag
- Bagge, J. – SE – Stockholm
- Bahn – DE – Berlin
- Bailleux – FR – Paris
- Baillou – FR – Paris
- Banger – GB – London
- Bank, Annie – NL – Amsterdam
- Bard, Fr. – HU – Budapest
- Bardic – GB – Aylesbury, Buckinghamshire
- Barger & Barclay – US – New York, NY
- Baron, M. Inc. – US – New York, NY
- Barry – AR – Buenos Aires
- Barwicki, M. – PL – Posen
- Bastea – FR – Lyon
- Bastet – GB?
- Baudoux – FR – Paris
- Bauer – DE – Dresden
- Bayard-Nizet – BE – Stavelot
- BB: Bote & Bock – DE – Berlin
- Beaumaris – IE
- Beechwood Music of Canada – CAN
- Belaieff – RU – St. Petersburg/DE – Leipzig; Bonn; Mainz
- Bellmann, Michael – DE – Landsberg
- Bellmann & Thümer – DE – Potschappel
- Belmont – US – Los Angeles, CA
- Belwin Mills – US – Philadelphia, PA
- Berandol – CAN – Toronto, ON
- Berault, Mme. – FR – Paris
- Berault & Cuissart – FR – Paris
- Berben – IT – Ancona
- Bergsträsser – DE – Darmstadt
- Bernard – RU – St. Petersburg
- Bernoulli – CH – Basel
- Berra, Marco – CZ – Prag
- Bertinelli, A. – DE – Leipzig
- Bertrand – FR – Vinave d'Isle
- Betz, J. – GB – London
- Bessel – RU – St. Petersburg/DE – Leipzig
- Beyer & Söhne – DE – Bad Langensalza

- Biblioteca Academiei Române – RO – Bukarest
- Biblioteca Comunale di Trento – IT – Trient
- Biblioteca Uniunea Compozitorilor – RO – Bukarest
- Bignon – FR – Paris
- Billaudot, G. – FR – Paris
- Bim – CH – Bulle
- Birchall, Robert – GB – London
- Birchard – US – Boston, MA
- Birnbach – DE – Berlin; Lochham
- Bisping, E. – DE – Münster; Köln
- BKJ Publications – US
- Blackwell's – GB – Oxford
- Blaha – AT – Wien
- Blanchi – IT – Turin
- Bland (Boyce) – GB – London
- Bliesener, F. A. – DE – Berlin
- Blosfeld – LV – Riga
- BMI Canada – CAN – Toronto
- BMIC: British Music Information Centre – GB – London
- Boccaccini & Spada – IT – Rom
- Bockel, Rolf von – DE – Neumünster
- Böhm, Andreas – DE – Augsburg
- Böhm – AT – Graz
- Böhme – DE – Hamburg
- Boelke-Bomart/Mobart – US – Englewood, NJ
- Bölling – DE – Darmstadt
- Bösendorfer – AT – Wien
- Boieldieu – FR – Paris
- Boivin – FR – Paris
- Bongiovanni – IT – Bologna
- Boosey & Hawkes – GB – London/CAN – Toronto/DE – Berlin
- Borges – DE – Frankfurt/O.
- Borrelly – FR – Paris
- Boshart & Osthoff – NL – Den Haag
- Bosse – DE – Regensburg
- Bossler – DE – Speyer; Darmstadt
- Boston Music – US – Boston, MA
- Bosworth – DE – Leipzig; Köln/GB – London
- Bowdoin College Press – US – Brunswick, ME
- Boyer – FR – Paris
- Branch, Harold – US – Plainview, LI/NY
- Brandstetter – DE – Leipzig/AT – Wien
- Brandus & Dufour – FR – Paris

- BraMIC: Brazilian Music Information Centre – BR – São Paulo
- Bratfisch – DE – Frankfurt/O.; Kulmbach
- Breitkopf & Härtel – DE – Leipzig; Wiesbaden
- Bremner, R. – GB – London
- Brett – GB – Bildeston
- British & Continental Music Agencies – GB – London
- British Library – GB – London
- Broadbent & Dumm – GB – London
- Brockhaus – DE – Leipzig
- Broekmans & van Poppel – NL – Amsterdam
- Broude, Alexander – US – New York, NY
- Bruckner – DE – Wiesbaden
- Bruzzichelli, Aldo – IT – Florenz
- BSB: Bayerische Staatsbibliothek – DE – München
- Buchholz & Diebel – AT – Wien
- Budde – DE – Berlin
- Buffa – IT – Milano
- Buffet Crampon – FR – Paris
- Bureau d'abonnement musical – FR – Paris
- Bureau d'Arts et d'Industrie – AT – Wien
- Busch, H. – SE – Lidingö
- Busch, Joh. Fr. – DE – Hamburg/SE – Stockholm
- Buselmeier – DE – Leipzig
- Camden Press – US
- Cappi, Pietro – AT – Wien
- Carisch (& Jähnichen) – IT – Mailand
- Carlin Music – US – Ahwahnee, CA
- Carus – DE – Leinfelden-Echterdingen
- Cary – GB – London
- Castaud – FR – Lyon
- Catalans d'Ediciones – ES – Barcelona
- Caulfield – GB – London
- CDA: Compositores de América – US – Washington, D. C.
- CMC: Canadian Music Centre – CAN – Toronto
- CeBeDeM: Centre Belge de Documentation Musicale – BE – Brüssel
- Centraton – DE – Odenthal-Eikamp
- Centre d'art national français – FR – Toulouse
- Centre de documentation de la musique – FR – Paris
- Centro de Documentación Musical – CO – Bogotá
- Centro de Documentación Musical – ES – Madrid
- CFE: Composers Facsimile Edition – US – New York, NY
- Challier – DE – Berlin
- Challiot – FR – Paris

- Chant du Monde – FR – Paris
- Chappell – GB – London
- Chatot – FR – Paris
- Chemische Druckerei – AT – Wien
- Chenango Valley – US – Hamilton, NY
- Chener – ES – Madrid
- Chester – GB – London
- (La) Chevardière – FR – Paris
- CHF: Český hudební fond – CZ – Prag
- Choudens – FR – Paris
- Cieplik – PL – Bytom O. S.
- Clark & Cruickshank – CAN – Toronto
- Cleveland State University – US – Cleveland, OH
- Clivis – ES – Barcelona
- Cocks, R. – GB – London
- Cohen – DE –Regensburg
- Cole – US – Chicago, IL
- Collier & Dexter – GB – London
- Colombo, F. – US – Melville, NY
- Columbia University Press – US – Irvington, NY
- Combre, P. – FR – Paris
- Comes – DE – Bad Reichenhall
- Composers and authors society – HK – Hongkong
- Composers Press – US – New York, NY
- Concertino – FR – Paris
- Consejo Central de la Música – ES – Barcelona
- Conservatorio – IT – Pisa
- Conservatorio Nacional de Música – PE – Lima
- Conservatorio Superior de Música – ES – Madrid
- Consort – US – Ojai, CA
- Contemp. Art – AT – Wien
- Continental – DE – Berlin
- Contrechamps – CH – Genf
- Copin, Carrera de San Geronimo (Librería de Miguel Copin) – ES – Madrid
- Coppenrath – DE – Regensburg; Altötting
- Cor – US – Massapequa, LI
- Corda – GB – Albany, Herts
- Cornonaille – FR – Paris
- Corona – DE – Berlin
- Corp, Ronald – US – Selbstverlag: ronaldcorp.com
- Cos Cob – US – New York, NY
- Costallat – FR – Paris
- Cramer, J. B. – GB – London

- Cranz – DE – Bremen; Leipzig; Hamburg; Mainz/BE – Brüssel
- Crouch – GB – Bath
- Culturales Argentinas – AR – Buenos Aires
- Curch, John – US – Johnstown, PA
- Curci – IT – Mailand
- Curtius, Martin – DE – Berlin
- Curwen, J. – GB – London
- Czerny – AT – Wien
- Da Capo – GB – Manchester; US – New York, NY
- Dale, J. – GB – London
- Dania – DK – Kopenhagen
- Dantalian – US – Newton, MA
- DAP-Edition (Dr. Alfred Peschek) – AT – Linz
- Decombe, Mme. – FR – Paris
- Decourcelle, P. – FR – Nizza
- De Crans – BE – Antwerpen
- Deep Listening – US – New York, NY
- De Haske – GB – Northamptonshire
- Delatour – BE
- Delauchy – FR – Paris
- Delrieu – FR – Nizza
- Delta – DE – Frechen
- De Marino – IT – Neapel
- Demets – FR – Paris
- Denaro, G. – IT – Palermo
- Denhof – DE – Ibbenbüren-Laggenbeck
- De Paul University Press – US – Chicago, IL
- De Roullede – FR – Paris
- De Santis – IT – Rom
- Deslandres – FR – Paris
- Deubner – LV – Riga
- Diabelli, A. – AT – Wien
- Dieckmann, C. – DE – Leipzig
- Ditson, Oliver – US – Bryn Mawr, PA; Boston, MA
- Dittmar – RU – St. Petersburg
- Divertimento – CZ – Prag
- Divossen – DE – Bonn
- DKY: Devlet Konservatuvari Yayinlari – TR – Ankara
- DMIC: Danish Music Information Centre – DK – Kopenhagen
- Doberman – CAN – Saint Nicolas, QC
- Doblinger – AT – Wien
- Dörffel – DE – Leipzig
- Dohr – DE – Köln

- Donajowski/Feldman – GB – London
- Donemus (Publishing house of contemporary classical music) – NL – Amsterdam
- Drakkar – CAN – Toronto
- Dreililien – DE – Berlin
- Drei Masken – DE – München
- Drigo, A. – IT – Magenta
- DSS: Društvo slovenskih skladateljev – SI – Ljubljana
- Duhan, Mme. – FR – Paris
- Dunvagen – US – New York, NY
- Durand – FR – Paris
- Durieux – FR – Paris
- DVfM: Deutscher Verlag für Musik – DE – Leipzig; Wiesbaden
- Dyck, J. – NL – Amsterdam
- EAM: European American Music – US – New York, NY
- Ebert – DE – Leipzig
- Ebner – DE – Stuttgart
- Echo – PL – Lwiw
- ECIC: Editorial Cooperativa Interamericana de Compositores – UY – Montevideo
- Eck, G. H. & van Zoon – NL – S'Gravenhaage
- Eckhardt-Gramatté Foundation – CAN – Winnipeg
- Eden – GB – Glasgow
- Eder, Jos. – AT – Wien
- Ediciones Mexicanas de Música – MX – Mexico City
- Edipan – IT – Rom
- Editio Alto – DE – Ebersberg
- Editio Praga – CZ – Prag
- Edition 34 – DE – München
- Edition 49 – EE – Tallinn
- Edition Anglian – GB – Bradwell Braintree, Essex
- Edition HH – GB – Oxon
- Edition Juliane Klein – DE – Berlin
- Edition Kemel – DE – Niedernhausen
- Edition Modern – DE – München
- Edition Peters (C. F. Peters) – DE – Leipzig; Frankfurt/M./GB – London
- Edition Pro Nova (Sonoton) – DE – München
- Edition Russe de Musique – DE – Berlin
- Editions 75 – FR – Paris
- Editions Musicales des Cinéastes Associés – FR – Paris
- Editions Musicales Européennes – FR – Paris
- Editions Musicales Françaises – FR – Paris
- Éditions Québec-Musique – CAN – Montreal
- Editura Conservatorului – RO – Cluj-Napoca
- Editura muzicala Bukarest – RO – Bukarest

- Edizioni Carrara – IT – Bergamo
- Edizioni Suvini Zerboni – siehe: ESZ
- Eesti musica fond – EE – Tallinn
- Egtved – DK – Egtved
- Eirich – AT – Wien
- Elite – DE – Hamburg; GB – London
- Elkan & Schildknecht – SE – Stockholm; US – New York, NY
- Elkan-Vogel – US – Philadelphia, PA; Bryn Mawr, PA
- Elkin – GB – London
- EMB: Editio Musica Budapest – HU – Budapest
- EMC: Editora Musical de Cuba – CU – Havanna
- EMEC: Editorial de Música Española Contemporánea – ES – Madrid
- Emerson – GB – Ampleforth, Yorkshire
- EMIC: Estonian Music Information Centre – EE – Tallinn
- ENA – DE – Litschen
- Engstrøm & Sodring – DK – Kopenhagen
- Enoch – FR – Paris
- Epitrat – AM – Jerewan
- Erard, Mlles. – FR – Paris
- Erbacher, Walther – DE – Leonberg
- Erding-Swiridoff, S. – Selbstverlag – DE – Schwäbisch Hall
- Eres – DE – Bremen-Lilienthal
- Eschig, Max – FR – Paris
- Eschler – DE – Nürnberg
- ESPLA – RO – Bukarest
- Esterhazy Quartet Library – US – Columbia, MO
- ESZ: Edizioni Suvini Zerboni – siehe: ESZ
- Eulenburg – DE – Leipzig; Mainz; CH – Zürich; GB – London
- Euprint – BE
- Europäischer Verlag – AT – Wien
- Euskal Bidea – ES – Pamplona
- Ewer – GB – London
- Excelsior Music Publishing– US – New York, NY
- Faber – GB – London
- Fairwood – GB – London
- Fallen Leaf – US – Berkeley, CA
- Falter, Macario – DE – München
- Fand Music Press – GB – Petersfield
- Fazer – FI – Helsinki; Espoo
- Feedback – DE – Köln
- Feldmann – GB/US
- Fema – US – Naperville, IL
- Fennica Gehrman – FI – Helsinki

- Fentone Music = De Haske Music – GB – Northamptonshire
- Ferrini, C. – IT – Florenz
- Feuchtinger – DE – Stuttgart
- Firnberg – DE – Frankfurt/M.
- Fischer – DE – Bremen
- Fischer, Carl – US – New York, NY
- Fischer, J. – US – New York, NY
- Fitzsimons – US – Chicago, IL
- Fleischer, Edwin – BR
- Flûte de Pan – FR – Paris
- FMIC: Finnish Music Information Centre – FI – Helsinki
- Föreningen Svenska Tonsättara – SE – Stockholm
- Förster – PL – Wrocław
- Foetisch – CH – Lausanne
- Fog, Dan – DK – Kopenhagen
- Fonds Henri Scolari – CH – Genf
- Forberg, O. – DE – Leipzig; Bad Godesberg
- Forlivesi – IT – Florenz
- Forster, W. – GB – London
- Forsyth Brothers – GB – Manchester
- Fortissimo – AT – Wien
- Forward Music – GB – London
- Francis, Day & Hunter – GB – London
- Frangart Eppan – IT – Bozen
- Frey, J. – FR – Paris
- Frey, O. – DE – Dresden
- Friedländer – DE – Berlin
- Friendly Woods – IT/US/AU
- Fritzsch, E. W. – DE – Leipzig
- Frog Peak – US – Lebanon, NY
- Fromont – FR – Paris
- Front, Theodore – US – Van Nuys, CA
- Frontier Publishing – GB – Kirstead, Norwich, Norfolk
- FSPM: Fondation Suisa pour la musique – CH – Neuchâtel
- Fuentes y Asenjo – ES – Madrid
- Fürstner – DE – Berlin; GB – London
- Fundação Nacional de Artes – BR – Rio de Janeiro
- Fundación Calouste Gulbenkian – PT – Lissabon
- Fundación Juan March – ES – Madrid
- Fundación Vicente Emilio Sojo – VE – Caracas
- F+W-Publication – US – Miami, FL
- Furore – DE – Kassel
- Fuzeau – FR – Courlay

- Gaillard – BE – Brüssel
- Galaxy – US – New York, NY
- Galliard – GB – London
- Gambaro – FR – Paris
- Gamber – Schottland
- Gamma – DE – Bad Schwalbach
- Gamus – DE – Dessau
- Garnier – FR – Lyon
- Gasparini – IT – Venedig
- (Frères) Gaveaux – FR – Paris
- Gay, Aug. – FR – Vitry-le-François
- Gayl & Hedler – DE – Frankfurt/M.
- Gebethner & Wolff – PL – Warschau
- Gehann – DE – Kludenbach
- Gehrmans – SE – Stockholm
- Geissler – DE – Leipzig
- Geitler – AT – Wien
- General Music – US
- Gerard – FR – Paris
- Gerig – DE – (Köln) Wiesbaden
- Gerstenberg & Dittmar – DE – Gotha/RU – St. Petersburg
- Gesisdat – BY – Minsk
- Girard, Mlle. – FR – Paris
- Girod – FR – Paris
- Giuliana – IT – Rom
- Glas, A. – DE – Berlin
- Glöggl – AT – Wien
- Glyphic Press – US – Morgantown, WV
- GMIC: Greek Music Information Centre – GR – Athen
- Godefroy de la Rivières – BE – Brüssel
- Götte-Schmidt – DE – Gegenbach
- Götz, J. J. – DE – Mannheim
- Goldbach – DE – Pforzheim
- Golden Toad Music – CAN – Toronto
- Gombart, J. C. – CH – Basel
- Gombert – DE – Augsburg
- Goodwin & Tabb – GB – London
- Goslitizdat – UZ – Taschkent
- Gos. muzyknoe izkustvo – RU – Moskau
- Gotthard – AT – Wien
- Gottron – DE – Mainz
- Gräbner – DE – Göttingen
- Grafibur – ES

- Grand magasin de musique – NL – Amsterdam
- Gravis – DE – Bad Schwalbach
- Greek Ministry of Education – GR – Athen
- Griffin – GB – Edinburgh
- Groppe, J. – DE – Bürgstadt
- Grosch – DE – München; Leipzig
- Gruber – DE – Leuchtenberg
- Grude – DE – Leipzig
- Günther & Böhme – DE – Hamburg
- Guera – FR – Lyon
- Güttner – DE – Berlin
- Gunmar Music – US – Newton Center, MA
- Gutheil – RU – Moskau
- Gutmann – AT – Wien
- Hänssler – DE –Stuttgart; Neuhausen
- Hässy – DE –Pulheim-Geyen
- Hainauer – PL – Wrocław
- Halbreiter – DE – München
- Hamelle – FR – Paris
- Hansen – DK – Kopenhagen/DE – Frankfurt/M.
- Hansen – US – Miami Beach, FL
- Hapax – FR – Paris
- Hargail Music Press – US – New York, NY
- Harmonia Uitgave – NL – Hilversum
- Harmonie – DE – Berlin
- Hartknoch – LV – Riga
- Hartmann – FR – Paris
- Hartmann, O. B. – CH – Lugano
- Haslinger, T. – AT – Wien
- Haubensak, Edu. – CH – Selbstverlag
- Haubrich – DE – Mülheim/Ruhr
- Haueisen – DE – Frankfurt/M.
- Haus für sorbische Volkskunst – DE – Bautzen
- Haushahn – DE – Magdeburg
- Hayet – FR – Paris
- HDS: Hrvatsko društvo skladatelja – HR – Zagreb
- Heckel, F. – DE – Mannheim
- Heckenast – HU – Pest
- Heina, Mme. – FR – Paris
- Heinrichshofen – DE – Magdeburg; Wilhelmshaven
- Heinze – DE – Leipzig
- Helbling – AT – Rum; Innsbruck
- Helicon – US – New York, NY; Valley Forge, PA

- Hellas – FI – Helsinki
- Hemme – DE – Leipzig
- Hendon – US – New York, NY
- Henle – DE – München
- Henmar – US – New York, NY
- Henn – CH – Genf
- Henning, J. H. – NL – Amsterdam
- Henry – FR – Paris
- Herrmann, Bernard – Selbstverlag – US – Los Angeles, CA
- Heugel – FR – Paris
- Heverlee Reprint – BE – Heverlee
- Hieber – DE – München
- Highbridge – GB – London
- Highgate Press – US – New York, NY
- Hilaria – AT – Wilhering
- Hildegard – US – Bryn Mawr, PA
- Hille, T. – DE – Weißer Hirsch, Dresden
- Hiller – NL – Amsterdam
- Hillsdale – US – New York, NY
- Hilscher, P. C. – DE – Dresden
- Hinchinbroke – US – Bridgewater, CT
- Hinrichsen – GB – London
- Hirsch – SE – Stockholm
- HMUB: Hudební matice Umělecké besedy – CZ – Prag
- Hoche, Hubert – DE – Helmstadt; Würzburg
- Hoffarth – DE – Dresden
- Hoffmann – DE – Dresden
- Hoffmann's Wwe. – CZ – Prag
- Hofmeister – DE – Leipzig; Hochheim/M.
- Hohler, P. H. – DE – Landsberg, Lech; Augsburg
- Hoppe – PL – Wrocław
- Hortensia – FR – Paris
- H. (Hans) R. (oosenschoon), Publ. – ZA – Stellenbosch
- Huberty – FR – Paris
- Hüllenhagen & Griehl – DE – Hamburg
- Hug – CH – Zürich/DE – Leipzig
- Hummel, Burchard – NL – Den Haag
- Hummel, J. J. – NL – Amsterdam; DE – Berlin
- Huron Press – CA – Toronto
- Hyondae-Kyoyuksa – KR – Seoul
- ICMC: Irish Contemporary Music Center – IE – Dublin
- IMIC: Iceland Music Information Centre – IS – Reykjavik
- Ichthys – DE – Stuttgart

- Ikarus: Selbstverlag Scherr – AT – Liebenfels, Kärnten
- Ikuro – DE
- Imbault – FR – Paris
- IMI: Israel Music Institute – IL – Tel Aviv
- IMP: Israeli Music Publications – IL – Tel Aviv
- Impero – DE – Wilhelmshaven
- Imprenta Nacional – CR – Costa Rica
- Independent Music Publishers – US – New York, NY
- Institute of New Music – US – New York, NY
- Instituto de Extensión Musical – CL –Santiago de Chile
- Instituto Interamericano de Musicología – UY – Montevideo
- Ione – US – Boston, MA
- Islenzk Tonverkamidstad – IS – Reykjavík
- ISNP – IT – Reggio Calabria
- Istituto Italiano – IT – Rom
- Janet et Cotelle – FR – Paris
- Janin – FR – Lyon
- Jasemusiikki – FI – Helsinki; Hämeenlinna
- Jatho – DE – Berlin
- Jecklin – CH –Bern
- Jefferys – GB – London
- Jerona Music – US – Englewood, NJ
- JFC: Japan Federation of Composers – JP – Tokio
- Jibneh – AT – Wien
- JMB – ES – Barcelona
- Jobert – FR – Paris
- Johnston, John (Flynn) – GB – London
- Jolivet – FR – Paris
- Jost – DE – Leipzig
- Joubert – FR – Paris
- Jowien – DE – Hamburg
- Jungdeutscher Verlag – DE – Berlin
- Jungmann & Lerch – AT – Wien
- Junker – DE – Altenmedingen
- Junne – DE – Leipzig; München
- Jurgenson – RU – Moskau; St. Petersburg
- Juwal – DE – Berlin
- Kahnt – DE – Wasserburg, Bodensee; Leipzig; Frankfurt/M.
- Kallmeyer – DE – Wolfenbüttel; Berlin
- Kalmus, Alfred – GB – London
- Kalmus, Edwin – US – Opa-locka, FL
- Karthause-Schmülling – DE – Kamen
- Kasassoplou – DE – Marxzell

- Kaschta – DE – Leipzig
- Kasparek – DE – München
- Kelidon – IT
- Kelmer – FR – Paris
- Kendor Music – US – Delevan, NY
- Kerby, E. C. = Leonard, Hal – US – Milwaukee, WI
- Kerckhoven, Alain van – BE
- Keturi/Arends – DE – Rimsting
- Kiesewetter – DE – Hamburg
- Kistler – DE – Bad Kissingen
- Kistner & Siegel – DE – Leipzig; Lippstadt, Brühl
- Kjos, Neil A. – US – San Diego, CA
- Klage – DE – Berlin
- Klemm – DE – Leipzig; Dresden
- Kliment – AT – Wien
- Kodasi – DE – Hamburg; Singen
- Köblitz – DE – Burgstädt
- K.O.M. Musikverlag – DE – München
- Kongl. Privilegierade Not-Tryckeriet Kerckhoven – SE – Stockholm
- Kontra – DE – München
- Kotrba, V. – CZ – Prag
- Kozeluch – AT – Wien
- Kratochwill – AT – Wien
- Krause, D. M. – DE – Wolfenbüttel
- Kreitner, G. – DE – Worms
- Krenn – AT – Wien
- Krisch – AT – Salzburg
- Küffner & Drechsler – DE – Nürnberg
- Kühn – DE – Weimar
- Kühnel – DE – Leipzig
- Künstlergilde – DE – Regensburg
- KUG: Katholische Universität Graz – AT – Graz
- Kuntz – DE – Karlsruhe
- Kuntze – NL – Amsterdam
- Kunzelmann – CH – Adliswil; Zürich/DE – Lottstetten
- Kuscera, Franz – AT – Schwaz
- LAMC: Latin American Music Center – US – Bloomington, IN
- Lang, Peter – CH – Bern
- Lange – DE – Neusalz/Oder
- Lantro – BE – Grimbergen
- Latte – FR – Paris
- Latzina – DE – Karlsruhe
- Laudy – GB – London

- Lauer – FR – Paris
- Lauren Keiser Music – US
- Lauterbach & Kuhn – DE – Leipzig
- Lavenu & Mitchell – GB – London
- Lavigne – FR – Paris
- Lazcano y Mar – ES – Bilbao
- Lawdon Press (ASCAP) – US – New York, NY
- Le Clerc – FR – Paris
- Lecomte – BE – Verviers
- Leduc, Alphonse – FR – Paris
- Le Duc, Auguste – FR – Paris
- Leede – DE – Leipzig
- Leeds Music – US – New York, NY
- Le Fanu, Elizabeth – siehe: Maconchy, Elizabeth
- Lefebure – FR – Lyon
- Legouix – FR – Paris
- Le Goux – FR – Lyon
- Lehne – DE – Hannover
- Leichssenring – DE – Hamburg
- Leidesdorf – AT – Wien
- Lei Liang – CN
- Lemarchand – FR – Paris
- Le Menu – FR – Paris
- Lemoine, Henry – FR – Paris
- Lengnick – GB – London; South Croydon
- Leonard, Hal – US – Milwaukee, WI
- Leuckart – DE – Leipzig; München/PL – Wrocław
- Lewy – AT – Wien
- Liben – US – Cincinnati, OH
- Library of Congress – US – Washington, D. C.
- Lienau, Robert – DE – Berlin; Erzhausen
- Liesma – LV – Riga
- Lingua Press – US – La Jolla, CA
- Lischke, F. S. – DE – Berlin
- Litolff – DE – Leipzig; Braunschweig; Frankfurt/M.
- Livraison de frois – FR – Paris
- Lobry – FR – Paris
- Löbmann – DE – Frankfurt/M.
- Löffler – DE – Berlin
- London Music – GB – London
- Longman & Broderip – GB – London
- Lorch – DE – Marburg
- Lorenzi – IT – Florenz

- Loret – FR – Paris
- Louis – FR – Paris
- Love – FI – Helsinki
- Lucca, F. – IT – Mailand
- Luckhardt, Fr. – DE – Berlin; Leipzig
- Ludwig – US – Cleveland, OH
- Luxus – DE – München
- Lyche – NO – Oslo; Drammen
- Lynwood – GB – Hagley
- Lyra Music – US – New York, NY
- Maecenas – GB – Concord; Kenley, Surry
- Magasin de l'Imprimérie Chimique – AUS – Wien
- Magasin de musique – DE – Braunschweig
- Magenza – DE – Köln
- Magnamusic-Baton – US – St. Louis, MO
- Maho – FR – Paris
- Majewski, H.-M. – DE – Berlin
- Malcolm – GB?/US?
- Mannheimer Musik Verlag – DE – Bonn; Mannheim
- Maquet – FR – Paris
- Marbot – DE – Hamburg
- Marescalchi & Canobbio – IT – Venedig
- Margena – SE
- Margun – US – Newton Centre, MA
- Marks, Edward B. – US – New York, NY
- Marmor – AT
- Martin, Casimiro – ES – Madrid
- Mathot – FR – Paris
- Matrix: New Music Centre – BE – Leuven
- Maurer – BE – Brüssel
- Mawi Ed. – CH
- Max Musik (Helge Max Jahns) – DE – München
- MCA Music – US – New York, NY; Los Angeles, CA
- McGinnis & Marx – US – New York, NY
- Mechetti, Pietro – AT – Wien
- Media Press – US – Champaign, IL
- Melandra – GB?/US?
- Melantrich – CZ – Prag
- Melpa – CZ – Prag
- Mendel – DE – Berlin
- Menestrel – FR – Paris
- Mercury – US – New York, NY
- Meriden – GB – Ingalestone

- Merion Music – US – Philadelphia, PA; Bryn Mawr, PA
- Merseburger – DE – Berlin; Kassel
- Mery – HU – Budapest
- Metropolis – BE – Anvers
- Meyer – DE – Braunschweig
- Meyn & Mahnke – DE – Hamburg/SE – Stockholm
- MIC: Music Information Centre (Land nicht immer ermittelbar)
- Michaud(t) – FR – Paris
- Middle Eight Music – GB – London
- Mignani, G. – IT – Florenz
- Milde – DK – Kopenhagen
- Mills Music – US – New York, NY/GB – London
- Mistetsvo – UA – Kiew
- Mitteldeutscher Verlag – DE – Hal-le/Saale
- Mixolydian Pr. – GB – London
- MJA Music – US – New York, NY
- MMB – US – St. Louis, MO
- Mobart – US – Hillsdale, NY
- Modus – GB – Enfield
- Modus – FI – Helsinki
- Modus Musici – FI – Savonlinna
- Moeck – DE – Celle
- Möllmann, Ch. – DE – Paderborn
- Mörike –PL – Stettin/DE – Solms, Lahn
- Möseler – DE – Wolfenbüttel
- Molinari – DE – Regensburg
- Mollo, Tranquillo – AT – Wien
- Momigny, J. J. de – FR – Paris
- Monde Music – CH – Neuchatel
- Mondhare – FR – Paris
- Morino, Johann – DE – Berlin
- Moser, Gertrud – CH – Arlesheim
- Mowbray Music Publishers – siehe: Presser, Theodore
- Mozarthaus – AT – Wien
- MTAZIK: Magyar Tudományos Akadémia Zenetudományi Intézet Konyvtara – HU – Budapest
- Müller, C. – SE – Stockholm
- Müller, Willi (Süddeutscher Musikverlag) – DE – Heidelberg
- Müller & Schade – CH – Bern
- Münster – IT – Verona
- Muraille – BE – Liege
- Murdoch – GB – London
- Musications – ZA – Claremont, Cape

- Musicoteca – GB – London
- Musicus – US – New York, NY
- Musikalisches Magazin – DE – Braunschweig
- Musikaliska Kunstföreningen – SE – Stockholm
- Musikk-Huset – NO – Oslo
- Musikkverkstedet – NO – Frederikstad
- Musikothek Kovarik's – AT – Wien
- Musikwissenschaftlicher Verlag – AT – Wien
- Musique – CH – Lausanne
- Musisca – GB – Exeter
- Mutuelle – FR – Paris
- Muzfond – GE – Tbilissi
- Muzgiz – AZ – Baku
- Muzgiz – RU – Moskau
- Muzička Naklada – HR – Zagreb
- Muziek Group Nederl. – NL – Amsterdam
- Muzika EOOD – BG – Sofia
- Muzikoloshog Zavoda Muz. Akad. – HR – Zagreb
- Muzsektor Gosizdata – RU – Moskau
- Muzyczna Ukraina – UA – Kiew
- Muzyka – RU – Moskau; St. Petersburg
- Mystectwo – UA – Kiew
- Naderman – FR – Paris
- Nägeli, H. G. – CH – Zürich
- Nakladem Vlastnim – CZ – Prag
- Napier, Will. – GB – London
- Naucua Delo – RS – Belgrad
- Nauka i Izkustvo EOOD – BG – Sofia
- Naucna Knjiga – RS – Belgrad
- Naus – DE – Aachen
- Nemo-Channel – GB – Chinnor, Oxon
- Nepomuk – CH – Aarau; Rapperswil
- New Music – GB – London
- New Valley – US – Northampton, MA
- New World – US – New York, NY
- Niederösterreichische Musikedition – AT – Mödling
- NMIC: Norwegian (Norsk) Music Information Centre – NO – Oslo
- Nobile – DE – Berlin
- Noell – FR – Paris
- Noetzel – DE – Wilhelmshaven
- Nomos – GR – Athen
- Nordiska – SE – Stockholm; Danderyd
- Nordiska Museet, Arkivet – NO – Oslo

- Nordstern – DE – Stuttgart
- Norsk Musikforlag – NO – Oslo
- Norske Komponisters Forlag – NO – Oslo
- Norvegica – NO – Oslo
- Noske – NL – S'Gravenhage
- Noten-Haase – DE – Burscheid
- Noteria – SE – Stockholm
- Notissimo – FR – Lyon
- Novas Metas – BR – São Paulo
- Novello – GB – Borough Green; London
- Nymphenburg/Filmkunst – DE – München
- NZMIC: New Zealand Music Information Centre – NZ – Wellington
- Oaksmusik – DE – Berlin
- Oberländer – DE – Bad Oeynhausen
- ÖBV: Österreichischer Bundesverlag – AT – Wien
- Oehl/Orbis – DE – Köln
- Oemme – IT – Mailand
- Oertel, Joh. – DE – Hannover; Berlin
- Oger, Mme. – FR – Paris
- Oiseau Lyre – FR – Paris; Monaco
- Okra Music – US – New York, NY
- Olivan – GB – London
- Omega – US – New York, NY
- ÖMIZ: Österreichisches Musikinformationszentrum – AT
- Omont – FR – Paris
- Ongaku-no-tomo-sha – JP – Tokio
- Opal – GB – London
- Oppenheimer – DE – Hameln
- Opus – SK – Bratislava
- Orange Factory psychoacustic arts – BG – Sofia
- Orbis – CZ – Prag
- Orlando – DE – München
- Or-Tav – IL – Tel Aviv
- Ortus – DE – Beeskow
- Otos – IT – Florenz
- OUP: Oxford University Press – GB – Oxford
- Ouvrières – FR – Paris
- Pabst – DE – Delitzsch/Sachsen
- Paez – DE – Berlin
- Paganit, N. & Bardi, G. – IT – Florenz
- Paladino Media – AT – Wien
- Palomino – ES – Madrid
- Panton – CZ – Prag

- Papageno – AT – Wien
- Parker & Smith – GB – Plymouth
- Parnassus – US – New York, NY
- Paul, W. – DE – Dresden
- Paxton – GB – London
- Payne – DE – Leipzig
- Pazdirek – CZ – Brno
- Pecktackular – US
- Peer – US – New York, NY
- Pegasus – CH – Locarno
- Pelikan – CH – Genf
- Pembroke – US – New York, NY
- Pennauer, A. – AT – Wien
- Penoll – DK – Göteborg
- Perkeo – DE – Heidelberg
- Pero, Hans – AT – Wien
- Petit – FR – Paris
- Pfau – DE – Saarbrücken
- Pfefferkorn – DE – Leipzig
- Philharmonia Styria – AT – Graz
- Philipp & Sohn – DE – Berlin
- Phillips & Oliver – GB – London
- Piedmont Music = Carlin Music
- Pigna – IT – Mailand
- Piles – ES – Valencia
- Piper – GB – London; Yamfield
- Piwarski – PL – Krakau
- Pizzi – IT – Bologna
- Pizzicato – IT – Udine
- Pizzicato Helvetia – CH – Basel; Adliswil
- Planet Music – GB – Coldwaltham, West Sussex
- Pleyel – FR – Paris
- Pock – AT – Graz
- Poggioli – IT – Florenz
- Pohl-Wohnlich – CH – Basel
- Pollet, Benoît – FR – Paris
- POM – BE – Leuven
- Poon Hill Press – US – Woodside, CA
- Portius – DE – Stuttgart
- Poulalion – FR – Paris
- Praeger & Meier – DE – Bremen
- Prati – IT – Rom
- PRB Production – US – Albany, CA

- Presser, Theodore – US – Philadelphia, PA; King of Prussia, PA
- Primavera – GB – London
- Primo Tema – IT – Bologna
- Probst, HA – DE – Leipzig
- Pro Musica – DE – Leipzig
- Prowse, Keith – GB – London
- PWM: Polskie Wydawnictwo Muzyczne – PL – Krakau
- Queensgate – GB – Glasgow
- Quincke, W. A. – US – Hollywood, CA
- Quiroga – ES – Madrid
- Raabe & Plothow – DE – Berlin
- Radio France – FR – Paris
- Rättig – AT – Wien
- Ramsden – GB – London
- Ramundi – DE – Berlin
- Ranieri del vivo – IT – Florenz
- Rather – DE – Hamburg; Leipzig
- Rauh, Ludwig – DE – Berlin
- Raum, Gisela – DE – Nottuln
- RCA, Edizioni Musicali – IT – Rom
- Rebay & Robitschek – AT – Wien
- Redcliffe – GB – London
- Regus – US – White Bear Lake, MN
- Reimers – SE – Stockholm
- Reinecke – DE – Leipzig
- Resonances – CH – Cortaillod
- Rheinischer Musikverlag, Rhein-Neckar-Verlag – DE – Frankfurt/M.; Heddesheim
- Richaut, S. – FR – Paris
- Ricordi – IT – Mailand/DE – München; Berlin/AR – Buenos Aires
- Rideau Rouge – FR – Paris
- Riedel, J. – AT – Wien
- Ries & Erler – DE – Berlin
- Rieter-Biedermann – DE – Leipzig/CH – Winterthur
- Ritornel (Talacko) – CZ – Ostrava; Prag
- Robbins, Music – US – New York, NY
- Roberton – GB – Wendover, Aylesbury
- Robitschek – AT – Wien
- Roothaan, L. – NL – Amsterdam
- Rouart-Lerolle – FR – Paris
- Rovnost – SK – Bratislava
- Roxbury – US – Boston, MA
- Royal College of Music – GB – London
- Rózsavölgyi – HU – Budapest

- Rozsnyai – HU – Budapest
- Rühle – DE – Leipzig; Regensburg
- Rugginenti – IT – Mailand
- Russische Nationalbibliothek – RU – Moskau
- Ryugin Sha – JP – Tokio
- Sadlo – CZ – Prag
- Safonoff – IT – Florenz
- Salabert – FR – Paris
- Samfundet til Udgivelse af Dansk Musik – DK – Kopenhagen
- Sandoz, Jobin – CH – Neuchatel
- Sanssouci – DE – Berlin
- Santos Beirao – PT – Lissabon
- Sauer & Leidesdorf – AT – Wien
- Scheiwiller, Vanni – IT – Mailand
- Scherer – GB – London
- Schirmer, E. C. – US – Boston, MA
- Schirmer, G. – US – New York, NY
- Schlemüller, H. – DE – Frankfurt/M.
- Schlesinger – DE – Berlin
- Schloss – DE – Köln
- Schmid, Nachf. – DE – München
- Schmidl – DE – Leipzig
- Schmidt – DE – Döbeln
- Schmidt, C. F. – DE – Heidelberg
- Schmidt, A. P. – US – Boston, MA/DE – Leipzig
- Schmitt, Jos. – NL – Amsterdam
- Schneider – FR – Paris
- Schola Cantorum – FR – Paris
- Schott Music – DE – Mainz/GB – London/etc.
- Schruft, Klaus – DE – Aachen
- Schuberth, J. – DE – Leipzig
- Schuberth & Niemayer – DE – Hamburg
- Schultheiß – DE – Tübingen
- Schwann – DE – Düsseldorf
- Schweers & Haake – DE – Bremen
- ScoMIC: Scottish Music Information Centre – GB – Glasgow
- Scotti – IT – Mailand
- Sedina – DE – München
- Seeling – DE – Dresden
- Seesaw – US – New York, NY
- Seitz – DE – Leipzig
- Senart – FR – Paris
- Senff – DE – Berlin

- Servisound – DE – Fredersdorf
- Seyffardt – NL – Amsterdam
- Shawnee Press – US – Delaware Water Gap, PA
- Shelan – CA – Montreal, Que.
- SHF: Slovensky hudobny fond – SK – Bratislava
- Sieber – FR – Paris
- Siecle mus. – CH – Genf
- Sikorski – DE – Hamburg
- Signum Records – GB – Perivale, Middlesex
- Simon – DE – Berlin
- Simrock – DE – Leipzig; Berlin; Bonn
- (La) Sirene musical – FR – Paris
- Sirius – DE – Berlin
- SJ Music Judith Rattenbury – GB – Cambridge
- Skandinavisk og Borups Musikforlag – DK – Kopenhagen
- SLMIC: Slovakian Music Information Centre – SK – Bratislava
- Slovenské národné múzeum – SK – Bratislava
- SME: Special Music Edition – CH – Maur
- SMIC: Swedish Music Information Centre – SE – Stockholm
- Smith Publications – US – Baltimore, MD
- SNKL – CZ – Prag
- SOCAN: Society of Composers, Authors and Music Publishers of Canada – CAN – Toronto
- Societa edit. l'odierna – IT – Rom
- Societa mus. Napolitana – IT – Neapel
- Société de musicologie de Languedoc – FR – Beziers
- Sonic Art – JP – Tokio
- Sonzogno – IT – Mailand
- Southern Music – US – New York, NY
- Sovetaban Grokh – AM – Jerewan
- Sovetskij Kompozitor – RU – Moskau; St. Petersburg, etc.
- SPAM: Society for the Publication of American Music – US – New York, NY
- Spectrum Music Press – US – Pacific palisades, CA
- Sphemusations – GB – Stowmarket
- Spina – AT – Wien
- SpMIC: Spanish Music Information Centre – ES – Madrid
- Srpska akademija nauka i umetnosti (Serbische Akademie der Wissenschaften und Künste) – RS – Belgrad
- Staatsbibliothek Berlin – DE – Berlin
- Stadtarchiv Düren – DE – Düren
- Stadtarchiv Krefeld – DE – Krefeld
- Stahl – DE – Nürnberg
- Stainer & Bell – GB – London
- Stajer Publ. – US – New York, NY

- Standard, Mus. Publ. – GB – London
- Stangland, Thomas C. – US – Portland, OR
- Stark – DE – Leipzig
- Starke & Sackur – DE – Breslau/ PL – Wrocław
- Statens Musikbibliotek – SE – Stockholm
- Státní hudební vydavatelství – CZ – Prag
- Steenberghe – BE – Brüssel
- Steglein – US – Ann Arbor, MI
- Steiner – AT – Wien
- Steingräber – DE – Leipzig
- Steyl & Thomas – DE – Frankfurt/M.
- Stichting Vrouw en Muziek – NL – Den Haag
- Stiles Music – NZ – Wellington
- STIM: Informationscentral för svensk musik – SE – Stockholm
- Stokłosa Editions – PL – Warschau
- Stoll, Edm. – DE – Leipzig
- Straight & Skillem – GB – London
- Strube – DE – München
- Studi Antoniani – IT – Padua
- Studio mus. Rom – IT – Rom
- Sudetendeutsches Musikinstitut – DE – Regensburg
- Suecia – SE – Stockholm
- Süddeutscher Musikverlag – siehe: Müller, Willy
- Sulasol – FI – Helsinki
- Sulzbach – DE – Berlin
- Sulzer – DE – Bielefeld; Berlin
- Summy, C. F. – US – Chicago, IL
- Supraphon – CZ – Prag
- Svensk Musik – SE – Stockholm
- Svoboda – CZ – Prag
- Swiss Music – CH – Winterthur
- Symphonia – DE – Berlin
- Symphonia – CH – Basel
- Szabó, Ferenc – HU – Budapest
- Tallapoosa – US – New York, NY
- Tankay – IT – Rom
- Technisonor – FR – Paris
- Teich, Otto – DE – Leipzig; Darmstadt
- Tempo – CZ – Prag
- Tenuto – US – Bryn Mawr, PA
- Tetra – US – New York, NY
- Theophilus – DE – Werneck – Vasbühl
- Theune – NL – Amsterdam

- Thiasos – DE – Frankfurt/M.
- Thompson, Charles & Samuel – GB – London
- Thompson, Gordon V. – CAN – Toronto
- Thüringer Volksverlag – DE – Weimar; Erfurt
- Thürmchen – DE – Köln
- Tidhar, Shlomo – DE – München
- Tischer & Jagenberg – DE – Köln
- TK: Text + Kritik – DE – München
- Tonger, P. J. – DE – Köln
- Tonos – DE – Darmstadt
- Torricella, Christoph – AT – Wien
- Traeg, Joh. – AT – Wien
- Trais Giats – CH – Ardez
- Transatlantiques – FR – Paris
- Transcontinental Music Publ. – US – New York, NY
- Trautwein – DE – Berlin
- Tre Media – DE – Karlsruhe
- Triton – DE – Karlsruhe
- Troester, Sebastian – FR – Straßbourg
- Tyssens – BE – Liege
- Udruženje kompozitora Hrvatske – HR – Zagreb
- Udruženja kompozitora Srbije – RS – Belgrad; Sarajevo
- UE: Universal Edition – AT – Wien; etc.
- Ullmann – DE – Reichenberg
- UME: Unión Musical – ES – Madrid
- UMP: United Music Publishing – GB – London
- Una Corda Editions – siehe: Henry Lemoine
- Unicorn – US – Cleveland, OH
- Universidad Central de Venezuela – VE – Caracas
- Universidad de Chile, Instituto de Extension Mus. – CL – Santiago de Chile
- University College Cardiff Press – GB-WLS – Cardiff
- University of California Press – US – Berkeley, CA
- University Microfiche – US – Ann Arbor, MI
- University of Michigan Press – US – Ann Arbor, MI
- University of Southern California – US – Claremont
- University of Washington Press – US – Seattle, WA
- Urbanek – CZ – Prag
- Urbanek, Karl Hans – AT – Wien
- UYMP: University of York Music Press – GB – York
- Vaga – LT – Vilnius
- Valentini, Agostino – IT – Perugia
- Valley Music Press – US – South Hadley, MA
- Vanderbeek & Imrie – IE – Lochs, Isle of Lewis

- Van Ypen & Mechtler – BE – Brüssel
- Varner, Christofer – DE – München
- VDMK-Musikarchiv – DE – München
- Venier, G. B. – FR – Paris
- VeNM: Verlag Neue Musik – DE – Berlin
- Vienna, Ed. – AT – Wien
- Vieweg – DE – Berlin
- Viguerie, B. – FR – Paris
- Viking – DK – Kopenhagen
- Vincent – GB – London
- Visage – FR – Paris
- Visibility – US – New York, NY
- VNM: Vereniging voor Nederlandse Muziekgeschiedenis – NL – Amsterdam
- Vogel, K. – DE – Leipzig
- Voggenreiter & Strube – DE – München
- Vogt & Fritz – DE – Schweinfurt
- Vogt & Vve Goulden – FR – Paris
- Voigt, Bernhard Friedr. – DE – Leipzig
- Vom Ende – DE – Köln
- Wai-te-ata – NZ – Kelburn, Wellington
- Waldheim-Eberle – AT – Wien
- Waldkauz – DE – Remscheid
- Walhall – DE – Magdeburg
- Walker, G. – GB – London
- Walnut Grove Press – US – Fayetteville, NY
- Wandelweiser/Timescraper – DE – Berlin
- Warner (Chappell) – GB – London/IT – Rom/FI – Espoo
- Warnys – DK – Kopenhagen
- Waterloo – CA – Waterloo, ON
- Weaner-Levant – AT – Wien
- Weber – DE – Köln
- Weber, Ludwig – DE – Berlin
- Wedl – AT – Wiener Neustadt
- Weigl, Thaddäus – AT – Wien
- Weinberger – AT – Wien
- Weiss – DE – Dresden
- Weiss, J. (Vater) – DE – Berlin
- Weissenbruch – BE – Brüssel
- Welcker, J. – GB – London
- Werckmeister, R. – DE – Berlin
- Wessel – GB – London
- Westend Verlag – DE – Berlin
- Westfield – GB – London

- Wetzler – CZ – Prag/AT – Wien
- Weydert, O. – DE – Schöneberg
- Weygand, F. J. – NL – Den Haag
- Whistling – DE – Leipzig
- White Smith Music – US – Boston, MA
- Wiedmer – DE – Freiburg/Br.
- Wiener Philh. Vlg. – AT – Wien
- Wilhelmiana/Hansen – DE – Frankfurt/M.
- Williams, Jos. – GB – London
- Williamson Music – US – New York, NY
- Willig, G. – US – Philadelphia, PA
- Windsor – GB – London
- Wiscasset Music – US – Wiscasset, ME
- Witmark, M. – US – New York, NY
- WMIC: Welsh Music Information Centre – GB-WLS – Cardiff
- Wollenweber – DE – Gräfelfing
- Woodtown – IE – Dublin
- Woolhouse, Charles – GB – London
- Wornum, Robert – GB – London
- Wunderhorn – DE – München
- Wydawnictwo Muzyczne Agencji Autorskiej – PL – Warschau
- Zahoransky – DE – Meine
- Zaiks – PL – Warschau
- Zanibon – IT – Padua
- Zatta, Antonio – IT – Venedig
- Zeitkratzer/Timescraper – DE – Berlin
- Zeitvertrieb – AT – Wien
- Zenemükiado – HU – Budapest
- Zen-On – JP – Tokio
- Zentralhaus für Kulturarbeit – DE – Leipzig
- Ziegenhals, Pietsch – AT – Graz
- Zimmermann – DE – Frankfurt/M.
- Zulehner – DE – Eltville
- Zumsteg – DE – Stuttgart
- Zwissler – DE – Wolfenbüttel